Frauen im Männerbund

Birgit Meyer, Dr. phil., geb. 1949, ist seit 1988 Hochschullehrerin für Politikwissenschaft/Sozialpädagogik an der Fachhochschule Esslingen mit den Schwerpunkten Frauenpolitik und Frauenarbeit. Leitung von Forschungsprojekten zu »Frauen in politischen Führungspositionen«, gefördert vom Ministerium für Arbeit, Gesundheit, Familie und Frauen in Baden-Württemberg und von der Volkswagenstiftung. 1995 mehrmonatiger Aufenthalt an der University of California, Berkeley, als »Affiliated Scholar« der Beatrice M. Bain Research Group.
Veröffentlichungen u.a.: Zusammen mit Margrit Brückner *Die sichtbare Frau. Die Aneignung der gesellschaftlichen Räume* (1994). Zahlreiche Beiträge in Fachzeitschriften und Sammelbänden zur Frauenpolitik.

Birgit Meyer

Frauen im Männerbund

Politikerinnen in Führungspositionen von der Nachkriegszeit bis heute

Campus Verlag
Frankfurt/New York

Für Max

Die Deutsche Bibliothek – CIP-Einheitsaufnahme

Meyer, Birgit:
Frauen im Männerbund: Politikerinnen in Führungspositionen von der Nachkriegszeit bis heute / Birgit Meyer. – Frankfurt/Main; New York: Campus Verlag, 1997
ISBN 3-593-35889-1

Umschlaggestaltung: Atelier Warminski, Büdingen
Druck und Bindung: KM-Druck, Groß-Umstadt
Gedruckt auf säurefreiem und chlorfrei gebleichtem Papier.
Printed in Germany

Inhalt

Vorwort

Die Eigendynamik, die ein Forschungsprojekt entwickelt und die lebensgeschichtlichen Verknüpfungen mit denjenigen, die in seinem Schatten leben, lassen sich zum Zeitpunkt der Abgabe des Manuskriptes nur noch mühsam rekonstruieren. Daher soll an dieser Stelle vor allem Dank ausgesprochen werden. Dank an Personen, ohne die die vorliegende Arbeit so, wie sie jetzt vorliegt, nicht geschrieben worden wäre.

Die Idee, mich mit der Präsenz und Bedeutung von Frauen in politischen Führungspositionen zu beschäftigen, wurde aktiv unterstützt von meinem ehemaligen Doktorvater Hans-Adolf Jacobsen. Auf seine Initiative hin bekam ich 1983 die Gelegenheit, als „erster wissenschaftlicher Assistent" am Seminar für Politische Wissenschaft der Universität Bonn den männlich besetzten Turm der Wissenschaft zu betreten und die Hochschule als attraktives Berufs- und Betätigungsfeld für mich zu entdecken.

Anschließend, als Hochschullehrerin für Frauen- und Familienpolitik an der Fachhochschule für Sozialwesen in Esslingen, erhielt ich durch eine großzügige Projektförderung des Ministeriums für Frauen, Familie, Weiterbildung und Kunst des Landes Baden-Württemberg sowie durch die Befreiung von der Lehre durch das Wissenschaftsministerium Baden-Württemberg von 1992 bis 1994 die Möglichkeit, die Vorarbeiten für diese Studie in die Tat umzusetzen. Unterstützt wurde ich hierbei durch die Fachhochschule, insbesondere durch die damalige Rektorin, Lore Thome, und ihren Nachfolger Falk Roscher. Auch das von der Stiftung Volkswagenwerk geförderte Forschungsprojekt über die ersten Nachkriegspolitikerinnen der Bundesrepublik hat mir geholfen, die Aufmerksamkeit auf Kontinuität und Wandel einer politisch-parlamentarischen Tätigkeit von Frauen zu lenken.

Allen Politikerinnen und Experten und Expertinnen, die mir auf meine Fragen geantwortet haben, möchte ich hier noch einmal ausdrücklich danken. Ohne sie wäre dieses Projekt überhaupt nicht möglich gewesen. Als Freundinnen/Freunden bzw. Kolleginnen/Kollegen zugleich habe ich einer Reihe von Personen zu danken, sicher nicht nur denjenigen, die ich hier nenne. Im Team meiner Gruppenauswertungen haben mitgearbeitet, mich angeregt, verunsichert und ermutigt: Margrit Brückner (Fachhochschule Frankfurt), Karin Flaake (Universität Oldenburg), Annetraud Groner (Fachhochschule Esslingen), Regine Marquardt (Stuttgart), Martina Ritter (Universität Giessen), Peter Noller (Institut für Sozialforschung an der Universität Frankfurt), Elke Schüller (Universität Frankfurt), Mechthild Veil (Universität Frankfurt) und Claudia Weigt (Frankfurt). Ihnen allen sowie meiner wissenschaftlichen Mitarbeiterin Bärbel Beurer und der EDV-Expertin Barbara Maier von der Hochschule in Esslingen sowie Angela Jeromin und Ulrike Schöbel (Frankfurt) bin ich zu großem Dank verpflichtet!

An dieser Stelle möchte ich ebenfalls meinen Dank an Institutionen und Persönlichkeiten aussprechen, die das Forschungsvorhaben bestmöglichst unterstützt haben. Es waren dies insbesondere: das Archiv für Christlich-Demokratische Politik der Konrad-Adenauer-Stiftung, das Archiv für soziale Demokratie der Friedrich-Ebert-Stiftung und das Archiv des Deutschen Liberalismus der Friedrich-Naumann-Stiftung.

Die Beatrice-Bains-Research-Group hat mich 1995 während eines USA-Aufenthaltes mehrere Monate als Affiliated Scholar an der Universität Berkeley, Kalifornien gastfreundlich und umsichtig betreut. Und schließlich hat Christine Landfried mit ihrem Interesse an der Studie und mit ihrer Zuversicht Zweifel und Erschöpfungsphasen aufgefangen, ob sie das weiß oder nicht.

Manuskriptteile gelesen und kommentiert haben: Margrit Brückner, Brigitte Geißel, Ute Gerhard, Beate Hoecker, Karin Jurczyk, Ulrike Liebert, Georgia Rakelmann, Wolf Ritscher, Martina Ritter, Marianne Rodenstein, Elke Schüller, Mechthild Veil und last not least Helmut Dubiel. Unserem Sohn Max, dem in den vergangenen Jahren viel von meiner Aufmerksamkeit und Präsenz genommen worden ist, widme ich diesen Bericht.

I. Theoretisch-konzeptionelle Vorüberlegungen

„A great dilemma for second wave feminism has been whether women will change institutions before institutions change women.“
Joni Lovenduski

1. Ziele und Fragestellungen

Dieses Forschungsvorhaben hat Frauen in politischen Führungspositionen zum Thema gemacht. Es wurden die politische Rekrutierung, politisch-inhaltliche Schwerpunktsetzungen, das Selbstverständnis und die Bedeutung ausgewählter Parlamentarierinnen der baden-württembergischen Landespolitik und auf Bundesebene untersucht. Geklärt werden sollte, in welchem Maße diese in ihrem Willensbildungs- und Entscheidungsverhalten frauenspezifische Aspekte subjektiv reflektieren, öffentlich artikulieren und politisch durchzusetzen versuchen. Hierbei wurden Parlamentarierinnen verschiedener Jahrgänge miteinander verglichen: Politikerinnen der „älteren Generation“, die in den 20er Jahren geboren wurden und Politikerinnen der „jüngeren Generation“, die zwischen 1940 und 1950 geboren und in einer Zeit politisch sozialisiert wurden, in der die Gleichberechtigung von Mann und Frau zum Bestandteil des Bonner Grundgesetzes und der politischen Kultur der Bundesrepublik geworden war.

Gefragt wurde nach der Spezifik und der jeweiligen historischen Besonderheit einer politischen Tätigkeit von Frauen in einem traditionell eher männlich geprägten und dominierten Bereich: dem der parlamentarischen Politik. Die Intention war, von dem vielfach festgestellten politischen „Präsenzdefizit“ des weiblichen Geschlechts (Beate Hoecker) zu der Herausstellung spezifischer Qualitäten und Eigenwertigkeiten von Frauen in der Politik zu kommen.

Es ging in der hier vorliegenden Studie um die Gewinnung von Erkenntnissen über die Persönlichkeit, den Werdegang, das politische Selbstverständnis, die Motivation zum politischen Engagement sowie um Informationen über die politischen Schwerpunktsetzungen von baden-württembergischen Parlamentarierinnen, die als Abgeordnete dem Deutschen Bundestag seit seiner Konstituierung im Jahre 1949 bis zum Stichjahr 1991 angehören bzw. angehört haben.[1]

Vor dem Hintergrund der marginalen parlamentarischen Präsenz von Frauen weltweit erschien es interessant, *diejenigen* Frauen zu untersuchen, die in die offizielle Politik bis in Führungspositionen hinein vorgedrungen sind. Den objektiven Daten der institutionellen Barrieren und gesellschaftlichen Behinderungen von Frauen, politisch aktiv zu werden, werden hier die Daten, die politischen Biographien und die subjektiven Deutungen derjenigen Frauen gegenübergestellt, die tatsächlich in der parlamentarischen Politik der Bundesrepublik präsent, aktiv und mitgestaltend waren bzw. sind.

Ziel der Untersuchung sollte neben der empirischen Rekonstruktion von politischen Biographien weiblicher Bundestagsabgeordneter auch die Klärung sein, ob es bei den Parlamentarierinnen ein „anderes", ihr Frausein explizit reflektierendes Politikverständnis gab. Dieses sollte analysiert werden anhand ihrer öffentlich dokumentierten Selbstdeutungen, an der Wahl ihrer politischen Tätigkeitsfelder und an ihren spezifischen Strategien, politisch Einfluß zu nehmen.

Im Mittelpunkt des vorliegenden Berichts stand schließlich die Frage nach Kontinuität und Wandel eines frauenpolitischen Engagements von seiten politisch-parlamentarisch tätiger Frauen seit dem Bestehen der Bundesrepublik bis heute. Bei aller historischen Unvergleichbarkeit wurden hier zwei Gruppen von politisch aktiven Frauen in den Blick genommen: Zum einen diejenigen, die in den ersten Nachkriegsjahren – in Zeiten von politisch-sozialer Umwälzung und zum Teil katastrophalen Lebensbedingungen – politisch aktiv wurden. Zum anderen diejenigen Frauen, die in den 70er und 80er Jahren – in Zeiten der politischen Konsolidierung der Bundesrepublik und der sozialliberalen Reformära mit der Heraufkunft feministischer Deutungsmuster im Zuge der Neuen Frauenbewegung – in politische Führungspositionen gelangten. Gibt es Unterschiede oder Vergleichbares zwischen Parlamentarierinnen der frühen bundesdeutschen Nachkriegszeit und denjenigen Frauen, die in

1 Die Konzentration auf Parlamentarierinnen aus dem Bundesland Baden-Württemberg hatte mehrere arbeitspragmatische Gründe: So bietet der Flächenstaat Baden-Württemberg eine gute Repräsentation sowohl von ländlichen Gebieten als auch von städtischen Ballungsräumen; die Gesamtzahl der weiblichen Bundestagsabgeordneten war für eine empirische Befragung angemessen und praktikabel und der Zugang zu den Archiven und den Interviewpartnerinnen selber wurde durch die Nähe zu meinem Hochschulort erleichtert, vgl. Kap.II.1.

den 70er/80er Jahren als Abgeordnete die Politik zu ihrem Beruf gemacht haben?[2]

2. Zum Forschungsstand

Das Verhältnis von Frauen zur Politik ist in der Bundesrepublik Deutschland gegenwärtig durch widersprüchliche Tendenzen gekennzeichnet: Fast 80 Jahre nach der verfassungsrechtlichen Verankerung des Frauenwahlrechts in Deutschland machen zwar Frauen in großem Maße von ihrem Wahlrecht Gebrauch – auch die politische Präsenz von Frauen in der Öffentlichkeit ist mittlerweile unübersehbar geworden, sei es durch ihre hohe Wahlbeteiligung oder durch die öffentlich geführten Debatten um Forderungen nach Gleichstellung der Frauen –, dennoch stagnierte ihre parlamentarische Vertretung bis zur Bundestagswahl 1987 unter der „10%-Hürde", einer prozentualen Beteiligung wie zu Zeiten der Einführung des Frauenwahlrechts 1918/ 1919. Und in den 90er Jahren liegt der Frauenanteil im 13. Deutschen Bundestag erst bei rund 26%, auf Landesebene zwischen 15% (Baden-Württemberg)[3] und 35,5% (Hamburg). Von einer annähernd gleichberechtigten – im Sinne von paritätischer – Repräsentanz von Frauen kann angesichts der Datenlage nicht gesprochen werden (vgl. Cornelissen 1993).

Gleichzeitig wird eine auffällige Zunahme des politischen Engagements von Frauen registriert. Besonders in den 70er und 80er Jahren verstärkte sich die Teilnahme von Frauen am politischen Geschehen: Neben der gestiegenen Wahlbeteiligung und der „Angleichung im Wahlverhalten der Geschlechter" (Molitor 1992: 19; Falter/Schumann 1990) verzeichneten die Parteien einen ungewöhnlich hohen weiblichen Mitgliederzuwachs und einen bemerkens-

2 Diese Studie wurde in den Jahren 1992 bis 1994 durchgeführt und vom Ministerium für Familie, Frauen, Weiterbildung und Kunst in Baden-Württemberg finanziell unterstützt. Die empirische Basis bildete für das Gesamtresümee darüber hinaus das von mir wissenschaftlich geleitete empirische Forschungsprojekt zum Thema: „Frauen in politischen Führungspositionen in der bundesdeutschen Nachkriegsgeschichte 1949-1961". Es wurde von April 1993 bis zum Juli 1995 im historischen Schwerpunktprogramm „Deutschland nach 1945" von der Volkswagenstiftung gefördert.

3 Baden-Württemberg bildet hier das „Schlußlicht" in der Frauenrepräsentanz. Zwischen 1952 und 1984 ist der Frauenanteil im Stuttgarter Landtag nur um 1,3% gestiegen. Rein rechnerisch würde bei derselben Anstiegsgeschwindigkeit erst in rund 1000 Jahren jeder zweite Abgeordnete eine Frau sein (vgl. Holl 1989).

werten Anstieg der weiblichen Kandidaturen für ein politisches Mandat (Herzog 1975, 1982, Herzog in: Kaase/Klingemann 1983, Hofmann-Göttig 1986, Hoecker 1987, 1994, 1995, Molitor 1992). Auch außerhalb von etablierten politischen Institutionen fällt eine wachsende politische Beteiligung von Frauen in unkonventionellen Bereichen ins Auge: So ist die Diskrepanz zwischen der zunehmenden politischen Bedeutung von Frauen und deren minimaler wissenschaftlicher Reflexion besonders ausgeprägt.

Für unseren Zusammenhang war auffällig, daß es bis Mitte der 80er Jahre zu der Thematik „Frauen und Politik" im bundesdeutschen Kontext überhaupt nur wenige politikwissenschaftliche Studien gab.

> „So war das Verhältnis von Frauen zur Politik für die deutsche Politikwissenschaft – mit Ausnahme der Wahlforschung – über Jahrzehnte hinweg kein Thema",

bilanziert Hoecker 1995. Vermutlich aus diesem Grunde wurden die frühen Arbeiten aus den 50er und 60er Jahren von Gabriele Bremme (1956), Mechtild Fülles (1969) und Margarethe Heinz (1971) oder auch Hannelore Mabry (1971) und Christa Randzio-Plath (1980) immer wieder herangezogen bzw. zitiert, obgleich sie sowohl vom theoretischen Ansatz, von den Erhebungsmethoden als auch natürlich von den Daten her veraltet waren. Erst in den 80er Jahren veränderte sich die Perspektive vor allem durch Arbeiten von Beate Hoecker, Ingrid Langer und anderen.

Bemerkenswert für die Bundesrepublik war darüber hinaus, daß die politikwissenschaftlichen Arbeiten im hiesigen Kontext – sofern sie sich überhaupt des Themas annahmen – dies unter der Fragestellung taten, welche *Schwierigkeiten und Probleme* für die auffällig niedrige Repräsentanz von Frauen in politischen Gremien und in der politischen Öffentlichkeit anzuführen seien. Diese Ansätze wurden allgemein mit dem Nachweis verbunden, welche *Defizite* Frauen in ihrem politischen Engagement/ihrer politischen Partizipation aufwiesen. Bei den als maßgeblich angesehenen Bestimmungsgründen für die sogenannten weiblichen „Partizipationsdefizite" oder „Sozialisationsdefizite" (Molitor 1992) wurden vielfältige, nämlich strukturelle, situative, geschlechtsrollenbedingte und persönlichkeitsabhängige Erklärungsansätze aufgeführt (Ballhausen u.a. 1986, Niedermayer 1989, Kaase/Klingemann 1990, Molitor 1992). In vielen Studien konnte man den Eindruck gewinnen, daß politische Aktivitäten und politikrelevante Eigenschaften von Frauen an der „männlichen (politischen) Normalbiographie" gemessen und ihr gegenüber für defizitär befunden wurden.

Diese Beobachtung soll im folgenden durch eine kurze Bestandsaufnahme der einschlägigen Forschungsliteratur aus drei Bereichen differenziert werden, die für den Hintergrund der vorliegenden empirischen Studie von Bedeutung gewesen sind:

A. Partizipationsforschung

B. Rekrutierungsforschung (als Teil der Partizipationsforschung)

C. Frauenforschung

Im folgenden werden einige ausgewählte Studien auf ihre theoretischen *Konzeptionalisierungen* (werden Frauen mitgedacht?), ihre *normativen Bezüge* (an welchem Maßstab werden Frauen gemessen?) und auf ihre *forschungspraktischen Umsetzungen* hin (wird politisches Handeln von Frauen ursächlich hinterfragt und als veränderbar angesehen?) durchgemustert.

A. Partizipationsforschung

Eine Richtung der Politikwissenschaft, auf die sich diese Studie zunächst theoretisch beziehen konnte, ist die Partizipationsforschung, da sie eine systematische Verknüpfung von politischem Handeln und Bewußtsein, von politischer Kultur, institutionellen und strukturellen Bedingungen des politischen Systems mit individuellen Persönlichkeitsmerkmalen, Verhaltensdispositionen und Einstellungen anstrebt.

Die Motivation zum politischen Engagement unter den Bedingungen einer freiheitlichen Demokratie, die Organisierung politischer Interessen in politischen Parteien, staatlichen und nicht-staatlichen Agenturen und parlamentarischen Institutionen werden als zentrale und problematische Aspekte der Demokratisierung in der Bundesrepublik Deutschland seit Jahren von der Politischen Wissenschaft, der politischen Soziologie und der Geschichtswissenschaft untersucht.

In der Partizipationsforschung hat der Begriff der politischen Beteiligung in den vergangenen 25 Jahren eine spezifische Erweiterung erfahren, die die *Beteiligungsmöglichkeiten von Frauen* in der Gesellschaft zunehmend mitberücksichtigen könnte. Von der älteren Partizipationsforschung, die vor allem durch us-amerikanische Studien aus der politischen Soziologie beeinflußt worden ist, (Almond/Verba 1963, Verba/Nie 1972, Verba/Nie/Kim 1978) wurde politische Beteiligung zunächst an Kriterien gemessen wie:

- politisches Interesse, politische Informiertheit
- Häufigkeit der Teilnahme an politischen Diskussionen
- Teilnahme an politischen Versammlungen
- Wahlbeteiligung
- Bereitschaft, einer Partei beizutreten
- Mitgliedschaft in einer politischen Partei u.ä.

Bei all diesen Formen der konventionellen politischen Partizipation wurde stets *weltweit ein frauenspezifisches Defizit* festgestellt (Verba/Nie/Kim 1980, Heinz 1971, Bernadoni/Werner 1983, Ballhausen u.a. 1986): „In all societies, for which we have data, sex is related to political activity; men are more active than women“ (Verba/Nie 1972: 234).

Heute wird politische Beteiligung in einem weiteren Sinne über den „Versuch der Einflußnahme auf einen politischen Willensbildungs-und Entscheidungsprozeß“ hinaus (Buse u.a.1978) als umfassendes Engagement der Bürger an sozialen Prozessen – wie Meinungsbildungs- und Entscheidungsprozesse und gesellschaftliche und politische Aktivitäten in auch nichtstaatlichen Organsiationen, im sogenannten unkonventionellen Bereich – verstanden. Üblich wurde bald eine Taxonomie politischer Partizipation, die diese in weitergehenden Kategorien zu erfassen suchte: über die Teilnahme an Wahlen und parteiförmiger, d. h. konventioneller Partizipation über problemorientierte Partizipation z. B. in Bürgerinitiativen und zivilem Ungehorsam (unkonventionelle Partizipation) bis hin zu politisch motivierter Gewalt (vgl. Kaase 1981, Klingemann 1985).

Diese Erweiterung des Partizipationsverständnisses in der politikwissenschaftlichen Literatur der vergangenen zwanzig Jahre zielte u.a. darauf ab, die politische Mitwirkung „des Bürgers“ als *den* normativen Schlüsselbegriff und *den* entscheidenden Maßstab für westliche Demokratien herauszuarbeiten. Politische Beteiligung wurde vielfach normativ bestimmt und an Werte wie Selbstbestimmung und politische Mündigkeit geknüpft (Zimpel 1970, Habermas 1973, Vilmar 1986). Gleichzeitig wurden Analysemodelle entwickelt, die politische Partizipation an folgende Faktoren koppelten: erstens an die ökonomische Verfaßtheit und die Struktur des politischen Systems (Entscheidungs- und Willensbildungsprozesse), zweitens die Instanzen formeller und informeller Institutionen (Parteiengefüge), drittens das politische Subjekt, seine individuellen Einstellungen und Handlungsmöglichkeiten (Klingemann 1985, Kaase 1990). Als Einflußvariablen politischer Partizipation wurden unter anderem sozio-ökonomische aber auch demographische Merkmale wie Alter und Geschlecht untersucht (Klingemann 1985, Westle 1992).

Obgleich die Partizipationsforschung eine die unterschiedliche Durchsetzung von gesellschaftlichen Interessen mitdenkende, eine über formale Zugehörigkeiten zu politischen Gruppen und Organisationen oder aktive Beteiligung an institutionalisierten politischen Riten hinausgehende, eine auch Frauen in ihren Aktivitäten in unkonventionellen Bereichen hin und wieder berücksichtigende Erweiterung erfahren hat, indem das Geschlecht als Variable, nicht aber als Strukturkategorie berücksichtigt wurde, fällt dennoch insgesamt als charakteristischer Mangel auf: Frauen in der Politik, ihr politisches Engagement, ihre Motivation zu politischer Arbeit, ihre Bedeutung und ihr Einfluß innerhalb von politischen Institutionen wie Parteien, Parlament oder Regierung, ihre geringe numerische Repräsentanz, die möglichen Ursachen, Gründe und Bedingungsfaktoren für ihre politische Randstellung sowie die Auswirkungen auf das gesamte politische System gehören immer noch zu den Fragestellungen, die von der bundesdeutschen Politikwissenschaft nicht vorrangig untersucht worden sind.

Nach wie vor transportierten die gängigen Partizipationskonzepte – obgleich sie nun auch andere als auschließlich im politisch-parlamentarischen Raum sich vollziehende Partizipations*formen* mitdenken konnten – einen Politikbegriff, der sich auf den klassischen Horizont politischer Institutionen und Akteure bezog. Alles, was darüber hinaus ging, galt als vor- oder unpolitisch. Ein solcher Politikbegriff vermittelte die fiktive Trennung von öffentlicher und privater Sphäre und blendete die Privatheit als politikrelevant und -formierend aus (vgl. Sauer 1995).

Erst in den vergangenen Jahren sind Partizipationsforscher folgenden Phänomenen im Partizipationsverhalten von Frauen nachgegangen: Im konventionellen Bereich hat sich offenbar ein Wandel vollzogen, der als „auffällige Wahlmüdigkeit junger Frauen“ (Hofmann-Göttig 1989: 13) bezeichnet worden ist. Die Wahlbeteiligung von jungen Frauen zwischen 18 und 25 Jahren lag bei der ersten gesamtdeutschen Bundestagswahl 1990 bei rund 61,5%, die von jungen Männern bei 64,7%. Allerdings liegt die Wahlbeteiligung der Frauen zwischen 25 und 45 Jahren höher als die männliche, gleicht sich bis zum Alter von 60 Jahren an und sinkt bei den über 60-jährigen wieder ab. Bei den über 69Jährigen öffnet sich eine Schere: hier liegt die Wahlbeteiligung der Männer um rund 10% höher als die der Frauen (Köcher 1994: 25).

Darüber hinaus stellte man im unkonventionellen Bereich eine Angleichung im Partizipationsverhalten von Männern und Frauen fest (Ballhausen u.a. 1986, Kaase 1990, 1992, Molitor 1992, Geißel 1995). Die Versuche, die Annäherung des weiblichen an das männliche Partizipationsverhalten in unkonventionellen Bereichen zu erklären, geben allerdings zumeist auf spekulative Weise gängige Muster wieder: Zum Beispiel wird sie sozio-ökonomisch erklärt: mit höheren Bildungsabschlüssen und gestiegener Erwerbsbeteiligung von Frauen und ihrem höheren sozioökonomischen Status (Klingemann

1985). Doch diese Modernisierungslogik im Erklärungsmodell wird vom Wahlverhalten speziell jüngerer, gut ausgebildeter Frauen infrage gestellt, die z. T. ein großes politisches Interesse besitzen und ihre Wahlverweigerung als bewußten politischen Akt verstehen. Als fraglich muß mittlerweile die über lange Zeit für sicher geltende Korrelation zwischen Wahlverhalten und politischem Interesse gelten. Die Allensbach-Untersuchungen zu den „Motiven junger Nichtwählerinnen“ von 1987 und 1993 bezogen sich zum Beispiel auf das mangelhafte politische Interesse als *den* entscheidenden Indikator, um das „Defizit an politischer Partizipation“ (hier i. S. von Wahlbeteiligung gemeint) bei jungen Frauen zu erklären.

Mußten früher die „weibliche Emotionalität“ und die „weibliche Natur“ des Bewahrens als Konstanten das Wahlverhalten von Frauen erklären, so wird dies heute vom angeblich fehlenden politischen Interesse als Erklärungsmuster weiblicher politischer Partizipation abgelöst. Es wird bei Frauen ein Weniger festgestellt, anstatt zu erwägen, ob und warum Frauen eventuell ein Interesse an *anderen* politischen Institutionen, anderen Stilen und Inhalten besitzen (vgl. hierzu kritisch: Meyer 1992, Sauer 1994, 1995, Geißel 1995).

Deshalb stimmt es wahrscheinlich immer noch für die Bundesrepublik, was Githens/Prestage vor zwanzig Jahren für die Vereinigten Staaten festgestellt haben:

> „Until about a decade ago, the political behaviour of women was largely an unexplored area in literature of political science... Indeed most studies either ignored women`s political participation or mentioned it only in passing.“ (Githens/Prestage 1977: 3)

Erst in jüngerer Zeit wächst das Interesse an den Themen „Politische Partizipation von Frauen“, „Frauen in der Politik“ oder „Frauen in Parlamenten“, allerdings weniger bei den etablierten Forschungsinstitutionen, sondern vor allem bei jüngeren – meist weiblichen – Sozialwissenschaftlern, die zunächst im Rahmen von wissenschaftlichen Qualifikationsarbeiten zum Teil eigene Interviews mit Politikerinnen/Parlamentarierinnen auswerteten. Auf diese Studien – zu nennen wären für die Politikwissenschaft vor allem Rebenstorf (1990), Hoecker (1987ff.), Penrose (1993), Schöler-Macher (1994), Schaeffer-Hegel u.a. (1995) – wird am Ende des Kapitels B „Rekrutierungsforschung“ und im Kapitel C „Frauenforschung“ eingegangen, weil die Autorinnen selber – Soziologinnen, Philosophinnen und Politikwissenschaftlerinnen – sich überwiegend diesem Kontext zurechnen.

B. *Rekrutierungsforschung*

Die politikwissenschaftliche Rekrutierungs- oder Karriereforschung, vor allem die der 60er und 70er Jahre (z. B. Dahrendorf 1965, Bottomore 1969, Zeuner 1970, Herzog 1975), und die elitensoziologisch angelegten empirischen Studien (Zapf 1965, Ludz 1968, v. Beyme 1971 ff., Gast 1973, Wildenmann u.a. 1982) orientierten sich an bestimmten, aus der amerikanischen politischen Soziologie übernommenen, sozio-ökonomischen, demographischen und persönlichen Faktoren. Dabei galt das Geschlecht nur als *ein* Bestimmungsfaktor unter vielen anderen für den gesellschaftlichen Rekrutierungsprozeß politischer Karrieren (vgl. Hoffmann-Lange 1986, 1992). Die Tatsache freilich, daß das Geschlecht nicht als *die entscheidende* Variable angesehen und deshalb nicht systematisch empirisch untersucht wurde (eine Ausnahme bildete damals auf die DDR bezogen Gast 1973), war selbst Ausdruck der wissenschaftlichen Ausklammerung der geschlechtsspezifisch unterschiedlichen Betroffenheiten.

Wenn in empirischen Erhebungen sozialstrukturelle Merkmale als geschlechts-„neutral" eingeführt werden, hat man die spezifische Dimension von historisch entstandenen und kulturell bestätigten Geschlechtsunterschieden ausgeblendet. Daher sind die Ergebnisse dieser Forschung kaum überraschend: Die Studien thematisieren auch hier – wenn sie diesen Aspekt überhaupt berücksichtigen – die besonderen *Probleme und Schwierigkeiten von Frauen* bei ihrem politischen Engagement und ihrem politischen Karriereweg. In diesem Zusammenhang wird in der Regel auf das Ineinandergreifen von objektiven und subjektiven Faktoren hingewiesen.[4]

Auch die neuere Abgeordnetensoziologie (z. B. Patzelt 1991, 1994, 1995) oder etwa Studien über die Parlamentskultur (z. B. Mayntz/Neidhardt 1989) haben zwar weibliche Abgeordnete durchaus wahrgenommen und bei ihren Interviews berücksichtigt, in den verallgemeinerten Ergebnissen allerdings entweder nicht oder allenfalls am Rande erwähnt. Oft kommt es dadurch zu merkwürdigen Schlußfolgerungen, wenn Patzelt z. B. in seiner berufssozio-

---

4 So bemerkte zum Beispiel von Beyme bereits 1971, daß in der Politik das Geschlecht „eine der höchsten Prediktibilitätsraten" habe. Er führte bekannte Tatsachen der Doppelbelastung durch Haushalt und Familie und die zumindest für die Anfangsphase der Bundesrepublik festzustellende Tatsache der geringen Anzahl von Juristinnen und Verwaltungsbeamtinnen – also Merkmale wie Bildung und Ausbildung sowie Ressourcenverfügung – als Gründe an. Außerdem seien in der Politik – wie in wohl keinem anderen gesellschaftlichen Bereich – klassische Vorurteile und Stereotype über das, was „sich für Frauen schicke" verbreitet.

logischen Studie über „Abgeordnete und ihr Beruf“ bei den „Belastungen eines Abgeordneten“ (1995: 287-305) den „Integrationsfaktor Ehefrau“ als „infrastrukturelle Voraussetzung“ eines Abgeordneten anführt, die die Belastungen ihres Mannes (und es ist tatsächlich ausschließlich *der Mann* gemeint) abfedern könne (Patzelt 1995: 303).

Es hat den Anschein, daß bei vielen einschlägigen Studien ein an den Normen einer männlichen Karrierebiographie orientiertes Karrieremuster unterstellt wurde, das die spezifischen Eigenarten und Besonderheiten der weiblichen Biographie unberücksichtigt ließ und den spezifischen Beitrag von Frauen zur Politik ignorierte. Definitionen wie „political lag“ oder „Präsenzdefizit“ (Hoecker 1987) haben hier ihren gedanklichen Ursprung. Erfahrungen und soziale Kompetenzen, die aus der weiblichen Sozialisation herrühren und die Arbeits- und Lebenszusammenhänge von Frauen überwiegend prägen, galten überwiegend als „dysfunktional“.

Darüber hinaus wurden bei parteisoziologischen Erhebungen bis in die 70er Jahre hinein bei den sozialstatistischen Daten entweder gar nicht oder unsystematisch nach dem Geschlecht differenziert (z. B. Diederich und Schmollinger in: Dittberner/Ebbighausen 1973). In den damaligen einschlägigen Untersuchungen zur Mitgliederstruktur der Parteien fanden sich zwar Hinweise auf den statistisch belegten Mangel von Frauen, vor allem in höheren Parteipositionen (Falke 1982), oder ihre Schwierigkeiten bei Führungsausleseprozessen (Enke 1974) oder bei aussichtsreichen Kandidatenplazierungen (Herzog in: Kaase/Klingemann 1983), allerdings gaben die Autoren damals keine weiteren Erklärungen, die diesen Tatbestand näher erschließen konnten. In den meisten Darstellungen wurden weibliche Parteimitglieder allenfalls am Rande erwähnt, es fehlte auch bei wichtigen Statistiken zum Sozialprofil der Mitglieder in verschiedenen Ämtern und Positionen die Differenzierung nach dem Geschlecht (z. B. bei Becker/Hombach 1983).

Zwar lag es über lange Zeit nahe, bei einem so geringen weiblichen Anteil von (oftmals sogar weniger als) 10% in den Parlamenten und Regierungen diese so gering vertretene Gruppe nicht eigens zu erforschen. Heute allerdings, wo der Frauenanteil in den bundesdeutschen Parteien rund ein Viertel beträgt (die CSU mit ca 14% und BÜNDNIS 90/DIE GRÜNEN mit rund 36% sind Abweichungen nach unten und oben), und in dem Maße, wie er in politischen Führungspositionen, in Parlamenten und Regierungen weiter wächst, gilt es, die Präsenz von Frauen zu beurteilen. Insofern sind Stöss/ Niedermayer in ihrer Forderung zu unterstützen nach „einer großen empirischen Untersuchung über Frauen in Parteien", die sie an die bundesdeutsche Parteienforschung richten (Stöss/Niedermayer 1993: 18).

Erst in jüngerer Zeit wird das Geschlecht als relevante soziale Kategorie in einzelnen Studien der Rekrutierungsforschung ernst genommen (u.a.: Hoecker 1987 ff., Rebenstorf 1990, Lembke 1991, Penrose 1993).

Zusammenfassung

Angesichts der gestiegenen Präsenz von Frauen in der Politik kann die hiesige Forschungslage zur politischen Partizipation von Frauen nur als äußerst schmal bezeichnet werden. Die Durchsicht der einschlägigen politikwissenschaftlichen Literatur hat ergeben, daß es in der Bundesrepublik Deutschland zum Thema „Frauen und Politik" oder „Frauen in der Politik" bis vor rund zehn Jahren nur sehr wenige politikwissenschaftliche Untersuchungen gab.[5] Frauen spielten als Forschungssubjekte wie auch als Forschungsobjekte vornehmlich Nebenrollen. Diese Tatsache wäre ein durchaus behebbares empirisches Defizit. Doch darüber hinaus waren viele Studien sowohl in ihrem theoretischen Zugang, in ihren Methoden, die überwiegend auf quantitativen Erhebungsverfahren basierten, in ihrer Begrifflichkeit als auch in ihren Ergebnissen ungenügend, da sich hinter angeblicher Objektivität eine undifferenzierte Sichtweise der Geschlechterdifferenzen verbarg. Die sehr begrenzte Erklärungsrelevanz von den oben genannten Studien basierte m. E. unter anderem darauf, daß auf die Frage „why so few?" zwar festgestellt wurde, *daß* Frauen bestimmten Formen politischer Partizipation ferner- bzw. näherstehen, aber bei den Bedingungsfaktoren und Ursachen oftmals auf stereotype Erklärungsmuster zurückgegriffen worden ist.

Weibliche Geschlechtszugehörigkeit galt zudem – wenn sie überhaupt erwähnt wurde – als *nachgeordnete soziale Kategorie* mit nur sekundärer Bedeutung für die Verteilung und die Wahrnehmung von gesellschaftlichen Lebens- und Partizipationschancen. Geschlechtszugehörigkeit wurde selten als eine politisch-kulturell vermittelte Konstruktion dargestellt, die in vielfältigster Weise als „symbolischer Platzanweiser" wirkt (Sauer 1995: 174). Mit der Ableitung verallgemeinerter Kategorien aus der „männlichen (politischen)

---

5 Ein kurzer Blick in die Politische Vierteljahresschrift ergab, daß *frauenpolitische Themen* dort so gut wie nicht vorkommen. Auch Veröffentlichungen von weiblichen Mitgliedern/Autoren besitzen immer noch Seltenheitswert: in den Jahren 1987-1991 haben insgesamt 147 Autoren – darunter nur 9 Frauen – Beiträge veröffentlicht; vgl. Wilde 1995: 21.

Normalbiographie" wurden soziale und politische Kompetenzen und Aktivitäten von Frauen gar nicht erst oder kaum berücksichtigt. Diese wurden nicht nur in der politischen Realität als „naturhafte Größe", als unsichtbare Kategorie, behandelt, sondern darüber hinaus auch von der Politischen Wissenschaft vernachlässigt oder unterbewertet.

Das den Frauen als Mangel, als *Defizit* an Kompetenz, Durchsetzungsvermögen, Flexibilität u.a.m. zugeschriebene Interpretationsmodell suggeriert ein Normalbild von Politik, in dem männliches Denken und Handeln normativ prägend wirkt und mit der gegebenen Politik restlos identifiziert wird. Auch nach herkömmlichen Kriterien wie Interesse an Politik (Noelle-Neumann 1976 ff.), Wahlbeteiligung und Wahlentscheidung (Linke 1977, Hofmann-Göttig 1986, Falter/Schumann 1990, Molitor 1992) galt bislang *der Mann* als Maßstab, an dem (abweichendes) Verhalten von Frauen gemessen wurde. So wurde hauptsächlich danach gefragt, in welchen Bereichen Frauen bereits „aufgeholt" hätten und in welchen noch nicht.

War es in Studien über die politische Partizipation von Frauen und über ihre Politisierung zunächst ein Forschungsfortschritt, die politischen Aktivitäten von Frauen in das wissenschaftliche Blickfeld zu rücken und den statistischen Zusammenhang der politischen Präsenz mit möglichen Bedingungsfaktoren zu verknüpfen, so fiel dennoch eine gewisse Einförmigkeit der Erklärungsmuster ins Auge. Viele durchgemusterten Untersuchungen sprachen hauptsächlich die *Negativ-Anteile* der Frauen bzw. der weiblichen Sozialisation u.ä. selbst an. Diese auffällige Konturierung und Eindimensionalität der Erklärungsansätze ließen Forschungsbemühungen als wünschenswert erscheinen, die explizit von der *inhaltlichen Eigenwertigkeit* des politischen Engagements von Frauen ausgehen. Der Beitrag von Frauen zur Politik sollte meines Erachtens nicht vor der Folie der männlichen Präsenz relativiert werden, sondern ohne diese Einengung einer ihn vorweg negativ bestimmenden Norm aus sich selbst heraus qualitativ und quantitativ bestimmt werden. Insofern wären weitere Studien wünschenswert, die die „Bevorzugung neuer Partizipationsformen" (Hoecker 1995: 27) sowie die Distanz von Frauen gegenüber den klassischen institutionalisierten Formen politischer Beteiligung in den Blick nehmen. Ebenso weiterzuverfolgen wären für die bundesdeutsche Parteien- und Parlamentsforschung erste Ergebnisse, die auf „geschlechtsspezifisch strukturierte, innerorganisatorische Partizipations-, Informations- und Kommunikationsmuster" (Hoecker 1995: 27) hinweisen.

C: *Frauenforschung*

Seit Mitte der 70er Jahre hat in der Geschichtswissenschaft das Interesse an sog. „erlebter Geschichte", an „oral history" oder an „Alltagsgeschichte" zugenommen. Zum Subjekt der Geschichte wurden Menschen, deren Alltag und Erfahrungen bislang nicht als politikrelevant eingestuft wurden. In diesen Studien tauchten denn auch hin und wieder Lebens- und Arbeitsformen von Frauen auf und ihr spezifisches „Alltagsbewußtsein" (z. B.: Borsdorf/Niethammer 1977, Niethammer 1980 ff., Einfeldt 1983, Schmidt 1983; oder vgl. das verstärkte Interesse an den sog. „Trümmerfrauen", an der Kultur und den Alltagsgebräuchen der 50er Jahre). Auch das Interesse an biographiegeschichtlichen Aufarbeitungen der Vor-und Frühgeschichte der Bundesrepublik hat zugenommen.

In diese Richtung, nämlich die Biographien, die Lebens- und Arbeitsbedingungen und die Alltagsbewältigung von Frauen in der Nachkriegszeit für die Wissenschaft ernstzunehmen und als Forschungsthemen zu etablieren, zielen auch die Bemühungen der seit Anfang der 80er Jahre sich verstärkt öffentliche Aufmerksamkeit verschaffenden Frauen(geschichts)forschung. Neben den grundsätzlichen theoretischen und methodischen Überlegungen zur Frauenforschung (u.a.: Mies 1978, 1984, Woesler 1980, Duelli-Klein u.a. 1982, Bock 1983, Hellmer 1986, Hausen/Nowotny 1986, Beer 1987) und zur Frauengeschichtsforschung (Hausen 1977, 1983, Wickert 1981, Bock 1983, Kuhn 1984 und 1986) seien hier besonders die frühen empirischen Studien zur Nachkriegssituation von Frauen erwähnt (Kuhn 1980 ff., Dischner 1982, Woesler De Panafieu/Germain 1982, Meyer/Schulze 1984 ff., Nyssen/Metz-Göckel 1984, König 1984).

Durch die Neue Frauenbewegung seit dem Beginn der 70er Jahre angeregt, wurde auch innerhalb der bundesdeutschen Frauenforschung die defizitäre Sicht auf Frauen von einer Sicht auf die „Stärke weiblicher Schwäche" (Baker-Miller 1976) ersetzt. Ein Perspektivenwechsel vom Defizit zur Differenz fand statt, der sich auf vielfältige Nachweise ausrichtete, welche Besonderheiten bei Frauen in ihrem Arbeitsvermögen, ihrem Lebenszusammenhang, in ihrem Politikverständnis u.ä. auffällig seien, und aus welchen Gründen diese in auf männliche Interessen und Biographien zugeschnittenen Machtverhältnissen nicht zum Tragen kämen. So wichtig diese andere Sicht auf das Geschlechterverhältnis auch gewesen sein mag, so bedenklich kann das Insistieren auf der Differenz zwischen Frauen und Männern sein, denn es vermag möglichen Tendenzen zu vereinheitlichenden und substantivierenden

Aussagen über Frauen/Weiblichkeit und Männer/Männlichkeit Vorschub zu leisten (Knapp 1988).

Mittlerweile hat sich die Diskussion innerhalb der Frauenforschung weiter entwickelt. Um den angesprochenen Gefährdungen zu entgehen, richtet sich heute der genaue Blick vor allem auf die Differenzen unter Frauen (Sprache, Ethnie, Klasse, Bildung usw.). Darüber hinaus ist die Dekonstruktion des dichotomen Systems von Zweigeschlechtlichkeit zum Zentrum einer breiten Auseinandersetzung innerhalb der Frauenforschung geworden (z. B.: Butler 1991). Insbesondere das *Verhältnis der Geschlechter*, die Dynamik ihrer Beziehungen und die sie stützenden historischen, ökonomischen, kulturellen und politisch-sozialen Rahmenbedingungen werden in dem, was heute auch unter dem Terminus „Geschlechterforschung" subsumiert wird, genauer zum Thema gemacht.

Es erscheint bemerkenswert, daß die hiesige, feministisch inspirierte Frauenforschung – anders als im angelsächsischen Bereich – lange Zeit auch speziell diejenigen Frauen ausgeblendet hatte, die sich aktiv in die Politik begeben und dort Führungspositionen bekleidet haben.[6]

Politikerinnen/Parlamentarierinnen in der Bundesrepublik sind bis vor ca. zehn Jahren von der herkömmlichen Geschichts- und Politikwissenschaft als historische Randfiguren vernachlässigt und übersehen worden, vermutlich weil sie an Zahl und Bedeutung als marginal eingeschätzt wurden. Darüber hinaus wurden sie aber auch von der Frauenforschung lange übersehen, weil diese sich – in bewußter Abgrenzung von der an traditionellen Institutionen orientierten Politikwissenschaft – eher auf den nichtinstitutionalisierten Bereich konzentriert hat, auf Dimensionen und Arenen, die nicht den formalisierten Regeln der offiziellen Politik gehorchen. *Politikerinnen haben* somit lange Zeit *eine doppelte Vernachlässigung erfahren*: Sie fielen sowohl aus den zu weit gespannten Netzen der traditionellen zeitgeschichtlichen und politikwissenschaftlichen Forschung heraus, ebenso wie aus den zu eng, zu alltagsbezogen geknüpften Kategorien der Frauen(geschichts)forschung.

Mittlerweile, ab Anfang der 90er Jahre, hat sich hier etwas verändert. So richtete sich das Interesse von Frauenforscherinnen, insbesondere von feministischen Politikwissenschaftlerinnen, inzwischen auch auf Politikerinnen bzw. auf politisch-parlamentarisch aktive Frauen (Hoecker 1987, Langer

6 Erste Ausnahmen bildeten für die Weimarer Republik Wickert 1986 und Langer 1989; zur Methode: Hagemann 1987, Wickert in: Schröder 1985. Es folgten in den 90er Jahren: Fuchs 1993 und Pitzschke 1994 für die historische Frauenforschung und vor allem die Hessen-Studie unter der Leitung von Ute Gerhard und Ingrid Langer.

1989 ff., Schnitger 1990; Horstkötter 1990; Naßmacher 1991, Pitschke 1994). Es sind politikwissenschaftliche Studien erschienen, die die Besonderheit von Frauen im politischen Raum genauer in den Blick genommen haben (Bernadoni 1992, Heinsen 1992, Schaeffer-Hegel 1993 f., Schöler-Macher 1991 ff., Golle/Bake 1995). Es wurden auch die „männerbündischen“ Mechanismen (Kreisky 1992 ff.) in der Politik sowie die spezifischen Verhaltensstile und Umgangsmöglichkeiten von Frauen in diesem Bereich untersucht.

Ebenso ist die klassische Partizipations- und Wahlforschung durch Untersuchungen ergänzt worden, die die spezifischen Formen der politischen Partizipation von Frauen (z. B.: Jacobi 1991, Sauer 1994, Hoecker 1995), der politischen Sozialisation (Bilden 1991, Kulke 1991, Geißel 1995) und des spezifischen Wahlverhaltens von Frauen (Piel 1989, Falter/Schumann 1990, Metje 1991, Molitor 1992, Köcher 1994) sowie die „politische Partizipation von Frauen im vereinigten Deutschland“ (Maleck-Levy/Penrose 1995; Cornelissen 1993) zum Thema gemacht haben. Auch sind grundlegende Kritiken an „geschlechtsblinden Flecken“ in der politischen Kulturforschung erschienen (Sauer 1995). Darüber hinaus knüpften bundesdeutsche Wissenschaftlerinnen an die in den Vereinigten Staaten schon länger geführte Debatte um Themen der politischen Öffentlichkeit und des Geschlechterverhältnisses an (Biester u. a. 1994; Holland-Cunz 1994 ff.; Kulke 1994, Lang 1994 ff., Wilde 1995). Auch erste theoretische Auseinandersetzungen um eine „feministische Demokratietheorie“ (Meyer 1992) bzw. eine „feministische Staatsanalyse“ (Young 1992) haben den Mangel an derartigen Diskussionen im bundesdeutschen Kontext mittlerweile relativiert (vgl. Becker-Schmidt 1992; Young 1995, Kreisky 1995).

Unter den aktuelleren Arbeiten über Politikerinnen/Parlamentarierinnen in der Bundesrepublik Deutschland fiel vor allem Schöler-Machers Studie auf, da sie sowohl im theoretischen Zugang als auch im gewählten methodischen Verfahren Ähnlichkeiten mit der vorliegenden Arbeit aufweist. Schöler-Macher richtete ihre Aufmerksamkeit auf die „Bedingungen und Anforderungen parteipolitischen und parlamentarischen Handelns“ und wie diese von Politikerinnen selber erlebt und gedeutet wurden. Ihre Fragestellungen bezogen sich auf den Alltag in Parteien und Parlamenten aus der Sicht von Politikerinnen selbst.[7] Schöler-Macher stellt folgende „typische Muster“ eines Umgangs von Frauen mit dem „Vorgefundenen in der Politik“ heraus:

---

7 Schöler-Machers Dissertation war zusammen mit der Ende 1992 an der Technischen Universität Berlin eingereichten Dissertation von Virginia Penrose eine der ersten po-

a) das Leiden am Vorgefundenen in der Politik,
b) die Herausforderung des Vorgefundenen in der Politik,
c) das Paktieren mit dem Vorgefundenen in der Politik und
d) die reflektierte Nutzung des Vorgefundenen in der Politik.

Schöler-Machers Arbeit konnte die bisherigen Erklärungsmuster innerparteilicher Sozialisationserfahrungen von Frauen, die die klassische Partizipationsforschung gegeben hatte, durch tiefergreifende Analysen ergänzen. Sie hat zum einen die Selbstdeutungen der Politikerinnen präsentiert, zum anderen durch Verfahren der hermeneutischen Textauslegung auf latente Sinnstrukturen und das innerpsychische Ausbalancieren von unterschiedlichen und konträren Erfahrungen, Wünschen und Optionen der einzelnen Politikerin aufmerksam machen können.

Eine Arbeit, die ebenfalls auf die Herausstellung unterschiedlicher Orientierungsmuster, Denkstrukturen und Handlungsstrategien von Politikerinnen zielte, wurde 1993 von Virginia Penrose publiziert. Im Mittelpunkt ihres Vergleichs vom Karriereverhalten ost- und westdeutscher Politikerinnen standen die „Auswirkungen unterschiedlicher parteipolitischer Strukturen und Rekrutierungsmechanismen" (24) und die Lebensumstände der einzelnen Frauen. Obwohl Penrose eine ähnliche Methode der Textinterpretation gewählt hat wie ich, ist sie durch ihren Ost-West-Vergleich und ihre Konzentration allein auf zeitgenössische Politikerinnen sowie durch ihr anonymisierendes Verfahren nicht mit der hier vorliegenden Untersuchung vergleichbar. Darüber hinaus analysiert sie wie auch Schöler-Macher ausschließlich das jeweils erhobene Interviewmaterial. Demgegenüber hat diese Studie alles zeitgenössische Dokumentationsmaterial herangezogen (vgl. Kap. II. 4. Material).

Eine Studie, die sich namentlich in der Öffentlichkeit bekannten Parlamentarierinnen genähert[8] und diese portraitiert, ist die 1995 erschienene Studie von Barbara Schaeffer-Hegel und Mitarbeiterinnen. Hier ging es um die Fra-

---

litikwissenschaftlichen Arbeiten über Politikerinnen auf der Basis qualitativer Erhebungsverfahren, die insbsondere bei den Interviewauswertungen zur Anwendung kamen. Schöler-Macher hat in ihrer Dissertation zunächst die vielfältigen Spielregeln und Mechnismen von „Männlichkeit in der Politik" verdeutlicht. Interessant sind dann vor allem ihre Fallrekonstruktionen, anhand derer sie vier typische Muster verdeutlicht, „wie Politikerinnen sich in dem männlich geprägten Bereich der Politik einrichten" (234).

8 nämlich den Senatorinnen im rot-grün-besetzten Senat von Walter Momper: Anne Klein, Jutta Limbach, Anke Martiny, Heide Pfarr, Barbara Riedmüller, Michaele Schreyer, Ingrid Stahmer, Sybille Volkholz.

ge, ob eine zur Hälfte mit Frauen besetzte Stadtstaatregierung zum „Wandel der politischen Kultur" beitragen könne. Zusammengefaßt haben die Autorinnen – nach ihren Worten – durchaus Veränderungen der politischen Kultur wahrnehmen können: sowohl „im Hinblick auf frauenpolitische Inhalte, die u.a. im Frauensenat entwickelt wurden, im Hinblick auf Führungsstil und Umgang mit Macht der weiblichen Chefinnen, sowie bei neuartigen Vernetzungsstrategien und Organisationsansätzen der Senatorinnen" (Schaeffer-Hegel 1995: 31). Vergleichbar ist das Vorgehen von Schaeffer-Hegel mit dem unsrigen, weil sowohl Persönlichkeiten *nicht anonymisiert* portraitiert als auch frauenpolitische Reformprojekte analysiert wurden, die durch die Initiativen der einzelnen Politikerinnen auf den Weg gebracht worden sind. Insgesamt liegt allerdings der Schwerpunkt der Untersuchung auf den internen Mechanismen der Verwaltung.[9]

Unsere Studie dagegen ist innerhalb der Biographien der Politikerinnen vergleichsweise out-put- oder policy-orientiert und stellt einzelne politische Schwerpunkte und Initiativen der jeweiligen Politikerin in ihrem politisch-sozialen Kontext ausführlich heraus.

Ein weiterer Unterschied zu den erwähnten Studien über Politikerinnen bestand in der Auswahl der Untersuchungsgruppe. In unserem Kontext ging es darum, Parlamentarierinnen *aller* im Bundestag vertretenen Parteien zu portraitieren, und die Auswahl nicht primär nach dem frauenpolitischen Profil der Abgeordneten vorzunehmen. Es fiel bei den meisten Interviewprojekten mit Politikerinnen auf, daß sie ausschließlich diejenigen befragen, die frauenpolitisch aus einem emanzipatorischen bzw. feministischen Kontext stammen (Landfried 1992, Muckli 1991, Bernadoni 1992, Heinsen 1992, Brinkmann To Broxton 1995, Schwarting 1995). Hier wurden oftmals Erwartungen auf das Veränderungspotential dieser Frauen schon bereits durch die Auswahl der Untersuchungsgruppe formuliert und festgelegt. In diesem Punkt besteht ein wichtiger Unterschied zu der vorliegenden Studie, wie im weiteren Verlaufe näher dargelegt werden soll. Ein weiterer Unterschied besteht darin, daß keine der Studien einen historischen Vergleich von verschiedenen Frauengenerationen unternimmt, und dadurch Wandel bzw. Kontinuität eines

9 Durch die Interviews mit Beamtinnen und Beamten der jeweiligen Senatsverwaltung sollten primär die dortigen Veränderungen im Führungsstil und im Kommunikationsverhalten durch die neue Senatorin erforscht bzw. eruiert werden - und erst in zweiter Linie deren politische Inhalte und Schwerpunktsetzungen. Dieser Blick konzentrierte sich auf die prozessuralen Mechanismen einer städtischen Verwaltung.

frauenpolitischen Engagements in der Geschichte der Bundesrepublik bislang nicht berücksichtigt werden konnte.

3. Konzeptioneller Zugang der vorliegenden Studie

Wie oben dargestellt, wurden im deutschsprachigen Raum lange Zeit für die geringe Repräsentanz von Frauen in der (parlamentarischen) Politik Erklärungsmuster angeführt, die bei Frauen ein Defizit unterstellten: Im Bereich der Politik würden Frauen bestimmte Kompetenzen und Ressourcen fehlen, um es Männern gleichzutun. Hier wurde das Normalbild von Politik und von *dem* Politiker an männlichen Standards gemessen. Frauen wurden als Mängelwesen wahrgenommen, denen es historisch nur noch immer nicht gelungen sei, sich in die vorgegebenen politischen Strukturen und Erwartungen einzufügen. Diese – in den Untersuchungskategorien selbst schon angelegte – Defizitperspektive konnte die mögliche Spezifik eines weiblichen Beitrages zur Politik nicht erfassen.

Die von mir bezeichnete Defizitperspektive berührte sich eigentümlich mit einer in der hiesigen Frauenforschung bis in die 80er Jahre vielfach eingenommenen Opferperspektive. Hier wurden mit der detaillierten Auflistung der zahlreichen, gesellschaftlich vorfindbaren Hindernisse und Diskriminierungen, die auf „alle“ Frauen mehr oder weniger zutreffen könnten, die spezifischen (politischen) Möglichkeiten der je individuellen Frau immer weniger berücksichtigt. Je differenzierter die Diskriminierungsstrukturen in der Gesellschaft analysiert wurden, desto mehr ging die Perspektive der einzelnen Person verloren. Wurden Frauen primär als Opfer der patriarchalischen Verhältnisse dargestellt, so wurde ihr öffentliches Bild als „zweit“rangig noch ungewollt dramatisiert. Die Diskussion um die sog. „Opferperspektive“ hat sich allerdings innerhalb der Frauenforschung mittlerweile differenziert (Thürmer-Rohr 1987 ff.; Haug 1982; Gravenhorst/Tatschmurat 1990; Rommelspacher 1994).

Aber auch manche neueren, in kritischer Absicht unternommenen Studien aus dem Kontext der Frauen- und Geschlechterforschung rückten zahlreiche Diskriminierungen von Frauen in der Politik in den Vordergrund, nicht aber das, was Politikerinnen tun und in Bewegung setzen. Auch hier wurde vielfach eine Perspektive zugrunde gelegt, die Frauen als *Subjekte ihres eigenen Handelns* nicht ernst nimmt. Es ging oftmals die Perspektive der Betroffenen selbst als Subjekte ihrer Lebensgeschichte verloren, die vor dem Hintergrund gesellschaftlicher, ökonomischer und politischer Konstellationen immer wieder neu vor Handlungsalternativen gestellt sind und auch unkonventionelle Entscheidungen treffen (können), anstatt bloß das Produkt gesellschaftlicher Faktoren zu sein, die sie entweder privilegieren oder diskriminieren (vgl. zur Kritik: Becker-Schmidt/Knapp 1987 ff.).

4. Eigener Forschungsansatz

Die empirischen Verzerrungen, die sich durch die blinden Flecke sowohl der Defizitperspektive wie der Opferperspektive ergeben, sollten in dem vorliegenden Forschungsvorhaben durch zwei Orientierungen vermieden werden:

1. *durch eine subjektwissenschaftliche Perspektive*, die das Selbstverständnis und die Situationsdeutungen der Politikerinnen selbst in den Mittelpunkt rückt, und
2. *durch die Suche nach einer möglichen Spezifik des politischen Engagements und Politikverständnisses von Frauen.*

ad 1. Diese Studie ist von den Parlamentarierinnen selbst ausgegangen. Gefragt wurde nach der Motivation zum politischen Engagement und nach dem politischen Rollen- und Selbstverständnis. In welchen Bereichen und auf welcher Ebene haben sie dort gearbeitet? Wie war ihre Stellung innerhalb der (Partei,- Parlaments,- Fraktions-)Hierarchie, welchen Ressorts wandten sie sich zu, wie beurteilten sie selbst und wie andere ihren Einfluß? Gab es Unterschiede zwischen den verschiedenen Jahrgängen von Parlamentarierinnen?

Zu fragen ist darüber hinaus, welche Vorteile Frauen aus ihrer Rolle als historische „newcomer" – oder auch Außenseiter, wie Schöler-Macher in Anlehnung an Norbert Elias sie definiert – im Parlament heraus genießen? Gibt es Verhaltens- und Handlungsmöglichkeiten für Frauen im parlamentarischen Raum, die für Männer „tabu" sind? Weshalb wenden sich Frauen dem fernen, bisher männlich bestimmten Bereich der Politik zu und streben deren Wertesystem an? Warum stellen sich einem Raum und Anforderungen, in denen es nur wenige Vorbilder, viele Beschränkungen und Vorurteile gibt und zahlreiche Rückschläge zu erwarten sind? Gibt es Versprechungen für Frauen im Bereich der Politik, die außerhalb der sozialen Anerkennung und materiellen Privilegierung liegen? Die Untersuchung will auch verdeutlichen, welche eigenen Möglichkeiten der Gestaltung des Politischen Frauen haben, die *nicht* in eine *Anpassung* an die gegebenen Strukturen und Verhaltensstandards von Männern einmünden müssen.

ad 2. Hier schloß sich die zweite erkenntnisleitende Frage der Untersuchung an, nämlich ob es bei weiblichen Parlamentariern ein spezifisches Politikverständnis und einen anderen Umgang mit Politik gibt. Es ging um die Frage, ob und wie sich im Bereich der Politik, als traditionell männlich dominiertem Bereich, Geschlechtsrollenimperative auf die Selbstwahrnehmung und Durchsetzungsmechanismen von Politikerinnen auswirken.
Diese Fragen knüpfen sowohl an theoretische Positionen aus der kritischen Partizipationsforschung als auch aus der Frauenforschung an. In ihr war der Versuch verbreitet, den Beitrag von Frauen zur Politik zunächst kategorial über die *Negation des Bestehenden* zu erfassen. Die frühe feministische Kritik der 70er und beginnenden 80er Jahre am „gängigen Modell" einer männlich geprägten parlamentarisch-repräsentativen Demokratie wandte sich gegen patriarchale Repräsentationsmuster und Hierarchien (Biester 1994). Sie argumentierte gegen den Mythos der Machbarkeit und die Ideologie von Sachzwängen (Meyer 1987). Anvisiert wurde eine durch Frauen voranzutreibene Veränderung öffentlicher Institutionen und Berufsstrukturen in Richtung auf ein Aufbrechen der bestehenden Hierarchie- und Konkurrenzsysteme. Eine „Feminisierung der Politik" (Hoecker 1987) wurde formuliert als neuer Weg, Politik zu betreiben, ohne „über andere Menschen herrschen zu wollen oder die Natur auszubeuten" (Böttger 1987). Angestrebt wurden weniger formalisierte und hierarchisierte Formen der Organisation, die von Werten wie „Transparenz, Emotionalität, Bindung und der Berücksichtigung des weiblichen Lebenszusammenhanges" geprägt seien (Biester 1994: 11). Später wurden von Politologinnen diese Hoffnungen relativiert. Im Gegenteil zu ihren früheren Thesen warnten nun einige davor, *Verhaltensweisen* der Intimität unmittelbar in die Politik zu übertragen. Allerdings seien, so Holland-Cunz (1994), die *Themen* der privaten Sphäre als politische im öffentlichen Raum zu stellen.

Viele der von westeuropäischen und us-amerikanischen Wissenschaftlerinnen erwähnten und quasi stereotypisierenden „Tugenden der Intimität" (Holland-Cunz 1994: 236) basierten auf einer feministisch-differenztheoretisch fundierten Polarisierung privater und öffentlicher Tugenden (Chodorow 1985; Eckart 1990, Ruddick 1993). Ideengeschichtlicher Hintergrund für diese feministischen Entwürfe bildete die analytische Kritik an der philosophischen Sicht von getrennten Sphären: Öffentlichkeit und Privatheit (u.a.: Elstain 1981 ff., Pateman 1983 ff.; List 1986; Benhabib/Nicholson 1987; Benhabib in: Brückner/Meyer 1994).

In zahlreichen Studien wurde ein „anderes" Politikverständnis von Frauen gleichzeitig unterstellt und gesucht, das sich etwa durch Vieldimensionalität, Flexibilität, soziale Kompetenzen, differenzierte Problemsichten, Konkretheit und Bezogenheit auf andere Menschen sowie durch einen anderen Umgang mit Macht auszeichnete (Hagemann-White 1985 ff., Schaeffer-Hegel 1984 ff.).

Meiner Ansicht nach hat es sich bei den feministischen Gegenentwürfen vielfach um *hypothetische Annahmen* gehandelt, über die genauere empirische Untersuchungen noch ausstanden. Es wurde vielfach davon ausgegangen, daß Frauen „anders" politisch seien. Die Konkretisierung dieses „anderen" erfolgte selten. Daher versuche ich im folgenden eine inhaltliche Bestimmung dieses Frauen zugeschriebenen „Anderen", das implizit oder explizit aus den Studien über die moral-theoretische Diskussion hervorgeht, die durch Gilligans Buch (1984) angeregt worden ist (Dinnerstein 1979; Elshtain 1981; Benjamin 1990). Gleichzeitig soll auf die prinzipielle Gefahr hingewiesen werden, die der feministischen Diskussion um ein „Anderssein" von Frauen innewohnt, quasi „natürliche", an die Biologie gebundene, Vorstellungen von Geschlechterdifferenzen zu unterstützen. Aus diesem Grunde verweise ich auf die prinzipiell historisch und kulturell variable soziale Determiniertheit von Geschlechtertypiken.

Theoretischer Bezugspunkt bei der Konzeptionalisierung eines möglicherweise unterschiedlichen Verhältnisses zur Politik von Männern und Frauen waren für die hier vorgelegte Untersuchung die Thesen der historisch entstandenen geschlechtsspezifischen Arbeitsteilung und einer damit zusammengehenden „Polarisierung der Geschlechtscharaktere" (Karin Hausen) sowie die amerikanischen sozialpsychologischen Forschungen zur Reproduktion von Geschlechteridentitäten.

Die feministische Moral-Debatte

Bei der Kontroverse um eine Geschlechterspezifik von moralischen Urteilen und Einstellungen der amerikanischen Psychologinnen Nancy Chodorow, Dorothy Dinnerstein, Jessica Benjamin und vor allem Carol Gilligan ging es u.a. um die Frage, ob Frauen *qua Geschlecht* andere moralische Kategorien ihrem Handeln zugrunde legen würden und wenn ja, inwiefern (Gilligan

1984; Belenky, u.a. 1989. Zur Kritik exemplarisch: Döbert 1988; Nunner-Winkler 1989 ff; Maihofer 1988).

Gilligans These von der unterschiedlichen Entwicklung und Struktur einer „weiblichen“ und „männlichen“ Moralauffassung basiert auf grundlegend verschiedenen Erfahrungswelten von Männern und Frauen. Kennzeichen der „weiblichen Erfahrungswelt“ sei das „Primat der Verbundenheit“, während die „männliche Erfahrungswelt“ vom „Primat der Getrenntheit“ (Nancy Chodorow) bestimmt werde. Der entscheidende Impuls, der von dieser Theorie einer „weiblichen“ Identitätsbildung und Moralentwicklung ausging, war, Frauen nicht als „Mängelwesen“, sondern als grundsätzlich „anders“ sozialisiert und gleichwertig wahrzunehmen. In dieser Konzeption werden Weiblichkeit und Männlichkeit nicht im Sinne anthropologischer Konstanten angenommen, sondern als gesellschaftlich produzierte und individuell erfahrene und gestützte Konstruktionen, die zwar an Körpermerkmalen und -prozessen anknüpfen, aber nicht notwendig und einzig damit verkoppelt sind (vgl. Chodorow 1978/1985; Gildemeister/Wetterer 1992, Lindemann 1993).

Nicht wenige, die sich auf Gilligan beriefen, hegten – gegen deren Intentionen – die Hoffnung, Frauen könnten als moralisch integre Kulturträgerinnen für die qualitative Verbesserung der politisch-gesellschaftlichen Sphäre angesehen werden. Galten früher sog. „weibliche“ Perspektiven als defizitär im öffentlichen Bereich, so beanspruchten sie im Anschluß an Gilligan kulturerhaltene, produktive, schöpferische Potentiale. Werte wie Einfühlungsvermögen, Fürsorglichkeit, Intuition, Kontextbewußtsein, Fähigkeit zur Anerkennung anderer und Aufeinanderbezogensein wurden nun eher Frauen zugeordnet und für das Miteinanderumgehen auch im Öffentlichen gefordert. Statt wie bisher die den Frauen einseitig abverlangte Anpassung an männliche Führungsstile zu propagieren oder zu beklagen, wurden nun Kompetenzen und Sichtweisen von Frauen als unumgänglich für eine verbesserte politische Kultur angesehen.

Unter Berufung auf die psychonanalytischen Thesen zur Geschlechterdifferenz wird argumentiert, daß Frauen aufgrund ihrer familienbezogenen Lebenssituation schon per se trainiert und fähig seien in kommunikativen Verhaltensweisen, die für die zukünftige Politik meinungsbildend und handlungsanleitend sein sollten. Frauen seien geübter in zwischenmenschlichen Beziehungen, in kommunikativen Auseinandersetzungen, seien skeptischer gegenüber formaler Macht und Autorität. Diese Fähigkeiten gelte es zu stärken, gesamtgesellschaftlich wie beim anderen Geschlecht.[10]

Skizzierung eines „anderen" Politikverständnisses

Bevor hier die Konturen eines erweiterten Begriffs von Politik gekennzeichnet werden, soll darauf verwiesen werden, daß es meiner Ansicht nach keinen überzeitlichen oder kulturell unabhängigen Begriff von Politik geben kann. Politik oder das, was als „politisch" gelten kann, ist immer historisch-kontingent sowie sozial und kulturell gebunden. Bereits die Frage, was zu den Gegenständen von Politik gehöre und wo die Grenzen des Politischen gezogen werden müssen, ist immer schon eine politische Fragestellung. Sie wird jedoch von Frauen und Männern aus unterschiedlichen sozialen Kontexten und Interessen heraus unterschiedlich gestellt. Insofern unterstütze ich im folgenden keinesfalls Versuche einer „Ontologisierung der Geschlechterdifferenz", wie Klaus v. Beyme es 1991 für Teile der feministischen Forschung auszumachen meinte, sondern betone die historische Kontingenz von Politikdefinitionen und die soziale Eingebundenheit der Subjekte, die sich darüber verständigen (müssen). Die Soziologin Christel Eckart hat diese Perspektive jüngst folgendermaßen formuliert:

> „Nicht schon die Behauptung, 'Das Private ist politisch', enthält das feministische Gegenbild des Politischen. Vielmehr ist der Akt, in dem Frauen diese Behauptung unüberhörbar aufstellen, praktizierte politische Alternative. Die Parole ist Ausdruck eines Verständnisses von Politik als Prozeß der öffentlichen Artikulation und als Auseinandersetzung darüber, was, wie, von wem politisch gestaltet werden soll." (Eckart 1995: 84)

M. E. müssen sich Individuen stets wieder neu darüber verständigen, was theoretisch die Bestimmung des Politischen und des jeweils Privaten ausmacht. Insofern liegt meiner Definition ein *diskursiver*, von den beteiligten Subjekten selbst auszugehender Verständigungsprozeß zugrunde. Daß hierbei auch die *Frauen als Definitionsmächtige* eingebunden werden bzw. beteiligt sind, steht zwar als Anspruch in allen Menschenrechtserklärungen der Neuzeit aber de facto immer noch aus.

---

10 Die Zuspitzung erfahren solche Theorien in populär-feministischen Forderungen nach einer „Politik des Unterschieds" (Gisela Erler) oder in einer Mythologisierung von Weiblichkeit als den „letzten gesellschaftlichen Ausweg" (Roger Garaudy). Christina Thürmer-Rohr hat die „weibliche Entsorgung" männlicher Zerstörungswut scharf kritisiert mit dem Begriff „Weiblichkeit als Putz- und Entseuchungsmittel" 1987.

Aus diesem Grund habe ich 1992 versucht, – auf vorläufige und spekulative Weise – aus den einschlägigen Arbeiten inhaltliche Aussagen aufzugreifen, die dem Interesse eines Blicks auf geschlechtsbezogene Besonderheiten geschuldet waren. Angeregt durch die Thesen von Carol Gilligan habe ich die bislang veröffentlichten Selbstbeschreibungen von Politikerinnen und die Ergebnisse qualitativer Studien systematisch rekonstruiert. Die dabei gewonnenen polaren Gegenüberstellungen münden exemplarisch in unterschiedlichen Politikverständnissen *im Sinne eines unterschiedlichen Politik- bzw. Führungsstils:*
Auf der einen Seite verbindet sich die Vorstellung eines anderen Umgangs mit Macht mit einem weiten, über Institutionen hinausgehenden Politikverständnis, das einem institutionell-verengten Verständnis etwa durch folgende Kontrastpaare gegenüberzustellen wäre:

- eher egalitäre versus hierarchische Orientierung
- Flexibilität versus Rigidität in der Artikulation der politischen Position
- kommunikatives versus strategisches Machtverständnis
- prozeßorientiertes versus zielorientiertes Denken
- Personenbezogenheit versus von Personen abstrahierende Bezogenheit/ Sachbezogenheit
- kooperatives versus konkurrentes Verhalten
- Laien- und Alltagswissen versus Expertentum
- interdisziplinäres Denken und Vernetzen versus Ressortdenken
- Betroffenheit versus Abstraktheit
- Kontextberücksichtigung versus von sozialen Kontexten isolierende Regel- oder Prinzipienorientierung
- Kompetenzorientierung versus Karriereplanung.

Nun wäre es ein fatales Mißverständnis, wenn man die Charakterisierung der einen Seite des Polaritätenprofils an die Großgruppe Frauen zwingend gebunden sähe. Es geht nicht darum, die Merkmale, die eine Kritik am traditionellen Politikverständnis und an herkömmlichen Formen des Politik- bzw. Führungsstils implizieren, als Merkmale zu kennzeichnen, die ausschließlich Frauen als Frauen entwickelt und Männer gar nicht entwickelt hätten. Es sind auch keine Merkmale, die in Frauenzusammenhängen stets und „automatisch", in Männerkontexten dagegen nicht anzutreffen wären. Meine These ist aber, daß Frauen und Männer durch die Geschlechterpolarisierung moderner Gesellschaften und durch die Notwendigkeit und Unentrinnbarkeit der sozialen und kulturellen Konstruktion von Geschlechtlichkeit unterschiedliche Stile und Orientierungen im Politischen herausgebildet haben. Diese sind *weder* biologisch determiniert *noch* essentialistisch normiert etwa durch Bezüge auf ein „weibliches Wesen", sondern sie sind historisch-kulturell kontingentes Ergebnis patriarchalischer Vergesellschaftung. Sie sind nicht Teile einer „ontologischen Geschlechterdifferenz" (v. Beyme 1991).

Frauen machen die Erfahrung, als sogenannte „Grenzgängerinnen" zwischen gesellschaftlich getrennten Lebensbereichen der Dynamik der wechselseitigen Abhängigkeiten besonders ausgesetzt zu sein. Im politischen Raum bewegen sich Frauen vermutlich ohne Netz und auf doppeltem Boden, da tendenziell private Abhängigkeiten geleugnet werden müssen. Die widersprüchlichen Anforderungen an öffentlich sichtbare Frauen lauten: einerseits beziehungsorientierte, kommunikative Kompetenzen, die bei ihnen traditionell eher erwartet und erfragt werden, und universal gültige instrumentell-rationale Handlungsimperative andererseits, denen eher im Berufsleben Gültigkeit zugewiesen wird, zu verbinden. (Es ist in diesem Zusammenhang unerheblich, ob Menschen wissen, daß diese Zuschreibungen bloß Stereotype sind, sie müssen sich – eben geschlechtsspezifisch unterschiedlich – gleichwohl im Alltag mit ihnen auseinandersetzen.) Diese Konstellation ist eine besondere Herausforderung aber auch eine Chance, die verschiedenen Möglichkeiten nicht als exklusiv sondern als ergänzend zu erfahren. In mehreren Untersuchungen ist deutlich geworden, daß viele Frauen trotz ihrer subjektiven Ablehnung von gesellschaftlichen Bildern traditionaler Weiblichkeit einige dort enthaltene Zuschreibungen positiv bewerten und an ihnen festhalten wollen. Es sind dies einerseits Wünsche nach nahen, intensiven Beziehungen und nach sogenannten „mütterlichen" Eigenschaften wie Empathie, Fürsorge u. ä.. Viele Frauen wollen sich gerade *nicht* den gesellschaftlich an sie herangetragenen Aufforderungen zur Angleichung an die „männliche Normalbiographie" beugen, sondern suchen nach Strategien, ihre auf verschiedene Lebensbereiche gerichteten Wünsche und Lebensplanungen zu vereinbaren (vgl. Ritter 1994).[11] Die durch die Geschlechterpolarisierung erwirkte unterschiedliche Ausprägung und Unterstützung allgemein menschlicher Fähigkeiten und Deutungsmuster sind – denke ich – Resultate sozialer Konstruktion und als solche auch als *veränderbar* anzusehen.

---

11 Auch für Männer gibt es Kosten von gesellschaftlich vorgegebenen einseitigen Geschlechtsrollen-Orientierungen. Eine Gesellschaft, die ihnen „Männlichkeit als Prinzip" abverlangt, und als „weiblich" titulierte Werte wie Nachgiebigkeit, Flexibilität, Gefühlshaftigkeit bei ihnen sanktioniert, fordert einen hohen Preis an tatsächlich lebbaren menschlichen Fähigkeiten.

Meine zweite These ist, daß die Merkmale, die im Polaritätenprofil einander gegenüber gestellt sind, keine Wertungen darüber enthalten, welcher Modus im Politischen für die Lösung gesellschaftlicher Probleme prinzipiell besser geeignet zu sein scheint. Sicher scheint allerdings, daß komplexe Probleme auch komplexe, nicht verengte Sichtweisen erfordern, die eher bei einem überinstitutionellen Politikverständnis und bei variablen Verhaltensmodi zu finden sind. Der flexible Bezug auf unterschiedliche, situationsadäquate Verhaltensstile scheint in hochkomplexen Situationen, wie sie in politischen Entscheidungsprozessen üblich sind, angemessen. Denn: Sich sach- und zielorientiert, konkurrent oder prinzipienorientiert zu verhalten ist m. A. n. nicht *grundsätzlich* schlecht. Und auf der anderen Seite ist ein Verhalten, das stets personen- und situationsorientiert ist, nicht grundsätzlich gut. Es gibt politische Probleme und Situationen, in denen *beide* Orientierungen ihre Angemessenheit besitzen. So kann z. B. ein (eher bei Frauen vermutetes) Beharren auf Alltagswissen und Betroffenheit naiv moralisierend sein. Es kommt jeweils auf die Fähigkeit der Reflexivität an, welche Orientierung in welcher Situation besonders angemessen zu sein scheint (vgl. Meyer 1992).

Vor dem Hintergrund eines solcherart erweiterten Politikverständnisses nun müßte man die derzeitigen Überlegungen zu einer Erhöhung der Partizipation und Repräsentanz von Frauen in der Politik neu diskutieren. Zu denken wäre nicht nur an eine Eingliederung von Frauen in gegebene Strukturen, die in der paritätischen politischen Partizipation von Frauen aufgehen würde. Durch die Strategien einer numerischen Gleichstellung wäre langfristig auch eine qualitative Veränderung der politischen Sphäre der Macht intendiert. Die quantitative Erhöhung des Frauenanteils in der Politik wird – so legen es die moraltheoretischen Diskussionen nahe – nicht konzipiert als Anpassungsleistung an das Vorfindbare, sondern als der Einzug einer bisher aus der traditionellen Politik verdrängten Kultur. Darum verfehlt m. E. die Kritik an einer „bloß mechanischen" Gleichstellung den Kern.

5. Intention

Dieses Forschungsvorhaben wollte nun einige dieser hypothetischen Annahmen über ein nicht ontologisch begründetes (unterschiedliches) Verhältnis von Frauen zur Politik empirisch überprüfen. Es galt bei dieser Suche nach einem frauenspezifischen Politikverständnis nicht, den Parlamentarierinnen ein ihrem Selbstverständnis fremdes Kategoriennetz überzuwerfen, sondern zu klären, ob dieses vermutete „Andere“ in den Selbstdeutungen der Parlamentarierinnen tatsächlich auftauchte und sie selber davon sprachen, oder ob es sich etwa ausdrückte in der Spezifik ihres politischen Werdegangs, in der Wahl ihrer Politikbereiche oder in den Politikmaterien, auf die sie Einfluß ausübten.

In die Analyse wurden nicht primär Frauen einbezogen, die im Namen dieses „Anderen“ etwa in der Frauenbewegung und in feministischen Organisationen und Gruppenzusammenhängen gesellschaftspolitisch aktiv geworden waren. Es war vielmehr die spezifische Intention dieser Arbeit (und ein Unterschied zu den oben genannten Studien), das möglichwerweise „andere“ Verständnis eventuell bei denjenigen Frauen aufzuspüren, die im klassisch-parlamentarischen Bereich aktiv waren und dies an herausgehobener Stelle, nämlich in politischen Führungspositionen im Deutschen Bundestag gewesen sind.

Ein genauer Blick auf das „andere“ Politikverständnis von Frauen muß sich stets der Fallstricke einer vereinheitlichenden und reduktionistischen Sichtweise bewußt sein. Zu der Problematisierung von substantialisierenden Aussagen über eine sogenannte „weibliche Besonderheit“ von Eigenschaften, Verhaltensweisen und Ansichten, die den Anschein einer ontologischen Differenz und Deckungsgleichheit von Frauen im Denken und Handeln suggerieren, hat es in der feministischen Philosophie und Soziologie eine breite und differenzierte Auseinandersetzung gegeben. Eine Arbeit, die auf die spezifischen Interessen, Leistungen und Politiken von Frauen aufmerksam machen möchte, muß das Risiko in Kauf zu nehmen bereit sein, eventuell dichotome Denkweisen über die Geschlechterdifferenz fortzuschreiben und zu verfestigen. Um dieses Risiko zu minimieren, werden u. a. auch die Differenzen unter Frauen selbst zum Gegenstand gemacht. Es ging mir primär darum, Frauen als Akteurinnen wahr- und ernstzunehmen. Meiner Ansicht nach kann es nur durch die Hervorhebung dessen, was die besondere Situation von Frauen in der Politik ausmacht, gelingen, mögliche Veränderungen, die den marginalen Status von Frauen in der Politik aufheben könnten, herbeizuführen. Dieser Perspektive liegt eine theoretische wie politische Einsicht zugrunde, daß es auch in patriarchal verfaßten Institutionen Handlungsspielräume und (evtl. nicht genutzte) Möglichkeiten für Frauen gibt, die sichtbar gemacht werden sollten. Feministische Herrschaftsanalysen haben über viele Jahre mit ihrer quasi anthropologischen Kritik an der Permanenz patriarchalischer Dominanz den Raum für historische Veränderungen verstellt. Damit werden Handlungen, Interessen, Möglichkeiten und Potenzen von Frauen unsichtbar gemacht, oder wie es Regina Becker-Schmidt formuliert hat:

„Eine Optik, die letztendlich dann doch nur die Nicht-Präsenz von Frauen und Fraueninteressen auf der staatlichen Ebene in den Blick nimmt, übersieht, was gesellschaftlich wirksam ist, obwohl es politisch nicht repräsentiert ist: die Frauenarbeit und die weibliche Kultur im System geschlechtlicher und klassen- bzw. ethnienspezifischer Arbeitsteilung. Angesichts dieser Austauschprozesse ... ist das weibliche Geschlecht nicht nur Opfer männlicher Macht. Frauen sind auch Akteurinnen mit historisch nicht ausgeschöpften Einflußmöglichkeiten. ... Frauen haben immer wieder versucht, ihre Interessen politisch zu vertreten, und es gibt auch Erfolge, die nicht zu unterschätzen sind. ... Es gibt Einfallstore für weibliche politische Strategien, die historische Veränderungen bewirken können." (Becker-Schmidt 1992: 76)

Diese zu beleuchten, war eine der Intentionen dieser Arbeit. Daher wurde auch den politischen Biographien von ausgewählten Parlamentarierinnen ein breiter Raum eingeräumt. War es – so wurde darüber hinaus gefragt – erst die Vermutung der Neuen Frauenbewegung in den 70er Jahren, daß sich Frauen auf ein „anderes" Verständnis von Politik beziehen könnten? Oder haben eventuell bereits die Parlamentarierinnen der Nachkriegszeit mit Politik andere Inhalte und andere Umgangsformen assoziiert und gelebt?

Die vorliegende Untersuchung gliedert sich wie folgt:

Im Kapitel II. *Untersuchungsrahmen* stelle ich 1. die *Untersuchungsgruppe*, 2. die *Methode*, die Datenerhebung, die Auswertungsschritte sowie 3. das ausgewertete *Material* vor.

Im Kapitel III. folgen die *politischen Biographien der acht ausgewählten Parlamentarierinnen*, die im Zentrum meiner Fragestellungen gestanden haben. Die Reihenfolge ist nach Parteiengewicht im Bundesland Baden-Württemberg ausgewählt. Erst werden die älteren, dann die jüngeren Frauen derselben Partei vorgestellt.

Kapitel IV. beinhaltet das abschließende *Gesamtresümee: „Parlamentarierinnen im historischen und sozialen Kontext von der Nachkriegszeit bis heute"*, das seinerseits einer chronologischen Struktur folgt. Zunächst werden *unter A die älteren* Parlamentarierinnen, *unter B die jüngeren* resümiert, anschließend soll *unter C ein Vergleich der älteren und jüngeren Parlamentarierinnen* versucht werden. *Unter D* findet sich *ein Kurzresümee*.

II. Untersuchungsrahmen

1. Die Untersuchungsgruppe

Bei der Auswahl der Untersuchungsgruppe ist zunächst eine regionale, auf Baden-Württemberg bezogene, sowie eine elitentheoretische Eingrenzung vorgenommen worden: Alle ausgewählten Politikerinnen gehören zur Positions- bzw. Funktionselite ihrer jeweiligen Partei. Zur weiteren Eingrenzung der Untersuchungsgruppe wurden folgende Überlegungen angestellt: Die zu befragenden Politikerinnen sollten ein hinreichendes Maß an Erfahrungen im politischen Kontext besitzen, sie sollten bereits in politische Führungspositionen aufgestiegen sein, es sozusagen „geschafft" haben, um das Besondere eines geglückten weiblichen Karriereverlaufs in der Politik und nicht primär die Karrierebremsen in den Blick nehmen zu können. Daneben sollten sie über ein politisches Mandat verfügen (verfügt haben) und dafür eine finanzielle Vergütung erhalten (haben). Darüber hinaus sollten sie im Bonner Parlament bundespolitisch tätig (gewesen) sein, denn aller Erfahrung nach ist Frauenpolitik zunächst einmal Bundespolitik.

Im Zentrum dieser Untersuchung standen alle 43 Parlamentarierinnen aus Baden-Württemberg, die jemals, bzw. zwischen 1949 und 1991 im Deutschen Bundestag vertreten waren: 11 aus der CDU, 17 aus der SPD, 6 aus der FDP und 8 von den GRÜNEN, eine von der KPD. Davon sind mittlerweile sechs verstorben. Acht Parlamentarierinnen werden im vorliegenden Bericht ausführlich in Form ihrer politischen Biographie vorgestellt, wobei es für die qualitative Auswertung auf eine Gegenüberstellung von zwei Kontrastgruppen ankam: jeweils eine Politikerin gehörte zu den älteren, eine zu den jüngeren Jahrgängen.[1]

---

1 Bei diesen acht Parlamentarierinnen handelt es sich nicht um ein im statistischen Sinne repräsentatives Sample, sondern um eine begründete Auswahl einzelner Fälle. Bei-

Für die Auswahlkriterien dieser acht zu schreibenden „politischen Biographien“, die im Zentrum der Studie stehen sollten, war bedeutsam, daß die Parlamentarierinnen

1. *unterschiedlichen Parteien* angehören, daß sie
2. mindestens *zwei Legislaturperioden* dem Gemeinderat, Landtag oder Bundestag angehört und sich
3. *im Plenum und in den Ausschüssen durch besondere Aktivitäten* hervorgetan haben sollten – dieses ließ sich unschwer an Zahl und inhaltlichen Schwerpunkten ihrer Plenarbeiträge ablesen. Darüber hinaus war
4. ein Strukturierungsversuch, die Parlamentarierinnen in *„ältere“ und „jüngere“* einzuteilen.[2]

In lebensgeschichtlichen Interviews befragt wurden folgende Parlamentarierinnen:

Name	Fraktion	Landtag	Bundestag	Amt in Regierung
A. Griesinger	CDU	1976-84	1964-72	1972-84
R. Hellwig	CDU	1972-75	1980 ff.	1975-80
R. Lepsius	SPD		1972-83 1984-87	
H. Däubler-Gmelin	SPD		1972 ff.	
E. Diemer-Nicolaus	FDP	1946-50* 1950-57	1957-72	
U. Seiler-Albring	FDP		1983-94	1991-94
C. Reetz	GRÜNE	1980**	1983-85	
J. Oesterle-Schwerin	GRÜNE	1975-80*** 1984-1987****	1987-91	

* Gemeinderat Stuttgart
** Stadtrat Offenburg
*** Gemeinderat Ulm für die SPD
**** Gemeinderat Ulm für die GRÜNEN

---

de Gruppen stehen für sehr unterschiedliche lebensgeschichtliche Erfahrungen. Die Älteren - in den zwanziger Jahren Geborenen - sind von einem gesellschaftlichen Klima geprägt worden, in dem später durch den Nationalsozialismus die meisten frauenpolitischen Errungenschaften der ersten deutschen Frauenbewegung wieder zurückgenommen wurden, wie das Recht auf eine qualifizierte Berufsausbildung und -ausübung, der Hochschulzugang, das passive Wahlrecht u.a.m. Für die Jüngeren sind völlig andere gesellschaftliche Erfahrungen prägend gewesen.

2 Die hier nach soziologischen Auswahlverfahren vorgenommene Eingrenzung der Untersuchungsgruppe war für die zu erwartenden Ergebnisse bedeutsam, weil nicht diejenigen unter „feministischem Banner“ angetretenen Politikerinnen untersucht wurden, die in der bundesdeutschen Politik - durch die Medien verstärkt rezipiert - aufgefallen sind: wie etwa das „Feminat,“ die Hamburger Frauenliste der Frechen Frauen oder die Berliner Senatorinnen der rot-grünen Stadt-Koalition unter Walter Momper.

2. Methodisches Vorgehen: Datenerhebung

Es war die Absicht der vorliegenden Untersuchung, der individuellen Politikerin-Biographie nachzugehen, ohne die „kollektive Biographie“ aus den Augen zu verlieren und einem personalisierten Geschichtsverständnis Vorschub zu leisten. Die angewandten Methoden bei der *Datenerhebung* waren daher durch zielgruppenbezogene Überlegungen im Hinblick auf die oben dargestellte Auswahl der Untersuchungsgruppe zweifach bestimmt: zunächst durch die acht Parlamentarierinnen, deren politische Biographien u.a. aufgrund lebensgeschichtlicher Interviews ins Zentrum gerückt werden. Bei dieser Gruppe kamen für die *Auswertung* Interpretationsverfahren aus der qualitativen Sozialforschung zur Anwendung, u.a. die der „biographischen Methode“ (Kohli 1981) und das „problemzentrierte Interviews“ (Witzel 1982). Darüber hinaus beinhaltete die Erhebung der Gesamtgruppe aller baden-württembergischen Bundestagsparlamentarierinnen eine schriftliche Befragung mittels eines Fragebogens – in drei Fällen wurden Parlamentarierinnen nochmals mündlich befragt.

Es galt, eine Sichtweise auf die politische Persönlichkeit zu werfen, die ein mehrdimensionales Verfahren nahelegt. Dietrich Herzog (1975) nennt sein Vorgehen die „Erfassung der dynamischen Interdependenz und des Miteinanderwirkens von sozialen Faktoren und Persönlichkeitsmerkmalen“. So wurde die einzelne Parlamentarierin in ihrem sozialen Gefüge, mit ihrer organisatorischen Verflechtung und ihren politischen Schwerpunkten vor dem historischen Hintergrund erforscht. Dieses Verfahren sowie der Umfang des Materials erforderten im Verlaufe der Forschungsarbeiten mehr und mehr den Einsatz von unterschiedlichen Erhebungs- und Auswertungsmethoden. So wurden historisch-interpretative, politologisch-systematisierende und biographisch-problemorientierte Deutungsverfahren einbezogen.[3]

Die zentralen Fragestellungen dieser Arbeit wurden aus der Sicht der Subjekte selbst und ihrer sinnhaften Interpretation ihrer Existenz als Politike-

---

3 Die ersten Schritte der Erhebung zielten auf die Dokumentation und die Sammlung von Quellenmaterial. In einem zweistufigen Auswertungsverfahren wurden die Sach- und Sprechregister der Bundestags-und Landtagshandbücher auf die (Anzahl und Länge der) Redebeiträge der Untersuchungsgruppe durchgemustert. Ebenso wurden die Protokolle und die anderen Dokumente strukturiert und nach quantitativen Kriterien systematisiert. Diese aus biographie-, sozial- und organisationsgeschichtlichen Zusammenhängen gewonnenen Daten wurden verbunden mit den qualitativ zu bestimmenden Schwerpunkten der politischen Arbeit der Untersuchungsgruppe.

rin und ihres politischen Handelns angegangen.[4] Es interessierten u.a. die Konflikte, die für Frauen in der Politik verborgen liegen, sowie deren Bewältigungsstrategien, bzw. das subjektive Konfliktmanagement, so daß die Interviews wichtige Mittel der Datengewinnung waren.

Im einzelnen bezogen sich die methodischen Überlegungen bei der Datenerhebung auf folgende Aspekte:

2. 1 Die lebensgeschichtlichen Interviews
2. 2 Die Gesprächssituation
2. 3 Die „Nachlese"
2. 4 Die Erhebung der Gesamtgruppe

2. 1 Die lebensgeschichtlichen Interviews

Zur Vorbereitung auf die lebensgeschichtlichen Interviews wurde jeweils eine „Dokumentation zur Person" erstellt, die die biographischen und politischen Stationen der Politikerinnen aufführte (Herkunft, Familienstand, Religion, Schul- und Berufsausbildung, Eintritt in die Partei, Ämter, Mitgliedschaft in Vereinen/Verbänden, Mandate etc.).[5] Die Interviews wurden anhand eines Frageleitfadens mit insgesamt 105 Fragen plus Unterfragen geführt.

Dieser Leitfaden wurde angeregt durch klassische Karriereverlaufsstudien der Politikwissenschaft (Herzog 1975 ff.; Hoffmann-Lange 1990), desweiteren war er inspiriert durch Hinweise aus der Biographieforschung (Fuchs

---

4 Bereits bei der Fragestellung und der Auswahl der Untersuchungsgruppe bildete den theoretischen Hintergrund die Annahme eines Spannungsverhältnisses zwischen unterschiedlichen Lebenserfahrungen und -stilen im öffentlichen und im privaten Bereich, die es für Frauen immer noch als etwas Besonderes erscheinen lassen, in der Politik aktiv tätig zu werden.

5 Ebenso aufgeführt wurden dort die Fundstellen sämtlicher, von der Politikerin gehaltener Reden im Landtag bzw. Bundestag sowie personenbezogene Artikel, Vorträge oder Presseausschnitte zum Beispiel aus dem Archiv des baden-württembergischen Landtags. Hinweise auf Veröffentlichungen von ihr oder über sie wurden ebenfalls aufgenommen. Kurz: alles, was sich über die im Zentrum des Interesses stehende Politikerin aufspüren ließ, wurde gesammelt und für die Auswertung systematisiert. Anschließend habe ich sämtliche Protokolle der im Landtag bzw. Bundestag gehaltenen Rede- und Wortbeiträge bzw. alle ihre schriftlichen Äußerungen gelesen bzw. daraufhin untersucht, ob für die Politikerin bestimmte Politikfelder im Zentrum standen. Da die Interviews zunächst nur zur Abrundung der politischen Biographie geplant gewesen waren, erschien es sinnvoll, alle verfügbaren Daten und Materialien *vor* dem jeweiligen Interviewtermin verarbeitet zu haben, auch damit ich unabhängig vom subjektiv vermittelten Wort die Biographie hätte schreiben können.

1980 ff.; Voges 1987; Glaser/Strauss in: Hopf/Weingarten 1984; Wohlrab-Sahr 1994). Wesentlich bei der Konzipierung des Interviewleitfadens war die Auseinandersetzung mit einschlägigen Untersuchungen aus dem Bereich der soziologischen, psychologischen und politikwissenschaftlichen Frauenforschung (v. a. Hagemann-White, Schultz, Schöler-Macher, Eckart, Ritter, Flaake, Penrose, Bilden, Pitschke, Wohlrab-Sahr).

In einem Pretest-Verfahren wurde der Leitfaden verändert, gestrafft und auf die erkenntnisleitenden Fragestellungen hin überarbeitet.

Im Frageleitfaden wurden wichtige Dimensionen des Frauseins in der Politik systematisch angesprochen. Er ist gegliedert nach sechs Schwerpunkten und umfaßt folgende Bereiche:

1. Jugend/Herkunftsfamilie
2. Schule/Ausbildung/Berufstätigkeit
3. Politische Sozialisation
4. Partei-Sozialisation
5. Frauenspezifik
6. Persönliche/private Situation

Mit dem Leitfaden wurden 1992/1993 elf Parlamentarierinnen aus Baden-Württemberg befragt. Acht wurden für die politischen Biographien ausgewertet.[6]

Bis auf zwei Politikerinnen wurden alle in ihrer häuslichen Atmosphäre interviewt. Dies schien für den persönlichen Eindruck sehr wichtig. Diesen

---

6 Alle Interviews (bis auf das mit Renate Lepsius) wurden zu zweit, von mir und der wissenschaftlichen Mitarbeiterin, durchgeführt. Diese Tatsache hat erstens den Vorteil, daß sich eine Person (hier die Mitarbeiterin) mit der Technik befaßt (der Aufnahme- bzw. Mikrophoneinstellung, Kassettenwechsel, Beschriftung u.a. - solche Dinge können viel wichtige Aufmerksamkeit ablenken). Auf der anderen Seite können persönliche Eindrücke, etwaige Vorbehalte, mögliche Irritationen, Mißverständnisse oder erste Identifikationen zwischen der Fragenden und der Befragten sogleich nach dem Interview ausgetauscht, ins Bewußtsein gehoben und differenziert werden. Mein Eindruck war: Mit Hilfe der zweiten Interviewperson gelingt es nach den Interviews eher, die für eine Auswertung notwendige Distanz zur Interviewpartnerin (wieder) zurückzugewinnen. Von sämtlichen Interviews gibt es ein Tonbandprotokoll, das anschließend transkribiert worden ist. Die Interviewzeit variierte sehr stark, bei einer, im politischen Tagesgeschäft stehenden Politikerin waren es eineinhalb Stunden, bei zwei anderen, älteren, seit über zehn Jahren „emeritierten“ Politikerinnen waren es bis zu vier Stunden (wobei der Aufenthalt bei beiden ca. sieben Stunden dauerte). So spiegelte sich die unterschiedliche Interviewzeit auch im Umfang der transkribierten Interviewmanuskripte. Sie umfassen von 50 Seiten bis zu 97 Seiten, durchschnittlich liegen sie bei 65, insgesamt bei 518 Seiten.

habe ich – fern der distanzierenden wissenschaftlichen Reflexion – unmittelbar nach dem Interview einer eher impressionistischen „Nachlese“ anvertraut. Fuchs nennt dieses erste Protokoll des Gesprächsverlaufs den „Interviewerbericht“ (Fuchs 1884: 258), in anderen Texten wird von „Postskriptum“ gesprochen (Witzel 1982: 91).

2.2 Die Gesprächssituation

Alle angeschriebenen Politikerinnen erklärten sich sogleich bereit, für ein ausführliches Interviewgespräch zur Verfügung zu stehen. Diese spontane Bereitschaft, mir – einer ihnen unbekannten Wissenschaftlerin – Fragen zu beantworten, deutete ich als Interesse an Fragestellung und Zielrichtung des Projektes. Die Erfahrungen als Frauen in der Politik, das Bewußtsein der Exponiertheit in der öffentlichen Rolle, aber auch das subjektive Gefühl, etwas bewirkt zu haben, ließ bei den meisten Politikerinnen eine Offenheit zutage treten, wie ich sie zwar erhofft, aber keinesfalls erwartet hatte.

Interviews sind Ausdruck und Ergebnis einer sozialen Interaktion zwischen befragter und interviewender Person. Für die Datenerhebung und -aufbereitung sowie für die Auswertung eines Interviews bedeutsam ist daher die kritische Einschätzung der vielseitigen Facetten der Gesprächssituation im Interview, die sowohl von der Interviewerin als von der Befragten beeinflußt werden. So stand in diesem Fall die Interviewerin für eine bestimmte Institution – hier für die Fachhochschule bzw. für die fördernde Institution, das Ministerium für Frauen, Familie, Weiterbildung und Kunst des Landes Baden-Württemberg –, die mit Wissenschaft, von einigen auch mit Politikwissenschaft bzw. mit der Verbindung von Politik und Wissenschaft assoziiert wurde. Aber auch die Befragten treten der Fragenden als Repräsentantinnen einer bestimmten Institution gegenüber. Parlamentarierinnen können für „das Bonner Parlament“ stehen oder für „Karrierefrauen“ in der Politik und bestimmte Assoziationen und eigene Wünsche/Erfahrungen bei der Interviewerin hervorrufen. Wenn eine Politikerin und eine Politologin sich gegenübersitzen, dann spielen andere Erwartungen, Abgrenzungen, kurz andere „Bilder“ von Person und Situation eine Rolle, als wenn sich ein Politiker und ein Politikwissenschaftler gegenübersitzen, oder wenn letzterer eine Politikerin befragt, oder eine Politikwissenschaftlerin einen Politiker.

Im vorliegenden Fall erforderte die Auswahl der Untersuchungsgruppe „Frauen in politischen Führungspositionen“ noch eine spezielle Aufmerksamkeit: Politikerinnen sind oftmals geübte „Geschichten-Erzählerinnen“, geübte

Interview-Geberinnen, und es ist wichtig, bereits beim Interviewgespräch die nötige Distanz zu halten, dies gilt umso mehr für die wissenschaftliche Auswertung und Analyse. Die Interviewerin sollte nicht alles glauben, sie darf den Selbststilisierungen nicht unbedingt folgen und sollte mit Distanzierungsvermögen den biographischen und politischen Erfahrungs- und Lebensweg begleiten. Politikerinnen haben sich evtl. auch ihre Lebensgeschichte schon erzählbereit zurechtgelegt. Die Aussagen in biographischen Interviews sind, wie wir wissen, eben nicht reine Tatsachenberichte, sondern Rekonstruktionen der eigenen Biographie, die mitgeprägt sind von der jeweiligen Situation, in der sie erzählt werden sowie von der jeweiligen Persönlichkeit und ihrem Selbstverständnis (vgl. Wetterer 1984). Daneben – auch das lehren die in der Biographieforschung reflektierten Erfahrungen – verkörpert das Gesagte die inneren Bilder einer Person, die nicht unbedingt als empirisch wahr, als tatsächliche Fakten genommen werden dürfen. Die Erzählungen sind sozusagen innere Repräsentanzen einer Person und sind als solche „wahr" bzw. bedeutsam. Sie müssen sich nicht mit der Realität decken oder einer – wie auch immer bestimmbaren – Angemessenheit in der Wiedergabe von Fakten entsprechen.

Im Interview bilden auch die Kleidung, Frisur, die Gestik, die Haltung und Mimik, die Lebendigkeit und der Rhythmus der sprachlichen Äußerungen ein konkretes Insgesamt von Äußerungen und Repräsentationsweisen einer Person, die erst deren „konkrete Fülle" ausmacht.[7] Diese Gesamtheit von Eindrücken und Informationen versuchte ich unmittelbar anschließend an das Interview in Form einer „Nachlese" zu protokollieren.

2.3 Die „Nachlese"

Der Wunsch, alle spontanen Eindrücke und Informationen, die ich nach dem Interview von der Politikerin und ihrem Milieu, von dem Gesagten und Gezeigten aber auch von gewünschten Identitätspräsentationen gewonnen hatte,

7 Sämtliche Eindrücke visueller, inhaltlicher und atmosphärischer Art, sowie die Art und Weise der spezifischen kommunikativen Beziehung zwischen der Politikerin und der Interviewerin tragen zu dem Reiz eines Interviewprojektes bei. Sie machen den großen Unterschied aus zu historischen Projekten, die ihre Daten und Quellen allein Überlieferungen entnehmen. Die Art und Weise, wie sich die befragten Politikerinnen selbst inszenierten, all ihre gegenüber der Interviewerin offengelegten Erzählungen und Wertungen, auch das „off the record"-Gesagte bilden die Vielfacettigkeit eines Falles, die sich wechselseitig kommentieren, ergänzen oder korrigieren.

niederzuschreiben, erwies sich im weiteren Verlaufe der Arbeit als sinnvoll: Bei der späteren Interpretation des transkribierten Gesprächs konnte ich mich auf diese ersten Eindrücke immer wieder reflexiv beziehen. Werner Fuchs begründet die Notwendigkeit eines „Interviewerberichts“ (hier: „Nachlese“), das ein Protokoll der äußeren Beziehungen und der situativen Faktoren, der charakteristischen Verläufe, der Kommunikation sowie der ersten Einfälle zur Interpretation beinhalten solle, in folgender Weise:

„Die Eindrücke sind frisch und noch nicht zerlegt in emotionale und verstandesmäßige. Sie sind noch szenisch gebunden. In ihnen steckt eine Eindrucksoffenheit, die sich später, je länger man mit dem Befragten zu tun hat oder auch, je länger man sich mit dem Gesprächsprotokoll und dann auch mit dem transkribierten Text beschäftigt, verloren geht. Irgendwie ist man mit dem Fall dann vertraut. Man hat sich an die Sprache und die Inhalte eines Interviews gewöhnt und eben dadurch auch eigene Offenheit für Überraschungen und Anregungen zu neuen Fragestellungen und Antworten verloren.“(Fuchs 1984: 258)

Insofern hatte die Nachlese die Funktion einer impressionistischen Studie, die für den weiteren Verlauf wichtiges Detail- und Hintergrundwissen bot und nicht zuletzt Aufschluß gab über meine eigenen Typisierungen, Identifikationen oder kommunikativen und emotionalen Irritationen. Mir war es wichtig, die eigene Person als wesentlichen Bestandteil der Untersuchungssituation zu begreifen.[8]

Deutlich waren mir die in der Biographieforschung nicht unbekannten Versuche, die Lebensgeschichte der Befragten projektiv zu verlängern. So stellte ich fest, daß ich den Lebensweg der Politikerin mit meinem eigenen verglich, bestimmte biographische Daten und Stationen oder einzelne Wertungen mit meiner eigenen Biographie vergleichend aufnahm. Dieser Gefahr war ich mir auch bei der Abfassung der Biographien bewußt. Daher wurde als Auswertungsverfahren eine Gruppendiskussion gewählt.

---

8 „Ahnungen, Zweifel, Vermutungen, Situationseinschätzungen, Beobachtungen von besonderen Rahmenbedingungen des Interviews und von nonverbalen Elementen“ (Witzel 1982: 91) beeinflussen den Ablauf des Gesprächs und tauchen später im verschrifteten Interviewskript nicht oder nur unvollständig auf. So können situative Momente, die von *beiden* Gesprächspartnerinnen produziert werden, durch die Abfassung einer „Nachlese“ in ihrer Bedeutung für das gesamte Interview einschätzbar gemacht werden.

2.4 Die Erhebung der Gesamtgruppe

Hier wurden an dreißig Parlamentarierinnen Fragebögen verschickt, die an dem Frageleitfaden der Interviews orientiert waren. Von der Gesamtgruppe der 22 Abgeordneten, die sich zu einer Mitarbeit an dieser Untersuchung bereitgefunden hatten, (das war ein Rücklauf von rund 60%) wurde eine umfangreiche Gesamtstatistik erstellt und interpretiert. Diese wurde für die Publikation weggelassen.

3. Die Auswertungsschritte

Bei der Materialauswertung und -interpretation aller schriftlichen Dokumente und Interviews war die vorwiegende Auswertungsmethode die qualitative Inhaltsanalyse. Hierbei ging es um eine interpretative Rekonstruktion sowohl des Sachzusammenhanges als auch der einzelnen Persönlichkeit (Ritsert 1972 ff.; Lisch/Kriz 1978; Meulemann 1993).

Für die Datenaufbereitung und -auswertung waren drei Dimensionen wichtig, sie prägten die Abfolge der Auswertungsschritte:

- die Rekonstruktion von acht politischen Biographien anhand des gesamten vorliegenden Quellenmaterials sowie der acht lebensgeschichtlichen Interviews
- die ergänzende Erhebung der Gesamtgruppe aller jemals aus Baden-Württemberg abgeordneten Parlamentarierinnen im Deutschen Bundestag zwischen 1949 und 1991. Hierfür wurde auch der Rücklauf des schriftlichen Fragebogens ausgewertet;
- ein „Gesamtresümee," d. h. die Verallgemeinerung von Aussagen der Frauen in politischen Führungspositionen sowie um die Einschätzung von bundesdeutschen Parlamentarierinnen im historischen und sozialen Kontext.

3. 1 *Die acht politischen Biographien*

Die Auswertung der transkribierten Interviews

Vorbedingung für eine systematische Textinterpretation war die vollständige, professionelle[9] Transkription aller auf Tonband aufgenommenen Interviews. Zusammen mit der jeweiligen „Nachlese" und allen anderen schriftlichen Dokumenten boten sie die Basis für die jeweils zu schreibende politische Biographie.[10]

Bei der Interview*auswertung* kamen Interpretationsverfahren aus der qualitativen Sozialforschung zur Anwendung. Diese waren am Verfahren der hermeneutischen Textanalyse orientiert. Die in den Schilderungen enthaltenen latenten Sinnstrukturen und zugrunde liegende Problemkonstellationen sollten herausgearbeitet werden. Diese sind den Befragten selbst nicht unbedingt bewußt, wirken aber dennoch handlungsleitend. Im Anschluß an Ulrich Oevermann u.a. (1978 ff.) verwende ich den Begriff latente Sinnstrukturen so, daß damit überindividuelle ursächliche Mechanismen oder soziale Strukturen zu verstehen sind. Diese konstituieren sich unabhängig von den Motiven, Dispositionen oder Intentionen der beteiligten Personen. In meiner Analyse hat der Begriff aufschließende Funktion: Speziell bei Politikerinnen, die oftmals geschult und begabt sind in ihrer rhetorischen Selbstinszenierung, speziell bei ihnen interessierte mich der „verborgene Sinn" ihres Lebenskonzeptes, ihres politischen Selbstverständnisses aber auch z.B. ihrer Konfliktbewältigungsmuster. Gleichzeitig sollten aber auch objektive Strukturgesetzlichkeiten entschlüsselt werden.

Ich habe in meiner Textanalyse die objektive Hermeneutik nach Oevermann u.a. gegenstandsangemessen und theoriegeleitet modifiziert. Sie wurde ergänzt durch eine Subjekt- und Interaktionsperspektive.

---

9 Professionell meint u.a., daß auch Sprechpausen, Lachen Lautstärke, Betonungen, Beilaute u.ä. im Textmanuskript vermerkt werden.

10 Der nächste Schritt der systematischen Textselektion und -analyse bestand darin, die verschiedenen, zentralen, im Kategoriensystem entwickelten Problemfelder sowie die von einzelnen Politikerinnen explizierte Themen und politische Schwerpunkte aber auch biographische Besonderheiten zu identifizieren, zu systematisieren, zu gewichten und in eine chronologische Reihung zu bringen. Dadurch, daß alle verfügbaren Reden, Schriften, Zeitungs- und Rundfunkbeiträge u.ä. vor den Interviews durchgearbeitet worden waren, konnten inhaltliche Ergänzungen, Weglassungen bzw. Veränderungen, die im Gespräch auftauchten, parallel festgehalten werden, um in die Auswertung einzufließen. Ebenso wurden die fehlenden faktischen Angaben (zu Geburtsort, Ausbildung und Berufe der Eltern, Geschwisterstellung etc.) ergänzt.

1. Die Interaktion der Akteurinnen im Interview steht im Zentrum und wird interpretiert im Hinblick auf die Fragestellungen
2. Das Gesagte wird mit den realen Fakten konfrontiert
3. Die Interpretation wird durchgängig auf das Theoriekonzept bezogen.

Diese drei Dimensionen wurden in gemeinsamen Auswertungsgesprächen mit ExpertInnen aus der empirischen Sozialforschung beachtet. Hier war die Möglichkeit gegeben, einzelne Interviewpassagen nochmals anzuhören, gemeinsam zu lesen und zu diskutieren.

Diese acht Gruppenauswertungsgespräche waren für die politischen Biographien von großem analytischen Wert. Auswertungsverfahren der Textinterpretation sind vor allem im Hinblick auf die Nachvollziehbarkeit und Überprüfbarkeit auf mehrere Personen angewiesen.

> „Die Gruppe bildet einen Konsens über Nachvollziehbarkeit, Stimmigkeit und Angemessenheit von Interpretationen, der ihnen den Charakter des intersubjektiv Nachprüfbaren gibt."(Flaake 1989: 234)

Durch ein solches, von mehreren Augen, Ohren und Köpfen vermitteltes Verständnis eines Einzelfalles kann m. E. die Rekonstruktion tiefer liegender Sinnstrukturen des jeweiligen Interviews besser gelingen. Von Vorteil ist, daß die eigenen Projektionen und Blindstellen der Interviewerin bewußt gemacht werden (können).[11]

Anschließend an das jeweilige Gruppenauswertungsgespräch schrieb ich die politische Biographie der einzelnen Parlamentarierin. Noch offene Fragen konnten telefonisch oder schriftlich mit den Politikerinnen geklärt werden. An sie wurden dann die verschrifteten Interviews geschickt mit der Bitte um die Copyright-Genehmigung der Zitate aus den Interviews.

3. 2 Die Auswertung der Gesamtgruppe

Um eine größere statistische Häufigkeitsverteilung festzustellen, wurde der Rücklauf der schriftlichen Befragungen der gesamten Untersuchungsgruppe ausgewertet. Es wurde eine kommentierte Gesamtstatistik erstellt, die aufschlußreiche Folgerungen aus den sozial-statistischen Daten erbracht hat,

---

11 Ziel dieser Auswertungsgespräche war es, in jeder Biographie die „innere Logik" oder ein bestimmendes Lebensmotto bzw. den „roten Faden" ausfindig zu machen. Mit einer solchen intersubjektiv abgesicherten Auswertungsmethode kann ein Versuch, auch hinter die „Selbstdarstellungsfassaden" einer Person zu schauen und vergleichbare, nicht offenliegende Muster herauszufiltern, möglicherweise gelingen.

z. B. wie verbreitet bestimmte Probleme, Ereignisse bzw. Phänomene waren und ob es Unterschiede zwischen einzelnen Gruppen von Befragten in der Häufigkeit entsprechender Aussagen gab (jahrgangsspezifisch oder etwa nach Parteizugehörigkeit verteilt), aus denen auf bestimmte „typische" Konstellationen geschlossen werden konnte.

3. 3 Das Gesamtresümee

Ziele der Untersuchung waren über die politischen Biographien hinaus das Typische oder Verallgemeinerbare in den Einzelbiographien aufzudecken und herauszuarbeiten. Methodisch bezieht sich die Arbeit hierbei auf Überlegungen zur „individuellen Allgemeinheit des Falles", die davon ausgehen, daß in jedem konkreten Einzelschicksal eine Typik, im „Zufälligen das Gesetz", enthalten sei.

Alle Interviewgespräche wurden für das Gesamtresümee vercodet.[12] Mit der Auswertung codierter und kategorisierter Interviewpassagen konnten quantitative Aussagen ergänzt werden: relative Häufigkeiten einzelner Kategorien im Verhältnis zu anderen über alle Interviews und Unterschiede zwischen einzelnen Gruppen von Politikerinnen – systematisch durch qualitative, interpretative Analysen einzelner Interviewaussagen. Dabei waren diese ergänzenden Auswertungen aus zwei Gründen wichtig:

Durch sie erschloß sich oftmals eine tiefer liegende und verallgemeinerbare Bedeutung einzelner biographisch geprägter Aussagen. So konnte beispielsweise eine starke Orientierung am Vater, der symbolisch für den väterlichen Weg als Weg in die politische Öffentlichkeit steht, festgestellt und einer verstehenden Interpretation zugeführt werden.

Durch die Auswertung von codierten Interviewpassagen konnten qualitative Unterschiede in den Argumenationsmustern und Sichtweisen von jüngeren und älteren Parlamentarierinnen herausgearbeitet werden, die die quantitativen Differenzen in den sozialstatistischen Daten ergänzten.

Um die Stimmigkeit einzelner Thesen abzusichern, wurden auch andere einschlägige Studien mit narrativen Interviews politisch aktiver Frauen hinzugezogen. Dort fand ich entweder Bestätigung oder Relativierung meiner Aussagen. Dieses ist entsprechend im jeweiligen Zusammenhang genau mit

---

12 Die Vercodungen wurden von mir im transkribierten Text vorgenommen. Anschließend wurden die jeweils unter Einzelkategorien vercodeten Textstellen von einer Fachschreibkraft zusammengestellt und systematisiert.

Quellenangaben ausgewiesen. So sollten sich die Darstellungen und Wertungen im Gesamtresümee nicht allein auf die hier geführten Interviews und Befragungen beziehen, sondern auf *alles empirische Material*, das zur Zeit im bundesdeutschen Raum über Politikerinnen erarbeitet worden und verfügbar ist. Die Betonung dieses Vorgehens ist deshalb wichtig, weil es sowohl auf das Problem der relativ kleinen Zahl der Erhebungsgruppe als auch auf die Frage der den Politikerinnen in manchen Punkten zugesicherten Anonymität antwortet.[13]

Um manche Ergebnisse oder Thesen prägnanter formulieren zu können, habe ich mich entschieden, das Gesamtresümee und speziell den Vergleich der jüngeren mit den älteren Parlamentarierinnen anonymisiert darzustellen, d. h. ohne Bezug auf die namentlich in dieser Studie genannten Politikerinnen. Ich bin damit dem Dilemma begegnet, das dieses Forschungsprojekt am Anfang für mich – wie ähnliche Studien mit historisch und zeitgeschichtlich bekannten Persönlichkeiten für andere – beinhaltete: Einerseits fühlte ich mich den interviewten Politikerinnen verpflichtet. So habe ich keine Informationen verwendet, die sie möglicherweise in der Öffentlichkeit und/oder parteiintern schädigen könnten oder bei denen sie mich um Diskretion baten. Andererseits waren besonders Brüche, Konflikte, widersprüchliche Orientierungen, Niederlagen oder auch heikle persönliche Punkte von Interesse. Diese Punkte sollten weder vernachlässigt noch unberücksichtigt bleiben. Es ging um Verallgemeinerungen von Aussagen über parlamentarisch tätige Frauen. Daher erschien die Möglichkeit der Identifikation einer bestimmten Person von nachrangiger Bedeutung. Falls erforderlich, habe ich bei der Darstellung Geburtsdaten und/oder Parteizugehörigkeiten ergänzt. Im übrigen wurde durch die Bezugnahme auf andere Studien die Untersuchungsgruppe nicht nur relativiert, sondern auch das Ziel verfolgt, daß es nicht mehr nachvollziehbar sein sollte, auf wen sich die Gesamtauswertung jeweils bezog.

---

13 So wäre es speziell bei den lebensgeschichtlich heiklen Punkten, bei Widersprüchen und Ungereimtheiten fatal, wenn man sie im Nachhinein der einzelnen Parlamentarierin unmittelbar identifizierend zuschreiben könnte. Die mögliche Identifikation von bestimmten Personen des öffentlichen Lebens ist für die Herausarbeitung von Besonderheiten oder von Typiken unwesentlich und würde unter Umständen Irritationen hervorrufen.

4. Material

Zunächst wurde alles zeitgenössische Dokumentenmaterial ausgewertet, das sich durch authentische Erlebnis- und Ereignisnähe auszeichnete. Grundlagenmaterial waren die Veröffentlichungen des Bundestages, der Landtage sowie der Parteien, insb. Plenarprotokolle, welche die Redebeiträge der baden-württembergischen Abgeordneten in parlamentarischen Debatten wiedergeben aber auch das Abstimmungsverhalten bei speziellen (auch frauenpolitischen) Issues. Zur Bearbeitung kamen Drucksachen und Materialien des Bundestages, die Hand- und Jahrbücher der Parteien, Schriftenreihen, interne Mitteilungen, die Reden der Politikerinnen auf Tagungen, Konferenzen, Biographien, Autobiographien etc., die Parteitagsprotokolle, sowie die Sammlungen „Personalia“ aus Partei- und Bundestagsarchiven. Daneben wurde in die Materialbasis dieser Untersuchung miteinbezogen: der Schriftverkehr und/oder die Korrespondenz der Parlamentarierinnen zu Reden, Versammlungen u. ä., die in den Parteiarchiven oder bei den Politikerinnen selbst einzusehen waren. Für die politischen Biographien wurden durch die Interviews neue Quellen erschlossen. Das transkribierte Interview-Material umfaßte insgesamt 518 Seiten.

III. Politische Biographien der acht ausgewählten Parlamentarierinnen

Annemarie Griesinger

„Ich hatte nie Emanzipationsprobleme."

Annemarie Griesinger ist, als der damalige Ministerpräsident Hans Filbinger sie 1972 ins Kabinett beruft, die erste „Frau Minister" im Bundesland Baden-Württemberg - nach jahrzehntelanger männlicher Alleinregentschaft, und sie wird für lange Zeit das einzige weibliche Kabinettsmitglied bleiben.[1] Nach einem der größten Wahlerfolge für die CDU im „Musterländle" ist die Periode der Großen Koalition zwischen CDU und SPD zu Ende. Hans Filbinger muß nun alle Ministerposten aus den eigenen Reihen besetzen. Dieses ist die große Chance für Annemarie Griesinger und ihr großes Glück. Schon wieder hat sie „unverdient einen Riesen-Dusel", wie sie es – leicht relativierend und weiblich bescheiden im Interview – ausdrückt. Immer dann, wenn ihr politischer Weg eine bedeutsame Aufwärtsbewegung verzeichnet, hat sie „einfach unverschämtes Glück gehabt."

Nach mittlerweile acht Jahren Tätigkeit als Bundestagsabgeordnete der Union in Bonn kommt die gelernte Fürsorgerin als Ministerin für Arbeit, Gesundheit und Sozialordnung 1972 zurück ins Ländle, dorthin, wo sie aufgewachsen ist, wo sie ihre Wurzeln spürt, wo man sie versteht. Hier ist ihre Heimat, ihr Elternhaus, ihr Mann, ihr beschaulicher Geburtsort Markgröningen, den sie im Grunde nie verlassen hat – auch nicht, als sie in Bonn „große" Politik betrieb. Später wird deutlich, wie wesentlich für die Politikerin An-

1 1972 ist das Jahr, in dem der Tiefststand von nur einer weiblichen Abgeordneten (= 0,8 %) im 5. Landtag von Baden-Württemberg 1968-1972 auf vier Abgeordnete (= 3,3 %) in der 6. Wahlperiode 1972-76 hochschnellt. Hier trifft sich der Landestrend der Exklusion von Frauen mit dem damaligen Bundestrend von nur 5,8 % weiblicher Abgeordneten im Deutschen Bundestag.

nemarie Griesinger diese Verbundenheit mit, diese Verwurzelung an ihrem Heimatort ist. Sie ist die Quelle ihrer Energie. Das Eingebundensein in eine lokale Gemeinschaft, die Nähe zu den Alltagsproblemen der Nachbarn, das Bewußtsein gemeinsamer Traditionen und Bräuche, der lebenslange Kontakt zur einheimischen Bevölkerung, all dies hat – so scheint es – Annemarie Griesinger tief geprägt. Ein bodenständiger Pragmatismus ist daraus erwachsen.

Annemarie Griesinger kann auf die Menschen zugehen. Sie sucht unängstlich ihre Nähe, das Gespräch und weiß vermutlich, daß sie als Mensch davon gelernt und als Politikerin davon profitiert hat. Ihre unmittelbare Verbundenheit zu ihren eigenen Erfahrungen in Kindheit, Jugend und frühen Erwachsenenjahren setzten sich in Annemarie Griesingers politischem Habitus durch. Sie strahlt etwas erfrischend Unideologisches aus. Ihre Lebensphilosophie basiert auf Alltagserfahrungen – nicht zuletzt auf denen ihrer Kindheit in einem weltoffenen Pfarrhaus, auf die sie sich immer wieder beruft.

Annemarie Griesinger, Jahrgang 1924, war bis 1984 dreißig Jahre lang als CDU-Parteimitglied, als Abgeordnete und Ministerin auf höchsten politischen Ebenen tätig und ist heute noch überaus politisch aktiv. Ihr ist die Politik ans Herz gewachsen und in Fleisch und Blut übergegangen. Oft wird Annemarie Griesinger als Repräsentantin einer sogenannten „Mutti-Politik" beschrieben, als Prototyp der älteren Generation, der parlamentarischen Mütter, die „aus der Mode gekommen" seien (Frankfurter Allgemeine Zeitung v. 22.11.1975) und die „an Gesetzen weit mehr mit dem heißen Herzen als mit kühlem Verstand" arbeiteten. Sicher trifft dies auch auf Annemarie Griesinger zu. Und doch zeichnet die „Frau Minister a.D."– so heißt es auf ihrem Briefbogen – mehr aus, als das unmittelbar ins Politische gewendete Interesse am Nächsten und die Empörung über die Nöte ihrer Mitmenschen. Dieses wird ja so gern (und einseitig) den Frauen als Motivation ihres politischen Engagements abgenommen und zugleich unterstellt.

Bei Annemarie Griesinger scheint es komplexer und komplizierter zu sein. Bei ihr verbinden sich kommunikative Fähigkeiten und politisches Gespür mit einer glücklichen Neugier auch den kompliziertesten Zusammenhängen gegenüber mit der Fähigkeit, handfest zupacken zu können. Zudem kommt eine große Portion Selbstbewußtsein hinzu, das Kenner neidlos als ihre „Ausstrahlung" charakterisieren. Man spürt, sie hat Lust, sich in die politische Arena vorzuwagen und am politischen Spiel teilzunehmen. Dazu kommt noch eine gewisse Gradlinigkeit, ein vergleichsweise großer Optimismus und ein nach außen gewendetes Selbstvertrauen, gemischt mit humoriger Lebensfreude. Dieses waren gewiß günstige Voraussetzungen für den Beginn ihrer politischen Karriere in den 50er und 60er Jahren, in denen sie von der Kreisfürsorgerin im provinziellen Ludwigsburg zum Mitglied des Deutschen Bundestages bis an die Spitze des baden-württembergischen Ministeriums für Arbeit, Gesundheit und Sozialordnung aufstieg. Außerdem verbanden sich ein ungewöhnlicher Tatendrang und persönliche Aufrichtigkeit mit dem Mut, oft als erste und einzige Frau in die vordersten Reihen zu treten, um Verantwortung zu übernehmen.

„Sie macht den Eindruck, als ob sie den Himmel stürmen wollte. Sie fegt durch die Flure des Bundeshauses, wird von Arbeit und Eile, Kraft und Fleiß getrieben und möchte ihrem Temperament die Zügel schießen lassen",

so beschrieb sie einst der Bonner Journalist Walter Henkels (in: Frankfurter Allgemeine Zeitung vom 16.8.1970). Diese Eigenschaften und die politischen Konstellationen am Ende der bundesdeutschen Nachkriegszeit lassen Annemarie Griesingers politische Karriere durchaus nicht als altmodisch erscheinen. In Zeiten, in denen aktive Frauenförderung noch nicht zum rhetorischen Bestandteil auch konservativer Parteiprogrammatik gehörte, und in einer Partei, die eine Frau traditionsgemäß eher im Kreise ihrer Lieben verortet als auf der Abgeordnetenbank oder im Ministersessel, hat sie sich durchsetzen können.

1. Jugend/Herkunftsfamilie

Annemarie Griesinger, geborene Roemer, wird am 21. April 1924 in eine evangelische Pfarrfamilie hineingeboren. Fünf älteren Brüdern, die 1913, 1915, 1917, 1918 und 1921 geboren sind, ist sie die ersehnte jüngere Schwester. Ihr Vater, der Theologe und Heimatgeschichtler Dr. Hermann Roemer, hatte seine erste Pfarrstelle in Bietigheim verlassen und den Ruf angenommen, als Studienprofessor für Deutsch, Religion und Geschichte am Lehrerinnen-Seminar in Markgröningen tätig zu werden. Neben seinem Beruf war er passionierter Historiker und Familiengeschichtler. Die Mutter hatte, wie viele Bürgertöchter dieser Zeit, keine Berufsausbildung, sondern die Hauswirtschaftsschule besucht. Zeitlebens war die „fröhliche und ungemein gütige" Pfarrfrau aber überaus bildungshungrig (Interview: 6).[2] Obgleich der

2 So bat Frau Roemer öfter ihren Mann, ihn in seinen Unterricht begleiten zu dürfen, wenn auch mit dem Zusatz: „Ich nehme aber auch was zum Stopfen mit. Ich arbeite nebenher `was." (Interview: 5) Bildung war zu dieser Zeit offensichtlich ein Luxus für

Vater nun als Lehrer „der Herr Professor“ ist, anstatt „der Herr Pfarrer“, beschreibt Annemarie Griesinger ihr Zuhause weiterhin als „ein sehr großzügiges, gastfreies Haus“ als welt- und menschenoffen, wie es traditionellerweise für Pfarrhaushalte üblich gewesen ist.

Pfarrhaushalte waren typischerweise gutbürgerlich geprägte, offene soziale Gebilde, Häuser mit vielen Gästen, in denen ein interessiertes Sicheinlassen auf andere Menschen vorherrschte. Ökonomisch waren die Pfarrfamilien oftmals relativ gut ausgestattet, zumeist hatten sie einen akademischen Hintergrund, wie ihn auch im Fall der Familie Roemer der Vater repräsentierte. In Pfarrhaushalten war man gebildet oder strebte nach Bildung. Anders als im klassisch bürgerlichen Milieu herrschte hier in der Regel ein sozialhumanitärer Anspruch[3], den vor allem die Mutter alltagspraktisch lebte.

„Eine ungemein gütige Pfarrfrau. Sie kannte ... bestimmt in jeder Familie, wo ein Kind geboren ist oder wo jemand krank war. Ist sie hier mal hingegangen und hat `was gebracht und wieder ermutigt und getröstet. ... – Aber sie hat uns auch das beigebracht. Sie sagte: „Kinder, merkt euch eins gut, zu viel Gutmütigkeit ist ein Stück von `ner Liederlichkeit.“ (Interview: 6)

Mit dieser Alltagsweisheit zeigt die Mutter ihren Kindern früh die Grenzen von Fürsorge. Wer für sich selbst nicht sorgt und zu viel gibt, zu „gutmütig“ ist, wird „liederlich“. Er oder sie wird bald niemandem mehr helfen können. Davor – so die unausgesprochene Warnung – solle man sich zeitlebens hüten.

In Pfarrhäusern spielte – idealtypisch gesehen – gerade der Kontakt zu z. B. wandernden Handwerksgesellen oder anderen Durchreisenden eine große Rolle als geistige Herausforderung und Förderung der innerfamilialen Gesprächskultur und Toleranz. Die Reiseerzählungen vermittelten den Bewohnern eine gewisse Welt(er)kenntnis, ohne daß sie selbst je viel von ihr zu sehen brauchten. In Zeiten, in denen das Reisen sowohl mit hohen Kosten als auch mit großen Strapazen verbunden war, gelang auf diese Weise ein Ausblick über die eigenen vier Wände. Interesse und Neugier auf das Fremde

---

Frauen, den sie sich erst durch Arbeit verdienen mußten. Annemarie Griesinger nennt diese Erfahrung als ihr späteres persönliches Motiv für ihr Interesse an Weiterbildungskursen für Frauen nach der Familienphase.

3 Es gab üblicherweise weniger Berührungsängste mit Menschen aus anderen Milieus, so wie es oftmals in bürgerlich-städtischen Kreisen anzutreffen war, wo stark darauf geachtet wurde, mit wem man verkehrt. Die Standards im Bürgertum waren viel rigider, der Umgang mit sozial und ökonomisch schlechter gestellten Personen wurde eher gemieden, um nicht selber sozial abzusinken. Die Orientierung fand stets „nach oben“ statt - unter welch bedrückenden Bedingungen auch immer - sowie unter hohem Risiko der moralischen Verurteilung bei Mißachtung der ungeschrieben Regeln.

wurden entfacht, vor allem bei den Heranwachsenden. Sicherlich ist diese familiäre Atmosphäre förderlich für erste intellektuelle Versuche, und nicht zufällig stammen zahlreiche Philosophen, Gelehrte und Schriftsteller aus Pfarrfamilien.

Vieles, was Annemarie Griesinger aus ihrer Kindheit erzählt, ist wie ein Schlüssel zu einem vertieften Verständnis ihrer späteren beruflichen und politischen Tätigkeit und ein Zugang zu ihrem Weltbild und Menschenverständnis. Sie selbst führt ihre Art, mit anderen Menschen umzugehen, unmittelbar auf ihr Herkunftsmilieu zurück.

Neben dem relativ hohen sozialen Status, den ihre Familie genoß, erinnert sich Annemarie Griesinger an die zähe Armut ihrer Kindheit. Geld war knapp und Geldsorgen ständiges Problem. Im Gegensatz zu den Nachbarskindern und Schulfreundinnen mußte die Professoren-Tochter auf neue Kleider meist verzichten. Sie trug die umgeänderten Kleidungsstücke ihrer Brüder.[4]

Ami – wie ihre Familie sie nannte – die jüngste, war dennoch ganz sicher ein Glückskind. Zunächst durch die Tatsache, daß es sie überhaupt gab. Damit allein war sie schon die Verwirklichung des großen Wunsches ihrer Eltern nach einer Tochter und der Brüder nach einer Schwester – sowie eines Gedichts, das die Seminaristinnen ihres Vaters einst als Ermunterung geschrieben hatten. Der Schlußreim lautete: „Das sechste wird sicher ein Mädchen sein". Damit scheint Ami gleichsam aus der Poesie erschaffen. Man könnte sagen, sie habe sich dieses Glück zu eigen gemacht und zeitlebens gelebt. Obwohl sie beteuert, nicht besonders verwöhnt gewesen zu sein, ist sie doch ihr Leben lang das/die Außergewöhnliche, ein Kind des Glücks.

Die Eltern sind darüber hinaus liberal in ihrem Erziehungsstil. Zu ihren fünf Brüdern, von denen zwei später im Weltkrieg starben, hat sie eine sehr enge Beziehung. Wenn ihre Brüder mit ihren Freunden Fußball spielten, durfte sie als Mädchen zwar nicht mitspielen:

„Das war nun klar. Das war Bubensache." Aber sie war der Balljunge und holte den Ball und kickte ihn demjenigen zu, den sie dazu erwählt hatte. So fühlte sie sich im Nachhin-

---

4 Für das Kind Annemarie waren verständlicherweise Titel und Status weniger wert als das, was ihr Herz so heiß begehrte: „Und i pfeiff auf den Professor, a neu's Kleid will i habbe!" (Interview: 6) Die Eltern vermittelten ihren sechs Kindern, im Ort „gar nichts Besonderes" zu sein - z. B. im Umgang mit den Handwerksburschen, die sich ihre Mahlzeiten am Tisch der Familie mit ein wenig Arbeit im Garten verdienen durften. Insofern erhielten sie kein Almosen, sondern das Gefühl, als Ebenbürtige behandelt zu werden. Ein Essen zu bekommen, war im Hause Roemer keine „Gnade", sondern eine Art Bezahlung, ein modernes Tauschverhältnis, das für beide Seiten evtl. besser ertäglich war.

ein „als die entscheidende Frau dabei. Denn ich allein hatte den Ball. Und das Eigenartige war, ich hab immer das Gefühl gehabt, sie sind ein bißchen freundlicher zu einem, sie, sie sind nicht so rotzig und schreien nicht so, sondern sie wissen, wenn sie den Ball von dem Ballmädle wollen, müssen sie anständig sein. ...und deswegen habe ich, muß ich Ihnen ehrlich sagen: ich hatte nie Emanzipationsprobleme." (Interview: 5)

Annemarie Griesinger bezeichnet ihr Elternhaus als christlich-liberal. Der Vater gründete in Bietigheim einen christlichen Arbeiterverein und wurde aktiv im „Christlichen Volksdienst", einer Splitterpartei am Ende der Weimarer Republik. Dem Nationalsozialismus standen beide Elternteile kritisch gegenüber, „weil sie erlebt haben, was sich so hinter den Kulisssen tut." Prof. Roemer mußte sein Lehramt aufgeben und wechselte zum Institut für Auslandsbeziehungen nach Stuttgart, wo er die Auswanderung der Schwaben in alle Welt erforschte. Nach dem Krieg war er Mitbegründer der CDU in Markgröningen. Die Mutter von Annemarie Griesinger war nie direkt politisch aktiv, sie gehörte der NS-Frauenschaft an, trat aber 1938 aus Protest gegen „die Anzündung der Synagogen" aus.

Beide Eltern gründeten unmittelbar nach Kriegsende die Ortsbücherei in Markgröningen, über die Annemarie Griesinger auch ihren späteren Ehemann kennenlernte. Zu der Zeit wird der Vater „der liebe Gott von Markgröningen" genannt.[5] Welche Tochter kann das von ihrem Vater sagen? Aufgewachsen ist Annemarie Griesinger in Markgröningen, ihrer Geburtstadt. Sie hat dort zeitlebens ihren Hauptwohnsitz in dem Haus, in dem sie ihre Kindheit und Jugend verbrachte und das sie später zusammen mit ihrem Mann kauft. Sie ist am Ort und in der Gegend fest verwurzelt.

2. *Schule/Ausbildung/Berufstätigkeit*

Annemarie Griesinger besucht von 1930 bis 1934 die Grundschule in Markgröningen, von 1934 bis 1937 das Gymnasium in Ludwigsburg und ab 1937 die Aufbauschule an ihrem Heimatort. Dort legt sie 1942 das Abitur ab. Sie ist, nach ihren eigenen Worten, keine Musterschülerin. Die Schule scheint für sie eher eine Verlängerung des Spielplatzes, bald aber eine Einengung ihres ungestümen Tatendranges und ihrer lausbübischen Energie zu sein.

Während des Zweiten Weltkrieges ist die neunzehnjährige Abiturientin im Arbeitsdienst und leistet Kriegshilfsdienst in einer Flachszwirnerei in Südbaden. Ihr Berufswunsch ist damals Schauspielerin. Als sie ihren verwundeten

5 Dies, weil er als Heimatkundler die Herkunft der Schwabenfamilien nachvollziehen konnte und damit vielen Flüchtlingen zu einer Aufenthaltsberechtigung verhalf.

Bruder pflegt, entscheidet sie sich aber, Schwesternhelferin beim Deutschen Roten Kreuz zu werden. Von 1943 bis 1945 arbeitet sie in verschiedenen Lazaretten. Nach dem Krieg will sie Lehrerin werden, bekommt aber eine Hylus-Drüsen-TBC und muß deshalb in Höhenluft. Sie geht nach Arosa und arbeitet dort ein halbes Jahr als Zimmer- und Küchenmaid. Anschliessend verbringt sie noch einige Zeit bei einer verwitweten Verwandten in Arlesheim, die eine Käserei hat. Dort bekommt sie Kontakt zu Anthroposophen und hört Gastvorlesungen bei Karl Barth und Karl Jaspers an der Universität in Basel. Voller Tatendrang kehrt sie Ende der 40er Jahre nach Deutschland zurück:

„Ich konnte das nicht ertragen, diese so geordnete Schweiz, wo alles so wunderschön lief ..., und da hat's mich heimgetrieben in diese aufgewühlte Zeit. Und da wollte ich nichts anderes mehr werden als Fürsorgerin, um mich vor allem um Behinderte zu kümmern und die Familien, die da so in Schwierigkeiten waren." (Interview: 27)

Bei dieser Entscheidung spielte sicher auch das Vorbild der Mutter eine Rolle, die ja als Pfarrfrau eine Art 'Fürsorgerin' am Ort war. 1950 beginnt Annemarie Griesinger eine Ausbildung als Jugend- und Wirtschaftsfürsorgerin an der Sozialen Frauenschule des Schwäbischen Frauenvereins in Stuttgart, wo sie 1952 ihr Examen ablegt. Die Ausbildung finanzierten ihre Eltern.

Nach 1952 arbeitet sie als Berufsberaterin bei den Arbeitsämtern Ludwigsburg und Schwäbisch Hall, und von 1953 bis 1955 wird sie Mitarbeiterin an der Evangelischen Bauernschule Hohebuch, an der auch ihr Mann, Heinz Griesinger, tätig ist, den sie 1953 heiratet. Von 1956 bis 1964 arbeitet sie als Kreisfürsorgerin beim Landratsamt Ludwigsburg, während ihr Mann ein Studium beginnt. Zuletzt baut sie die Altenhilfe im Kreis Ludwigsburg auf. Sie kann sehr frei arbeiten unter ihrem damaligen Amtsleiter und gestaltet mit großem Organisationstalent ehrenamtliche Sozialarbeit mit Frauen. Im Jahr 1964 wird sie als Nachrückerin von Prof. Wilhelm Hahn in den Bundestag gerufen. Dies bedeutet das Ende ihrer Berufstätigkeit als Sozialfürsorgerin und ist der Beginn ihrer parlamentarischen Arbeit.

3. *Politische Sozialisation*

Von ihrem christlich-liberalen Elternhaus bekommt Annemarie Griesinger Offenheit und Toleranz vermittelt. Sie wird, ähnlich wie die meisten der von uns befragten Politikerinnen, sehr stark von der politischen Ausrichtung ihres Vaters beeinflußt. Als evangelischer Theologe gründet er einen christlichen Arbeiterverein in Bietigheim und wird aktiv im „Christlichen Volksdienst".

Während der NS-Diktatur gehört er keiner Partei an. Nach 1945 zählt er zu den Mitbegründern der CDU in Markgröningen.

In der Familie scheint es in den 30er Jahren einen Generationen-Konflikt gegeben zu haben in bezug auf die Haltung zum Nationalsozialismus. Die Familie Roemer gehörte weder zu den entschiedenen Gegnern des Regimes noch zu den dezidierten Unterstützern. Während die Eltern eher skeptisch geschildert werden, scheinen die Kinder, v.a. die großen Brüder, recht angetan gewesen zu sein. Diese Tatsache war weder untypisch für ihre Generation noch für ihr Geschlecht.

„Es war ja das Dritte Reich. Meine Brüder waren nun Offiziere und waren zum Teil nun sehr begeistert auch im Krieg. Und meine Eltern haben große Sorgen gehabt, weil sie erlebt haben, was sich so hinter den Kulissen tut, haben aber uns nicht gezwungen zu irgendeiner Meinung." (Interview: 7)

Annemarie Griesinger ist 1933 – zur Zeit der sogenannten Machtergreifung Adolf Hitlers – neun Jahre alt. Sie wird Jungmädel-Führerin und eingebunden in die organisierte Begeisterung auch der Kleinsten für den NS-Staat. Anstatt aber Daten über das Dritte Reich auswendig zu lernen, macht sie lieber Schnitzeljagd und Scharade, wenngleich sie als Kind nicht gegen Hitler eingestellt war „gar nicht, das war ja unser Führer."

Die Familie Roemer hatte das Glück, weder nach ideologischen, ethnischen, „rassischen", religiösen oder politischen Kriterien zu den Verfolgten des Systems zu gehören. Insofern war es für sie möglich, relativ unbelastet und unberührt die Jahre des NS zu verbringen.

„Also so sind wir eigentlich ... durch dieses Dritte Reich, ohne sehr angekratzt zu werden und andererseits uns auch nicht zu engagieren, hindurchgegangen. Ich war Jungmädelführerin, Jungschar hab' ich nur gehabt. Weiter hab' ich's nicht gebracht. Und da sollte ich immer den Lebenslauf von Adolf Hitler auswendig lernen lassen. Das hat mich nicht interessiert. Ich war nicht gegen ihn. Das war ja unser Führer, warum? Aber ich hab' gesagt, warum soll man das Zeug da auswendig lernen? Ich mache doch lieber Schnitzeljagd...Also...ich hab' mich auch nicht sehr auseinandergesetzt mit, mit diesen Dingen, muß ich ehrlich sagen. Und insofern bin ich irgendwo da so durchgeschlupft." (Interview: 20)

Eine bemerkenswerte jugendliche Unbeschwertheit prägen noch heute die Erinnerungen an die damalige Zeit. Wie bei vielen Menschen, die ihre Jugend im „Dritten Reich" verbracht haben, kann hier eine Relativierung des Erlebten und des eventuell auch erst später Erfahrenen stattgefunden haben. Es könnte ebenso der Wunsch vorherrschen, sich die persönlich wichtigen Jahre nicht im Nachhinein kaputt machen zu lassen durch moralische Verurteilungen einer gesellschaftlich verordneten Distanzierung vom NS-Regime. Es ist anzunehmen, daß die Mehrheit der deutschen Bevölkerung in diesem zustimmenden Verhältnis zu der ja nicht unvermittelt und unverhofft über sie gekommenen totalitären Staatsform gestanden hat. Besonders in regionaler Distanz zu den „Orten der Bewegung" – zumeist in größeren Städten v.a. Berlin, München, Nürnberg – scheint es gelungen zu sein, den Alltag relativ unbeeinflußt von Eingriffen der Staatsmacht weiterleben zu können. Die Alltagsnormen und dichten Lebensgefühle – als das vermeintlich folgenlos Private – sind in der Lebensrekonstruktion von vielen dieser Generation bedeutsam. Denn sie waren es, die nach dem zweiten Weltkrieg die neue, „verordnete" Demokratie mitaufbauten.

Der Tod zwei ihrer Brüder im Krieg macht auch die Familie von Annemarie Griesinger zu Opfern, allerdings zu Opfern des Krieges, der durch die Nationalsozialisten angefacht war.[6]

Nach 1945 ließ vor allem die Entnazifizierung, deren Durchführung bei der deutschen Bevölkerung viel Kritik erfuhr, auch bei Annemarie Griesinger eine Oppositionshaltung gegenüber den *neuen* Machthabern, den Amerikanern, aufkommen.

> „Ich war ... sehr verzweifelt, als der Krieg zuende war und alles kaputt war." Sie empfand die Art und Weise empörend, „wie ... die Menschen behandelt wurden, die im Dritten Reich aktiv waren. Da waren auch viele ordentliche Leute dabei. Es war ja nicht so, daß es nur gemeine Leute waren,... Und das hat mich wahnsinnig geschlaucht. Diese Ungerechtigkeit im umgekehrten Sinn. Oder auch wie... dann die Nürnberger Prozesse kamen und ... es waren gleich schlimme Bilder wie die anderen Bilder, die uns vorenthalten wurden." (Interview: 22)

So habe sie aus der NS-Zeit und den Nachkriegsereignissen für ihre spätere Arbeit gelernt, Menschen anderer politischer Couleur zu achten und sie nicht von vornherein

> „in eine Schachtel zu stecken und zu sagen, da gehörst Du rein, da kommst Du gar nicht mehr raus... Ich hab' immer gesagt, die Demokratie bleibt nur solange lebendig, solange nicht nur mehrere Meinungen erlaubt sind, sondern gefordert sind." (Interview: 23)

Hier wird eine erfrischend unideologische Haltung anderen Menschen gegenüber und ihr Interesse, auch abweichende Meinungen gelten zu lassen, deutlich. All dies macht aus Annemarie Griesinger nicht gerade den Prototyp einer Parteifrau, die sich stromlinienförmig den Parteikonturen anpaßt. Es läßt den Beruf der Politikerin allerdings auch nicht ganz abwegig erscheinen. Mit

6 Im Krieg arbeitet Annemarie Griesinger als DRK-Schwesternhelferin, da auch einer ihrer Brüder schwer verwundet gewesen ist. „... solange der Krieg geht, bin ich ... auch Soldat." (Interview: 17)

der Parteipolitik in Berührung kommt Annemarie Griesinger dann über ihren Mann, der Anfang der 50er Jahre die Junge Union im Kreis Ludwigsburg leitet.

4. Partei-Sozialisation

1956 wird Annemarie Griesinger Mitglied der Jungen Union, zwei Jahre später tritt sie der CDU bei. Die Parteiwahl ist insofern naheliegend, weil sie sich, vom Vater und Ehemann beeinflußt, ohnehin in deren Umfeld bewegt und sie als Verlängerung ihrer Familie interpretieren konnte.[7] Positiv an der CDU findet sie, daß sie eine richtige Volkspartei sei, in der Mittelstand und Arbeitnehmerschaft vertreten seien, und daß „die Frauenarbeit im Grunde genommen moderner (war) als in der SPD." (Interview: 32)

Auch ihr weiterer Werdegang ist sicherlich mit einer alltagspraktischen Nähe zur CDU und zu ihren personellen Vertretern zu erklären. Die persönliche Verbundenheit vereinfachte das politische Engagement. Sie traf in der Union dieselben Menschen, die ihr aus Familie, Nachbarschaft und Freundeskreis sowieso vertraut waren. Dieses Eingebundensein in die Partei als „Nest und Familienersatz" spielte gerade beim politischen Engagement von Frauen in der frühen Nachkriegszeit eine bedeutsame Rolle.

Dennoch: die relativ rasche und steile Karriere, die Annemarie Griesinger nach nur sechs Jahren Parteimitgliedschaft in den Bundestag brachte, ist ganz sicherlich dem spezifischen Zusammenwirken von ihren Persönlichkeitsmerkmalem, den jeweiligen Parteiströmungen und dem Wandel politisch-gesellschaftlicher Rahmenbedingungen zu verdanken. Mit dem Ende der Ära Adenauer wurde auch für die CDU ein personelles und konzeptionelles Umdenken eingeleitet. Hatte sich die Union – auf Bundesebene – zu einer modernen Volkspartei entwickelt, so zeigte die

> „lokal und regional oft alternativlose Abhängigkeit vom katholischen Milieu zu Beginn der sechziger Jahre ihr Janusgesicht: die dringend erforderliche Schaffung personeller, programmatischer, struktureller und organisatorischer Alternativen war dabei auf der Strecke geblieben." (Buchhaas 1981: 129)

---

7 Daher gesteht sie offen, daß sie möglicherweise auch der FDP oder SPD beigetreten wäre, wenn ihre Familie politisch dort beheimatet gewesen wäre. „Also ich muß Ihnen ehrlich sagen, wäre ich in einem FDP-Haus wahrscheinlich groß geworden oder in einem SPD-Haus groß geworden, wäre ich wahrscheinlich da gelandet...ich hab' auch die anderen Parteien nie so empfunden ... als Feinde oder Gegner." (Interview: 31)

Innerhalb der Partei regten sich Stimmen, die eine Erneuerung voranzutreiben trachteten, allerdings mit sehr – auch regional bedingten – unterschiedlichen Erfolgen. Nachdem 1957, mit dem Gewinn der absoluten Mehrheit im Bundestag, die Erfolgskurve der CDU einen Höhepunkt erreicht hatte, neigte sie sich in den folgenden Jahren, ebenso wie die unumstrittene Führungsrolle Konrad Adenauers.

Die Bundestagswahlen 1961, bei denen Adenauer noch als Kanzler gewählt wurde,[8] zeigten, daß die CDU ihren Zenit überschritten hatte. Zwar konnte sie auch bei dieser Wahl Jungwähler und bisherige Wähler kleinerer Parteien gewinnen, aber sie mußte weit mehr Wähler abgeben an SPD und FDP, als sie selbst neu hinzu gewann.

„Das Wahlergebnis bestätigte ihre Stellung als stärkste Partei; die absolute Mehrheit verschaffte es ihr nicht." (Buchhaas 1981:259)

Kritische Kommentare kamen vor allem aus den Sozialausschüssen und der Jungen Union. „Die Schonzeit ist vorbei," befand die Junge Union lakonisch. Die in der CDU herrschenden Unklarheiten zum Beispiel gegenüber dem Problem der Wiedervereinigung und den Fragen der Gesellschaftspolitik müßten dringend beiseitigt werden. Die Partei drohe „zu versacken" und zum „Jahrmarkt der Mandatsverteilung" zu werden (Die Schonzeit ist vorüber, in: Entscheidung, Nr.10/1961: 12). Zu keiner Zeit aber stand etwa eine Erneuerung der relativ traditionellen frauenpolitischen Konzeptionen an.[9] Gleichwohl war es unmittelbar einleuchtend, eine junge tatkräftige Frau zu fördern, die die Herzen der Menschen ansprach und die keine Scheu zeigte, in Männerriegen den Mund aufzumachen. Nicht zufällig ist Annemarie Griesinger`s erstes Engagement innerhalb der Jungen Union bezogen auf Rhetorikkurse für junge weibliche Mitglieder. Man wird auf sie aufmerksam, nachdem sie mehrere Rhetorikseminare mit jungen Juristen aus der Partei veranstaltet hat. Sie holte dafür u.a. Manfred Wörner und Philipp Jenninger, weil „ich ... nicht wollte, daß wir Frauen nur unter uns sind." (Interview: 28) Nun folgt Ende der 50er Jahre Annemarie Griesinger`s rascher und fast zwangsläufiger Aufstieg, bei dem sie, nach ihren eigenen Worten, fast immer „ganz, ganz

---

8 aber auf Zeit: er versprach, nach Ablauf der halben Legislaturperiode zurückzutreten. Das tat er auch: 1963 trat Konrad Adenauer als erster Nachkriegskanzler der Bundesrepublik zurück. Dies wird allgemein als Ende der unmittelbaren Nachkriegszeit definiert.

9 Hier war auch die 1956 gegründete Frauenvereinigung der CDU (die im Jahre 1988 in Frauen-Union umgetauft wurde) keine programmatische Antriebskraft. Vgl.: Keller 1990 oder: Arlt-Palmer 1992.

großes Glück" gehabt habe. Sie wird bedrängt – immer wieder neu – und um ihre Kandidatur gebeten. Den Bitten ihr nahestehender Parteifreunde nach Ämterübernahme kann sie weder ausweichen noch will sie sie abschlagen. Hierzu gehört das Angebot, für den Vorstend der Jungen Union Nordwürttembergs zu kandidieren. „Wir brauchen so dringend 'ne junge Frau!"

1961 schlägt für Annemarie Griesingers politische Laufbahn die entscheidende Stunde. Zunächst ist ihr Listenplatz für die Bundestagswahl ziemlich aussichtslos. Dieses ändert sich nach einer großen Frauen-Wahlveranstaltung der CDU im Juni 1961, bei der „die junge sympathische Frau Annemarie Griesinger aus Markgröningen" (Frau und Politik, hrsg. von der Vereinigung der Frauen der CDU, Nr.7/1961: 12) die Organisation übernommen hat. Bei heiß-schwülem Sommerwetter kommen drei Monate vor der Bundestagswahl, bei der die Union ihre absolute Mehrheit verteidigen muß, tatsächlich 11.000 Frauen nach Stuttgart, um den Bundeskanzler zu hören. Der Kanzler spricht zu dem Motto „Auch morgen in Frieden leben". Er wird begleitet von Elisabeth Schwarzhaupt, seiner zukünftigen ersten Ministerin. Die 37jährige Annemarie Griesinger begrüßt den Bundeskanzler mit dem ihr eigenen persönlichen Charme und gewinnt sogleich die Zuneigung der Versammlung:

„'Herr Bundeskanzler, nicht nur Sie haben die Hitze nicht gescheut, sondern elftausend Frauen haben die Hitze auch nicht gescheut. Und die haben sogar gestern noch viel, viel gearbeitet, die haben nämlich für ihre Familien vorgekocht. Denn heute sind die alle unterwegs, um nun Ihnen zuzuhören und haben noch einen langen Weg dann nach Hause.' Und hab' dann ein bißchen von uns Frauen erzählt und von Baden-Württemberg und wie's also oft ist ..." (Interview: 29)

Über diesen öffentlichen Auftritt berichtet die Presse entsprechend positiv. Kurz darauf erhält Annemarie Griesinger einen erheblich aussichtsreicheren Listenplatz. Auch dagegen wehrt sie sich zunächst, aber in nicht ganz untypischer Weise, die man landläufig mit weiblicher Bescheidenheit umschreibt.

„Und ich wollte schon aufjaulen und sagen: um Gottes Willen, Mensch nehmet doch den für den Platz vorgesehenen Kandidaten, ich will doch gar nicht! Und da zupften mich die Frauen am Rock. Und das war auch so ein Schockerlebnis in der Weise. Da hab' ich das erste Mal richtig kapiert, daß ich mir nicht mehr selbst gehöre, daß ich eigentlich, ja jetzt für andere stehe. Und da ist mir erstmal so richtig zum Bewußtsein gekommen, daß ich eigentlich eine Art Stellvertreterposition habe und deswegen mich jetzt am Riemen reißen muß und eben nun ja sagen muß ..." (Interview: 30)

Bei der Wahl kommt sie allerdings noch nicht gleich in den Bundestag, folgt aber 1964 – ein Jahr vor Ablauf der 4. Wahlperiode – als Nachrückerin Prof. Wilhelm Hahn, der vom damaligen Ministerpräsidenten Kurt Georg Kiesinger zum Kultusminister in Baden-Württemberg ernannt wird. Das Mandat von Annemarie Griesinger wird dann 1965 und 1969 jeweils bestätigt. Sicherlich ist Annemarie Griesinger's politische Karriere u.a. von den Frauen in der Union gefördert und unterstützt worden.[10]

1969 kann sie bei der Bundestagswahl im September dem SPD-Bewerber einen eigenen Wahlkreis in Ludwigsburg abringen. Es ist dies die einzige Rückeroberung im gesamten Bundesgebiet zu der Zeit. Annemarie Griesinger schildert eindrücklich und nicht ohne Stolz, wie sie erst nach einer geheimen Kampfabstimmung mit einem männlichen Mitbewerber der Union, den man eigens aus Norddeutschland eingeflogen hatte, den ersten Platz der Wahlkreiskandidatur bekommen hat. Viele haben ihr die Direktkandidatur damals nicht zugetraut.[11]

Doch sie hat 1969 die Politik bereits „schon ein bißchen verschmeckt gehabt." Und mit der Unterstützung ihres Mannes, der in der Zwischenzeit Kreisvorsitzender der CDU im Landkreis Ludwigsburg geworden ist, erringt sie den ehemaligen SPD-Wahlkreis. Aufgrund dieses persönlichen Erfolges wird sie 1969 als eine der stellvertretenden Fraktionsvorsitzenden in den Führungsstab der CDU/CSU-Bundestagsfraktion gewählt neben Richard Stücklen, Hans Katzer, Gerhard Stoltenberg, Detlev Stuve, Heinrich Windelen und Manfred Wörner.

Der Bonner Kolumnist Walter Henkels kommentiert diesen „frauenpolitischen Zugewinn" der Fraktionsführung mit der ihm eigenen Scharfzüngigkeit:

> „Annemarie Griesinger steht dort, als Nachfolgerin der nicht wieder in den Bundestag zurückgekehrten Hamburgerin Irma Blohm, ihren Mann. Der dominierende Gesichtspunkt war natürlich: Unter den stellvertretenden Fraktionsvorsitzenden soll auch eine Frau sein. Frau Griesinger sagt zwar kräftig, die Zeit solle vorbei sein, wo die Frauen in solchen Gremien als Konzessionsschulzen zu gelten hätten. Aber sie weiß es wohl und täuscht sich nicht über die ... Gruppenrivalitäten sogar innerhalb der Fraktionsspitze." (Frankfurter Allgemeine Zeitung v. 16.8.1970)

1972 kommt der Höhepunkt ihrer politischen Karriere und das Ende ihrer Abgeordnetentätigkeit im Deutschen Bundestag: Am 8. Juni 1972 wird Annemarie Griesinger in die Landesregierung Baden-Württemberg als „Minister

10 Namentlich erwähnt sie die junge Kollegin Renate Hellwig, die ihr später zum Eintritt ins Landeskabinett unter Filbinger verhilft. 1961 wird sie Vorsitzende der Kreisfrauenvereinigung der CDU in Ludwigsburg, seit 1958 ist sie bereits Vorstandsmitglied der Landesvereinigung Nordwürttemberg, dessen 1. Vorsitz sie 1969 übernimmt.

11 „Die Griesinger schafft das nicht. Wir wollen einen Mann, der kämpfen kann", erinnert sie einige Parteistimmen von damals (Interview: 34).

für Arbeit, Gesundheit und Sozialordnung" berufen. Von 1976 bis 1984 ist sie dann Landtagsabgeordnete für den Wahlkreis Vaihingen/Enz, 1980 bis 1984 Ministerin für Bundesangelegenheiten und Bevollmächtigte des Landes Baden-Württemberg in Bonn sowie Europabeauftragte der Landesregierung von Baden-Württemberg. 1984 begibt sie sich freiwillig in den Ruhestand und widmet sich seitdem engagiert verschiedenen ehrenamtlichen Tätigkeiten u.a. bis 1990 als Landesvorsitzende der Europa-Union in Baden-Württemberg. Neben ihren ehrenamtlichen sozial-karitativen Verpflichtungen z. B. als Vorsitzende der Lebenshilfe für geistig Behinderte, e.V. ist Annemarie Griesinger auch heute noch für die Landes-Senioren-Union aktiv.

5. *Mitglied des Deutschen Bundestages 1964-1972*

In den acht Jahren ihrer Bundestagstätigkeit widmet sich Annemarie Griesinger hauptsächlich zwei Themenbereichen: dem Sport und den Landfrauen, insbesondere der Förderung und Modernisierung der bäuerlichen Hauswirtschaft. Selbst sport- und spiel-begeistert – das Fußball-Spiel aus ihrer Kindheit und der Wunsch, Schauspielerin am Theater zu werden, sind ihre Lebensthemen – erringt sie 40jährig das goldene Sportabzeichen im Bundestag.

Es scheint, als beherzige sie in ihrer parlamentarischen Anfangszeit den Rat des damaligen Bundestagspräsidenten Eugen Gerstenmaier, der ihr, der jungen Nachrückerin, freundschaftlich rät, sich zunächst einmal zurückzuhalten, um den parlamentarischen Alltag und seine Regeln kennenzulernen:

> „'Machen Sie Ihre Augen und Ohren weit auf, aber halten Sie Ihren Mund, bis Sie wirklich etwas zu sagen haben. Bereiten Sie sich auf eine Sache gut vor, und Sie werden gehört werden, nicht nur von Ihrer eigenen Fraktion!'" (Griesinger 1988: 54)

Im März 1966 erst hält sie als Mitglied des Ernährungsausschusses ihre sogenannte Jungfernrede, zu der sie allseitig beglückwünscht wird.[12]

In der fünften Wahlperiode der großen Koalition ab 1966 ist Annemarie Griesinger eine Frau unter nur 15 weiblichen Abgeordneten innerhalb der Unionsfraktion. Dieses ist der niedrigste Stand seit Bestehen der Bundesre-

12 Damals war es noch parlamentarischer Brauch, die sog. Jungfernrede eines Abgeordenten eigens anzukündigen und mit Lob zu bedenken. „Ich beglückwünsche Frau Griesinger zu ihrer ersten Rede in diesem Hohen Hause, in der sie uns in lebensnaher und fundierter Weise die Sorgen der Landfrau, die Bedürfnisse der ländlichen Hauswirtschaft und die Anliegen der bäuerlichen Familie nahegebracht hat. Ich stelle Beifall auf allen Seiten des Hauses fest." Vizepräsidentin Dr. Maria Probst am 2.3.1966, Bundestagsprotokolle, 4.WP., 24. S.,: 1098

publik. Sie ist aktiv in mehreren Ausschüssen: im Sportausschuß, im Petitions- und Wohnungswesen-Ausschuß sowie im Ausschuß für Ernährung, Landwirtschaft und Forsten. Annemarie Griesinger hält zwei längere Reden im Plenum, zum Sport- und zum Bäuerinnen-Programm, keine zu den großen innen- oder außenpolitischen Themen der Zeit. Ihr Auftreten verschafft ihr stets Respekt und Sympathie zugleich. Sie versteht es, nie polemisch zu sein, im Gegenteil: ihre Formulierungen sind eher höflich, zurückhaltend, fast bescheiden[13] und weiblich charmant. Dieses bestätigen ihr Kommentatoren aus den Medien und der Politik, sogar die Vertreter der Opposition. Welcher männliche Abgeordnete wird nicht schmunzelnd durch einen humorvollen Satz wie diesen sich verstanden fühlen:

> „Ich glaube, die Herren in diesem Hohen Hause wären nicht unglücklich, wenn dieser Tag vor hundert Jahren stattgefunden hätte. Dann müßten sie nicht noch die Rede einer Frau anhören, was sie damals nicht nötig hatten." (Bundestagsprotokolle, 5. WP., 139. S. vom 1.12.1967: 7060.)

Annemarie Griesinger war gerne in Bonn, wie sie nach der Entscheidung, als Ministerin in die Landesregierung zu gehen, öfter beteuert. Sie hat ihr Bundesland in der Hauptstadt mit resolutem Charme und persönlichem Geschick vertreten – das Landfrauenprogramm trägt ihre energische Handschrift.

6. *Politische Schwerpunkte: Das Landfrauen-Programm*

Das sog. Bäuerinnen-Programm auf Bundesebene trägt insofern den Stempel „Annemarie Griesinger", weil es im Rahmen des Grünen Plans der Bundesregierung für die Landwirtschaft im Bundeshaushalt 1966 zu Fall gebracht bzw. schlicht nicht weiterfinanziert worden wäre, hätte sich Annemarie Griesinger nicht für dieses hautnahe Problem der Landfrauen stark gemacht. Es wurde nämlich von den männlichen Abgeordneten als unwesentlich eingestuft.

Im Rahmen der finanziellen Subvention der bäuerlichen Landwirtschaft waren über den Titel 610 des Grünen Plans auch staatliche Zuschüsse zur Förderung und Modernisierung der bäuerlichen Hauswirtschaft vorgesehen.

---

13 Für ihren Umgangsstil liefert der erste Abschnitt ihrer Jungfernrede einen symptomatischen Beleg: „Sehr geehrte Frau Präsidentin! Meine Damen und Herren! Nachdem zu den wichtigsten Agrarproblemen so viele gute und kluge Beiträge vorliegen, fällt es mir schwer, hier meine Redezeit noch in Anspruch zu nehmen. Doch bin ich, lieber Herr Kollege Logemann, hier sehr freundlich angekündigt worden... Ich will es kurz machen, um Ihre Geduld nicht zu lange auf die Probe zu stellen." Ebendort: 1096

Diese Maßnahme wurde 1961 erstmals in den Grünen Plan aufgenommen und umfasste 1965 einen Betrag von rund DM 40 Millionen. Es handelte sich um Sondermaßnahmen zur Verbesserung der Lage bäuerlicher Familienbetriebe im Hinblick auf die Arbeitserleichterung der Bauersfrau. Hierfür wurden Zuschüsse bis zu 30 % in benachteiligten Gebieten, jedoch maximal 1.600,- bzw. 2.000,- DM für die jeweils erforderlichen Anlagen aus Bundesmitteln gewährt. Die zusätzlichen Eigenmittel konnten im Wege einer Zinsverbilligungsaktion für den Einzelnen tragbar gemacht werden. Hier ging es im wirklich praktischen Sinne um Hilfe zur Selbsthilfe. Zu den Verbesserungen der bäuerlichen Wohnhäuser gehörten zum Beispiel die Einrichtung zentraler Heizungs- und Warmwasserversorgungsanlagen, von Bad und Dusche.

Annemarie Griesinger verteidigt die finanziellen Zuschüsse, die vor allem der Bauersfrau zugute kämen. Sie argumentiert lebensnah und praxisbezogen. So stellt sie fest, daß rund 41 % der bäuerlichen Wohnhäuser aus der Zeit vor 1870 stammten. Darüber hinaus argumentiert sie ökonomisch und zeigt, wie verhältnismäßig gering die staaatlichen Zuschüsse im Einzelfall ausfielen, und daß das Verhältnis der Zuschüsse zur Eigenleistung besonders günstig, im Bundesdurchschnitt nämlich 1:4 sei. Zudem, so ihr familienpolitisches Argument, würde es die soziale Gleichheit zwischen Angestellten- und Bauernkinder wieder herstellen, wenn auch diese

> „ihre Schularbeiten ungestört im warmen Wohnzimmer machen, und das Familienleben kann endlich auch außerhalb der Wohnküche stattfinden, so wie in allen anderen Häusern rings um das Bauernhaus herum.“ (Bundestagsprotokolle, 5. WP., 24. S. vom 2.3.1966: 1097)

Aus frauenpolitischer Perspektive erwähnt sie, daß über 53 % aller in der Landwirtschaft erwerbstätigen Personen Frauen seien. Gerade sie arbeiteten in Bereichen, in denen eine Technisierung und somit Arbeitserleichterung nur bedingt möglich sei. In sog. Nebenerwerbsbetrieben (insgesamt machten diese damals bereits rund 43 % der bäuerlichen Landwirtschaft aus) seien fast ausschließlich Frauen Betriebsleiterinnen, da die Männer anderswo arbeiteten. Auch für Kuren für die gesundheitlich stark beanspruchten Mütter plädiert sie vehement. Sie will auf dem Land die moderne Familie unterstützen. Dazu gehöre es, daß im Bauernhaus die Drei-Generationen-Familie zuhause sei mit ihrem meist starken Zusammengehörigkeitsgefühl. Es ist der jungen Abgeordneten durchaus bewußt, daß zu der Zeit 40.000 Betriebe jährlich aufgegeben werden, wenigstens will sie den Bauernfamilien ihr Wohnhaus attraktiver machen, um ihnen die Wohnmöglichkeit zu erhalten, auch wenn die Erwerbsmöglichkeit bereits woanders gesucht werden muß. Schon bald findet die CDU-Abgeordnete die notwendige Unterstützung, zuerst in ihrer Fraktion, dann in der Koalition.[14] Auf diesen persönlichen Erfolg verweist sie zu Recht mit Stolz.[15]

7. *Ministerin in Baden-Württemberg 1972-1984*

Es ist nicht gesagt, daß diejenigen in der Erinnerung der Nachwelt am längsten verhaftet und am eingeprägtesten bleiben, oder daß gar deren Bekanntheitsgrad und Beliebtheitspegel besonders hoch ausschlägt, deren Name am engsten mit einem bestimmten Gesetz, einer großen Idee oder einer bestimmten Politik verbunden wird. Es gibt da zahlreiche Gegenbeispiele.

Erstes Gegenbeispiel: Zwar besaß der erste Bundeskanzler Konrad Adenauer für die erste Dekade der bundesdeutschen Nachkriegspolitik solch prägenden Charakter, daß man gemeinhin von einer „Ära Adenauer“ spricht, aber sehr beliebt war der große alte Herr nicht, will man den regelmäßigen Meinungsumfragen der 50er Jahre Glauben schenken. Zweites Gegenbeispiel: Wer weiß denn, wer Franz-Josef Würmeling genau gewesen ist? Trotzdem kennen Hunderttausende in der Bundesrepublik den sog. „Würmeling-Paß“ der Deutschen Bundesbahn für kinderreiche Familien.

Annemarie Griesinger hat ihre politische Aufgabe nicht darin gesehen, spektakuläre Visionen zu verwirklichen, sondern ganz konkrete Politik zu machen, solche der kleinen Schritte für einzelne Menschen, wie sie selbst sagt und sich dabei immer wieder auf das Landfrauen-Programm als Beispiel bezieht. Dieses ist ihr Plus und prägt ihr politisches Selbstverständnis. Insofern verwundert es wenig, daß nicht so sehr eine bestimmte politische Konzeption mit dem Namen Griesinger und ihrer zwölfjährigen Zeit als Ministerin verbunden wird, sondern vielmehr der Mensch: „unsere Frau Minischter“.

---

14 Durch dieses Bäuerinnen-Programm konnten mit relativ geringen Summen einer Anschubfinanzierung in den folgenden Jahren rund 450.000 bäuerliche Anwesen modernisiert werden, (vgl.: Interview: 50).

15 Vielleicht aus dem Umgang mit ihren fünf älteren Brüdern ahnt sie, daß Männer zwar mit Frauen zusammen arbeiten, aber „vornedran müßten sie dabei dann eben doch stehen“. Insofern bedient sie sich gelegentlich gewisser weiblicher Listen, um ihre politischen Ziele durchzubringen. „Ich hätte in Bonn mein Bäuerinnenprogramm nicht retten können ..., wenn ich nicht den Männern die Möglichkeit gegeben hätte, sozusagen vornedran zu stehen..., der Mann muß sehr viel mehr als wir Frauen... seinen Erfolg mit seinem Namen verbinden können.“ (Interview: 43)

Annemarie Griesinger ist bekannt und beliebt – immer noch, selbst zehn Jahre nach ihrem Rückzug aus der großen Politik. Sie wird bestaunt auch belächelt, sicherlich beneidet und bewundert zugleich, auch heute noch von vielen ihrer Landsleute. Außerhalb der Landesgrenzen allerdings ist ihr Name nahezu unbekannt. Hier geht es ihr allerdings wie vielen Politikerinnen, die sogar zu ihren Lebzeiten zu den bekanntesten Persönlichkeiten im Land gezählt werden konnten. Insofern wird ihr Name hauptsächlich im Zusammenhang mit dem Phänomen genannt, das heutzutage beklagt wird: die Distanz und Entfremdung der Politik und der politisch Verantwortlichen vom Alltagsgeschehen, von den Nöten und Sorgen der Menschen.

Ohne in das Klischee der sog. „Muttis in der Politik" so recht zu passen – denn Annemarie Griesinger ist keine Heldin der Selbstaufopferung und stillen Hingabe an ihr Amt – vertritt sie doch eine eher „mütterliche" Komponente in ihrem politischen Verhaltensstil und ihren Umgangsformen. Die Art und Weise, wie sie mit ihren „Untergebenen" im Ministerium umging, der relativ freizügige Stil, ihre Art, vieles zu delegieren sowie ihr Vertrauen in die Kompetenz und Loyalität ihrer Mitarbeiter – all dies ließ manche auf pure Effizienz und Leistungskontrolle pochende Verwaltungsbeamte vermutlich manches Mal im Umgang mit der Ministerin an ihre Leidensgrenzen kommen. Doch andere wiederum, selbst aus der parlamentarischen Opposition, zollten „der Griesinger" Lob und Anerkennung für den neuen liebenswürdigen Stil.

> „Das sind, Frau Minister, keine Lobreden, aber lassen Sie mich sagen, daß viele Kollegen auf allen Seiten dieses Hauses von ihrer Hingabe an Ihr Amt, von Ihrer Fähigkeit, zuzuhören, von Ihrem menschlichen Stil und von Ihrer Fairneß beeindruckt sind."[16]

Auch die Fähigkeit der Ministerin, das Angenehme mit dem Nützlichen zu verbinden, wenn es beispielsweise nach getaner Arbeit ein Gläschen Württemberger für alle geben soll, kommt an.

> „Und daran lag mir halt. Politik ein bißchen menschlicher machen und nicht so verkniffen und nicht so... geschäftsordnungsmäßig."[17]

---

16 So der SPD-Abgeordnete Dr. Schröder im Landtag von Baden-Württemberg, vgl.: Landtagsprotokolle, 6. WP., 80. S. vom 12.3.1975: 5357

17 Interview: 69. Hierzu gehört ebenfalls, daß Annemarie Griesinger ihre Minister-Briefe auch in Versform zu kleiden wußte. So in einem „Protestbrief" an Heiner Geißler, der ein Schreiben an „die Herren Arbeitsminister" abgesandt hatte: „Nennt man die Anschrift ohne Namen, wie es Ihr Haus zu tun beliebt, vergißt man leicht, daß es auch Damen in höchsten Positionen gibt..." (Welt am Sonntag vom 29.6.1975). Es ist sicher nicht bloß weibliche Bescheidenheit, wenn sie betont, daß sie ja nicht allein eine bestimmte Politik durchgesetzt oder verhindert habe, sondern ihr ehrliches Anerkennen

Ihr Amtsverständnis bleibt nicht unumstritten. Zeigte sie doch mit großer Offenheit, wo sie ihre Schwerpunkte zu setzten beabsichtigte:

„Eigentlich müßt i' schon längst in der Ministerpräsidenten-Konferenz sein. Aber die Fürschte werdet's sicher auch ohne mich richte." (Die Welt v. 17.3.1981)

Aber gerade aus diesem Grunde blieb auch Lob nicht aus: Herbert Wehner ruft sie eines Tages voll des Dankes an ob ihrer blendenden Idee, einmal alle Sekretärinnen einzuladen, diejenigen, die sonst immer nur die feinen Einladungen für ihre Chefs öffnen, bestätigen und zu- oder absagen dürfen. Auch die Kinder der in Bonn akkreditierten Diplomaten lud sie ein. „Die Menschen zusammenzuführen... das war mir das allergrößte Anliegen." (Interview: 68)

Hier – wie durchgängig – leitet sie keine „große Idee", sondern ihre eigene Lebenserfahrung. Nicht zuletzt die als Frau.

Als sie ihr Amt übernimmt, ist die Umressortierung der Abteilung Sozialwesen vom Innen- in das Arbeits- und Sozial-Ministerium und die Ausgliederung der Sozialgerichtsbarkeit zum Justizministerium bereits beschlossene Sache. Für eine weitere Abrundung ihres Geschäftsbereichs setzt sich Annemarie Griesinger mit viel Energie ein. Der Erfolg bleibt ihr nicht versagt: Zum 1. Oktober 1972 wird nunmehr auch die Gesundheitsabteilung des Innenministeriums in das Arbeits- und Sozialministerium übergeleitet. Annemarie Griesinger ist also nicht nur die erste Frau an der Spitze dieses Ministeriums, sondern sie wird auch der erste „Minister für Arbeit, Gesundheit und Sozialordnung" sein. Die Tatsache, daß sie überhaupt in die Regierungs-"mannschaft" von Hans Filbinger aufgenommen wird, verdankt sie nach ihren eigenen Worten ihrer jüngeren Unionskollegin Renate Hellwig, die sich für Annemarie Griesinger eingesetzt habe, etwa nach dem Motto: „Im Wahlkampf werbt Ihr mit der 'Frau an Eurer Seite', aber wenn es um Kabinettsposten geht, dann wollt Ihr Männer wieder nur unter Euch sein."

In ihre Amtszeit als Sozial-, Gesundheits- und Arbeitsministerin fallen auch politische Großprojekte wie der Beschluß zum Bau des Atomkraftwerks in Wyhl und 1972 der Bau des Kraftwerkes Marbach III., dessen Bewilligung noch unter ihrem SPD-Vorgänger durchs Parlament ging. Ein Meilenstein setzte die landesweite Einrichtung von Sozial- und Diakonie-Stationen sowie das frauenpolitische Renommierprojekt „Mutter und Kind", das alleinerziehenden Müttern im Land eine großzügige Unterstützung für

---

der Tatsachen politischer Zusammenarbeit: „... aber ich muß immer wieder sagen, bitte nie alleine den Namen Griesinger, sondern das war Team-Arbeit, das eine Frauen-Team-Arbeit in Bonn und das andere mit den freien Wohlfahrtsverbänden Team-Arbeit, die glänzend funktioniert hat, und nur deshalb möglich wurde." (Interview: 66)

die ersten drei Lebensjahre ihres Kindes gewährt – allerdings im Status der Sozialhilfeempfängerin und mit bestimmten sozialpädagogischen Auflagen.

Ihre erste Rede als Sozialministerin vor dem Landtag hält Annemarie Griesinger in der fünften Sitzung der 6. Wahlperiode am 6. Juli 1972. Hier tritt sie betont zurückhaltend auf – schließlich ist sie sich als erste Frau im Kabinett seit Bestehen des Bundeslandes sowieso der Aufmerksamkeit vieler sicher, nicht zuletzt auch vieler Kritiker. Insofern verblüffen weniger der unaggressive Ton und der harmlose Charakter der Rede als die politische Konturenlosigkeit, mit der die erfahrene Sozialfürsogerin und jahrelange Abgeordnete auftritt. Sie bezieht überwiegend politische Allgemeinplätze, zum Beispiel plädiert sie für die Stärkung der „Erziehungskraft der Familie". Ebensowenig spart sie die vielzitierte „Hilfe zur Selbsthilfe" aus und die „Achtung der Würde des Anderen". Auch ihre Kritik an der SPD ist eher verhalten. Diese Rede steht exemplarisch für ihren künftigen Stil als Ministerin, den die Neue Westfälische Zeitung 1974 – zwei Jahre später – wie folgt charakterisiert:

„Mehr Klugheit als Intellekt, mehr fraulicher Charme als nüchternes Kalkül: das bestimmt sowohl öffentliches Auftreten als auch regierungsinternes Wirken: man mag dies durchaus als Vorzug sehen." Gleichzeitig stellt derselbe Autor fest: „Von politischen Großtaten ist seither nicht zu berichten, eher von bemühter Sachwaltung im Amt." (Neue Westfälische Zeitung v. 20.4.1974)

Sozial- und Arbeitsmarktpolitik durchzusetzen, dafür braucht man als Politikerin gewiß Integrationskraft und politisches Gespür für die gemeinsamen Positionen von Regierung und Opposition. Ganz sicher hilft keine Alleingangspolitik und Konfrontationsstrategie. Annemarie Griesinger steht insofern mehr für den Ausgleich von Positionen und für die akzeptable, gute Verpackung ihrer Politik. Übereinstimmend wird immer wieder festgestellt: Es sei ihre besondere persönliche Ausstrahlung, ihre Fraulichkeit und ihr Herz, das sie politisch wirksam mache. Ein Kommentator, der „Einen Tag mit Frau Minister auf Ochsentour" verbringt, drückt das aus, was andere – weniger anschaulich – auch über sie kolportieren:

„Die Fraulichkeit ist das persönliche Kapital, das sie fast rücksichtslos in politische Rendite umsetzt. Sie reist nicht als Minister, sondern als schwäbische Hausfrau: sie ist auch im politischen Amt jene Kreisfürsorgerin, die sie vor ihrer Karriere in Ludwigsburg gewesen ist, und das macht ihre eigentlich erstaunliche Popularität aus. Im Blindenheim in Schwäbisch Gmünd erzählt sie ihren Zuhören zum Schrecken Unwissender ungeniert von schönen Blumen und dem Sonnenschein – was nach Auskunft von Fachleuten genau der richtige Ton im Umgang mit Leuten ist, die ihr Augenlicht verloren haben. Sie erblickt einen „Guglhopf" und nennt ihn – etwas am Rande der Wirklichkeit – den „Lieblingskuchen meines Mannes" ... Kaum ein Minister in dieser Landesregierung, der mit seiner Familie soviel Politik macht. Wo sie politische Aussagen veranschaulichen will, greift sie zu solchen Beispielen: „ wie in der Ehe", ... und fordert ihre Zuhörer in gar naivem Tonfall auf: „helfen Sie uns mit, daß wir nicht allzuviel falsch machen." Dabei ist dies weithin nicht raffiniertes Spiel, sondern echte Griesinger." (Stuttgarter Zeitung v. 28.4.1973)

Politik macht ihr offensichtlich Spaß. Annemarie Griesinger ist keine Intellektuelle, keine sog. „militante Politikerin" (Stuttgarter Zeitung v. 28.4.1973), keine Visionärin und keine Frauenrechtlerin. Dennoch – oder gerade deshalb – gelingt es ihr, die Menschen für sich zu gewinnen. Sie ist eine Populistin, nicht bloß populär.[18] In Zeiten sozialer Differenzierung und Entfremdung versteht sie es, sich auf eine unmittelbare Art „zu dem umworbenen Volk in Beziehung zu setzen." (Dubiel 1987: 7) Dieses Verhalten volkstümlich zu nennen, wäre anachronistisch, weil damit die Dimension der Medien und ihrer verstärkenden Wirkung solcher Verhaltensweisen vernachlässigt werden würde.

Die erste „Frau Minister" in Baden-Württemberg reist emsig durch das Land, nachdem das dritte Kabinett Filbinger im ersten Amtsjahr durch „Regionalbereisung" Kontakt zu den Bürgern und Bürgerinnen auch in den entlegensten Flecken des Bundeslandes herstellen möchte. Sie versteht sich als „offenes Ohr" für die Sorgen und Nöte der Bevölkerung. Während der Kontaktgespräche sind ihre Mitarbeiter ständig mit Notizen beschäftigt, „von denen nur der Naive annehmen kann, daß sie sich mit diesem Eifer in politisches Handeln umsetzen." (Stuttgarter Zeitung v. 28.4.1973)

Themen, zu denen sie als Sozialministerin Stellung beziehen muß, sind neben der Familienpolitik die Integration ausländischer Arbeitnehmer und das sog. Rückführungsprogramm der Landesregierung 1975/1976. Hier versucht Baden-Württemberg gegen die Politik der sozialliberalen Bundesregierung mit finanziellen Anreizen ausländische Arbeitnehmer zum Verlassen der Bundesrepublik zu bewegen.

Einige Typhus-Fälle beunruhigen das Land im Herbst 1974. Annemarie Griesinger wird als Gesundheitsministerin nicht nur in der Presse, sondern auch im Landtag vorgeworfen, den Namen des Kaufhauses, in dem vermutlich der bakteriell verseuchte Kartoffelsalat verkauft worden ist, nicht öffent-

18 „'Populisten' und 'Volkstümler' nannten sich am Ende des 19. Jahrhunderts einige agrarsozialistische Bewegungen in den USA und Rußland, welche sich in Reaktion auf die kapitalistische Modernisierung der ländlichen Infrastruktur gebildet hatten." (Dubiel 1987: 7)

lich und nicht rechtzeitig als Warnung für die Bevölkerung bekanntgegeben zu haben.

In ihre Amtszeit fiel die zum 1.9.1979 in Kraft tretende Einführung eines selbständigen, einkommensabhängigen Familiengeldes in Höhe von DM 2.000,- für nicht-erwerbstätige Mütter bei der Geburt eines Kindes. Das Stuttgarter CDU-Kabinett reagierte damit auf den zwei Monate zuvor bundesweit auf sechs Monate ausgedehnten Mutterschutzurlaub für erwerbstätige Mütter von seiten der SPD/FDP-Koalition in Bonn.

Die ersten Modell-Sozialstationen sind ebenfalls mit dem Namen Annemarie Griesinger verbunden. Im Jahre 1975 gab es 26 solche Einrichtungen, die mit Landesmitteln aufgebaut wurden. Für dieses, mittlerweile sehr bewährte Modell ambulanter Versorgungseinrichtungen im Sozial- und Gesundheitsbereich, hat sich Annemarie Griesinger besonders eingesetzt.

1980 wird sie – diesmal als Ministerin für Bundesangelegenheiten und als Europabeauftragte ihrer Landesregierung – noch einmal vier Jahre nach Bonn geschickt, dieses Mal von Ministerpräsident Lothar Späth, der sich vielleicht nicht ganz so gut mit seiner schwäbischen Landsmännin versteht wie ehedem Hans Filbinger. Lothar Späth – auch ein Populist, wie so manche Landesfürsten der Union südlich des Mains – benennt als Nachfolgerin von Annemarie Griesinger im Sozialministerium dann 1984 eine Jüngere, Unbekanntere: die Landtagsabgeordnete Barbara Schäfer. Nicht ganz kann man sich des Eindrucks erwehren, als solle Annemarie Griesinger 1980 zwar nicht völlig dem Kabinett verloren gehen, aber auch möglichst weit weg gelobt werden. Nach Bonn also – wohin sonst?

8. *Frauenspezifik*

Annemarie Griesinger ist eine Frau in der Politik, aber keine Frauenpolitikerin, jedenfalls ist sie nicht das, was man vielleicht darunter versteht. Nicht ein aus Erfahrung gespeistes Bewußtsein der Benachteiligung des weiblichen Geschlechts oder ein besonderes Gerechtigkeitsempfinden, das die soziale Mißachtung speziell der weiblichen Bevölkerungsgruppen unerträglich findet, treibt sie in die Politik. Politik als Beruf vielmehr scheint ihr Berufung und persönliche Herausforderung zugleich. All ihre sozialen Kompetenzen, ihre organisatorischen und kommunikativen Fähigkeiten und ihr Talent, mit Menschen umzugehen, werden in diesem Beruf gefordert und belohnt. Dabei nimmt sie ganz bewußt einen von ihr definierten weiblichen Stil in der Politik für sich in Anspruch. Annemarie Griesinger vertritt entschieden die kooperative Zusammenarbeit mit Männern, anstatt eines Gegeneinanders und Streitens, denn:

„es gelingt uns mehr, diese Strukturen zu verändern, wenn wir uns ein Stückweit diesen Strukturen anpassen." (Interview: 64)

Zeitlebens betreibt Annemarie Griesinger auch Frauenpolitik, aber nicht kämpferisch. Darüber hinaus stehen ihr Frauenthemen, das Leben und die Alltagspraxis von Frauen natürlich nahe. Daher ist es durchaus naheliegend, daß sie sich zeitlebens mit Frauenfragen beschäftigt hat, ohne eine engagierte Frauenpolitikerin zu sein.[19] Doch ihre Wirkung hat Annemarie Griesinger sicherlich besonders als Personifizierung der Antithese zu dem Verdacht, „Frauen könnten nicht kämpfen" oder etwa „Frauen würden keine Wahlen gewinnen."

In der Zeit, in der Annemarie Griesinger politisch aktiv wird, ist es noch relativ unüblich für Frauen, im Beruf und erst recht in der Politik Furore zu machen. Auch in ihrer Partei bewegte sie sich – ob sie das immer gewußt haben mag oder nicht – auf dünnem Eis, oder vielleicht treffender: auf glattem Parkett. Insofern hat sie sicher gut daran getan, nicht zu heftig aufzutreten. Sie trifft – so scheint es – auf geradezu grandiose Art und Weise das von Männern akzeptierte Maß zwischen Konvention und Evolution, zwischen fraulicher Zurückhaltung und gelebter Emanzipation. Sie hat Rollen verändert, ohne eine Rollenveränderung ideologisch anzustreben oder sogar prinzipiell gutzuheißen.

Annemarie Griesinger sagt von sich, daß sie „nie Emanzipationsprobleme"gehabt hätte. Sie verdeutlicht dies an der „Ballmädles-Geschichte", die nach eigener Einschätzung auch für ihre spätere politische Laufbahn steht. Sie war immer zufrieden mit der Rolle des Ballmädchens, also derjenigen, die den Ball wieder ins Spiel wirft, mit diesem Quentchen Macht, das sie für kurze Phasen von den eigentlich wichtigen Figuren des Spiels zugebilligt bekam. Darüber hinaus wird in dieser Geschichte ihrer Kindheit ebenso gut die gegenseitige Abhängigkeit der Geschlechter deutlich.

„Für mich war nie, nie das Bedürfnis, jetzt fast gewalttätig auch Mittelstürmerin zu werden und zu sagen, lasset mich mitkicken, sondern ich hatte dieses wunderschöne Amt, das für mich großartig war. Ich hatte die, die elf Kerle viel besser eigentlich in der Hand, ohne daß ich mir das im Kopf überlegte." (Interview: 10)

---

19 Neben dem Bäuerinnenprogramm, das den Landfrauen zugute kam, hat sie sich als Sozialministerin in Baden-Württemberg besonders für die Weiterbildung von älteren Frauen, für das Mutter-Kind-Modell und für diverse Familienhilfen eingesetzt.

In dieser Akzeptanz der gesellschaftlichen Arbeitsteilung und Rollenvergabe liegt vielleicht auch der Grund, weshalb Annemarie Griesinger nie Emanzipationsproblme hatte. Sie will ihre Rolle nicht grundsätzlich verändern und angleichen, sondern ausspielen, kooperativ und arbeitsteilig nutzen und ausbauen.

„Ich wollte lieber ... Partnerin sein, Kollegin sein und sagen, gut, das machst Du, und das mach' ich, ok, wir machen das damit gemeinsam."

Annemarie Griesinger stellt die gesellschaftliche Bipolarität der Geschlechter nicht infrage, sondern sieht sie biologisch begründet:

„Der Mann ist der Zeugende, und die Frau ist die Gebärende. Es ist wirklich, es ist nicht nur biologisch so .... Also, deswegen, wird es sich auch gar nie grundlegend ändern." (Interview: 10)

Annemarie Griesinger verbleibt, wie viele der frühen Frauen in der Politik, in ihrer Funktion als das den Mann ergänzende Prinzip. Insofern bringt sie das Althergebrachte nicht allzusehr durcheinander. Sie wahrt die vorgesehene Etikette beim Betreten des für Frauen ungewohnt glatten Parketts. Das Protokoll muß zwar leichte Abweichungen hinnehmen, doch der Ablauf der großen Politikveranstaltung bleibt garantiert. Das ist vermutlich auch für die männlichen Teilnehmer angenehm. Annemarie Griesinger hat sich im Laufe ihres politischen Lebens – ihren Mann im Hintergrund, die Partei zur Seite – auf männliches Terrain begeben, aber nicht zu weit und nicht zu kritisch. Dieses verbindet sie mit zahlreichen anderen ersten Frauen in der politischen Öffentlichkeit der Nachkriegszeit in der Bundesrepublik.

Die zeitgenössische Kommentatorin Sibylle Krause-Burger vermutet, daß die älteren Politikerinnen unausweichlich in eine Mutter-Rolle in der Politik gedrängt wurden. Sie sieht diese Tatsache auch in deren fehlenden Bildungsmöglichkeiten begründet und in der nicht „ausreichenden Sachkenntnis" auf frauenuntypischen Gebieten. Dann vermutet sie, daß es zum politischen Kalkül der damaligen Parteien gehört habe, nicht ganz uneigennützig und mit gebremstem Einsatz auch Frauen zu fördern.

„Die Parteien haben sie auch um Mitarbeit und Kandidatur gebeten, weil man sie als vereinzelte Vorzeige- und Konzessionsfrauen brauchte. Und dies sind sie zumeist auch geblieben: ein mehr geduldetes als geliebtes Stück Weiblichkeit, ein Demonstrationsobjekt, um den Wählerinnen klarzumachen, daß ihre Interessen auch vertreten sind, ein Alibi für die weitgehend uneingeschränkte Männerherrschaft. Nur wenige unter den Älteren haben diese Rolle abzuschütteln vermocht... So blieb ihnen kaum anderes, als die Mutterrolle anzunehmen, ja sie nachgerade wie eine Monstranz vor sich herzutragen und eben damit die eigene Partei und die Wählerschaft in die Knie zu zwingen." (Frankfurter Allgemeine Zeitung vom 22.11.1975)

9. *Persönliche Situation*

Annemarie Griesinger lebt mit ihrem Mann, Dr. Heinz Griesinger, in ihrem ehemaligen Elternhaus in Markgröningen und dies seit vielen Jahren. Ihre Verwurzelung sowohl in ihrer Heimatstadt als auch in der Verbindung zu ihrem Ehemann ist unübersehbar und sicher auch Kraftquelle ihres politischen Handelns und ihrer gesamten Persönlichkeit.

Die ausgebildete Sozialfürsorgerin und ehemalige Sozialministerin ist 1994 schon 70 Jahre alt geworden und gehört damit zu der sogenannten älteren Politikerinnen-Generation. Von den Merkmalen eines ruhigen Seniorenabends oder Lebenswandels scheinen die beiden Eheleute Griesinger allerdings recht weit entfernt. Seit ihrem offiziellen Rückzug aus der Landespolitik im Jahre 1984 ist Annemarie Griesinger seit nunmehr über zehn Jahren in diversen ehrenamtlichen Kontexten sozialpolitisch tätig. Die meiste Zeit beansprucht ihre Tätigkeit als Bundesvorsitzende der Lebenshilfe für geistig Behinderte und als Landes-Vorsitzende der Senioren-Union.

Die Griesingers sind seit über vierzig Jahren – seit 1953 – verheiratet, sehr glücklich, wie es scheint. Doch die Heirat mußte quasi mit Nachhilfe ihrer Familie eingefädelt und angeschoben werden, nicht zuletzt durch ihre Brüder und die Initiative ihrer Mutter. Diese habe sich sowieso als erste in den jungen, gut aussehenden Sozialarbeiter und Referenten für die evangelische ländliche Jugend verliebt. Mit 29 Jahren wollte Annemarie Griesinger „gar nicht heiraten! Ich wollte ... jetzt wirklich in einen Beruf hinein!“ Doch ihre Ehe entwickelt sich für sie als „ganz großes Glück“, wie sie immer wieder betont. „Ich hab` wahnsinnig Glück gehabt!“ (Interview: 15) Es beginnt mit ihrer Eheschließung so etwas, was wir mit modernen Worten schlicht eine „partnerschaftliche Beziehung“ nennen würden. Sowohl beruflich als auch auf ihren politischen Wegen unterstützt sich das Paar gegenseitig vorbehaltlos über die wichtigsten Jahre ihres Lebens. Vor allem die sog. Aufbauphase in Beruf und Politik wäre so rasch und so erfolgreich für Annemarie Griesinger wahrscheinlich nicht ohne ihren Ehemann abgelaufen. Heinz Griesinger macht in der Ehe zunächst das Abitur nach und studiert Volkswirtschaft, während seine Frau als Fürsorgerin das Geld heimbringt. Nicht gerade eine klassische Rollenverteilung aus der Perspektive der CDU-Programmatik der 50er Jahre. Aber es sind auch die Jahre der Neuordnung und des Übergangs in selbst gestaltete Lebensformen.

Das Ehepaar hat keine eigenen Kinder haben können, obgleich es „eine ganze Orgelpfeife“ geben sollte. Und so schien es vom Schicksal beschlossene Sache, daß sie sich um andere Menschen kümmern sollte.

„Und dann hab' ich zu meinem Mann gesagt, Du vielleicht soll's auch so sein. Und dann kurz darauf kam das mit diesen Fragen, ob ich da und da mitwirke, und da haben wir gesagt, ach, vielleicht muß es so sein, kümmern wir uns um andere Menschen!" (Interview: 55)

Die Tatsache, daß sie keine Kinder hat, nennt Annemarie Griesinger auch als Vorbedingung dafür, daß sie sich politisch bis Bonn vorgewagt habe, ansonsten wäre sie wohl eher auf Gemeinde- oder Landesebene aktiv geworden. Wer weiß? Ihr Mann habe ihr politisches Engagement immer unterstützt, sagt sie heute. Ihre Kandidatur zum Bundestag sowie ihr Direktmandat förderte er sowohl als Ehemann als auch als Kreisvorsitzender der CDU in Ludwigsburg. Dennoch war es für ihn natürlich „nicht leicht, sog. Kronprinz zu sein". Aber sein eigener Beruf habe ihn sehr ausgefüllt, und ihre häufige Abwesenheit muß ihn nicht besonders belastet haben, vor allem da sie umsichtig stets für „Ersatz" gesorgt hatte. Während ihres Bundestagsmandats lebte ihre Mutter noch im Hause und ersetzte die abwesende Tochter, heute ist die Haushälterin, eine Freundin der Familie, die „gute Seele", die für alles sorgt.

Das Ehepaar Griesinger hat darüber hinaus einen guten Freundeskreis, der die politische Arbeit von Annemarie Griesinger stets kritisch aber wohlwollend begleitet habe. Als eine der wenigen interviewten Politikerinnen weist sie nicht auf die kolossalen Einbußen an Freundschaften hin, die die Politik verlangt. Sicher hängt dieses Anknüpfenkönnen an alten Beziehungen mit ihrer räumlichen Kontinuität zusammen. Sie hatte mit ihrem Mann ihren Erstwohnsitz stets in Markgröningen. Ihr Mann wurde beruflich auch nicht in andere Gegenden verschlagen oder wußte dies zu vermeiden. Als Ausgleich für die Strapazen des politischen Alltags und des immer „kleiner werdenden Büroherzens" trieb sie viel Sport, wanderte leidenschaftlich und machte selber den Jagdschein, um mit ihrem Mann auf Jagd zu gehen. Dazu war die Zeit zwar knapp, aber sie nutzte sie.

Wie wesentlich für eine Politikerin die Unterstützung ihres (Ehe)Partners sei, scheint Annemarie Griesinger immer sehr bewußt gewesen zu sein. Sie selbst muß einerseits mit ihrem Mann einen fruchtbaren Gedankenaustausch gehabt, muß aber auch stets gewußt haben, daß eine Frau den Partner nicht allzusehr strapazieren dürfe: Für eine verheiratete Frau in der Politik sei es *noch* entscheidender, daß der

„Partner ... zu ihrem Tun ja sagt als es vielleicht umgekehrt für einen Mann entscheidend ist, ob seine Frau ja sagt." (Interview: 51)

Annemarie Griesinger ist sich – wie jede politisch tätige Frau mit Partner oder Familie – des Balanceakts bewußt zwischen beruflich-politischem Engagement und dem Risiko der fehlenden Präsenz und Nähe beim Partner. Ihr politischer Einsatz, so ihr Resümee, wäre nie so hoch gewesen, daß sie zwar in der Politik gewonnen, im Privatleben dagegen ihre Ehe aufs Spiel gesetzt und ihren Mann möglicherweise verloren hätte. Annemarie Griesinger versteht es auf eindringlich-unaufdringliche Weise, ihren Ehemann ins Rampenlicht zu setzen[20], seinen Beitrag für ihre Karriere zu unterstreichen. Ohne ihn wäre ihr voller politischer Einsatz überhaupt nicht möglich gewesen, gesteht die Ex-Ministerin bescheiden.

Darüber hinaus war es für Annemarie Griesinger sicher ein großes Plus, gerade auch in einer traditionellen Umgebung und gegenüber einem konventionell eingestellten Wahlvolk, daß ihr Mann „bei den Leuten ankam." Er war beliebt, der Mann an ihrer Seite, die Leute hielten ihn für einen „prima Kerle". Dies steigerte nicht zuletzt auch ihre eigene Popularität. Sie habe eben „unwahrscheinlich Glück gehabt" mit ihrem Mann, gesteht sie wie eine bescheidene schwäbische Hausfrau. Und doch entsteht der Eindruck, Annemarie Griesinger sei eine der wenigen Politikerinnen, denen es gelungen zu sein scheint, beide – für ein normales Frauenleben sehr stark auseinanderdriftenden – Pole: Beruf und Familie, ideal zu verbinden. Wie schwierig dies tatsächlich oft gewesen sein mag, und wie viel von ihrem sprichwörtlichen „Glück" sie dafür jeweils in Anspruch nehmen mußte, verrät sie leider nicht. Annemarie Griesinger lebt, so könnte man es zusammenfassend formulieren, eine traditionelle Partnerschaft mit überlieferten und akzeptierten Rollenvorstellungen ganz untraditionell, auf eigene, erst im 20. Jahrhundert möglich gewordene Weise.

---

20 Bei ihrem Rückzug aus dem Kabinett Späth meint sie schmunzelnd, sie wolle jetzt nicht mehr „auf Zeit gewählt" werden, sondern zu ihrem Mann, der sie schließlich für ein Leben gewählt habe. Solch ein Mut müsse belohnt werden.

Renate Hellwig

„Politik ist eine Sucht wie das Rauchen."

Es ist stiller geworden um Renate Hellwig. Sie, die einst – etwa seit Anfang der 70er Jahre – sowohl parteiintern als auch von seiten der Medien als große Hoffnungsträgerin stilisiert wurde, sie, die für eine ganz neue Generation von emanzipierten Frauen in der CDU stehen würde: jung, intelligent, berufstätig, zielstrebig und rhetorisch brillant, um sie wurde es schlagartig stiller, nachdem sie sich aus der Frauenpolitik zurückgezogen hatte. Man könnte auch sagen: aus der Schußlinie. Die promovierte Juristin hat sich seit einigen Jahren in ruhigere Gewässer begeben: sie wandte sich nach ihrer entscheidenden Niederlage gegen Rita Süßmuth 1986 bei der Wahl um den Bundesvorsitz der Frauenvereinigung wieder einem ihrer anderen favorisierten Themen zu: der Europapolitik.

Heute ist Renate Hellwig Vorsitzende der hochrangigen Europa-Kommission des Deutschen Bundestages, und ihr Terminkalender ist vielleicht sogar noch angefüllter als zu der Zeit ihrer schier unaufhaltsam wirkenden Karrieresprünge Ende der 70er/Anfang der 80er Jahre. Die einstige große Debattenrednerin und mutig auftretende Streiterin in Sachen „Partnerschaft" und „Vereinbarkeit von Familie und Beruf", die einstige Verfechterin eines moderneren Frauenleitbildes in der Union ist auch selbst stiller geworden. Über Europa gibt es längst nicht mehr so viele Debatten und Schlagzeilen, und das Interesse der Kollegen im Bundestag, sich mit ihr streithaft auseinanderzusetzen, scheint ebenfalls nicht mehr allzu groß zu sein.

Wäre sie ein Mann – so der sich zum wiederholten Male aufdrängende Verdacht – hätte die als sachlich und fachkundig vor allem in der Finanz- und Kulturpolitik anerkannte frühere Staatssekretärin in Rheinland-Pfalz wahrscheinlich mittlerweile einen der zahlreichen in den 80er und 90er Jahren von der CDU zu besetzenden Ministersessel erhalten. Aber vielleicht war sie auch zu unbequem und viel zu unbeugsam in ihren Vorstellungen.

„Ich war jahrelang das Biest, bin nie ein Mensch gewesen, der brav seinen Mund hält, nur um vielleicht irgendwann einmal Karriere zu machen." (Quick vom 2.10.1986)

Aus dem Gespräch mit Renate Hellwig wird deutlich, wie wichtig es ihr ist, eine Karriere nicht um jeden Preis zu verfolgen. Diese Tatsache hat wohl viel mit ihrer Lebensgeschichte zu tun, mit ihrer Herkunftsfamilie, vor allem mit dem Vater, der ihr darin ein Vorbild war.

In den 70er Jahren, als sich die Union bundespolitisch in der Opposition befand und sich um Korrekturen ihres ein wenig antiquierten Frauenbildes bemühen mußte, konnten Politikerinnen wie Renate Hellwig Einfluß gewinnen. Doch auch die Grenzen waren vorprogrammiert. Nachdem die CDU/CSU wieder an die Bonner Regierung kam, war vielen – auch vielen Parteifrauen – Renate Hellwigs frauenpolitischer Kurs zu konfliktreich. Gab es doch die Hoffnung, mit dem sanften Konzept der „Partnerschaft" innerhalb der Familie den drohenden Geschlechterstreit zu schlichten oder auch schlicht zu unterlaufen.

Parteien und ihre Vorsitzenden pflegen – ganz allgemein gesprochen – allzuviel Profil und Widerborstigkeit und speziell ein frauenpolitisches „gegen den Strich bürsten" liebgewonnener patriarchaler Vorstellungen nicht besonders zu honorieren. Wahrscheinlich hat Renate Hellwig dieses sogar gewußt. „Die Niederlage von heute kann den Sieg von morgen in sich tragen" (Hellwig 1984: 329), schreibt sie vor Jahren hoffnungsvoll. Wer weiß, vielleicht bekommt sie eines Tages doch noch recht?

1. *Jugend/Herkunftsfamilie*

Renate Hellwig wird am 19. Februar 1940 in Beuthen/Oberschlesien geboren als erstes Kind und Tochter eines selbständigen Goldschmiedes und seiner mit im Geschäft tätigen Ehefrau. Die Familie ist evangelisch. Drei Jahre später wird ihr jüngerer Bruder geboren. Die zwei Kinder haben einen engen Kontakt miteinander. Renate war bis zur Pubertät die „Ersatzmutter" für ihren Bruder. Die Ehe ihrer Eltern schildert sie als „liebevolles Verhältnis", was wohl auch auf der unhinterfragten Rollenaufteilung zwischen Vater und Mutter basierte. Die Mutter fügte sich in die zuarbeitende Position unter die eindeutige Dominanz des Vaters. Sie hatte eine Ausbildung als Zahnarzthelferin und wurde nach der Heirat voll mit Geschäftsfrau im reinen Familienbetrieb. Renate Hellwig selbst hatte zu ihrem Vater ein viel besseres Verhältnis als zur Mutter.

1945 flieht die Familie von Gleiwitz nach München. Obgleich mitten im Krieg geboren, schildert Renate Hellwig keine Kriegserlebnisse oder Leidenserfahrungen auf der Flucht als Fünfjährige mit Mutter und Bruder. Auch später hat sie kein sog. „Vertriebenen-Bewußtsein" und bleibt solchen politischen Konzeptionen auch innerhalb ihrer eigenen Partei stets skeptisch gegenüber eingestellt. Schon als 10jährige, so erinnert sie sich stolz, möchte sie

Politikerin werden und ahnt damals schon die für Frauen geltende Alternative: „Entweder ich heirate, oder ich werde Politikerin!“ (Interview: 2)
Für ihr frühes politisches Interesse macht Renate Hellwig vor allem den Vater verantwortlich. Geprägt haben sie seine Mahnungen, möglichst früh in der Demokratie den Mund aufzutun, denn käme es zu einer Diktatur, so wäre es nur unter Einsatz des Lebens möglich zu widerstehen.

„Und da hat er mir dann damals gesagt, 'mein liebes Kind, in einer Demokratie kostet es vielleicht nur den einen oder anderen Beförderungsnachteil, den Mund aufzumachen. Ich wünsche Dir, daß Du immer den Mut dazu haben wirst, um sie zu erhalten.' Und das hat er mir ... als Vermächtnis hinterlassen, ... und über diese Gespräch mit meinem Vater....bin ich eigentlich sehr früh politisch interessiert gewesen.“

In der Familie Hellwig wachsen die Kinder relativ freizügig auf, mit sehr viel früh geförderter Eigenverantwortung und zahlreichen Freiheiten, die zu der damaligen Zeit gleichaltrigen Schulkameraden noch verwehrt werden. Schon als 13jährige bekommt sie von den Eltern z. B. die Buchführung für das Juweliergeschäft übertragen,

„weil das beide Eltern nicht gerne gemacht haben... Und mit zwölf hab' ich das erste Mal mit meiner Oma alleine zusammen das Geschäft übernommen. Und die Oma ist dann immer erst so um zehn Uhr gekommen, ich hab' um acht schon aufgemacht. Das erinnere ich, weil ... ein Kunde ... meinem Vater gesagt hat: 'So ein Leichtsinn! Sie können doch nicht einem Kind ein Juweliergeschäft überlassen.'“(Interview: 2-4)[1]

Wie wichtig die kontinuierliche Präsenz des Vaters für sie gewesen ist, wird aus zahlreichen späteren Schilderungen deutlich:

„Er war eigentlich der Vater nicht nur für uns, seine eigenen Kinder, sondern sowohl auch für die Freundinnen... von mir, als auch für die Schulfreunde meines Bruders. Weil, die anderen Väter waren ja immer nicht da. Also sein Werktisch war immer voll. Immer irgendein Kind saß da oder auch zwei und haben auf ihn eingeredet und sich dadurch eigentlich mittelbar erziehen lassen. Und ich hab' da auch immer viele viele Stunden bei meinem Vater am Werktisch verbracht. Und mit ihm gerungen, gell.“(Interview: 8)

Später, wenn sie als Politikerin die „Familienfremdheit heutiger Väter“ beklagt, schwingt diese positive eigene Erfahrung als Hintergrund mit. Vielleicht auch die untypische Rolle, die sie in ihrer Familie innehatte. Zum einen war sie als ältere Schwester früh verantwortlich für ihren Bruder, zum anderen ist sie nie als „typisches Mädchen“ erzogen worden.

---

1 Wie gefährlich das Überlassen des Juwelier-Geschäftes in München-Haidhausen an Tochter und Schwiegermutter gewesen war, wird deutlich durch den gewaltsamen Tod des Vaters: Er wird 1972 Opfer eines Raubüberfalles auf sein Geschäft, während seine Frau die Tochter Renate beim Landtagswahlkampf in Baden-Württemberg unterstützt.

„Selbst wenn es meine Eltern gewollt hätten, es wäre ihnen nicht gelungen, weil ich immer so ein halber Junge war, schon als Kind."

Auch scheint die Mutter als identitätsstiftendes Vorbild keine große Rolle gespielt zu haben, eher war eine gewisse Rivalität zwischen den beiden Frauen um Vater und Bruder spürbar. Speziell deren männliche Tätigkeitsbereiche nämlich übten auf Renate Hellwig eine große Faszination aus. Das Handwerkliche habe sie sehr interessiert und allgemein schwierigere Tätigkeiten, die sie zum Beispiel regelmäßig in den Ferien auf einem Bauernhof mitverfolgen konnte. Tierärztin rangierte auch in ihrer Traumberufspalette weit oben. Später dann, weil Religion ebenso wie Politik in ihrem Elternhaus eine große Rolle spielte, wollte sie Theologin werden:

„da hab' ich meine Familie geplagt, weil ich in dieser Zeit noch geschwankt habe, zwischen Politikerin und Missionarin" (Interview: 8).

2. *Schule/Ausbildung/Berufstätigkeit*

Daß Renate Hellwig später beruflich tätig werden wollte, scheint ihr von frühester Kindheit an ein unhinterfragbares Ziel. Sie war eine gute Schülerin und wurde zur Klassensprecherin gewählt, ein ihrer Meinung nach höchst aussichtsreicher Posten für eine spätere Karriere als Bundestagsabgeordnete. Mit einem Trick setzt sie es gegenüber dem Vater durch, auf die Oberschule gehen zu dürfen. Eigentlich sollte sie ja das Juweliergeschäft übernehmen oder „etwas Vernünftiges" lernen. Im Konflikt mit ihren Eltern aber war sie „*noch* hartnäckiger".

Ab 1950 besucht sie in München das Gymnasium und macht 1959 Abitur. Anschließend immatrikuliert sie sich in München für Rechts- und Volkswirtschaft. Ab dem 2. Semester studiert sie in Berlin für eineinhalb entscheidende Jahre. Obgleich die Eltern zunächst für ihre Tochter keine höhere Schul- und Berufsausbildung anstrebten, scheint besonders der Vater die Studienfachwahl indirekt beeinflußt zu haben, denn :

„mein Vater wollte eigentlich auch gerne Jurist werden... Wahrscheinlich hab' ich seinen unerfüllten Traum dann unbewußt erfüllt" (Interview: 9).

Sie bemüht sich, das Studium möglichst zügig abzuschließen und sich durch Gelegenheitsjobs Geld dazuzuverdienen, um ihrem Vater nicht länger als nötig auf der Tasche zu liegen. Auch lehnt sie das Angebot ab, das Asta-Sozialreferat zu übernehmen, denn das hätte sie ein Jahr Studienzeit gekostet. Sie hatte aber ihrem Vater versprochen, schnell fertig zu werden und hat rasch durchstudiert. Finanziell wurde sie eher kurzgehalten und lebte extrem sparsam,

„weil ich mich geniert hätte, von meinem Vater da viel Geld zu verlangen." Nebenbei hat sie Nachhilfestunden gegeben. „Ich hatte keine Zeit, denn ich hatte meinen Vater ein Versprechen abgegeben, ... daß ich, wenn ihm was passiert, solange das Geschäft führe, bis mein Bruder fertig ist. Dadurch stand ich immer unter Druck, weil ich jetzt schnell fertig werden wollte, um nicht mitten im Studium unterbrochen zu werden...".[2]

1967 legt sie das Assessorexamen ab und promoviert zum Dr. jur.. Nach einem Praktikum bei der Europäischen Gemeinschaft in Brüssel, wo sie als Stagère den Sohn ihres künftigen Chefs, des baden-württembergischen Kultusministers Prof. Hahn kennenlernt, wird sie 1968 Beamtin im Bundesarbeits- und Sozialministerium unter dem Sozialdemokraten Hans Katzer.[3]

Genau ein Jahr später wirbt sie Prof. Hahn nach Stuttgart ab und macht sie zur Referentin für Öffentlichkeitsarbeit im neugeschaffenen Referat des Kultusministeriums, das direkt dem Minister unterstellt wurde. Damals war Renate Hellwig noch nicht in der CDU. Das mußte sie bei Hahn auch nicht, und dieses Vertrauen bindet ihre Loyalität umso mehr. Und es ist eine bewegte politische Zeit, die Zeit der „68er", die polarisierende Effekte hatte. Man konnte sich als politisch interessierter Mensch „einfach nicht mehr raushalten" aus der Politik:

„Die neue Aufgabe in Stuttgart führte mich mitten ins Schlachtgetümmel der Studentenunruhen. Das Kultusministerium war unter Dauerbeschuß. Eine große Demonstration löste die andere ab. Die Fachhochschulen und pädagogischen Hochschulen forderten die Gleichstellung mit den Universitäten, an den Universitäten tobte der Kampf um die Macht der verschiedenen Gruppen, im Schulbereich lauteten die Fortschrittsparolen 'Gesamtschule' oder '50 % eines Jahrgangs zum Abitur'. Kultusminister Hahn stand aufrecht und ungebrochen wie ein Fels in der Brandung. Er beschwor – auch seinen Mitarbeitern gegenüber – immer den Mut zu Unpopularität. Wenn man den Zeitgeist als unrichtig erkannt habe, müsse man notfalls auch den Mut haben, ihm allein entgegenzutreten. Rein praktisch sah ich meine Aufgabe ... darin, das Wie des Entgegentretens mitzuorganisieren."(Hellwig 1984: 328)

Auf Drängen von Kollegen tritt sie 1970 der CDU bei, und schon 1972 gewinnt sie bei der Landtagswahl auf Anhieb ein Zweitmandat für den Wahl-

2 Interview: 12/13 - Später wird sie sich als Hochschulexpertin ihrer Fraktion nicht zuletzt aus diesen eigenen Erfahrungen für eine Regelstudienzeit und praxisorientierte Studiengänge politisch stark machen.

3 Es war dies traditionsgemäß ein CDA-Ministerium, deren Beamte 1969 noch überwiegend aus Unionskreisen stammten.

kreis IV in Stuttgart. Hier kann die erst 32jährige Abgeordnete ihren Berufsweg nun als „vollamtliche“ Politikerin fortsetzten.

3. *Politische Sozialisation*

Auch Renate Hellwig wächst in einem überdurchschnittlich politisierten Elternhaus auf. Vor allem durch die liberale Einstellung ihres Vaters wird sie früh geprägt. Toleranz, die Achtung der Menschenwürde und Freizügigkeit sowie die Prinzipien der freien Marktwirtschaft bestimmen das Klima im Hause Hellwig. Die Familie, die sich in München niedergelassen hatte, war wie viele derjenigen, die ihre Heimat verloren, von dem Wunsch geleitet, mit eigener Kraft eine neue Existenz aufzubauen. Sie wollten nicht zurückschauen, sondern nach vorn. Die Eltern waren weniger ideologisch als pragmatisch eingestellt: „Dann müssen wir uns einleben und nicht da irgendwelchen alten Dingen nachhängen.“ (Interview: 5)

Hier kommt ein zukunftsorientierter Pragmatismus zum Ausdruck, der vieles von dem widerspiegelt, was auf Renate Hellwig übergegangen zu sein scheint: sich neuen Bedingungen zu stellen, sich anpassen können unter Beibehaltung der eigenen Individualität, sowie die Fähigkeit, einen neuen, ehemals fremden Ort zum eigenen zu machen. Prägend waren die intensiven Auseinandersetzungen, die das frühe Ernstnehmen der Kinder – vor allem der Lieblingstochter des Vaters – signalisierten. Der Vater stand den Liberalen sehr nahe, ohne Parteimitglied zu sein. Er würde die FDP noch wählen, so kolportiert sie einen Ausspruch von ihm, wenn es diese Partei längst nicht mehr gäbe. „Gerungen“ habe sie mit ihm, meint sie lachend und ein wenig stolz im Rückblick. Vor allem in ihrer frühen Studienzeit in Berlin gab es „heftige Auseinandersetzungen“, als sie – begeistert von Willy Brandt – am liebsten die ganze Familie von der SPD überzeugt hätte.

In den drei Berliner Semestern bekommt sie „endgültig den politischen Drive.“ Hier erlebt sie durch das politisierte Klima in Berlin vor dem Mauerbau und durch pausenlose Diskussionen auch mit Studenten der Humboldt-Universität das, was in der Soziologensprache eine „motivierende Konfliktsituation“ genannt wird. Dennoch: Zu einem Parteibeitritt kann sie sich damals noch nicht entschließen. Eher stehen Parteien bei ihr grundsätzlich unter Ideologieverdacht. „Ich wollte Politik ohne Partei machen“. Damals assoziierte sie mit einem Parteimitglied noch das Bild „eines Apparatschiks.“

„Im Familien-, Freundes- und Bekanntenkreis galt der Eintritt in eine Partei als etwas moralisch höchst Zweifelhaftes. In eine Partei trat nach der bei uns herrschenden Meinung nur derjenige ein, der nicht lebenstüchtig genug war, sich auf „anständige" Weise sein Brot zu verdienen."(Hellwig 1984: 327)

Dennoch zieht es sie in die praktische Politik: zunächst ins Studentenparlament. Sie wird auf einer freien Fachschaftsliste hineingewählt und ist stolz, als „Freie" ganz nach eigenem Wissen und Gewissen entscheiden zu können. Doch diese Freiheit hatte auch einen hohen Preis.

„Wir 'Freie' stellten zwar fast ein Drittel der Parlamentarier, waren jedoch kein politischer Faktor, sondern dank unserer Uneinigkeit Spielmaterial für die anderen, die bei jeder Einzelentscheidung sich aus unserem Lager die fehlenden Stimmen holten. Als meine Versuche scheiterten, die 'Freien' etwas mehr zusammenzuschweißen, entdeckte ich allmählich den Nutzen von Programmen und Fraktionszwängen".(Hellwig 1984: 327)

Renate Hellwig ahnt, daß sie früher oder später in eine Partei eintreten müßte, wenn sie weiterhin aktiv Politik mitgestalten wollte. Eine Zeitlang ist sie unentschlossen, weil nach wie vor Willy Brandt „ihr großes Idol" war, und Konrad Adenauer, der „zornige alte Mann" ihr eher unheimlich war.

Später, in Stuttgart, unterstützt sie dann als Referentin für Öffentlichkeitsarbeit eine bestimmte Politik, mit der sie sich alsbald auch identifiziert, ebenso wie mit ihrem Chef, dem Kultusminister Hahn. Sie gibt ihm „Rückendeckung".

Zum Eintritt in die CDU wird sie persönlich geworben. Ein typisches Begleitmotiv scheint die sehr gezielte persönliche Ansprache gewesen zu sein („Gerade Dich brauchen wir!"), die viele Frauen zum Parteibeitritt motiviert:

„... der Manfred Wörner, der hat gleich vorgeschlagen, ich soll doch mal in eine Veranstaltung kommen, wenn ich hier unten bin, wenn er spricht, und dann würde er mich mit den örtlichen Partei-Größen bekannt machen."(Interview: 11)

Es stimmen auch ihre politischen Auffassungen mit denen der Union grundsätzlich überein: konservativ-bewahrend in der Hochschulpolitik, Ausbau der freien Marktwirtschaft, Abwehr von „Verfassungsfeinden", Begrenzung des Sozialstaates sowie außenpolitisch gegen die Bedrohung des Weltkommunismus und für eine starke Rüstungs- und Sicherheitspolitik. Renate Hellwig ist eine Politikerin, die nicht über soziale Fragen in die Politik kommt, sondern über sog. heiße Themen, derer sie sich später auch immer wieder annimmt.

4. Partei-Sozialisation

Nachdem der Vater – ihren eigenen Worten nach – einen so ungebrochen positiven Einfluß auf sie hatte und ein Verfechter der FDP war, erstaunt es zunächst, daß Renate Hellwig in die CDU eingetreten ist. Eine Zeitlang hat sie zwischen FDP, CDU und SPD geschwankt. An der SPD haben sie die Nähe zum Sozialismus und zur „Gleichmacherei“ sowie die Rigidität in den Positionen so mancher Genossen abgeschreckt. Ihre Überlegungen zeigen einerseits kühlen Sachverstand: Persönlich könne man sich vermutlich am stärksten in der FDP entfalten, aber wenn man die *Richtung* mitbestimmen wolle, müsse man sich für eine der beiden großen Grundpositionen entscheiden. Auf der anderen Seite waren für Hellwigs Parteibeitritt ganz konkrete Menschen verantwortlich.

„Faktisch treten Menschen nur in die Partei ein, wenn sie wirklich persönlich angesprochen werden. Es gibt ganz wenige, die abstrakt für sich eine Partei beobachten und dann sagen, 'also jetzt gehe ich rein'. Das geht immer nur über die persönliche Ansprache.“ (Interview: 18)

Vielleicht hat sie auch ein wenig berufsstrategisches Kalkül mitschwingen lassen. Schließlich schien es sich ja für sie abzuzeichnen, daß sie immer mehr beruflich mit der Politik zu tun haben würde. Kaum war sie in der Partei, wurde sie auch Referentin für Öffentlichkeitsarbeit der Kreis-CDU. Dann bekam sie das Angebot, bei der Landtagswahl 1972 in Stuttgart gegen den amtierenden Innenminister Schwarz zu kandidieren – „das galt ja immer als aussichtslos“. Sie erhielt aber recht viele Stimmen als Zweitmandat, und dann wurde sie „wider Erwarten ... eben Landtagsabgeordnete.“

Innerhalb der Frauenvereinigung hat Renate Hellwig eine rasche, aber endliche Karriere gemacht. 1973 wurde sie zur Bezirksvorsitzenden in Nordwürttemberg gewählt, und seit 1975 ist sie Mitglied im Bundesvorstand der CDU-Frauenvereinigung.

Ihre politischen Positionen, die sie sowohl gegen den Vorsitzenden der CDU-Sozialausschüsse und späteren Arbeitsminister Norbert Blüm als auch gegen zahlreiche Traditionalisten innerhalb der Partei durchzusetzen versuchte, waren auf ein modernes Frauenleitbild ausgerichtet, das sie mit den Jahren zunehmend selbst verkörperte: die ledige, qualifiziert ausgebildete, hoch motivierte, berufstätige Frau, darüber hinaus gut aussehend, durchsetzungsfreudig, kämpferisch, offen. Eine Frau, die „kein Blatt vor den Mund nimmt“ und ebenso die Männer in die Pflicht. Vielen – auch vielen CDU-Frauen – war dies ein zu weitreichendes, zu aufmüpfiges Programm. Mußten manche doch um die in der Union lange Jahre unhinterfragte Vorrangstellung der Hausfrau und Familienmutter fürchten. Und so nimmt es nicht wunder, daß Renate Hellwig 1986 scheitert, als sie um den Bundesvorsitz der Frauenvereinigung kandidiert gegen die damals relativ unbekannte Newcomerin und (damalige) Kohl-Favoritin Rita Süßmuth. Dieser herbe Verlust war besonders schmerzlich in einem Rennen, bei dem auf Betreiben des Vorsitzenden die beiden Kandidatinnen gegeneinander ausgespielt worden sind, ausdrücklich gegen deren eigene Wünsche. Dies war denn auch der letzte Anstoß für Renate Hellwig, sich aus der Frauenpolitik zurückzuziehen. Wer sich in diesem Feld zu sehr exponiere, der bzw. die sei – nach ihren Worten – für den Kanzler ein „rotes Tuch". Sie habe sich mehrmals in ihrem politischen Leben nicht gescheut, dem Kanzler Paroli zu bieten. Der Preis dafür sei die Karrierebremse in der Union. Hier scheint sich für Renate Hellwig das väterliche Vermächtnis zu erfüllen.[4] Für sie war es wichtiger, „den Mund aufzutun" und Beförderungsnachteile in Kauf zu nehmen, als sich zu beugen in Konfliktsituationen, die für sie von Bedeutung waren.

5. Mitglied des Landtages in Baden-Württemberg 1972-1975

Die politischen Zeiten Anfang der 70er Jahre waren bewegt. Schon als Referentin für Öffentlichkeitsarbeit hatte sich Renate Hellwig mitten in die Unruhen an den Hochschulen begeben und oft als „Schutzschild" vor den Kultusminister Hahn gestellt. Renate Hellwig nahm 1972 ihre Erfahrungen aus dem baden-württembergischen Kultusministerium direkt mit in den Landtag und griff nun als junge Abgeordnete in die polarisierten Auseinandersetzungen über Erziehungs-, Schul- und Hochschulfragen ein.

> „Es galt, 'unpopuläre Politik' gegenüber radikalen Interessengruppen durchzuhalten," (Hellwig 1984: 328)

resümiert sie später. Als eine der wenigen jungen Frauen innerhalb der CDU, die sich in unpopuläre Debatten stürzte, und die rund um die Uhr im Einsatz war, fiel sie rasch auf. Sie wurde sogleich Bezirksvorsitzende der nordwürttembergischen Frauenvereinigung, Mitglied des Fraktionsvorstandes und im kulturpolitischen Ausschuß sowie Hochschulsprecherin der CDU-Fraktion.

4 Sie ist zwar noch 1985 in den Bundesvorstand der Partei gewählt worden und seit 1983 Mitglied im Fraktionsvorstand. 1984 formuliert sie das Positive an einer Partei noch ungebrochen: „Eine Partei ist ein äußerst unruhiges Meinungsmeer, dessen Mehrheiten keineswegs so gesichert und starr sind, wie es für den Außenstehenden scheint. Auf jedem Parteitag... wird ein Stück Parteiprogrammgeschichte fortgeschrieben." (Hellwig 1984: 329) Die Frage nach einem Wiedereintritt in die CDU beantwortet sie im Interview zögerlich: „Ja, eigentlich schon... Wenn man in eine Partei eintritt, ist das wie wenn man in ein Kloster eintritt, man ist die Inkarnation der Partei." Hier scheinen sich ihre frühen Vorbehalte zu bestätigen.

Während ihrer dreijährigen Abgeordnetentätigkeit im baden-württembergischen Landtag blieb ihr fachlicher Schwerpunkt die Kulturpolitik, insbesondere die der Hochschulen.

Ende 1972 beschäftigt sich das Landesparlament ausführlicher mit hochschulpolitischen Fragen. Es ist die Zeit der Studentenbewegung, der zahlreichen Diskussionen und Demonstrationen und der öffentlichen Kritik an politisch motivierten Berufungsentscheidungen.[5]

In einer ihrer ersten größeren Reden im Landtag (am 15.12.1972) plädiert sie für die Beibehaltung eines konservativen hochschulpolitischen Kurses im Rahmen der attackierten Hochschulreform. Renate Hellwig setzt sich für die Auslesefunktion der Schulen ein und vor allem für mehr Effizienz im Studium. Sie fordert unter anderem eine Begrenzung der Regel-Studiendauer, verbindliche Studienpläne, die „Entrümpelung" der Prüfungsordnungen sowie eine Festsetzung der Lehrverpflichtungen für Lehrpersonen. Ihre Argumente beziehen sich auf eine von ihr angestrebte Studien- bzw. Ausbildungsgerechtigkeit.

1973 überträgt die Landes-CDU, bzw. Ministerpräsident Hans Filbinger, der 33jährigen ledigen Juristin den Vorsitz einer Parteikommission, die ein „Grundsatzprogramm zur Stellung der Frau in der Gesellschaft" zu formulieren hatte, das dann wesentlich von Renate Hellwig geprägt wurde.[6] Frauenpolitischen Wirbel erzeugte sie bereits in dieser Zeit mit einigen recht ungewöhnlichen Vorschlägen. So trat sie energisch für die finanzielle Besserstellung der nicht-erwerbstätigen Ehefrau ein, indem sie ihr die gleichberechtigte Verfügung über das Familieneinkommen einräumen wollte. Hierfür sah sie

---

5 So wird z.B. in der 41. Sitzung der 6. WP. am 12.12.1973 die Nicht-Berufung des Politikwissenschaftlers Dr. Ekkehard Krippendorf an die Universität Stuttgart von der SPD-Fraktion gerügt. Die Gutachter, die ihn als unwissenschaftlich einstuften und seine mangelnde Staatstreue erwähnten, werden heftig kritisiert. Ein SPD-Abgeordneter kritisiert darüber hinaus die Unverhältnismäßigkeit der Mittel, z.B. setze die Landesregierung zur Verhinderung einer Rede eines Kommunisten 1.000 Mann Polizeiaufgebot ein, und gleichzeitig werde ein Angehöriger des Landes- und Bundesvorstandes der NPD zum Dozenten auf Lebenszeit ernannt.

6 „Probleme, die man selbst nicht hat, muß man sich praktisch erschließen. Also wurde ich vorübergehend 'Kinderbetreuerin' bei meinen Verwandten und verbrachte die Freizeit mit Kleinkindern im Sandkasten und im Gespräch mit Familienmüttern. Eine Forderung im Familienprogramm fiel aufgrund dieser Erfahrungen ziemlich radikal aus:" der Anspruch von nicht-erwerbstätigen Ehefrauen auf die Hälfte des Familieneinkommens. (Hellwig 1984: 330)

vor, daß jedem Ehepartner die Hälfte vom Einkommen des anderen rechtmäßig zustehen sollte.

Auf dem 23. Bundesparteitag der CDU im Juni 1975 in Mannheim formuliert sie den von ihr vorgeschlagenen Antrag: „Jedem der beiden Ehegatten steht ein gleicher Betrag für eigene Bedürfnisse zur Verfügung," der allerdings nicht in dieser weitreichenden Formulierung sondern in milderer Form angenommen wurde. Der angenommene Antrag lautete:

„Das Einkommen eines oder beider Ehepartner ist unabhängig von der Aufgabenverteilung in der Familie als gemeinsames Familieneinkommen anzusehen. Über seine Verwendung wird einvernehmlich entschieden. Jedem der beiden Ehegatten steht ein angemessener Betrag für eigene Bedürfnisse zur Verfügung." (Protokollniederschrift vom 23. Bundesparteitag der CDU in Mannheim am 23.-25.6.1975: 288)

Selbst innerhalb der Frauenvereinigung waren die Meinungen zu diesem Punkt äußerst kontrovers. Ein vielfach genanntes, recht traditionelles Argument lautete, daß man dem Familienernährer das Vorrecht über sein von ihm erarbeitetes Einkommen doch nicht streitig machen könne. Ein anderes Argument bestritt das Recht bzw. überhaupt die Möglichkeit eines Parteitagsbeschlusses, sich in die privatesten Bereiche wie z. B. der Regelung finanzieller Angelegenheiten innerhalb der Familie einmischen zu können. In diesem Punkt beginnt Renate Hellwig, dezidiert vom Kurs der Frauenvereinigung abzuweichen. Die Vorrangstellung des Mannes durch die geschlechtsspezifische Arbeitsteilung, die sogar voll berufstätige Mütter einseitig in die Pflicht nähme, ist ihr bereits damals ein Dorn im Auge:

„Die Doppelbelastung der berufstätigen Frauen durch Beruf und Familie wird so lange ein ungelöstes Problem bleiben, wie es die Doppelbelastung des Mannes durch Beruf und Familie nicht gibt",

so lautet ihr Kernsatz in einer Grundsatzrede vor dem Landtag zum „Jahr der Frau" 1975. (6. WP., 86. S. vom 24.4.1975: 5840)

Im September 1975 wird bekannt, daß der damalige Ministerpräsident von Rheinland-Pfalz und CDU-Vorsitzende Helmut Kohl die „junge, schlagfertige Regierungsrätin" (Stuttgarter Zeitung v. 9.9.1975) aus dem Stuttgarter Kultusministerium in seine Landesregierung holen möchte. Renate Hellwig wird Staatssekretärin im Ministerium für Soziales, Gesundheit und Umwelt unter dem damaligen Minister Heiner Geissler. In Baden-Württemberg bedauern viele, daß Renate Hellwig nach Mainz abgeworben wird und nehmen es Ministerpräsident Filbinger geradezu übel, „hochkarätige politische Talente" (Südwestfunk v. 4.9.1975) außer Landes ziehen zu lassen:

„Die Frage an die CDU muß erlaubt sein, warum eine Dame, die nicht nur zu den ansehnlichsten, sondern zu den klügsten Köpfen der Union im Land gehört, nach Mainz emigrieren muß, wenn sie Karriere machen will. Es darf doch wohl nicht wahr sein, daß Renate Hellwig einigen hiesigen Parteifreunden schlicht zu intelligent war? ... Für die südwestdeutsche Landespolitik ist Renate Hellwigs Weggang ein Verlust: dem Landtag wird sie als sachkundige Kulturpolitikerin sehr fehlen, der CDU des Landes als Vorkämpferin für eine modernere Frauen- und Familienpolitik. Und Kultusminister Hahn verliert seine engagierteste Verehrerin."[7]

Gleichwohl war die Berufung von Renate Hellwig ein schöner Erfolg ihres erst kurzen, arbeitsamen politischen Einsatzes. Heiner Geissler, ihr politischer Förderer, der später selbst in Ungnade fiel, soll bei ihrem Amtsantritt über seine junge Kollegin geurteilt haben:

„Sie paßt in unsere politische Linie hinein, schreckt auch nicht vor Tabus zurück und ist bereit, weitergehende Initiativen mitzutragen, als die Partei in ihrer breiten Mehrheit". (Die Welt v.12.6.1980)

Renate Hellwig hatte – so sieht es die Stuttgarter Zeitung – in ihrer Abgeordnetenzeit

„gelernt, wie man sich in der Landespolitik herausstreichen kann: immer anregen, fleißig schaffen, ein wenig innerparteiliche Opposition betreiben und auch 'dem Filbinger' hin und wieder eine ans Bein geben." (Stuttgarter Zeitung v. 23.11.1974)

6. *Staatssekretärin in Rheinland-Pfalz 1975-1980*

Helmut Kohl wird einhellig gelobt für seine glänzende Personalpolitik und für sein Gespür, die richtigen Leute an sich zu binden. Höchstwahrscheinlich war aber die Abwerbung Renate Hellwigs nach Mainz auch ein geschickter Schachzug für die Kandidatenkür der Bundestagswahl 1976. Kohl wollte nämlich seinen Favoriten, den ehemaligen RCDS-Vorsitzenden und späteren Direktor der Konrad-Adenauer-Stiftung Gerd Langguth, nach Bonn holen. Renate Hellwig hatte zuvor aber im Wahlkreis Esslingen einen Abstim-

---

7 Südwestfunk 1 vom 4.9.1975. Es fällt hier und in anderen Kommentaren ein fast liebevoller Ton auf, mit dem R. H. in der Presse bedacht und aus dem Ländle verabschiedet wird („Ade, Renate!" Reutlinger Anzeiger vom 26.9.1975) im Vergleich zu 20 Jahre später, als die Medien sie nicht mehr so freundlich wahrnehmen. Das Lob, das ihrem Aussehen in manchen Zeitungen in den 70er Jahren gezollt wird, gerät später umgekehrt zur Häme und Kritik am offenbar mangelnden Reiz ihrer Parlamentskolleginnen, so als seien Abgeordnete aufgrund von Schönheitskriterien in ihre Ämter gekommen.

mungssieg gegen einen parteiinternen Kandidaten gewonnen. Sie wollte „eigentlich“ gern in den Bundestag.

„‘Da kannst Du immer noch hin, und solange wir in Bonn in der Opposition sind, schadet es nicht, wenn Du auch mal regieren lernst’, riet mir seinerzeit mein Fraktionschef Lothar Späth, und er hatte recht. Als ich am 1. Oktober 1975 mein neues Amt in Mainz antrat, war so gut wie alles neu: das Amt, das Fachgebiet, die Landespartei, die Mentalität der Menschen. Sicher hatte ich durch die Wechsel von München nach Berlin, nach Brüssel, nach Bonn und Stuttgart schon eine gewisse Übung; dennoch empfand ich Mainz als besonders abenteuerlich. Das neue Gebiet ‘Sozialpolitik’ war für mich noch unerforschte Prärie.“ (Hellwig 1984: 331)

Renate Hellwig ist 1975 die zweite Frau in der rheinland-pfälzischen Landesregierung neben der Kulturstaatssekretärin Hanna-Renate Laurien. Das Mainzer Sozialministerium umfaßte damals eine breite Palette von unterschiedlichen Fachgebieten:

„Nicht nur Sozialversicherungs-, Alten-, Behinderten-, Krankenhaus-, Familien- und Jugendpolitik, sondern auch das Arbeitsrecht, den Arbeitsschutz, die Gewerbeaufsicht, die Sicherheitspolitik bei der Kernenergie, weite Teile des Umweltschutzes sowie Sport- und Freizeitpolitik.“ (Hellwig 1984: 332)

In dieser Zeit profiliert sich Renate Hellwig „zwangsläufig“, wie sie sagt, in Sachen Frauenpolitik. Zeitgleich mit ihrem Eintritt in die Landesregierung von Helmut Kohl erscheint ihr Buch „Frauen verändern die Politik“. Der Untertitel „Eine gesellschaftspolitische Streitschrift“, deutet an, daß sie es ernst meint mit ihren Argumenten für einen Bewußtseinswandel in Richtung auf die Veränderung der traditionellen geschlechtsspezifischen Arbeitsteilung. Und ganz sicher weiß sie um die Sprengkraft ihrer Argumente und um die verwundbaren Stellen mancher Unionsmitglieder: Die Beibehaltung männlicher Privilegien durch die Unterstützung seitens der nichterwerbstätigen Familienhausfrau, sowie auf seiten von Frauen die Privilegien gutversorgter Ehefrauen vermögender Gatten mit der Möglichkeit weiblicher Vorherrschaft zu Hause.

Um die Rechte von Familien bzw. Eltern mit Kindern aufzuwerten, macht Renate Hellwig 1977 auf einem Bundesdelegiertentag der Frauenvereinigung den sensationellen Vorschlag, Eltern für jedes noch wahlunmündige Kind eine Stimme zu erteilen. Dieses „Kinderwahlrecht“ wird äußerst widersprüchlich kommentiert. Einige Kritiker fallen hämisch-rechthaberisch über die CDU-Politikerin her. Andere, darunter so prominente Wissenschaftler wie Prof. Theodor Hellbrügge aus München, unterstützten die Idee. Darüber hinaus plädiert sie als eine der ersten in der Union für die Einführung eines Erziehungsgeldes für denjenigen Elternteil, der vorübergehend zugunsten eines Kleinkindes auf die Berufstätigkeit verzichtet.

Im Grundsatzprogramm der CDU taucht 1978 die Idee der Partnerschaft zwischen Mann und Frau auf. Auch hieran war Renate Hellwig beteiligt. 1979 plädiert sie für Teilzeitarbeit für Väter und für mehr Frauen im Öffentlichen Dienst sowieso. Als besonders hervorzuheben in ihren Jahren als Staatssekretärin ist – ebenso wie bei ihrer Kollegin Annemarie Griesinger, die zeitgleich als Sozialministerin in Baden-Württemberg dasselbe tat – die Organisation von Sozialstationen und die Verbesserung der ambulanten Dienste.

Im Frühjahr 1980 unterstützt Renate Hellwig die Kanzlerkandidatur des CSU-Vorsitzenden Franz-Josef Strauß, was ihr angeblich das bleibende Mißfallen des späteren Bundeskanzlers Helmut Kohl einträgt, und wird im Juni desselben Jahres als zweite Frau neben Helga Wex in die erweiterte Wahlkampfmannschaft des bayerischen Ministerpräsidenten berufen. Mit Franz-Josef Strauß teilt sie mehr als nur die Anhänglichkeit an die bayerische Hauptstadt. Sie unterstützt fast sämtliche seiner sicherheits- und rüstungspolitischen Positionen.

Der sowjetische Einmarsch in Afghanistan Ende 1979 wird Anfang der 80er Jahre zum Anlaß genommen für eine sehr polarisierte Debatte über die Rolle der Sowjetunion und die militärische Bedrohung des Westens. Im Zuge der Nachrüstungsdiskussion und der aufkommenden Friedensbewegungen in der Bundesrepublik argumentiert Renate Hellwig eindeutig für die Stabilisierung der NATO sowie gegen ideologische Blindheit der Nachrüstungsgegner und Friedensinitiativen. Auch in anderen innenpolitisch kontrovers diskutierten Bereichen bezieht sie eindeutig konservative, rechtsstaatssichernde Positionen. Sie spricht sich z. B. für den sog. Radikalenerlaß aus, daneben für den Ausbau der Kernenergie, für die Zulassung von Kabelfernsehen, und sie plädiert weiterhin für die Regelstudienzeit und für ein kurzes effektives Studium. In ihren Reden fordert sie mehr Marktwirtschaft und innerfamiliär die Stützung der Elternposition im Familienrecht gegenüber der staatlich unterstützten Fremdbetreuung. Sie ist für ein generelles Erziehungsgeld und für die Partnerrente sowie gegen eine „auswuchernde Sozialpolitik“.

1980 bewirbt sie sich in Baden-Württemberg im neu geschaffenen Wahlkreis Neckar-Zaber erfolgreich um ein Bundestagsmandat. Endlich kann sie nach Bonn. Ihr Mainzer Amt gibt sie mit Beginn der 9. Legislaturperiode auf.

Renate Hellwig wird 1980 und 1983 Mitglied des Finanzausschusses und stellvertretendes Mitglied im Haushaltsausschuß sowie im Ausschuß für Raumordnung und Städtebau. Seit 1982 ist sie Vorsitzende der Zukunftskommission Jugend der CDU. Und 1984 wird sie einstimmig zur Vorsitzenden der Europa-Kommission des Bundestages gewählt, was sie heute immer noch ist. Ein Jahr nach ihrem Eintritt in den Bundestag erlebt sie ihre große frauenpolitische Herausforderung in der Kontroverse mit Norbert Blüm, die sie alsbald national bekannt macht: In manchen Kreisen gilt sie fortan als „gnadenlose Emanze", in anderen als mutige Verfechterin eines fortschrittlichen Frauenbildes in der CDU.

Ab dem Regierungswechsel 1982 steht die Regierung Kohl unter dem Druck, ihre Kritik an frauenpolitischen Reformen der SPD/FDP-Koalition in konstruktive politische Maßnahmen umzusetzen. Für die Union besteht die widersprüchliche Aufgabe, in ein traditionelles Frauenleitbild die gesellschaftlichen Veränderungen und das gewachsene Bildung-, Berufs- und Anspruchsniveau von Frauen aufzunehmen.

Innerparteilich faßt die CDU mehrere Parteitagsbeschlüsse[8], die eine Beteiligung von Frauen an politischen Mandaten und Ämtern in den 90er Jahren entsprechend ihrem Mitgliedsanteil anvisieren. Quotierungsprogramme werden allerdings abgelehnt. Die Union setzt auf Freiwilligkeit, „Partnerschaft" oder „Wahlfreiheit".[9]

In den 80er Jahren in der Regierungsverantwortung hat die CDU/CSU an frauenpolitischen Gesetzen die Ablösung des Mutterschaftsurlaubs durch den Erziehungsurlaub, die Anrechnung von Erziehungszeiten im Rentenrecht, das Arbeitsmarktförderungsgesetz und das Scheidungsfolgenrecht mit durchgesetzt. Darüber hinaus bestimmten Themen wie Vergewaltigung in der Ehe

---

8 Die wichtigsten zur politischen Gleichstellung von Mann und Frau sind die Essener Leitsätze: „Die neue Partnerschaft zwischen Mann und Frau" von 1985; der Mainzer C3-Beschluß von 1986 und die Wiesbadener Richtlinien 1988. Alle betonen, daß die politische Gleichstellung der Frau Parteithema sein müsse und durch fördernde und kontrollierbare Maßnahmen umzusetzen sei.

9 Die Frauen-Union (ab 1988 hat sich die Frauenvereinigung der CDU diesen neuen Namen gegeben) plädiert für gesetzliche „Förderungsmaßnahmen, die Zielvorgaben auch numerischer Art enthalten." (Beschluß des 16. Bundesdelegiertentages vom 20./21.2.1988 in Bonn) In Rheinland-Pfalz beschließt der Landesparteitag im März 1990 eine 30% Frauenquote für die Vorstände aller Parteiuntergliederungen und sorgt damit für Irritation und Kontroversen innerhalb der Union.

und als Dauerbrenner die soziale Notlagenindikation beim Schwangerschaftsabbruch die Unionsdebatten. Nach wie vor wurde Frauenpolitik eng an Familienpolitik gekoppelt. Der Abbau von Sozialleistungen sollte durch verstärktes ehrenamtliches Engagement von Frauen in der Familie aufgefangen werden. In Programmen, Informationsdiensten und Parteitagsreden wurde Frauenpolitik mit Maßnahmen für Mutter und Kind in eins gesetzt. Dieser Kopplung auf den ersten Blick widersprechend war die Ausweitung des Erziehungsurlaubs für Väter. Zunächst war damit auch eine Forderung der Frauenbewegung erfüllt.[10] Das Scheidungsfolgenrecht von 1986, das trotz der entschiedenen Ablehnung aller frauenpolitischen Verbände auf Drängen der CDU/CSU und Teilen der FDP verabschiedet wurde, beleuchtet deutlich die Grenzen frauenpolitischen Engagements der beiden Koalitionsparteien: das Portemonnaie geschiedener Männer. Die Position des Unterhaltsverpflichteten (zumeist des Ehemannes) galt bei den Kritikern als zu stark geschwächt, so daß nun wieder ein Wohlverhalten der Ehefrau auch nach der Scheidung als Kriterium für ihren Unterhaltsanspruch eingeführt wurde.[11]

Renate Hellwig fällt bei all diesen Gesetzesdebatten als eine der profiliertesten und sperrigsten Frauen innerhalb der Unions-Fraktion auf. Teilt sie einerseits zahlreiche Eckpfeiler konservativer Politik und Weltanschauung, so unkonventionell und reformoffen ist dagegen ihr Frauenbild und ihre Wunschvorstellung in bezug auf Männer. Sie wird alsbald zur ärgsten Kritikerin „überholten Paschatums" in der Union und schafft es dadurch, sich mit der Zeit „immer unbeliebter zu machen", wie es eine Bonner Korrespondentin ausdrückte.

Bei ihren Fraktionskollegen hat sich Renate Hellwig in den ersten Jahren ihres Bundestagsmandats nicht gerade eingeschmeichelt. Mit ihren Forderungen nach materiell abgesicherter Partnerschaft in der Familie und nach Einbeziehung des „familienfremden" Vaters in die Erziehungsaufgaben hat sie sich viel Kritik zugezogen. Sie hat sich auch nicht strategisch zurückgehalten und erst abgewartet, ob die Uhren der Bundestagspolitik etwa anders gingen,

---

10 Gleichzeitig schließen zahlreiche Bestimmungen des Erziehungsurlaubsgesetzes eine tatsächliche Inanspruchnahme durch Väter aus, z. B. die Aufweichung des Kündigungsschutzes, die Herunterstufung des Höchstbetrages auf DM 600,-, die Gültigkeit nur für verheiratete Väter usw. Hierzu eine der ersten Kritikerinnen: Pfarr 1988.

11 Nach heutigem Recht kann der Anspruch auf Unterhalt „versagt, herabgesetzt oder zeitlich begrenzt" werden, wenn dem Berechtigten ein „offensichtlich schwerwiegendes, eindeutig bei ihm liegendes Fehlverhalten...zur Last fällt." Der Unterhalt kann selbst dann gestrichen werden, wenn der Berechtigte Kinder erzieht, was früher ausgeschlossen war. Vgl.: Wiegmann 1986.

als die der ihr vertrauten Landespolitik. Vielleicht hat sie auch – verwöhnt vom raschen Karriereaufstieg – geglaubt, mit Ehrgeiz und großem Arbeitseinsatz könne frau ihre politischen Vorstellungen in der Union durchsetzen. Es scheint im nachhinein, als ob Renate Hellwig bei zwei fundamentalen Konflikten ihre Karten überreizt habe. Der eine war ihr Konflikt mit Norbert Blüm, als es um die Formulierung der familienpolitischen Leitsätze in der CDA ging. Der zweite Konflikt bezog sich auf ein bei vielen Christdemokraten sakrosanktes Thema: die Regelung des Schwangerschaftsabbruches. Hier plädierte sie zusammen mit anderen Unionsfrauen wiederholt gegen eine Verschärfung: „Mit Unionsfrauen keine Wende bei der Abtreibung"! (Abendzeitung v. 10.6.1985)

Das Problem der hohen Zahl von Schwangerschaftsabbrüchen hat die CDU/CSU zu keiner Zeit seit der Verabschiedung des Indikationgesetzes von 1976 ruhen lassen. Wiederholt versuchten Unions-Politiker die Finanzierung der Abtreibungen auf Krankenschein zu verhindern oder die Bestimmungen über die soziale Beratung per Gesetz zu verschärfen.[12] Auch die katholische Kirche beeinflußte in dieser Frage den parteipolitischen Diskurs innerhalb der Union. Bei beiden verbinden sich moralisch-ethische Argumente, die den Schutz des ungeborenen Kindes über die Entscheidungsfreiheit der Schwangeren stellen, mit einem grundsätzlichen Ressentiment gegenüber weiblicher Sexualität. Forderungen nach dem Selbstbestimmungsrecht von Frauen über ihre Fortpflanzungsfähigkeit teilen bereits seit Jahrhunderten Gegner und Befürworter in diametral entgegengesetzte Positionen. Insofern erstaunt es wenig, daß es in dieser Frage wie in den 50er Jahren eine klare Scheidelinie zwischen männlichen und weiblichen Politikern derselben Partei gibt. In den 80er Jahren wehrten sich viele prominente CDU-Frauen öffentlich gegen eine Verschärfung des § 218, so daß z. B. das Beratungsgesetz bis zum Ablauf der 11. Legislaturperiode auf Eis gelegt wurde.

Zu den Parteitagen ab 1984 wurde Renate Hellwig (daraufhin?) nicht mehr als Delegierte aufgestellt. Und ebenso wenig Chancen besaß sie 1985, die freiwerdende Spitze des Familienministeriums einzunehmen, nachdem

---

12 In Bayern und Baden-Württemberg sind die Ausführungsbestimmungen zum § 218 so verschärft worden, daß ein sog. „Abbruchtourismus" von Süd nach Nord, von CDU/CSU-regierten Ländern in SPD-regierte oder ins Ausland registriert wurde. Die bayerische Staatsregierung strengte 1989 ein Normenkontrollverfahren zum § 218 beim Bundesverfassungsgericht an. 1992 verabschiedete das erste gesamtdeutsche Parlament eine Reform (Fristenmodell mit Beratungspflicht), das 1993 vom BVG revidiert wurde. Ein neues Gesetz wurde 1995 verabschiedet.

Heiner Geissler seinen Rücktritt angekündigt hatte. Obgleich (oder eventuell weil) er sie als seine Nachfolgerin gerne gesehen hätte, wurde ihr von Helmut Kohl die damals noch relativ unbekannte Pädagogikprofessorin und Leiterin des Hannoveraner Instituts „Frau und Gesellschaft" vorgezogen und den Mitgliedern der Frauen-Union buchstäblich „vor die Nase gesetzt".

Vor dem als „Frauenparteitag" in die Unionsgeschichte eingegangenen Essener Parteitag 1985 gibt es zunächst innerhalb der Frauen-Union heftige Auseinandersetzungen um die mögliche Nachfolge von Familienminister Heiner Geissler. Die meisten Mitgliedsfrauen wollen gern eine zweite Frau im Kabinett Kohl sehen, die natürlich aus ihren eigenen Reihen stammen soll. Doch über die Strategie, dieses Ziel zu erreichen, sind die Frauen heillos zerstritten. Es gelingt ihnen nicht, sich auf eine Kandidatin zu einigen, weil frau befürchtet, der Kanzler könne sich unter Druck gesetzt fühlen und dann gerade das Gegenteil von dem tun, was seine Unionsfrauen sich von ihm wünschten. Nicht wenige CDU-Frauen erinnerten sich in diesem Zusammenhang an den mühevollen Kampf, den es bereits in den 50er Jahren um die erste Ministerin in der Bundesrepublik gegeben hatte. Elisabeth Schwarzhaupt wurde 1961 zur Ministerin für Gesundheit ernannt – sie konnte dem damaligen Bundeskanzler Konrad Adenauer nur abgetrotzt werden mit Hilfe „des Drucks, den die Frauen der Fraktion auf den Bundeskanzler ausübten" (Keller 1990: 41) sowie unter der energischen Führung der großen alten Dame Christlich Demokratischer Politik: der ehemaligen Reichstagsabgeordneten Helene Weber.

Eine Generation später ist es Renate Hellwig, die den „Adenauer-Enkel", Bundeskanzler Kohl, vor dem Essener Parteitag 1985 öffentlich auffordert, eine zweite Frau ins Kabinett zu nehmen. Ein solch konfrontatives Verhalten wird allerdings vom Kanzler weder geschätzt noch (erwartungsgemäß) belohnt. Helmut Kohl beruft die frauenbewußt auftretende CDU-Newcomerin Rita Süßmuth als neue Familienministerin in sein Kabinett. Vorher läßt er noch durchblicken, daß gerade diejenige aus den Reihen der Frauenvereinigung, die ihn in solch fordernder Manier zu Zugeständnissen bringen wollte, garantiert nicht mit einem Ministerposten rechnen könne. Dieses war natürlich auch Renate Hellwig nicht unbekannt. Als Folge wird sie von einigen der CDU nahestehenden Zeitungen abgestempelt.

„Renate Hellwig wolle wohl gar selbst Ministerin werden, vermutete die ... 'Kölnische Rundschau' – und sprach damit den furchtbarsten Verdacht aus, den man in einer Männergesellschaft gegen eine Frau hegen kann: Ehrgeiz in eigener Sache", so kommentiert etwas hämisch die Frauenzeitschrift EMMA die bevorstehende Wahl. Hellseherisch prognostiziert sie vor dem CDU-Parteitag: „Sie wird es ganz bestimmt nicht!“ und meint damit die „Horror-Emanze Renate Hellwig“.[13] Vermutlich hat sich Renate Hellwig durch ihren Mut tatsächlich politisch geschadet. Sie hat sich „ohne Not“ ins Abseits geredet, ohne die wunden Stellen der Kollegen auszusparen. Es scheint, als würde sie dies heute im Rückblick nur wenig bedauern.

„Deswegen sage ich immer, lieber möglichst zu viel sagen, auch wenn's schadet, als zu wenig. Vielleicht ist das ein bißchen verrückt. Ich hab' diese Seite überzogen, ohne Not, im Laufe meines Lebens. Aber jetzt habe ich's nun mal schon so gemacht, jetzt bleibe ich auch dabei,“

so kommentiert sie selbst mit einem Lachen ihr Verhalten (Interview: 33). Hier hat sie tatsächlich die Botschaft ihres Vaters gelebt, indem sie lieber offen ihre Meinung äußert und sich durch Kritik ins Abseits bringt, als sich schweigend anzupassen und damit das Risiko einzugehen, daß bald niemandem mehr das Üben von Kritik erlaubt wird.

Ein Jahr später kommt es dann noch ärger für die profilierte Frauenpolitikerin. Die langjährige Vorsitzende der Frauenvereinigung Helga Wex war im Januar 1986 gestorben[14], und eigentlich schien es selbstverständlich, daß die Unionsfrauen eine der ihren, eine, die sich bereits seit Jahren in ihren Reihen profiliert hatte, zu ihrer Vorsitzenden wählen würden. Doch es kam anders. Wieder kandidiert Renate Hellwig gegen Rita Süßmuth, und wieder verliert sie. Die ein Jahr zuvor gekürte Familien- und (ab 1986) Frauenministerin wird als Vorsitzende der Frauenvereinigung und Nachfolgerin von Helga Wex gewählt. Die Abstimmung fällt knapp aber deutlich aus[15] und beweist einmal mehr den großen Einfluß, den der Kanzler auch bei den weiblichen Parteimitgliedern persönlich besitzt und in wichtigen Personalfragen auch

13 EMMA Nr. 4/1985. Und drei Jahre später, bei der Nachfolgerin, der Heidelberger Gerontologin Prof. Ursula Lehr, für Rita Süßmuth, die als Bundestagspräsidentin im November 1988 weggelobt wird, urteilt Alice Schwarzer: „Inzwischen werden die CDU/CSU-Frauen von ihrem eigenen Kanzler so verachtet, daß er sich auf dem Ministerinnen-Sessel lieber eine Altersforscherin aus Heidelberg holt, als eine Abgeordnete aus Bonn.“ EMMA, Nr. 1/1989

14 Sie hatte von 1971 bis zu ihrem Tod die mittlerweile über 160.000 Mitglieder zählende Frauenvereinigung geführt; vgl. Süßmuth 1990.

15 Rita Süßmuth erhält 202, Renate Hellwig 131 Stimmen. Das Hauptargument, das schließlich die meisten überzeugte, war die Demonstration von Einigkeit und Geschlossenheit der Frauenvereinigung gegenüber der zunächst kritisch beäugten Familienministerin.

stets einzubringen versteht. Außerdem demonstriert Helmut Kohl seine Kompetenz zu geschickten Schachzügen auf dem parteipolitischen Schachbrett, auf dem die Damen – fast ohne es zu bemerken – sehr leicht matt gesetzt werden können.

8. *Politische Schwerpunkte: Das Problem der Vereinbarkeit von Familie und Beruf und die Diskussion um „die sanfte Macht der Familie"*

Zu einer Zeit, in der die Vorsitzende der Frauenvereinigung Helga Wex, noch gegen die „sog. Emanzipationsbewegung" öffentlich polemisierte und gegen

> „die Verfechter einer falsch verstandenen Emanzipation, die Selbstverwirklichung mit Egoismus verwechselt"

und gegen die einseitige Betonung vom „Leitbild der außerhalb der Familie berufstätigen Frau" (Mannheimer Parteitag) zu Felde zog, war es Renate Hellwig, die die Interessen der jüngeren berufstätigen Frauen vertrat. Schon in ihrem 1975 erschienen Buch „Frauen verändern die Politik" hatte sie sich mit der „Familienfeindlichkeit heutiger Väter" auseinandergesetzt und die engen Strukturen der Arbeitswelt attackiert, die keinerlei Rücksicht auf die Bedürfnisse der Familienmitglieder, insbesondere der Schwächsten, der Kinder, aufbrächten.

> „Heute kann man eher einen Hund an seinen Arbeitsplatz mitbringen als ein Kind. Sind wir nicht selbst schon viel zu sehr auf den Umgang mit Erwachsenen spezialisiert, mit der Folge, daß wir Kinder hauptsächlich als störend empfinden... Sollten wir nicht bei dem Versuch der Humanisierung der Arbeitswelt die Möglichkeit ihrer Öffnung für Kinder einbeziehen, freilich nicht in der Form der früheren Kinderarbeit, sondern dadurch, daß Kinder ihre Eltern bei der Arbeit beobachten können?" (Hellwig 1975: 27)

Insbesondere plädiert sie für die Einbeziehung des Vaters ins familiäre Leben und für eine angemessene Arbeitsteilung zwischen Mann und Frau.

> „Dem Familienleben insgesamt wäre es sicher dienlicher, wenn ... auch ein Mann vorübergehend zugunsten der Kinder nur eine Teilzeitarbeit ausübt, ohne daß sich dieser vorübergehende teilweise Rückzug aus dem Berufsleben schädlich auf seine berufliche Karriere auswirkt. Männer sollten ihre Chance erkennen, welch neuer Erfahrungsbereich im Familienleben noch ihrer Entdeckung harrt, und nicht allzu viel Angst vor kollektiven Vorurteilen haben, die einen Mann, der sich ebenso für seine Familie wie für sein Berufsleben interessiert, als untüchtig abstempeln." (Ebendort)

Darüber hinaus setzt sie sich intensiv mit dem Vorurteil auseinander, Politik sei „Männersache." Ihre Aufforderung, die sich in Schriften und Reden über die 70er und 80er Jahre hindurchzieht, daß Frauen politisch aktiv sein sollen, begründet Renate Hellwig mit der „anderen Art von Frauen, sich mit Dingen auseinanderzusetzen“, mit einer anderen Art des Denkens:

„Frauen verändern die Politik, weil sie anders denken als Männer... natürlich sind sie ebensowenig alle der gleichen Meinung wie Männer unter sich. Die Parteigrenzen verlaufen zwischen den Frauen nicht weniger scharf als zwischen den Männern. Dennoch: Frauen denken anders, und diese andere Art des Denkens sollte in der Politik mehr zur Wirkung kommen.“ (Hellwig 1975: 104 f.)

Hier verbirgt sich eine große Hoffnung auf eine menschlich veränderte Zukunft, die darauf basiert, daß Frauen ihre Interessen und Lebenserfahrungen eines Tages ebenso wie Männer in die Themenfindung, Aufgabenstellung und Prioritätensetzung in Partei und Politik einbringen könnten.

1981 dann kommt es zum heftigen innerparteilichen Streit um das Frauenbild der Union im Rahmen der Grundsatzdiskussion über die neuen familien- und sozialpolitischen Leitsätze der Christlich-Demokratischen Arbeitnehmerschaft (CDA). Kontrahenten sind die Vorsitzende des Arbeitskreises „Familienpolitik“ der CDA, Renate Hellwig, und der CDA-Vorsitzende, der damalige Berliner Bundessenator Norbert Blüm. Schließlich werden seine Vorschläge zur Wiederaufwertung der Mütterlichkeit in der Gesellschaft auf der 19. Bundestagung „Familie, Freiheit, Zukunft“ im Oktober 1981 angenommen. Unter dem Titel „Die sanfte Macht der Familie“ setzten sie allerdings im Vorfeld eine heftige, über Parteigremien ausufernde und von den Medien aufgenommene Diskussion in Gang. Den Delegierten lag in Mannheim ein Entwurf vor, der aus den Leitsätzen über „Die sanfte Macht der Familie“ und aus konkreten „Schritten zu einer familiären Gesellschaft“ bestand.

„Die Familie wurde als zentraler Bezugs- und Ausgangspunkt für eine Politik gesehen, mit der eine menschliche Gesellschaft angestrebt werden soll. Die Grundfragen... lauteten: Wie können familiäre Werte in die Gesellschaft transportiert werden? Wie kann das Gleichgewicht zwischen den ‘harten’ und den ‘weichen’ Werten wiederhergestellt werden? Welchen Beitrag kann die CDA zur Entwicklung einer sanfteren Gesellschaft leisten?“[16]

Über die einzelnen Entschließungen herrschte im Vorstand Einmütigkeit, nicht aber über die Leitsätze. Da es bereits in der eigens für deren Formulierung eingesetzten Kommission[17] keine Einigung gegeben hatte, lagen dem

16 Eßer o.J.: 164

17 Dieser gehörten der Blüm-Vertraute Lutz Esser, Peter Köppinger, Cornelius v. Heyl und Renate Hellwig als einzige Frau an.

Bundesvorstand zwei Entwürfe vor: der von Blüm und Esser und der von Renate Hellwig. Nach Ansicht der Sozialausschüsse gingen bei der ungebrochen an technischem Fortschritt orientierten Entwicklung der Gesellschaft wichtige Werte verloren: Liebe, Güte, Zärtlichkeit. In diesen Werten sieht die CDA die „besonderen Wesensmerkmale der Mutter und des familiären Zusammenlebens“ (Leitsätze, S. 11). Sie könnten heutzutage kein Gegengewicht „gegen die Kälte der Effizienz“ entwickeln, „mit der Technik, Naturwissenschaft und Wirtschaft die Gesellschaft überziehen.“ Auch die „Mutterfeindlichkeit und Lieblosigkeit mancher moderner Emanzipationsbewegungen“ wurde angegriffen. Sie sei „die Folge der Mutterfeindlichkeit der technokratischen Gesellschaft.“

In diesen Leitsätzen wird der gefährdeten und auseinanderdriftenden Welt des zwanzigsten Jahrhunderts das Bild von der Wichtigkeit familiärer Bindungen entgegengehalten. Die Unverwechselbarkeit und die Ich-stützende Notwendigkeit der mütterlichen Fürsorge und Liebe werden in den Mittelpunkt gerückt und Frauen damit nicht nur aufgewertet in ihren (potentiell vorhandenen und faktisch ausgeübten) mütterlichen Tätigkeiten, sondern auch in die Pflicht genommen. Und eben dieser Punkt rief die heftigen Kritiken und Kontroversen hervor.

> „Der Damm gegen jede Manipulation des Menschen, gegen Bürokratie, Technik und Retortenbabies, gegen die Verstaatlichung des Kindes und die Verplanung des Lebens in einer gefühlskalten Industriekultur, so Blüm, könne nur gehalten werden, wenn gesichert bleibt, daß sich die Entfaltung des Lebens in der Familie vollzieht. Tugenden der Familienkultur wie Verzicht und Vorsorge sollten in einer menschlicheren Gesellschaft wieder Vorrang haben“,

so greift der Spiegel die Leitsätze und den schwelenden Konflikt zwischen Norbert Blüm und den Frauen in den Sozialausschüssen auf. Die Zeitschrift fährt fort:

> „Wenn Kinder zum Psychiater müssen oder gewalttätig werden, dann sind vor allem die Mütter schuld. Blüm: 'Wo mütterliche Zuwendung fehlt oder nur unzureichend gewährt werden kann, bezahlt das Kind mit empfindlichen Verhaltensstörungen.'“ (Der Spiegel, Nr. 31/1981)

Hier nimmt Blüm einen alten Topos konservativer Familien- und Sozialpolitik auf. Auch seine Kollegin Helga Wex beschwor in den 70er Jahren die „Berufstätigkeit von Müttern (als eine) große Gefahr einer Neurotisierung der Kinder und der Gesellschaft.“ Bei aller verbalen Aufgeschlossenheit gegenüber einer „Partnerschaft in der Familie“, betonen zahlreiche CDU/CSU-

Politiker die primäre Zuständigkeit der Frau für die Familienarbeit, hauptsächlich im Interesse der Kinder:

„... der Zuwachs an Sozialprodukt durch zusätzliche Erwerbstätigkeit von Müttern (kann) in der Regel nicht einmal die Mehrbelastungen abfangen, die der Allgemeinheit durch hohe Personal-, Investitions- und Sachaufwendungen in außerfamilialen Einrichtungen der Erziehung und Betreuung von Kindern und durch Bekämpfung von Spätfolgen mangelnder und falscher Erziehung (Kriminalitäts- und Suchtanfälligkeit) entstehen" (Hüttche 1976: 38).

so lautete die familienpolitische Position in den 70er Jahren. Mit dieser mitten in jedes Mutterherz zielenden Argumentation befinden sich die christlichen Parteien in voller Übereinstimmung mit dem Großteil der bundesdeutschen männlichen Bevölkerung ihrer Zeit. Wenn es um die Rollenverteilung in Beruf und Haushalt geht, wird bis heute eine der stabilsten Bastionen des Geschlechterarrangements bezogen: der Verweis auf die Mutterrolle. Die Mehrheit der bundesdeutschen Männer – so die Soziologin Helge Pross in ihrer damals aufsehenerregenden Studie Mitte der 70er Jahre – hält an einer überkommenen Konstitution der „selbstlos-mütterlichen Frau" fest. Sie erwarten ganz selbstverständlich, daß diese ihre Berufstätigkeit zugunsten ihrer „Dienstrolle als Mutter" aufgeben solle und sehen „in der Familientätigkeit der Frau faktisch einen Beruf auf Lebenszeit" (Pross 1978:140).

Renate Hellwig wirft ihrem Vorstandskollegen Blüm öffentlich vor, frauenpolitisch „einen reaktionären Standpunkt einzunehmen", denn er hat eines ihrer essentiellen Themen berührt:

„In einer Zeit zunehmender Arbeitslosigkeit greift Blüm die Parole wieder auf, die Erwerbstätigkeit der Mutter sei die eigentliche Ursache jeder Familienkrise. Die alleinige Schuldzuweisung an die Frau und Mutter, falls Kindererziehung mißlingen sollte, ist dadurch gesichert. Als Gegentugenden gegen modernen Egoismus werden „Hüten, Verzicht und Vorsorge für kommende Generationen" verlangt, „die neue Zeit kommt im Gewand der Mütterlichkeit." Kinder und Väter sind nicht erwähnt. Für sie stellt sich offenbar gar nicht der Konflikt." (Hellwig in: Die Zeit v. 17.7.1981)

Hellwig attestiert den Leitsätzen Wirklichkeitsferne und Unkenntnis der realen Lage moderner Familien. Sie erblickt in ihnen den Versuch, die traditionelle Rollenverteilung zwischen den Geschlechtern zu zementieren und den Vater endgültig aus der Familie zu verabschieden. Sie wirft den Befürwortern des Blüm/Esser-Entwurfes vor, den Gedanken der „Partnerschaft" zu vernachlässigen, der ehemals – zusammen mit dem vielbeschworenen Konzept der „Wahlfreiheit" – eines der Marksteine der CDA-Familienpolitik gewesen sei. Bei der Generalaussprache über die Leitsätze erklärt sie:

„Heute steht in der CDA die Festschreibung des Leitbildes der nichtberufstätigen Mutter zur Debatte: Mutterarbeit ist mehr als Erwerbsarbeit. Und weil damit eben nicht nur die männliche Erwerbsarbeit gemeint ist, ist es eine Ohrfeige ins Gesicht Eurer eigenen CDA-Frauen!“[18]

Und die Väter unter den Sozialausschüsslern mahnt sie:

„Liebe Väter, nicht nur die Mütter, auch Ihr seid Vorbild für Eure Kinder... Wenn Ihr Euch mit den Jungen keine Mühe gebt, weil Ihr glaubt, keine Zeit dafür zu haben, ... (dann werdet Ihr später) mit dem Blüm-Papier zu Euren überbeschäftigten, erwerbstätigen Söhnen kommen und sagen, hier steht aber geschrieben, daß auch alte Menschen Anerkennung und Aufgaben brauchen, daß sie nicht alleine gelassen werden sollen von ihrer Familie. Die Antwort Eurer Söhne wird sein: ‘So wie Du keine Zeit gehabt hast, habe ich auch keine’“. (Leitsätze-Diskussion 1981: 6)

Wenngleich die Leitsätze auf der Mannheimer Bundestagung bei nur sieben Gegenstimmen und sechs Enthaltungen beschlossen wurden, so ging von ihnen nicht die politische Wirkung aus, die Norbert Blüm und viele seiner Vorstandskollegen erhofft hatten. Auch wurden sie nach der Tagung nicht mehr in den Gremien der Sozialausschüsse diskutiert.

Bald nach dem Kongreß über die „sanfte Macht der Familie“ wechselt Renate Hellwig zum Europa-Thema, das reizärmer und müheloser zu vertreten ist. Die Zeit der Auseinandersetzungen bedeuteten auch psychische Belastungen für sie. 1983 wird sie zwar aufgrund ihres mutigen Protests gegen die CDA-Leitsätze von der Zeitschrift „Brigitte“ zur „Frau des Jahres“ gekürt. Das hat sie sicherlich gefreut, dennoch lautet ihr schlichtes, vielsagendes Resümee dieser frauenbewegten Periode:

„Man kann sich bei den Männern durch keine Politik so unbeliebt machen in meiner Partei wie mit der Frauenpolitik“. (Interview: 22)

Vielleicht aus diesem Grund wird sie, die lange Zeit als potentielle Nachfolgerin der Stuttgarter Sozialministerin Annemarie Griesinger gehandelt wurde, 1984 von Ministerpräsident Lothar Späth nicht ins Kabinett geholt: “Ich galt als unerträglich provozierend.“

18 Renate Hellwig, Die falsche Antwort, Rede auf der 19. CDA- Bundestagung, zit. nach: Soziale Ordnung, 11/1981: 10

9. *Frauenspezifik*

„Eine Politikerin kommt überhaupt nicht drum herum, auch sich mit frauenpolitischen Fragen auseinanderzusetzen."

Renate Hellwigs Weg in die Politik beginnt über ganz andere Themen als über frauenpolitische Problemstellungen (s. Kapitel 4). So bilden auch für sie nicht primär Erfahrungen der eigenen Benachteiligung als Frau die Triebfeder ihres Einstiegs in die Politik, sondern eher kulturpolitische Fragen. Dennoch entwickelt sie binnen kurzer Zeit (und verbunden mit den verschiedenen Ämtern und Aufgaben, die sie innerhalb der Union übernimmt) ein frauenpolitisches Bewußtsein, das sie bemerkenswert konsequent und mit viel persönlicher Glaubwürdigkeit und Überzeugungskraft in die politische Waagschale wirft. Sie empfindet es geradezu als ihre Pflicht, sich frauenpolitisch zu engagieren. Als Staatssekretärin im Sozialministerium hatte Renate Hellwig bereits in den 70er Jahren die Programmatik der Bundestagungen der Frauenvereinigung federführend mit ausgearbeitet.

In dieser Zeit der bundespolitischen Oppositionsrolle der Union gaben speziell familien- und frauenpolitische Themen Anlaß für die Profilierung sehr verschiedener weltanschaulicher Positionen innerhalb der christdemokratischen Partei. Unterschiedliche Frauenleitbilder und kontroverse Entwürfe der gesellschaftspolitischen Bedeutung von Ehe und Familie lieferten Gelegenheit und Inhalt zugleich für hitzige parteiinterne Debatten. Es gab sowohl innerhalb der Parteigliederungen als auch in den Ausschüssen, erhebliche Kontroversen, die mit einer solchen Unnachgiebigkeit ausgetragen wurden, als gelte es, die deutsche Familie vor dem Untergang zu bewahren, der ihr vor allem durch die von den regierenden Sozialdemokraten entwickelten Vorstellungen unmittelbar bevorstünde.

Während die CDU/CSU im Verlaufe der Reform des Ehe- und Familienrechts in den 70er Jahren primär ein *institutionelles* Eheleitbild bewahrte und an der Ehe als einer den Individuen übergeordneten Institution festhielt,[19] vertraten SPD/FDP ein *personales* Eheleitbild und betonten die spezifischen Bedürfnisse der einzelnen Familienmitglieder, besonders den Gleichberechtigungsanspruch der Frau. Zwar wurde schließlich die Abkehr vom Leitbild der Hausfrauenehe im reformierten Ehe- und Familienrecht von 1976 Partei-

19 „Die Ehe ist kein Vertragsverhältnis, das in seinem Bestand vom Belieben beider Eheleute abhängt und darauf abstellt, ob und wie lange und unter welchen Bedingungen beide noch beieinanderbleiben wollen oder nicht." Paul Mikat CDU/CSU, Deutscher Bundestag, 7. WP., 209. S. vom 11.12.1975: 14411.

enkonsens, doch es unterschieden sich die Schwerpunkte in den Argumenten erheblich. Die CDU/CSU vermißte eine Aufwertung der Hausfrauen- und Muttertätigkeit und befürchtete durch die fehlende Formulierung eines neuen Frauenleitbildes im Gesetz eine unausgesprochene Normierung der berufstätigen Mutter von seiten der Sozialdemokraten.[20] Im Unterschied zu früheren familienpolitischen Debatten offerierte die Union dagegen nicht ungebrochen ein sich allein auf die „natürliche Bestimmung" der Frau zur Mutterschaft bezogenes Frauenleitbild. Gegenüber der offen propagierten Dominanz und Bevorrechtung des Mannes folgt in den 70er Jahren auch eine rhetorische Anpassung an ein moderneres Frauenbild, das eine Berufstätigkeit der Mutter, allerdings nur als Ausnahme, kennt.

Es erscheint insofern fast verständlich, daß Renate Hellwigs Eintreten für eine zügige und konsequente Veränderung liebgewonnener traditioneller Vorstellungen von der naturgegebenen Vorherrschaft des Mannes – ob am Arbeitsplatz oder innerhalb der Familie – in großen Teilen ihrer Partei zunehmend auf großen Widerstand stößt. Auch galt Renate Hellwig zu Anfang ihrer politischen Karriere frauenpolitisch als relativ unverdächtig, so daß sie mit Unterstützung ihrer männlichen Kollegen „vielen alten Schlachtrössern von der Frauen-Union vor die Nase gesetzt" wurde. (Interview: 24) Zudem sei sie eher eine Einzelkämpferin, meint sie selbst, eine, die es nicht verstünde, Netzwerke zu flechten oder auszubauen. Dieses wäre speziell in der Frauenpolitik vonnöten. Hier müsse man besonders stark um Verbündete kämpfen. Männer seien Frauen in diesem wichtigen Punkt einer parteipolitischen Strategie haushoch überlegen. Sie verstünden es hervorragend, sog. Seilschaften zu bilden und zu nutzen.

Als großes Handicap, speziell für Frauen in der Politik, betrachtet Renate Hellwig die nach wie vor existierende geschlechtsspezifische Arbeitsteilung. Diese wirke sich besonders in der Politik als karrierefördernd für Männer aus: Sie hätten zumeist nicht die Schwierigkeit, das notwendige Doppelleben arbeitstechnisch selber organisieren zu müssen: Die Mehrzahl der Männer hätten eine „dienende Hausfrau, die ihnen den warmen Familienhort sichert". „Ein Mann kann in sich stimmig leben." (Interview: 27 f.)

Renate Hellwig bestreitet im Interview Vorstellungen einer „weiblichen Besonderheit", sie glaubt nicht an spezifische Qualitäten von Frauen. Sie weist entschieden solche Vermutungen zurück, vielleicht weil sie in ihrer

---

20 „Sie errichten ein System, wo für die Frau der Zwang entsteht, außerhalb des Hauses erwerbstätig zu sein." Erhard CDU, Bundestagsprotokolle, 7. WP., 209. S. vom 11.12.1975: 14468.

Partei diesbezüglich eher konservative Wendungen und Zuschreibungen gewohnt ist. Geschlechtsspezifische Unterschiede seien, ihrer Ansicht nach, mehr historisch bedingt als charakterlich. Sie plädiert, diese einseitigen Prägungen zu überwinden. Sie hofft auf eine Rollenöffnung für die nächste Generation, vermutet allerdings, selbst noch nicht davon profitieren zu können.

Persönlich hat Renate Hellwig die verschiedenen Dilemmata des Frauseins in der Politik am eigenen Leibe zu spüren bekommen: die gegensätzlichen Erwartungen an Frauen im öffentlichen Leben und im privaten Bereich. Dieselben Eigenschaften, die eine Frau im Politischen bräuchte, würden ihr privat zum Verhängnis. Auch kritisiert sie den hohen Preis, den Frauen für eine politische Karriere zu zahlen hätten, zumal wenn sie alleinstehend sind und niemanden zu ihrer persönlichen Unterstützung und Reproduktion besäßen. Auch wenn sie gern mit Partner und Kindern leben würden, sei dies mit dem Beruf einer Politikerin nur schwer vereinbar. Renate Hellwig zählt hier die zahlreichen Verzichte auf, die viele Frauen in der Politik leisten, um das, was sie an der Politik reizt und fasziniert, erleben zu können.

Ihr Urteil über Frauen in der Politik ist ausgewogen. Sie glaubt nicht an eine höhere Mission der Frau, die Welt zu verbessern. Dagegen sprächen ihre eigenen persönlichen Erfahrungen. Aber dennoch sei es wichtig, daß Frauen die Politik gleichberechtigt mitgestalteten – allein „um der Menschlichkeit willen."

10. Persönliche Situation

„Der einzige Unterstützer ist der Anrufbeantworter".

Renate Hellwig ist eine sehr dynamische, jugendliche Frau mit ihren zum Zeitpunkt des Interviews bald 54 Jahren. Man spürt im Gespräch konzentrierte Aufmerksamkeit, Interesse, Geradlinigkeit. Sie lebt alleine und hat diesen Zustand mehr oder weniger bewußt gewählt. Sie hat wohl nie einen Partner gefunden, der ihre volle, umfassende Berufstätigkeit akzeptiert hat. Sie berichtet von zwei großen Lieben in ihrem Leben. Einmal wollte sie, nachdem er sie verlassen hatte, in die Spree springen, heute ist sie wieder gut mit ihm befreundet. So hat sie sich eine „Ersatzfamilie" gesucht mit ihrem Neffen und einer langjährigen Freundin mit deren Kind. Gegen eine eigene Familie hat sie sich, wie sie sagt, nicht bewußt entschieden. Das Kinderkriegen habe sie „immer so vor mir her geschoben, und irgendwann mal war's dann zu spät, und das war ganz schrecklich" (Interview: 37). Das Bedauern klingt echt.

Im Zusammenhang mit ihrem Vorsitz der Europa-Kommission des Bundestages reist sie sehr viel und hat viele Abendtermine. In München besitzt sie allerdings einen guten Freundeskreis, wohl noch aus früheren Tagen, dort ist sie aber nicht allzu oft. Doch Unterstützung für ihre politische Arbeit findet sie kaum:

„Die Freunde sind genauso anstrengend wie das Wahlvolk", meint sie lachend. „Für mich sind *nur* Kinder eine Erholung". (Ebendort)

1980 hatte sie schweren Autounfall, sechs Jahre später einen Bandscheibenvorfall mit anschließender Kur. Sie führt das auf psychologische Ursachen zurück, auf geistig-seelische Verkrampfungen. Renate Hellwig wirkt zwar äußerlich sehr agil und kämpferisch, man merkt ihr aber auch die Blessuren an, die ihr das politische Leben im Laufe der Jahre geschlagen hat. Sie scheint auch eine verletzbare Frau zu sein, die aber bewußt nicht den einfachen Weg geht. Und hierin ähnelt sie anderen Politikerinnen durchaus: hart gegenüber sich selbst, zielorientiert, zäh, hartnäckig, konfrontativ und einsatzbereit.

Geprägt zu sein scheint sie auch von manchen Erfahrungen mangelnder Solidarität innerhalb ihrer Partei, speziell innerhalb von Frauen ihrer Partei. „Am besten kann ich mich auf mich selbst verlassen", so ihr Fazit.

Dennoch ist Politik für Renate Hellwig sehr attraktiv. Wie viele ihrer Kolleginnen sieht sie im politischen Engagement eine Gelegenheit, die Geschicke des Landes mitzugestalten. Sie liebt am Politikmachen zum Beispiel die große Dispositionsfreiheit, mag dagegen nicht das Rund-um-die-Uhr-Engagement. Renate Hellwig besitzt den Ehrgeiz, die Risiken und die Erfolge ihrer männlichen Kollegen zu teilen. Eine früher untypische Aufstiegsmotivation und Faszination für das politische Geschäft sind heute bei vielen Parlamentarierinnen unübersehbar: „Politik ist eine Sucht wie das Rauchen", konstatiert Renate Hellwig. Ihr Traum wäre es, einmal Europa-Kommissarin zu werden. Und ihr persönliches Zukunftsziel lautet fast erwartungsgemäß: „Weitermachen, bis ich verzweifle an der Politik" (Interview: 47).

Renate Lepsius

„Also, ich war nie in dem Sinne ein Kumpel."

1987 – mit dem Ende der 10. Wahlperiode des Deutschen Bundestages – gibt Renate Lepsius ihre fast fünfzehnjährige Abgeordententätigkeit auf. Es ist dassselbe Jahr, in dem ihr Buch: „Frauenpolitik als Beruf. Gespräche mit SPD-Parlamentarierinnen", erscheint, „das wahrscheinlich schönste Buch über Frauenpolitik seit vielen Jahren", wie der Publizist Rolf Zundel am 4.12.1987 in der ZEIT schreibt. Mit Renate Lepsius scheidet eine Politikerin aus dem Parlament, die sich wie wenige der „Frauenpolitik als Beruf" verschrieben haben, und dies schon zu einem relativ frühen Zeitpunkt, als es für viele Genossinnen noch wenig opportun erschien, sich für diesen „Nebenwiderspruch" stark zu machen.

Renate Lepsius gehört, als sie Mitte der 60er Jahre politisch aktiv wurde, einer neuen Frauengeneration in der SPD an, der jüngeren, intellektuellen Frauen aus der Mittelschicht und wurde deshalb auch von manch älterer Genossin gezielt gefördert. Marta Schanzenbach, die erste Vorsitzende des Ausschusses für Frauenfragen innerhalb des SPD-Parteivorstandes, und Elfriede Eilers, die Vorsitzende der Arbeitsgruppe Frauenpolitik in der SPD-Bundestagsfraktion werden von Renate Lepsius als frühe hilfreiche Förderinnen genannt.

In unserer Studie zählt Renate Lepsius zu der „älteren" Generation der befragten Politikerinnen. Dies mag sie vielleicht überraschen, denn ansonsten gehört sie auf ihrem Lebensweg oft eher zu den Jüngeren oder war oft sogar die Jüngste. Zum Beispiel als sie als jüngste Teilnehmerin auf Einladung des German Educational Reconstruction 1948 nach England kam. Sie war auch in ihrer Familie die jüngste Tochter – mit ihrer Zwillingsschwester („die immerhin eine halbe Stunde älter war als ich") – nach ihrem vier Jahre älteren Bruder und in der Schule: „war ich ja immer die Jüngste in der Klasse."[1]

Renate Lepsius steht als Person für eine gewisse Zielstrebigkeit und einen ihrer Zeit vorauseilenden Ehrgeiz, der sie anspornte, mit ihrer fundierten Ausbildung und ihrem großen Interesse für Politik und für das aktuelle Zeitgeschehen auch etwas bewirken zu können. Sie wollte beruflich tätig sein und gesellschaftlich etwas verändern, „aber ändern kann man die Sozialstruk-

1 (Interview: 5) In unserer Gruppe des „älteren" Jahrgangs ist sie allerdings wieder die Jüngste: Diemer-Nicolaus: *1910, Reetz: *1922, Griesinger: *1924.

turen nur, indem man auf höherer Ebene andere Gesetze macht."[2] In dieser Hinsicht und besonders in der Art ihres Durchsetzungsvermögen ist Renate Lepsius gewissermaßen modern, d.h. dem Profil der jüngeren Politikerinnen näher als dem vieler ihrer Zeitgenossinnen.

1. Jugend/Herkunftsfamilie

Renate Lepsius wird als Renate Meyer am 21. Juni, am Sommeranfang des Jahres 1927 geboren. Zusammen mit ihrem vier Jahre älteren Bruder und ihrer Zwillingsschwester erleben sie zunächst bis zum Jahre 1933 eine wohlbehütete gutbürgerliche Kindheit in einem „kunst- und literaturliebenden" Elternhaus, das gleichwohl politisch geprägt war. Der Vater kam ursprünglich aus Friesland nach Berlin und war promovierter Oberstudiendirektor mit ausgeprägten humanistischen Bildungsinteressen. Er war Leiter eines Gymnasiums in Berlin-Pankow und Mitglied der Demokratischen Partei und als „Verfassungspatriot" Kommentator der Weimarer Reichsverfassung. Die Mutter, ebenfalls Mitglied der Deutschen Partei, war Anhängerin des Bodenreformers Adolf Damaschke.

> „Sie war absolut von der Notwendigkeit einer Bodenreform überzeugt und hat uns Kindern dies auch immer wieder vorgetragen." (Brück: 3)

Eigentlich hätte die Mutter auch Lehrerin werden wollen, hat dann aber den damals für Mädchen vorgezeichneten Weg zur Ehe-, Haus- und Familienfrau eingeschlagen. Durch die Stellung ihres Vaters gehörte die Familie von Renate Lepsius zum politisch-intellektuell aufgeschlossenen Bildungsbürgertum Berlins, wo

> „Goethe und Schiller fast die ersten Worte waren, die mir als Kind beigebracht wurden (Lepsius 1987: 214).

Dies obgleich noch der Großvater väterlicherseits aus einer verarmten Weberfamilie stammte und keine Chance besaß, seinen Berufswunsch Lehrer zu verwirklichen. Der Freundeskreis der Familie war groß, zu ihm gehörten auch viele intellektuelle Juden, die das „musikalisch-geistige Milieu" stark

---

2 Brück: 29. Über ihre Jugend in Berlin zur Zeit des Nationalsozialismus berichtet Renate Lepsius ausführlich in dem Interview, das sie Dorothea Brück am 15.8.1985 für ihr eigenes Buch gegeben hat. Von diesen Schilderungen ist nur ein stark überarbeiteter Teil im Buch erschienen. Insofern wird sich auf Unterschiedliches bezogen, wenn es einmal heißt: Brück, so ist es das Manuskript, das nicht veröffentlicht wurde, dagegen wird der veröffentlichte Text unter Lepsius 1987 zitiert.

prägten. Für die politische Sozialisation von Renate Lepsius zentral war das konsequent demokratische Engagement ihres Vaters. So hielt er 1922 anläßlich der Ermordung von Walther Rathenau[3], für die Demokratische Partei die öffentliche Rede in Pankow auf dem Marktplatz,

„in der er sich mit dem deutschnationalen Ungeist auseinandersetzte und die Nationalisten als Verbrecher bezeichnete. Diese Rede, wie sein Bekennntnis zur Weimarer Verfassung und seine republikanische politische Haltung ... mit der Bereitschaft, sich aus dieser Überzeugung heraus nie korrumpieren zu lassen, ist für sein Leben und damit auch für mein Leben entscheidend geworden ... Eine seiner Reden war immer: 'Renate, wir Friesen sind die letzten wirklich freien Menschen.'" (Brück: 4)

Zum tiefen Einschnitt im Leben der Familie gehörte die nationalsozialistische Diktatur, deren vernichtende Konsequenzen der Vater bereits in den 20er Jahren nach der Lektüre von „Mein Kampf" vorhergesagt hatte. Die sofortige Versetzung des Vaters und berufliche Degradierungen bedeuteten den Anfang einer inneren Emigration und Widerständigkeit im Hause Meyer. Mit Tricks und Ausflüchten gelang es der Mutter, die Zwillinge um den BdM herum zu mogeln, und ebenso klandestin und gefährlich geriet der Kontakt mit den verbliebenen jüdischen Freunden. Überdies fühlte sich die Familie der bekennenden Kirche verbunden und schöpfte aus diesem Zusammenhang viel politische Kraft,

„weil hier für uns ein letzter öffentlicher Raum war, in dem man sich mit gleichgesinnten Menschen traf, und auch miteinander reden konnte" (Brück: 11).

Zusammen mit anderen Rest-Mutigen aus dem Bekanntenkreis gelang es der Familie, eine jüdische Freundin vor der Deportation zu bewahren. Sie wird in geheimer Rotation von verschiedenen Freunden versteckt. Die ständige Gefahr der Denunziation, das Gefühl, von der Mehrheit ausgeschlossen zu sein, das unter Lebensgefahr verordnete Gebot des Stillschweigens sowie dann im Nachhinein das Gefühl, zu den wenigen gehört zu haben, die die menschenverachtende Politik der Nationalsozialisten früh erkannt und bekämpft hatten, all diese Erfahrungen haben die junge Renate wahrscheinlich tief geprägt und politisch mutiger werden lassen.

Als der Vater 1945 zu den Mitbegründern der CDU in Berlin zählt und voller Begeisterung einen Gesamtfamilien-Beitritt paternalistisch initiiert,

---

3 Walther Rathenau war Jude - und zwar ein ungetaufter Jude, der es aus Stolz abgelehnt hatte, das Entreebillett für die europäische Kultur zu lösen. Er zog in den Anfangsjahren der Weimarer Republik als Jude und Außenminister im Kabinett J. Wirth als sog. „Erfüllungspolitiker" den Zorn der rechtsgerichteten Gruppierungen auf sich. Er wurde am 24.6.1922 mit einer Handgranate von Freicorpsleuten im offenen Wagen ermordet.

kommt es zum ersten politischen Konflikt zwischen der Tochter und dem Vater. Sie weigert sich, während Mutter und Geschwister dem Vater in die CDU folgen. Doch dauert es noch bis 1956, ehe sie mit nunmehr 29 Jahren die Konsequenz ihrer Weigerung mit dem Beitritt zur SPD umsetzt. „In seinen Augen war ich ne Kommunistin." (Interview: 9)

2. *Schule/Ausbildung/Berufstätigkeit*

Renate Lepsius besucht nach der Volksschule in Berlin-Schlachtensee eine Oberschule in Dahlem, und ab 1943, als die Berliner Schulen evakuiert wurden, eine in Potsdam. 1944 muß sie noch Kriegsdienst bei Telefunken ableisten und 1945 macht sie ihr Notabitur. Im Wintersemester 1947 beginnt sie an der Humboldt-Universität ein Studium der Geschichte, Literatur und Sozialwissenschaften. Den Studienplatz hat sie sich erkämpfen müssen, sowohl gegen den Vater als auch gegen den männlichen Nachkriegs-Numerus-Clausus zugunsten der zurückehrenden Kriegsteilnehmer. Es gelang ihr dann auf Empfehlung eines kommunistischen Vorgesetzten ihres Vaters, einen Studienplatz zu ergattern.

„Ich wollte studieren. Das war eine ganz dezidierte Entscheidung. Und ich habe es geschafft." (Brück: 21)

Und dies war nicht im pädagogischen Lehrplan einer weiblichen Sozialisation vorgesehen. Die Erziehung der Kinder im Hause Meyer verlief geschlechtsspezifisch, obgleich die Mutter selbst die bittere Erfahrung in ihrer Jugend hatte machen müssen, daß ihr eigentlicher Berufswunsch, Lehrerin zu werden, aufgrund der hohen Kosten nicht verwirklicht werden konnte.

„Also, die Lebens- und die Berufsziele waren andere für die beiden Töchter als für den Bruder. Der Bruder sollte klar studieren, sollte auch das Erbe antreten." (Interview: 6)

Es war für eine Tochter aus bürgerlichem Hause auch relativ unüblich, ein Studium mit dezidierten Berufswünschen zu beginnen. 1948 wechselt sie nach Freiburg, möglichst weit weg von Berlin, „um mich von der starken Hand meines Vaters zu befreien." Noch im selben Jahr geht sie auf Einladung des German Educational Reconstruction (GER), einer Organisation, die während des Krieges von Emigranten gegründet worden ist, nach England.

Dieser Aufenthalt im „freien Westen", in einem demokratischen Land,

„in dem die Läden gefüllt waren, in dem man alles bekam und dort von besonders interessanten und liebenswerten Menschen aufgenommen" wurde, war für sie „eine entscheidende Sache, die mich auch später bewogen hat, meine Dissertation so auszuwählen, daß ich wieder nach England zurückkommen konnte." (Brück: 21)

Die Gefährdungen im oppositionellen Elternhaus während der NS-Zeit und die Entbehrungen der unmittelbaren Nachkriegszeit hinter sich lassend, muß der Aufenthalt in England Funken der Zuversicht und Zukunftshoffnung, der Neuorientierung und intellektuellen Herausforderung für sie bedeutet haben.

Ihr Studium schließt Renate Lepsius 1953 in Berlin mit dem Doktortitel ab. Doch zu der damaligen Zeit stehen der promovierten Historikerin mit politischen Ambitionen nicht etwa alle Türen offen. Im Gegenteil: Eine relativ hohe Erwerbslosenzahl (ca. 8%) sowie ganz offenkundige Diskriminierungen von Frauen auf dem Arbeitsmarkt bekommt sie zu spüren. So nimmt sie zunächst eine Stelle als Stenotypistin beim Deutschen Akademischen Austauschdienst (DAAD) an, um in Bonn – in Politiknähe – Fuß zu fassen und eine typisch weibliche Berufserfahrung zu machen: Nachdem ihr Vorgesetzter gekündigt wird, erledigt sie alsbald seine Sachen selbständig mit, ohne daß dies anerkannt und ihr Gehalt aufgestockt wird.

„Die Erfahrung von Diskriminierung habe ich eben erlebt in dieser ersten Arbeitsstelle ... , wo ich als ausgebildete Akademikerin ... den Job nicht kriegte ... daß ich zum ersten Mal als Frau Diskriminierung erfahren hatte..." (Interview: 12)

Daraufhin kündigt sie und wird anschließend gut bezahlte Referentin bei Inter Nationes, zum Bundespressamt gehörend. 1955 wird sie dann Betriebsrätin, noch bevor sie der Gewerkschaft beitritt, „worauf ich doch recht stolz bin" (Interview: 4).

Mit 31 Jahren heiratet sie 1958 den Soziologen Rainer M. Lepsius, den sie 1951 in England an der London School of Economics kennengelernt hat. Da er sich an der Universität München habilitieren will, kündigt sie ihre Stellung in Bonn und zieht mit ihm in die bayerische Hauptstadt, arbeitet zu Hause, wird publizistisch tätig und ehrenamtlich für die SPD, der sie 1956 beitritt.

3. *Politische Sozialisation*

In den Monaten ihres ersten England-Aufenthaltes 1948 lernt die 21jährige viele Persönlichkeiten aus dem Umfeld der Labour Party und aus Quäker-Kreisen kennen. Es muß für sie als junge Deutsche beeindruckend gewesen sein, so kurz nach Kriegsende mit Menschen in Kontakt zu kommen, die auf internationale Verständigung und auf Aussöhnung mit Deutschland ausgerichtet waren. Darüber hinaus ist dies die Phase, in der sie sich aus dem Einfluß ihres Vaters zu lösen begann. Vielleicht waren deshalb diese Erlebnisse so prägend für sie, „weil das in gewisser Weise das Gegengewicht zu dem war, was ich von zu Hause her kannte“ (Interview: 10).

Ganz sicher spielt die Tatsache des antifaschistischen Elternhauses – das „Nichtdazugehören“ und „Nicht-Mitmachen“ sowie persönliche Nachteile und Gefährdungen erlebt zu haben – eine entscheidende Rolle für Renate Lepsius politisches Interesse und intellektuelle Neugier. Von Bedeutung könnte auch die Tatsache gewesen sein, daß der Vater als Ostfriese sich im Berlin der nationalsozialistischen Bewegung als Fremder gefühlt haben muß. Ein bewußt erlebtes Fremdsein kann sehr stark die eigene Identität konturieren. Als „letzte wirklich freie Menschen“, wie der Vater sich und die Seinen bezeichnete, durchschauten sie die Mechanismen der ideologischen Gängelung und Manipulation, des Dirigismus und Meinungsterrors, alles Kennzeichen diktatorischer Regimes.

Doch ein antifaschistisches Elternhaus ist nicht unbedingt ein ‘freies’, ein antiautoritäres oder ein ‘liberales’ Elternhaus. Im Gegenteil: oft bewirken die Bedingungen der Geheimhaltung und der persönlichen Gefahr eine starke Zentralisierung in Entscheidungssituationen und die Konzentration auf die Autorität eines Elternteils: in diesem Fall des Vaters. Die Bedingungen der inneren Emigration sind tragischerweise oft vorgezeichnet durch das, wogegen sie unter Todesgefahr opponiert: eine nicht zu hinterfragende Autorität (-sstruktur), relative Unflexibilität in politischen Positionen, weil es nur ein Entweder-Oder gibt und nichts dazwischen, sowie eine hohe Konzentration auf die eigene Gruppe. Insofern wird die Bekanntschaft mit jungen Intellektuellen in England und nicht zuletzt die Freundschaft mit ihrem späteren Mann großen Einfluß auf Renate Lepsius gehabt haben. Auch Rainer M. Lepsius war sozialdemokratisch orientiert.

Für ihren SPD-Beitritt war nach ihren Worten letztlich ausschlaggebend die Adenauersche Wiederaufrüstungs- und Wiederbewaffnungspolitik und sein entschiedener Westkurs, der eine rasche politische Wiedervereinigung blockierte. Ebenso löste sie sich mit ihrer Entscheidung für die SPD von der Dominanz ihres Vaters „mit seinen sehr dogmatischen Interpretationen der CDU-Politik oder der Richtigkeit der Adenauerschen Politik.“ (Interview:11)

Nach ihrem Umzug von Bonn nach München wird Renate Lepsius ehrenamtliche Verwaltungsrichterin und im Bezirkssozialausschuß aktiv. Dort leistet sie praktische Sozialarbeit, sie betreut Wohnblöcke, in denen sie hautnah mit sozialen Notlagen konfrontiert wird, was sie später als sehr entscheidend für ihr weiteres (auch frauen-) politisches Engagement ansieht. Künftig ist es ihr Ziel: „nicht mehr abstrakt für, sondern konkret mit Menschen Politik zu machen." Dies sagt sie auch im Hinblick auf die schlimmen sozialen und finanziellen Probleme, in die geschiedene Frauen geraten, weil sie und ihre Kinder im Bürgerlichen Gesetzbuch im Scheidungsfalle nicht ausreichend geschützt waren. Später datiert sie den Beginn ihrer politischen Tätigkeit stets auf diese Phase, in der sie durch die Aufgabe ihrer Berufstätigkeit überhaupt erst Zeit und Möglichkeit zum politischen Einsatz bekam.

„1959 bin ich in meinen Ortsverein in Großhadern gegangen und habe dort als Preußin in Bayern meine politische Karriere begonnen....Bei der nächsten Wahl wurde ich stellvertretende Ortsvereinsvorsitzende, dann stellvertretende Kreisvorsitzende... Gleichzeitig bekam ich auch den Vorsitz der Berufsorganisation der Hausfrauen, wurde ehrenamtlicher Verwaltungsrichter und auch in einen städtischen Sozialausschuß delegiert." (Lepsius 1987: 223)

Somit scheint sie in Bayern die Stufen einer klassischen Politikerkarriere beschritten zu haben. Manche nennen dies den Anfang einer „Ochsentour". Bislang gibt es dafür keinen weiblichen Ausdruck.

4. Partei-Sozialisation

Für die Tochter aus dem Bildungsbürgertum war ihr SPD-Eintritt zunächst einmal sehr ungewöhlich. Das Umfeld reagierte entsprechend. Ihr Vater stand der politischen Ausrichtung seiner Tochter realtiv verständnislos und ablehnend gegenüber, und bei Inter Nationes unterstellte man ihr sogar zeitweilig, vertrauliche Informationen nach außen zu tragen. Auch innerhalb der SPD, der „Partei der Arbeiter", war Renate Lepsius wohl eher eine ungewöhnliche Erscheinung: ihr damenhaftes Auftreten und ihre akademische Ausbildung fielen auf. Herbert Wehner wird nicht der einzige gewesen sein, der sie im München der 60er Jahre in verächtlichem Ton: „Die 'Dame' Lepsius" genannt hat. Repräsentierte sie doch mit ihrer Mischung aus Jugend, Eleganz und Bildung plus einer gewissen Weltläufigkeit einen neuen Frauen-Typ innerhalb der SPD.

„Renate Lepsius ist eine spröde Schönheit, distanziert und kühl, ein Stoff, aus dem First Ladys sind",

schrieb zehn Jahre später die Publizistin Marlies Menge (in: Die Zeit v. 3.11.1972).

In der Nachkriegszeit kamen die Frauen, die sich der SPD zugehörig fühlten, noch traditionell aus Arbeiterfamilien,

„und sie haben ihre Aufgabe darin gesehen, in der Arbeiterwohlfahrt zu arbeiten, für die SPD Zeitungen und Flugblätter auszutragen und Beiträge zu kassieren ... Aber dieselben

Frauen haben in den Parteiversammlungen, wo Männer dabei waren, den Mund nicht aufgemacht ... Anders geworden ist es erst, seit ein ganz anderer Typus Frauen in der SPD aktiv wurde: Frauen mit besserer Schulung, mit besserer Bildung, mit Berufserfahrung, mit mehr Selbstbewußtsein." (Miller in: Hering/Lützenkirchen 1992: 183)

Und speziell mit diesen Merkmalen hebt sich Renate Lepsius offensichtlich bald von anderen SPD-Frauen im Landesverband ab. Bald darauf holt sie Marta Schanzenbach 1962 zusammen mit anderen jüngeren Akademikerinnen in den Frauenausschuß beim Parteivorstand.[4]

Auf dem Karlsruher Parteitag, im November 1964, dem Geburtsjahr ihres Sohnes Oliver, tritt sie erstmals in einer größeren Partei-Öffentlichkeit mit einem vielbeachteten Vortrag zum Thema „Frau und Politik" hervor. Hier erinnert Lepsius daran, daß die sog. „alte Frauenfrage" noch immer aktuellste Bedeutung besitze und sich für die Partei neue Aufgaben stellten durch die stärkere Einbeziehung von Frauen in die Gesellschaft. Sie erinnert an Charles Fourier und seine These, daß am Verhältnis der Frauen zur Politik der Stand der allgemeinen inhaltlichen Demokratisierung der Gesellschaft abzulesen sei. Hinter dem überholten Klischee der „unpolitischen Frau" und der drei K's Küche, Kinder, Kirche vermutet sie einen prinzipiellen Vorbehalt gegen die Politik. Darüber hinaus argumentiert sie soziologisch gegen die „natürliche" Andersartigkeit der Frauen. Politische Teilhabe sei abhängig 1. vom Bildungsgrad, 2. von der beruflichen Stellung und wirtschaftlichen Lage und 3. dem Maß der Eingliederung des Einzelnen in Verbände und Organisationen. Insofern hätten es Frauen schwerer in der Politik, dies sei vor allem „Kennzeichen ihrer unterprivilegierten Situation". (Frau und Politik 1964: 6) Unbestritten wird von der jungen Mutter die zentrale Aufgabe der Frau in der Kindererziehung, eine Auffassung, die sie keineswegs von den meisten Zeit- und Parteigenossinnen unterscheidet. Erst später gewinnen in der SPD andere Stimmen Gehör, die die enge Verbindung von Mutterschaft und Alleinzuständigkeit für die Kindererziehung in Frage stellen.

Lebensgeschichtlich bedeutsam ist für Renate Lepsius die lang ersehnte Geburt ihres Sohnes im Jahr 1964. Als er sich ankündigt, gibt sie alle Parteiämter auf sowie ihre Ambitionen, in nächster Zeit für ein Mandat zur Verfügung zu stehen. Diesen Verzicht im Alter von 37 Jahren sowie die Entscheidung, ihr Kind in den ersten Jahren selber zu erziehen, verteidigt sie im Nachhinein vehement. Sie hatte sich vorgenommen,

---

4 Die Arbeitsgemeinschaft sozialdemokratischer Frauen (AsF) wird erst 1973 gegründet, aber es gibt seit 1969/70 die Arbeitsgruppe Frauenpolitik der SPD-Fraktion unter der Leitung von Annemarie Renger.

„kein öffentliches Amt anzunehmen, was mich hindern könnte, mein Kind selber zu erziehen. Also das war 'ne klare Entscheidung.... Ich würde es heute noch genauso machen." (Interview: 14)

Zeitgleich erhält ihr Mann einen Ruf an die Universität in Mannheim, und sie beziehen das Haus in Weinheim, in dem das Ehepaar Lepsius auch heute noch wohnt. Renate Lepsius wird in ihrem neuen Ortsverein Weinheim sogleich zur Parteitagsdelegierten und dann – 1965 – in den SPD-Landesvorstand in Baden-Württemberg gewählt, in dem sie zwei Arbeitsgruppen leitet: eine über „Jugend und Politik", die andere über „Frauenpolitik".

„Das erschien mir vereinbar mit meiner Familienrolle. Das war auch die Ebene, auf der ich tätig sein wollte." (Lepsius 1987: 226)

1968 erwachen wieder verstärkt ihre politischen Geister. Sie investiert in die Landtagswahl 1968 „erhebliche Arbeit" und organisiert zusammen mit einer Kollegin die gesamte Werbekampagne für die Partei, darüber hinaus entwerfen sie eine „spezifische Frauenwerbung". Renate Lepsius wird stellvertretende Landesvorsitzende der Frauenarbeitsgemeinschaft im Ländle, und nachdem die Genossin und damalige Schatzmeisterin Lotte Ruggaber aus Stuttgart ihr 1972 einen eigenen Wahlkreis in Rastatt vermittelt hat, gelingt Renate Lepsius bei der vorgezogenen sog. „Willy-Wahl" der Sprung in den Bundestag. Unterstützt wird Renate Lepsius Bundestagskandidatur vor allem von den Frauen aus Baden-Württemberg und dem dortigen Landesvorstand. Als 1972 die Chance kommt, greift sie sehr entschlossen und ganz fest zu. Ihr Wahlkampf gerät zu einer persönlichen Herausforderung. Sie will in den Bundestag und schont sich nicht. Sie macht 60 eigene Veranstaltungen und auf rund 200 wirbt sie – auf die Minute geplant und unterstützt von zahllosen ungenannten HelferInnen – für sich und die SPD.

„... an 32 Tagen hat sie 41 Abendveranstaltungen, sechs Frühschoppen, sechs Nachmittagsveranstaltungen mit Jungwählern, sechs mit Hausfrauen, vier mit Rentnern, zwölfmal besichtigt sie Altenheime, Krankenhäuser, Kindergärten, zwanzigmal besucht sie Informationsstände auf der Straße, fünfzehnmal stellt sie sich vor Fabriktore, zweimal geht sie auf Veranstaltungen mit Sachverständigen... und zweimal auf Juso-Feste." (Die Zeit v. 3.11.1972)

Rund 100.000 DM verschlingen ihre Wahlkampfkosten,

„DM 25.000,-- muß sie aus eigener Tasche zahlen, für Streichholzschachteln mit ihrem Foto, ... für Visitenkarten, für Reisen, Essen, Telefon und Briefmarken. DM 10.000,-- schießt der Parteivorstand zu ... und die freiwilligen Helfer bezahlen ihr Essen, Hotel und Benzin aus eigener Tasche. Für den Rest von etwa DM 30.000,- hofft sie auf Spenden." (Ebendort)

Ihre Themen im Wahlkampf 1972 sind: Ost-Politik, Wirtschaftsstabilität, das Städtebauförderungsgesetz und schon deutlich: die soziale Sicherung von Frauen, besonders von Geschiedenen und Witwen. Aber auch die Reform des § 218 ist ihr und zahlreichen Kolleginnen ein besonderes Anliegen. Die Initiative zur Änderung dieses Jahrhundert-Paragraphen wird Anfang der 70er Jahre getragen von einer breiten frauenpolitischen Offensive in allen gesellschaftlichen Bereichen und unterstützt von der neuen Frauenbewegung, die bereits früh Parolen wie: „Das Private ist politisch" und: „Mein Bauch gehört mir" in die öffentliche Diskussion gebracht hatte.

Wie keine andere soziale Bewegung hat die Frauenbewegung in den USA und in Westeuropa sog. private Issues und Probleme der persönlichen Beziehungen ins Zentrum ihrer politischen Auseinandersetzung gerückt und als Basis von Kritik und Widerstand genommen. Die geschlechtsspezifische Arbeitsteilung und die Verfügung über den weiblichen Körper sind seit Beginn der 70er Jahre zentrale Themen in Theorie und Praxis der Frauenbewegung. Die spektakulärste Aktion im Kampf gegen den § 218 war die von Alice Schwarzer mitinitiierte Selbstbezichtigungskampagne „Wir haben abgetrieben" in der Illustrierten „Stern". Im Juni 1971 bekannten sich 374 Frauen öffentlich zu einem Schwangerschaftsabbruch und appellierten: „ Wir fordern kein Almosen vom Gesetzgeber und keine Reform auf Raten! Wir fordern die ersatzlose Streichung des § 218!" Sechs Wochen später lagen bereits 2345 Selbstanzeigen von Frauen und 86.100 Solidaritätserklärungen von Männern und Frauen vor. Die anwachsende Zahl von unerlaubten Schwangerschaftsabrüchen, also bewußten Rechtsübertretungen mit dem Risiko der Strafverfolgung und die zunehmende Akzeptanz von Liebesbeziehungen ohne Trauschein sowie die Liberalisierung von Sexualitätsnormen fochten die öffentliche Debatte an und stärkten die Befürworterinnen einer strafrechtlichen Freigabe der Abtreibung.

Bereits 1971 hat Renate Lepsius die innerparteiliche Diskussion angeregt mit „Bemerkungen zu juristischen Argumenten in der Reformdiskussion des § 218" (unv. Ms. v. 3.9.1971), wie sie ihren juristisch kenntnisreichen Beitrag bescheiden überschreibt. Sie geht auf die wichtigsten Argumente des sog. Indikationsmodells ein und bezieht eindeutig Stellung aus „rechtspolitischen und sittlichen Erwägungen" für eine Drei-Monats-Regelung.

„Weil es eine unterschiedslose Rechtsgarantie von Leben und werdendem Leben im GG nicht gibt, kann weder das Indikationsmodell seine Legitimation aus dem Art. 2 Abs. 2 GG ableiten, noch dem Fristenmodell aus eben diesen Gründen seine Legitimation bestritten werden." (Ebendort)

Die Frage des Schwangerschaftsabbruchs teilt bereits seit Jahrhunderten Gegner und Befürworter in diametral entgegengesetzte Positionen. Insofern erstaunt es wenig, daß es in dieser Frage schon in den 50er Jahren eine klare Scheidelinie zwischen männlichen und weiblichen Politikern derselben Partei gibt. Dies gilt für die CDU in den 80er Jahren, und mehr noch für die SPD, in der sich bereits am Anfang des Jahrhunderts Gruppierungen gegen die sozialen Folgen der Strafbarkeit von Abtreibungen und gegen die Verelendung von alleinstehenden, ledigen Müttern und ihrer Kinder (damals hießen sie noch uneheliche) ausgesprochen haben. Insofern hatten auch zahlreiche SPD-Frauen Ende der 60er/Anfang der 70er Jahre die sog. Fristenregelung mitentwickelt, gegen die offizielle, von starken Personen der sozialliberalen Regierung seit 1969 favorisierte Indikationslösung.

Furore, auch über die Landesgrenzen hinaus, machte im Februar 1971 eine Aktion, die Renate Lepsius mitangezettelt hatte: die „Besetzung" der evangelischen Akademie Bad Boll. Hier sollten in einer „schönen, gepflegten Veranstaltung" – so Renate Lepsius ironisch im Rückblick – honorable Herren über den Schwangerschaftsabbruch diskutieren. Über den Ausschluß von Frauen auf dem Podium empört, trommelt die sozialdemokratische Frauenarbeitsgemeinschaft aus Baden-Württemberg nach studentischem Vorbild rund 80 Frauen zusammen und schmiedet Besetzungspläne. Die Begeisterung über diese Frauenaktion ist bei einer der Hauptakteurinnen Renate Lepsius noch 22 Jahre später zu spüren:

> „Und dann haben wir das wirklich besetzt. Und die haben Angst gekriegt. Vor uns hatten die Angst! Das ist ganz toll gewesen!" (Interview:60)

Die Parole der Frauenbewegung: „Frauen gemeinsam sind stark" wurde hier zum Erlebnis. Es ist ihr wichtig zu betonen, daß ihre Gruppe damals an einer strafrechtlichen Regelung nach dem Fristenmodell festgehalten habe – im Gegensatz zu den Forderungen der autonomen Frauen, die mehrheitlich auf die Abschaffung des § 218 zielten.

Parteiintern hat sich Renate Lepsius in den folgenden Jahren ihres Bundestagsmandats bei manchen – und nicht den unwichtigsten Personen der SPD – nicht sehr beliebt gemacht. Politisch zählt sie zum einen nicht eben zu den „jungen (linken) Wilden". So unterstützt sie später beispielsweise sowohl den Nato-Doppelbeschluß als auch den Ausbau der Kernenergie und muß sich in den schwierigen und oft harten Auseinandersetzungen zu diesen zwei Kernthemen der Politik viel persönliche Kritik gefallen lassen. Andererseits vertritt sie ihre Minderheitenposition auch stets offen und offensiv. Ihr Landesverband gilt demgegenüber als links, so daß es sie im Nachhinein immer noch wundert, wieso sie immer wieder aufgestellt wird.[5]

Persönlich galt sie zudem bei vielen politischen Wegbegleitern als unausgeglichen und unberechenbar. Sie hat in ihrer Statur auch etwas Unangepaßtes, Widerborstiges, Sperriges, wenn es für sie um Grundpositionen geht. Und frauenpolitisch war Renate Lepsius vor allem später beim Scheidungsrecht unbeugsam. Außerdem fürchtete man ihre Sachautorität. So wundert es wenig, daß sie schon 1973 nicht mehr dem Vorstand der SPD Baden-Württemberg angehört, zum Zeitpunkt, als Erhard Eppler Vorsitzender des Landesvorstands wird. Im gleichen Jahr endet ebenfalls ihre Mitgliedschaft im Parteirat. Dies „hing auch mit dem § 218 zusammen", stellt sie rückblickend fest.

1981 wollte Renate Lepsius stellvertretende Fraktionsvorsitzende und Nachfolgerin von Marie Schlei werden – mit gewichtiger Unterstützung des damaligen Vorsitzenden Herbert Wehner – aber sie wird vom Fraktionsvorstand nicht gewählt. Eine schmerzliche politische Niederlage. Und vielleicht war dies nicht allein die „Rache der Genossen" für den Versorgungsausgleich. Die Abwehr beruhte evtl. auch auf der für manchen Mann bedrohlich wirkenden Ausstrahlung ihrer Persönlichkeit. Elfriede Eilers, Bundestagsabgeordnete seit 1957, später Vorsitzende der AsF und Mitstreiterin in frauenpolitischen Belangen, erinnert sich an die unterschiedlichen Wirkungen, die beide Frauen auf männliche Kollegen ausübten:

> „Bei mir haben sie gesagt, an und für sich ist die Elfriede ja eine 'Mutti', eine Frau, die uns Männern nicht ans Leder will. Bei dir (R. Lepsius, B. M.) haben sie durch den Versorgungsausgleich und auch durch die Anpassung der Unterhaltsrenten immer das Gefühl gehabt, die nimmt uns Männern was weg... Bei mir hatten sie nicht so sehr das Empfinden, obwohl ich Ihnen genauso 'was gewollt habe'" (in: Lepsius 1987: 91).

Hier sieht man, wie stark oftmals die äußere Erscheinung und die damit zusammenhängende psychischen Dynamiken die politischen Wege einzelner Politikerinnen beeinflussen können.

Ein innerparteilicher Konflikt, der gegen ihre Intention auch in die Öffentlichkeit getragen wurde, war 1982 ihre Kritik an einem Werbeplakat der IG-Metall und speziell an Franz Steinkühler, der damals Stuttgarter Bezirksleiter war. Sie rügt den antisemitischen Kern einer Karikatur, auf der ein ebenso raffgieriger wie „häßlicher Unternehmer" 1000-Mark-Scheine zusammenrafft, um damit das Weite zu suchen. Lepsius wirft der IG-Metall vor,

---

5 Interview: 39. Erhard Eppler war seit 1973 SPD-Landesvorsitzender in Baden-Württemberg und gehörte nicht zu ihrer Unterstützungslobby.

„im Stil des (NS-Propaganda-Organs) Stürmer eine Art antisemitische Kampagne gegen die Unternehmer" zu entfachen. „Einfach widerlich".

Das war der Kritik zuviel. Daraufhin flutet eine Welle der (mehr oder weniger scheinheiligen) Empörung über ihre Empfindlichkeit durch den Landesverband – getragen speziell von ihren politischen Kontrahenten auf dem linken Flügel. Peter Conradi rügt seine Bundestagskollegin öffentlich und vermutet bissig, daß „einer Professoren-Gattin möglicherweise die Angst der Arbeitnehmer um ihre Arbeitsplätze fremd" sei (alle Zitate aus: Stuttgarter Nachrichten vom 28.10.1982). Und der IG-Metall-Vorsitzende Franz Steinkühler selbst nimmt Stellung und nennt die Motivation seiner SPD-Kollegin „scheinheilige Empörung, Ignoranz und Hochmut". Es sei „den zu Objekten einer erbarmungslosen Unternehmerpolitik degradierten Kolleginnen und Kollegen" klar, „daß sie auf Politiker nicht rechnen können, die sich aus Desinteresse und Unkenntnis der Lage von Arbeitnehmern und deren Ursachen an Stil-Fragen hochziehen". Diese Abkanzelung der Abgeordenten Renate Lepsius liest sich zehn Jahre später, im Angesicht des nicht gerade rühmlichen Abgangs des Millionärs und Aktienspekulanten Franz Steinkühler, nicht sehr überzeugend.

Doch Ende 1982, als es um die Placierung auf der Landesliste geht, wirkt sich ihre offene Kritik an einem mächtigen Bündnispartner der Partei verheerend aus. Sie kommt „in den Fahrstuhl", wie sie es bezeichnet, und bekommt mit Platz 24 nur eine unsichere Placierung auf der Landesliste. Daraufhin verliert sie nach der „Wende-Wahl" 1983 ihr Bundestagsmandat. Erst ein Jahr später 1984 kehrt sie als Nachrückerin in den Bundestag zurück für den baden-württembergischen Kollegen Rainer Offergeld, der überraschend zum Oberbürgermeister von Lörrach gewählt wurde.

Obwohl Renate Lepsius sicher harte Bandagen anlegen mußte, um sich den zahlreichen innerparteilichen Auseinandersetzungen zu stellen, die die 70er Jahre-SPD kennzeichneten, scheint die Einschätzung verfehlt, man habe ihr durchgängig übel mitgespielt. Und Mitleid würde sie sich sicher selbst verbitten. Renate Lepsius betrieb in vielem Offensivpolitik und hatte – dies ist nicht zu unterschätzen – ab Mitte der 70er Jahre etwa die volle persönliche Unterstützung des damals eher gefürchteten denn verehrten und lange Jahre zu den „Unantastbaren" gehörigen SPD-Fraktionsvorsitzenden im Bundestag Herbert Wehner. Diese Unterstützung war oft entscheidend, zum Beispiel bei der Rentenreform. Und sie war eher ungewöhnlich, denn Wehner hatte sich ja anfangs noch abschätzig über die „Klassen-Fremde" aus dem

Bildungsbürgertum geäußert.[6] Die politische Koalition mit Wehner gelingt ihr stellenweise auch über eine Abkehr von Positionen der Arbeitsgemeinschaft Sozialdemokratischer Frauen.[7]

Höhepunkt ihrer politischen Karriere wäre vermutlich das Amt der Parlamentarischen Staatssekretärin im Kabinett von Hans Jochen Vogel gewesen, der als Nachfolger von Helmut Schmidt gern Kanzler geworden wäre. Noch kurz vor der Bundestagswahl 1983 wird ihr Name diesbezüglich erwähnt. Doch die Wahl zur konservativ-liberalen Regierungskoalition macht auch sie zum „Wende-Opfer". (Schwäbische Donau Zeitung v. 28.1.1984)

5. Mitglied des Deutschen Bundestages 1972-1983, 1984-1987

1972 hat die SPD nur 13 Frauen von immerhin 229 Abgeordeten (= 5,4%) in ihrer Bundestagsfraktion, dabei war es der Sozialdemokratie zum ersten Mal gelungen, verstärkt die Unterstützung der weiblichen Wahlbevölkerung zu bekommen, die bis dahin mehrheitlich der Union ihre Stimme gegeben hatte. Es war die frauenärmste Legislaturperiode seit Beginn der Republik. Mit insgesamt nur 5,8% weiblichen Abgeordneten im gesamten Deutschen Bundestag waren die 94% Herren Parlamentarier wieder fast ganz für sich – wie zu Zeiten, als das aktive und passive Wahlrecht nur für Männer galt. Man sollte nicht meinen, daß es bereits seit 1918 erstritten war.[8]

Die ersten vier Jahre von Renate Lepsius im Bundestag, die 7. Legislaturperiode von 1972 – 1976, sind geprägt von dem Impuls sozialliberaler Reformpolitik. Renate Lepsius' politische Schwerpunkte liegen eindeutig bei den

---

6 Im Sozialprofil ihrer Mitgliedschaft hat die SPD vor allem in den Jahren zwischen 1960 und 1980 einen bemerkenswerten Wandel erlebt. Mittlerweile hatte sich eine Phalanx von Bildungsprofiteuren und -profiteurinnen in die vordersten Reihen von Partei und Funktion geschoben. Arbeiterkinder haben heute eher Seltenheitswert. Diese Veränderungen persönlich zu repräsentieren - und Kritik dafür aushalten zu müssen - trifft früh auf Renate Lepsius zu, ebenso gewiß auf Herta Däubler-Gmelin, die die junge intellektuelle Linke repräsentiert.

7 Mitte der 70er Jahre stritt sich die AsF um grundsätzliche Positionen, ebenso pulsierte auch ein Generationenkonflikt. Renate Lepsius hatte den Eindruck, daß die Arbeit der AsF durch „pseudomarxistische Ansätze" (von jungen, intellektuellen, linken Frauen) infiltriert sei, die die „gesamten familienpolitischen Gesetzesvorhaben auf Bundesebene konterkariert" hätten. Dies versucht sie, „nach Rücksprache mit Herbert Wehner" vehement zu verhindern. (Lepsius 1987: 267)

8 Der Frauenanteil der einzelnen Fraktionen zu Beginn der 7. Wahlperiode 1972 - 1976: CDU/CSU: 6,4%, SPD: 5,4%, FDP: 4,8%, vgl. Schindler 1984: 188.

zahlreichen frauenpolitischen Reformen, die in dieser Zeit beraten und verabschiedet werden. Ihr spezielles Thema ist der Versorgungsausgleich im neuen Ehe- und Familienrecht, der ohne ihren unermüdlichen und sachkundigen Einsatz in dieser Form nicht in das Reformpaket mit aufgenommen worden wäre. Renate Lepsius leitet – für einen Neuling ungewöhnlich – die Ad hoc-Arbeitsgruppe Versorgungsausgleich des Arbeitskreises Sozialpolitik der SPD-Fraktion und ist Mitglied des Bundestagsausschusses für Arbeit und Sozialordnung.

1972 wird Renate Lepsius für den Unterausschuß Ehe- und Familienrecht benannt, gleichzeitig geht sie in den Rechtsausschuß und in den Ausschuß Arbeit und Soziales.

„So hat meine Arbeit begonnen, für die ich mich in langen Jahren vorbereitet hatte. ... Ich habe in drei Feldern gearbeitet, war Berichterstatterin für das Unterhaltsrecht und für den Versorgungsausgleich, gleichzeitig habe ich das 'Gesetz zur Dynamisierung von Unterhaltsrenten für Kinder' initiiert. Ich habe später den 'Mutterschaftsurlaub' durchgebracht und noch später, 1980 die Leitung der 'Arbeitsgruppe Frauenpolitik' übertragen bekommen... Daneben war ich bei der Reform des § 218 tätig. Es war eine unerhört intensive und fruchtbare Zeit."(Lepsius 1987: 229)

Ihr polemisch überschriebener Text: „Das Proletariat auf kleinen Füßen" vom 20. 9. 1973 zielte auf die noch ausstehende Gleichstellung der geschiedenen und getrennt lebenden Mütter sowie ihrer Kinder mit der Rechtsstellung der nichtehelichen durch das 1969 reformierte Nichtehelichenrecht. Damals schon argumentiert sie mit der „notorischen Zahlungsunwilligkeit oder auch mangelnden Leistungsfähigkeit der Väter", eine Tatsache, die im Gegensatz zu medial verbreiteten Selbstdarstellungen von finanziell ausgebeuteten Vätern auf empirischen Daten beruhte.[9]

In der Debatte um das elterliche Sorgerecht plädiert Renate Lepsius am 8.11.1974 dafür, dem Kind die Rolle eines Rechtssubjektes zu geben, um seinen persönlichen Schutz zu verbessern – im Zweifelsfalle auch gegenüber seinen eigenen Eltern. Desweiteren setzt sie sich mit ein für das neue Mutterschaftsurlaubsgesetz[10], und argumentiert gegen die Opposition, die für ein „Familiengeld" von DM 400,-- ebenfalls für nichterwerbstätige Mütter ein-

9 In der Bundestagsdebatte vom 10.6.1976 nennt sie Zahlen: 20% der anspruchsberechtigten Mütter bekämen nie einen Pfennig für das Kind, und nur 50% erhielten regelmäßig Kindesunterhalt.

10 1. Beratung am 15.3.1979, 2. Beratung am 10.5.1979. Zum ersten Mal in der Geschichte der Sozialversicherung wird eine Phase der Kinderbetreuung als Beitragszeit anerkannt.

tritt.[11] Auch in anderen Ländern sei – so die Abgeordnete Lepsius in ihrer Entgegnung 1979 – ein Schutz nur für die erwerbstätige Mutter vorgesehen. Ihre Argumenation lautet: kein Staat dürfe Mütter über ein Familiengeld honorieren und sie damit gewissermaßen zu Staatsangestellten machen. Renate Lepsius ist gegen eine „Geburtenprämie" für alle Mütter nach osteuropäischem Vorbild. Und sechs Jahre später, als die von der Union geführte Koalition dann das Erziehungsgeldgesetz verabschiedet, hält sie dagegen, daß nun die Erziehung eines Kindes von Staatswegen honoriert werde – „ganz wie im Ostblock".

1987 läßt sich Renate Lepsius nicht mehr aufstellen für ein Bundestagsmandat. Diesen Zeitpunkt hatte sie sich bewußt gewählt. Mit 60 Jahren wollte sie aussteigen aus der aktiven Politik. „Jetzt müssen Jüngere ran", sagt sie wie einige ihrer Kolleginnen beim Abschied.

„Das waren auch nicht mehr so meine Themen. In gewisser Weise hatte ich ja meine Themen bendet mit den Reformen." (Interview: 23)

Insgesamt blickt Renate Lepsius heute zufrieden auf ihre Tätigkeit als Bundestagsabgeordnete zurück:

„Die Tätigkeit als Bundestagsabgeornete war eine unglaublich arbeitsame, gleichzeitig aber faszinierende, anregende, interessante und dann, wenn man Dinge durchsetzen konnte, enorm erfolgreiche Geschichte... Ich hatte das Gefühl, ich kann was bewirken, und das war zwar mühsam ..., aber das Gefühl, was bewirken zu können, ist natürlich das Beste, was man im Leben haben kann." (Interview: 29)

6. Politische Schwerpunkte: das 1. Gesetz zur Reform des Ehe- und Familienrechts von 1976 – insbesondere der Versorgungsausgleich

Die politische Aktiv- und Kreativphase von Renate Lepsius, in der sich ihr politisches Wirken nachhaltig auf die Rechtsstellung von Frauen ausgewirkt hat, war zwischen 1972 und Anfang der 80er Jahre. Conditio sine qua non war die Tatsache, daß die Partei, für die sie antrat, zu dem Zeitpunkt Regierungspartei war, also aktiv formend in den Gesetzgebungsprozeß und den politischen Gestaltungsablauf einwirken konnte. Ohne ihr Engagement in anderen Themenbereichen zu schmälern, sollen hier zwei zentrale Themen genannt werden, bei denen sie ihre Handschrift deutlich hinterließ: das eine ist

11 Die CDU/CSU fürchtete in diesem Zusammenhang hauptsächlich um ihre weibliche Klientel der nicht-außer-Haus-beschäftigten Hausfrauen und Mütter.

die Reform des § 218, das andere, primäre, die soziale Sicherung von Frauen.

Manchmal ist Geschichte vergeßlich. Oft, und oft ohne bösen Willen, werden Urheber und Gestalter eines Gesetzeswerkes verkannt, vergessen, vereinnahmt. Und Frauen als Subjekte einer Rechtsgeschichte hervorheben zu können, ist bei uns sowieso ein relativ junges historisches Phänomen. Insofern ist hier der richtige Ort für den Hinweis, daß ohne Renate Lepsius, ohne ihren intellektuellen und enorm persönlichen Einsatz, der Versorgungsausgleich nicht in dieser Form an das Ehereformgesetz gekoppelt und durchgesetzt worden wäre.

Seit Ende der 60er Jahre registrierte man in der Bundesrepublik eine zunehmende Erwerbsbeteiligung von verheirateten Frauen – auch Mütter von kleinen Kindern – bei ansteigendem Bildungsniveau und eine Zunahme von Ehescheidungen – vornehmlich auf Antrag der Frauen. Eine durch die Frauenbewegung seit Beginn der 70er Jahre in die Öffentlichkeit getragene Thematisierung von bisher verborgenen Problemen wie Gewalt gegen Frauen in der Partnerschaft, Vergewaltigung und alltägliche Diskriminierungsstrukturen trug ebenfalls zur Veränderung des Bewußtseins bei.

Vor diesem Hintergrund der veränderten Lebenslagen und politischen Verhältnisse geriet die Eherechtsreform in den 70er Jahren zu den umstrittensten frauenpolitischen Gesetzen der Nachkriegszeit.[12] Auf der parlamentarischen Ebene prallten in den weltanschaulichen Auseinandersetzungen die grundsätzlich kontroversen Frauen- und Familienbilder der Parteien exemplarisch aufeinander. Erst das Gesetz zur Reform des Ehe- und Familienrechts vom Juni 1976, mit dem die Gleichberechtigung der Geschlechter als verwirklicht galt, löste das Ehegesetz des Alliierten Kontrollrats von 1946 ab.[13]

Ein entscheidender Schritt in Richtung auf Gleichberechtigung zwischen Mann und Frau bedeutete die Abkehr von der gesetzlich fixierten Hausfrauenehe. Das neue Recht schreibt keine Rollenaufteilung der Ehepartner mehr

---

12 Schon zwei Jahre nach Inkrafttreten der Reform lagen 1979 dem Bundesverfassungsgericht 80 Verfassungsbeschwerden und 170 Richterentscheidungen vor, anhand derer geprüft werden mußte, ob das neue Recht verfassungsgemäß sei. Vgl:. Langer-El Sayed 1980.

13 Die bereits 1967 auf Initiative zunächst der FDP dann der SPD erfolgten Reformbemühungen zielten v. a. auf die seit 1961 gefestigte Unauflösbarkeit der Ehe auch bei Widerspruch eines Partners, die zu zahlreichen „Ehen nur auf dem Papier“ geführt hatte.

vor,[14] und das früher geltende Schuldprinzip wurde durch das neue sogenannte Zerrüttungsprinzip abgelöst.[15] Grundsätzlich einig waren sich die Parteien, daß der Staat nicht mehr in den Intimbereich der Ehepartner richterlich eingreifen solle. Das frühere „Schmutzige-Wäsche-Waschen" war zunehmend auf Kritik gestoßen. Dennoch zögerten CDU/CSU die Gesetzesreform ungewöhnlich lange hin, sie befürchteten einen „Scheidungsautomatismus" durch die Einführung von Trennungszeiten. Die Union malte das Schreckbild einer „Ehe auf Zeit" an die Wand, bei der ein Partner schlechter vor „Kündigung" gesichert sei, als ein normaler Mieter. Es werde die sog. „Verstoßungsehe" eingeführt ohne ausreichenden Schutz für den ehetreuen Gatten. Die CDU/CSU plädierte dafür, daß sich

> „eine Ehefrau im Vertrauen auf den Fortbestand der Ehe unter Verzicht auf eine berufliche Fortentwicklung ganz dem Mann, dem Haushalt und den Kindern widmet."(Lenz 1975: 1)

Doch Lepsius erinnert daran, daß es zumeist die Frau sei, die „verstoßen" werde oder ausgetauscht gegen eine jüngere.

> „Das geltende Unterhaltsrecht nimmt auf den Hausfrauenstatus einer Frau keinerlei Rücksicht." (Bundestag, 8.6.1973)

Der Mann dürfe künftig seine Ehefrau auch verstoßen wegen einer Jüngeren, wenn er es unbedingt wollte, er sollte dann allerdings – so die Argumentation von Renate Lepsius – wenigstens Unterhalt zu zahlen haben. In der 1. Beratung des Gesetzes am 8.6.1973 spricht Renate Lepsius eine deutliche Sprache. Sie wirft der Opposition „frauenfeindliche Lösungen" vor. Sie will bei Ehescheidung für die Unterhaltszahlungen als Kriterien nicht mehr Schuld, Strafe und Wohlverhalten (meist der Ehefrau) herangezogen wissen. Bis dato hatte das geltende Recht entschieden, es entspräche im Zweifel dem Wohle

---

14 § 1356 bestimmt: „Beide Ehepartner sind berechtigt, erwerbstätig zu sein". Jedoch wurde die Pflicht der Ehegatten, „bei Erwerbstätigkeit auf den Partner, auf die Kinder und auf die Haushaltsführung Rücksicht zu nehmen" in der amtlichen Begründung des Regierungsentwurfs wieder geschlechtsspezifisch formuliert: „Die Ehefrau hat...in verstärktem Maße auf die Belange der Familie dann Rücksicht zu nehmen, wenn Kinder zu pflegen oder zu erziehen sind."‥ „Die Hausfrauenehe erscheint für bestimmte Ehephasen - etwa dann, wenn Kleinkinder oder heranwachsende Kinder vorhanden sind - in besonderer Weise ehegerecht." Diese Argumentation stellte die geschlechtsneutrale Formulierung im Gesetzestext wieder in Frage. (BT-Drucksache 7/650: 98)

15 Beim Zerrüttungsprinzip wird das Scheitern einer Ehe angenommen, „wenn die Lebensgemeinschaft der Ehegatten nicht mehr besteht und nicht erwartet werden kann, daß die Ehegatten sie wieder herstellen." (§ 1565 BGB)

der Kinder, das Sorgerecht dem „nichtschuldigen" Ehepartner zu übertragen. Dies – so Lepsius – würde gegen die Ehefrau ausgespielt werden können, die sich nach langjähriger, schwieriger Ehe „einer einmaligen groben Eheverfehlung" schuldig gemacht habe, und der dann – neben Schuldspruch und Verweigerung des Unterhalts und der Geschiedenen-Witwenversorgung – auch noch die Kinder genommen werden konnten. Hier stießen ihre Argumente, die sich aus ihren persönlichen Erfahrungen mit vielen geschiedenen Frauen speisten, immer wieder auf größten Widerstand der Union.[16] Bis zuletzt kritisierte die CDU/CSU die Vorschläge von SPD/FDP, daß die geschiedene Frau bei Bedürftigkeit künftig Anspruch auf Unterhalt haben solle. Die Vorstellung vom gut bezahlten weiblichen Ehebruch brachte das liebgewonnene Recht des Ehemannes auf die Treue seiner Frau erstmalig ins Wanken. FDP und SPD setzten demgegenüber auf die Eigenverantwortlichkeit von Mann und Frau und billigten dem bedürftigen Partner nach der Scheidung einen Unterhalt dann zu, wenn eine eigene Erwerbstätigkeit nicht zuzumuten sei. Es sollte nach Ansicht der SPD/FDP-Koalition ausgeschlossen werden, daß die Ehe zur bloßen Versorgungsinstitution verkäme, aber auch daß eine Ehefrau allein aus Angst um ihren Unterhalt in einer schlechten Ehe verharren müsse. Für diesen Punkt haben sich besonders die weiblichen Abgeordneten von SPD und FDP stark gemacht. Die hervorragendste Fürsprecherin, Renate Lepsius, führte als Gründe die Fälle an, in denen Ehefrauen nach 20- oder mehrjähriger, unglücklicher Ehe geschieden wurden, ohne Anspruch auf eine Alterssicherung zu haben, wobei sie auf den Wegfall vor allem der Geschiedenen-Witwenversorgung anspielte, wenn sich die Frau hatte schuldig scheiden lassen. Diese Folge sei den allermeisten Frauen zum Zeitpunkt der Scheidung nämlich gar nicht bewußt.

Insgesamt kann der Versorgungsausgleich, der letztlich auch von der CDU/CSU mitgetragen worden ist[17], als großer sozialpolitischer Fortschritt für Frauen angesehen werden. Nach dem Koalitionswechsel in der 10. Legislaturperiode brachten CDU/CSU und FDP 1986 allerdings das Unterhaltsänderungsgesetz ein, das Eheverfehlungen zum Ausschluß von Unterhaltsansprüchen benennt und von KritikerInnnen als Rückkehr zum Schuldprinzip bezeichnet wird. Doch der Versorgungsausgleich bleibt bestehen. Er ist mitt-

16 „Sie zerren, reißen und schlagen an den Wurzeln von Ehe und Familie herum, schlimmer als die Axt im Walde, die den Baum entwurzelt." Stefan Höpfinger CDU/CSU, Bundestagsprotokolle, 8. WP., 144. S. vom 15.3.1979: 11394

17 Die CDU/CSU erwirkte allerdings eine Ausschlußmöglichkeit des Versorgungsausgleichs durch Ehevertrag.

lerweile entgegen der vielen anfänglichen Befürchtungen und Unkenrufe zu einem der unproblematischten Bestandteile des Scheidungsfolgerechts geworden. Auch das Bundesverfassungsgericht bestätigte ihn 1983/84 und gab dem Gesetzgeber die Auflage zur Präzision, und zwar genau in dem Sinne, wie ihn die Arbeitsgruppe unter Renate Lepsius entwickelt hatte. Dies ist ihr „später Sieg", wie sie rückblickend – nicht ohne Stolz – bemerkt.

7. *Frauenspezifik*

„Politik für Frauen läuft ja nicht auf einer besonderen Schiene neben anderen Bereichen her, sondern mitten durch das komplizierte Netzwerk aus Familien-, Rechts-, Sozial-, Finanz- und Bildungspolitik." (Lepsius 1987: 9)

Aber dennoch wird auch in der SPD die Frauenfrage immer wieder als Nebenfrage, um nicht zu sagen: als Nebenwiderspruch abgetan. Diese bittere Erfahrung mußten alle frühen Parlamentarierinnen, die Renate Lepsius für ihr Buch „Frauenpolitik als Beruf" interviewt hat, machen, obgleich fast alle persönlich, zwar nicht ausschließlich, aber auch aus frauenpolitischem Engagement heraus in der Sozialdemokratie ihre politische Heimat und Hoffnung gefunden hatten, stand diese Partei doch seit August Bebel zumindest theoretisch für die Gleichberechtigung aller Menschen ein.

Renate Lepsius scheint sich schon früh der Außergewöhnlichkeit ihres politischen Großversuchs bewußt gewesen zu sein, sich als Frau in die Welt der Politik zu mischen. 1970 beschreibt sie in einer Satire die grundsätzlich widersprüchlichen Erwartungen an „die ideale Politikerin", die es schlechterdings für Frauen unmöglich machten, im politischen Raum eine selbstverständliche Position einzunehmen:

„Sie sollte noch nicht zu alt sein, um in Konkurrenz zu ergrauten Herren zu treten. Selbstverständlich muß sie einen Beruf haben, denn jede Frau muß erst einmal beweisen, was sie ist. Lieben aber darf sie den Beruf nicht, sonst ist sie keine richtige Frau. Am besten, sie ist mehr, weiß mehr, kann mehr als vergleichsweise der Durchschnitt der konkurrierenden Männer. Aber es wäre unklug, es diesen zu zeigen ... Selbstverständlich muß sie einen Mann haben. Hat sie ihn nicht, so liegt die Vermutung nahe, daß sie um Politik sich kümmert, weil kein Mann sich um sie kümmert. Hat sie ihn aber, so wäre es gewiß besser, sich um den Mann zu kümmern ... Selbstverständlich muß unsere Politikerin auch Kinder haben, am besten mehrere zugleich. Hat sie sie nicht, so liegt es nahe, daß sie sich um Politik nur deshalb kümmert, weil keine Kinder sie bekümmern. Sind aber Kinder da, so ist das ganz besonders schlecht. Warum ist sie dann Politikerin? Warum nur kümmert sie sich nicht um ihre Kinder? Eine schlechte Mutter also. Wie will sie dann je eine gute Politikerin sein?" (Frauenarbeit 1970)

Hier benennt Renate Lepsius auf ironisch-distanzierende Weise den ihr durchgängig bewußten Widerspruch zwischen Frausein und politischem Engagement, zwischen gesellschaftlichen Weiblichkeitsvorstellungen und persönlichem Verantwortungsstreben.

Zusammen mit ihrer Kollegin aus Baden-Württemberg, der Abgeordneten Hedwig Meermann (MdB 1961-1976), deren elegante Erscheinung ebenfalls in den 60/70er Jahren in der SPD besondere Erwähnung und Erinnerung gefunden hat, repräsentiert Renate Lepsius den neuen Frauentyp innerhalb der traditionell eher aus der Arbeiterschicht stammenden weiblichen sozialdemokrischen Parlamentarier des deutschen Südwestens. Sie war der Anti-Typ der Funktionärin aus früheren Tagen.

War Renate Lepsius also einerseits eine recht ungewöhnliche Erscheinung – elegant, gebildet und weltgewandt – so steht sie doch damit zwischen den Zeiten, um nicht zu sagen zwischen den Fronten.[18] Sie gehörte nämlich nicht zur links-intellektuellen Avantgarde ihrer Partei, als es um entscheidende Debatten wie Notstandsgesetze, Nato-Mitgliedschaft, Kernenergie und ähnliche brisante Zündstoffpunkte der politischen Diskussion ging. Bereits in den frühen 60er Jahren fiel Renate Lepsius auf, als sie in München mutig und kämpferisch und des öfteren Minderheitenpositionen innehatte, zum Beispiel in Fragen der inneren Sicherheit und der Notstandsgesetze. Sie war entschiedene Gegnerin der Gegner und Gegnerinnen der Notstandsgesetze, und dies aus der tiefen Überzeugung heraus, eine Demokratie gegen ihre Feinde schützen zu müssen. Diese Auffassung hatte sich lebensgeschichtlich bereits früh herausgebildet aufgrund der zahlreichen Diskussionen mit ihrem Vater über die Machtübernahme Hitlers und das Ermächtigungsgesetz. Renate Lepsius war wie viele der Auffassung, daß die Weimarer Republik an der Schwäche der Parteien und der Demokratie zugrunde gegangen war, aus diesem Grund trat sie innenpolitisch für eine Stärkung der Exekutive ein.

Auch in ihren frauenpolitischen Grundpositionen – besonders in den Auseinandersetzungen mit den marxistisch geprägten Gruppierungen der 68er Generation im Landesvorstand – gehörte sie eher dem nicht-linken, dem traditionellen Flügel an. Keineswegs stellte sie etwa die Institution der Ehe und die Kleinfamilie in Frage, wie es Vertreterinnen aus dem radikal-

18 Hier ging es darüber hinaus um eine zentrale Auseinandersetzung innerhalb der Sozialdemokratie: der Öffnung der Partei gegenüber auch bürgerlichen Frauenaktivitäten und -gruppierungen und die Absage an die reine Klassenorientierung. Renate Lepsius stand für die Öffnung, die sich ideologisch und programmatisch ab 1959 auf dem Parteitag von Bad Godesberg manifestierte.

autonomen Frauen-Spektrum bis in die SPD/AsF hinein taten. Insofern grenzte sich Renate Lepsius von zahlreichen Positionen der AsF ganz bewußt ab, insbesondere von deren eher theoriegeleiteten Auseinandersetzungen und kommunikativen Suchbewegungen („Wir haben nicht so rumgeredet, wir haben gehandelt"). Sie scheint emotional nicht in der Frauenarbeitsgruppe aufgehoben gewesen zu sein und fand ihren Ort wohl eher als Außenseiterin. Zudem orientierte sie sich stark an dem, was die Partei bzw. die SPD-Bundestagsfraktion frauenpolitisch in einer Koalition mit den Freien Demokraten durchzusetzen imstande war. Gleichzeitig war sie entschiedene Gegnerin des § 218 und ebenso entschiedene Befürworterin einer Frauenförderung über eine Quotierung in der Partei und im Erwerbsleben. Für die Quote war sie bereits zu einer Zeit, als die Bundes-AsF die Quote „strikt und rundweg abgelehnt hat." (Interview: 19)

Renate Lepsius betreibt – und das muß schwierig bis belastend gewesen sein – häufig Frauenpolitik nicht nur gegen bekannt männlichen Widerstand, sondern auch oft ohne die Rückendeckung der entsprechenden AsF-Gruppierungen, denen der (frauen)politische Kurs von Renate Lepsius einerseits zu pragmatisch und ihre anderen politischen Positionen darüber hinaus zu rechts-konservativ erschienen. Wie diffizil diese Balance persönlich für Renate Lepsius gewesen sein mag, wird deutlich an ihrer Irritation bei der Frage im Interview, was die Neue Frauenbewegung persönlich für sie bedeutet habe. So antwortet sie: „Wir haben uns hier in Baden-Württemberg als Teil der Frauenbewegung mitverstanden!" und läßt damit keine Differenzen und Differenzierungen zwischen Frauen zu. Vielleicht will sie auch nur ihren frauenpolitischen Beitrag, den sie unbestrittenerweise gehabt hat, nicht geschmälert wissen. So gehörte Renate Lepsius zu den ersten, die 1967 zusammen mit Käte Strobel aus dem Bundesfrauenauschuß die Idee mit ins Leben rief, eine Frauen-Enquete zu erstellen und damit eine wissenschaftliche Untermauerung für eine zielgerichtete Frauenpolitik einzuleiten.

8. Persönliche Situation

„Die männlichen Kollegen arbeiten mit der Rückendeckung ihrer Frauen, die ihnen sämtliche familiäre Pflichten abnehmen. Wir Politikerinnen können das nicht." (Die Zeit v. 22.4.1983)

Die, die dies sagt, betont gleichzeitig immer wieder, daß sie ohne die Unterstützung ihres Mannes, der durch seinen relativ flexiblen Beruf als Universitätsprofessor deutlich privilegiert war, keine politische Karriere hätte machen können. Ein Widerspruch? Vielleicht.

Die Ehe mit dem international renommierten Soziologen Rainer M. Lepsius, 1958 geschlossen, verlief konventionell und untypisch zugleich. Renate Lepsius erlebt stellvertretend für viele Frauen ihrer Generation den spannungsvollen Wechsel von traditionellen Ausgangslagen und Wünschen und neuen Lebenswegentscheidungen und -stilen, die mit dem Bedürfnis zusammenhängen, im Bereich der Öffentlichkeit, sei es im Beruf oder in der Politik, persönlich wirksam zu sein. Die Tatsache, daß die meisten Männer keine gewohnten „Karrierebegleiter" ihrer Partnerinnen sind, macht zudem die politische Arbeit ungleich schwerer für Frauen.

Auffällig ist zunächst, daß Renate Lepsius einer Generation angehört, in der es nicht gerade „das antizipatorisch gesetzte Klassenziel für die Töchter" gewesen ist zu studieren. Sie setzt ihren Studienwunsch sowohl gegen gesellschaftliche Konventionen als auch gegen den Widerstand ihres Vaters durch. Auch ihr Parteieintritt ist eine Abkehr vom Erwarteten und vom politischen Weg des Vaters. Gleichwohl scheint es für sie selbstverständlich, daß sie bei ihrer Heirat ihrem Mann, damals junger Assistent am Seminar für Soziologie der Universität, nach München folgt. Sie gibt ihre gut bezahlte Berufstätigkeit auf und zieht mit ihm „in eine Klitsche", wie sie dies heute abfällig bezeichnet. Rückblickend ist für sie ihre damalige Entscheidung nicht mehr verständlich: „würde ich doch heute nicht mehr machen!"

Für ihren Sohn Oliver, den sie sechs Jahre nach ihrer Eheschließung spät, mit 37 Jahren und lang ersehnt bekommt, will sie ganz da sein. Sie verteidigt im Nachhinein die Entscheidung, die ersten Jahre seines Lebens seine Betreuung allein übernommen zu haben. „War das beste, was ich in meinem Leben gemacht habe!" (Brück: 31) Es bleibt bei diesem einen Kind, bei dieser Ehe und ihrem ständigen Wohnsitz ab 1964 dann in Weinheim, in der Nähe von Mannheim und Heidelberg, Universitäten, an denen ihr Mann Lehrstühle innehatte. Bei aller Hektik und Diskontinuität des Politikerinnenlebens, das sie ab 1972 auch fort von Zuhause führt, sind diese familiären Kontinuitäten sicher nicht zu unterschätzen.

Erst als der Junge achtjährig aus dem Gröbsten heraus ist, strebt sie aktiv und verstärkt in die Politik. Und als sie 1972 ihr Bundestagsmandat erringt, ist dies ein ungeheuer hart erkämpfter, fast notwendiger Erfolg. Schließlich hat sie darauf fast 14 Jahre lang gewartet: von 1958 bis 1972, als dann „Frauenpolitik ihr Beruf" wurde, hat sie in fast klassischer Manier auf eine

Karriere verzichtet und eigene öffentliche Ambitionen zunächst hintangestellt,

„um mit meinem Mann zusammenzuarbeiten und die Habilitation mit ihm über die Bühne zu bringen".

Anschließend war sie ganz für ihren Sohn da. Daß dies nicht immer leicht und selbstverständlich war, deutet sie nur an: „Man hat ja enorm Rücksicht genommen, also meine Generation!" (Interview: 37) Sie würde es heute wahrscheinlich genauso wieder machen, sagt sie. Und doch: heute würde sie es ganz anders machen, dies sagt sie auch, und beides stimmt. Denn der Widerspruch oder der Balanceakt zwischen beruflichen und familiären Anforderungen ist für Frauen oft nur mit der völligen Preisgabe des einen Bereichs vordergründig zu erleichtern. 1972 verzichtet dann ihr Mann, Rainer M. Lepsius auf einen Ruf an die Münchner Universität.

„Es war für ihn ein persönliches Opfer ... Ich bin mir bewußt, wie gern er den Ruf angenommen hätte ...Diese Wunde ist vermutlich erst verheilt, als er einen Ruf an die Universität Heidelberg erhielt ... Jeder hat von uns einen Preis gezahlt." (Brück: 39)

Auch heute ist es keine Selbstverständlichkeit, wenn Partner ihre Frauen in ihren beruflichen oder politischen Ambitionen unterstützen, und sicher ist es immer noch ganz außergewöhnlich, wenn Männer ihr eigenes berufliches Fortkommen zeitweise zurückstellen oder einschränken. Wie einschneidend muß die Ablehnung eines Rufes an eine der interessantesten Universitäten in einer der attraktivsten Städte der Bundesrepublik gewesen sein zu einer Zeit, in der die Mehrheit aller bundesdeutschen Männer ganz selbstverständllich dafür plädierten, daß Frauen ihre Berufstätigkeit zugunsten ihrer „Dienstrolle als Mutter" aufzugeben und ihre Familientätigkeit als „Beruf auf Lebenszeit" auszuüben haben (Pross 1978: 140). Offensichtlich gelingt ein unkonventionelles, emanzipatorisches Aufbrechen solch gesellschaftlicher Rollenvorgaben auch für Männer niemals ganz ohne persönliche Wunden.

Nachdem sich Renate Lepsius mit Vehemenz in ihren Wahlkampf geworfen hat, ist sie dann, Ende 1972, als Abgeordnete in Bonn, und „Katastrophen hat's natürlich immer gegeben". Jede berufstätige Mutter kennt sie. Ihr Mann übernimmt zwar zeitweise die Hauptlast der Kinderfürsorge, auch Haushaltshilfen werden eingestellt. Und doch wird es schwierig, die knappe Zeit zwischen Weinheim, Bonn und ihrem zwei Stunden entfernten Wahlkreis Rastatt, der bald zu den größten in der Bundesrepublik zählt, einzuteilen. Um das Familienleben weniger zu belasten, versucht Renate Lepsius in der parlamentsfreien Zeit nachts nach Hause zu kommen, sie gibt ihre Wohnung in Baden-Baden auf,

„das war dann ganz wichtig für den Bestand unserer Ehe, mit meinem Mann reden zu können, wenn das dann bis nachts um zwei war“ (Interview: 24).

Dennoch schwingt die persönliche Enttäuschung mit, daß es unmöglich war, den Beruf mit der Familie optimal zu vereinbaren:

„Es gab immer unterschiedliche Interessen und Ziele, die an sich gegeneinanderwirkten.“ (Ebendort)

Auch repräsentiert Renate Lepsius nicht den Prototyp einer Professorengattin, zumindest nicht in der Assoziation einer unterlegenen, ihrem Mann zuarbeitenden, ihm selbstlos dienenden, ihn dankbar ergänzenden Position. Sie hat nach einer familiären Wartezeit ihren eigenen Weg beschritten, auf seine Unterstützung bauend, sie einfordernd, sie sicherlich oft erstreitend. Und dies sind individuell zu tragende Kosten von strukturellen Merkmalen unserer Zeit. Heute können die gestiegenen Ansprüche an Flexibilität und Leistungsbereitschaft von seiten des Arbeitsmarktes immer weniger auf dem Rücken von nicht oder nur geringfügig beschäftigten Frauen ausgetragen werden. Dennoch ist Politik allemal ein 1 1/2-Personen-Beruf, wie es die Soziologin Elisabeth Beck-Gernsheim einst feststellte. Und wenn Frau und Mann beide sog. 1 1/2-Personen-Berufe ausüben, sind erhebliche Belastungen, organisatorischer, finanzieller, psychischer und pysischer Art, zu erwarten. Die divergierenden Interessen von zwei ambitioniert Berufstätigen, die auch noch eine Familie bilden möchten, werden weder gesellschaftlich erwartet noch unterstützt, sondern sind ganz individuell zu arrangieren. Es gibt auch wenig Rollenmodelle von geteilter Elternschaft, von wirklich gleichverteilter Verantwortlichkeit in Beruf und Familie, an denen sich ein Paar heute hoffnungsvoll orientieren könnte. Dies trägt nicht gerade zur Stabilität von Ehen bei.

Renate und Rainer M. Lepsius leben ihre Partnerschaft nunmehr seit über 35 Jahren – wie unsichtbar für Außenstehende auch immer die Konflikte gehalten worden sind, und für wie unwichtig man sie aus einem nur formalen Politikverständnis für eine wissenschaftliche Studie über Politikerinnen auch halten mag. Die Eheleute haben sich beide nicht in eindeutig vorgegebene hierarchische Beziehungsmuster gefügt, weder sie noch er. Renate Lepsius ist ihren eigenen Weg, etwas spät, wie sie selbst bedauernd zugibt, in die Politik gegangen, hat ihn dann aber konsequent, engagiert und diszipliniert weiter beschritten und zu Ende gebracht. Doch daß es in diesem Punkt lebensgeschichtliche Wunden gibt, die lange brauchen, ehe sie verheilen, wird auch noch im Nachhinein an einer Äußerung von ihr deutlich:

„Zwischen meinem Mann in seiner beruflichen Position als Universitätsprofessor und mir in meiner Arbeit im Bundestag ist Rivalität entstanden. Ich frage mich oft, ob er auf meine Erfolge stolz ist und weiß, daß meine Erfolge unsere Erfolge sind." (Lepsius 1987: 229)

Ob er es weiß oder nicht, die Geschichte kann manchmal vielleicht auch trösten: Viele Frauen wissen heute, daß ihre Erfolge gleichsam Erfolge für alle Frauen in der Bundesrepublik bedeuten.

Nach ihrem Ausscheiden aus der parlamentarischen Arbeit hat Renate Lepsius heute keinerlei Parteiämter mehr inne. Sie hat sich ganz auf ein frühes Wunschgebiet verlegt: auf die Kunst und ihre Förderung. Heute ist sie ehrenamtliche Vorsitzende eines Kunstvereins an ihrem Heimatort und hat alle Hände voll zu tun.

Herta Däubler-Gmelin

„Ich habe schon meinen sehr eigenen Kopf."

1993 wird Herta Däubler-Gmelin von der SPD für das Amt einer Richterin am Bundesverfassungsgericht und zweiten Vorsitzenden des höchsten deutschen Gerichts vorgeschlagen. Damit wäre für sie der Höhepunkt ihrer politischen Laufbahn zum Greifen nah – oder doch nicht?[1] Ein solches Parteiengerangel um die Besetzung des zweiten Senates mit einer Frau hat es bislang noch nicht gegeben. Streitpunkt ist eine der profiliertesten Juristinnen der SPD, seit über zwanzig Jahren Mitglied der Bundestagsfraktion, seit 1988 stellvertretende Bundesvorsitzende ihrer Partei und einstige Vorsitzende des gewichtigen Rechtsausschusses des Deutschen Bundestages.

Die Weigerung der Unionsparteien, den Nominierungsvorschlag der SPD zu akzeptieren, ist symptomatisch, erstens für den momentanen Zustand des Verhältnisses zwischen Regierungspartei und Opposition, und zweitens für die Person, um die es geht. Herta Däubler-Gmelin hat sich in den Jahren ihrer Bundestagstätigkeit keineswegs überwiegend Freunde gemacht, auch nicht in der eigenen Partei. Sie ist ziemlich kantig, unbequem, gilt als zielstrebig und durchsetzungsfähig und überaus sachkundig. Keine Merkmale für eine, mit der man es leicht hat.

Für die 50jährige Juristin aus Tübingen wäre das Amt der Verfassungsrichterin einmal mehr die Verwirklichung ihres Karriere-Mottos, „ziemlich schnell ziemlich weit oben" zu sein. Für die Unionsparteien dagegen ist sie „nicht wählbar", „nicht die richtige Frau" (Erwin Marschewski, MdB CDU). Warum nicht? Warum funktioniert bei dieser Politikerin nicht die sonst eher reibungslose Posten-Absprache der Parteien unter Einhaltung ihrer vereinbarten ausgleichenden Gerechtigkeit des „heute bekommst Du Deinen, morgen ich den meinen"? Was macht die Rechtsexpertin der SPD aus konservativer Perspektive so ablehnungswürdig, d.h. vielleicht so bedrohlich? Wer ist die unter dem Sternzeichen Löwe geborene 50Jährige, die heute zu den bekanntesten Politikerinnen in der Bundesrepublik zählt?

---

1 Zeitlicher Nachtrag 1994: Anfang Dezember 1993 hat Herta Däubler-Gmelin ihre Kandidatur für das Bundesverfassungsgericht zurückgezogen, und Anfang 1994 wird die SPD-Politikerin und Berliner Justizsenatorin Jutta Limbach als Nachfolgerin des scheidenden BVG-Präsidenten G. Mahrenholz nominiert. Herta Däubler-Gmelin dagegen ist als Bundes-Justizministerin im Schattenkabinett von Rudolf Scharping vorgesehen.

Herta Gmelin wird mitten im 2. Weltkrieg, am 12.8.1943 in Preßburg (Bratislava, CSSR) geboren. Sie ist das dritte Kind ihrer Eltern nach ihrem Bruder (*1940) und ihrer älteren Schwester (*1942). Die jüngere Schwester wird nach Kriegsende im Herbst 1945 geboren. Die Eltern sind evangelisch. Der Vater kommt aus einer alten Tübinger Familie, die Mutter aus Norddeutschland, sie wurde in Wilhelmshaven geboren, wuchs aber ebenfalls in Tübingen auf. Der Vater war Jurist und Wirtschaftsrechtler und arbeitete als Kommunalwahlbeamter. Die Mutter hatte ihr Abitur am altsprachlichen Gymnasium in Tübingen abgelegt und anschließend eine Kindergärtnerinnenausbildung absolviert. Später war sie Hausfrau. Weder die Mutter noch der Vater waren Mitglied der NSDAP. Der Vater repräsentierte eine alte schwäbische Familientradition mit Anteilen, die deutsch-nationalen Ursprungs waren.

Nach der Geburt des Sohnes kam der Vater an die Gesandschaft der damals halbautonomen slowakischen Republik. Die Mutter wurde Anfang 1945 mit den mittlerweile drei Kindern und schwanger mit dem vierten zurückvertrieben und strandete zunächst in Bayern, wo sie auf große Ablehnung stieß.

„... der erste freundliche Rat, den sie da gekriegt hat von freundlichen deutschen Seelen war, sie solle doch gleich in den Fluß springen mit dreieinhalb Kindern in dieser Zeit." (Interview: 4)

Die Mutter floh weiter und lebte mit ihren Kindern ab Ende 1945 in einem Dorf bei Tübingen in anderthalb Kellerräumen. Obwohl die aus Norddeutschland stammende Frau Gmelin in Tübingen aufgewachsen war, galt sie dort als Fremde, „eben als Preußin, und das hat natürlich die damalige Lebenssituation stark... geprägt." Erst als der Vater 1949 aus der Gefangenschaft wieder zurückkam, war das alles sehr viel leichter." In dieser nach äußeren Umständen schwierigen Zeit mit der Mutter und drei kleinen Geschwistern in einer Notunterkunft von anderthalb Kellerräumen erlebte die kleine Herta offenbar dennoch das, was wir als Erwachsene rückblickend gern als „eine glückliche Kindheit" bezeichnen.

„Für mich prägend war eigentlich, daß es eine große Familie war, daß wir furchtbar viele Verwandte hatten. Und daß alles relativ unkompliziert, laut und schön war... das war nicht immer einfach, aber das habe ich als Kind nicht gemerkt oder nur am Rande, gell." (Interview: 5)

Für die kleine Herta galt vielleicht nur unbewußt das Phänomen des hintergründigen Schreckens in der Kindheit der Nachkriegszeit, das Peter Sloterdyk für seine eigene Generation der im Krieg Geborenen beschrieben hat. Diese in Unsicherheit ausgetragenen Kinder, die das Ende des Kriegsdramas entweder vorgeburtlich oder als Kleinkinder erlebt haben, seien zu

„nahe am Schrecken geboren, ... (dies) bedeutet, ... in eine Welt gekommen zu sein, in der die Menschen es noch nicht gelernt haben, für sich selbst und füreinander zu garantieren. Ich glaube, wir Nachkriegskinder haben den gnostischen Schock stärker verspürt als andere, leicht geborene, ruhig getragene – denn deren Mütter führen weniger Nachbeben von Flucht und Todesangst mit sich. Gewiß, auch nach unvorstellbaren Kriegen kommen Kinder so neugierig, expansiv, saugfähig zur Welt wie alle übrigen, aber die Welt weicht aus, will nicht recht passen, ist noch nicht wieder in Form und glaubt vor allem noch nicht an sich selbst und ihren Bestand ... Sie ist nicht eben eine böse, aber eine vage Brust." (Sloterdyk 1990: 17 f.)

Herta Gmelin war zwölf Jahre alt, als ihr Vater 1955 zum Oberbürgermeister in seiner Heimatstadt Tübingen gewählt wird.[2] Der Vater spielte nun nicht mehr nur in der Familie eine bedeutende Rolle, sondern auch in der kommunalen Politik. Die Tochter bezeichnet ihn nicht ohne Stolz als „parteipolitisch ungebundenen schwäbischen Altliberalen... Typ Volkstribun."

Auch die Mutter war politisch interessiert, wenn auch nicht parteipolitisch. Sie habe darauf geachtet, „daß die soziale Gerechtigkeit stimmt, und das hat natürlich in der Familie und außerhalb der Familie eine große Rolle gespielt." (Interview: 11) Über politische und religiöse Themen wurde daheim sehr viel diskutiert, sogar „pausenlos" und „gefetzt haben wir uns". Die Diskussionen werden – nach ihren Worten – bestimmt von den „Männern" im Haus: Vater, Bruder und Herta nehmen daran teil, sie fetzen sich „pausenlos". Mutter und beide Schwestern „haben sich daran nicht so beteiligt, das war denen zu laut." (Interview: 7)

Die Tatsache, daß die Mutter ursprünglich nicht aus Schwaben stammte und auch den schwäbischen Dialekt nie erlernte, machte sie zeitlebens in Tübingen zu einer Fremden, zu einer „Preußin" eben. Auch Herta Däubler-Gmelin gehört zu den Politikerinnen, die sich zeitlebens stark am Vater orientieren und damit an demjenigen, der die Tradition ihrer Heimat repräsentierte. Den Erziehungsstil ihrer Eltern beschreibt Herta Däubler-Gmelin als eine

„Mischung aus schwäbisch protestantisch leistungsorientiert, sehr starken moralischen Standards, die ... außerordentlich belastend auch sein können, auch sehr fordernd auf der einen Seite. Auf der anderen Seite gab's überhaupt keine Unterschiede zwischen Mädchen und Jungen..., (und es gab) schon gleiche Chancen, gleiche Rechte, aber auch ganz deutliche Pflichten." (Interview: 7)

2 Er blieb in diesem Amt 20 Jahre lang bis 1975.

Sie sei nie als „typisches Mädchen“ erzogen worden, sie hätte sich wohl auch gar nicht dazu geeignet, meint sie heute selbstbewußt.

Ganz gewiß bilden die frühen Streitgespräche mit dem Vater und dem älteren Bruder, die vor allem auch die nationalsozialistische Vergangenheit thematisierten, sowohl die Basis für ihre spätere politische Neugier und rhetorische Begabung als auch vermutlich für ihr späteres links-orientiertes gesellschaftskritisches Engagement. Überhaupt scheint der Vater eine ganz besondere Vorbildrolle für seine Tochter Herta gespielt zu haben. Obgleich die Mutter für die Versorgung und Organisation der Familie zuständig war, hat der Vater die Kinder persönlich stark beeinflußt. Jedenfalls betont Herta Däubler-Gmelin die außerordentlich prägende und identitätsbildende Kraft ihres Vaters. Wer hat auch schon zu Hause eine „Art Volkstribun“ als Familienoberhaupt? Meistens zeichnet sich dieser zwar nicht durch allzu große fürsorgende Nähe und häufige Präsenz aus, aber auch nicht durch knebelnde Überwachung der Kinder. Der Vater ist damit beides *nicht*: weder die ohne Ende verfügbare zärtlich-besorgte Vater-Figur, noch die Personifizierung angstmachender autoritärer väterlicher Kontrolle. Der Vater Gmelin hatte prototypisch

„weder besondere Neigung noch Zeit ..., sich viel mit seiner Familie zu befassen. Er war ... der Typus eines sehr familienorientierten Patriarchen, während meine Mutter ihre hauptsächliche Aufgabe zwar in der Familie gesehen hat, aber wegen des Berufs meines Vaters nie darauf beschränkt war.“ (Lepsius 1987: 270)

Auch dieser Punkt scheint wichtig für ihre Sozialisation und die Entwicklung relativ früher Selbständigkeit: das Bewußtsein, daß die Mutter eigene Interessen besitzt und einen eigenen Bereich, der über den der Kindererziehung und des Haushaltes hinausgeht. Es scheint im Hause Gmelin eine für die Erziehung unabhängiger Kinder geradezu ideale Mischung zwischen Fürsorge und für die Kinder akzeptabler Lenkung gegeben zu haben.

Das Milieu einer protestantisch geprägten Leistungsethik, wo jeder Einzelne in seiner Individualität herausgefordert und geformt wird, die schwäbische Großfamilie, die herausgehobene Stellung des Vaters in Familie und Öffentlichkeit, die gebildete Mutter, die allerdings zeitlebens Fremde blieb, die besondere Stellung von Herta in der Geschwisterkonstellation – all diese Faktoren können schon früh auf eine Hinführung zu großer Eigenständigkeit deuten. Hier war es ähnlich wie in anderen kinderreichen Familien: Der erstgeborene Bruder und die ältere Schwester haben viele Rechte für die Kinder bereits erstritten. Herta und die jüngere Schwester konnten davon dann bereits profitieren.

2. *Schule/Ausbildung/Berufstätigkeit*

Herta Däubler-Gmelin besucht nach der Grundschule ab 1953 das Neusprachliche Gymnasium in Tübingen und legt dort 1962 ihr Abitur ab. Im Sommersemester 1962 studiert sie in Erwartung eines USA-Stipendiums Anglistik, Zeitungswissenschaften und Amerikanische Geschichte. Der USA-Aufenthalt zerschlägt sich aber, woraufhin sie nach Berlin geht und sich am Otto-Suhr-Institut für Politische Wissenschaften einschreibt. Im Frühjahr 1963 hat sie dann

> „ein sehr langes Gespräch mit meinem Vater ..., der gesagt hat, was willst Du denn jetzt eigentlich? ... Man wurde halt ... hartnäckigst gefragt, ... so lange, bis man dann im Zweifel das tat, was rauskommen sollte." (Interview: 9)

Das Ergebnis dieser „Befragung" ist dann der väterliche Wunsch, nämlich ein Jura-Studium mit den Nebenfächern Politische Wissenschaften und Volkswirtschaft. Mit dieser Wahl war Herta Däubler-Gmelin allerdings auch „völlig zufrieden". „Handwerklich gesehen" sei die Juristerei eine gute Vorbildung für den Beruf der Politikerin, „weil Sie 's viel mit Gesetzen zu tun haben, überhaupt mit staatlichem Handeln ..." (Interview: 13)

Ihr Studium finanziert Herta Däubler-Gmelin zum Teil über ihre Eltern, einen Teil muß sie durch verschiedene Jobs selbst tragen, weil zeitweise alle vier Gmelin-Kinder gleichzeitig studieren, und selbst ein Oberbürgermeister damit finanziell überfordert ist.

1969 macht Herta Däubler-Gmelin in Berlin ihr erstes Staatsexamen und arbeitet dreieinhalb Jahre als Gerichtsreferendarin in Tübingen. 1972 kommt sie erstmals in den Bundestag. Durch die vorgezogenen Neuwahlen nach dem gescheiterten Mißtrauensvotum gegen Willy Brandt kommt die zeitliche Planung von Examen, Kinderwunsch und Bundestagsmandat ein wenig durcheinander. Da das erste Kind sich nicht verschieben läßt, macht sie schwanger den Bundestagswahlkampf. Das zweite Staatsexamen und die Doktorarbeit werden eben ein Jahr später fertiggestellt. Seither ist sie als Rechtsanwältin in Stuttgart zugelassen. Diesen Beruf übt sie bis heute aus, wenn natürlich auch nur eingeschränkt,

> „weil ich das für sehr wichtig halte, erstens den Kontakt zu behalten und zweitens zu wissen, daß ich den Beruf gerne ausüben weiter möchte, und drittens muß ich auch mal wissen in der Praxis, was für einen Mist wir beschließen" (Interview: 13).

Die Verbindung zwischen dem Beruf der Anwältin und der Tätigkeit als Abgeordnete scheint den fehlenden Praxisbezug herzustellen, den Langzeitparlamentarier so oft beklagen oder der ihnen manchmal abhanden kommt.

3. *Politische Sozialisation*

Herta Däubler-Gmelin wuchs in einer Familie auf, in der die Politik eine bedeutende Rolle spielte. Sie

> „hörte oft in Gemeinderatssitzungen zu, so daß es ihr immer mehr selbstverständlich erschien, sich politisch zu engagieren." (Das Parlament v. 27.7.1987)

Außerdem war sie Schülersprecherin. Sicher hat auch die dominierende Rolle ihres Vaters als Oberbürgermeister dazu beigetragen, daß sie Politik als Beruf wählte. In den 20 Jahren, in denen ihr Vater das Amt des Thübinger Stadtoberhauptes innehatte, spielte sich ein Großteil ihrer politischen Sozialisation ab. Alle vier Jahre erlebte die Heranwachsende,

> „wie das ist, wenn man Wahlkämpfe führt – wie man sich durchsetzt, wie das ist, wenn man eine Portion Popularität einfach braucht. Ich habe damals gelernt, daß man die Probleme nicht nur dann lösen kann, wenn sie da sind, sondern daß man auch in die Zukunft schauen sollte, um zu überlegen: was könnte an problematischen Ereignissen kommen, und wie geht man damit um?" (Lepsius 1987: 270)

Je ein Schuß Realismus und Pragmatismus gemischt mit einer gehörigen Portion optimistischer Handlungsfreudigkeit spricht aus diesen Worten. Es gibt auch in den zahlreichen „grausigen aber sachlichen Konflikten" zwischen ihr und dem Vater eine Basis: die Anerkennung der jeweils anderen Person und die Achtung der anderen Meinung. Dieses scheint für sie sehr wichtig zu sein: nicht unbedingt sachliche Übereinstimmung, aber Achtung vor den jeweiligen Motiven des anderen. In den heftigen Diskussionen in der Familie ging es besonders um die NS-Zeit und um die Einschätzung der Adenauerschen Politik, seiner Rekonstruktion alter Machtverhältnisse im „Aufbau eines CDU-Staates". Obgleich der Vater als Oberbürgermeister parteipolitisch unabhängig war, verkörperte er gleichsam eine konservativ geprägte Tradition. Aus diesem Milieu hat sich Herta Däubler-Gmelin bewußt nach ihrem Abitur lösen wollen. Sie geht wie viele unruhige junge Leute ihrer Generation nach Berlin, zwei Jahre nach dem spektakulären Mauerbau in einer internationalen Krisenlage ans „linke" Otto-Suhr-Institut für Politische Wissenschaften. Dieses kommt einer selbstbewußten, probeweisen Abkehr vom schwäbisch-konservativen Elternhaus und Freundeskreis gleich. Zudem wendet sie sich bald einer Partei zu, die daheim nicht gerade hoch im Kurs steht. Diese zwei Entscheidungen zeigen viel von ihrer eigenwilligen Persönlichkeit.

Zum einen war es für eine Tochter aus gutbürgerlichem Hause ungewöhnlich, nach Berlin zu gehen, in den Brennpunkt weltpolitischer und ideologischer Auseinandersetzungen, um dort ausgerechnet Politische Wissenschaften zu studieren. Darüber hinaus war die Orientierung an der SPD nicht gerade das, was in links-sozialistischen Studentenkreisen besondere Anerkennung versprach – im Gegenteil. Insofern hat Herta Däubler-Gmelin zwei unbequeme Entscheidungen gefällt.

Im zweiten Berliner Semester – sie hat sich gerade für die Juristerei und für VWL entschieden – wird sie als Vertreterin der Juristischen Fakultät in den linken ASTA gewählt, der den von Eberhard Diepgen ablöst.

„Die Wahl Diepgens war eine Sensation gewesen, weil die Freie Universität zuvor nie ASTA-Vorsitzende gehabt hatte, die einer schlagenden Verbindung angehörten. Diepgen hatte das geschafft. Wir waren der Meinung, das müsse nicht sein, und haben eine Urabstimmung organisiert, und diese war erfolgreich." (Lepsius 1987: 273)

Zu den prägendsten Figuren der damaligen Zeit gehört der regierende Bürgermeister der geteilten Stadt Willy Brandt. Seine Menschlichkeit und sein konkretistischer politischer Ansatz beeindrucken die junge Jurastudentin damals tief. Auch der amerikanische Präsident John F. Kennedy gehörte zu ihren politischen Vorbildern. „Wir haben ... an diesen Menschen geglaubt und an diese Politik..." (Interview: 11)

Bei den Anti-Schah-Demonstrationen und der Ermordung des Studenten Benno Ohnesorg am 2. Juni 1967, dem Anfang der studentischen Unruhen an den Universitäten der Bundesrepublik, stand Herta Däubler-Gmelin eindeutig auf der Seite derjenigen, die die „Arroganz der Regierenden" anprangerten und die Polizei-Taktik als „zynische und anti-demokratische Strategie" anklagten. Auch bei der Auseinandersetzung um die Notstandsgesetzgebung gehörte sie zu den entschiedenen Gegnern. Diese Tatsache erscheint nicht überraschend, die Mehrzahl der Berliner Studentenschaft politisierte sich Ende der 60er Jahre über das Für oder Wider dieser umstrittenen Verfassungsänderung. Betrachteten die einen die Notstandsgesetze als letzten legitimen Ausweg des Staates aus einer bedrohlichen innenpolitischen Krise, befürchteten die anderen eine Rückkehr des verdrängten diktatorischen Erbes des deutschen Obrigkeitsstaates. Herta Däubler-Gmelin kritisierte diese Tendenz.

Daß sie dieses auch innerhalb einer demokratischen Partei tun will, davon war Herta Däubler-Gmelin schon früh fest überzeugt. Es gelte, ihrer Meinung nach, in der SPD oppositionelle, reformerische Strömungen zu verstärken. Sie orientierte sich dabei vor allem an politischen Leitfiguren wie Willy Brandt und Gustav Heinemann.

„Das waren alles Dinge, die mich dazu gebracht haben, nicht die Gesellschaft als ganzes abzulehnen, sondern immer die Meinung zu bewahren, ein vernünftiges Engagement müßte eigentlich eine Reformfähigkeit des Staates bewirken können." (Lepsius 1987: 277)

Während ihrer Studentenzeit hat sie bezeichnenderweise nicht dem Sozialistischen Hochschulbund angehört, sondern den Republikanischen Club in Berlin mit aufgebaut und sich dort politisch engagiert.

4. Partei-Sozialisation

Als Herta Däubler-Gmelin 1963 – fast volljährig – Aufnahme in die Partei der Arbeiter begehrte, „vergaß" man sie im Ortsvereinsbüro. Sie war Studentin, und davon wollte man damals in Berlin – Neukölln, einem klassischen Arbeiterviertel, nicht gerne allzuviele als Mitglieder haben. Nun, sie war hartnäckig und brachte sich 1965 wieder in Erinnerung: „wollt Ihr mich nu, oder wollt ihr mich nicht?" Man will, und fortan gehört sie zu den rastlosen und unbequemen Frauen in der SPD, zu der Generation der jüngeren, die zielstrebig ihrem Motto folgt: „man muß *selber* was tun in der Demokratie, gerade für Frauen ist das wichtig!" (Interview: 14)

Ihrer Herkunft und Bildung nach gehört sie nicht zur Arbeiterbewegung – trotz ihrer großen Arbeitslust. Erstaunlich ist, daß für Herta Däubler-Gmelin eigentlich keine andere Partei als die Sozialdemokratie infrage kam. Die FDP zog sie erst gar nicht in Erwägung, und gegen die CDU entschied sie sich sehr spontan. Ihre Überlegungen waren,

„daß es eine Partei, die mir hundertprozentig gefallen würde, eigentlich nicht gibt, und daß auf der anderen Seite 'ne Partei so gut ist, wie die Leute, ... die in ihr arbeiten... Und es kam dann noch dazu, daß die SPD zwar in ihrer Geschichte einen Haufen Fehler gemacht hat, aber im Prinzip immer auf der richtigen Seite gestanden ist." (Ebendort)

Natürlich kann der Vater den SPD-Beitritt seiner Tochter Herta nicht sogleich akzeptieren. Er hat vor allem die Befürchtung, daß sie beruflich zu stark eingeschränkt werde. Für sie scheint die Auffassung wegweisend, daß man auch als Parteimitglied seinen Verstand nicht „an der Garderobe abgeben muß". Sie hat eben ihren „sehr eigenen Kopf" (Interview:20), und das spürt, wer ihre Parteilaufbahn nachvollzieht, die trotz aller Umleitungen, Hindernisse und Wegverengungen doch als eine ungewöhnliche Karriere bezeichnet werden kann.

Ausgestattet mit Bildungsprivilegien, wie sie nur wenige der älteren Parlamentarierinnen aufweisen konnten, promoviert Herta Däubler-Gmelin in einem der klassischen Männerressorts, der Jurisprudenz. Sie nutzt die Gunst der politischen Umorientierung in der Folge des antiautoritäten Protests. Die Sozialdemokratie fand mit dem Versprechen „mehr Demokratie wagen!“ in ihr eine begeisterte Mitstreiterin, die nun ihrerseits streitlustig und kampfesbegabt um ihren Platz in der Partei antrat.

Nach ihrem ersten Staatsexamen kehrt sie nach Tübingen zurück – ein wenig unfreiwillig, aber 1969 hatte sie den jungen Arbeitsrechtler Wolfgang Däubler geheiratet, der in Tübingen als Assistent an der Uni arbeitete. Sogleich wird sie, die sich in Berlin im Trubel der studentischen Politik ihre Sporen verdient hat, im heimischen Ortsverein aktiv. Von 1971 bis 1972 leitet sie den SPD-Kreisverband Tübingen und engagiert sich in der Arbeitsgemeinschaft sozialdemokratischer Juristen. Zugleich wird sie Vorsitzende der Arbeitsgemeinschaft sozialdemokratischer Frauen in Baden-Württemberg, die sie dort mitaufbaut. Sie ist gerade 28 Jahre alt. Der sogenannte Tübinger Kreis, zu dem sie alsbald gehört,[3] unterstützt die linksorientierte Juristin mit dem am Ort vom Vater bekannt guten Namen bei ihrer Kandidatur zum Bundestag. 1972 gehört sie dann zu den jüngsten Mitgliedern des westdeutschen Parlaments. Als jüngste Frau hat sie damit auch die Zeit einer neuen Frauen-Generation im Parlament eingeläutet.

Die Chance, mit 29 Jahren ein Bundestagsmandat anzutreten, ist eine große Herausforderung für Herta Däubler-Gmelin. Obgleich sie mitten im zweiten Staatsexamen steht und soeben ihre Tochter Monika geboren hat, stürzt sie sich in ihr Mandat und in die neuen Aufgaben in Bonn. Bald gehört sie zu den Fachleuten ihrer Partei und ihrer Fraktion, an denen innenpolitisch und juristisch nichts mehr vorbeigeht.

Herta Däubler-Gmelin ist nicht unbedingt als Frau in die Politik gegangen, um einzig und allein den Kränkungen des weiblichen Geschlechts gesetzgeberisch Abhilfe zu verschaffen. Sie gehört vielmehr zu den „neuen Frauen in der Politik“, von denen die Publizistin Sibylle Krause-Burger rückblickend bemerkt:

> „sie sind nicht als Frauen für andere Frauen in die Politik gegangen, sie sind für sich selbst, für ihre Überzeugung, sind wegen ihrer besonderen persönlichen und fachlichen Qualifikation da. Sie sind schlicht und jedem Mann vergleichbar Politiker. Und sie haben früh angefangen, es zu werden“ (in: Stuttgarter Zeitung v. 25.4.1981).

---

3 „ein freier Zusammenschluß überwiegend jüngerer SPD-Mitglieder, traf erstmals am 31.08.1968 in Tübingen zusammen. Dieser Kreis, mit dem Vorwurf der Fraktionsbildung behaftet, nahm Einfluß auf die politische Willensbildung der baden-württembergischen SPD und konnte 1972 mindestens 10 von 28 Bundestagsabgeordneten ins Bonner Parlament schicken.“ (Lepsius: 300)

Zu ihren weiteren Parteikarriere-Schritten gehören folgende: 1973 kandidiert sie – natürlich wieder als jüngste Frau – zum ersten Mal für den Parteivorstand, verzichtet aber bei Stimmengleichheit zugunsten des späteren Berliner Bausenators Harry Ristock, den sie noch aus ihrer Studentenzeit her kennt. 1977 wird sie dann in den Bundesvorstand der SPD gewählt.[4]

Wichtig für Herta Däubler-Gmelin`s rasche Nominierung zum Bundestag war die Unterstützung durch die baden-württembergische AsF und hier durch die jüngeren Frauen, die eine Ablösung der „verzopften alten Damen und der Parteifrömmigkeit" repräsentiert wissen wollten. Wichtig war auch die Rückendeckung ihres Landesverbandes. Mit dem Vorsitzenden Erhard Eppler (ab 1973) verband sie politisch viele gemeinsame Themen und ebenso viele gemeinsame Gegnerschaften zu der sog. „Betonfraktion" innerhalb der SPD, sowie gegenüber zahlreichen Vorhaben der Regierung. Innerhalb der SPD ist Herta Däubler-Gmelin oft als eine der ersten Frauen in höchste Ämter aufgestiegen. Heute gehört sie sicher zu den bekanntesten und profiliertesten Politikerinnen in der Bundesrepublik, vielleicht auch, weil sie den Oppositionellen in ihrer Fraktion oft als Stimmführerin diente.

Auf die Frage nach politischen Förderern reagiert Herta Däubler-Gmelin in unserem Gespräch leicht irritiert. Sie zögert. Dann nennt sie Käte Strobel und die ehemalige Bundesverfassungsrichterin Rupp von Brünneck, aber eigentlich – so ist herauszuhören – habe sie es wohl allein geschafft. Und es ist ihr wichtig, diese Unabhängigkeit zu betonen. Wenngleich dies nicht gerade den liebgewonnenen Vorurteilen über Karriereverläufe in der Politik entspricht, in denen politischen Seilschaften eine wichtige Posten-Kanalisationsfunktion zugesprochen wird, so ist es doch glaubhaft: Herta Däubler-Gmelin ist sich ihrer fachlichen Qualifikation und ihrer rhetorischen Begabung sehr bewußt. Und sie hat vieles gegen Widerstände durchsetzen können.

Natürlich hat sie gemeinsam mit wechselnden innerparteilichen Fraktionen für bestimmte inhaltliche Positionen gestanden, aber sie hatte wohl nicht das, was man den einen politisch einflußreichen Mentor nennt, der sie jahrelang förderte, indem er ihr Wind in die politischen Segel pustete oder sie bei aufkommenden Stürmen um die Klippen von Niederlagen herumsteuerte. Ganz

---

4 Herta Däubler-Gmelin hat im Laufe ihrer politischen Karriere so viele Ämter und Positionen inne, daß es schwierig ist, sie alle aufzuzählen. Es seien hier nur die wichtigsten angeführt: 1977-80 stellvertretende Vorsitzende des Rechtsausschusses, 1980-83 dessen Vorsitzende und Mitglied des Ältestenrates des Deutschen Bundestages, 1988 stellvertretende Parteivorsitzende.

sicher entsteht in den 70er Jahren ein persönliches Vertrauensverhältnis zu Hans-Jochen Vogel, als sie beide – er als Justizminister, sie als stellvertretende Vorsitzende des Rechtsausschusses – zuerst streitend aneinandergeraten und sich dann gegenseitig schätzen lernen. Aus diesem Grund bittet er sie auch im Januar 1981, in sein Kabinett nach Berlin zu kommen. Ebenso gehört sie zu Vogels Wahlkampfmannschaft bei der Bundestagswahl 1983 und zu seinem Schattenkabinett als Justizministerin .

Ende der 80er Jahre – parallel mit dem wiedererwachten frauenpolitischen Bewußtsein innerhalb der SPD – meldet sie (im April 1987) ihr Interesse für den stellvertretenden Parteivorsitz an. Nachdem der SPD-Parteitag in Münster im August 1988 nach der Quoten-Regelung auch beschlossen hatte, zugunsten einer Frau die Zahl der stellvertretenden Vorsitzenden auf drei zu erhöhen, stand der Berufung von Herta Däubler-Gmelin in den engsten Führungszirkel der Partei nichts mehr im Wege.[5]
Knapp 100 Jahre mußte es dauern, bis in der SPD von der Forderung nach Einführung des Frauenwahlrechts (1891 im Erfurter Programm) die erste Frau in die Parteiführung gewählt wird. Ihre Wahl wird in der Presse breit kommentiert. Die Medien sehen, daß durch den Quotenbeschluß Bewegung in die Partei gekommen ist und quittieren Herta Däubler-Gmelin übereinstimmend große fachliche Qualifikationen, Zielstrebigkeit, Sachkenntnis, aber auch – mit kritischem Unterton – den Willen zur Macht.

„Eine Frau, die so durchsetzungsfähig ist wie ein Mann, gilt immer gleich als knallhart", meint Herta Däubler-Gmelin zu diesen Äußerungen (im: Stern v. 7.11.1991).

„Sie ist fleißig, weiß sehr viel, setzt sich zielstrebig ein", weiß die Süddeutsche Zeitung (v.2.9.1988) zu berichten – und meint diese stereotype Beschreibung sogar positiv. Mit dem Begriff Quotenfrau aber will sie keiner bezeichnen. „Sie ist keine Quotenfrau, keine, die ihr Selbstbewußtsein mit einem Doppelnamen schmückt, sondern eher von der Art: „Selbst ist die Frau." Herta Däubler-Gmelin ist die erste Nutznießerin des „Münsteraner Matriarchats der SPD", meldet die FAZ (v. 2.9.1988). Doch bald werden bei der politischen Karrierefahrt von Herta Däubler-Gmelin die Bremsen angezogen.

Herta Däubler-Gmelin ist eine der eigenwilligeren Persönlichkeiten innerhalb der SPD. Sie hat, auch bis in höchste Positionen hinein, ihren „ganz

---

5 Die hessische Bezirksvorsitzende Heidemarie Wieczorek-Zeul hatte zu Gunsten von Däubler-Gmelin auf die Kandidatur verzichtet. Mit 352 der 431 abgegebenen Stimmen erzielt Herta Däubler-Gmelin am 1.9. 1988 ein hervorragendes Ergebnis und wird neben Oskar Lafontaine und Johannes Rau die erste Frau an der Spitze der Partei. Im Mai 1991 wird sie in dieser Position bestätigt.

eigenen Kopf" behalten können. Vielleicht war dies auch der Grund, weshalb sie im November 1991 von ihrer Fraktion nicht zur Vorsitzenden gewählt worden ist. Dies sieht sie selbst auch so:

„... aber der eigentliche Grund war, daß ihnen ein liebenswürdiger Mann, der keine Konturen hat, einfach lieber war, als eine pointierte und klar profilierte Frau". (Interview:27)

5. *Mitglied des Deutschen Bundestages: 1972 bis heute*

Da Herta Däubler-Gmelin bereits mit 29 Jahren Mitglied des Bundestages wird und dieses Mandat seither immer wieder bestätigt bekam, fällt der gewichtigste Teil ihrer politischen Tätigkeit in diese Phase. Man kann sich denken, daß sie, als Tochter des langjährigen Tübinger Oberbürgermeisters, dem politischen Geschehen auch in seinen alltagspraktischen Auswirkungen seit Kindesbeinen an vertraut gewesen ist. Und als politisch interessierte, aufmüpfige Studentin im unruhigen Berlin der 60er Jahre wurde sie bereits früh selber auf Hochschulebene parlamentarisch aktiv. Die heftigen ideologischen Gefechte, die damals an den Unis stattfanden, waren sicher Kostprobe und Übungsplatz ihrer späteren parlamentarischen Tätigkeit.

Am Anfang ihrer Zeit im Bundestag konzentriert sie sich auf Fragen des Verbraucherschutzes. Wesentlich hat sie als Mitglied des Rechtsausschusses das Gesetz über die Allgemeinen Geschäftsbedingungen beeinflußt, um z.B. den Schutz der Verbraucher bei Ratenkäufen und Vertragsabschlüssen an der Haustür und auf Kaffeefahrten zu verbessern.[6] In ihrer Fraktion findet sie schon bald Anerkennung als Juristin, der die Probleme von Innen- und Rechtspolitik wichtig sind. Bei allen Debatten, die verfassungsrechtlich relevant sind, steht sie für eine liberale Interpretation des Grundgesetzes. Eher dem linken Fraktionsflügel zuzurechnen, gehört sie zu denjenigen, die im Zweifelsfalle die Rechte des Einzelnen als schützenswerter erachten als die Rechte des Staates.

Die 70er Jahre der Bundesrepublik stehen unter dem großen Thema der inneren Sicherheit. Es ist die Zeit des aufkommenden und zuschlagenden Terrorismus, der – vor allem repräsentiert durch die Rote Armee Fraktion – die Republik in Schrecken versetzt. Medien, Polizei, Politik und Öffentlichkeit sind schockiert und herausgefordert. Dem Terror einzelner Anschläge antworten Politiker und Vertreter verschiedener gesellschaftlicher Gruppen

6 Sie plädierte zum Beispiel für das einwöchige Widerrufsrecht des Käufers, das auch eingeführt wurde, vgl.: Bundestagsprotokolle, 7. WP., 39. S. vom 7.6.1973.

schnell und auf ihre je eigene Weise. Wir erinnern uns: Es ging ein Riß durch die damalige Gesellschaft. Da gab es diejenigen, die sofort mit einer drastischen Verschärfung des Strafrechts und der polizeilichen Ermittlungsbefugnisse für die Eliminierung links-sozialistischen Gedankenguts samt ihrer Vertreter an wichtigen Stellen vor allem im Hochschul- und Schulwesen eintraten. Deren Stichworte lauteten: „wehrhafte Demokratie", „Kontaktsperre", „Radikalenerlaß", „Sicherheitsverwahrung".

Auf der anderen Seite gab es diejenigen, die vor vorschnellen Reaktionen des Staaates warnten. Sie wollten die Rechtsstaatlichkeit wahren, elementare Menschenrechte wie Presse- und Versammlungsfreiheit, Meinungs- und Demonstrationsfreiheit verteidigen. Es ging ihnen darum, die als typisch deutsch bezeichnete Tendenz zum Obrigkeitsstaaat zu bremsen, indem sie auch auf die gesamtgesellschaftliche Verantwortung für den Linksterrorismus hinwiesen. Deren Stichworte lauteten: „Gesinnungsjustiz", „Berufsverbote"[7], „Ausnahmerechte", „die Demokratie zu Tode schützen".[8]

Diese Auseinandersetzung war nicht nur in Rechts-Links-Positionen gespalten, sondern spiegelte auch einen Generationenkonflikt wider. Dennoch war es in der öffentlichen Debatte üblich, Polarisierungen nach dem üblichen Rechts-Links-Schema festzuklopfen. So muß sich auch Herta Däubler-Gmelin – als dem linken Flügel zugehörig – vorwerfen lassen, mit den Jusos zu den „geistigen Wegbereitern des Terrorismus" zu gehören. Ministerpräsident Hans Filbinger wirft z.B. 1974 den Jusos vor, nicht mehr „mit den Grundwerten der Verfassung in Einklang zu stehen". (Bundestagsprotokolle v. 14.2.1974:5058)

Herta Däubler-Gmelin gehört in den 70er und 80er Jahren zu denjenigen der frühen 68er-Generation, die auch dann nicht vergessen haben, wofür sie damals angetreten sind. Insofern ist ihre konsequente Position in den Debat-

7 Mit dieser Bezeichnung ging der Ministerpräsidenten-Beschluß vom 28.1.1972 in die Umgangssprache ein. Da die SPD erst in den späten 80er Jahren in den von ihr regierten Bundesländern die Überprüfungspraxis aufgibt, die CDU aber dabei verbleibt, verteitigt Herta Däubler-Gmelin als Rechtsanwältin noch 1987 die Sozialarbeiterin Gesa Groeneveld, die wegen ihrer Mitgliedschaft in der Deutschen Kommunistischen Partei vom Landratsamt Esslingen gekündigt worden war.

8 Zahlreiche Künstler und Intellektuelle thematisieren die Ursachen und die eigene Verantwortlichkeit in Filmen wie „Die bleierne Zeit" und „Die verlorene Ehre der Katharina Blum". Sie sprechen sich gegen die Ausgrenzung der zu Verbrechern gewordenen „Kinder unserer Gesellschaft" aus.

ten um eine Verschärfung des Strafrechts[9] diejenige der Mahnerin und Verweigerin von für sie unerträglichen Eingriffen in die Privat- und Intimssphäre und in das elementarste Recht des Einzelnen: dem Recht auf Verteidigung durch den ungehinderten Kontakt mit seinem Verteidiger. Konsequent gehört sie 1977 zu den wenigen „SPD-Abtrünningen", die gegen das sog. Kontaktsperregesetz votiert oder sich der Stimme enthalten haben.

„Die Bundesregierung meinte, das Leben von Schleyer könne besser geschützt werden oder gar gerettet werden, wenn der Kontakt zwischen einigen in verschiedenen Strafanstalten einsitzenden Gefangenen und der Außenwelt, vor allem auch von ihren Verteidigern, abgeschnitten werden könnte. Denn man nahm an, daß nicht nur die Vorbereitung, sondern auch die Leitung einer bereits laufenden Entführungsaktion aus den Gefängnissen heraus vorgenommen werden könnte." (in: Emma Nr.:11/1977: 6)

Den möglichen Mißbrauch eines solchen Gesetzes durch die Exekutive „unter anderen denkbaren politischen Konstellationen"[10] sieht sie als größte Gefahr, „denn Gesetze werden meist älter als Regierungen." (Emma 11/1977: 6) Hier argumentiert die Juristin in der Tradition liberaler Rechtsstaatlichkeit, ebenso mit ihrer Forderung nach verstärkter Kontrolle des Verfassungsschutzes im Fall des Atomkritikers Klaus Traube 1977.[11] Außerdem kritisiert sie die „Leichtfertigkeit, mit der in der öffentlichen Diskussion der letzten Wochen rechtsstaatliche Grundsätze zur Disposition gestellt worden sind." Sie meint die weitgefaßten Tatbestandsvoraussetzungen beim § 31 StGB. Wie aufgeregt die Terrorismusdebatten seinerzeit geführt wurden, ist an den Bundestagsprotokollen der Jahre 1976-1978 exemplarisch nachzulesen. Daneben warnt sie schon relativ früh – in den 70er Jahren nämlich – vor der Verharmlosung „rechtsextremer Rattenfänger" und tritt für die Strafbarkeit der Verherrlichung von NS-Verbrechen ein (November 1981). Ebenso plädiert sie als stellvertretende Vorsitzende des Rechtsausschusses für die Aufhebung der Verjährung von Schwerstverbrechen der NS-Zeit, z.B.

---

9 So plädiert sie 1977 vehement gegen die Forderung zur Wiedereinführung der Todesstrafe, die - wie oft nach einer Folge von Schwerstverbrechen - von zahlreichen Rufern erhoben wird.

10 Bundestagsprotokolle, 8. WP., 44. S. vom 29.9.1977: 3380.

11 Vehement plädiert Herta Däubler-Gmelin auch gegen die Erweiterung des Landfriedensbruches, insbesondere gegen eine Verschärfung des Strafrechts durch die neuen Paragraphen 126 und 130 a StGB, die die „Störung des Öffentlichen Friedens durch *Androhung* von Straftaten" unter Strafe stellen will. Sie verweist auf die Gefahr der Pönalisierung von oppositionellen Liedtexten, Romanen, Bühnenstücken oder Aufrufen. „Der heute schon sichtbare Schaden würde mit Sicherheit den möglichen Nutzen überwiegen." Herta Däubler-Gmelin in: Die neue Gesellschaft, Januar 1976.

Mord (im Juli 1979) und für den verstärkten Schutz von NS-Opfern. Später, in den 80er Jahren, nimmt sie den Faden der Verteidigung elementarster Freiheits- und Bürgerrechte wieder auf.

1980 wird Herta Däubler-Gmelin bis zum Ende der SPD/FDP-Regierungskoalition Erste Vorsitzende des renommierten Rechtsausschusses des Deutschen Bundestages. Als Inhaberin dieser hohen Position gehört sie zu den Abgeordneten, die in Kontakt stehen mit Vertretern der Friedensbewegung. Aus ihrer Ablehnung des Nato-Doppelbeschlusses macht sie keinen Hehl. Auch hier schert sie bei der Abstimmung im November 1983 aus der Fraktionsdisziplin aus.[12]

Der liberalen republikanischen Tradition der Verteidigung von Bürgerrechten folgt sie auch in anderen strittigen Fragen, z.B. in der um das Volksbegehren. Dem auch in der Sozialdemokratie gepflegten Mißtrauen gegenüber dem Volk und seinen Entscheidungen widerspricht sie Ende 1989 vehement, indem sie in einem öffentlich ausgetragenen Streit mit ihrem Fraktionskollegen Horst Ehmke die Position: „wider die Zuschauerdemokratie" einnimmt. Sie tritt für die Erweiterung der Institutionen „Bürgerbegehren" und „Volksentscheide" ein, um der gewachsenen Sachkompetenz und dem Selbstbewußtsein von Bürgerinnen und Bürgern Rechnung zu tragen. Außerdem müßten Parlamente und Parteien ihre Arbeitsweise durchschaubarer und kontrollierbarer gestalten. (Die Welt v. 15.12.1989)

An dieser Auseinandersetzung wird ihr Grundrechtsverständnis und ihr Menschenbild deutlich, das eher liberal-rechtsstaatliche Züge trägt als traditionell sozialdemokratische. Sie würde im Zweifel vermutlich eher für den Bürger und die Bürgerin eintreten, für die Erweiterung und Verteidigung ihrer Rechte, statt diese in herrschaftliche Regie (auch einer Partei) zu übernehmen.

Auch wenn die Kämpfe der Arbeiterbewegung im letzten Jahrhundert dazu beitrugen, die bürgerliche Gesellschaft mit einem fundamentalen Konflikt – nämlich zwischen Arbeit und Kapital – zu konfrontieren, der auch heute noch unter historisch veränderten Bedingungen aktuell ist, gab es innerhalb der Sozialdemokratie stets den Traum einer endgültigen Befriedung der Gesellschaft. Diese gerade von der intellektuellen Avantgarde geteilte Vorstel-

---

12 Im Oktober 1984 ruft sie mit auf zur großen Friedensdemonstration durch eine „Friedenskette am 20.10.1984" und fordert 1988 die Abschaffung des sog. Nötigungsparagraphens. Es gäbe „Tausende von Verfahren gegen Mitglieder von Blockade-Aktionen vor Stationierungsorten... „ Es könne „von Rechtssicherheit nicht mehr gesprochen werden." (in: Frankfurter Allgemeine Zeitung vom 22.8.1988)

lung verstetigt sich heute besonders innerhalb der „staatstragenden", eher konservativen Repräsentanten der Partei, die sich zeitlebens bemühen, vom Odium der „vaterlandslosen Gesellen" abzukommen. Gerade weil Herta Däubler-Gmelin ihr Verhältnis zum Staat stets in kritischer Auseinandersetzung und keineswegs in blinder Gefolgschaft definiert hat, fällt oft ihre Zurückhaltung in der Öffentlichkeit auf. Sie demonstriert nach außen Parteitreue bzw. eine große Loyalität gegenüber der SPD wie viele ihrer ParteikollegInnen. Kaum ein kritisches Wort über Kollegen, „Männer-Männer", wie sie manchmal sagt, und von denen sie nachweislich inhaltlich Gräben trennen. Kaum ein kritisches Wort über den oft undeutlichen innen- oder wirtschaftspolitischen Kurs der SPD, die vor allem gegen Ende der 80er Jahre aus den Schwächen der CDU/FDP-Regierung für sich als Opposition kein Kapital zu schlagen vermag. Und kaum kritische Worte über den frauenpolitischen Schlingerkurs der SPD und vor allem über die zäh an ihren männlichen Privilegien und Allzuständigkeiten hängenden Genossen.

Herta Däubler-Gmelin hat mittlerweile viele und auch hohe Ämter, vielleicht ist dies der Grund ihrer Zurückhaltung? Vielleicht empfindet sie auch eine Loyalität gegenüber der „großen Familie" Partei, wie sie oft, besonders bei in die Sozialdemokratie hineingeborenen Töchtern politisch aktiver Väter, angetroffen wird. 1983 wird sie nach der Niederlage der SPD bei der Bundestagswahl zu einem der Stellvertreter des neuen Fraktionsvorsitzenden Hans-Jochen Vogel gewählt. Sie bekommt die Leitung des Arbeitskreises „Gleichstellung der Frau" übertragen. Im selben Jahr wird sie Vorsitzende der Kommission für Innen- und Rechtspolitik beim Parteivorstand. Nach der Januarwahl 1987, bei der die SPD erneut und augenscheinlich für länger in die Opposition abgewählt worden ist, wird sie Vorsitzende des Arbeitskreises Rechtswesen sowie rechtspolitische Sprecherin der SPD-Bundestagsfraktion.

Nachdem sie 1988 in der Partei in die höchste Führungsetage aufgestiegen ist, wird sie 1990 von der baden-württembergischen SPD als Spitzenkandidatin auf Platz 1 der Landesliste nominiert. Auch hier ist sie wieder einmal die erste Frau in dieser Position.

Dann aber, 1991, beginnt plötzlich ihr Stern zu sinken. Hans-Jochen Vogel kündigt – 65jährig – überraschend seinen Rücktritt als Fraktionsvorsitzender an und gibt den Weg frei für die historisch erstmalige Kandidatur von drei Bewerbern für seine Nachfolge: Hans Ulrich Klose, Rudolf Dreßler und Herta Däubler-Gmelin als einziger Frau. Obgleich sie – vom scheidenden Vorsitzenden empfohlen – im ersten Wahlgang mit 103 Stimmen gegen 84 (Klose) und 46 (Dreßler) die Nase vorn hat, unterliegt sie im zweiten Wahlgang – nach dem Verzicht von Dreßler – gegen Klose. Das Ergebnis, daß ausgerechnet der, „der als Schatzmeister der SPD eigentlich dem Ende seiner politischen Karriere zuzusterben schien, nun plötzlich Vorsitzender der sozialdemokratischen Bundestagsfraktion sei", (Süddeutsche Zeitung v. 13.11.1991) ruft Enttäuschung hervor. Sogar Bitterkeit, vor allem unter den SPD-Frauen, breitet sich aus. Die Fraktion sei eben noch nicht reif für eine starke Frau als Vorsitzender, heißt es allenthalben, und es klingt dieses Mal nicht nachsichtig aus weiblichem Munde, sondern voll verhaltener Wut.

Manche, unter ihnen nicht wenige Männer, sind froh, an der disziplinierten, klugen Frau vorbeigekommen zu sein. Und Herta Däubler-Gmelin selbst gibt nach 1 1/2 Jahren, im Mai 1993, das Amt der besonders hervorgehobenen „Ersten" stellvertretenden Fraktionsvorsitzenden in unspektakulärer Weise an Anke Fuchs ab. 1993 bereitet sie sich auf einen möglichen Absprung vor. Ihre Nominierung zur Bundesverfassungsrichterin ist eine neue – und nicht die unrespektabelste – Herausforderung für die Juristin. Und eine honorable Alternative zur Partei- und Fraktionsarbeit in Bonn wäre es sicher gewesen.

6. Politische Schwerpunkte: 1. Frauenerwerbstätigkeit

Die ökonomische Bedeutung der Frauenerwerbstätigkeit und das Recht von Frauen auf qualifizierte Berufsausbildung und Beschäftigung stehen traditionell im Mittelpunkt sozialdemokratischer Frauenpolitik. Die Forderungen, die sich daraus ergeben, stimmen überwiegend mit denen der Gewerkschaften überein: Die Doppelbelastung der berufstätigen Frau ist der Angelpunkt einer solchen Sichtweise, sie wird geprägt durch das dahinter stehende Frauenbild: die Arbeitnehmerin zwischen Familien- und Berufspflichten, den Unwägbarkeiten des Marktes ausgeliefert, ein modernes, am realen Leben konturiertes, problemorientiertes Frauenbild.

Die Arbeitsgemeinschaft sozialdemokratischer Frauen (AsF) hat in der Partei bei der Formulierung frauenpolitischer Themen entscheidenden Anteil. Wichtigstes Anliegen ist ihr die Vereinbarkeit von Familie und Beruf mit der Forderung nach Verkürzung der täglichen Arbeitszeit bei vollem Lohnausgleich für Mann und Frau. Der „politischen Ungleichgewichtigkeit" von Fraueninteressen – trotz ihrer großen Zahl – versucht Herta Däubler-Gmelin in ihrer parlamentarischen Tätigkeit entgegenzusteuern. Dennoch wäre es falsch, Herta Däubler-Gmelin primär als Frauenpolitikerin zu kennzeichnen. Gleichwohl ist eines ihrer politischen Schwerpunkte ohne Frage die Rolle von Frauen in der Gesellschaft, speziell die Frauenerwerbstätigkeit.[13] Schon in ihrer Dissertation hat sich Herta Däubler-Gmelin mit einer Fragestellung aus dem Bereich des Arbeitsrechts befasst.

Mit ihrem 1977 erschienenen Buch „Frauenarbeitslosigkeit oder Reserve zurück an den Herd!" dessen Titel schon bald zum vielzitierten Schlagwort reüssiert, schafft sie sich Anerkennung als frauenpolitische Expertin. Sie ist eine der ersten, die noch vor der breiten Analyse von seiten der Frauenforschung in der Bundesrepublik den Erwerbsarbeitsmarkt auf die strukturellen Barrieren gegenüber Frauen abtastet. Erst allmählich beginnt in den 70er Jahren die besondere Diskriminierung von Frauenarbeit in das Bewußtsein der Öffentlichkeit zu dringen. Herta Däubler-Gmelins umfassende Analyse beleuchtet zum einen die historische Entwicklung und das Ausmaß weiblicher Erwerbstätigkeit vom Ende des 19. Jahrhunderts bis heute. Zum anderen stellt sie die Ursachen der Frauenerwerbslosigkeit dar. Sie geht auf deren konjunkturelle und strukturelle Bedingungen ein, aber auch auf die der weiblichen Sozialisation.

Kenntnisreich resümiert sie die jeweiligen und die möglichen Auswirkungen des Arbeitsförderungsgesetzes und der Sonderprogramme der sozialliberalen Bundesregierung zwischen 1974 und 1977. Ihr Fazit ist gleichwohl nicht gerade euphorisch. Trotz gestiegener schulischer und beruflicher Qualifikation von Mädchen und Frauen, und trotz gewachsener Ansprüche auf einen qualifizierten Arbeitsplatz täten sich die Verantwortlichen in Unternehmen, Verbänden, Gewerkschaften, staatlichen Behörden, Regierung und Parlament immer noch außerordentlich schwer, Fraueninteressen und deren Widerstände überhaupt wahrzunehmen. Skeptisch beurteilt die Arbeitsrechtlerin auch Veränderungsvorschläge in Form von neuen Kündigungsschutzrechten speziell für weibliche Arbeitnehmer oder von „Einstellungsquoten, die ausschließlich an die Geschlechtszugehörigkeit anknüpfen". (Däubler-Gmelin 1977: 155)

Ihre Befürchtungen zielen auf die möglichen neuen „Verzerrungen", die das

13 Diesem Thema hat sie in zeitlich verschiedenen Phasen jeweils unterschiedliches Gewicht verliehen. Bis 1980 sind ihre großen Reden im Bundestag zu anderen Bereichen. Ab 1983, als sie den Fraktionsarbeitsbereich „Gleichstellung der Frau" aufbaut, bezieht sie verstärkt zu frauenpolitischen Themen Stellung und organisiert zahlreiche Veranstaltungen der Partei hierzu, vgl.: Pressedokumentation der Friedrich-Ebert-Stiftung im Archiv der Sozialen Demokratie in Bonn.

„Konkurrenzdenken verschärfen, Rivalität verstärken, letztlich vorhandene Solidarität und damit den letzten Rest von Durchsetzungsvermögen gegenüber denjenigen abbauen, die die Verfügungsmacht über Arbeitsbedingungen und Arbeitsplätze besitzen." (Ebendort)

Der Konkurrenzkampf um Arbeitsplätze sei um so problematischer, desto ungleicher die Voraussetzungen seien, unter denen die Frauen ihn aufnehmen und führen müßten.

„Geringere Qualifikation, anerzogene Passivität, Anpassungserziehung und leichter erzielbare Resignation, wenn es um die Durchsetzung eigener Interessen geht, verbunden mit der anerzogenen familialen Prägung, Bindung und Abhängigkeit müßten sich auch hier zu Lasten der Frauen auswirken". (Ebendort)

Insofern plädiert sie für eine aktive Steuerung von Seiten der Politik in Richtung auf gründliche, zukunftsorientierte Bedarfsanalysen. Sie spricht sich für eine Nachfragesteuerung und die Umverteilung des bisherigen Arbeitszeitvolumens bis hin zu Bildungsmaßnahmen für erwerbstätige Frauen im Rahmen ihrer Arbeitszeit aus. Insgesamt teilt Herta Däubler-Gmelin die klassisch sozialdemokatische Sicht auf die Emanzipationschancen von Frauen, indem sie sie an Erwerbsarbeit koppelt:

„Es sind ... keinerlei Anzeichen sichtbar, nach denen die Stellung und der Einfluß der Frauen in unserer Gesellschaft anders als durch die Integration ins Erwerbsleben dauerhaft und angemessen stabilisiert werden könnten." (Ebendort: 192)

Bei der großen Debatte, mit der das bundesdeutsche Parlament am 19.3.1981 im Plenum den Bericht der Enquete-Kommission „Frau und Gesellschaft" entgegennimmt, tritt sie für die Beibehaltung und Ausschöpfung der bislang erreichten Rechtspositionen ein. Sie ist (noch vor der „Wende") gegen „den Weg eines pathetischen Antidiskriminierungsgesetzes" (Bundestagsprotokolle v. 19.3.1980:1180) und setzt sich für den Ausbau von Schutzgesetzen der lohnabhängigen Frau (und Mutter) ein.

In der Regierungsverantwortung aber auch danach lehnt die SPD den Ausbau von Teilzeitarbeitsplätzen ab, da diese – so die Argumentation – wenig qualifiziert seien, kaum Aufstiegschancen hätten und zu Zwecken der Rationalisierung mißbraucht würden. Die Gegenüberstellung von Teilzeitarbeit versus Verkürzung der täglichen Arbeitszeit aber schafft eventuell eine unnötige Polarisierung. Mit der klassischen Fixierung auf Vollzeiterwerbstätigkeit kann die SPD den vielen Frauen, die wegen familiärer Belastungen vor allem Teilzeitarbeit suchen, nicht helfen.

Nach dem Regierungswechsel 1982/1983 attackiert Herta Däubler-Gmelin den Raubbau an Frauenrechten durch die nunmehr christlich-liberale Koalition. Im April 1985 legt sie eine „Halbzeit-Bilanz Frauenpolitik nach zwei Jahren CDU/CSU/FDP-Bundesregierung in Bonn" vor. Sie erinnert daran, welche Fortschritte die eigene Partei in der Regierungsverantwortung durchgesetzt habe, die nunmehr gefährdet seien, z. B.:

- im Bereich der Ausbildung junger Frauen
- im Bereich der Vereinbarung von Beruf und Familie
- im Familienrecht
- im Strafrecht/vor allem § § 218 ff. und
- im Sozialrecht.

Auch im 11. Deutschen Bundestag 1987-1990[14] spricht sie mehrfach im Plenum zur anhaltenden Massenarbeitslosigkeit, besonders der von Frauen, und zu den Problemen der beruflichen Eingliederung nach Zeiten der Kindererziehung sowie zu den „gesetzlich gewollten Verschlechterungen der Arbeitsbedingungen durch befristete Arbeitsverträge und Aufweichung des Kündigungsschutzes" (am 4.11.1987).

Ende der 80er Jahre tauchen neue frauenpolitische Themen auf. Hier behandelt die Juristin unter anderem die Gefahren der Gen- und Reproduktionstechnologie, der Fortpflanzungsmedizin, des Embryonenschutzes, der Leihmutterschaft sowie den Menschenhandel mit ausländischen Mädchen und Frauen, die sog. Heiratsvermittlung und den Prostitutionstourismus.

Ihre Unabhängigkeit beweist Herta Däubler-Gmelin – wenn man so will – in der großen Bandbreite ihrer politischen Themen, die sie im Laufe ihrer parlamentarischen Tätigkeit behandelt (nachzulesen im Sprechregister des Deutschen Bundestages). Insofern ist Frauenpolitik tatsächlich nur eines ihrer zahlreichen Standbeine, aber sicher eines ihrer festesten.

7. *Politische Schwerpunkte: 2. Politisches Asyl*

Ein Thema, bei dem Herta Däubler-Gmelin stets eine Spur liberaler argumentiert als ihre Gesamtpartei, ist das der Integration von ausländischen ArbeitnehmerInnen und die Frage des politischen Asyls.

Sehr oft hat Herta Däubler-Gmelin die Politik ihres damaligen Landesfürsten Lothar Späth angeprangert, der mit baden-württembergischen Alleingängen Ende der 70er/Anfang der 80er Jahre Zuzugssperren für Kinder ausländischer ArbeitnehmerInnen in Deutschland durchsetzen wollte, oder der

---

14 In dieser Legislaturperiode ist Herta Däubler-Gmelin Vorsitzende des Arbeitskreises „Rechtswesen" ihrer Fraktion. Vgl. ihren Beitrag: Rechtspolitik als ständige Reformaufgabe. Sozialdemokratische Rechtspolitik in der 10. Legislaturperiode. Bilanz- und Perspektiven, in: Zeitschrift für Rechtspolitik, Heft 4/1987: 113 - 117.

als einer der ersten die Forderung nach Sammellagern erhob und diese u.a. mit der „abschreckenden Wirkung“ für „Wirtschaftsflüchtlinge und Schein-Asylanten“ begründete. Dies lehnte sie stets aus menschlichen und sozialen Gründen ab. (Bundestagsprotokolle v. 6.3.1980: 16477 ff.) Immer wieder warnt Herta Däubler-Gmelin die Opposition davor, „das Grundrecht auf Asyl abzuschaffen“ (Bundestagsprotokolle v. 10.9.1986). Doch gerät die SPD in dieser Frage zunehmend in die Defensive, auch schon zu ihrer Zeit als Regierungspartei. Diverse Vorschläge und zunehmend schärfere Forderungen nach Beschleunigung des Asylverfahrens bis hin zu einer Veränderung des Art. 16 Grundgesetz von seiten der Unionsparteien prägen bereits in den 70er Jahren parlamentarische Arbeit und öffentliche Debatten.[15]

Die Kontroversen verstärken sich in den 80er Jahren, in denen zwar mehrere Initiativen zur Änderung des Art. 16 GG an der notwendigen SPD-Zustimmung scheiterten, bis dann durch die wachsende Zahl von Asylsuchenden in der Bundesrepublik und durch ein Zusammenwirken verschiedenster Faktoren[16] der sogenannte „Asylkompromiß“ Anfang 1993 im Bundestag verabschiedet wurde. Lange Jahre hatte sich die SPD geweigert, den Gehalt des Art. 16 GG anzurühren, nicht zuletzt aufgrund der Erfahrungen zahlloser SPD-Emigranten, die während der Hitler-Diktatur in anderen Ländern politisches Asyl gefunden hatten. Es gab innerparteilich über diese Thematik die härtesten Auseinandersetzungen.

Herta Däubler-Gmelin, seit 1988 stellvertretende Vorsitzende der Partei und der SPD-Bundestagsfraktion, kämpfte bis zuletzt darum, eine humane, rechtsstaatliche Linie in der Asylpolitik zu bewahren, ohne in „einen Wettlauf mit der CDU/CSU um die Aufgabe von Grundsatzpositionen“ zu verfallen. Doch hält sie sich in der Öffentlichkeit mit Kritik an dem neuen Asylrechts-

---

15 1978 gab es ein erstes Asyl-Beschleunigungsgesetz. Die Zahl der AsylbewerberInnen hatte sich von 1979 bis 1980 auf ca. 100.000 verdoppelt, vier Jahre vorher lag die Zahl noch bei rund 10.000. 1976: 10.000, 1977: 16.000, 1978: 33.000, 1979: 51.000. Nachdem die sozialliberale Koalition am 23.11.1973 einen Anwerbestop für ausländische ArbeitnehmerInnen verhängt hatte - bei 2,6 Mio. ausländischen ArbeitnehmerInnen im Herbst 1973 -, beschließt sie im Juni 1980, AsylbewerberInnen für 12 Monate die Arbeitserlaubnis zu versagen.

16 Hier sind zum Beispiel das Fehlen eines Einwanderungsgesetzes mit Zuwanderungskontingenten und vor allem sozial abgefederte Integrationsmaßnahmen sowie die teilweise tendenziöse Medienberichterstattung zu nennen.

kurs der SPD bemerkenswert zurück.[17] Am Jahresende 1992 stellt sie ein 24seitiges Papier zusammen, als „Vorlage zur Sitzung“ einer Arbeitsgruppe des SPD-Parteirates, das sie den elf Mitgliedern dieses Gremiums zustellt.

„Wer Herta Däubler-Gmelin kennt, weiß daß dies ein Verriß der Vier-Parteien-Absprache ist ... (Sie) zog die Notbremse. Ihre 25 Anmerkungen zu den beabsichtigten Verfassungsänderungen, die sie teils in Frageform („Wer prüft, welcher Staat für die Prüfung des Asylbegehrens zuständig ist?“), teils als Mängelrügen („Der konkrete Hinweis auf die Einhaltung der Menschenrechte fehlt“) niederschrieb, sind brisant.“ (Frankfurter Rundschau v. 11.12.1992)

Doch Parteichef Björn Engholm und Fraktionschef Hans-Ulrich Klose setzen all ihr persönlich-politisches Gewicht ein, um Partei und Fraktion umzustimmen. Es gelingt – allerdings nur fast: ca. 100 Abgeordnete lassen sich nicht überzeugen. Zu ihnen gehört Herta Däubler-Gmelin. Anschließend unterschreibt sie die „Erklärung der 100“ und dokumentiert damit öffentlich ihre unterlegene Minderheitenposition.

8. *Frauenspezifik*

„Es hat ja überhaupt keinen Sinn, wenn man immer so tut, man müsse sich lieben, bloß deswegen, weil man Frau sei. Sondern ich finde, es reicht, wenn man für bestimmte Felder eine gemeinsame Form der Solidarität und der Offenheit findet. Das ist mir auch sehr wichtig.“ (Interview: 45)

Herta Däubler-Gmelin scheint immer ein wenig quer zu dem zu liegen, was man sich jeweils typischerweise unter bestimmten Frauenbildern vorstellt. Eine „typische“ „Achtundsechzigererin“ ist sie schon deshalb nicht, weil sie viel zu früh (ab 1965) in einer viel zu wenig radikal-sozialistischen Partei viel zu schnell Karriere gemacht hat. Als „typische“ Frau in der Politik kann sie auch nicht gelten, denn sie hat weder Sozialarbeit geleistet noch Pädagogik studiert und strahlt auch kaum eine Überfülle an Mütterlichkeit oder weiblicher Demut aus. Für eine „typische“ Quotenfrau ist sie eindeutig überqualifiziert. Sie lehnt überdies für sich diese Bezeichnung ab. Für eine „typische“ Feministin macht sie viel zu viel „klassische Männerpolitik“ und empfiehlt dieses auch noch ausdrücklich ihren Geschlechtsgenossinnen. (Frankfurter Allgemeine Zeitung v. 2.9.1988)

Sie selbst sagt von sich:

---

17 Nur einmal entgleist ihre Polemik gegenüber dem damaligen CDU-Generalsekretär Volker Rühe im Plenum des Bundestages. Sie wirft ihm 1991 seine „Sätze“ vor, an denen man „Schreibtischtäter“ erkenne.

„Ich bin sicherlich nicht das, was Alice Schwarzer als ihre unmittelbare Busenfreundin anerkennen würde, aber das ist auch mehr *ihr* Problem." (Interview: 18)

Was ist sie nun? Ist Herta Däubler-Gmelin überhaupt einzuordnen? Offensichtlich gelingt dies nur schwer, und ein solches Urteil würde ihr selber sicher gut gefallen. Eine Querdenkerin ist sie, die weder ihren Verstand, noch ihre Weiblichkeit „an der Garderobe abgibt". Sie tritt bewußt als Frau auf, aber „nicht im Sinne von Weibchen, weil 's mir halt nicht liegt, aber so, wie ich als Frau sein möchte." (Interview: 27) Sie wehrt sich dagegen, als „Weibchen" ihre politische Karriere gemacht zu haben. Darunter versteht sie eine Frau, die hauptsächlich weibliche Attribute in die Waagschaale wirft, weniger eine sachliche Qualifikation. Obgleich sie generell für die Quote bei allen wichtigen Führungspositionen plädiert, meint sie von sich selber, sie hätte es auch *ohne* die Quote geschafft. „Ich hab' nur für Posten kandidiert, wo ich wirklich die Beste war." (Interview: 27)

Niemals wäre sie in ein Kabinett gegangen, „wo man unter dem Aspekt, jetzt brauchen wir noch ne Frau nach mir gerufen hätte, ohne daß mich das Ministerium interessiert hätte" (Interview: 22). Herta Däubler-Gmelin ist frauenbewußt im Sinne von selbst-bewußt, hat ein Frauenbewußtsein im Sinne eines nicht so leicht irritierbaren Selbstbewußtseins, das auch Niederlagen einkalkulieren und in Kauf nehmen kann. Ihr Pragmatismus kommt in Sätzen zum Ausdruck wie: „ Ich bin doch nicht in einer Partei, um mich wohlzufühlen" (Emma, 11/1977) oder:

„Parteitagsergebnisse sind eben mal besser, mal schlechter. Das ist zwar schrecklich, aber damit müssen wir leben." (Offenbach Post v. 10.9.1988)

In der größeren Empfindsamkeit von Politikerinnen gegenüber Kritik und Niederlagen, die ja ein Großteil des politischen Alltagsgeschäfts ausmachten, sieht sie einen entscheidenden Unterschied zwischen Männern und Frauen. Die Verletzbarkeit von Frauen sei ihr größtes Handicap, dabei seien viele der „pausenlosen Verletzungen ... gar nicht individuell gemeint", sondern eher der Ausdruck kollektiver Ängste und Bedrohtheitsgefühle von Männern vor Frauen in (politischen) Führungspositionen. Im Bereich der Politik seien Frauen per se Tabuverletzerinnen, vor allem wenn sie zielstrebig und unangepaßt ihre Positionen verteten würden. Für die Verletzungen verantwortlich zu machen seien auch die höchst „widersprüchlichen Erwartungen", die auf Politikerinnen zukommen, und die „falsch" und „individuell unerfüllbar" seien.

„In einem Fall traut man ihnen nicht zu, daß sie was können, und im anderen Fall können sie zwar was, aber sie sind natürlich, wie man auf Schwäbisch sagt, a Rip. Und dieses auszuhalten, ist gar nicht so einfach." (Interview: 23)

Ebenso deutlich kritisiert sie das Kommunikationsverhalten von Politikern, die – oft unbewußt und nicht gewollt – Frauen ausgrenzten, vergäßen, übergingen, negierten. Auch sie mußte erst mühsam und zusammen mit Kolleginnen Gegenstrategien gegen dieses männliche Dominanzverhalten in der Politik entwickeln. Dabei hilft – das bestätigt sie – vor allem der Druck durch die neue Frauenbewegung.

„Ich lasse mir nicht gerne vorschreiben, wie ich zu leben und zu denken habe, aber ich bin der Auffassung, daß Frauen heute zur Durchsetzung ganz bestimmter Interessen gemeinsam auftreten müssen, und ich glaube, daß dieses Verständnis durch die Frauenbewegung, zu der ich mich auch selbst dazurechne, sehr stark gefördert wird." (Interview: 18)

Herta Däubler-Gmelin tritt selbstbewußt in der Politik auf. Sie weiß, daß der gesellschaftliche Minderheitenstatus auch für die Frauen arbeiten kann.

„Politik lebt ja nicht nur davon, daß Sie gut sind oder gut mit anderen zusammenarbeiten können, sondern auch davon, daß die Medien von Ihnen Kenntnis nehmen... Und wo hat ein Mann die Möglichkeit, ein Kind säugend in den Bundestag zu nehmen? ... Der Aufmerksamkeitsgrad ist schlagend!" (Interview:21),

meint sie scherzhaft. Doch ein ernstgemeinter Kern steckt auch in diesem Fazit.

9. Persönliche Situation

„Wenn ich mir überlege, wie wenig ich meinen Mann sehe und was ich meinen Kindern bisweilen zumute – das ist eigentlich ungeheuerlich. Natürlich finde ich gut, was ich politisch mache, aber ich bejahe auch meine Familie voll. Ich hänge an ihr und sie an mir, und ich glaube einfach nicht, daß die Bonner Tätigkeit so hektisch und so arbeitsintensiv sein muß – da wird so viel Zeit vergeudet mit überflüssigen Sitzungen – da sollten wir Frauen mal einhaken." (Stern v. 6.3.1986)

Es mußte bis zum Jahre 1995 dauern, ehe Herta Däubler-Gmelin die Hälfte ihres Lebens verheiratet gewesen war: sie wurde 52, und ihre Ehe mit dem Wirtschaftsrechtler Wolfgang Däubler wurde 26 Jahre alt. Obgleich man sicherlich ein Gutteil dieser langen Jahre nicht als gemeinsam verbrachte Lebenszeit verbuchen kann, scheint für sie, die nach außenhin den Eindruck von großer Unabhängigkeit und einer Selfmade-woman zu vermitteln vermag, diese Ehe und damit auch ihre Familie, lebensgeschichtlich von großer Bedeutung zu sein.

Seit 1969 ist sie mit Wolfgang Däubler verheiratet. Er ist ebenfalls politisch aktiv, allerdings im Bereich der Gewerkschaften und der Wissenschaftspolitik. Ihr erstes Kind, Monika, planten sie für 1972. Die Schwangerschaft verschweigt sie vorsichtshalber, als sie das erste Mal 1972 für den Bundestag aufgestellt wird. Sie kämpfte hochschwanger im Wahlkampf („zum Glück sah man es nicht so"), als Parlamentsneuling weilt ihr Baby zu Hause bei Oma und Kinderfrau. Damals ist Herta Däubler-Gmelin jede freie Minute von Bonn ins dörfliche Dusslingen bei Tübingen geeilt, um bei ihrer Familie zu sein. 1974 wird ihr zweites Kind, Wolf-Peter, geboren. Der Ehemann ist kooperativ, „aber es hing eben doch an mir". Auf die Frage, wie sie diese massiven, zeitgleichen Anforderungen bewältigt hat, antwortet Herta Däubler-Gmelin heute kurz und geradezu leichthin: „Ha no, ja man muß schon etwas arbeiten. Das gebe ich zu. (Lachen)." (Interview: 12)

Sie will (wie viele ihrer jüngeren Kolleginnen im Bundestag) eben alles, von Anfang an: beruflichen Erfolg *und* eine Familie. Sie will Ehefrau und Mutter sein, gleichzeitig Rechtsexpertin und Erste Frau in ihrer Partei, in der Fraktion, in der Politik. Aber, und hier steht sie stellvertretend für viele Frauen in der Politik, man soll ihr die Schwierigkeit einer solchen Mehrfachbelastung möglichst nicht ansehen. Warum eigentlich nicht? Wenn Frauen die Belastungen nicht thematisieren, die ihnen die Arbeitswelt abverlangt, wenn Familienarbeit sozusagen als ewig sprudelnde Kraftquelle verkannt und nicht angemessen mitreflektiert wird, wer da wie arbeitet und wofür, dann werden sich die Defizite der Arbeitswelt – in diesem Fall der Politik – vermutlich kaum ändern. Natürlich muß auch sie Kompromisse machen, „pausenlos Kompromisse". Aber sie schafft es, und alle sollen sehen, daß sie es schafft. Daß sie privat wenig Zeit hat, empfindet sie zwar als negativ, aber „das ist halt der Nachteil, wenn man so früh ... und so konzentriert alles will." (Interview: 27)

Fast stolz berichtet sie, daß sie im Jahr 1993 erstmals seit fünf Jahren vier Wochen am Stück Urlaub machte, mit Mann und teilweise den Kindern, während dies die Jahre vorher nie möglich gewesen war. Auch eine Kur zieht sie in Erwägung. Wie viele Kollegen und Kolleginnen hat sie Probleme mit dem „Muskelapparat", was sie auf mangelnde Bewegung in ihrem zeitlich aufwendigen Beruf zurückführt. Für ihre Hobbies wie Klavierspielen und Singen, Konzert- und Ausstellungsbesuche habe sie gegenwärtig überhaupt keine Zeit. Außerdem schlafe sie notorisch zu wenig.

Die beiden erwachsenen Kinder leben heute noch im elterlichen Haus in Tübingen, zusammen mit dem beruflich ebenfalls häufig abwesenden Vater –

er ist in Bremen Professor für Arbeitsrecht – und „im Rahmen einer Großfamilie". Als die Kinder noch klein waren, gab es neben den Großeltern „entsprechend qualifizierte Dauerbetreuungspersonen zusätzlich". Ein großer Vorteil war, daß das Ehepaar mit den Eltern von Herta Däubler-Gmelin in einem Haus zusammenwohnte. Diese Tatsache bildete die Basis für ihre zeitgleiche politische Karriere. In diesem Punkt unterscheiden sich nun jüngere Parlamentarierinnen von ihren politischen Ahnfrauen, die erst die Kinder „aus dem Gröbsten" herausbrachten (oder erst gar keine in die Welt setzten), ehe sie den Sprung ins Parlament wagten. Herta Däubler-Gmelin oder etwa Ingrid Matthäus-Maier bekamen ihre Kinder, als sie sich schon längst für Bonn entschieden hatten.

„Diese Frauen muten also ihren Familien zu, was bisher ... nur Männer für sich in Anspruch genommen haben. Sie entfernen sich vom Erziehungsgeschäft und von den meisten häuslichen Pflichten. Sie setzen ihre Karriere an die erste Stelle, baden mit Genuß und ohne Reue in der öffentlichen Aufmerksamkeit. Mann und Kinder – wer kennt schon Herrn Däubler und wer Herrn Matthäus? – haben sich ins zweite Glied zu fügen. Und siehe da: sie tun es auch." (Stuttgarter Zeitung v. 25.4.1981)

Ganz so harmonisch, wie es die Publizistin Krause-Burger beschreibt, geht es in diesem Bereich sicherlich nicht zu. Der junge Jurist Wolfgang Däubler mag, als sie sich im Sommer 1968 im Urlaub auf einer spanischen Insel kennenlernten, schon geahnt haben, daß er in der „wilden Tochter" des Tübinger Oberbürgermeisters Gmelin, die „in Berlin rumrasen sollte", keine klassische schwäbische Hausfrau heimführen würde. Er unterstütze ihre politischen Ambitionen durchaus, sagt sie, Konflikte habe es dabei natürlich viele gegeben. Einer von diesen, der damals auch durch die Presse ging, war 1981 die Entscheidung von Herta Däubler-Gmelin, nicht in den Berliner Senat zu gehen. Hans-Jochen Vogel hatte sie für das Amt der Familien- und Jugendsenatorin benennen wollen. Doch ihr Mann verweigerte die Gefolgschaft, die Kinder seien noch zu klein – sie waren erst sechs und acht Jahre alt. Persönlich gehört dieser Verzicht sicherlich zu den härtesten Erfahrungen dieser Politikerin, macht er doch überdeutlich, wo ihre verwundbare Seite liegt. Doch zum Karriereknick gerät er später keineswegs.

Herta Däubler-Gmelin meint, daß für ihre persönliche Stabilität auch ihr guter Freundeskreis wichtig sei, in dem sie Unterstützung für ihre politische Arbeit finde. Ihre Beteuerungen, nach ihrem fünfzigsten Geburtstag kürzer treten zu wollen, scheinen vielleicht ein wenig zu optimistisch, denn das Geschäft der Politik macht ihr nach wie vor allzu große Freude:

„Wenn sich die gesamten Verhältnisse so umbruchartig ändern, wie jetzt nach 1989, die Grundwerte, an die man ja glaubt, umzusetzen ... unter ganz neuen Umständen, das ist das, was mich eigentlich fasziniert und mir wirklich Spaß macht." Auch die „Vielfältigkeit von Lebensverhältnissen" und die „auch wirklich so guten Leute" (Interview: 34) in der Politik macht diese für sie anziehend und für ihr Leben unverzichtbar.

Herta Däubler-Gmelin steht mitten im turbulenten politischen Alltag, und sie hat, wenn es nach dem neuesten Aufschub des Rentenbeginns für Frauen geht, auch noch über fünfzehn Jahre politische Aktivitäten vor sich – auf welcher Ebene und in welcher Funktion auch immer. Da sie sich selbst als „entsetzlich unbescheiden" beschreibt (Hannoversche Allgemeine Zeitung v. 16.9.1972), wird es vermutlich gar nicht mehr lange dauern, bis die Rechtspolitikerin Herta Däubler-Gmelin in einer nächsthöheren Führungsposition wieder auf sich aufmerksam macht.

Emmy Diemer-Nicolaus

„Es gibt keine spezielle Politik für Frauen"

Der jüdische Intellektuelle Maurice Halbwachs hat in seinem Buch über das kollektive Gedächtnis die These aufgestellt, daß in modernen Gesellschaften die Erinnerung der Alten das Fundament für die kollektive Identität der Gesellschaft bildet. Emmy Diemer-Nicolaus, die das Kaiserreich und den Ersten Weltkrieg als Kind miterlebt hat, die Weimarer Republik, den Nationalsozialismus, die Nachkriegszeit, das Wirtschaftswunder, die große Koalition, die erste sozial-liberale Regierung unter Willy Brandt bis zur deutschen Einheit, die all dies aktiv handelnd und reflektierend miterlebt hat, ist somit eine unersetzliche Zeitzeugin.

Es gibt die Auffassung, daß Menschen so, wie sie jung gewesen sind, auch alt werden. Wenn sie in ihrer Jugend wirklich jugendlich, offen, neugierig und energiegeladen gewesen seien, dann wäre ihnen diese Möglichkeit auch im Alter beschieden. Emmy Diemer-Nicolaus ist ein lebendiger Beweis auch für diese These. Schon ihre Stimme am Telefon klingt wach, herzlich, energisch. Wüßte ich nicht ihr Geburtsjahr, dann würde ich sie auf knapp 60 schätzen. Wie lebt es sich mit soviel Aktivität im Ruhestand? Seit über zwanzig Jahren schon ist Emmy Diemer-Nicolaus Politik-Pensionärin. Die ehemalige Strafrechtsexpertin der liberalen Bundestagsfraktion war 1972 bei ihrem Ausscheiden aus dem Bundestag knapp 62 Jahre alt, und damit 10 Jahre jünger als Konrad Adenauer bei seinem Amtsantritt als erster Bundeskanzler im Jahre 1949. Sie hatte seit 1946 zahlreiche politische Mandate inne, sie war also jemand, auf dessen politischen Sachverstand und persönliche Integrität ansonsten in der (Partei)Politik nicht gern verzichtet wird – bei Männern, müßte man hinzufügen.

Auf den Sachverstand von Frauen scheint mann heute immer noch gut verzichten zu können. Wenn Parlamentarierinnen über 60 Jahre alt sind, gehören sie zur „Senioren-Fraktion" und sind „einfach zu alt". Dieses „Argument" wurde denn auch angeführt (oder vorgeschoben), als die profilierte Verfassungsrechtlerin und Strafrechtsexpertin 1971 nicht von der CDU/CSU-Fraktion für das Amt einer Bundesverfassungsrichterin akzeptiert wurde. Besonders der damalige Ministerpräsident von Rheinland-Pfalz und Unions-Verhandlungsführer Helmut Kohl verweigerte die Zustimmung für die gemeinsame Kanditatin der sozialliberalen Koalition. Daran ist damals ihre Kandidatur gescheitert. Bei aller ansonsten positiver Rückschau auf ihr langes, bewegtes politisches Leben scheint diese Ablehnung (und qualitative

Abwertung) ihrer Person auch heute noch, nach über 20 Jahren, ein bitterer Wehmutstropfen zu sein, über den sie nicht gerne spricht. Sie sei „wohl zu liberal“ gewesen, meint sie lächelnd, und mit einem „C’est ça“ geht sie rasch zum nächsten Thema über.

1. Jugend/Herkunftsfamilie

Als Emmy Nicolaus am 31. Januar 1910 geboren wurde, war das Bürgerliche Gesetzbuch mit seinem uneingeschränkt patriarchialen Ehe- und Familienrecht gerade zehn Jahre lang in Kraft. Und erst seit zwei Jahren war das Reichsvereinsgesetz aufgehoben worden, das bis 1908 die weitreichenden Verbote für Frauen, Jugendliche und Lehrlinge beinhaltete, die ihnen bis dahin die Teilnahme an politischen Versammlungen und die Mitgliedschaft in politischen Organisationen und Vereinen gesetzlich verboten hatten. Der Bund Deutscher Frauenvereine war bereits 16 Jahre alt und versammelte schon 34 Frauenvereine unter seinem Dach (Frevert 1986). Die Forderungen der Frauenbewegung lauteten zu jener Zeit: Zugang zu verbesserten Ausbildungs- und Berufsmöglichkeiten, aktives und passives Wahlrecht über eine juristische und politische Gleichstellung, Arbeiterinnenschutz; aber auch Themen wie bürgerliche Doppelmoral, Prostitution, Sexualität bestimmten die Auseinandersetzungen. Theoretische und praktische Berührungspunkte fanden die Flügel der Frauenbewegung in der Wertschätzung der Mutterschaft und im sozialfürsorgerischen Engagement.

Es war die Zeit der Kaiserbälle und der Militärparaden. Das Deutsche Kaiserreich war auf dem Höhepunkt seiner Macht und nahe dran, sie blutrünstig zu verspielen. Die Familie Nicolaus war evangelisch und wohnte in Gießen, wo der Vater als Architekt arbeitete. Er hatte u.a. um die Jahrhundertwende eine Häusergruppe gebaut, die heute unter Denkmalschutz steht, nachdem im Zweiten Weltkrieg so ziemlich alles in der Gießener Innenstadt zu Bruch gegangen war, was alt und prächtig gewesen.

Die Mutter von Emmy Diemer-Nicolaus war Hausfrau, und gemäß ihrer Herkunft versuchte sie, ihre beiden Mädchen (Emmy hatte eine zwei Jahre ältere Schwester) ganz als „höhere Töchter“ zu erziehen. Als wichtigstes in ihrer Kindheit bezeichnet Emmy Diemer-Nicolaus ihre „sehr guten“ Eltern und die Sorglosigkeit zu Hause. „Also, wir hatten eine unbeschwerte Kindheit.“ (Interview: 10) Und auch die Kriegszeit erinnert sie relativ unbelastet. Nachdem der Vater 1914 als Soldat eingezogen wurde, nahm sie

„die Dinge wie sie eben kommen. Man hat sich gefreut, wenn der Vater auf Besuch kam." (Ebendort)

Der politisch aktive und einflußreiche Vater war Anhänger von Gustav Stresemann und bis 1933 Stadtverordneter und Fraktionsführer eines „Bürgerblocks" im Gießener Stadtrat. Er überlegte sich, in den 20er Jahren für den Landtag zu kandidieren, unterließ es aber, weil er fürchtete, seinen Beruf dann nicht mehr ausüben zu können - ein Konflikt, den seine Tochter selbst später anders entscheiden sollte. Emmy zeigte für das politische Engagement ihres Vaters frühzeitig großes Interesse.

„Ich bin da auch in die Sitzungen von der Stadtverordnetenversammlung gegangen ... wollte doch mal meinen Vater sehen, wenn er da agiert." (Interview: 14)

Und für den Vater war Emmy wohl der ersehnte „Sohn." Daher nahm er sie häufig zu seinen beruflichen Treffen mit, auf Baustellen aber auch zum Schachspielen. Er brachte ihr das Schießen bei, schließlich war er Schachmeister und Schützenkönig zugleich. Über Politik redeten die beiden viel, und Emmy übernahm seine liberale Grundeinstellung. Die Mutter war politisch nicht interessiert, ebensowenig wie die Schwester: „sie war das Gegenteil von mir ... die war... ganz höhere Tochter" (Interview: 14).

Geprägt habe sie in ihrer Jugend die Erfahrung der französischen Besatzung in Wiesbaden, wo die Großmutter wohnte. Emmy Diemer-Nicolaus sieht diese Besatzung auch als historischen Hintergrund, weshalb später die Nationalsozialisten so erfolgreich sein konnten. Deutlich erinnert sie auch die Zeit der Inflation. Da der Vater freiberuflich arbeitete, war die materielle Unsicherheit für die Familie besonders spürbar. Diese hat Emmy Diemer-Nicolaus auch in ihrer späteren Haltung als finanzpolitische Expertin nachhaltig geprägt: So vertritt sie vehement die Auffassung liberaler Ökonomie, nur so viel auszugeben, wie erwirtschaftet wird und stets achtsam mit der Geldentwertung umzugehen.

2. *Schule/Ausbildung/Berufstätigkeit*

Von 1916-1927 besuchte Emmy Diemer-Nicolaus die Höhere Töchterschule in Gießen. Damals gab es noch kein Abitur an dieser Mädchenschule. Dies wurde erst im Jahrgang nach ihr möglich. Die junge Tochter aus gutbürgerlichem Hause verzichtete aber darauf, weil sie sich zwischenzeitlich mit 16 Jahren verlobt hatte, und:

„Damals gehörte es sich nicht, daß man nach einer Verlobung weiter auf die Schule ging, um das Abitur zu machen. Ich verließ deshalb nach der Obersekunda die Studienanstalt und besuchte eine Haushaltsschule.“ (Interview: 3)

Eine Wende brachte der Unfalltod ihres Mannes zwei Jahre nach der Eheschließung. So stand Emmy Diemer-Nicolaus mit ihrer Tochter, die 1932 geboren worden war, mittellos und ohne berufliche Qualifikation da. Diese Situation setzte ungeheure Energien in ihr frei. Um nicht langfristig vom Vater abhängig zu sein, machte die Dreiundzwanzigjährige 1933 extern das Abitur nach und begann ein Studium. Ihr Berufswunsch war Anwältin. Dies war damals natürlich keine typische Frauendomäne (nach mühseligen Kämpfen und Eingaben von zahlreichen Frauenorganisationen hatte der Reichstag erst im Juli 1922 Frauen „die Zulassung zu den Ämtern und Berufen der Rechtspflege“ erlaubt).[1]

Da ihre Aussichten auf eine Anstellung als Juristin sehr schlecht waren – die Nationalsozialisten hatten ab 1934 für Frauen keine neuen Zulassungen zur Anwaltschaft und zum Richteramt erlaubt, dies kam einem Berufsverbot gleich – belegte sie neben Jura die Fächer Volkswirtschaft, Betriebswirtschaft, Versicherungsmathematik, Finanzwissenschaft und eignete sich Buchhaltungskenntnisse an.[2]

„Ich sah keine Chance, mit nur juristischen Kenntnissen einen Arbeitsplatz zu erhalten. Ich studierte deshalb auch Volks- und Betriebswirtschaft, Versicherungswirtschaft und auch Buchhaltung, und hoffte, mit dieser vielseitigen Ausbildung eine Stelle zu erhalten.“ (Interview: 5)

Während ihres Studiums wohnte Emmy Diemer-Nicolaus bei ihren Eltern, die auch ihre kleine Tochter betreuten. Allerdings legte Emmy Diemer-Nicolaus großen Wert darauf, ihr Studium weitgehend selbst zu finanzieren

---

1 Im Jahre 1930 wurden, laut Auskunft des Reichsjustizministeriums auf eine Anfrage von Frau Dr. Marie-Elisabeth Lüders, Mitglied des Deutschen Reichstages, erst „74 Frauen in richterlichen Dienstgeschäften verwendet; von ihnen befinden sich vier in planmäßigen Richterstellen als Amts- oder Landgerichtsrätinnen, vier weitere sind zu ständigen Hilfsarbeiterinnen mit der Bezeichnung Amts- oder Landrichterin ernannt, die übrigen 66 Frauen, die die Befähigung zum Richteramt erlangt haben, sind als Gerichtsassessorinnen noch nicht endgültig in den Staatsdienst übernommen worden.“ Deutscher Reichstag, Sitzung vom 17. Mai 1930, abgedruckt in: Deutscher Juristinnenbund, 1984: 148.

2 Wie ungewöhnlich das Berufsziel Anwältin war, wird daran deutlich, daß in ihrer gesamten Studienzeit an der juristischen Fakultät in Gießen nur drei von insgesamt 150 Studierenden weiblich waren. „Frauen waren damals absolut unerwünscht.“ (Interview: 3)

zum Beispiel durch buchhalterische Arbeiten und das Schreiben von Gerichtsberichten. Trotz dieser Nebenbeschäftigungen absolvierte Emmy Diemer-Nicolaus ihr Studium in Rekordzeit:

„Ich hatte damals jedes Jahr Examina gemacht ... nach den ersten zwei Semestern das Große Latinum, und nach vier Semestern das volkswirtschaftliche, nach sechs Semestern habe ich Referendar gemacht, und im Jahr darauf hatte ich promoviert." (Interview: 5)

1937 schließt sie ihr Studium mit dem seltenen Diplom als Versicherungstechniker der Verwaltungsklasse I ab. Ab 1938 arbeitet Emmy Diemer-Nicolaus bei der Vertragszentrale der IG Farben in Ludwigshafen. Dort prüft sie Verträge, wird aber nicht unmittelbar als Juristin eingesetzt. 1940 wechselt sie zur Württembergischen Feuerversicherung nach Stuttgart, als Prozeßbearbeiterin. Hier kann sie endlich juristisch tätig werden, indem sie Schriftsätze für Prozesse vorbereitet, die dann allerdings von anderen Anwälten übernommen und vorgetragen werden.

1944 legt sie (mittlerweile berufstätige Mutter mit zwei, bald drei kleinen Kindern und einem zweiten Ehemann, der Soldat war) ihr zweites juristisches Staatsexamen ab. Bereits im Oktober 1945 bekommt sie („weil ich gänzlich unbelastet gewesen bin") als eine der ersten Anwälte Stuttgarts ihre Zulassung. Diese Zeit bezeichnet sie als die glücklichste in ihrem Berufsleben. Trotz ihrer späteren Mandate im Gemeinderat, Landtag und Bundestag will sie unbedingt als Rechtsanwältin tätig bleiben. Ihre Begründung dafür lautet ähnlich wie bei Herta Däubler-Gmelin:

„Als Anwältin bekommt man die ganzen Sorgen und Nöte der Menschen mit. Sie sehen, was unten passiert! Schweben nicht oben drüber. Sie erfahren, wie sich die Gesetze im täglichen Leben auswirken. Diese Verbindung zu dem realen Leben ist für Politiker unbedingt notwendig." (Interview: 11)

Unmittelbar nach dem Kriege gab es in Stuttgart, wie sie sich erinnert, nur ganz wenige Anwälte. Außerdem ist sie sehr gefragt, weil sie zu ihren Mandanten nicht nur ein routiniertes, professionelles Verhältnis gepflegt hat. Herausfordernd gestalten sich für sie auch bald die Prozesse gegen ehemalige Nationalsozialisten, die sie in ihrer Kanzlei vertritt.

„Ich hab' damals, das halbe Auswärtige Amt hatte ich zur Klientel gehabt. Die mußten ja zwangsläufig PGs sein." (Interview: 13)

Als Grund nennt sie die Entnazifizierung, deren Durchführung oftmals in scheinheiliger Selbstamnestie ehemaliger begeisterter Mitläufer mündete und in eine Umkehrung von Schuld und Scham. Die serienmäßige Produktion von Unschuld durch eine schematische Entnazifizierung mit hohem bürokratischen Aufwand empfanden damals große Teile der Bevölkerung in den Westzonen Deutschlands als fundamental gegen ihr Gerechtigkeitsempfinden gerichtet. Emmy Diemer-Nicolaus selbst wandte sich insbesondere gegen die Kollektivschuld-These gegenüber allen Deutschen und eine Generalbeschuldigung allein aufgrund der Parteimitgliedschaft. Als typische Liberale setzt sie sich dafür ein, am Einzelfall genau Schuld oder Unschuld zu prüfen. So entschuldigt sie in den Prozessen die Aktivitäten ihrer Mandanten nicht rundweg, und sie hätte auch nicht jedes Vergehen verteidigt. Keineswegs plädiert sie immer für Freispruch:

„Auch bei den Strafverteidigungen war nicht mein Bestreben, daß jetzt alles blütenrein war. ... sondern ich hab' immer versucht, das richtige Maß zu halten." (Interview: 49)

Ihre anwaltliche Tätigkeit hielt die promovierte Juristin lange aufrecht, obwohl ihre Arbeitsbelastung durch ihren Beruf und alsbald durch die parlamentarische Politik groß gewesen sein muß. Darüber hinaus hatte Emmy Diemer-Nicolaus mittlerweile auch drei Kinder und war ab 1950 durch ihre Scheidung so gut wie alleinerziehend. Schließlich wurde sie Anfang der 60er Jahre aber doch gezwungen, ihre Kanzlei aufzugeben, und dies weil der Rhythmus der Sitzungswochen im Bundestag vom damaligen Parlamentspräsidenten Eugen Gerstenmaier geändert wurde.

„Ich mußte es dann, als der damalige Bundestagspräsident Gerstenmaier die Sitzungswochen so verdichtete, daß die Fortführung einer Einzelpraxis, wie ich sie hatte, nicht mehr möglich war. Das bedaure ich noch heute." (Interview: 11)

Ab diesem Zeitpunkt war – ohne daß sie dies in der Ausschließlichkeit beabsichtigt hätte – allein die Politik ihr Beruf.

3. *Politische Sozialisation*

Obgleich Emmy Diemer-Nicolaus zur sogenannten Jugendbewegungs-Generation gehört[3], ist sie von dieser wenig geprägt. Diese Tatsache ist vermutlich durch ihr gutbürgerliches Elternhaus zu erklären, in dem sich der großbürgerliche Hintergrund der Mutter mit dem Wirtschaftsliberalismus des Vaters mischte. Seine liberale politische Auffassung haben sie besonders ge-

3 Angela Pitschke unterscheidet in ihrer Studie über Kasseler Politikerinnen, angelehnt an Karl Mannheim, folgende Generationen: die Jugendbewegungs-Generation, Jahrgänge zwischen 1900 und 1918; die Hitler-Jugend-Generation zwischen 1919 und 1930 geboren; die Nachkriegs-Generation, etwa Jahrgang 1930 bis 1935 und die Wirtschaftswunder-Generation, etwa Jahrgang 1935 bis 1943. (Pitschke 1994: 287)

prägt.[4] Nach eigener Einschätzung war darüber hinaus für ihre politische Sozialisation der Staatsbürgerkunde-Unterricht von Bedeutung, der von einer fortschrittlichen Lehrerin erteilt wurde.[5] Durch diese übte Emmy sich früh im Argumentieren und im Akzeptieren von unterschiedlichen Meinungen.

Zu Beginn des Dritten Reiches war Emmy Diemer-Nicolaus bereits erwachsen, sie war 23 Jahre alt. Ihre Eltern lehnten den Nationalsozialismus ab und waren bemüht, sich herauszuhalten. Emmy, als 23jährige Witwe mit einer kleinen Tochter, war schon zu alt, um in eine der obligatorischen NS-Kinder- und Jugendorganisationen eingezwungen zu werden. Und noch offensichtlicher hatte sie das falsche Geschlecht, um als Studierende im NS-Studentenbund oder in der SA ihre politische Unbedenklichkeit oder Folgsamkeit beweisen zu müssen.[6] So hat sie während des NS-Regimes vorrangig und intensiv ihre Ausbildung betrieben und erste Schritte auf beruflichem, noch nicht so sehr auf politischem Parkett gewagt. Ganz sicher aber hat sich in diese Zeit, in der sie durch den frühen Unfalltod ihres ersten Mannes ihr Schicksal selber in die Hand nehmen mußte, ihr politischer Habitus gebildet. Hier formte sich vermutlich das, was man später oft bei ihr registriert: Emmy Diemer-Nicolaus gehört zu jenen seltenen Menschen, die nicht nur Visionen, sondern auch „Bodenhaftung" behalten konnten. Suspekt waren ihr stets religiöser oder ideologischer Fanatismus, moralische Heuchelei und Gesinnungstümelei. Ideelle Maßlosigkeit blieb ihr eher fremd, geistige Freiheit und Rechtstaatlichkeit dagegen betont sie als höchste Werte.

---

4 Sie habe „schon im Elternhaus sehr viel Politik mitbekommen", (Interview: 13). Ihrem Vater verdanke sie hauptsächlich ihr politisches Interesse, das im Widerspruch stand zu der wohlbehüteten (unpolitischen) Tochter aus besseren Kreisen, zu der sie die Mutter gern erziehen wollte.

5 „Wir hatten eine Lehrerin, die ... hat uns gegenseitig diskutieren lassen, so daß die verschiedenen Auffassungen ... in den Dreißiger Jahren... sehr heftig aufeinander prallten. ... Und dadurch lernt man Toleranz!" (Interview: 18)

6 Als besonders prägend in dieser Zeit bezeichnet sie „die Schwierigkeit, sich ... vollkommen raushalten zu können." Und obwohl sie „absolut gegen NS und diese Sachen gewesen" sei, habe sie politisch keine Schwierigkeiten bekommen, denn „man kannte sich doch gegenseitig. Man wußte genau, ... wer radikal ist." (Interview: 16/17)

Nach 1945 wird Emmy Diemer-Nicolaus sofort politisch aktiv. Als Begründungen nennt sie:

„erstens mal, weil mein Vater ein aktiver, liberaler Politiker war, und zweitens, weil es darum ging, daß ... tatsächlich der Artikel 3 des Grundgesetzes durchgeführt würde.“ (Interview: 2)

Die Befreiung vom Nationalsozialismus war für Emmy Diemer-Nicolaus in vielfacher Hinsicht auch eine persönliche Befreiung, durfte sie doch endlich ihrer Ausbildung gemäß beruflich tätig sein. Die Berufsbeschränkungen für Juristinnen wurden – nachdem sie kriegsbedingt bereits ab 1942 vom Reichsjustizministerium gelockert worden waren – aufgehoben. Und auch der totalitäre Monopolanspruch der NSDAP gehörte nunmehr der Vergangenheit an. Emmy Diemer-Nicolaus war knapp 36 Jahre alt, als sie dann im Februar 1946 der FDP/DVP beitrat. Über die Frage, wie sie zur Politik kam, schreibt sie später:

„Nach Kriegsende wurde mir bewußt, daß unserem geschlagenen Volk nur gesunde politische Parteien wieder aufhelfen können. Parteien aber brauchen Mitglieder, die Beiträge zahlen. Dies war damals für Leute mit weißem Fragebogen eine Verpflichtung. Ein Zeitungsartikel von Dr. Wolfgang Haußmann machte mir klar, daß meine politische Heimat bei der schwäbischen DVP war.“ (Wahlkampf-Faltblatt der FDP/DVP 1953)

Darüber hinaus wollte sie aktiv sein in einer Zeit, in der es vielen Menschen aufgrund ihrer früheren NSDAP-Mitgliedschaft verwehrt schien, ein frühes Mitglied in den neuen oder wieder gegründeten Parteien zu werden. Für ihre Motivation, in der neuen Demokratie nun einer Partei beizutreten, scheint – wie oben erwähnt – die Phase der Entnazifizierung entscheidend gewesen zu sein.

Stuttgart, wohin sie 1940 berufsbedingt gezogen war, lag nach Kriegsende in Trümmern (Freier in: Freier/Kuhn 1984). Wie viele der damals politisch aktiven Frauen strebte Emmy Diemer-Nicolaus in die Politik, um die schlimmste soziale Not zu bewältigen. Die Stadt mußte wieder aufgebaut werden, die Menschen versorgt und z. B. eine völlig neue Verkehrsplanung in die Wege geleitet werden. Doch darüber hinaus zeigte Emmy Diemer-Nicolaus ein durchaus modern zu nennendes Interesse, in der Partei Verantwortung und sogleich ein Mandat im Gemeinderat zu übernehmen. So erkannte Emmy Diemer-Nicolaus sehr früh (und anders als die Mehrzahl ihrer Geschlechtsgenossinnen), daß ein wirksames politisches Engagement, das tatsächlich Entscheidungen beeinflussen kann, allein auf parteipolitische Wege führen mußte. Sie ist keineswegs in die Parteipolitik „hineingeschlittert“ oder mußte „geschubst“ werden, wie es bei anderen politisch tätigen Frauen – nach ihren Worten – damals üblich gewesen ist (Schmidt in: Wischermann u.a. 1993). Sie hatte sich die FDP/DVP sehr genau ausgesucht anhand von Zeitungsartikeln ihrer Vorsitzenden. Wesentlich war für sie die Persönlichkeit Wolfgang Haußmanns, des späteren Justizministers in Baden-Württemberg, von dessen Leitartikeln Emmy Diemer-Nicolaus sehr beeindruckt war: „...das war das, was ich von zu Hause gewöhnt war.“ (Interview: 19) Emmy Diemer-Nicolaus mußte sich zwischen CDU und FDP/DVP entscheiden. Die CDU war ihr damals zu sozial, wie sie es rückblickend im Gespräch beschreibt.

Eine andere Partei kam für sie nie ernsthaft in Betracht.

„Bei den Liberalen fand ich die bodenständige Demokratie, den Geist des Ausgleichs und der Toleranz, die im Schwabenland Tradition sind.“ (Fels in: Funcke 1984:197)

Die Liberalen im deutschen Südwesten waren geprägt durch einen aufklärerischen Impuls in kultur- und bildungspolitischen Fragen, der nicht zuletzt stark von Theodor Heuss geprägt worden war – auch im Parlamentarischen Rat 1948/49. Hier machte die FDP zum Beispiel Front gegen die von den Unionsparteien geforderte Konfessionsschule sowie gegen die von Kirchen und Gewerkschaften geforderte Einbeziehung von sogenannten sozialen Lebensordnungen ins Grundgesetz (Vorländer in: Minzel/Oberreuther 1992: 272). Darüber hinaus waren die südwestdeutschen Liberalen geprägt von einer Ablehnung jeglicher, auch christlich-demokratisch inspirierter Sozialisierung (Rothmund/Wiehn 1979: 220-255). Das Bekenntnis der Liberalen zur freien Marktwirtschaft war damals inhaltlich offen gestaltet und auf praktisch-politischer Ebene durchaus imstande, Allparteien-Regierungen (Berlin) oder mit der CDU und der SPD (Württemberg-Baden, Württemberg-Hohenzollern) zu tragen.

„Die bürgerliche Milieubindung und die personellen Kontinuitätslinien zahlreicher Gründer zum Weimarer Liberalismus moderierten den Anti-Sozialismus zu einem wirtschaftspolitischen Konzept, das Sozialisierung von Schlüsselindustrien generell ablehnte und die Wiederherstellung der freien Wirtschaft zum Programm machte.“ (Vorländer1992: 272)

Dieses Programm voll inhaltlich mitzutragen, entschloß sich Emmy Diemer-Nicolaus bei ihrem Parteibeitritt. Auch später kam sie nicht ins Wanken, obwohl die Freien Demokraten während der langen Bundestagsangehörigkeit von Emmy Diemer-Nicolaus (1957-1972) mehrmals die Koalitionen wechselten, und einige ihrer Kollegen aus der Partei austraten. Aber:“die sind alle nicht glücklich geworden“ (Interview: 58).

Wie nötig die Parteien damals nach dem Kriege qualifizierte (und politisch unbelastete) Frauen brauchten, sieht man an der Tatsache, daß Emmy Diemer-Nicolaus bereits im Mai 1946 – also zwei Monate nach ihrem Beitritt – in den Gemeinderat der Stadt Stuttgart gewählt wird, dem sie bis 1950 als Gemeinderätin angehörte. Sie wurde Mitglied im ersten und einzigen Landtag von Württemberg-Baden, 1952/53 Mitglied der Verfassungsgebenden Landesversammlung[7], und später, vom 19. November 1953 bis zum 8. Februar 1957, des Landtags von Baden-Württemberg. Die programmatischen Zielsetzungen der FDP unter dem damaligen Ministerpräsidenten Dr. Reinhold Maier lauteten: „die Wiedervereinigung Deutschlands, Freiheit der Nation, freie Entfaltung der eigenschöpferischen Initiative in der Wirtschaft, und über allem Freiheit des Geistes und der Einzelpersönlichkeit." (Wahlkampf-Faltblatt der FDP/DVP 1953)

Ihre Zeit als Landtagsabgeordnete endete für die junge Juristin, als sie für den Wahlkreis zwei auf der Landesliste 1957 in den dritten Deutschen Bundestag einzog. Sie war die einzige weibliche Abgeordnete der FDP-Fraktion aus Baden-Württemberg und ersetzte die frühere Bundestagsabgeordnete (und 1949 als Nachrückerin für den Bundespräsidenten Theodor Heuss hineingewählte) Margarete Hütter, die ihr in einer Kampfabstimmung unterlegen war. Auf den Gedanken, zwei weibliche Abgeordnete in die Fraktion zu entsenden, kam offenbar niemand damals in der Partei.

Später, während ihrer 15jährigen Mitgliedschaft in der liberalen Bundestagsfraktion, gehörte Emmy Diemer-Nicolaus zu den führenden (Straf-) RechtsexpertInnen und FinanzpolitikerInnen ihrer Partei. Sie wurde in zahlreiche verantwortungsvolle Positionen der Freien Demokraten hineingewählt: Zum Beispiel 1963-65 als stellvertretende Vorsitzende des Rechtsausschusses, zwischen 1969 und 1972 war sie Mitglied des Sonderausschusses für die Verfassungsreform, der Großen Strafrechtskommission, der Kommission zur Bekämpfung der Wirtschaftskriminalität, der Eherechtskommission, des Vermittlungsausschusses, des Wahlmännerausschusses und des Richterwahlausschusses, außerdem war sie stellvertretendes Mitglied im Finanzausschuß.[8]

7 Dort waren insgesamt sechs Frauen vertreten. Emmy Diemer-Nicolaus gehörte dem maßgeblichen Verfassungsausschuß an.

8 Darüber hinaus war E. D.-N. stellvertretende Vorsitzende der interfraktionellen Gruppe „Initiative Direktwahl" der Enquete-Kommission für Fragen der Verfassungsreform sowie stellvertretende Vorsitzende des FDP-Arbeitskreises Innenpolitik. In der Partei hatte sie den Vorsitz im FDP-Fachausschuß für Friedens- und Sicherheitspolitik inne, war Mitglied im Fachausschuß Internationale Politik, Sachverständige im Fachaus-

In Baden-Württemberg wurde sie nicht nur zu Wahlkampfzeiten, sondern kontinuierlich auch als Vortragsrednerin zu diversen Vortragsveranstaltungen verschiedenster Organisationen eingeladen. 1980 – acht Jahre nach ihrem Ausscheiden aus dem Bundestag – nominierte sie die FDP für die „Schiedskommission für einen fairen Wahlkampf".

Alles in allem scheint der Spaß an der Politik bei Emmy Diemer-Nicolaus zu überwiegen. Hier fand sie große Anerkennung. Die Liberalen „haben auf das gehört, was ich gesagt habe", meint sie rückblickend. Auch hat sie Maßgebliches bewirkt. Die Modernisierung des Strafrechts und des Strafvollzugs sind ihr dabei am wichtigsten.

1972 verzichtete Emmy Diemer-Nicolaus nach 26 Jahren aktiver parlamentarischer Arbeit auf eine weitere Nominierung für den Bundestag. Sie wäre allerdings gerne Bundesverfassungsrichterin geworden. Ihre Kandidatur scheiterte am Votum des Bundesrates. Heute genießt sie es, nicht mehr so viel für die Politik unterwegs zu sein. Außerdem freue sie sich über Frauen wie Sabine Leutheuser-Schnarrenberger, die ihr Erbe, nämlich das „Urliberale" in der FDP fortsetzten.

5. Mitglied des Gemeinderates Stuttgart 1946-1950 und der Landtage Württemberg-Baden und Baden-Württemberg 1950-1957

Wer Stuttgart noch von vor dem Zweiten Weltkrieg her kennt und es heute besucht, wird ermessen können, welche riesigen Bauvorhaben und Verkehrsplanungen nach dem Kriege in die Wege geleitet worden sind. Im Gemeinderat fiel Emmy Diemer-Nicolaus hier als sparsame Finanzverwalterin auf. Sie wandte sich bei der Verkehrsaderplanung gegen unbezahlbare Größenordnungen und im Landtag bei der Städteplanung gegen die kostspielige Erschließung neuer Siedlungsgebiete, solange die Innenstadt noch voller Trümmer lag.

„Zusammen mit meiner Fraktion habe ich stets darum gekämpft, daß man nie mehr plant, als mit den vorhandenen Mitteln erreicht werden kann und Jugend und Schulen nicht vergißt... Als der Plan eines Straßenbaues durch das Mineralbad Berg bekannt wurde, setzte ich als erste meinen Namen auf eine Protestliste. Hier ging es sowohl um Gesundheit und Lebensfreude als um den Schutz privaten Eigentums, dessen Wichtigkeit mir schon vom Vater her bewußt ist." (Wahlkampf-Faltblatt der FDP/DVP 1953)

---

schuß Recht und Innenpolitik und für Europafragen und Mitglied der Interparlamentarischen Union. Sie war Mitglied der beratenden Versammlung des Europarates und der Westeuropäischen Union sowie Delegierte bei den Europäischen Liberalen und Demokraten.

Bis zum 25. April 1952, als das Land Baden-Württemberg gebildet werden konnte, mußten einige Hindernisse überwunden werden. Durch Besatzungsrecht waren nach 1945 aus beiden Ländern Württemberg und Baden drei Länder gebildet worden: Württemberg-Baden, Württemberg-Hohenzollern und Süd-Baden. „Für viele war dies eine schmerzliche Trennung", wie Emmy Diemer-Nicolaus in einem Rückblick 1991 bemerkte.

Die FDP befand sich dann landespolitisch im neugegründeten Bundesland Baden-Württemberg von 1952 bis 1966 in wechselnden Koalitionen. Unmittelbar nach Gründung des Landes Baden-Württemberg bildeten die Liberalen zusammen mit der SPD eine Koalitionsregierung, die von April 1952 bis Oktober 1953 vom ersten Ministerpräsidenten Reinhold Maier angeführt wurde.

In der Verfassungsgebenden Landesversammlung[9] und später ab 1950 im Landtag verfolgte Emmy Diemer-Nicolaus als Juristin vor allem rechtspolitische Fragen und Themen der Finanz- und Kulturpolitik, um hier besonders die großen Differenzen der Konfessionen zu überbrücken. Die Liberalen in Baden-Württemberg setzten von Anfang an auf die christliche Gemeinschaftsschule, um die alte Konfessionsschule abzulösen. Es sollte allerdings Jahre dauern, bis sie schließlich landesweit eingeführt wurde.[10]

6. Mitglied des Deutschen Bundestages 1957-1972

Bereits im Jahre 1953 hatte Emmy Diemer-Nicolaus für ein Mandat im Deutschen Bundestag kandidiert. Es reichte nicht. 1957 aber wurde sie auf einem aussichtsreichen Listenplatz auf der baden-württembergischen Landesliste nominiert und zog in den dritten Deutschen Bundestag ein. Die nächsten 15 Jahre, in denen Emmy Diemer-Nicolaus persönlich in der ersten Reihe die Politik der Liberalen in Bonn mitgestalten konnte, waren für ihre Partei eine

---

9 Dort hatte die FDP/DVP-Fraktion 23 Abgeordnete „aus den verschiedensten Berufen: Landwirte, Handwerker, Angestellte, Freiberufler, Bürgermeister, Wirtschaftler gehörten ihr an und vor allem der damalige Ministerpräsident Reinhold Maier. Fraktionsvorsitzender war der erfahrene und unermüdliche Wolfgang Haußmann." (Diemer-Nicolaus in: Jahresspiegel '91 des Landtags von Baden-Württemberg. 40 Jahre Baden-Württemberg, Stuttgart 1991: 21)

10 Wie heftig die Schulfrage im Mittelpunkt der Landespolitik stand, sogar bis Ende der 60er Jahre, darauf verweist Adam 1979.

turbulente, ereignisreiche Zeit[11], in der sie mehrmals eine Schlüsselrolle im Prozeß der Regierungsbildung eingenommen hat.[12] Mitte der fünfziger Jahre erlebten die Liberalen eine besonders bewegte Periode: am 22. Febraur 1956 hatten 16 Abgeordnete, unter ihnen die Bundesminister Neumayer, Preusker und Schäfer, ihren Parteiaustritt erklärt und eine „Demokratische Arbeitsgemeinschaft" gebildet. Daraufhin kündigte die CDU die Koalition mit der FDP. Und ein Jahr später gewann die Union unter Konrad Adenauer mit 50,2% der Stimmen die absolute Mehrheit bei der Bundestagswahl 1957 und war somit auf keinen Koalitionspartner mehr angewiesen.

Emmy Diemer-Nicolaus gehörte zu den drei Frauen der 40köpfigen FDP-Fraktion. Sogleich begegnete ihr die große alte Dame der Liberalen, Dr. rer. pol. Marie-Elisabeth Lüders, die Emmy Diemer-Nicolaus namentlich bereits aus ihrer Schulzeit her kannte. Obgleich die beiden Frauen schon äußerlich höchst verschieden waren, verband sie bald mehr als gegenseitiger Respekt. Marie-Elisabeth Lüders, die groß gewachsene, weißhaarige Alterspräsidentin des Deutschen Bundestages, repräsentierte sowohl die Aura der alten Frauenbewegung als auch die Fülle der Erfahrung als ehemaliges Mitglied des Reichstages und persönliche Bekannte von vielen, die in Weimar Rang und Namen gehabt hatten. Lüders kam aus besten bürgerlichen Kreisen (Meyer in: Bracher u.a. 1991): Ihr Vater war – wie es so schön hieß – Wirklicher Geheimer Rat im Preußischen Kultusministerium zu Berlin, und ihr Elternhaus gehörte zu der geistig-kulturellen Elite der Hauptstadt. Lüders gehörte im Gegensatz zu der Mehrzahl der damaligen Parlamentarierinnen, die – durch kein Bildungsprivileg gefördert – eher nichtakademische Ausbildungen absolviert hatten, zu den ersten weiblichen Studenten der Jurisprudenz in

11 Mehrere Koalitionswechsel (1961, 1966, 1969) und Zeiten der Opposition (1957-1961 und 1966-1969) sowie der Regierungsbeteiligung - 1961-1966 mit den Christdemokraten und von 1969 bis 1982 mit den Sozialdemokraten - erlebte Emmy Diemer-Nicolaus hautnah (bis 1972 als MdB) mit. „Daraus folgt, daß die FDP seit 1949 mit Ausnahme von zwei Perioden (1956-1961, 1966-1969) an allen Regierungskoalitionen auf Bundesebene beteiligt war. Damit kann die FDP auf eine längere Regierungsbeteiligung zurückblicken als die beiden Volksparteien SPD und CDU/CSU." (Vorländer 1992: 267 Stichjahr 1991).

12 „Der, gemessen an der liberalen Parteiengeschichte, erstaunliche Erfolg der FDP ist jedoch weniger auf die programmatische Traditionsanbindung... zurückzuführen, als vielmehr auf die herausgehobene Position im Parteiensystem und die koalitionspolitische Funktion als Regierungspartei." (Ebendort: 267)

Deutschland.[13] Im Bundestag war Lüders geachtet und gefürchtet zugleich. Ihr scharfer Intellekt und ihre Redekunst verschafften ihr Respekt aber gewiß nicht immer Zuneigung auf den parlamentarischen Rängen. Emmy Diemer-Nicolaus tritt in vielem die Nachfolge ihrer bekannten Kollegin an.[14] Sie wird in den Rechtsausschuß und als Stellvertreterin in den Finanzausschuß gesandt. Außerdem sitzt sie anstelle von Lüders in der großen Strafrechtskommission. 1962 wird Emmy Diemer-Nicolaus ihre Nachfolgerin als Vorsitzende des Bundesfrauenausschußes der FDP. Darüber hinaus gehört Emmy Diemer-Nicolaus zu den aktivsten Rednerinnen im Parlament, und sie wird, wie Lüders, als eine der „besten Juristinnen des Hohen Hauses" bezeichnet.[15]

Emmy Diemer-Nicolaus vertritt ihre Partei im Sonderausschuß für die Strafrechtsreform und in der Großen Strafrechtskommission in den Jahren, als das bundesdeutsche Strafrecht grundlegend reformiert wurde. Viele seiner Bestimmungen und die Strukturen des gesamten Strafsystems stammten noch aus der Kaiserzeit und sollten durch ein modernes Rechtssystem abgelöst werden.

„Bundesjustizminister Dehler berief deshalb die Große Strafrechtskommission und beauftragte sie, Vorschläge für eine Gesamtreform des StGB zu erarbeiten." (Diemer-Nicolaus in: Baumann 1992: 445)

Die FDP war besonders in den 60er Jahren die Partei des Rechtsstaats-Liberalismus. Sie trug wesentlich dazu bei, ein wirklich liberales Strafrecht und Strafverfahren sowie im Vollzug die Abkehr vom Prinzip der Vergeltung, der Rache und Sühne durchzusetzen, und dies durch die Resozialisierung und Wiedereingliederung des Täters in die Gesellschaft zu ersetzen.[16] Emmy Diemer-Nicolaus vertritt eine im klassischen Sinne liberale Straf-

---

13 1912 promovierte sie als erste Frau in Deutschland zum Doktor rer. pol. mit einer Arbeit zum Thema: „Die Fortbildung und Ausbildung der im Gewerbe tätigen Frauen und Mädchen und deren juristische Grundlage".

14 Obgleich sie von der 30 Jahre älteren Fraktionskollegin bei ihrer ersten Begegnung einen Verweis bekommt: ihr leichtes Sommerkleid mit Trägerchen sei des Hohen Hauses nicht angemessen. Daraufhin zieht sich die jüngere Emmy Diemer-Nicolaus um.

15 Paul Lücke, Wohnungsbauminister, in: Bundestagsprotokolle, 3. WP., 117. S. vom 24.5.1960: 6752. - 1966 hält Emmy Diemer-Nicolaus die Trauerrede beim Tod ihrer Fraktionskollegin, die 87 Jahre alt geworden war.

16 Ein von 14 reformwilligen Rechtsprofessoren erarbeitetes Alternativ-Gutachten zum Regierungsentwurf wurde im Januar 1967 von der FDP-Fraktion in den Bundestag eingebracht. Es hat wesentlich zu der Reform beigetragen.

rechtsposition, in der es weniger um eine generalpräventive, oder instrumentell auf den Täter hin orientierte Straftheorie geht, als darum, die Grenzen des Strafrechts zu wahren und einer demokratischen Kontrolle zugänglich zu machen. In dieser Sicht einer liberalen Straftheorie ist sozusagen nur ein Minimum dessen, was für grundlegend und wertvoll in der Gesellschaft gehalten wird, Gegenstand strafrechtlicher Normierung. In dieser Sicht wird das Strafrecht begrenzt auf fundamentale Normen und auf den Schutz fundamentaler Rechtsgüter. Eine solche Theorie unterscheidet zwischen schweren, mittelschweren und leichten Verstößen. Bei schweren Verstößen ist das Strafrecht gefragt, bei mittelschweren geht es um pragmatisch sinnvolle Regelungen, und im Bagatell-Bereich ist das Strafrecht gar nicht zuständig. Kern der Reform sollte die Abkehr vom vergeltenden Strafrecht und von der „Vielstraferei“ (Jürgen Baumann) sein, der Wegfall der Zuchthausstrafe, „die sich als resozialisierungsfeindlich erwiesen“ hatte und die kurzfristige Freiheitsstrafe, die vor allem damals Verkehrssünder traf. Der Staat solle nicht für alles verantwortlich gemacht werden, insbesondere nicht für die sittlichen oder religiösen Anschauungen seiner Bürger. Diese könnten selbst Verantwortung übernehmen, so Emmy Diemer-Nicolaus. Damit zielte sie vor allem auf den Bereich des Sexualstrafrechts, in dem damals noch so veraltete Normen wie die Strafbarkeit des Ehebruchs oder der Kuppeleiparagraph enthalten waren.

Emmy Diemer-Nicolaus macht ihre rechtskritischen Positionen während ihrer parlamentarischen Tätigkeit vor allem in folgenden Themenbereichen geltend:

- 1961 bei ihrer Kritik an der Verschärfung des Scheidungsrechts und später bei der Initiative zu seiner Reform (s. Kap. 7),
- im Sonderausschuß für die Strafrechtsreform und
- bei der Beratung der Notstandsgesetze u.a. als stellvertretende Vorsitzende des Rechtsausschusses (1963-1965),
- ab 1967 bei der Reform des Nichtehelichenrechts und bei den zahlreichen Initiativen zur Änderung des § 218 (Darmstädter Tagblatt vom 29.3.1966).

Emmy Diemer-Nicolaus vertritt in ihren Reden im Bundestag das liberale Grundprinzip, die Interessen des Einzelnen vor dem staatlichen Zugriff zu schützen – auch vor den Fängen der Strafprozeßordnung. In der Auseinandersetzung um die Grundrechte, die es in der Demokratie besonders zu schützen gelte, bezieht sie immer klare Positionen: So argumentiert sie z.B. gegen die Zulassung von Medien bei Gerichtsprozessen, damit diese nicht zu „Schauprozessen“ würden. Emmy Diemer-Nicolaus tritt vehement für den

Schutz der Privatsphäre und der persönlichen Grundrechte ein, wie auch später im Oktober 1968, als ein unerlaubter Mitschnitt eines Telefongespräches zwischen einem Journalisten und dem Bundespresseamt für öffentliche Kontroversen sorgt (Stuttgarter Zeitung vom 11.10.1968).

1961 übt sie scharfe Kritik am Justizminister Schäffer, der an der Gründung der „Deutschland-Fernsehen GmbH" beteiligt gewesen war, die nach dem Urteil des Bundesverfassungsgerichts im sogenannten „Fernseh-Urteil" als verfassungswidrig eingestuft worden war.

> „Hier wurde im Wege eines privaten Vertrages unter Umgehung der Parlamente versucht, eine öffentliche Aufgabe in einer zentralistischen Art und Weise zu lösen." (Bundestagsprotokolle, 3. WP., 148. S. vom 9.3.1961: 8454)

Emmy Diemer-Nicolaus bezieht sich mit ihrer Kritik auf Adenauers Bravourstück und Alleingang, mit dem er auch seine Minister vor geschaffene Tatsachen stellte. Überhaupt scheint ihr Verhältnis zum ersten Bundeskanzler Konrad Adenauer und seinem undemokratischen Führungsstil nicht sonderlich gut gewesen zu sein. Geprägt wurde dies auch durch die sogenannte Spiegel-Affaire, die eine Welle öffentlicher Kritik am Kanzler und seinem Verteidigungsminister Franz-Josef Strauß auslöste. Dieses führte im November 1962 zu einer Regierungskrise: fünf FDP-Minister traten aus dem Kabinett Adenauer zurück.[17] „Das, was eine Regierung gern als Geheimnis bewahren möchte, ist noch lange kein Staatsgeheimnis", so Emmy Diemer-Nicolaus kritisches Fazit im Bundestag.

1967 plädiert Emmy Diemer-Nicolaus für ein Zeugnisverweigerungsrecht bei Journalisten – und erinnert indirekt an den Fall Augstein –, dieses solle immer Gültigkeit besitzen, außer wenn sich Reporter auf kriminelle Weise ihre Informationen beschafft hätten. Vor allem in der 4. Wahlperiode bis 1965 tritt Emmy Diemer-Nicolaus wiederholt für die Meinungs- und Pressefreiheit in der Demokratie ein und für eine

> „anerkannte Geheimsphäre für die Presse, damit sie möglichst ungestört den sehr verantwortlichen Aufgaben, die sie aufgrund des Art. 5 GG hat, nachkommen kann. ... Wir fragen als Liberale heute nicht nur nach der Freiheit „wovon?", sondern noch viel stärker nach der Freiheit „wofür?" (Bundestagsprotokolle, 4. WP., 110. S. vom 5.4.1960)

---

17 Im Dezember 1962 kommt es zu einer erneuten Regierungskoalition unter liberaler Beteiligung, nachdem der in seinem öffentlichen Renommee Schaden genommene 86jährige Bundeskanzler seine Rücktrittsabsicht erneuert und für das Jahr 1963 avisiert hatte.

Darüber hinaus argumentiert die liberale Juristin in den 60er Jahren gegen eine Frauen-Dienstverpflichtung, die sie für überflüssig hält,

„da die letzen beiden Weltkriege bewiesen haben, daß es den Frauen nie an Einsatzfreude und Tateifer gemangelt" habe. (Bonner Generalanzeiger vom 24./25.10.1964)

Wenn Emmy Diemer-Nicolaus im Plenum des Deutschen Bundestages spricht, ist ihr Argumentationsstil stets fair und selbstbewußt, außerdem beruft sie sich häufig auf ihre anwaltliche Erfahrung aus der Praxis. Auch in der 5. Wahlperiode (1965 bis 1969) legt sie ihre politischen Schwerpunkte eindeutig auf die Große Strafrechtsreform. In dieser Diskussion ist Emmy Diemer-Nicolaus eine der profiliertesten Kennerinnen der Materie und der Verteidigung der elementaren Rechte des einzelnen Staatsbürgers sowie einer Liberalisierung des gesamten Strafrechts und -vollzugs.

Emmy Diemer-Nicolaus nimmt zu verschiedenen prinzipiellen Punkten Stellung wie zu der Abschafffung der Zuchthausstrafe, zu der Resozialisierung speziell von Jugendlichen, sie plädiert für die Entkriminalisierung von „Gemeinlästigen", Bettlern, Nichtseßhaften und sogenannten „leichten Mädchen". Außerdem tritt sie schon früh für die ethische Indikation nach einer Vergewaltigung ein. Sie ist gegen die Strafbarkeit des Ehebruchs, gegen den § 175 und für eine Liberalisierung des Scheidungsrechts sowie für eine Reform des politischen Strafrechts. Auch ist sie gegen die Wiedereinführung der Todesstrafe – selbst bei Kindsmord. Sie argumentiert des weiteren ausführlich, daß Verdächtige beim Verhör nicht gezwungen werden dürften, die Wahrheit zu sagen, besonders in dem Falle, wo diese sie belasten würde. Es dürfe sich nicht strafverschärfend auswirken, wenn sie überhaupt nicht aussagten oder nicht die Wahrheit sagten. Sollte sich dieses später herausstellen, so dürfe dies nicht zum Nachteil der Verdächtigten ausgelegt werden. Damit verteidigt Emmy Diemer-Nicolaus eindeutig den Vertrauensschutz der polizeilich Verdächtigten nach dem Prinzip „in dubio pro reo":

„Grundsätzlich ist es die Aufgabe des Staates, dem Angeklagten die Schuld nachzuweisen. Daraus resultiert das Recht, daß der Verdächtige weder aussagen noch die Wahrheit zu sagen braucht". (Darmstädter Tagblatt vom 29.3.1966)

Ein Prinzip des Strafrechts müsse sein: „Abschreckung des Gelegenheit-Täters, Besserung des Neigungstäters und Sicherung der Allgemeinheit vor dem Gewohnheitstäter." (Ebendort) Emmy Diemer-Nicolaus plädiert gegen die Wiedereinführung der Vorbeugehaft, bei der sie „bedrohliche Assoziationen" bekommt, die sie an nationalsozialistisches Unrecht erinnern.

In den 5. Deutschen Bundestag zieht die FDP-Fraktion 1965 mit 50 Abgeordneten ein, davon sind fünf Frauen. Auf ihre wichtigsten Aufgaben als weibliches Mitglied des Bundestages angesprochen, formuliert Emmy Diemer-Nicolaus:

„Als Abgeordnete trage ich die Verantwortung für die gesamte Politik. Besonders werde ich mich für folgendes einsetzen:

1. Strafrechtsreform beenden und ein Strafrecht schaffen, das nicht einseitig konfessionell oder ideologisch ist, sondern modern und lebensnah.
2. daß die Reform des politischen Strafrechts vorab erfolgt,
3. daß die Große Strafverfahrens-Kommission alsbald berufen wird...
5. daß die wissenschaftlichen Erkenntnisse aus der Frauen-Enquete politisch aufgewertet und die Gesetze so gestaltet werden, daß sie der geänderten Stellung der Frau..., insbesondere im Berufsleben, gerecht werden.“ (Was wir Frauen wissen wollen. Mitteilungsblatt des Frauenreferats der FDP Bonn, September/Oktober 1964: 4)

Gleichzeitig vertritt Emmy Diemer-Nicolaus durchweg eine wirtschaftsliberale Grundeinstellung, die auf die Förderung des freien Mittelstandes abzielt und für die Privatisierung von öffentlichen Aufgaben und gegen Beschränkungen des freien Unternehmertums eintritt.

„Wir dürfen nicht zu einem Wohlfahrtsstaat werden. Und wir müssen sehen, daß die öffentliche Hand nicht mehr selbst wirtschaftliche Betriebe führt. Das ist eine alte Forderung der FDP.“ (Mannheimer Morgen vom 16.4.1958)

An diesem finanzpolitischen Dilemma brechen auch einige der frauenpolitischen Positionen der Freien Demokraten. Zum Beispiel als es um den zu erweiternden Mutterschutz der erwerbstätigen Frau geht, den die Sozialdemokraten von 6 auf 10 Wochen verlängern und mit einem absoluten Beschäftigungsverbot koppeln möchten, da argumentiert Emmy Diemer-Nicolaus aus finanzpolitischen Erwägungen heraus vorsichtig dagegen. Da die Wirtschaftspolitik der FDP wichtigstes Terrain ist, werden hier auch die Weichen für die Frauenpolitik gestellt.[18] Ein Argument liberaler Politik, das nicht nur im Rahmen frauenpolitischer Diskussionen auftaucht, lautet, der Staat habe sich aus dem Privatbereich seiner Bürger und Bürgerinnen weitgehend her-

---

18 Z. B. plädieren die Liberalen in späteren Jahren für flexible Arbeitsverhältnisse, die Veränderung der Ladenschlußzeiten, die Abschaffung des Nachtarbeitsverbots für Arbeiterinnen oder stimmen teilweise gegen den Erziehungsurlaub aus Kostengründen aber auch, weil sich, so die Argumentation, diese Maßnahmen im Endeffekt auf dem Arbeitsmarkt frauenfeindlich auswirken würden, vgl.: Meyer 1990.

auszuhalten.[19] Wirtschaft und Familie zählen nach Meinung von Liberalen zu den privaten, vorpolitischen Bereichen, in die der Staat nicht einzugreifen, sondern die er zu schützen habe. Dieser Punkt wird besonders kontrovers diskutiert in den Debatten um die Notstandsgesetze Mitte der 60er Jahre und natürlich von der neuen bundesdeutschen Frauenbewegung Anfang der 70er Jahre.

1967/68 legt Emmy Diemer-Nicolaus bei den Diskussionen um die Notstandsgesetze mehrfach im Plenum des Bundestages ihre kritisch-moderate Position dar. Sie plädiert zwar einerseits für die überfällige Ablösung der Rechte der Alliierten, aber der sogenannte Notstand dürfe nicht zur „Stunde der Exekutive" werden. Ohne die Gesetze gänzlich abzulehnen und deren Notwendigkeit in Abrede zu stellen, tritt sie als scharfe Gegnerin einiger Punkte auf:

Vor allem die Einschränkung der Freizügigkeit und die Beschränkungen des Aufenthaltsrechts sowie die Definition des „Inneren Notstandes" bereiten ihr Sorge.

> „Wollen Sie der deutschen Bevölkerung, wenn ein solcher Fall eintreten sollte – was ich aber nicht annehme und auch nicht hoffe –, verwehren, daß nächste Familienmitglieder zueinander kommen? Wenn ich wüßte, daß ein Kind von mir in einem Unruhegebiet wäre, dann wäre mein erstes, dorthin zu fahren und dafür zu sorgen, daß das Kind wieder mit der Familie zusammenkommt." (Bundestagsprotokolle, 5. WP., 174. S. vom 15.5.1968: 9334)

Ihre grundsätzliche Kritik an den geheim gehaltenen Plänen der Regierung, an den sogenannten „Schubladengesetzen", hege sie heute immer noch, wie sie 1993 im Interview betont. 1968 argumentiert sie im Bundestag dagegen:

> „Hier frage ich mich wieder, was damit gemacht werden könnte. ... Soll vielleicht ein Gesetz für politisch mißliebige Personen gemacht werden, nach dem sie sich nur ... an bestimmten Orten aufhalten dürfen? Warum hat die Regierung nicht, wie es doch notwendig wäre, wenn ein Grundrecht eingeschränkt werden soll, ganz konkrete Fälle aufgezeigt und Situationen aufgeführt, um zu überzeugen, daß es wirklich notwendig ist, diese weitere Einschränkung eines Grundrechtes vorzunehmen?" (Ebendort)

---

19 So führte der FDP-Abgeordnete Detlev Kleinert in den 70er/80er Jahren das Weniger-Staat-Argument gegen die Kriminalisierung der Vergewaltigung in der Ehe an, entgegen dem Beschluß des Kieler Parteitages von 1987.

Emmy Diemer-Nicolaus wird 1957 Mitglied des Deutschen Bundestages und dies in einer Zeit, in der es relativ „verpönt“ war, daß eine Frau hauptberuflich Politik betreibt, dazu noch, wenn sie verheiratet war und Mutter von (mehreren) kleinen Kindern. 1957 war ebenfalls das Jahr, in dem, nach heftigen Diskussionen auch in der Öffentlichkeit, kurz vor Ende der 2. Legislaturperiode das sogenannten Gleichberechtigungsgesetz verabschiedet wurde. Es trägt allerdings seinen Namen zu Unrecht, denn es legte die überkommene patriarchalische Familienordnung als „natürlich“ fest und enthielt zunächst sogar noch den väterlichen Stichentscheid. Die überfällige Reform des Ehe- und Familienrechts blieb weit hinter der Forderung des Grundgesetzes nach tatsächlicher Gleichberechtigung zurück, da die geschlechtsspezifische Arbeitsteilung durch die „Hausfrauenehe“ weiterhin gesetzlich fixiert war und bis 1977 galt.[20]

Es hatte sich die Auffassung der christlichen Parteien durchgesetzt, die sich an der Vorrangigkeit des Art. 6 GG gegenüber Art. 3 orientierten. Sie sahen es als Aufgabe des Staates an, den Bestand und die Unauflöslichkeit der Ehe zu schützen gegenüber einer als zu weitgehend empfundenen Emanzipation der Frau.

> „Die Gleichberechtigung findet an den Aufgaben und Pflichten der Familie ihre selbstverständlichen und natürlichen Grenzen.“ (Union in Deutschland. Informationsdienst, Nr. 96, vom 3. 12. 1952: 2)

Alles, was mit der Zunahme der weiblichen Erwerbstätigkeit zusammenhing, wurde von der CDU/CSU als familiengefährdend bis ehezerstörend eingeschätzt. Franz Josef Würmeling, ab 1953 erster Bundesfamilienminister der Union, trat als einer der entschiedensten Gegner einer Frauenerwerbstätigkeit auf. Diese habe einen „gemeinschaftzerstörenden Charakter“, weil sie den Individualismus zu sehr betone. Im nachhinein ist es schwer auszumachen, wie viele Anstrengungen es Politikerinnen damals tatsächlich gekostet haben mag, „gegen den Strich“ zu argumentieren und zu leben. Sie selbst waren ja

---

20 § 1356 BGB lautete: „Die Frau führt den Haushalt in eigener Verantwortung. Sie ist berechtigt, erwerbstätig zu sein, soweit dies mit ihren Pflichten in Ehe und Familie vereinbar ist.“ Im § 1360 wurde darüber hinaus festgelegt: „Die Frau erfüllt ihre Verpflichtung, zur Arbeit zum Unterhalt der Familie beizutragen, in der Regel durch Führung des Haushalts; zu einer Erwerbstätigkeit ist sie nur verpflichtet, soweit die Arbeitskraft des Mannes und die Einkünfte der Ehegatten zum Unterhalt der Familie nicht ausreichen ...“

die Verkörperungen der Antithese zu den einseitigen Verhaltenszuweisungen an Familienfrauen.

„Mein Familienleben geht niemanden etwas an", sagt Emmy Diemer-Nicolaus heute. Diese resolute Haltung hat vermutlich ihren Ursprung in den zahlreichen Ressentiments gegenüber öffentlich auftretenden und politisch tätigen Frauen sowie in der damaligen Tendenz, alle Frauen allein auf ihre Familienpflichten hin festzulegen. Dagegen mußten sich auch profilierte Politikerinnen schützen. Und so hat Emmy Diemer-Nicolaus sicher nicht zuletzt auch aus eigenen Erfahrungen heraus gegen die Diskriminierung von Frauen im Ehe- und Familienrecht gestritten.

Zu zwei wichtigen Gesetzesinitiativen gibt sie früh entscheidende Anstöße: sie war

> „diejenige, die die Reform des § 218 des Strafgesetzbuches als erste im Bundestag in Gang brachte... sie stieß damit auf erhebliche Kritik und Empörung: doch damit begann eine allgemeine rechtspolitische Diskussion, die schließlich zur Reform der überholten Strafbestimmungen führen sollte" (Fels in: Funcke 1984: 199).

Emmy Diemer-Nicolaus plädiert bereits früh für das volle Selbstbestimmungsrecht von Frauen und gegen die moralische Heuchelei von Politikern und Verfassungsrichtern. Sie macht dafür eine rein naturwissenschaftliche Betrachtungsweise auf das menschliche Leben verantwortlich, die eben nicht die einmalige Verbindung zwischen der Mutter und dem in ihr wachsenden Leben berücksichtige, sondern rein schematisch vorginge. Daneben war sie eine der ersten, die eine Reform des *Scheidungsrechts* für überfällig hielt. Emmy Diemer-Nicolaus hatte in ihrer Anwaltskanzlei Kontakt zu vielen scheidungswilligen Frauen, deren Ehen gescheitert waren. Dennoch war die Rechtslage für diese Frauen verheerend, die allermeisten konnten sich praktisch nicht scheiden lassen, da sie rechtlich und finanziell nicht abgesichert waren. So geriet Emmy Diemer-Nicolaus als Anwältin in eine prekäre Situation: Sie mußte den Frauen von der Scheidung abraten, „obwohl ich wußte, daß das für sie ganz schwer war" (Interview: 34).

Aus diesen praktischen Erfahrungen (und nicht zuletzt aus der eigenen gescheiterten zweiten Ehe heraus) ist die Reform im Sinne einer Liberalisierung des Scheidungsrechts eines ihrer dringlichsten Anliegen. Zunächst einmal sieht es politisch allerdings anders aus. Am 28.6.1961 beschließt der Bundestag quasi in der letzten Stunde der 3. Wahlperiode mit den Stimmen der absoluten Unionsmehrheit eine Verschärfung des Scheidungsrechts, nämlich die Neufassung des § 48 Abs. 2 im Ehe- und Familienrecht. Vor allem der katholische Familienminister Würmeling setzt sich gegen die Ehescheidung ein, da auf diese Weise „ein staatlich sanktionierter Ehebruch“ eine „spätere Heirat ermöglichen“ würde (Bundestagsprotokolle, 3. WP., 164. S. vom 28.6. 1961: 9468 f.). Er plädiert für den Schutz der ehewilligen und treuen Ehefrau. Emmy Diemer-Nicolaus argumentiert demgegenüber, daß es 1960 in der Bundesrepublik nur 164 Scheidungen gegeben habe, die *gegen* den Widerspruch eines Ehepartners ausgesprochen worden seien. Außerdem gingen 40 % der Scheidungsbegehren von Frauen aus, und so sei es schwierig, mit dem *Schutz* der Frauen zu argumentieren, um eine Verschärfung durchzusetzen, wie es die CDU täte. Emmy Diemer-Nicolaus äußert öffentlich den Verdacht, daß dieses „Scheidungsverbotsgesetz“ ohne Anhörung von Sachverständigen, Richtern, Elternverbänden und Eheberatern durchgepeitscht werden sollte. Sie argumentiert mit ihren Erfahrungen als Anwältin und setzt sich v.a. für die Sicherung von Unterhaltsansprüchen der Ehefrau ein.[21] Doch die Mehrheit des Parlaments beschließt 1961 gegen alle Gegenargumente die nun auch staatlich sanktionierte Unauflöslichkeit der Ehe.[22]

Der Bereich, in dem die unterschiedlichsten Auffassungen über die Stellung und Aufgabe der Familie und die widersprüchlichsten dahinterstehenden Frauenleitbilder zu Tage traten, war *das Recht von nichtehelich geborenen Kindern und ihren Müttern*. Hier wurde wie sonst selten im Bundestag ein ideologischer Meinungsstreit ausgetragen zwischen konservativ-klerikalen bis modern-reformoffenen Positionen, unter anderen repräsentiert von liberalen Frauen wie Emmy Diemer-Nicolaus. Bereits um die Jahrhundertwende war von namhaften Frauenrechtlerinnen eine Veränderung der Ausgrenzung, rechtlichen Diffamierung und Diskriminierung von ledigen Müttern und ihren Kindern gefordert worden.[23] Insofern formulierte das Grundgesetz mit seinem Auftrag an den Gesetzgeber, den „unehelichen Kindern... die gleichen Bedingungen für ihre leibliche und seelische Entwicklung und ihre Stellung in der Gesellschaft zu schaffen wie den ehelichen Kindern“ (Art. 6. Abs. 5 Grundgesetz), bereits 1949 eine historisch längst überfällige Reform.

---

21 Bundestagsprotokolle, 3. WP., 164. S. vom 28.6.1961. In dieser Debatte wird ihre Argumentation sogar unüblich scharf: „Ja, Frau Kollegin Schwarzhaupt, ich spreche jetzt nicht von der Theorie, sondern von der Praxis, wie es tatsächlich ist. Da können Sie noch so viel Theoretisches sagen, in der Praxis ist es anders!“

22 1967 wird dieses Gesetz gelockert, aber erst mit der Eherechtsreform 1977 in der Substanz verändert, vgl. Kapitel Lepsius. - Anfang der 60er Jahre wurden rd. 10% der Ehen geschieden, heute ca ein Drittel.

23 Hier trat schon Marie-Elisabeth Lüders hervor, die - selbst Betroffene - bereits im Reichstag für eine verbesserte Rechtsstellung der ledigen Mutter kämpfte.

Sieht man sich die Debatten an, die in den 60er Jahren um die Reform des Art. 6. Abs. 5 GG in der Öffentlichkeit, in den Parteien und im Bundestag geführt worden sind, so liegt der Gedanke nahe, daß diese Reform nicht wegen der eklatanten Rechtlosigkeit und somit verfassungswidrigen Ungleichbehandlung von in der Ehe lebenden und ledigen Müttern (und Vätern) auf den Weg gebracht werden sollte. Intention war die Eliminierung der offenliegendsten Diskriminierungen des (im damaligen Sprachgebrauch noch) unehelichen Kindes, ohne daß man an der prinzipiellen Differenzierung zwischen ehelicher und unehelicher Elternschaft etwas verändern wollte. Bereits am 30.3.1966, damals noch in der christlich-liberalen Regierungskoalition, richtet die Abgeordnete Dr. Diemer eine Kleine Anfrage an die Bundesregierung und drängt den Justizminister Richard Jäger auf eine zügige Behandlung der überfälligen Reform.

Nach dem Koalitionswechsel 1969 konnte die FDP in einigen gesellschaftspolitischen Bereichen ihre reformoffene Haltung besser zum Ausdruck bringen, als dies in der Koalition mit den Christdemokraten möglich gewesen war. Ehe nun das reformierte Nichtehelichenrecht in Kraft treten konnte, mußten aber auch manche Liberale ihr Frauenbild ein wenig konturieren. Teile der FDP-Fraktion beschworen nämlich ebenso wie CDU/CSU den Widerspruch zwischen ehelicher und nichtehelicher Elternschaft. „Illegitime" Kinder und vor allem ihre Mütter existierten nach diesem Bild nur *neben* der Ehe und wirkten als Störfaktoren und potentielle Gefahr für die christliche Ehegemeinschaft: die staatlich legitimierte Familie. Auch Emmy Diemer-Nicolaus geht davon aus, daß der Vater des nichtehelichen Kindes in der Regel verheiratet ist. Hier ist sie sozusagen „Tochter ihrer Zeit" und ihres bürgerlichen Hintergrundes. Aus diesem Grunde beurteilt sie die völlige Gleichbehandlung von ehelichen und unehelichen Kindern im Erbrecht eher skeptisch und will diese Kinder auf keinen Fall besser stellen als ehelich geborene (Bundestagsprotokolle, 5. WP., 146. S. vom 17.1.1968: 7569).

Die aus dem vorigen Jahrhundert stammende Vorenthaltung der vollen elterlichen Gewalt (heute: Sorge) für die ledige Mutter beruhte auf einer Zweiteilung von Frauen in wohlanständige Ehefrauen, mit denen man legitime Nachkommen zu erzeugen habe, und in moralisch minderwertige ledige Frauen, vor deren Ansprüchen und Abkömmlingen der „wohlanständige" Ehemann und seine Familie staatlich zu schützen sei. So wurden die Parlamentarier denn auch schon in den 60er Jahren von fortschrittlichen Juristen auf dieses eher antiquierte und moralisch diskreditierende Frauenbild hingewiesen. Die SPD und Teile – vor allem unter den weiblichen Abgeordneten –

der FDP hatten allerdings durch die gesamte Nichtehelichenrechtsdiskussion ein fortschrittlicheres Frauenleitbild, das weniger an moralischen Normen, denn an der zum Teil bedrückenden sozialen Situation von ledigen Müttern orientiert war. In der Frage der elterlichen Gewalt zeigten die christlichen Parteien, im Gegensatz zur SPD und FDP, große Vorbehalte gegenüber dem Verantwortungsbewußtsein und der Vernunftfähigkeit von ledigen Müttern. CDU/CSU-Politiker wollten eher das Vormundschaftsgericht, nicht aber die Mutter in den Rechten über das Kind stärken. Das Frauenleitbild, das bis heute eine rechtliche Kontrolle der nichtehelichen Mutter legitimiert, wurzelt in einem konservativen Ressentiment, das allein die *Ehe* als Ansatzpunkt und Maßstab einer staatlichen Familienpolitik begreift und Frauen allein als Ehefrauen für mündig erachtet. Sachverständige aus Landesjugendverwaltungen sprachen sich damals schon für eine Stärkung der ledigen Mutter aus und festigten die sozialliberale Position, die sich dann schließlich auch durchsetzen konnte.

8. Frauenspezifik

Es ist grundsätzlich schwierig, mit Emmy Diemer-Nicolaus über Frauenspezifisches in der Politik zu reden. Keine Fragen rufen bei ihr so viel Erstaunen und angestrengte Ratlosigkeit hervor, wie die nach ihren Erfahrungen von frauenspezifischen Benachteiligungen in ihrem Leben. Glaubhaft versichert sie, niemals welche erlebt zu haben. In der Politik müsse man sich eben durchsetzen, unabhängig von Person und Geschlecht. Und das habe sie getan. Auf Fragen nach speziellen Bedingungen oder ihren Einschätzungen, als Frau in der Politik mitzuwirken, reagiert sie mit großer Verständnislosigkeit – und dieses trotz ihres vielfältigen und jahrzehntelangen Einsatzes für die Lösung zahlreicher frauenpolitischer Probleme – vom Scheidungsrecht über die Forderung nach Teilzeitarbeit für weibliche Beamte bis zum § 218. Obgleich ihr auf Nachfragen im Interview so manche Benachteiligungen von Frauen generell einfallen, scheint für sie die Politik davon ausgespart:

„Ich hatte immer den Eindruck man wird gleich behandelt. ... Ich habe ... keinen Unterschied gemerkt“, antwortet sie auf die Frage, ob eine Frau in der Politik besser sein müsse, um einen bestimmten Posten zu bekommen. Auch ihr Verhalten habe sie nicht anpassen müssen: „Ich war immer ich selbst“, sagt sie, und es klingt ganz selbstverständlich (Interview: 26). Emmy Diemer-Nicolaus spricht über die für sie als Frau einschneidenden gesetzlichen Restriktionen in der NS-Zeit als Faktum, mit dem man sich als Frau eben zu arrangieren hatte. Natürlich waren die NS-Berufsverbote für Frauen erhebliche Einschränkungen der Berufs- und Lebensplanung. Aber sie gehörten – so die mögliche Interpretation ihrer Aussagen – sozusagen implizit zu diesem menschen- also auch frauenverachtenden System. Berufsbeschränkungen speziell für Frauen besaßen für Emmy Diemer-Nicolaus, so scheint es, keine Tiefendimension, weder strukturell, noch historisch oder ideologisch. Außerdem hat sie in ihrem Leben, wie bereits angesprochen, stets die Fähigkeit bewiesen, mit Einschränkungen oder Schicksalsschlägen gut umgehen zu können.

Später, vor allem in den 80er Jahren, als das Thema „Frauen in der Politik" an Aufmerksamkeit gewinnt, wird Emmy Diemer-Nicolaus mehrfach von Journalistinnen auf ihre Lebensgeschichte hin angesprochen. Bei einer dieser Gelegenheiten erklärt sie beispielsweise zu frauenspezifischen Diskriminierungs-Erfahrungen mit Nachdruck:

> „Der Aufbau meiner Praxis erfolgte in gleicher Weise wie bei meinen männlichen Kollegen. Irgendeine Benachteiligung konnte ich nicht feststellen, auch nicht bei den Gerichten... Eine Benachteiligung habe ich nie erfahren."[24]

Emmy Diemer-Nicolaus wirkt glaubwürdig auch in diesem Punkt. Möglicherweise hängt ihr Empfinden damit zusammen, daß sie sich als Ausnahmefrau fast immer in Männerdomänen bewegt hat und dort ihren eigenen Stil entwickeln konnte, der es ihr ermöglichte, von Kollegen, auch von politischen Gegnern, akzeptiert zu werden. Wohlgefühlt hat sie sich auf jeden Fall in männlichen Domänen. Vielleicht war sie auch in der Nachkriegszeit und in den 50er und 60er Jahren als Frau in der Politik (dazu noch mit untypischen Themen wie Recht und Finanzen) eine so große Ausnahme und Besonderheit, daß Männer ihre eigenen Positionen (und ihre Männlichkeit) nicht bedroht sahen. Gegenüber klassischen Frauen-Themen hatte Emmy Diemer-Nicolaus bereits im Gemeinderat Stuttgart Vorbehalte. „Ich bin von Anfang an verdorben für Frauenpolitik" Darunter versteht sie: „schöne Worte zu Frauen, Familie und Sozialem, die finanziell nicht realisierbar" seien, wie „zum Beispiel die Begleitgesetze zum § 218." (Interview: 40) Auch von reinen Frauenorganisationen hält sie wenig: „Meistens war ich ... in Männervereinen." Und über ihre Arbeit als Vorsitzende des Bundesfrauenausschusses der FDP sagt sie heute:

---

24 Tagung der Evangelischen Akademie Bad Boll, Arbeitskreis Rechtsanwältinnen zwischen Rechtsuchenden und Justiz, 2.-4.10.1987

„Ich hatte so viel von qualifizierten Frauendiskussionen erlebt, die aber bei den Politikern nicht ankamen, weil das eben reine Frauenveranstaltungen waren." (Interview: 47)

Andererseits verfolgt sie ihr Leben lang durchaus frauenpolitische Ziele, und auch als Anwältin ist sie oft mit frauenspezifischen Problemlagen konfrontiert gewesen. Die Durchsetzung des Gleichberechtigungsartikels im Grundgesetz war ihr sogar so wichtig, daß sie sie schon zu Beginn des Interviews als mit ausschlaggebend für ihr parteipolitisches Engagement nennt. Zur Zeit ihres Gemeinderatsmandats hat sie sich energisch für die ausstehende Gleichberechtigung von Frauen eingesetzt und mit Unterstützung der amerikanischen Militärbehörden in den entlegendsten Orten dafür geworben.

„Ich bin überall hingefahren und habe darüber aufgeklärt, wie benachteiligt die Frauen im und durch das Recht sind, besonders im Eherecht, daß zum Beispiel die Frau die Genehmigung des Ehemannes braucht, um zu arbeiten, daß der Mann das Arbeitsverhältnis kündigen kann, daß sie kein eigenes Bankkonto errichten konnte und all diese Benachteiligungen. Die Unwissenheit in diesen KKK-Zeiten war katastrophal! Ich forderte Reformen, die inzwischen auch erfolgt sind." (Interview: 21)

Die Frauenpolitik war vermutlich ein Grund für Emmy Diemer-Nicolaus, von der Landes- in die Bundespolitik zu wechseln. Doch: Die Liberalen haben frauenpolitische Themen selten zum Schwerpunkt ihrer parlamentarischen Arbeit gemacht. Genausowenig Emmy Diemer-Nicolaus. Insofern stimmt ihre Parteiwahl. So lobt sie, daß die FDP die Gleichberechtigung niemals als „schematische Gleichmacherei" verstanden habe. Dies sei sei auch ihre Position.

9. *Persönliche Situation*

„Blond, überraschend klein, zierlich und sehr lebhaft, das ist der erste Eindruck, den man von Frau Dr. Diemer-Nicolaus aus Stuttgart, der neuen Abgeordneten der FDP im Bundestag gewinnt. Niemand traut ihr zu, daß sie schon Großmutter ist. 'In den Handbüchern steht das immer falsch', sagt sie, 'ich bin geschieden, habe drei Kinder, von denen das älteste schon 26 ist, und Enkelkinder habe ich auch...'" (Mannheimer Morgen vom 16.4.1958)

Daß die Frage nach ihrem Privatleben aus anderen Gründen als aus Neugier oder unzulässiger Distanzlosigkeit gestellt werden könnte, kommt Emmy Diemer-Nicolaus nicht in den Sinn: „Ob ich verheiratet bin, nicht verheiratet bin, wieviele Kinder ich hab'oder nicht, ... für die Politik ist das doch vollkommen unbedeutend." (Interview: 42) Es ist dies einer der wenigen Punkte, wo ich ihr energisch widerspreche.

1930 – mit 20 Jahren – heiratet Emmy Diemer-Nicolaus ihren ersten Mann, einen Studienassessor, und bringt im selben Jahr ihre Tochter zur Welt. 1932 verunglückt ihr Mann tödlich. So macht sie die bittere (und frauentypische) Erfahrung, ohne Berufsausbildung und mittellos mit ihrer kleinen Tochter dazustehen. Allerdings ist sie noch jung, gerade 22 Jahre alt, und begabt. So gelingt es ihr mit Unterstützung ihrer Eltern, Studium und Berufsanfang in einer sehr kurzen Zeit zu absolvieren. Dies war sicherlich ihrer Durchsetzungsfähigkeit und ihrer inneren Kraft, auch gegen Widerstände anzugehen, zu verdanken. Kurz vor Beginn des zweiten Weltkrieges heiratet sie zum zweiten Mal, einen Juristen, der bald als Soldat eingezogen wird. 1940 wechselt sie, zum zweiten Mal schwanger („Aber da hab' ich bis zum letzten Tag gearbeitet. Natürlich.") ihre Arbeitsstelle und zieht mit ihrer 10jährigen Tochter nach Stuttgart. Dort wird im Oktober 1940 ihr ältester Sohn geboren, 1945 ihr jüngster. Von ihrem zweiten Mann läßt sich Emmy Diemer-Nicolaus 1950 scheiden.

„Der kam aus dem Krieg so verändert zurück. Wir hatten die erste Praxis gemeinsam. Das ging aber auf die Dauer nicht. Da habe ich mich scheiden lassen". (Interview: 33)

Auch sein Verhalten gegenüber den Kindern war offenbar enttäuschend. Er war ihr wohl keine Hilfe bei der Bewältigung ihres Alltags, weder politisch noch privat. Die Scheidung folgte konsequent und ist typisch für die damalige Zeit, in der zahllose Ehen daran zerbrachen, daß sich die Ehepartner durch Krieg, Bombardierung und Gefangenschaft völlig auseinandergelebt hatten. Es fällt auf, daß das jeweilige Ende ihrer zwei Ehen Emmy Diemer-Nicolaus nicht lähmte oder zurückwarf, sondern vielmehr Kraft und zahlreiche Aktivitäten freisetzte. Die Kinderbetreuung mußte sie während ihrer Landtags- und Bundestagszeit mit Hilfe von dritten Personen organisieren. Trotzdem versuchte sie, sich neben ihrem beruflichen und politischen Engagement, möglichst viel selbst um die Kinder zu kümmern:

„Wie also der älteste Junge klein war, bin ich schnell in der Mittagspause `rauf... und habe ihn versorgt und habe ihn morgens versorgt, bevor ich wegging, so daß er nur noch das Fläschchen zu bekommen brauchte, und habe ihn wieder versorgt, wenn ich abends zuhause war."(Interview: 36)

Später sagt sie einmal in einem Zeitschriften-Interview, daß für eine Mutter „kleine Kinder und ein Bundestagsmandat kaum zu vereinbaren seien." Insofern geht sie auch erst nach Bonn, nachdem die Kinder aus dem Gröbsten heraus sind. Die Tochter studierte später Physik und Mathematik, heiratete 1953 einen Physiker und wurde nichtberufstätige Hausfrau und Mutter. Der jüngste Sohn studierte Jura wie seine Mutter und wurde Kammervorsitzender am Sozialgericht und Mitarbeiter am Bundesverfassungsgericht. Auf ihn ist sie besonders stolz. Heute hat Emmy Diemer-Nicolaus vier Enkelkinder, darunter drei junge Frauen, die selbst keine Kinder bekommen möchten.

Emmy Diemer-Nicolaus hatte immer den Anspruch, neben ihrem politischen und beruflichen Engagement eine gute Mutter zu sein. Auch erwähnt sie nie, daß ihre politische Arbeit sie belastet habe, oder daß ihr irgend etwas zu viel wurde. Sie spricht zwar durchaus von ihrem immensen Arbeitspensum und der ständigen Anspannung, aber es schwingt auch so etwas wie Stolz mit, dies alles geleistet zu haben. „Wenn die anderen frei hatten, dann war ich irgendwo."

Am Beginn dieses Jahrhunderts zur „höheren Tochter" geboren, wurde Emmy Diemer-Nicolaus mit großer Energie und Intelligenz zur einflußreichen Strafrechtsexpertin der Liberalen. Damit hat sie im wahrsten Sinne des Wortes die Grenzen des weiblichen Geschlechts zu ihrer Zeit überschritten.

Ursula Seiler-Albring

„Ja, ich möchte Minister werden!"

Ursula Seiler-Albring war die dritte FDP-Politikerin in der Funktion einer Staatsministerin im Auswärtigen Amt unter Hans-Dietrich Genscher und dann von 1992 bis 1994 unter dem Nachfolger, dem liberalen Außenminister Klaus Kinkel. Sie folgte hierin ihren beiden Amtsvorgängerinnen Hildegard Hamm-Brücher und Irmgard Adam-Schwaetzer, die von 1976 bis 1982 bzw. von 1987 bis 1991 als Staatsministerinnen tätig waren. Dieses Amt ist ein merkwürdiges: Einerseits ist es in der politisch-parlamentarischen Hierarchie weit oben angesiedelt, die Staatsministerin ist Regierungsmitglied, sie hat, wie es heißt, Kabinettsrang, und wenn die Beurteilung nach Kriterien wie persönlicher Einfluß und Nähe zum Minister erfolgt oder nach Besoldungsstufen, ist es ein sehr hochrangiges Amt. Andererseits – und dieser Punkt kennzeichnet die Merkwürdigeit – ist die Staatsministerin keineswegs und niemandem gegenüber weisungsbefugt. Außerdem ist der Inhaber bzw. die Inhaberin dieser Position – darin parlamentarischen Staatssekretären gleichgestellt – abhängig vom politischen Kurs des jeweiligen Ministers und kann dafür auch zur Verantwortung gezogen werden – ob parteiintern oder in der Öffentlichkeit. Ursula Seiler-Albring scheint sich der vielfachen Bedeutungen sowie der positiven wie problematischen Aspekte einer solchen politischen Aufgabe sehr bewußt zu sein. Selbst- und amtskritische Bemerkungen in unserem Gespräch im Jahre 1993 lassen darauf schließen, daß sie in der 13. Wahlperiode ab 1994 ihre Kandidatur für einen nächsthöheren Posten anmelden wird. Und es klingt keineswegs unbescheiden aus ihrem Munde, wenn sie spontan und entschlossen zugibt, daß sie „Minister werden" möchte.

Nachtrag nach dem März 1994: Am Sonntag, dem 6. März 1994, beim Landesparteitag der baden-württembergischen FDP, fiel Ursula Seiler-Albring bei der Bewerbung für einen aussichtsreichen Listenplatz zweimal durch. Damit sind ihre Aussichten auf ein erneutes Bundestagsmandat, das sie seit nunmehr elf Jahren innehat, gleich null. Diese Niederlage ist ihr vermutlich von Leuten zugefügt worden, die nicht beurteilen können, „was und wieviel diese Frau gearbeitet hat" (FDP-Kreisvorsitzender Ulrich Theurer, Waiblinger Kreiszeitung v. 8.3.1994). Doch Ursula Seiler-Albring läßt sich vermutlich nicht langfristig enttäuschen. Selbstverständlich bliebe sie weiterhin politisch aktiv und führe 1994 noch „einen anständigen Bundestagswahlkampf": „der Kreisverband, dem ich viel verdanke, hat ein Recht darauf." (Ebendort)

Ursula Albring wird mitten im Zweiten Weltkrieg, am 19.7.1943, in Saarbrücken geboren. Sie ist die älteste Tochter eines katholischen Ärztehepaares, deren Familien beide aus Westfalen stammen. Da der Vater bis 1949 in russischer Kriegsgefangenschaft war, wuchs Ursula A. bis zu ihrem sechsten Lebensjahr alleine bei der Mutter auf, die als Ärztin in einem kleinen Krankenhaus für den Lebensunterhalt sorgte. Nach dem Krieg wird die Familie noch um drei Kinder erweitert: der Bruder wird 1950, die beiden jüngeren Schwestern werden 1953 und 1956 geboren. Diesen familiären Wechsel bezeichnet Ursula Seiler-Albring aus heutiger Sicht als das für sie Wichtigste in ihrer Kindheit.

„Das war doch ein großer Einschnitt in meine Entwicklung, daß ich, die ich meine Mutter sechs Jahre lang ganz alleine gehabt habe, nun plötzlich einen Vater hatte, der sie auch haben wollte, und dann kamen dann noch plötzlich drei Geschwister, mit denen ich sie zu teilen hatte." (Interview: 5)

Wie in vielen Nachkriegsfamilien, in denen die Väter nach langen Jahren Krieg und Gefangenschaft ihren Frauen und Kindern als Fremde gegenübertraten, konnte diese Entfremdungs-Hypothek nur sehr langsam abgetragen werden. Für den Vater Albring war die Geburt seines Sohnes zudem der ersehnte Neuanfang sowie später die der jüngeren Töchter: symbolisierten sie für ihn doch im wahrsten Sinne ein „neues Leben". Für die im Krieg geborene Älteste blieb das Verhältnis zum Vater über lange Jahre hinweg problematisch, die emotionale Orientierung zur Mutter überwog eindeutig. Heute bezeichnet Ursula Seiler-Albring ihr Verhältnis zum Vater allerdings als „ganz hervorragend". Mit seiner Rückkehr veränderte sich nicht nur die Familienkonstellation, sondern auch der Wohnort, da der Vater eine Anstellung an einem entfernten Krankenhaus bekam, und die Mutter nach der Geburt ihrer weiteren Kinder ihre Fachärztin-Ausbildung abschloß. Beide Eltern waren Röntgenologen, auch die Mutter war bis auf kurze Unterbrechungen durchgängig in ihrem Beruf tätig. Ab 1956 betrieben sie eine gemeinsame Praxis in Gelsenkirchen. Auch 1994 sind beide noch beruflich aktiv mit Vertretungen und ähnlichem.

Der Vater war in der Familie Albring wohl die dominierende Figur. Er stammte aus konservativ-katholischem Milieu.[1] Die Mutter repräsentierte

1 Er hätte, wenn es sie in Nordrhein-Westfalen gegeben hätte, wahrscheinlich die CSU gewählt. Sein Bruder war katholischer Priester. In der Familie wurde in der Nachkriegszeit zu 99% die CDU gewählt.

eher eine liberale Gesinnung. Obwohl Toleranz nicht gerade zu den Stärken ihres Vaters gehörte, scheint sich Ursula Seiler-Albring in ihrer Meinungsbildung „nie behindert, aber auch nicht unbedingt gefördert" empfunden zu haben, sie sei in einer „wirklich ausgesprochen liberalen Atmosphäre aufgewachsen". (Interview: 7)

Ursula Seiler-Albring erlebt im Hause ihrer berufstätigen Eltern zahlreiche politische Gespräche, an denen die Kinder allerdings nur rezeptiv teilnehmen dürfen.

„Das politische Tagesgeschehen wurde schon sehr aufmerksam verfolgt und auch diskutiert, aber damals saßen Kinder zwar mit am Tisch, aber sie wurden so intensiv doch noch nicht einbezogen." (Ebendort)

Erst Jahre später, als die älteste Tochter bereits aus dem Hause und verheiratet ist, und die jüngeren Geschwister bereits erwachsen sind und somit ihre eigene Meinung vertreten, entwickeln sich zwischen den Familienmitgliedern

„... hitzigste Diskussionen ..., die dann darin gipfelten, daß verboten wurde, bei uns zu Hause über Politik zu sprechen." (Interview: 8)

Vor allem scheint es ihr jüngerer Bruder gewesen zu sein, der später den Vater und den Großvater auf Erfahrungen und Verstrickungen im Nationalsozialismus hin befragt und damit – wie viele seiner Generation – den Part des Initiators einer familiären Auseinandersetzung mit der deutschen Vergangenheit übernommen hatte.

Im Hause Albring war es selbstverständlich, daß alle Kinder das Gymnasium besuchten und das Abitur ablegten. Auf die anschließende Berufsausbildung übten die Eltern allerdings keinen gezielten Einfluß aus, was Ursula Seiler-Albring rückblickend ein wenig zu bedauern scheint, denn sie wäre eventuell auch gerne Ärztin geworden, wenn ihre Eltern sie nur damals dazu ermuntert hätten. Sie selbst zog ein Medizinstudium aber nie in Erwägung aufgrund der „unbewußten Aversion gegen die Art und Weise, wie intensiv meine Eltern berufstätig gewesen sind." Der Bruder aber wurde Arzt, eine Schwester Sonderschulpädagogin, die andere Skandinavistin.

Wenn man etwas herausstellen will aus der Jugend von Ursula Seiler-Albring, so wäre dies sicherlich die besonders enge Bindung an die Mutter, vor allem in den wesentlichsten ersten sechs Lebensjahren, als weder der Vater noch die nachfolgenden Geschwister die Einheit von Mutter und Tochter stören konnten. Gewiß prägte auch die unruhige Zeit von Krieg, Kapitulation und die erste Nachkriegszeit, die unter dem Stichwort „Der schreckliche Friede – Hunger statt Bomben" bekannt wurde, das Leben dieser durchaus typischen „Restfamilie“, in der die Mutter zur Familienernährerin geworden war. Wichtig als Rollenmodell für die älteste Tochter war sicher auch die qualifizierte, fast durchgängige Berufstätigkeit der Mutter, die sich nicht – wie viele ihrer Geschlechtsgenossinnen – aus dem Beruf zurückdrängen ließ, nachdem der Mann aus der Kriegsgefangenschaft heimgekehrt war, und es alsbald vier Kinder zu betreuen galt.

Nachdem für Ursula Seiler-Albring die Mutter-Tochter-Symbiose durch die „neue“ Familie beendet war, begann in ihrer Kindheit ein konflikthaftes Verhältnis zum Vater, der all seine Zukunftshoffnungen vornehmlich auf den Sohn und die nachgeborenen Töchter konzentrierte. Die Erstgeborene scheint nirgends mehr hinzugehören, weder zur Vater-Sohn-Dyade, noch zu den zehn und dreizehn Jahre jüngeren Schwestern, für die sie als Älteste eventuell hauptsächlich nur die Vorkämpferin war, damit diese es später leichter haben würden, als es auch den Eltern wirtschaftlich besser ging. Vermutlich hat Ursula Albring schon sehr früh eine große Kraft und Ich-Stärke entwickeln müssen, um mit ihrer familiären Außenseiterrolle fertig zu werden. Sie schuf sich eine Überlebensfähigkeit und die Möglichkeit, „den Kopf über der Tischkante zu halten“, wie sie es für den späteren Verlauf ihres Lebens bildhaft formuliert.

Ursula Seiler-Albring scheint also keine typische Vater-Tochter gewesen zu sein, wie wir sie im Verlaufe dieser Untersuchung gefunden haben, obgleich auch in ihrer Familie der Vater eine herausgehobene Rolle gespielt hat. Auch in der Familie Albring galten *seine* Normen, und *seine* Anerkennung war entscheidend. Ursula Seiler-Albring war zwar durch ihre besondere Geschwisterstellung als Älteste herausgehoben, sie war aber offenbar nicht Vaters Lieblingstochter, was sich etwa durch besondere Fürsorge und ein spezielles Vertrauensverhältnis zwischen Vater und Tochter, aber auch durch paternalistische Kontrolle und berechenbare strenge Aufsicht ausdrücken kann. Insofern war der Tochter die Zuneigung und Anerkennung des Vaters offenbar nicht selbstverständlich und mußte erst durch besondere Leistung errungen werden.[2]

---

2 Benard/Schlaffer machen darauf aufmerksam, daß insbesondere Töchter von beruflich erfolgreichen und ehrgeizigen Vätern das Gefühl vermittelt bekommen, Liebe und Wertschätzung seien kein „Naturrecht“, kein selbstverständliches Anrecht des Kindes und müßten erst durch eine besondere Leistung erworben werden; vgl.: Benard/Schlaffer 1990.

2. *Schule/Ausbildung/Berufstätigkeit*

Von 1949 bis 1953 besuchte Ursula Seiler-Albring die Grundschule in Halle/Westfalen, anschließend das Neusprachliche Gymnasium in Wattenscheid, 1963 legte die Zwanzigjährige ihr Abitur ab.

„Also Schule war obligatorisch, Gymnasium war obligatorisch, und Abitur war obligatorisch. Auf die Berufswahl haben meine Eltern nicht mit einem Satz Einfluß genommen. Sie haben uns machen lassen, was wir wollten." (Interview: 9)

Ab dem Sommersemester 1963 studierte Ursula Seiler-Albring in Göttingen, Tübingen und schließlich, seit 1967, an der Freien Universität Berlin Soziologie und Politische Wissenschaften. Auf die Idee, Medizin zu studieren und Ärztin zu werden wie ihre Eltern kam sie damals – wie gesagt – nicht. Dies sei bedauerlich, meint sie rückblickend:

„Ich glaube, ich wäre eine ganz gute Ärztin geworden. Ich bin nie auf die Idee gekommen... Das war mit Sicherheit eine unbewußte Aversion gegen die Art und Weise, wie intensiv meine Eltern berufstätig gewesen sind." (Interview: 12)

1968 schloß sie ihr Studium bei dem bekannten Politikwissenschaftler Professor Otto Stammer als Diplomsoziologin ab mit einer Arbeit über: „Die Verwaltungseliten Großbritanniens." Ihr Studium haben teilweise ihre Eltern finanziert, teilweise mußte sie aber selbst auch einiges dazuverdienen, z.B. als Schuhverkäuferin bei Quelle. Ihre Geschwister hatten dieses „Jobben" später aufgrund der verbesserten wirtschaftlichen Verhältnisse ihrer Eltern nicht mehr nötig.

„Also als Älteste, ... das war nicht ganz einfach so diese Jahre. ... Ich hab' auch eigentlich nie dagegen opponiert, fand das eigentlich ganz in Ordnung, daß ich da ... mitarbeite. Nur daß meine Geschwister das später nicht mußten, das ärgerte mich im nachhinein doch etwas." (Ebendort)

Ihre Berufstätigkeit begann Ursula Seiler-Albring 1969 als Personal- und Organisationsreferentin bei dem Generalvertreter von Thyssen in Düsseldorf, wohin ihr bald auch ihr Ehemann folgte, den sie in Berlin kennengelernt und geheiratet hatte. Von 1972-1973 arbeitete sie in der Duisburger Königsbrauerei, bis sie, bedingt durch die Geburt ihrer beiden Kinder, beruflich eine Pause einlegte. In beiden Firmen bekleidete sie Positionen, die in der Regel von Männern eingenommen wurden. Später konnte Ursula Seiler-Albring in ihrer politischen Laufbahn davon profitieren, daß sie hier lernte, ihre „Kräfte rational einzuteilen und durchaus auch in einem reinen Männerladen den Kopf über der Tischkante zu halten".

Die frühen politischen Einflüsse im Haus der freiberuflich tätigen katholischen Eltern Albring legten eine frühe Ablehnung der Sozialdemokratie und der Gewerkschaften nahe sowie ein tiefes Mißtrauen gegenüber jeder möglichen Festlegung auf ein politisch-ideologisches Programm – gleich welcher Richtung. Später lehnte Ursula Seiler-Albring einerseits die Arbeiterbewegung mit den Gewerkschaften ab, und andererseits war ihr „die Union ... schlicht und einfach zu katholisch." Während ihrer Schulzeit war Ursula Seiler-Albring nie Mitglied von politischen oder konfessionellen Jugendgruppen. Allerdings traf sie ihre Studienfachwahl durchaus beeinflußt von ihrem regen Interesse an aktuellen politischen Fragen, dem Tagesgeschehen und ihrem „Interesse, politisch etwas gestalten zu wollen, mitmachen zu wollen." Dieses Motiv wird später zum Motor ihres politischen Engagements. Schon früh liest sie regelmäßig den „Spiegel" und war „fasziniert" von der Welt der Politik.

Nach ihrem Abitur geht (auch) sie Mitte der 60er Jahre in den politisch sehr bewegten Zeiten der Studentenunruhen zum Soziologie-Studium nach Berlin.[3] Den Tod von Benno Ohnesorg bezeichnet sie heute als *das* politische Ereignis, das sie zu der damaligen Zeit am meisten beeindruckt habe. Das Otto-Suhr-Institut, an dem sie vor allem Politische Soziologie studierte, war der damalige Austragungsort heftigster Diskussionen, Demonstrationen. Und die von Zuhause politisierte Ursula Seiler-Albring konnte sich diesen vielfältigen Eindrücken und dem heftigen politischen Positionierungsdruck kaum entziehen.

> „Also, die ganze Zeit danach mit den Demonstrationen, mit der Art und Weise, wie wir uns mit der Berliner Bevölkerung auch auseinandersetzen mußten, das hat mich tief geprägt." (Interview: 9)

Doch Ursula Seiler-Albring empfindet sich eher abgestoßen von den extremen oder einseitigen, auch dogmatischen politischen Richtungen im Berlin der damaligen Zeit. Diesen Impuls scheint sie bis heute beibehalten zu haben. Eine recht große Skepsis allen einseitigen oder eindeutigen politischen „Fixierungen" gegenüber ist vermutlich ein wesentliches Bestimmungsmoment ihres politischen Engagements. Der Eintritt in die weltanschaulich offe-

3 Interessant ist, daß aus unserer Untersuchungsgruppe der acht Parlamentarierinnen die Hälfte in Berlin studiert haben: Renate Hellwig, Renate Lepsius, Herta Däubler-Gmelin und Ursula Seiler-Albring.

nere Humanistische Union ergab sich – ihren Worten nach – zu Studienzeiten nicht. Aber der Sozialistische Deutsche Studentenbund war für sie:

„eine Organisation, über die man sich schon Gedanken machte, aber sie waren so fixiert in ihrer Ideologie, das hat mich immer schon abgestoßen, und deshalb bin ich mit Sicherheit auch zur FDP gekommen – irgendwann einmal. Diese Fixierung auf ein ganz konkretes Programm, und rechts und links gibt's nichts anderes, das hat mich eigentlich immer abgestoßen, und deshalb bin ich da auch mit Sicherheit damals nicht aktiv geworden." (Interview: 10)

Das große Vorbild für sie während ihrer Studienzeit war der damalige US-Präsident John F. Kennedy. Seine patriotische Parole: „Und frage nicht, was Dein Land für Dich tun kann, sondern frage, was Du für Dein Land tun kannst", ging damals um die Welt und ließ zahllose Menschen aufhorchen. Dieser Ausspruch und seine „Art, Politik zu machen" habe sie sehr beeindruckt, bemerkt sie rückblickend.

4. Partei-Sozialisation

Zu Beginn ihrer beruflichen Tätigkeit und der Familiengründungsphase wollte Ursula Seiler-Albring parteipolitisch aktiv werden. Jetzt war sie, wie sie es selbst ein wenig lapidar ausdrückt, „fällig". Auch war ihr durch die Berliner Erfahrungen in der Studentenbewegung bewußt geworden, daß außerparlamentarische Politik nur bedingt durchsetzungsfähig sei. Aus diesem Grunde tritt sie im Oktober 1969 in die FDP ein. Die Zuwendung zu den Liberalen erscheint im Nachhinein als naheliegend, die „ideologische Fixierung" der SPD sowie die „katholische Prägung" der CDU habe sie gleichermaßen abgestoßen. Darüber hinaus habe sie im Rahmen ihrer Diplomarbeit Ortsverbände der beiden großen Parteien besuchen müssen mit ihren verkrusteten und verkarsteten Strukturen. Dies sei für sie eine „furchtbare Erfahrung" gewesen:

„Und ich dachte: Um Gottes Willen, bloß das nicht! Und dann bin ich logischerweise und konsequenterweise in die FDP eingetreten..." (Interview: 13)

Vielleicht war es auch nicht unwichtig, daß ihr erster Chef als Fraktionsvorsitzender der FDP im Düsseldorfer Stadtrat amtierte. Er bat sie persönlich, ob sie nicht „sachkundige Bürgerin" werden wollte.[4] Auch bei Ursula Seiler-

4 Dies war eine Möglichkeit, in Nordrhein-Westfalen einen Ausschußvorsitz zu bekommen. Auf diese Weise wurde Ursula Seiler-Albring stellvertretendes Mitglied im Schulausschuß und Vollmitglied im Jugendwohlfahrtsausschuß.

Albring waren die politischen Vorentscheidungen bereits gefallen, weil sie durch gezielte Werbung und den Eindruck, man würde sie persönlich in der Partei brauchen, zum Eintritt bereit war. Ihre Skepsis gegenüber den Organisationsstrukturen und Versammlungsstilen von Parteien, die in Berlin noch groß gewesen, wurden durch die zielgerichtete Hoffnung, etwas politisch bewirken und durchsetzen zu können, überwunden.[5] Ursula Seiler-Albring tritt 1969 den Freien Demokraten bei, zu einem Zeitpunkt, an dem die Partei nach der Übernahme der Oppositionsrolle während der Großen Koalition eine personelle wie pragmatische Erneuerung vollzogen hatte, die sich bundesweit seit Oktober 1969 in der gemeinsamen Regierungsbildung mit den Sozialdemokraten demonstrierte. Der innerparteiliche Erneuerungsprozeß hatte bereits Mitte der 60er Jahre begonnen, 1967 etwa mit dem Hannoveraner Aktionsprogramm, das vor allem in der Deutschland- und Ostpolitik, in Fragen der Demokratisierung der Gesellschaft, im Bildungswesen sowie in der Wirtschaftspolitik neue Prioritäten setzen sollte. Auch war durch die Wahl Walter Scheels zum Parteivorsitzenden und Hans-Dietrich Genschers zu seinem Stellvertreter im selben Jahr ein personeller (wie inhaltlicher) Führungswechsel vollzogen worden.

„Hinter der neuen Führung standen jene programmorientierten Reformer, die sich um die Zeitschrift `liberal` gebildet hatten und die als innerparteiliche pressure group... auch publizistischen Rückenwind der Hamburger Magazine STERN (Henry Nannen) und SPIEGEL (Rudolf Augstein) erhielten." (Vorländer in: Minzel/Oberreuther 1992: 280)

Durch die Ablehnung der von der Großen Koalition beschlossenen Notstandsgesetze konnte sich die FDP in der „Leidensgemeinschaft von ohnmächtiger parlamentarischer und protestierender außerparlamentarischer Opposition" (ebendort) wiederfinden. Damit öffneten sich die Freien Demokraten ein Stück den Anliegen partizipatorischer und den Rechtsstaat kontrollierender Demokratie. Gleichwohl war die FDP durch das Bundestagswahlergebnis von 5,8 % nur knapp, aber durchaus von (auch neuen) Wählerschichten in ihrem Annäherungskurs an die Sozialdemokratie bestätigt worden. Auch die zahlreichen (jüngeren) Neumitglieder unterstützten die Reformbe-

---

5 Es ist erwähnenswert, daß viele jüngere Politikerinnen eine anfängliche große Skepsis gegenüber der Partei erwähnen: „...als wenn man in ein Kloster eintritt"... - „Man gibt ja nicht den Verstand an der Garderobe ab, wenn man in eine Partei eintritt.". Dennoch muß bei den jüngeren Politikerinnen eine große Anziehungskraft vorhanden gewesen sein, diese Vorbehalte zu korrigieren, den eigenen Weg zu gehen, der sich von diesen Ängsten freizumachen versteht. (Vgl. auch: Rossanda 1980)

mühungen vor allem in der Bildungs-, Deutschland- und Ostpolitik. So war es auch bei Ursula Seiler-Albring.

Durch ihre Parteimitgliedschaft hatte Ursula Seiler-Albring persönlich keinerlei berufliche Nachteile, eher im Gegenteil. Nach ihrer eigenen Einschätzung wurde sie allerdings außer von ihrem Kreisverband in ihrer Partei von keiner bestimmten Gruppe gefördert – auch nicht von Frauen. Andererseits sei sie aber keineswegs eine Einzelkämpferin.

„Also eine Einzelkämpferin können sie eigentlich nicht sein in einem Verband, in dem sie auf einen Landes-Listenplatz angewiesen sind... man (kann) also sicherlich mal individualistische Züge haben, aber man kann nicht als Einzelkämpfer in der FDP reüssieren..." (Interview: 21)

Von 1970-1974 war sie Bürgermitglied der Stadtratsfraktion der FDP in Düsseldorf. Ihren damaligen Bereich Jugendpolitik ließ Ursula Seiler-Albring bald hinter sich, sie interessierte sich für „die große Politik": für Bonn. Nach ihrem Parteibeitritt und besonders seitdem sie vierzehn Jahre später für die Liberalen in den Bundestag zog, hat sie in ihrer Partei und Fraktion relativ schnell herausgehobene Positionen besetzen können: Nachdem sie 1980 Ortsvorsitzende im Ortsverband Berglen und stellvertretende Kreisvorsitzende im Kreisverband Rems-Murr sowie Mitglied im Bezirksvorstand Mittlerer Neckar wurde, bekam sie bereits 1980 einen Listenplatz für die Bundestagswahl: allerdings just den, der gerade nicht mehr ins Parlament geschickt wurde. Sie erreichte allerdings das zweitbeste Stimmenergebnis in ganz Baden-Württemberg. Vielleicht – so meint die anfängliche Kritikerin der „Wende" ihrer Partei vom sozialdemokratischen zum christdemokratischen Koalitionspartner rückblickend – sei das gut so gewesen:

„Ich hätte mich wahrscheinlich um Kopf und Kragen geredet und wäre möglicherweise 1983 dann nicht aufgestellt worden." (Interview: 17)

Als eine ihrer großen politischen Niederlagen erscheint ihr die erfolglose Kandidatur um den stellvertretenden Fraktionsvorsitz 1987, bei dem sie gegen ihren Parteikollegen aus Baden-Württemberg, den Apotheker Wolfgang Weng aus Gerlingen, unterliegt, allerdings verbucht sie einen ehrenwerten Abstimmungserfolg.

Von 1988 bis Januar 1991 wird sie zu einer der drei parlamentarischen Geschäftsführer der FDP-Fraktion im Bundestag gewählt[6] und 1988 auch in

6 Deren Zahl wird mit ihrer Wahl von zwei auf drei aufgestockt, damit man keinen Mann abwählen muß. Eine solche Vermehrung der Sitze wird auch in der SPD vorgenommen bei Herta Däubler-Gmelin 1988.

den Bundesvorstand ihrer Partei. Hier fungiert sie seit 1991 als Vorsitzende der vom FDP-Bundesvorstand eingesetzten Kommission „Verteidigung“.

5. *Mitglied des Deutschen Bundestages 1983-1994*

Als Ursula Seiler-Albring im März 1983 in den 10. Deutschen Bundestag gewählt wird – als eine von drei FDP-Frauen[7] und einzige weibliche liberale Abgeordnete aus Baden-Württemberg unter insgesamt 35 FDP-Abgeordneten[8] –, haben die Wähler und Wählerinnen ihrer Partei ein deutliches Votum zur Fortsetzung der Regierungsbeteiligung mit dem neuen Koalitions-Partner CDU/CSU gegeben. Damit war das große Bangen der Liberalen um den erneuten Einzug in den Bundestag einer Erleichterung innerhalb breiter Parteiströmungen gewichen. Der „Machtwechsel“ (Baring 1982) oder die Wende unter dem Vorsitzenden Hans-Dietrich Genscher war knapp, aber doch honoriert worden.[9]

Der innerparteiliche Widerstand gegen den Machtwechsel wurde getragen von VertreterInnen einer Politik, die die Errungenschaften eines sozial gebändigten Liberalismus gegen die Bedrohung einer auf rein marktwirtschaftlichen Prinzipien beruhenden Politik verteidigen wollten.[10] Ebenso bedroht

---

7 Dieses waren neben ihr: Hildegard Hamm-Brücher und Irmgard Adam-Schwaetzer.

8 Kamen 1980 noch insgesamt 54 FDP-Abgeordnete in den Bundestag, unter ihnen acht Frauen, so hatte sich diese Zahl 1983 um ein gutes Drittel, bei den Frauen um über die Hälfte, dezimiert. Von den acht weiblichen Mitgliedern der FDP im 9. Bundestag gehörten sechs zu der Altersgruppe der unter oder gerade Vierzigjährigen. Die meisten von ihnen vertraten eine progressive politische Richtung, weshalb sie nach der Wende entweder austraten, zur SPD wechselten oder nicht wieder aufgestellt wurden .

9 Der Koalitionswechsel stürzte die Liberalen in die bis dahin „schwerste innerparteiliche Zerreißprobe und die bislang größte Gefährdung ihrer Existenz im Parteiensystem der Bundesrepublik.“ Die Partei- und Fraktionsspitze wollte Neuwahlen, wie sie vom amtierenden Bundeskanzler Helmut Schmidt aber auch vom CSU-Vorsitzenden Franz-Josef Strauß gefordert wurden, möglichst vermeiden oder hinausschieben, weil ihr „Ansehen in der Öffentlichkeit einen Tiefpunkt erreicht hatte.“ (Vorländer 1992: 285)

10 Neben den männlichen Exponenten der sozial-liberalen Koalition wie Andreas v. Schoeler, Günther Verheugen und Gerhard Baum gehörten fast alle Frauen der FDP-Fraktion zu den Kritikerinnen der Wende: Hildegard Hamm-Brücher stimmte nach einer persönlichen Erklärung dem Mißtrauensvotum gegen Helmut Schmidt nicht zu, sechs weitere Frauen der Fraktion schlossen sich ihrem Verhalten an, nur Irmgard Adam-Schwaetzer stimmte dafür. Sie wurde auf dem Bundesparteitag in Berlin, auf dem der Koalitionswechsel nach harter Debatte schließlich mehrheitlich gebilligt wurde, zur neuen Generalsekretärin der Partei gewählt. Damit übernahm sie „als erste

schienen den KritikerInnen liberale Positionen in innen-, rechts- und ausländerpolitischen Bereichen.[11]

Ursula Seiler-Albring kann bei der Bundestagswahl im März 1983 einen großen persönlichen Erfolg verbuchen: sie erhält das bundesweit zweitbeste Zweitstimmenergebnis und achtbeste Erststimmenergebnis. Ursula Seiler-Albring wird Mitglied im wichtigen Haushaltsausschuß und darin zuständig insbesondere für den Verteidigungshaushalt. Daneben wird sie verbraucherpolitische Sprecherin ihrer Fraktion. Wie viele ihrer liberalen Parlamentskolleginnen vor und mit ihr zeigt auch Ursula Seiler-Albring großes Interesse für Tätigkeitsbereiche, die außerhalb sogenannter klassischer Frauenthemen wie Frauen, Familie, Jugend, Kultur, Soziales und Bildung angesiedelt waren. In frühen Selbstbeschreibungen von FDP-Politikerinnen finden wir sehr häufig eine explizite Abgrenzung von Frauenfragen:

> „Als ich aktiv wurde, tat ich dies nicht, um mich schwerpunktmäßig den sog. Frauenfragen zu widmen. Im wesentlichen ging ich davon aus, daß jede Frau für sich die Probleme lösen müsse."(Schuchardt 1976: 50)

So übernahm beispielsweise Ingrid Matthäus-Maier (MdB ab 1976) schon 1979, nach dem Ausscheiden von Lieselotte Funcke (MdB ab 1961), den Vorsitz im Finanzausschuß und erhielt ihn nach ihrem Parteiwechsel wieder als Abgeordnete der SPD. Hildegard Hamm-Brücher (MdB ab 1976) beschäftigte sich vornehmlich mit Fragen der Außenpolitik, Entwicklungshilfe sowie der Kulturpolitik und Irmgard Adam-Schwaetzer (MdB ab 1980) – ihrem Beruf als Apothekerin entsprechend – mit Fragen der Gesundheitspolitik und der Arznei- und Betäubungsmittelgesetze. Insofern überrascht es nicht, daß Ursula Seiler-Albring in Fortsetzung dieser Tradition sich sogleich sicherheitspolitischen Fragen annimmt und insbesondere zu der unpopulären Thematik „Frauen in die Bundeswehr" eindeutig Stellung bezieht. Zu ihren weiteren Themen, die sie im Plenum des Bundestages behandelt, gehören Entwicklungshilfepolitik und immer wieder die Finanzierung des Staatshaushaltes, wobei ihre wirtschaftsliberalen und gegen Staatsinterventionismus gerichteten Positionen richtungweisend sind. So mahnt sie bereits in ihren ersten Reden im Plenum des Deutschen Bundestages, die soziale Sicherung dürfe nicht zu Lasten des Steuerzahlers finanziert werden. Sie bringt ihre

---

Frau in der Geschichte des deutschen Liberalismus eine solche Spitzenposition, dazu in einer besonders schwierigen Lage der Partei." (Henning, in: Funcke 1984: 146)

11 „Auf dem „Parteitag der Tränen" wurde Genscher mit 222 von 400 Stimmen wieder gewählt. Mit der Wende der FDP war der Auszug zahlreicher engagierter, nicht nur sozialliberaler Mitglieder aus der Partei verbunden." (Vorländer 1992: 286)

Voten gegen jede Art von Steuererhöhung ein und betont die traditionell enge Verbindung der sozialen Sicherung mit einer gut florierenden Wirtschaft. Das soziale Sicherungssystem – so auch Ursula Seiler-Albring in einer gängigen liberalen Argumentationfigur – sei nur leistungsfähig, wenn die gesamte Volkswirtschaft leistungsfähig sei.[12]

Mit volkswirtschaftlichen Argumenten setzt sie sich auch für die vom damaligen Bundespostminister Schwarz-Schilling vorangetriebene Breitbandverkabelung ein. Dabei benutzt sie gern Formulierungen wie: „Wiederherstellung der Wettbewerbsfähigkeit der deutschen Wirtschaft in den Bereichen der Spitzentechnologie gegenüber den USA und Japan und die Schaffung und Erhaltung hochqualifizierter Arbeitsplätze." Darüber hinaus nimmt sie in der 10. und 11. Wahlperiode zu Fragen des Umweltschutzes und der Verteidigung des Asylrechtes im Rahmen des Art. 16 Grundgesetz Stellung:

> „Die Position meiner Fraktion zum Asylrecht ist eindeutig: wir lassen am Gehalt und Sinn von Art. 16 des GG nicht rütteln!"

Bei der ersten gesamtdeutschen Bundestagswahl am 2. Dezember 1990 wird die Regierungskoalition von CDU/CSU und FDP mit zusammen 54,8 % von der nun vereinigten Bevölkerung in beiden Teilen Deutschlands vollauf bestätigt. Dieses Wahlergebnis war insbesondere auf das gute Abschneiden der Freien Demokraten zurückzuführen – in West- wie in Ostdeutschland.

> „Die FDP erreichte insgesamt 11 Prozent, davon entfielen 12,9 Prozent auf das Wahlgebiet Ost- und 10,6 Prozent ... auf das Wahlgebiet Westdeutschlands." (Vorländer 1992: 288)

Damit hatten die WählerInnen der FDP eindeutig deren politische Korrektivfunktion in der parlamentarischen und regierungsbildenden Balance mit den Christdemokraten honoriert. Die Freien Demokraten erhalten wieder fünf Ministerien.[13] Und im Januar 1991 wird Ursula Seiler-Albring von Außen-

---

12 10. WP., 44. S. vom 8.12.1983. - U.S.-A. hält im Ton durchweg moderate Reden. In der 10. Wahlperiode greift sie die SPD kaum an, die Zeiten der gemeinsamen Koalition sind ja noch sehr nahe, und sie richtet ihre kritischen Bemerkungen am häufigsten gegen die Parlaments-Neulinge, die GRÜNEN, und hier besonders gegen einzelne Mitglieder, z.B. gegen ihren Kollegen im Haushaltsausschuß Hubert Kleinert. Von den GRÜNEN wird sie umgekehrt auch öfters kritisiert, u.a. „schönfärberischer Rhetorik" bezichtigt. 10. WP., 152. S. vom 4.9.1985.

13 Außen: Hans-Dietrich Genscher; Wirtschaft: Jürgen Möllemann; Bildung: Rainer Ortleb, der letzte Vorsitzende der LDP; Justiz: Klaus Kinkel und das Bauministerium: Irmgard Adam-Schwaetzer

minister Genscher zur Staatsministerin im Auswärtigen Amt ernannt.[14] Hier wird sie zuständig für den Haushalt des Auswärtigen Amtes und für Europafragen,[15] insbesondere für die Vorbereitung der Wirtschafts- und Währungsunion und der politischen Union: bedeutsame Aufgaben aus dem Blick- und Bewertungsfeld von Helmut Kohl und Hans-Dietrich Genscher.

„Die Perspektive eines in Frieden und Freiheit vereinten Europas verlangt unseren ganzen Einsatz für die ehrgeizigen europapolitischen Ziele der Bundesregierung. Ich werde meinen Beitrag mit Energie und Beharrlichkeit leisten" ,

so lautet ihr entschlossenes Zwischenresümee nach 100 Tagen im Amt.[16] Die Tatsache, daß dieses Amt nicht mit tatsächlicher Entscheidungskompetenz ausgestattet ist, macht es für Ursula Seiler-Albring nicht einfach. Sie ist für den außenpolitischen Kurs der Regierung verantwortlich, ohne ihn tatsächlich mitzubestimmen d.h. mitzuverantworten. Sie hat in ihrem Ressort keine unmittelbare Befugnis, ein Apparat ist ihr nicht unterstellt. Oft muß sie sich politisch durchlavieren. Sie ist in ihrem Amt eine Art Außenministerin ihres unmittelbaren Vorgesetzten, des Bundesaußenministers. Wie es sich für eine gute Diplomatin gehört, verweist sie dann bei allen Entscheidungen ihres Chefs auf die politische Komplexität und deutet stets auf die damit verbundenen Vor- und Nachteile bestimmter Konstellationen hin.

Diese schwierige Politik des „Sowohl-als-auch" scheint Ursula Seiler-Albring grandios zu beherrschen. Hier wird viel diplomatisches Gespür vorausgesetzt, Menschenkenntnis und eine zielgerichtete, offensive Selbstpräsentation, die auch vielfacettig kommunikativ agieren kann. Es ist in anderen Zusammenhängen darauf verwiesen worden, daß solche Kompetenzen bei Frauen in Führungspositionen tendenziell vorausgesetzt und ausgeschöpft

---

14 In ihrem Wahlkreis Rems-Murr, den einst Ministerpräsident Reinhold Maier repräsentierte, rangierte die FDP bei 11 %, doch Ursula Seiler-Albrings Zweitstimmenergebnis lag sogar bei 15,5 %.

15 In dieser neuen Funktion nimmt sie natürlich auch zu verschiedenen anderen Themen Stellung, z.B. als Vorsitzende der vom FDP-Bundesvorstand eingesetzten Kommission „Verteidigung", in der das Thema „Wehrpflicht oder Freiwilligenarmee" diskutiert wird. Hier votiert Ursula Seiler-Albring für die Wehrpflicht.

16 In: Auslandskurier 3/1991: 43. Die Presse berichtet auffallend freundlich über Ursula Seiler-Albring: Sie „weiß was sie will", Überschrift der FAZ vom 4.4.1991; oder: „Die stets schick gekleidete, kontrolliert charmante und als frühere Parlamentarische Geschäftsführerin im politischen Management geübte Liberale jedenfalls hat sich mit vollem Engagement in das außenpolitische Geschäft geworfen." Die Welt vom 22.4.-1991. „Ursula Seiler-Albring, die neue Staatsministerin setzt auf Arbeitsfreude und Sachlichkeit", Rheinischer Merkur vom 22.2.1991.

werden. Das Amt der Staatsministerin erfordert insbesondere eine Art Allround-Kompetenz, die niemanden „vor den Kopf stößt" und die einmal gefaßte Beschlüsse möglichst gut nach außen präsentieren kann. Der Staatsministerin im Auswärtigen Amt wird ein Querschnittswissen abverlangt, und sie muß Generalistin sein, die stets „das Erreichen des Erreichbaren" verteidigt. (Seiler-Albring, in: Rheinischer Merkur vom 26.9.1992) In einem Plädoyer für die Vermittlerfunktion des Parlaments (und gegen ein Referendum zu den Maastrichter Verträgen etwa auch in Deutschland) argumentiert Ursula Seiler-Albring geradezu klassisch in diesem Sinne. Gleichzeitig verdeutlicht sie ihr eigenes demokratietheoretisches Selbstverständnis:

„Ich glaube, daß Maastricht in der Bundesrepublik Deutschland auch ohne Referendum die notwendige Akzeptanz finden wird. Voraussetzung dafür ist allerdings, daß die vom Volk gewählten Repräsentanten ihrer verfassungsmäßig zugewiesenen Mittlerfunktion gerecht werden, allen Bürgern die weitreichende Bedeutung des Vertrages mit befriedigender Klarheit nahebringen und um ihre Zustimmung werben. Sie müssen den Menschen hierzulande mehr noch als bisher vermitteln, daß das Europa von Maastricht für sie da ist..." (in: Stuttgarter Nachrichten vom 26.9.1992)

In Zeiten, in denen die Abgehobenheit und Undurchsichtigkeit von Politik und deren Abläufen beklagt wird, und den politischen Entscheidungsträgern generell ein vordergründig durch Sachzwänge legitimiertes Expertentum samt wachsender Entfremdung von den Bürgern und Bürgerinnen nachgesagt wird, muß sich eine solche Position der Kritik stellen. So versucht Ursula Seiler-Albring, in zahlreichen öffentlichen Veranstaltungen „den Bürgern die Angst vor Europa zu nehmen". Statt „Zentralismus" verspricht sie „Integration einzelstaaatlicher Interessen", statt „Bürokratie „ beschwört sie „Flexibilität". Europa solle „kein Schmelztiegel" werden wie die Vereinigten Staaten. Nach ihrer Meinung seien im Europa der Zukunft Subsidarität und Transparenz angesagt. Andererseits scheint Ursula Seiler-Albring durchaus zu wissen, daß eine solche Sprache oft politischen Werbespots vergleichbar ist: An anderer Stelle kritisiert sie nämlich selbst auch „den furchtbaren Mangel an Transparenz in Brüssel" (in: Rheinischer Merkur vom 26.6.1992).

6. Politische Schwerpunkte: Verbraucherpolitik

Da die Wirtschaftspolitik der FDP wichtigstes Terrain ist, werden hier auch die Weichen für die Frauenpolitik gestellt. Ursula Seiler-Albring plädiert mit ihrer Fraktion für flexible Arbeitszeitgestaltung und flexible Lebensarbeitszeiten, die Veränderung der Ladenschlußzeiten, die Abschaffung des Nachtarbeitsverbots für Arbeiterinnen und teilweise gegen den Erziehungsurlaub, da sich dieser im Endeffekt auf dem Arbeitsmarkt frauenfeindlich auswirken würde. Da sie „der verbraucherpolitische Sprecher der FDP-Fraktion" ist, „erbt" sie „ein Thema, das wie wenig andere geeignet ist, selbst die gesittetste ... Versammlung im Handumdrehen in wenigstens zwei in heftiger Diskussion befindliche Lager zu spalten: Das Ladenschlußgesetz ..". In ihrem Aufsatz „Das Ladenschlußgesetz – ein liberaler Evergreen?" plädiert Ursula Seiler-Albring (in: Funcke 1984: 265) vehement für die Einführung eines verkaufsoffenen Abends pro Woche und für „Arbeitszeit nach Maß", weil sie der Überzeugung ist, daß

> „das geltende Ladenschlußgesetz nicht liberal ist und schon gar nicht optimal auf die Interessen der Verbraucher, des Einzelhandels und der dort Beschäftigten ausgerichtet ist." (Ebendort: 266)

Später erinnert sie sich an die harsche Kritik, die ihr im Zusammenhang mit diesem Thema entgegengeschlagen ist.

> „Noch nie bin ich so verkloppt worden, wie für dieses Thema. Maastricht ist nichts dagegen. Bei den Ladenöffnungszeiten da laufen Sie gegen eine Betonmauer." (Fellbacher Zeitung vom 3.11.1992)

Neben der Verbraucherpolitik ist eines ihrer besonderen Interessensgebiete – gerade auch als Frau – die Verteidigungspolitik. Einer formalen Gleichrangigkeit entsprechend, beschließt der Kieler Parteitag 1987 zum Thema „Frauen und Bundeswehr", daß diese künftig „freiwillig und gleichberechtigt auch an der Waffe in den Dienst der Bundeswehr treten können". Ursula Seiler-Albring verteidigt vehement diese frauenpolitische Entscheidung ihrer Partei.

7. *Frauenspezifik*

> „Die Tatsache, daß ich eine Frau bin, und daß ich auch in einer bestimmten Art und Weise argumentiere, ... das benutze ich auch durchaus gezielt." (Interview: 29)

Ursula Seiler-Albring ist keine Frauenpolitikerin, aber eine sehr selbstbewußte Frau in der Politik. Sie konnte, als sie 1983 in den Bundestag kam, an einigen frauenpolitischen Eckpunkten der Liberalen anknüpfen. Schon 1978 hatte die FDP in ihrem Gleichberechtigungsprogramm ein Antidiskriminierungsgesetz[17] gefordert und war bis 1981/82 die einzige Partei, die sich für

---

17 Das Antidiskriminierungsgesetz - auf Initiative der Humanistischen Union eingebracht - forderte das Verbot von direkter und indirekter Diskriminierung von Frauen und

ein solches frauenpolitisches Schutzgesetz stark machte. Der Koalitionswechsel von 1982 – und damit die Periode, ab der Ursula Seiler-Albring für die FDP bundespolitisch aktiv wurde – stellte die FDP vor neue Handlungszwänge. Die Annäherung an den konservativen Koalitionspartner geschah primär über die Bereiche Wirtschafts- und Finanzpolitik und nötigte die Liberalen zu einem frauenpolitischen Umdenken. Nach dem Exodus zahlreicher profilierter FDP-Frauen schien Frauenpolitik insgesamt auf die back list der politischen Prioritätenskala verbannt. Frauenpolitische Initiativen fielen zunehmend wirtschafts- und arbeitsmarktpolitischen Überlegungen oder dem Koalitionskalkül zum Opfer.[18]

In den Koalitionsvereinbarungen für den 11. Bundestag machten die Liberalen die Beibehaltung der Finanzierung des Schwangerschaftsabbruchs auf Krankenschein zur Bedingung. In der Bundestagsdebatte um Frauenarbeitslosigkeit im April 1984 aufgrund einer großen Anfrage der SPD-Fraktion und der ersten Beratung eines Gesetzes zur „Sicherung der Gleichbehandlung von Männern und Frauen am Arbeitsplatz“ erinnert Ursula Seiler-Albring an das bereits 1978 von den Liberalen favorisierte Antidiskriminierungsgesetz und plädiert für eine unabhängige Kommission, die gegen Verstöße gegen den Gleichheitsgrundsatz einschreiten solle. Dabei argumentiert sie moderat:

> „Ich halte es für ausgesprochen gefährlich, ... wenn Frauen heute wieder mit vielen goldenen Worten zurück ins Haus und an den Kochtopf geredet und geschrieben werden.“ (10. WP., 67. S. vom 12.04.1984: 4646 ff.)

Sie beklagt eine ganze Skala von Diskriminierungsmethoden gegenüber Mädchen und Frauen und plädiert unter anderem für eine Verhängung von Bußgeldern bei Verstößen gegen die im Grundgesetz fixierte Gleichberechtigung. Obgleich Ursula Seiler-Albring also durchaus zu frauenpolitischen Themen Stellung bezieht und sich ihrer Besonderheit, als Frau in der Politik zu agieren, durchaus bewußt ist, gehören Frauenthemen nicht zu den Berei-

---

Männern aufgrund ihres Geschlechts für die Bereiche Arbeit, Erziehung, Geschäftsverkehr, Dienstleistungen, Justiz, Werbung und Medien. (Vgl.: Augstein in: Beyer/Lamott/Meyer 1983)

18 Obgleich in den Partei-Programmen durchaus ein den sozialen Veränderungen entsprechendes modernes Frauenbild zu finden war, das neben der berufstätigen Frau auch Alleinerziehende oder nichteheliche Lebensgemeinschaften ansprach, und obwohl besonders Anfang der 80er Jahre in Veröffentlichungen und Reden der Liberalen Themen und Forderungen der Frauenbewegung aufgegriffen wurden (z. B. die Finanzierung von Frauenhäusern, Abschaffung von Leichtlohngruppen für Frauen, Anrechnung und Erhöhung von Kindererziehungszeiten in der Rente auch für Erwerbstätige).

chen, über die sie sich politisch identifiziert, über die sie sich für die Politik interessiert oder sich in sie eingemischt hat.[19]

„Aber daß ich mich speziell engagieren würde in ... der Frauenbewegung, das liegt mir einfach nicht, weil ich der Ansicht bin, eine Politik muß so gut sein, daß sie auch für Frauen ein optimales Ergebnis hat. Also ich bin keine Frauenpolitikerin. Das sage ich ganz ... offen. Meine politischen Themen sind ... auch ganz andere." (Interview: 18)

Möglicherweise liegt in dieser Doppelorientierung das Spezifische ihres Zugangs zur Politik. Einerseits äußert Ursula Seiler-Albring den Wunsch, *nicht* auf sog. weibliche Eigenschaften, Vorlieben und Verhaltensmuster festgelegt zu werden. Sie will normierte Geschlechtsrollen und die Einengungen, die die gängigen Stereotype mit sich bringen, hinter sich lassen. Andererseits möchte sie sich aber sehr wohl auf ihre attraktive Weiblichkeit beziehen können, die ja allemal Aufmerksamkeit erregt und gezielt eingesetzt werden kann und obgleich sie frauenpolitische Fragen als für sie nicht bedeutsam einschätzt („Ich mache lieber Politik für Frauen, aber keine Frauenpolitik."), haben diese in ihrem politischen Zugang insofern eine wesentliche Rolle gespielt, als sie das Passepartout abgegeben haben, von dem sie sich abgrenzen wollte. Es scheint, als habe sie einen Teil ihrer politischen Identität gerade aus der positiven Selbststilisierung einer „untypischen Frau" gewonnen.

Sie ahnt einerseits, daß sie zeitweise größere Chancen in ihrer Partei besonders als Frau (gehabt) hat, die eventuell von Männern bewußt gefördert wird. Andererseits weiß sie, daß ein Festgelegtsein auf Frauenpolitik eventuell politisch schädlich sein kann. Außerdem will sie das Stereotyp einer Vorzeigefrau nicht für sich gelten lassen.

„Ich könnte mir vorstellen, daß ein Teil dieser Vorteile sehr kurzfristig ist... wenn sie ... als Vorzeigefrau ... eine Wahl gewonnen haben, das hält nicht lange. Dann müssen ... Sie entweder sachlich nachlegen, nachfeuern, oder Sie bleiben irgendwie auf der Strecke. Ich hab' also auf meinem Wege sicherlich 'ne ganze Reihe von Parteifreundinnen zurückgelassen, die optischer Vorzüge wegen oder auch weil sie Frauen waren, kurzfristig als Hoffnungsträger galten, -tägerinnen galten – Entschuldigung – aber das, das dauert nicht lange." (Interview: 22)

---

19 Ursula Seiler-Albring war während ihrer Zeit in Rheinland-Pfalz im Landesfrauenbeirat und ist heute Mitglied bei den „Liberalen Frauen". Frauenorganisationen waren ihr aber nie wichtig. Am Anfang des Interviews stellt sie fest: „... ich hab's eigentlich nicht so sehr mit der Frauenpolitik. Ich mache lieber Politik für Frauen, aber keine Frauenpolitik. Es schadet nämlich nichts." (Interview: 3)

Ursula Seiler-Albring ist im Jahre 1993 50 Jahre alt geworden. Sie ist seit 1969 verheiratet mit einem schwäbischen Diplomkaufmann, der heute ein mittelständisches Unternehmen leitet. Ihren Mann, der aus Tübingen stammt, hat sie während ihres Studiums in Berlin kennengelernt. Die Familie Seiler lebt heute in Tübingen. Privat bildet das Ehepaar eine sozial-liberale Koalition. Ihre politische Karriere betrieb Ursula Seiler-Albring völlig ungehindert durch ihren Mann.

„Er hat es also nicht fördernd unterstützt, indem er sagte, Mädchen, mach' mal dies, mach' mal jenes, aber er war ... und ist immer da, wenn ich ... eine Diskussion brauche... Meistens hat er eine andere Meinung, aber das ist ja auch ganz gut. Da kann man seine eigenen Argumente daran feilen." (Interview: 36)

Insgesamt scheint Herr Seiler der politischen Tätigkeit seiner Frau eher ein wenig distanziert gegenüberzustehen. Er sei ein ausgesprochen kritischer Gesprächspartner:

„Insofern ist er sozusagen mein Sounding-Board, und er tut mit Sicherheit alles dreimal eher als mich loben!...Direkte Förderung kommt nicht in die Tüte." (Ebendort)

Das Ehepaar hat zwei Kinder, der Sohn Florian wurde 1970, die Tochter Katharina 1973 geboren, sie waren somit 10 und 13 Jahre alt, als ihre Mutter erstmals in den Bundestag gewählt wurde. Durch die berufliche Tätigkeit des Vaters war die Familie mehrmals gezwungen, den Wohnort zu wechseln: von Düsseldorf, wo Ursula Seiler-Albring bis zur Geburt ihrer Tochter berufstätig war, nach Rheinland-Pfalz, dann wieder kurzfristig nach Nordrhein-Westfalen und ab 1977 dann nach Baden-Württemberg. Diese Umzüge werfen nicht nur für die Organisation der Kinderbetreuung, sondern vor allem für die politische Wegplanung von Ursula Seiler-Albring immer wieder erhebliche Schwierigkeiten auf. Die Ortswechsel bedeuteten für das junge aufstrebende FDP-Mitglied jedes Mal, wieder in neuen Kreisverbänden von vorn anfangen zu müssen, ein Schicksal, das sie mit anderen Parteikolleginnen aus denselben Gründen teilt. Zehn Jahre lang lebte die Familie im Wahlkreis von Ursula Seiler-Albring in Berglen-Ödernhardt, einer 300-Seelen-Gemeinde in Baden-Württemberg zum Zeitpunkt ihres Zuzugs.

„Da war ... die soziale Eingebundenheit der Kinder ... sehr groß. Wir haben ... Nachbarn gehabt mit Kindern im gleichen Alter, und meine Nachbarin ... hat sich ganz rührend sozusagen als Zweitmutter ... gekümmert". (Interview: 32)

Vor einigen Jahren zog die Familie um nach Tübingen, woher Herr Seiler ursprünglich stammt. Für die Abgeordnete Seiler-Albring bedeutete dies, daß sie zusätzlich ca. 45 Minuten von Zuhause bis in ihren Wahlkreis pendeln muß. Die 21jährige Tochter Katharina lebte 1993 noch im Elternhaus, der drei Jahre ältere Sohn Florian studierte mittlerweile in Stuttgart Maschinenbau.

Im Unterschied zum Leben einer Abgeordneten, die in den sitzungsfreien Wochen des Bundestages[20] an ihrem Heimatort, der idealerweise auch mit dem Wahlkreis identisch ist, leben und arbeiten kann, hat Ursula Seiler-Albring durch ihre Position im Auswärtigen Amt eine Dauerpräsenzpflicht in Bonn und zahlreiche dienstliche Verpflichtungen zu übernehmen – auch im Ausland. Natürlich gehören auch die Wochenenden einer Staatministerin zur Arbeitszeit. Außerdem hat sie jeden Abend politisch-berufliche Termine. Daher versucht Ursula Seiler-Albring, zumindest am Sonntag daheim aufzutanken.

„Da mache ich die Tür zu und will überhaupt niemanden und nichts sehen. Und das brauche ich einfach. Mit meinen Kindern, mit meinem Mann und vor allen Dingen mit meinem Hund." (Interview: 38)

Ursula Seiler-Albring ist sich – wie viele ihrer Geschlechtsgenossinnen in der Politik – der hohen persönlichen Kosten intensiv bewußt, die einer Frau als Preis für die politische Karriere unter den herrschenden Bedingungen knapper Ressourcen und der Zumutung allzeitiger Verfügbarkeit heute immer noch abverlangt werden. Dazu gehören der unregelmäßige Kontakt zu Freunden und die knapp bemessene Zeit mit der Familie. Auch wenn sie sich im klaren darüber ist, daß ein hohes Ziel zu haben auch einen besonders hohen persönlichen Einsatz erfordert, scheint ihr zum Zeitpunkt unseres Interviews die politische Arbeit eher weniger Freude zu machen:

„... im Moment appelliere ich sehr oft an die Preußin in mir, also mal Ohren anlegen... und durch!" (Interview: 34)

So deutet sie im Gespräch auch offen die persönlichen Verluste an, die das Leben als Politikerin mit sich bringen und die vielleicht irreparable Schäden hinterlassen. Die fast schon zum Normalarbeitsverständnis eines Politikers gehörende vollzeitliche Verplanung und Verpflichtung geraten oft mit einigen, besonders wichtigen privaten Terminen in Kollision. Und das sei dann besonders schmerzlich, wenn die Kinder darunter zu leiden hätten:

20 1993 hat der Deutsche Bundestag beispielsweise 23 Sitzungswochen in Bonn anberaumt.

„Es gibt Dinge, die wichtig sind hier in Bonn, aber es gibt Dinge, die dann, weil sie nicht wiederholbar sind, es Wert sind, den ganzen Mist oder den ganzen Laden hinzuwerfen.“ (Interview: 62)

Aus solchen Bemerkungen wird deutlich, daß der Zwiespalt zwischen Familie und Beruf für eine Politikerin besonders schmerzlich und oft fast unüberbrückbar zu sein scheint. Auch heute noch. Selbst bei perfekter Organisation des privaten Bereichs bleiben die Visionen bestehen von einem „anderen“ Leben als dem tatsächlich gelebten. Ursula Seiler-Albring hat, wie zahlreiche Politikerinnen der jüngeren Generation, ihrem Beruf die eindeutige Priorität eingeräumt. Sie würde ihren politischen Weg „wahrscheinlich wieder machen“, wie sie versichert. Gleichwohl zieht sie ein sowohl sehr persönliches wie auch abwägendes Resümee, das nicht frei ist von nachdenklicher Selbstkritik:

„Ich hab' da sicherlich eine ganze Reihe von wichtigen und interessanten Dingen kennengelernt und schätzen gelernt ..., aber ob das nun unbedingt für die persönliche Entwicklung so besonders positiv ist, so eine politische Tätigkeit, das würde ich mit aller Vorsicht nur beantworten. Ich habe das Gefühl, daß ich durchaus sehr viel härter, also kälter geworden bin, in all diesen Jahren... Also, es ist sicherlich sehr viel Positives, aber ... auf der Soll-Seite ist eine ganze Menge auch zu Bruch gegangen, im Verhältnis zu Kindern und Familie. Und das ist die Frage, ob sich das gelohnt hat. Das werde ich irgendwann einmal beantworten, wenn ich ausgeschieden bin.“ (Interview: 61)

Dieser Termin war zum Zeitpunkt des Schreibens dieser politischen Biographie im Mai 1994 und nach der jüngsten Niederlage bei der Kandidatenaufstellung zum 13. Bundestag absehbar. Dennoch, so versichert sie am Telefon, sei sie bald wieder obenauf – nach einigen Wehmutstropfen, die ihr der Abschied vom Bundestag erst einmal bescheren werde.

Christa Reetz

„Engagement ja – aber keine Partei. Nur keine Partei wieder!“

Der Name Christa Reetz hat einen guten Klang in ihrer Region. Er ist den meisten Mitstreiterinnen und Mitstreitern der badisch-elsässischen Anti-Atomkraft-Bewegung seit Anfang der 70er Jahre wohl bekannt. Sie gehörte als damals 50-jährige Mutter von fünf Kindern zu den engagiertesten und erfahrensten Frauen, die vor Ort die Pläne der baden-württembergischen Landesregierung zu durchkreuzen half, am Kaiserstuhl dem „industriellen Wachstumsbedarf“ mit mehreren Atomkraftwerken abzuhelfen. Christa Reetz war eine unter vielen Namenlosen in den über 15jährigen Auseinandersetzungen, die mit ihrer ganzen Person den langen und mühsamen Widerstand gegen Landesregierung, Verwaltung, Gutachter, Gerichte und Betreiberwerke organisierte und persönlich getragen hat. Sie war eine typische Frau der sogenannten Basisarbeit in den Bürgerinitiativen, die sich zumeist im Hintergrund vollzieht, daher erstaunt es wenig, daß ihr Name in keiner der mittlerweile zahlreichen wissenschaftlichen Abhandlungen über „Neue soziale Bewegungen in der Bundesrepublik“ auftaucht. Aber selbst in den voluminösen Werken über die GRÜNEN, – der Partei, die nunmehr seit mehr als einem Dutzend Jahren den Bürgerprotest vor allem aus der Ökologie- und Anti-Atomkraft-Bewegung aufzufangen angetreten ist, – sucht man ihren Namen vergebens (z.B. bei Raschke 1993).

Dabei war Christa Reetz in den politischen Anfangsjahren der GRÜNEN für diese immerhin mehrfach parlamentarisch tätig: Anfang der 80er Jahre im Offenburger Gemeinderat und von 1983 bis 1985 als Mitglied der ersten grünen Bundestagsfraktion zusammen mit Antje Vollmer, Christa Nickels, Waltraud Schoppe, Erika Hickel, Petra Kelly und Marieluise Beck-Oberdorf, ihrer einzigen Kollegin aus Baden-Württemberg in der ersten Hälfte der 10. Legislaturperiode.[1] Christa Reetz selbst wäre vermutlich die letzte, die auf die Nennung ihres Namens Wert legen würde. Sie gehört eben nicht zur „neuen politischen Klasse grüner Semi-Berufspolitiker mit sowohl realpolitischer als auch fundamentalistischer Ämterverflechtung und Ämterhäufung“, wie es ein sogenannter „Bewegungsforscher“ bereits 1987 für die GRÜNEN konstatierte (Wiesendahl in: Rucht 1987: 384).

1 1983 zogen 18 Männer und 10 Frauen für die GRÜNEN erstmals in den Bundestag; ihnen gehörten sechs der zehn jüngsten Mitglieder an. Kürschners Volkshandbuch des Deutschen Bundestages. 10. Wahlperiode 1983: 239.

Für sie ist die konkrete Arbeit in einem Umweltverband wichtiger als in einer Partei, die Sache wichtiger als Posten und Karriere. Christa Reetz steht damit für unzählig viele Frauen, die politisch tätig sind und dies lieber im Hintergrund tun, die stundenlang Plakate kleben und Unterschriften sammeln und jeden Samstag auch bei naßkaltem Wetter am Markt den Infostand besetzen. Viele dieser Frauen würden – ihrem eigenen Selbstverständnis nach – nicht unbedingt „in die Politik gehen" wollen, ja manche würden sich sogar von der offiziellen Politik ausdrücklich abgrenzen. Christa Reetz repräsentiert eine sehr häufig bei Frauen aus Bürgerinitiativen anzutreffende Art des politischen Engagements: Sie sind aktiv geworden aus der unmittelbaren Betroffenheit in einer bestimmten politischen Frage. Sie sind dies punktuell und sehr konkret, oft mutig und kompromißlos. Entgegen gängiger Selbstdefinitionen und Fremdzuschreibungen denken und handeln solche Frauen politisch, gleichzeitig wollen sie dabei keineswegs das sprichwörtliche Klischee „Politik ist Männersache" antasten (vgl.: Meyer 1994).

1. Jugend/Herkunftsfamilie

Christa Reetz wird als Christa Eckstein am 16. November 1922 in Arnstadt, einer Kleinstadt mit 20.000 Einwohnern in Thüringen geboren. Sie ist die älteste und die einzige Tochter ihrer Eltern. Zwei Jahre später kommt ihr Bruder zur Welt. Die Familie Eckstein ist evangelisch. Beide Elternteile stammen aus alten, bodenständigen Arnstädter Familien. Sowohl ihr Großvater als auch ihr Urgroßvater väterlicherseits waren Förster. Der Großvater mütterlicherseits kam aus dem in Arnstadt ansässigen gehobenen Bürgertum. Er hatte mitten im Herzen der Stadt eine Handschuhfabrik, und wie es für gutbürgerliche Töchter üblich war, ging auch Christa Reetz' Mutter auf eine „Höhere-Töchter-Schule". Der Vater war ein Einzelkind, er wuchs sehr behütet auf und durfte auch „außerordentlich gut studieren. Er war in Jena und ... in Genf, was also auch damals teuer war (Interview:5)." Nach seinem Studium wurde er in den ersten Weltkrieg eingezogen. Dieses Ereignis scheint ihn „ungeheuer aus der Bahn geworfen" zu haben, denn danach verlief seine berufliche Laufbahn nicht wunschgemäß. Er machte zwar seinen Doktortitel in Jura, wurde aber später „nur" Steuerinspektor. Christa Reetz bezeichnet ihren Vater als einen sehr schwierigen Menschen, zu dem sie keinen besonders guten Kontakt gehabt habe, während sie an ihrer Mutter „enorm gehängt" habe. Diese machte nach der Schule eine Ausbildung zur Chemieassistentin, was damals recht ungewöhnlich war. Nach ihrer Heirat allerdings hat sie wie viele ihrer Geschlechtsgenossinnen aus der materiell abgesicherten Mittelschicht ausschließlich im Haushalt und in der Kindererziehung gearbeitet. Christa Reetz beschreibt ihre Mutter als einen „wenig entscheidungsfähigen“ und zeitlebens stark von anderen Personen abhängigen Menschen: zunächst vom Vater, später von der Tochter. Nach dem Tod des Ehemannes 1967 lebte die Mutter lange alleine, bis sie zu ihrer Tochter Christa zog. In den letzten Jahren wohnte sie wegen ihrer Pflegebedürftigkeit in einem nahegelegenen Altersheim. Im Januar 1993 starb die Mutter im Alter von 97 Jahren, was Christa Reetz zum Zeitpunkt unseres Gespräches immer noch zu schaffen macht. Bis zuletzt hatte Christa Reetz eine sehr enge Bindung zu ihrer Mutter und offensichtlich so etwas wie ein akzeptierendes Vertrauensverhältnis. Die Mutter habe immer „irgendwie zu mir gehalten und mich toleriert, wenn sie`s auch gar nicht verstanden hat, was ich gemacht hab'.“ (Interview: 6)

Schon früh wird Christa von den Eltern in die verantwortungsvolle Stellung der Erstgeborenen ihrem jüngeren, stets kränkelnden Bruder gegenüber eingewiesen. Hier nimmt Christa Reetz in ihrer Kindheit eine beschützende Rolle ein. Er war häufig krank, während sie „ziemlich robust“ war. Die Eltern lebten, ihrem bürgerlich-kleinstädischen Herkunftsmilieu entsprechend, eine klassische Arbeitsteilung, die Mutter übernahm den Erziehungsalltag und die Fürsorge für den Ehemann und die ganze Familie. Der Vater dagegen war durch Berufstätigkeit und seinen dominanten Charakter der nach außen Aktive und der eigentliche Entscheidungsträger der Familie. Sein Erziehungsstil und sein Verhalten gegenüber seiner Familie beschreibt Christa Reetz als überwiegend autoritär. Während des Nationalsozialismus war der Vater nicht in der Partei, „aber in irgendeiner Formation mußte er wohl sein“, was dazu führte, daß er nach dem Kriege 1945 zunächst seinen Arbeitsplatz verlor. Er wurde aber rasch rehabilitiert.

Christa Reetz weiß auch heute nicht genau, welcher NS-Organisation ihr Vater möglicherweise angehört haben könnte und seine genaue Berufsbezeichnung. Sie hat offenbar nie viel mit ihm oder mit anderen über ihn geredet. Ihre Mutter, das weiß sie allerdings sicher, war in keiner der NS-Frauenorganisationen: “Diese Frauenschaftsfrauen und so, denen konnte sie ... nichts abgewinnen.“ (Interview: 8) Im Kreise der Familie oder weiteren Verwandtschaft wurden in C. Reetz' Kindheit und Jugendzeit keine Gespräche über politische oder weltanschauliche Themen geführt. Christa Reetz erinnert auch keine politischen Aktivitäten der Eltern. Diese fehlende Anregung sowie das nicht vorhandene offene Gesprächsklima in ihrem Elternhause ebenso wie fehlende Vorbilder, die politisch engagiert waren, bedauert Christa Reetz heute ganz besonders. So hat sie selbst als Jugendliche – sie war elf Jahre alt, als Hitler 1933 an die Macht kam – offensichtlich eher vorbewußt die zahlreichen behördlichen Maßnahmen gegen die jüdische Bevölkerung in Arnstadt registriert. Die Reichspogromnacht prägte sich ihr allerdings sehr deutlich ins Gedächtnis, denn ihre Großmutter wohnte direkt neben der Synagoge, an der Christa auf dem täglichen Schulweg vorbei kam.

„Es war ganz drastisch, wie ich eben an einem Morgen kam, und sie hatten also in der Nacht diese Synagoge angezündet und abgebrannt, das Haus nebenan war schon fast gefährdet, war total mit Wasser bespritzt worden und, also das rauchte immer noch so. Mehr war da nicht. Aber die Synagoge war weg. Es war so' n Aschen- und Schutthaufen. Und das, das fand ich also furchtbar." (Interview: 9)

Aber die politischen Zusammenhänge begreift die damals 16-Jährige noch nicht. Insgesamt scheint das Klima im Elternhaus in dieser Zeit eher ein wenig bedrückend gewesen zu sein. In der Rückschau spricht sie von dunklen Erinnerungen an ihre Jugend und von einer eher „dumpfen" Atmosphäre.

„Es war irgendwie zu dumpf, weiß ich nicht, das Geschehen, oder auch ich selbst, um das aufzunehmen, um's zu analysieren. War nicht drin." (Interview: 10)

Das politisch aufgenötigte Schweigegebot wird offensichtlich im Umkreis ihrer Familie eingehalten. Und als die beste Freundin ihrer Mutter, die Jüdin war, nach England fliehen mußte, wird innerfamiliär und inoffiziell ein „schweigender Abschluß" verfügt und auch eingehalten:

„... und dieses ... förmlich Schweigende, auf einmal dieser schweigende Abschluß, möchte ich so sagen, auf einmal so wie, ach, da drüber wird jetzt nicht mehr geredet, oder das gibt's nicht mehr." (Interview: 9)

All diese Konstellationen bedingen es wohl, daß Christa Reetz ihr Elternhaus relativ früh verläßt, obgleich es ihr für die Mutter leid tut, denn diese verbleibt nun ohne die geliebte und vertraute töchterliche Unterstützung.[2]

2. *Schule/Ausbildung/Berufstätigkeit*

Christa Reetz besuchte nach der Grundschule das Gymnasium in Arnstadt. Dieses war in ihrer Familie auch für Mädchen durchaus üblich, ein anderer

2 „So leid wie es mir um mein Muttelchen getan hat, aber ich, ich wollte da nicht länger." (Interview: 11)

Schultyp kam gar nicht infrage. Doch die finanziellen Verhältnisse der Familie waren nicht besonders erfreulich:

„Wir haben eigentlich ... immer einen schmalen Haushalt gehabt finanziell, denn so ein Beamter in jenen Jahren, 30er Jahren hat wenig verdient ... es ging immer knapp. ... und da hat's mich also sehr schnell irgendwie 'rausgedrängt. Deshalb hatte ich eigentlich auch die Schule unterbrochen." (Interview: 8)

Weil Christa Reetz möglichst schnell das Elternhaus fliehen wollte, verließ sie die Schule relativ früh und verdiente im Rahmen des Pflichtjahres ihr erstes Geld bei Siemens in der Fertigung. Zwischen 1938 und 1939 absolvierte sie ein halbes Jahr die „Bach-Schule", eine private Dolmetscherschule für Russisch in Leipzig. Die Entscheidung, diese Schule zu besuchen, traf sie alleine, allerdings finanzierte ein begüterter Onkel diese Ausbildung mit. Anschließend ging die 18-Jährige nach Berlin und machte dort noch das Abitur nach. Ihre erste berufliche Stellung bekam sie durch die Vermittlung ihrer Schule bei der russischen Emigranten-Zeitung NOVOJESLOWO (Neues Wort) in Berlin im Jahre 1940. Diese Zeit der relativ unbeschwerten Jungmädchenjahre, in der sie aus der Kleinstadt kommend trotz Kriegsbeginn unbeschwert vom Trubel der Großstadt mitgerissen wurde, bezeichnet Christa Reetz als ihre glücklichsten Berufsjahre. Emotional war sie zu diesem Zeitpunkt von ihrem Vater bereits sehr stark entfernt, von der Mutter jedoch nicht. Dieses hinderte sie allerdings nicht daran, sich auf eigene Füße zu stellen und eigene Perspektiven zu entwickeln.

1941 nahm sie eine Stelle beim Deutschen Nachrichtenbüro an und bildete sich nebenher zur Pressestenografin weiter. Später wechselte sie in deren deutsche Außenstelle nach Belgrad, wo sie bis Ende 1943/Anfang 1944 bis zum deutschen Rückzug tätig war. Nach dem Krieg, von November 1945 bis 1953, arbeitete sie bei „Kroners Pressedienst" einer kleinen lizensierten französischen Nachrichtenagentur in Baden-Baden. Nachdem diese nicht mehr existierte, erledigte sie – mittlerweile verheiratet und Mutter von mehreren, bald fünf Kindern – bis in die 60er Jahre hinein in Heimarbeit die Vermittlungs-, Presse- und Stenografenarbeiten für Alfred Lang, einen in Paris lebenden Journalisten. 1964 nahm Christa Reetz eine Stelle in der Anzeigenabteilung der Firma Burda an und belegte nebenbei einen Computerkurs. Hieran sieht man, wie sie sich zeitlebens als Lernende und Autodidaktin verstand. Und so arbeitete sie ab Anfang der 70er Jahre in Freiburg bei der Biologischen Fakultät der Universität als Programmiererin. Dort war sie noch ca. zehn Jahre bis zu ihrer Pensionierung im Alter von 58 Jahren beschäftigt, die sie auf eigenen Wunsch etwas vorzog, um sich stärker um die Arbeit in den Bürgerinitiativen zu kümmern.

Christa Reetz war immer gerne berufstätig. Sie erzählt ausgesprochen lebendig von ihren diversen Berufsstationen und glaubt, daß sie ganz besonders viel von dem, was sie an Erfahrungen im Beruf gewonnen hat, für ihre politische Arbeit gebrauchen konnte. Vor allem in der ersten Phase ihrer Berufstätigkeit als Pressemitarbeiterin kam sie regelmäßig mit den politischen Ereignissen in Berührung.

3. Politische Sozialisation

Als Elfjährige kommt Christa Reetz 1933 zu den obligatorischen Jungmädel. Sie nutzt – wie viele Jungen und Mädchen ihrer Zeit – die Gelegenheit, im Rahmen dieser Organisation der Enge des Elternhauses zu entkommen, um mit Gleichaltrigen sich selbst im Gruppenzusammenhang zu erleben.

In seiner Jugendpolitik bot der Nationalsozialismus vielen Jugendlichen zahlreiche bisher nicht gekannte Möglichkeiten öffentlicheer Partizipation und Anerkennung jugendlicher Fähigkeiten. Durch das Prinzip „Jugend muß durch Jugend geführt werden" eröffneten sich Chancen für das Erproben früher Selbständigkeit und eines Verantwortungsbewußtseins gegenüber Gleichaltrigen. Die Tatsache, daß vor allem die NS-Jugendorganisationen propagandistischen Zwecken des Regimes untergeordnet waren, schmälert vermutlich nicht den von zahlreichen jungen Menschen tatsächlich erlebten Erfahrungsgewinn durch die vielfältigen Angebote und Maßnahmen. Insofern scheint es problematisch, die Zeit des Dritten Reiches pauschal als „Rückfall in eine entrechtete, degradierte Existenz für Frauen" (Wiggershaus 1984: 5) zu beschreiben.

„Die immense Mobilisierungsfähigkeit des Regimes und die relative Seltenheit gezielten politischen Widerstandes deuten jedoch darauf hin, daß diejenigen Frauen, die den politischen, rassischen und sozialen Anforderungen genügten – und das war die große Mehrheit –, das „Dritte Reich" keineswegs als Frauenhölle erlebten. Viele Neuerungen waren durchaus attraktiv, mit anderen konnte man leben, und der Mangel an politischen Entscheidungsbefugnissen fiel in einem Staat, der auch den meisten Männern solche Rechte vorenthielt, nicht sonderlich ins Gewicht." (Frevert 1986: 243)

Bei den Jungmädel habe sie sich – so Christa Reetz in ihrer Rückschau – sehr wohl gefühlt:

„Weil das ... einfach 'ne Möglichkeit war, wo also auch nachmittags dann mit Freundin und so, wir zusammen waren, und zweitens weil in unserer schönen Gegend da um Arnstadt 'rum sehr viel in der Natur gewesen ist, gewandert usw. Singen, Wandern ... was mir alles Spaß gemacht hat." (Interview: 11)

Christa Reetz engagierte sich, so daß sie bald Gruppenführerin wurde. Doch sie wurde kein Parteimitglied, „wobei ich immer sagen muß, das war keinesfalls aus politischer Überzeugung." Vielmehr habe sie einfach andere Interessen entwickelt, und: „dieses komische BDM-Sein..., das war also dann passé. Das war nicht mehr attraktiv" (Interview: 12).

Zur Zeit ihrer Berufsausbildung war das sie erschütterndste Ereignis der Beginn des Zweiten Weltkrieges. Den Nationalsozialismus insgesamt habe sie allerdings in den 30er Jahren noch nicht genug reflektiert. Aus heutiger Sicht bewundert Christa Reetz Menschen, wie beispielsweise die Geschwister Scholl, die bereits damals „total klarsichtig waren in bezug auf die politische Entwicklung". Sie selbst sei das nicht gewesen und habe auch in ihrer Familie keinen Anstoß dazu bekommen. Auch ihre vage Solidarität mit jüdischen Menschen während des Krieges in Berlin betrachtet sie heute im Nachhinein als „kein bewußtes politisches Handeln." Ernsthafte Zweifel an der Gewinnbarkeit des Krieges und wohl auch am Nationalsozialismus selbst kamen ihr in Belgrad, als sie im Rahmen ihrer beruflichen Tätigkeit beim Deutschen Nachrichtenbüro mit vielen unzensierten Informationen in Berührung kam, die streng geheimgehalten werden mußten.

Das Ende des Krieges erlebte sie in Berlin, wo sie im November 1944 ihren Mann heiratete, der als Funker bei der Wehrmacht arbeitete und desertieren wollte. In unzähligen Bombennächten, in denen sie – bald schwanger mit ihrer ersten Tochter Elisabeth – in Luftschutzkellern Überlebensraum suchen mußte, entwickelte sich ihr lebensgeschichtlich bedeutsam werdender Pazifismus und Antimilitarismus. Diese Erfahrungen blieben ihr vor allem im Widerstand gegen die Wiederbewaffnung in den 50er Jahren sehr präsent.

Als sich nach 1945 in Deutschland wieder Parteien konstituierten, verfolgte Christa Reetz das politische Geschehen mit großem Interesse. Sie tendierte inhaltlich zunächst zu Positionen, die die Freien Demokraten vertraten. Aber als dann

„... die Geschichte mit dieser Wiederbewaffnung kam oder Militärgründung und Änderung des Grundgesetzes, was ich ja so furchtbar fand. ... Also da, da bin ich dann hellwach geworden." (Interview: 21)

Infolgedessen wurde Christa Reetz in der „Ohne-Mich-Bewegung" der SPD aktiv, klebte Plakate und verteilte Flugblätter. Ihr Engagement gegen die Remilitarisierung führte sie auch in die Deutsche Friedens-Union (DFU), an deren Veranstaltungen sie ebenso wie an den Ostermärschen regelmäßig teilnahm. Hier erfuhr Christa Reetz neben ihrer beruflichen Tätigkeit und dem zunehmend ausfüllenderen Familienleben Bestätigung und Bestärkung in einer sozialkritischen Einstellung und ihrem Protest, der sich vor allem im vorparlamentarischen Raum äußerte. Angesprochen fühlte sie sich auch durch sehr konkrete Ereignisse und Aktionen – vielleicht nicht ganz untypisch für Frauen.

„Zum Beispiel die 'Ohne-Mich-Bewegung' von der SPD. Die hatten so wunderschöne Plakate auch. Eine Seite ein Zivil – eine Seite ein Militärkopf, so geteilt mittendurch. War sehr schön... diese 'Ohne-Mich-Bewegung', die fand ich ganz gut, und so gut ich konnte, hab' ich da mitgemacht. Ich meine Plakate kleben, mal Flugblätter verteilen oder in 'ne Versammlung gehen. Das war's, ja und entsprechend wählen natürlich." (Interview: 21)

Daß dieses alles nicht ausreicht, empfand Christa Reetz schon bald in den 60er Jahren, als sie beinahe in die SPD eingetreten wäre, um innerhalb einer politischen Partei ihre Auffassungen durchzusetzen. Doch ihre distanzierende Haltung behielt die Oberhand.

„Ich hatte Scheu eigentlich, also, ich muß sagen, nach dem allen, was auch nach 1945 auf uns hereingeprasselt ist, an Eröffnungen und so und an Enttäuschungen, dann war also der Begriff Partei für mich total suspekt. Also, Engagement ja, aber keine Partei. Nur keine Partei wieder!" (Interview: 22)

Die SPD enttäuschte die zunehmend pazifistischer eingestellte Christa Reetz in den 50er und 60er Jahren durch die Unterstützung der Wiederbewaffnung. Auch später, Anfang der 70er Jahre, als die grün-alternative Bewegung begann, sich als Partei zu formieren, hielt sich Christa Reetz zunächst parteipolitisch zurück, obwohl sie sich bereits seit Jahren am Bürgerprotest gegen das geplante Kernkraftwerk in Breisach und das Bleichemiewerk in Markolsheim beteiligt hatte.

„Ich war auch auf sämtlichen Demos von Wyhl bis Brokdorf und in Grohnde und zum Teil auch oft in den Dörfern mit, also in diesen Widerstandsdörfern da in Grohnde, mal längere Tage, weil meistens war's auch so, daß irgendjemand also gerade auch ne ältere Frau, war ich damals ja auch schon, auch wiederum notwendig war, um irgendwie so ein bißchen wenigstens ... mit für, für etwas, etwas Ablauf, etwas Ordnung zu sorgen." (Interview: 23)

In der Anti-Atomkraft-Bewegung, besonders im Bürgerprotest der badisch-elsässischen Bürgerinitiativen gegen Wyhl machte Christa Reetz ihre wohl prägendsten politischen Erfahrungen. Hier wie später bildete sie eine Mischung von Unbeugsamkeit in ihren grundlegendsten politischen und weltanschaulichen Überzeugungen und zugleich eine große Offenheit und Toleranz auch gegenüber ideologisch oder parteipolitisch anders orientierten MitstreiterInnen aus. Sie hatte keinerlei Berührungsängste gegenüber politisch Andersdenkenden und stellte dies mehrfach unter Beweis, z. B. als sie mit damals von bürgerlicher bis sozialdemokratischer Seite geächteten K-Gruppen partiell zusammenarbeitete.

Ein zweites politisches Standbein geriet für Christa Reetz ihr Engagement in Offenburg im „Paragraph-218-Komitee“ und im Verein „Frauen helfen Frauen“, zu dessen Mitbegründerinnen sie zählte. Christa Reetz nahm auch hier wie in der Anti-AKW-Bewegung keine führende Rolle ein, engagierte sich aber mit ihrer ganzen Person und bezeichnet ihre Aktivitäten im 218-Komitee als „eine meiner Lichtpunkte“.

„Das fand ich ... sehr, sehr schön. Da hab` ich nichts irgendwie führend mitgemacht, aber ich war mit drin und bin zu allen Sitzungen gegangen und hab' mich voll mit engagiert.“ (Interview: 25)

4. Partei-Sozialisation

Bei Christa Reetz von einer Partei-Sozialisation zu sprechen, mutet verfehlt an. Sie ist zeitlebens, wie viele Mitglieder der neuen sozialen Bewegungen, insbesondere der Ökologie- und Frauenbewegung, eher Parteien gegenüber kritisch eingestellt gewesen (vgl.: Rucht 1980; Raschke 1985 ff.; Brandt/Büsser/Rucht 1985; Brandt 1985). Auch heute nach über zehnjähriger Mitgliedschaft bei den GRÜNEN scheint sie immer noch gegen Parteien eingestellt zu sein. In einem Brief an mich meint sie nachdenklich:

„Mein Leben ist zwar seit zwanzig Jahren durch und durch öffentlich-politisch bestimmt, aber die parlamentarische Tätigkeit bei den Grünen ist dabei ganz unwesentlich. Ehrlich gesagt, bedauere ich fast, daß ich mir dieses Kleid angezogen habe“ (v. 14.1.1993).

Obgleich viele derjenigen, die im Rahmen von Bürgerinitiativen Protestaufrufe formuliert, Zufahrtswege zu Kasernen blockiert, AKW-Baugelände mehrwöchig besetzt hielten, ordentlich eingeschriebene Parteimitglieder waren, herrschten doch dem Anspruch nach zu Beginn und Mitte der 70er Jahre von Parteibindungen unabhängige bzw. losgekommene Bündnisse vor:

„... all diese ehemaligen Jusos, Judos, DKPisten, SBler, K-Gruppen kunterbunt, Trotzkisten, Spontis, Anarchos, und Feministinnen haben sich in den neuen sozialen Bewegungen mit den Aktivisten der Bürgerinitiativbewegung vermischt, in der die politisch Bewußteren eher vom anderen Flügel des politischen Spektrums kamen, von rechts, vom sogenannten 'Wertkonservativismus', und daraus entstand die Partei 'Die Grünen'“ (Fischer in: Kraushaar 1983: 37).

Es gab ein weitverzweigtes und sehr dynamisches Spektrum von regionalen Organisationen und informellen Gruppierungen, zu deren Selbstverständnis vor allem Autonomie und Dezentralität gehörten. Das Prinzip autonomer Basisinitiativen, die sich aus örtlich und sachlich eng begrenzten Protesten gebildet hatten, schloß zunächst nach mehrheitlichem Verständnis derer, die in ihnen politisch agierten, eine Zugehörigkeit zu einer überregional wirkenden, zentralistisch strukturierten und an Wahlkämpfen ausgerichteten Organisation aus. „Basisdemokratie und Parlamentarismus" (Huber in: Kraushaar 1983: 68) seien in einem spannungsvollen Wechselverhältnis zu sehen – so die Mitte der 70er Jahre aufkommende neue Erkenntnis vieler „Ökolinker" aus dem autonomen politischen Spektrum. Doch – so die Befürworter einer Parteigründung – es hieße durchaus nicht, daß systemkritische Annahmen und radikaldemokratische politische Aktionen bis hin zum zivilen Ungehorsam aufzugeben seien, wenn der lange Weg über eine Partei in die Länderparlamente und sogar in den Bundestag eingeschlagen wäre. So formierte sich in den 70er Jahren die Partei, die keine sein wollte, die „Anti-Partei-Partei", wie Petra Kelly treffend den inneren Widerspruch bezeichnet hatte. Die GRÜNEN wollten etwas ganz Neues sein und durchsetzen, etwas ganz anderes ausdrücken und dieses gestützt auf ihre vier Programmsäulen: ökologisch und sozial in ihren Zielen und basisdemokratisch und gewaltfrei in ihren Mitteln. Das Hauptgewicht im Verhältnis Partei und Bewegung sollte je nach politischem Standpunkt mehr auf dem parlamentarischen Spielbein oder dem basisdemokratischen Standbein liegen.

„Die 'Bewegung' soll das Parlament als Bühne für ein eigenes, für ein anderes politisches Spiel gebrauchen. Das Parlament soll in seinen institutionellen Möglichkeiten 'ausgebeutet' werden, um die 'Bewegung' zu fördern" (Narr in: Mettke 1982: 243).

Christa Reetz fühlte sich in der Hauptphase ihres politischen Engagements auch ohne ein Parteienkleid gut angezogen, und sie vermißte durchaus nicht die Stütze oder die Orientierung an einer Partei. Doch 1980, als sie als unabhängige Kandidatin auf der GRÜNEN LISTE in den Offenburger Gemeinderat gewählt wurde, hielt sie es dann doch für an der Zeit, den GRÜNEN beizutreten. So wird sie 1981 kurz vor ihrem 60sten Geburtstag, wenn auch nicht sonderlich euphorisch, Mitglied der GRÜNEN Partei.[3]

Mit ihrer Tätigkeit als Stadträtin wurde Christa Reetz als Rentnerin hauptberuflich politisch tätig. Doch als einzige GRÜNE-Stadträtin waren ih-

3 „Als ich dann im Stadtrat war, dachte ich, wenn schon denn schon, da mußt du halt doch 'rein." (Interview: 22)

re Möglichkeiten relativ eingeschränkt. Sie hatte damals keine Fraktion hinter sich. Außerdem waren Frauen im Stadtrat ohnehin eine kleine Minderheit. So hospitierte sie zunächst bei den Sozialdemokraten und nahm als Neuling dankbar deren Angebot an, als Gast bei deren Ausschußsitzungen teilzunehmen. Bald überwarf sie sich jedoch mit der SPD-Fraktion und versuchte sich weiter als Einzelkämpferin. Als einen größeren politischen Erfolg ihrer damaligen Arbeit bezeichnet sie die Rettung eines alten Gebäudes vor dem Abriß, die ihr zusammen mit anderen MitstreiterInnen durch eine Hausbesetzung gelang. Hiervon erzählt sie mit Begeisterung. An solchen Dingen hängt ganz offensichtlich ihr Herz, an den vielen kleinen politischen Schritten und der politischen Aktion zusammen mit anderen Menschen.

1983 rückte Christa Reetz auf der baden-württembergischen Landesliste für die GRÜNEN in den Bundestag ein. Mit diesem Amt verzichtete sie auf ihre weitere Mitarbeit im Stadtrat, was durchaus nicht üblich war und ist.[4] Christa Reetz ist zum Zeitpunkt des Interviews 1994 immer noch Mitglied bei den GRÜNEN, obgleich sie ihre Arbeit als Vorstandsmitglied des Bundesverbandes Bürgerinitiativen Umweltschutz (BBU), die sie 1985 nach der Rotation aus der Bundestagsfraktion übernommen hatte, zur Zeit vollauf ausfüllt. In ihrer politischen Prioritätenliste rangiert diese Tätigkeit auch weit über der für die Partei. Aufgrund massiver Nachwuchsprobleme, vor allem von Frauen, haben die GRÜNEN ihr allerdings 1994 einen fast sicheren Listenplatz angeboten für die anstehende Gemeinderatswahl in Offenburg. Noch zögerte Christa Reetz, ob sie sich zur Verfügung stellen möchte. Eigentlich – so meinte die damals 72Jährige – müßten ja mal die jüngeren Frauen ran, aber – so fügte sie nachdenklich hinzu – diese hätten wohl mit Beruf und Kindern oft genug zu tun. Außerdem gäbe es heute, wo auch die Freizeit total verplant wäre, für viele junge Frauen tatsächlich Verlockenderes, als sich in einer Partei zu engagieren. Vielleicht müsse sie nun wieder einspringen.

5. *Mitglied des Deutschen Bundestages 1983-1985*

Christa Reetz gehört im 10. Deutschen Bundestag zu den zehn Frauen der ersten GRÜNEN-Bundestagsfraktion. Zusammen mit Marieluise Beck-

4 Von den 520 Abgeordneten im 10. Deutschen Bundestag waren 100 gleichzeitig Mitglieder eines Landes- oder Kommunalparlaments. (Vgl.: Kürschners Volkshandbuch: 239)

Oberdorf bekommt Christa Reetz ihr Mandat über die baden-württembergische Landesliste. Sie ist als 61jährige Frau die älteste weibliche Abgeordnete ihrer (relativ jungen) Fraktion. Christa Reetz verkörpert einen für die 80er Jahre ungewöhnlichen Parlamentarierinnen-Typ.[5] Und es ist eher als Kritik an den formalisierten Partei- und Rekrutierungsstrukturen zu verstehen, wenn man feststellt, daß die 61jährige Programmiererin und geschiedene Mutter von fünf Kindern einen für das Bonner Parlament eher unterrepräsentierten Frauentyp verkörpert. Sie ist – auch nach ihren eigen Aussagen – wenig ehrgeizig, wenig durchsetzungsstark, eher kompromißbereit und tolerant. Sie besitzt Eigenschaften, die auf dem Bonner Parkett häufig zum Ausrutschen führen. Gleichwohl bilden sie das Bindeglied für jedwede Kommunikation. Im Rückblick meint sie nachdenklich, daß sie sich heute im Bundestag

„viel härter, stärker durchgesetzt hätte. Ich weiß nicht, ob ich's gekonnt hätte, aber ich hätte es versucht, sowohl in der GRÜNEN-Fraktion als auch natürlich den anderen gegenüber. Also nicht diese blöde Konzilianz und Kompromißbereitschaft ... und Toleranz. Davon hätte ich viel zurücknehmen wollen." (Interview: 51)

Christa Reetz wäre eher mit einigen frühen Nachkriegsparlamentarierinnen zu vergleichen, für die in einem ungewöhnlichen Maß Politik und Privatleben zusammenfielen. Oft waren es für diese Frauen ganz konkrete dringliche Notlagen, die ihnen ein politisches Engagement nahelegten und manchmal, in ihrer Perspektive, als Pflicht abverlangte. Der Ehrgeiz, in der Politik eine für Frauen herausfordernde berufliche Laufbahn einzuschlagen, wie es für Politikerinnen der jüngeren Generation heute typisch zu sein scheint, war weniger ausgeprägt. Insofern scheint Christa Reetz in den 80er Jahren generationstypische und bewegungsspezifische Merkmale aufzuweisen, aber sie scheint zeituntypisch zu sein. Dabei repräsentiert sie eine breite Population von politisch interessierten und alltagsbezogen, sozial und meist ehrenamtlich agierenden Frauen in der Bundesrepublik. Für Christa Reetz waren die GRÜNEN die einzig mögliche Partei. Und es gehörte zu den Spezifika der baden-württembergischen Konstellationen, daß sie als Mitglied der badisch-elsässischen Bürgerinitiativen und aktiv in Offenburger Frauengruppen als Bundestagskandidatin aufgestellt wurde. In Baden-Württemberg als großem überwiegend ländlich strukturiertem Flächenstaat, kamen die Mitglieder der

---

5 So repräsentiert Christa Reetz nicht den in der Fraktion der GRÜNEN häufigen Frauentyp der „frechen Feministin", sondern vom Alter und Habitus her eher einen mittelständischen, gut-bürgerlichen Frauentyp. Andererseits gehört sie ihren politischen Anschauungen nach zu den „neuen" sozialen Bewegungen.

GRÜNEN zu großen Teilen aus der Bürgerinitiativbewegung, die – nach Joschka Fischer – eine der drei wesentlichsten Rekrutierungspotentiale der GRÜNEN Bewegungspartei ausmachte:

„Drei wesentliche historische Linien kreuzen sich dort, wo die Partei der Grünen enstanden ist: die außerparlamentarischen Protestbewegungen mit ihren neuen ökologischen und weniger neuen pazifistischen Inhalten und ihren Erfahrungen von direkter Demokratie in der Aktion; die radikalen großstädtischen Subkulturen, mit ihren alternativen Milieus, ihren Versuchen anderer Produktions- und Lebensformen und der gesamten bunten Palette der Aussteigerei...; und schließlich die Bürgerinitiativbewegung, die politisch, sozial und kulturell wesentlich breiter ausgelegt ist als das alternative Ghetto, viel weniger radikal auch, auf konkrete Einzelfragen des Lebens und der Umwelt bezogen, generationsübergreifend und in ihren Verkehrsformen der Mehrheitskultur in vielem näher als den Alternativen."(Fischer, in: Kraushaar 1983: 37)

Sowohl im Gemeinderat als auch später im Bundestag empfand sich Christa Reetz häufig als Einzelkämpferin, was sie im Grunde genommen ablehnt.

„Aber aus den Fakten heraus war ich's oft. ...ich mache manches allein und setze das allein durch, weil ich einfach denke, sonst klappt's nicht..." (Interview: 29)

Im Bundestag war Christa Reetz in ihrer Fraktion nicht besonders durchsetzungsfähig. Zumindest beschreibt sie im nachhinein ihre Stellung dort als recht untergeordnet und wenig einflußreich. Ursprünglich beabsichtigte sie, in einem Ausschuß Mitglied zu werden, der sich mit Atomenergie und Umweltschutz beschäftigte. Doch als dieser Wunsch nicht realisierbar war,[6] nahm sie die Ausschußsitze an, die ihr die „Matadoren" der Fraktion zugestehen wollten. Widerspruchslos ließ sie sich sogar den ihr ursprünglich zugedachten Haushaltsausschußsitz wieder abnehmen.[7] Statt dessen wurde sie in den Postausschuß gesandt und als stellvertretendes Mitglied in den Rechtsausschuß. Dort hatte sie dann „ganz gut einen Fuß in der Tür", weil das Ausschußmitglied Otto Schily offenbar immer Wichtigeres zu tun hatte, als an den Sitzungen teilzunehmen. Da sie aber weder „Juristin, noch sonstwie da irgendwie fähig" war, besprach sie sich mit den Mitarbeitern Schilys, „was da eben so war und was lief und was die GRÜNEN sagen. Und das habe ich dann auch gesagt. (Lachen) So ungefähr." (Interview: 34)

---

6 In den Ausschuß für Forschung und Technologie wird die promovierte Tierärztin Sabine Bardt aus Aichach gesandt. Sie übernimmt dort als einzige GRÜNE Abgeordnete sogar den Ausschuß-Vorsitz von insgesamt 20 Ausschüssen.

7 Nachdem nämlich dem Kreis um Joschka Fischer klar gemacht worden war, wie wichtig dieser Ausschuß ist, möchte ihn doch der Fischer-Intimus Hubert Kleinert übernehmen.

In ihrer ersten großen Rede vor dem Plenum des Deutschen Bundestages am 24. Juni 1983 plädierte Christa Reetz als Repräsentantin der vielen Ungehörten aus der Basis dafür, daß die Auswirkungen der neuen Informationstechnologien mit den Vertretern aller großen gesellschaftlichen Gruppen besprochen werden müßten, die schließlich die Auswirkungen zu spüren bekommen würden, zum Beispiel die Gewerkschaften, die Hochschulen, die Frauenorganisationen und Kirchen. Christa Reetz warnte eindringlich vor dem Verlust von Arbeitsplätzen, der durch die neuen Technologien als Folgeprodukt anstünde. Sie stand der Entwicklung der Großtechnologie besonders kritisch gegenüber und spielte auf deren „Eigengesetzlichkeit" an, die der menschlichen Kontrolle entgleiten würde. Die sozialen Lasten in Form von vergifteter Nahrung, verpesteter Luft und verseuchtem Wasser seien nicht abgeklärt, die Technik werde „forciert, der Mensch hinkt hinterher", und die Folgen trügen alle. Christa Reetz erinnerte an die unrealistischen Bedarfsprognosen und die Versprechungen von mehr Arbeitsplätzen, als es um die Planung des Industriegebietes am Oberrhein ging, die sich allesamt nicht bewahrheitet hätten. Und sie schloß mit der Zukunftsprognose, daß Ministerpräsident Lothar Späth eines Tages den badisch-elsässischen Bürgerinitiativen dankbar sein werde, daß sie den Bau des Kernkraftwerkes in Markolsheim verhindert hätten.

Neben diesen brisanten Themen der „großtechnischen Aufrüstung" (sowohl in der Innen- als auch in der Außenpolitik) ging es in der ersten christlich-liberalen Regierungsperiode auch um ein verändertes Bundeszentralregister-Gesetz, das heißt u.a. um die umstrittene Volkszählung, zu deren entschiedensten GegnerInnen die (ParlamentarierInnnen der) GRÜNEN gehörten. Auch Christa Reetz argumentierte gegen den sogenannten „Überwachungsstaat". Als Mitglied des Ausschusses für das Post- und Fernmeldewesen sprach sich Christa Reetz wiederholt gegen die Breitbandverkabelung aus. Hier geriet sie besonders ins Rampenlicht des Bundestages durch die auffallend häufigen und üblen Zwischenrufe des Ausschuß-Kollegen von der CDU, dem Abgeordneten Pfeffermann, der es ganz offensichtlich auf Christa Reetz abgesehen zu haben schien.

Die technische Revolution, die sich besonders im Bereich der Telekommunikation und Massenmedien vorbereitet und entwickelt hatte, war von den Sozialdemokraten während ihrer Regierungsjahre zwar einerseits technologisch und finanziell gefördert, andererseits aber noch politisch und wirtschaftlich in Schach gehalten worden. Die Skeptiker der Partei gegenüber der Einrichtung von privaten Sendeanstalten in Funk und Fernsehen hatten bislang die Öffnung für den kommerziellen Bereich verhindern bzw. hinauszögern können. Doch mit dem Beginn der CDU/CSU/FDP-Regierung wurde die Politik der „Gängelung“ der privaten Anbieter rasch beendet. Schon bald brachte die Union das neue Mediengesetz ein, das die privaten Anbieter auf dem Rundfunk- und Fernsehmarkt zuließ. Mit dem Wort von der „Wahlfreiheit der Bürger“ und dem Locken mit der „Vielfalt der Programmanbieter“ und „Programmangebote“ wurden alle Gegenargumente beiseite geschoben und auch die Bundesrepublik dem „freien“ Wettbewerb des „Kommerzfernsehens“ und des „Kommerzrundfunkes“, wie es Christa Reetz ausdrückte, freigegeben.

Christa Reetz's Reden im Bundestag waren thematisch primär an ihre Arbeitsgebiete im Ausschuß für Post- und Fernmeldewesen gebunden. Sie sprach eine konkrete, alltagspragmatische Sprache, die sicher jede zuhörende Person gut verstand. Manchmal glitt sie in eine Art „Bewegungsjagon“ vor dem „Hohen Haus“, den sie vermutlich aus ihren politischen Jahren in der Bürgerinitiativbewegung angenommen hatte. Ihre Argumentationen richteten sich oftmals aus der Perspektive einer Fundamental-Opposition alternativlos gegen jede Art von neuen Technologien. Und in der Debatte über ein Volkszählungsgesetz argumentierte sie gegen den Versuch des Staates, mittels perfekter Erhebungsmethoden und computergestützter Datenerfassung den gläsernen Bürger herzustellen. Sie plädierte gegen eine „Entmündigung des Bürgers“. Statt dessen forderte sie mehr Informations- und Mitwirkungsmöglichkeiten für die jeweils von politischen Entscheidungen Betroffenen:

> „Nicht der Staat muß alles von den Bürgern wissen, sondern die Bürger müssen alles vom Staat wissen.“ (Bundestagsprotokolle, 10. WP., 123. S. vom 28.2.1985)

Christa Reetz nahm in den ersten beiden Jahren an der schwierigsten Lern- und Selbstfindungsphase der Bundestagspräsenz der GRÜNEN teil. Sie war beteiligt an den heftigen innerparteilichen Auseinandersetzungen um den Stellenwert der parlamentarischen Arbeit, an den innerfraktionellen Grabenkämpfen zwischen Pragmatikern und Kompromißlosen sowie an den vielen Konflikten, die auch die Frauen in der Fraktion untereinander austrugen. Gleichzeitig richteten sich hohe – vielleicht überhöhte – Erwartungen der GRÜNEN-Wählerschaft an die neuen Abgeordneten, die sowohl im Arbeitsstil als auch im Anspruch alternativ auftraten. Auch waren Medien und die Konkurrenz-Parteien auf besondere Beobachtung und Abgrenzung bedacht, auf sarkastische Distanzierung, Verharmlosung oder Verunglimpfung.

Christa Reetz schied 1985 infolge des Rotationsprinzips nach zwei Jahren aus der Bundestagsfraktion aus. Obgleich sie im Interview bescheiden feststellt, daß sie persönlich im Bundestag nicht viel erreicht hätte, fiel ihr der Abschied von Bonn recht schwer. Und so war es durchaus plausibel, daß sie das Angebot wahrnahm, in den Vorstand des BBU zu wechseln, der seine überregionale Geschäftsstelle in Bonn hat, so daß sie weiterhin in der Nähe der Bundespolitik verbleiben und ihre Kontakte ausnutzen konnte.

6. Frauenspezifik

„Mein politisches Selbstverständnis ist nicht frauenspezifisch, im Gegenteil, bei den Bürgerinitiativen ist es meiner Meinung nach weitestgehend möglich, die Polarität zwischen den Geschlechtern positiv zu erleben, wenig belastet von sexistischen Spannungen." (Brief v. 14.1.1993)

Obgleich in Christa Reetz' politischem Bewußtsein die Tatsache, daß sie eine Frau ist, und die daraus möglichen Diskriminierungserfahrungen keine vorrangige Rolle spielen, und obgleich sie sich in ihren Reden nicht besonders auf Frauen bezieht, ist sie eine Politikerin, die ein durchweg positives Frauenbild zu haben scheint. Man gewinnt sogar den Eindruck, daß sie persönlich Männern in ihrem Leben keine besoders gewichtige Rolle eingeräumt hat. In den Schilderungen ihrer Kindheit kam bereits deutlich ihre positive Beziehung zu ihrer Mutter zum Ausdruck. Christa Reetz hatte – selbst nach ihrem relativ frühen Auszug aus dem Elternhaus – zeitlebens ein sehr liebevolles Verhältnis zu ihrer Mutter, das auch in Phasen großer geographischer Distanz aufrecht erhalten wurde. Von der Mutter fühlte sie sich durchweg vollständig akzeptiert, obgleich deutlich wird, daß die Mutter oftmals das Handeln der Tochter nicht verstehen oder nachvollziehen konnte. Obgleich Christa Reetz sich für ein anderes, unabhängigeres Leben als das der Mutter entschieden hat, entwertet sie das mütterliche Leben an keiner Stelle. Weder das Dasein als Hausfau noch als Mutter wird von Christa Reetz in irgendeiner Form kritisiert. Im Gegenteil: Christa Reetz entschied sich für ihre fünf Kinder, obgleich sie ein ausgesprochenes Interesse an ihrer Berufstätigkeit hatte und dieses auch neben der Kindererziehung aufrecht erhielt. Christa Reetz lebte alles, das Dasein als Mutter und Ehepartnerin und das der berufstätigen Frau parallel zu ihrem ehrenamtlichen Engagement in den Bürgerinitiativen und der Frauenbewegung. Auch trennte sich Christa Reetz später von ihrem Mann, als das gemeinsame Leben nicht mehr einverständlich zu regeln war, während die Mutter trotz offenbar erheblicher Probleme immer bei ihrem Mann geblieben ist. Den Tod der Mutter empfindet Christa Reetz als sehr schmerzlich. Sie hatte eine große innere Kraft aus der Beziehung zur Mutter geschöpft.

Vielleicht ist dieser lebensgeschichtlich durch die enge Mutter-Tochter-Bindung repräsentierte positive Bezug auf mütterliche Werte der Grund, der Christa Reetz eine selbstverständliche Autonomie auch als Frau verliehen hat. Gleichzeitig äußert Christa Reetz keine subjekten Diskriminierungsgefühle. Sie fühlte sich, besonders in jungen Jahren, nicht durch ihr Frausein benachteiligt.

„Ich hab' doch ... so viel ... Selbstvertrauen und auch Selbständigkeit, ...daß ich dachte, also wenn ich was will oder wenn ich mich durchsetzen will, dann kann ich's schaffen. Also daß ich eine Frau bin, ... ist ein geringes Hindernis.“ (Interview: 24)

Gesellschaftliche Benachteiligungen für Frauen als Gruppe gerieten allerdings zunehmend in ihr Bewußtsein. So wurde sie in den 70er Jahren im 218-Komitee aktiv und gründete etwa zeitgleich mit ihrem Einzug in den Bundestag einen Verein, der die Eröffnung eines autonomen Frauenhauses in Offenburg initiierte. Heute merkt sie zunehmend, „nicht an meinem eigenen Schicksal, aber an anderen Schicksalen, wie benachteiligt Frauen sind.“ (Interview: 25) Auch in ihrer eigenen Berufstätigkeit in den 40er und 50er Jahren erkennt sie rückblickend typisch weiblich untergeordnete Tätigkeiten, die sie damals nicht als herabsetzend empfunden hat. Die Frauenbewegung hält Christa Reetz für wichtig und notwendig, um:

„endlich mal klarzumachen, wo auch ... die Schuld für Kriege und Zerstörungen und also auch ... wirtschaftliche Ausbeutung, wo das alles liegt. Also das sieht man ja so deutlich, wenn sie irgendwelche Veranstaltungen sehen, Bankchefs sich treffen, höhere Runden und so, EG, alles! Da sind ja immer nur Männerrunden.“ (Interview: 25)

Eine etwaige Benachteiligung für Frauen sieht Christa Reetz in dem anderen weiblichen Lebenskonzept, das im Vergleich zu Männern mehr auf den familiären Bereich ausgerichtet sei. Dieses fundamental in Frage zu stellen oder umverteilen zu wollen, dafür ist Christa Reetz nicht in die Politik gegangen. Auch ist sie den „typisch weiblichen Fähigkeiten“, die Frauen ihrer Meinung nach seit Urzeiten besäßen, durchaus skeptisch oder ambivalent gegenüber eingestellt. Einerseits brächten Frauen eine größere Anpassungsfähigkeit und eine gewisse „Lockerheit“ als Positivum mit in die Politik. Andererseits würden gerade diese Fähigkeiten von Männern mißbraucht, abgewertet oder verharmlost. Ihre persönlichen Erfahrungen im Bundestag malen ein anschauliches Bild von den ungnädig bis kämpferischen Umgangsformen und Kommunikationsstilen, die dort herrschen. Die von ihr erfahrene implizite Minderbewertung und Ausgrenzung von Frauen und die daraus resultierende mangelnde Durchsetzungsfähigkeit wird durch Äußerungen wie diese deutlich:

„... weil Politiker auf einen konzilianten Ton überhaupt nicht anspringen. ... Aber das hab' ich ... auch erst danach gemerkt." (Interview: 39)

Christa Reetz kritisiert den starken Anpassungsdruck, der auf den Frauen im Bundestag laste, wenn sie ernst genommen werden wollten. Im Grunde sei sie dafür,

„daß Frauen ... ihr Wesen und ihre Eigenheiten und daß sie so sind, wie sie sind, daß sie *das* einbringen müssen und nur so Erfolg haben können. Wirklich Erfolg auf Dauer." (Interview: 54)

Über die unterschiedlichen Verhaltensmuster zwischen Männern und Frauen berichtet auch Christa Reetz wie andere Politikerinnen sehr offen und kritisch. Männer seien stärker darauf bedacht, sich zu profilieren und „Fensterreden" zu halten, selbst wenn es ihnen an Sachkenntnis fehle. Frauen dagegen würden selbstkritischer sein, ob sie überhaupt etwas zu einer bestimmten Materie zu sagen wüßten, sie fragten sich selbst:

„Weiß ich da überhaupt was, oder schwätze ich da so irgendwie nach dem Buch oder nach sonst was?" (Interview: 47)

Männer besäßen darüber hinaus einen anderen Arbeitsstil als Frauen, es sei für sie offensichtlich leichter, zu delegieren, während Frauen sich in der Regel überlegten, ob es notwendig sei, die Dienste anderer für sich in Anspruch zu nehmen für etwas, was sie „eigentlich auch selber machen könnten". Männer seien ihrer Meinung nach auch „work besessener", während Frauen eher versuchten, „nicht nur politisch zu leben". Männer könnten in der Politik sehr schlecht „etwas anerkennen, was ... nicht auf ihrem eigenen Mist gewachsen ist" oder auch „Kleinarbeit machen, irgendwie Unspektakuläres tun" (Interview: 48). Darüber hinaus fehle es vielen an der Bereitschaft, sich unterzuordnen. Von den männlichen Abgeordenten der eigenen Fraktion spricht sie recht ironisch aber liebevoll und bezeichnet sie als „Matadoren".

Insgesamt hat Christa Reetz ein nicht primär intellektuelles Verhältnis zu Frauenproblemen, sondern sie denkt und handelt aus ihren eigenen Lebenserfahrungen heraus, die sehr wohl verallgemeinerbare Elemente eines typischen Frauenlebens ihrer Generation aufweisen. So hat sie in ihrer Jugend durch die relativ große Politikferne ihres Elternhauses in der kleinstädtischen Abgeschiedenheit im Thüringen der Weimarer Zeit weder die turbulenten politischen Ereignisse noch die ideologischen Umwälzungen des herannahenden Nationalsozialismus in den endzwanziger und dreißiger Jahren kritisch verfolgt, sondern deren Konsequenzen auf ihr persönliches Leben eher passiv und kommentarlos hingenommen. Wie vielen jungen Mädchen ihrer Zeit, die der Enge ihres Elternhauses entflohen waren, gelang ihr – selbst in Kriegstagen noch – ein relativ unbeschwertes Leben in der Großstadt Berlin mit vielen altersgemäßen Vergnügungen wie Theater- und Kinobesuchen und Tanzveranstaltungen, das sie in vollen Zügen genoß. Erst allmählich, im Alter einer jungen Frau (und Mutter) erlebt sie durch die bundesdeutsche Wiederbewaffnungspolitik die Probleme, die sie fortan trotz hoher Beanspruchung durch Berufstätigkeit und ihre bald siebenköpfige Familie immer massiver in die politische Öffentlichkeit bringen. Daß Frauen wie Christa Reetz ihren Ort nicht nur und ausschließlich im vorparlamentarischen Raum, sondern auch in der offiziellen parlamentarischen Politik haben können, auch dafür sind die GRÜNEN (und in ihnen viele Feministinnen) angetreten.

Christa Reetz wünscht sich, daß Frauen in der Politik mehr Einfluß gewinnen. Sie macht vor allem die Männer für den „miesen Zustand der Welt" verantwortlich,

„nicht, weil sie so schlecht sind, ... sondern weil sie einfach *allein* diese Entscheidungen treffen." Christa Reetz hofft, daß Frauen der politischen „Entwicklung eine andere Richtung geben könnten." (Interview: 57)

7. *Persönliche Situation*

Christa Reetz ist zum Zeitpunkt der Befragung 71 Jahre alt. Sie wirkt wesentlich jünger, da ihr gesamter körperlicher Ausdruck, ihre Gestik und Mimik sehr lebendig bis lebhaft ihre Erzählungen unterstützen. Ihren Ehemann, der als Funker bei der Deutschen Wehrmacht beschäftigt war, lernte Christa Reetz in den letzten Kriegsjahren kennen und heiratete ihn mit 22 Jahren kurz vor dem Ende des Zweiten Weltkriegs 1944. In den folgenden zwölf Jahren gebar sie ihre fünf Kinder: 1945 ihre älteste Tochter Elisabeth, die heute mit einem Franzosen verheiratet ist und mit ihm und ihren zwei Kindern in Südfrankreich lebt; 1948 die zweite Tochter Christel, die Volksschullehrerin studiert hat und in Köln lebt; 1951 die dritte Tochter Karin, die ebenfalls Studentin des Lehramtes gewesen war und 1983 an Krebs gestorben ist; 1954 den einzigen Sohn Hanjo, der als Philosoph in Hamburg lebt, und 1956 ihre jüngste Tochter Antje, die als Ergo-Therapeutin in Offenburg arbeitet und bei der Mutter im Hause wohnt.

In den Zeiten vor ihrem verstärkt außerparlamentarischen Engagement Ende der 50er/Anfang der 60er Jahre widmete sich Christa Reetz besonders ihrer großen Familie. Die Kinder wuchsen relativ selbständig heran und halfen sich untereinander. Die älteren kümmerten sich um die jüngeren, wie das bei so vielen Kindern oft üblich ist.

„... unsere Älteste, ... die mußte wirklich sehr viel machen... so mußte das eben gehen. Also, viel Hilfe sonst hab' ich nicht gehabt." (Interview: 40)

An ihre Zeit als Familienfrau erinnert sich Christa Reetz ungebrochen positiv. Sie grenzt sich keineswegs ab von dieser Rolle, sondern steht zu deren Notwendigkeit. Sie hat als Familienfrau gelebt, solange es für die Kinder erforderlich gewesen ist. Sie grenzt sich nicht von ihren eigenen Lebensentschlüssen ab, genausowenig wie von anderen Frauen mit anderen Lebensentwürfen. „Familie first, das war klar. ... hab' ich dann auch anderes zurückgestellt." (Interview: 40)

Nachdem Christa Reetz mit ihrer Familie in ihr eigenes Reihenhaus nach Offenburg gezogen war, hat sie sich dort einen guten Freundes- und Bekanntenkreis aufbauen können, der sich mit ihrem zunehmenden sozialen Engagement stetig vergrößerte. Im Gegensatz zu den meisten befragten Politikerinnen hat Christa Reetz den Kontakt zu FreundInnen auch nicht einschränken müssen. Im Gegenteil: Sie gibt zu, von dem guten Freundeskreis in ihrer politischen Arbeit die notwendige emotionale Unterstützung bekommen zu haben. Auch entwickelten sich andersherum aus der politischen Weggefährtenschaft oft langjährige Freundschaften. Nur ihre geliebten Hobbies, wie kulturelle Aktivitäten und vor allem das Klavierspielen, hat sie seit ihrem zeitaufwendigen politisch-sozialen Engagement einschränken bis einstellen müssen:

„... wir hatten auch mal ein Klavier. Das stand hier. Das hab' ich ... weggegeben... Die Beschäftigung mit Politik bringt auch eine starke Einseitigkeit, zum Beispiel auch Handwerklichem gegenüber. Ich habe zum Beispiel ... früher viel mehr genäht und gern genäht. Das ist total hinten runtergefallen." (Interview: 50)

Auch heute kann sie persönliche Lieblingsbeschäftigungen nur „mit schlechtem Gewissen" aufnehmen, weil sie ständig unter dem Druck steht, diese oder jene Sachinformation zu lesen, Termine zu planen oder die nächste öffentliche Stellungnahme des BBU vorzubereiten. Zum Auftanken fährt Christa Reetz nicht extra in den Urlaub, denn in ihrer gewohnten Umgebung fühlt sie sich so wohl, „daß ich nicht das Bedürfnis habe, herauszugehen." Wichtig sind ihr Bereiche, in denen sie von der Politik mal abschalten kann, zum Beispiel beim Wandern, bei der Gartenarbeit oder im Zusammensein mit der Familie ihrer ältesten Tochter in Südfrankreich. Persönlich hat Christa Reetz viel aus ihrem politischen Interesse und Engagement an Lebensenergie und vielfältigen sozialen Kontakten sowie neuen Erfahrungen ziehen können. Insofern war und ist für sie die Politik eine Herausforderung und Bereicherung ihres Alltags. Sie hat aber auch – wie viele ihrer Parlamentskolleginnen – einen hohen persönlichen Preis dafür bezahlt. So ist ihre Ehe nach fast 40-jähriger Dauer Anfang 1980 geschieden worden, weil ihr Mann den „Rund-um-die-Uhr-Einsatz“ seiner Frau nicht mehr tolerieren konnte.

„Was auch sehr zu unserer Scheidung beigetragen hat, ist, daß ich ja dann wirklich so viel gemacht habe in den Bürgerinitiativen ... Und dieses Engagement ... und daß ich förmlich jeden Abend weg war und andauernd irgendwie das oder jenes wollte, das war eigentlich das Wesentliche, daß mein Mann, der dann auch an seine Pensionierung 'rankam, sagte, nee, also so will ich nicht leben.“ (Interview: 24)

Es gab zunehmend Auseinandersetzungen über die fehlende Ordnung zu Hause und den zeitlichen Druck der politischen Aktivitäten, und das war dann der Grund, weshalb sich die Eheleute Reetz sagten:

„... komm, wir wollen uns hier nicht gegenseitig fertigmachen, wir wollen uns lieber trennen. Und das hat dann auch sehr gut geklappt.“ (Ebendort)

Der Ehemann von Christa Reetz stimmte zwar in überwiegenden Teilen mit den Ansichten seiner Frau überein und hat auch selbst an manchen politischen Aktivitäten im Rahmen der Bürgerinitiativen teilgenommen. Gefördert hat er dennoch keineswegs das politische Engagement seiner Frau, da es ihm zu viele persönliche Einschränkungen und Rücksichten auferlegte. Und in den 70er Jahren wurde ihm ihr Einsatz in der Anti-AKW-Bewegung zu viel. Heute lebt Herr Reetz in seiner Eigentumswohnung am anderen Ende der Stadt und kommt jeden Sonntag zum gemeinsamen Mittagessen mit der noch im Hause lebenden jüngsten Tochter, die sich bei Bedarf auch um ihren Vater kümmert. Alle scheinen mit dieser Lösung sehr zufrieden zu sein.

„Wir sind, glaube ich, beide froh, weil es ja mit meinem Hin und Her eigentlich immer noch so geht, sind wir ganz froh, daß wir so doch jeder seinen Bereich abgesichert hat. Jeder wie er sein Alter will.“ (Ebendort)

Von ihren Kindern erhielt Christa Reetz zur Zeit ihres außerparlamentarischen Protestes gegen den Bau des Atomkraftwerkes in Wyhl große Unterstützung. Ihre jüngste Tochter Antje unterbrach ihre Schule, um bei der Platzbesetzung in Wyhl monatelang dabei zu sein, und ihre Tochter Karin war in der „Freien Republik Wendland“ sehr aktiv. Christa Reetz strahlt eine für eine Frau ihrer Generation und ihres bürgerlich-angepassten, kleinstädtischen Hintergrundes ungewöhnliche Autonomie und Persönlichkeitsstärke aus. Sie hat sich in ihrem Leben sowohl politisch als auch privat immer wieder gegen gesellschaftliche Normen und Standards gewehrt und durchgesetzt. Sie hat sich und ihre Interessen keineswegs für Mann und Kinder aufgeopfert. Auch gegenüber ihrer geliebten Mutter empfindet sie kein „schlechtes (Tochter-) Gewissen“.[8] Es ist ihr offensichtlich gelungen, trotz zahlreicher Verpflichtungen immer Raum und Zeit für Dinge und Menschen zu schaffen, die ihr wichtig sind. Sie hat Prioritäten gesetzt, dabei sich selbst aber nie aus dem Blick verloren.

Insgesamt hat Christa Reetz trotz ihrer vielfältigen Termine und Aktivitäten, die sie natürlich ohne Sekretariat erledigt, nichts Gehetztes, nichts Zerrissenes an sich. Sie wirkt geradlinig und zeigt dabei erstaunlich wenig Ehrgeiz. Vielleicht nicht zufällig ist sie daher in der „großen“ Politik eine Ausnahmeerscheinung. Frauen wie sie sind eher in Basisgruppen zu finden und streben in der Regel keine parlamentarische Karriere an. Auch bei Christa Reetz dürfte ihre Bundestagsrolle nur ein Gastspiel gewesen sein aufgrund der besonderen Bedingungen der damaligen Zeit und der Situation innerhalb der sich erst relativ neu konstituierenden grünen Partei. Die eigentlichen Profi- und Hauptdarsteller der GRÜNEN waren noch nicht bühnenfertig. Mittlerweile haben sie ihre Rollen perfekt geprobt und inszeniert und warten ungeduldig auf ihren baldigen oder nächsten (Bundes-)Auftritt. Christa Reetz wird – auch auf eigenen Wunsch – künftig eher im Hintergrund weiter politisch wirken. Schade!

---

8 Als ihre Mutter zu pflegebedürftig wird, um während der töchterlichen Abwesenheit alleine im Hause zu bleiben, erwägt Christa Reetz trotz ihrer nach wie vor engen Mutterbindung nicht, ihre außerhäuslichen Aktivitäten einzuschränken, sondern sucht statt dessen für die Mutter einen guten Heimplatz.

Jutta Oesterle-Schwerin

„Wenn wir uns anpassen, dann verlieren wir uns."

Über Jutta Oesterle-Schwerin zu schreiben, ist schwierig und dies aus mehreren Gründen: Sie scheint als Frau in der Politik untypisch zu sein. Zunächst war sie Mitglied in einer – immer noch – untypischen Partei. Die GRÜNEN – obgleich es sie nun schon länger als ein Dutzend Jahre in der bundesrepublikanischen Parteienlandschaft gibt – sind doch immer noch keine „etablierte" Partei, zumindest im Selbstbild und Anspruch nicht, auch nicht gemessen daran, wie festgezurrt die inneren Strukturen in anderen Parteien beschrieben werden. Als historische Neulinge haben sich die GRÜNEN in den vergangenen Jahrzehnten zwar ungewöhnlich schnell ins bundesrepublikanische Parteiensystem integrieren können, und auch der oftmals prognostizierte rasche Untergang der „Chaotenpartei" ist bislang ausgeblieben, doch scheint eine Karriere bei den GRÜNEN und die Tätigkeit als weibliches MdB kaum mit derjenigen in anderen politischen Parteien vergleichbar zu sein.

Untypisch – geht man von gewissen Normalitätsunterstellungen aus – sind vielleicht auch die Attribute, die Jutta Oesterle-Schwerin als wichtige Identitätsmerkmale aufweist und die sie in vielerlei Hinsicht zur Außenseiterin machen: sie ist Jüdin, eine unabhängige Linke, und sie ist Lesbe. Gleichzeitig wurzelt in all diesen Merkmalen vermutlich die Quelle ihrer politischen Identität. Der Status als Außenseiter, – als Paria – so die jüdische Philosophin Hannah Arendt – sei überhaupt erst die Voraussetzung für ein politisches Bewußtsein. In ihren Augen könne ein Jude überhaupt „nur entweder Paria oder Parvenue" sein, und nur

> „ein Paria könne zu seiner oder ihrer jüdischen Identität stehen und für einen Ort kämpfen, an dem die Juden leben können, ohne ihre jüdische Identität zu verraten." (Young-Bruehl 1982: 183)

Dabei ist Jutta Oesterle-Schwerin, den strengen Regeln des Judentums nach, keine Jüdin. Denn nur der Vater war Jude, die Mutter jedoch Nichtjüdin und blieb dies bewußt ihr Leben lang. Sie wollte nicht zum Judentum übertreten, da sie – antireligiös eingestellt – längst vor der Geburt ihrer Tochter im Deutschland der Weimarer Republik aus der protestantischen Kirche ausgetreten war. Auch Jutta Oesterle-Schwerin ist nicht religiös. Empfindet sie sich selbst als Jüdin?

> „Wenn die Leute von mir als Jüdin sprechen, wäre ich die letzte, die das bestreiten würde. Wenn mich die Leute fragen, ob ich Jüdin sei, sage ich, mein Vater war Jude. Deutsch-

Israelin ist mir die angenehmere Formulierung, weil sie korrekt ist." (Zit. in: Roggenkamp, Die Paria, in: emma, Nr. 1/1989: 13)

1. Jugend/Herkunftsfamilie

Jutta Schwerin wurde am 25. Februar 1941 in Jerusalem geboren. Ihr jüngerer Bruder, Tom, kommt vier Jahre später zur Welt. Ihre Eltern hatten beide am Bauhaus in Dessau studiert, der Vater Architektur, die Mutter Fotografie. Beide Eltern waren Kommunisten, ob sie in der KPD waren oder nur einem Sympatisantenkreis angehörten, weiß Jutta Oesterle-Schwerin nicht genau zu sagen. Der jüdische Vater kam 1933 in eines der ersten Konzentrationslager, konnte aber fliehen. Er und seine Frau entschlossen sich, Deutschland zu verlassen. Er war 23 Jahre, sie 21 Jahre alt. Sie hatte ihr Studium gerade abgeschlossen, aber kaum in ihrem Beruf gearbeitet, er mußte seines abbrechen. „Zwei Jahre sind sie in Europa 'rumgeirrt", 1935 kamen sie nach Palästina. Beide trugen sie zeitlebens die Hoffnung in sich, wieder nach Deutschland zurückkehren zu können, sobald sich die politischen Verhältnisse geändert haben würden. Dieses blieb ein unerfüllter Wunschtraum für beide, den erst die Tochter Jahrzehnte später verwirklichen sollte.

In Palästina lebte die Familie zunächst vom Verkauf von Holzspielzeug, das der Vater herstellte. Die Mutter baute sich erst nach seinem frühen Tod eine eigene finanzielle Existenz auf. Es sei typisch für ihre Eltern gewesen, „daß sie beide nicht angestellt waren, sie waren immer selbständig". Der Großvater väterlicherseits war Sozialdemokrat und besaß eine kleine Fabrik in Berlin.

„Obwohl er Sozialdemokrat war, hat er die Gefahr nicht ... erkannt, weil er gemeint hat, das ist ein Spuk. Das wird wieder vorbeigehen." (Interview: 5)

1938 verließen auch die Großeltern im letzten Moment Deutschland und folgten nach einem Umweg über Portugal 1942 ihrem Sohn Heinz und ihrer Schwiegertochter Ricarda nach Palästina. Als Jutta Oesterle-Schwerin sieben Jahre alt war und der Bruder drei, fiel der Vater im Krieg zwischen Juden und Palästinensern. Dieses war deshalb von besonderer Tragik,

„weil sie sind ja eigentlich dem Krieg bzw. dem Faschismus entflohen, und er ist dann im anderen Krieg ums Leben gekommen. (Interview: 12)

Der Tod des Vaters muß für sie, die ein besonders inniges Verhältnis zu ihm hatte, außerordentlich schmerzlich gewesen sein.[1] Nach dem Tod ihres Mannes gründete die Mutter zusammen mit einer anderen Frau ein Babyheim mit zehn Plätzen. Die Kinder kamen aus Flüchtlingslagern und wurden von der Sozialbehörde vermittelt und finanziert. Davon konnte die Familie Schwerin gerade überleben. Trotz der schwierigen Lebensverhältnisse – die Mutter mußte neben den Pflegebabys und den eigenen Kindern noch ihre kranken Schwiegereltern versorgen – sei ihre Kindheit „behütet" gewesen.

Israel wurde für die deutsche nichtjüdische Mutter von Jutta Oesterle-Schwerin erst spät zu einer neuen Heimat. Lange Jahre lebte sie hier, begleitet von dem Wunsch, wieder nach Deutschland zurückkehren zu können, als Außenseiterin. Sie lernte nur widerwillig die neue Sprache und sprach lange Zeit kein Hebräisch.[2] Auch zum Judentum konvertierte sie bewußt nicht, weil sie jegliche Religion ablehnt. Darüber hinaus fiel sie als blonde, hellhäutige Frau in Israel als Nichtjüdin auf und war für viele Immigranten „die Deutsche". Dieses Muster, den unbequemen, den eigenen Weg kompromißlos zu gehen, scheint Jutta Oesterle-Schwerin von ihrer Mutter vorgelebt bekommen zu haben. Sie war politisch sehr bewußt, auch wenn Jutta Oesterle-Schwerin keine direkten politischen Aktivitäten erwähnt.

„Als ich sehr klein war, war sie widerständig und hat mich auch so großgezogen".
„Diese ganze Problematik mit der Vertreibung eines großen Teils der arabischen Bevölkerung, das hat meine Mutter sehr stark kritisiert und mir auch mitgegeben.... sie hat mich ... politisiert." (Interview: 12)

Politische Auseinandersetzungen mit der Mutter gab es dann später, als Jutta Oesterle-Schwerin mit 16 Jahren der marginalisierten, antizionistischen, kommunistischen Jugend beitrat. Obwohl Ricarda Schwerin selbst in ihrer Jugend Kommunistin gewesen war, votierte sie bei der Tochter strikt dagegen. Die beiden Kinder wurden, solange der Vater noch lebte, relativ frei erzogen:

„... und mein Vater hat sehr bewußt mir alles mögliche beigebracht, was man heute sagt, 'das machen Jungens'. Also von den Spielsachen und mir Klettern beigebracht, und ich

---

1 Dies bringt J. O.-S. im Gespräch nur indirekt zum Ausdruck, als sie von ihren Lernschwierigkeiten in der Schule erzählt: „das hat sich wohl so ausgewirkt, ich war überhaupt nicht lernfähig und hatte immer die schlechtesten Noten." (Interview: 13)

2 In die Bundesrepublik konnte die Mutter aus finanziellen Gründen nicht wieder zurück. Auch weigerte sie sich, in die DDR zu gehen, obgleich sie dort wahrscheinlich als „Opfer des Faschismus" aufgenommen und unterstützt worden wäre.

glaube, daß er großen Wert darauf gelegt hat, daß ich nicht so speziell ausschließlich sogenannte weibliche Fertigkeiten lerne." (Interview: 12)

Nach dem Tod des Vaters wurde der Erziehungsstil der Mutter strenger: „Sie hatte ein schweres Leben, und ... entsprechend mußte sie für Ordnung sorgen." (Interview: 8)

Ende der 50er Jahre gründete die Mutter mit einem neuen Lebensgefährten, zu dem Jutta einen guten Kontakt hatte, ein Fotogeschäft und konnte seit dem Zeitpunkt wieder in ihrem erlernten Beruf als Fotografin arbeiten. Erst in diesen Jahren schien ihr eine Annäherung an das Exilland Israel gelungen zu sein.

2. *Schule/Ausbildung/Berufstätigkeit*

Jutta Oesterle-Schwerin besuchte von 1947-1959 eine Oberschule in Jerusalem und absolvierte anschließend eine zweijährige Ausbildung zur Werklehrerin in einem Lehrerinnenseminar. 1959 verweigerte sie den obligtorischen Wehrdienst in Israel, was in ihrer Umgebung auf großes Unverständnis stieß. Normalerweise war dies in Israel auch gar nicht möglich und wurde mit Gefängnisstrafen belegt. Doch sie argumentierte erfolgreich damit, daß der israelische Staat sie ja auch nicht als Jüdin anerkenne und ihr gleiche Rechte verweigerte. Das Argument: „Keine gleichen Rechte, also keine gleichen Pflichten" hat sie damals, mit nur 18 Jahren, durchgefochten. Es war dieses vielleicht ihr erstes Nichtzurückweichen vor einem mächtigeren Gegenüber und ein Durchsetzen ihrer innersten nichtkonformen Überzeugung.

Nachdem sie ein Jahr als Werklehrerin an einer israelischen Schule gearbeitet hatte, unternahm sie mit ein wenig erspartem Geld eine Auslandsreise in die Schweiz, wo ihr während der Ferienzeit eine zweimonatige Aushilfsarbeit in einem jüdischen Kinderheim angeboten worden war. Aus diesem Ferienjob wurde eine einjährige Beschäftigung, danach entschloß sie sich, in Stuttgart Innenarchitektur zu studieren. Sie verwirklichte damit den Traum ihrer Eltern, nach Deutschland zurückzukehren. Daneben wählte sie das Land ihrer Eltern als Studienort aus pragmatischen Gründen: Sie sprach die deutsche Sprache und hatte als Tochter eines deutschen Juden, der vertrieben worden war, einen Anspruch auf finanzielle Unterstützung ihres Studiums. Zum anderen hatte sie bereits in Israel viele Kontakte zu jungen Deutschen aus Stuttgart, die in den Ferien Israel besuchten.

„Und das muß auch was damit zu tun haben, daß meine Eltern eigentlich nie richtige Israelis geworden sind, sondern mir auch mitgegeben haben, daß sie eigentlich Deutsche sind und eigentlich wieder nach Deutschland wollen". (Interview: 17)

Als Tochter eines ausgebürgerten deutschen Juden war es für sie relativ leicht, zusätzlich zu ihrer israelischen die deutsche Staatsangehörigkeit zu erhalten und so auch den Anspruch auf finanzielle Unterstützung durch das sog. Honnefer Modell an der Kunstakademie in Stuttgart, wo sie von 1962-1969 studierte. In den Semesterferien arbeitete sie bei der Post, um Geld dazu zu verdienen. Nach Studienabschluß zog sie 1969 mit ihrem Mann Uli Oesterle, den sie beim Sozialistischen Deutschen Studentenbund kennengelernt und 1967 geheiratet hatte, nach Ulm und arbeitete dort in ihrem Beruf als freiberufliche Innenarchitektin. Nach der Geburt ihrer beiden Kinder arbeitete sie selbständig, „aber nicht sehr viel, sondern nebenher."

1978, nach der Trennung von ihrem Mann, gründet sie „sozusagen richtig" ein Architekturbüro und arbeitete hier bis zu ihrem Einzug in den Bundestag 1987. Für die Politik hat sie aus ihrer beruflichen Tätigkeit viele Erfahrungen mit „Menschen, die eigentlich ganz anders sind als ich" verwerten können:

„Da haben Sie ja sehr viel mit Männern zu tun, mit Handwerkern, also nicht nur mit gebildeten Männern, und ich hab' viel auf der Baustelle zu tun gehabt, ... und da hab' ich viel Erfahrung mit Menschen bekommen ... Als ich dann den ersten Wahlkampf gemacht hab', 1987 da auf Wahlversammlungen, teilweise auf dem Land..., da hab' ich ... ganz ähnliche Menschen wiedergetroffen, die ich von der Baustelle kannte." (Interview: 19)

Später schränkt sie ein, daß der Architektinnenberuf keine besonders gute Basis für die Politik sei. Heute würde sie ein anderes Studium absolvieren, das sie „politisch stärkt".

3. *Politische Sozialisation*

„Ich bin überzeugt davon, daß die Nazi-Zeit, obwohl ich sie nicht erlebt habe, mein Leben unheimlich prägt." (Interview: 22)

Wer so viele lebensgeschichtlich unmittelbar an historisch-politische Ereignisse gekoppelten Erfahrungen machen muß, erzählt authentisch die Zeitgeschichte, wenn er oder sie vom eigenen Leben berichtet. Als Tochter von Immigranten erlebte Jutta Oesterle-Schwerin ein typisches Schicksal von Eingewanderten und ihren Nachfahren: das Fremdsein in der Neuen Welt, die Zerrissenheit zwischen den verschiedenen nationalen und kulturellen Milieus des Herkunftslandes und des Zuwanderungslandes. Darüber hinaus erlebte

sie den antiassimilantischen Impuls, der vor allem von ihrer nichtjüdischen Mutter wachgehalten wurde. Bei Jutta Oesterle-Schwerin war es das Beispiel ihrer nicht angepaßten und auch nicht aus Opportunismus anpassungsbereiten Mutter, die sie politisch tief beeinflußt hat. Als Tochter ihrer antizionistischen Mutter hatte sie es in den Anfangsjahren des israelischen Staates sicher nicht leicht. Sie fiel auf – als frühe Nichtangepaßte. Wenn in der Schule zum Beispiel gesammelt wurde für den Bodenerwerb arabischen Landes von seiten der israelischen Regierung, taten alle Kinder als symbolische Geste etwas Geld als Unterstützung in die blaue Sammelbüchse – außer Jutta Oesterle-Schwerin. Ihr hatte dies die Mutter verboten. An diesem, sich wöchentlich wiederholenden Vorgang hat Jutta Oesterle-Schwerin früh gelernt, öffentlich und mutig zu einer unbequemen Minderheiten-Position zu stehen. Später bekennt sie sich auch selbst dazu. Sie ist froh über die frühe Schulung in „zivilem Ungehorsam“. Und vergleichend meint sie, daß in Deutschland die Eltern ihren Kindern zu wenig beibrächten, „Nein“ zu sagen.[3] Bereits früh möchte sie in eine kommunistische Jugendgruppe eintreten und wird mit zehn Jahren Mitglied der Jugendgruppe der Mapam-Partei. Sechs Jahre später ist ihr diese aber „nicht mehr links genug“, und sie entscheidet sich gegen den Willen ihrer Mutter für die kommunistische Jugend. So ist sie bereits als junges Mädchen politisch bewußt und engagiert.
Nachdem Jutta Oesterle-Schwerin 1962 in die Bundesrepublik gekommen war, schloß sie sich 1968 dem SDS (Sozialistischer Deutscher Studentenbund) an und wird in der Ostermarschbewegung aktiv. Damals demonstriert sie für eine „Friedliche Nutzung der Atomenergie“, gegen die Apartheidspolitik in Südafrika und gegen den Vietnamkrieg. Die Studentenbewegung, aus der bald die Frauenbewegung hervorging, war ein Protest gegen die Generation der „Väter“, gegen das Verschweigen der nationalsozialistischen Vergangenheit und gegen die saturierte Wohlstandsgesellschaft. Demonstrationen, besetzte Häuser oder Hörsäale, solche Schlüsselerlebnisse oder auch „motivierende Konfliktsituationen“ (Penrose 1993: 68), in denen sich die Beteiligten gegen Ungerechtigkeit – auch die von „links“ – gewehrt haben, werden von vielen Frauen als entscheidende Motivationen zum Parteibeitritt genannt.

3 „Und meine Mutter hat gesagt, wir machen das nicht mit. Du tust nichts rein in die Büchse... sie hätte auch so opportunistisch sein können, und sagen, ich tu da meine Mark rein, weil das war ja nur symbolisch.... Später hab' ich gesagt, wir sind dagegen. Also ich hab' schon so eine gewisse Politisierung erfahren.“ (Interview: 11)

„Da ich 1968 schon sechs Jahre lang in der Bundesrepublik politisch aktiv war, bin ich keine typische 'Achtundsechzigerin'. Dennoch waren die Jahre 68 und 69 sehr wichtig für mich. Aus dieser Zeit stammen meine ersten selbstverfaßten Flugblätter: ein Weihnachtsflugblatt gegen den Vietnamkrieg, das Heiligabend vor den Kirchen verteilt wurde ... Wichtigste praktische Aktion war ... die Desertationskampagne, bei der wir amerikanischen Soldaten, die in Gefahr waren, nach Vietnam versetzt zu werden, dabei halfen, nach Schweden zu entkommen."[4]

1967 heiratet sie mit 26 Jahren den SDSler Uli Oesterle. Nach Abschluß ihres Studiums geht sie mit ihm 1969 nach Ulm. 1970 wird ihr Sohn Peter, 1974 ihre Tochter Claudia geboren. Es gehört eventuell zu den Spezifika weiblicher Politiker, daß sie sich zu bestimmten Zeiten die Schwerpunkte ihres politischen Engagements von ihrer konkreten Lebenssituation diktieren lassen. So ist es auch bei Jutta Oesterle-Schwerin: Im vierten Monat schwanger gehört sie bereits zu den MitbegründerInnen einer Elterninitiative mit dem schönen Namen „freie Kinder", die einen Kindergarten gründen, den es heute, nach über 20 Jahren, immer noch gibt. Neben der Mitarbeit in der sog. Kinderladenbewegung knüpft sie Kontakte zu den Initiatorinnen des ersten Ulmer Frauenzentrums, das 1972 gegründet („Selbsterfahrung noch und noch") und im Zuge der ersten größeren Protestaktionen[5] innerhalb kürzester Zeit von vielen Frauen aufgesucht und unterstützt wird.

Ihr Interesse für Kommunalpolitik, insbesondere für Umwelt- und Stadtpolitik, beginnt, als sie „mit dem Kinderwagen durch verkehrsreiche Straßen laufen muß und dabei feststellt, daß die Abgase in Höhe der Atmungsorgane der Kinder am stärksten sind" (Interview: 22). Und weil sie persönlich kommunalpolitisch tätig sein möchte, tritt sie 1975 in die SPD ein – (ein etwas ungewöhnlicher Entschluß einer feministischen SDS-Genossin, aber: „etwas Linkeres gab es damals nicht in Ulm") – schon mit dem Ziel, in den Gemeinderat der Stadt hineingewählt zu werden, was ihr ein Jahr später auch gelingt. Damit gehört Jutta Oesterle-Schwerin zu der „neuen Generation" derjenigen Frauen, die gezielt und mit starker Aufstiegsmotivation einer politi-

---

4 So die Vorstellung bei ihrer ersten Kandidatur für den Deutschen Bundestag auf der baden-württembergischen Landesliste am 13.6.1986. Später verteidigt sie die Errichtung von Deserteur-Denkmälern in verschiedenen Städten der Bundesrepublik als eine „der hervorragendsten Ideen der Friedensbewegung bislang". (Schwäbische Zeitung vom 14.9.1989)

5 Eine der ersten bezieht sich 1974 auf den Prozeß, der in Itzehoe gegen Judy Anderson und Marion Ihns, zwei lesbische Frauen, stattfand und der von den Medien zur Diffamierung lesbischer Lebensformen genutzt wurde; die anderen folgten bald im Rahmen der Kampagne gegen den § 218.

schen Partei beitreten – dies im Unterschied zu den parlamentarischen „Müttern“ aus der Nachkriegszeit.

4. *Partei-Sozialisation*

Jutta Oesterle-Schwerin ist die einzige „Dissidentin“ aus der Gruppe der mündlich interviewten Parlamentarierinnen. Sie ist die einzige, die aus der Partei wieder ausgetreten ist, für die sie eine Zeitlang politisch und parlamentarisch tätig gewesen war. Insofern scheint sie interessant, weil sie relativ unverhohlen und ohne Angst vor Sanktionen ihre Kritik am politischen Stil und politischen Kurs ihrer früheren Partei, der SPD, äußert, bzw. äußern könnte. Jutta Oesterle-Schwerin ist auch keine Frau, die „ganz zufällig“ in die Partei eingetreten ist, sie ist auch nicht „hineingeschlittert“, wie es einige Politikerinnen für sich selbst im Rückblick beschreiben, sondern sie hat sich die Politik sehr bewußt als Betätigungsfeld ausgesucht.

„Ich bin eigentlich schon in die SPD eingetreten mit dem Ziel, in die Kommunalpolitik zu gehen ... ich bin nicht einfach so in die Partei eingetreten, sondern ich dachte, es wäre gut und sinnvoll, jetzt Kommunalpolitik zu machen.“ (Interview: 26)

Ganz sicher scheint, daß die 1975 mittlerweile seit dreizehn Jahren in der Bundesrepublik lebende Deutsch-Israelin sich ihre parlamentarischen Sporen im überschaubaren kommunalpolitischen Bereich der Stadt Ulm erarbeitet hat. Die Zeitumstände waren hierfür günstig: 1975, im „Jahr der Frau“ wurde sie von den Sozialdemokraten mit offenen Armen empfangen, denn man suchte nach einer weiblichen Kandidatin für den Gemeinderat, so ihre bescheidene Selbstinterpretation heute. Ihre politischen Schwerpunkte bezogen sich damals zunächst auf die Verkehrsplanung in der Ulmer Innenstadt und auf die Verhinderung baulicher Großprojekte, die städtische Parkanlagen zerstört und den Individualverkehr vermehrt hätten.

Man kann nicht sagen, daß Jutta Oesterle-Schwerin eine für die Sozialdemokraten typische „Partei-Sozialisation“ durchlebt habe. Dafür war sie mit sechs Jahren Parteimitgliedschaft auch eine zu kurze Zeit dabei – 1980 trat sie aus Empörung über den NATO-Doppelbeschluß aus der SPD wieder aus, hat dafür aber noch die Beendigung der Gemeinderats-Wahlperiode abgewartet.

„Ich hab' ... damals ... den Genossinnen und Genossen gesagt, ich trete jetzt nicht aus wegen der Ulmer SPD, aber diese Nachrüstungsgeschichte, das geht an die Schmerzgrenze.“ (Interview: 27)

Rückblickend würde sie heute nicht mehr in die SPD eintreten.

Offensichtlich hat ihr die Mitarbeit im Gemeinderat aber viel Freude gemacht, denn am 1. Januar 1983 tritt sie den GRÜNEN bei, und ab Oktober 1984 ist sie wieder, dieses Mal in der Fraktion der GRÜNEN, Mitglied im Ulmer Gemeinderat, wo man sie bereits als Oppositionelle kennt. In den nächsten drei Jahren setzt sie sich weiterhin für ihre Schwerpunkte Wohnen, Verkehr und Randgruppen ein sowie speziell auch für Frauenpolitik. Und im Bundestagswahlkampf 1986 gehören die klassischen Themen der GRÜNEN: Ausstieg aus der Kernenergie, Abrüstung, (Frauen-)Arbeitslosigkeit, Umwelt sowie die ersatzlose Streichung des § 218 zu ihrem Programm.

Was bei den etablierten Parteien schier unmöglich erscheint, kann in dieser Phase bei den GRÜNEN gelingen: Nach erst dreijähriger Mitgliedschaft wird Jutta Oesterle-Schwerin 1986 für den Bundestag auf dem relativ sicheren Platz 3 der baden-württembergischen Landesliste nominiert. Im Wahlkampf verbindet sie „geschickt und sehr überzeugend Persönliches mit programmatischen Aussagen" („Eine Wahlkämpferin, die zuhören kann", so lobt sie die Südwest Presse Ulm vom 22.1.1987) ihrer Partei und nutzt den „Platzvorteil" und ihren Bekanntheitsgrad im Ulmer Umfeld. In manchen Medien wird ihre „nüchterne, ehrliche Art" und ihre „Glaubwürdigkeit" besonders hervorgehoben. In der Partei der „Unbequemen" ist sie selbst ein unbequemes Mitglied. Sie ist anders, und sie denkt in vielen Punkten anders als die Mehrheit. Doch zieht sie sich nicht zurück in die sog. „weibliche Schmollekke", sondern stellt sich, klar und in ihrer ruhigen, offensiven Art. Aus den verschiedenen spektakulären Flügelkämpfen, die in den ersten Jahren der bundespolitischen Präsenz der GRÜNEN auf offener Bühne ausgetragen werden, hält sie sich eher heraus. Ihre Position ist „zwischen den Stühlen", und das findet sie gut so.

„Ich bin kein 'Fundi' und auch kein 'Realo'. Auf dem Bundeskongreß in Hannover erhob ich meine Hand meist gleichzeitig mit den Händen der sogenannten Fundamentalisten, weil ich meine, daß es falsch ist, wenn wir uns schon bei der Definition unserer Ziele an vermeintliche Realitäten anpassen. In der Alltagspolitik neige ich allerdings dazu, kompromißbereiter zu sein..." (Interview: 26)

Ende Januar 1994 kandidiert sie in Nordrhein-Westfalen jeweils um drei aussichtsreiche Listenplätze (5,7,9) für die Bundestagswahl zum 13. Deutschen Bundestag, doch sie wird nicht wieder aufgestellt. Damit endet auch ihre zweite Parteimitgliedschaft und -karriere. Am 8. Februar 1994 tritt die einstige MdB der GRÜNEN auch aus dieser Partei wieder aus.

Die GRÜNEN – Ende der 70er Jahre als Partei gegründet – vertraten bereits eine Wahlperiode lang seit 1983 die neuen sozialen Bewegungen im Deutschen Bundestag, bevor Jutta Oesterle-Schwerin in der 11. Legislaturperiode dazukam. Viele der großen innerparteilichen Kämpfe waren schon ausgefochten worden, die „big shots" der Fraktion mittlerweile bundesweit bekannt und zu „Medien-Stars" avanciert.[6] Die GRÜNEN sind gleichwohl immer noch eine untypische Partei und können nur schwer mit den anderen verglichen werden, und vor diesem Hintergrund müssen sämtliche Aktivitäten der GRÜNEN-Abgeordneten – hier von Jutta Oesterle-Schwerin – gesehen werden. Die sog. Doppelstrategie – Einbindung in soziale Bewegungen und Beteiligung am parlamentarischen Entscheidungsprozeß – hat die GRÜNEN noch in den 80er Jahren von parlamentarischen Handlungszwängen entlastet und ihnen die Möglichkeit zu einer Radikalisierung öffentlicher Kritik gegeben, wie dies bei traditionellen Parteien unüblich ist. Bis auf die Ausnahmen in Hessen, Hamburg und Berlin gab die nicht vorhandene Einbindung in Regierungskoalitionen den GRÜNEN lange Zeit das Privileg, relativ ungezügelt und mit einem normativ-moralischen Überschwang Programme und Visionen ihrer Politik zu entwerfen. Die GRÜNEN profitierten insbesondere in ihrer Frauenpolitik von der zunehmenden öffentlichen Politisierung des Geschlechterverhältnisses durch die Neue Frauenbewegung. Der relativ hohe Frauenanteil in der GRÜNEN-Partei (ca. 36%) ist auch darauf zurückzuführen, daß viele frauenbewegte Frauen wie Jutta Oesterle-Schwerin sich politisch bei den GRÜNEN engagierten. Eine gezielte Frauenförderung war von Anfang an fester Bestandteil von Partei-Programmatik und -Struktur[7]. Die Themen grüner Frauenpolitik waren überwiegend dek-

---

6 wie z. B. die spätere Frauenministerin in Niedersachsen Waltraud Schoppe, der SPD-Dissident Otto Schily, der erste „Turnschuh-Minister" Joschka Fischer, die „Fundis" Jutta Ditfurth und Thomas Ebermann oder die friedensbewegte, kämpferische Petra Kelly und ihr Partner, der Ex-General Gerd Bastian.

7 Durch ein Frauenstatut in der Satzung wollten die GRÜNEN konkrete und verbindliche Maßnahmen ergreifen, um die Position von Frauen parteiintern zu stärken. Als wichtigste galt das Reißverschlußprinzip bei Wahllisten (ungerade Listenplätze stehen Frauen zur Verfügung), die paritätische Besetzung des Präsidiums und die Bildung der Bundesarbeitsgemeinschaft Frauen. Der Beschluß einer 50%-Quotierung aller Mandate, Funktionen und Arbeitsplätze, das „Feminat" in Bonn, die erste Frauenfraktion im Hamburger Senat oder Frauenlisten prägten die gewollte frauenpolitische Offensive in den Anfangsjahren der neuen Sammelbewegungs-Partei.

kungsgleich mit denen der Frauenbewegung. Von ehemals der Privatsphäre zugeordneten Problemen wie Gewalt gegen Frauen und sexuellem Mißbrauch über die Streichung des § 218 zur Quotierung aller Erwerbsarbeitsplätze und neuen Modellen der Teilzeitarbeit und des Elternurlaubs reichte anfänglich das Spektrum.

1985/86 legten die GRÜNEN im Bundestag den Entwurf für ein Antidiskriminierungsgesetz vor.[8] Mehrere Frauenförderungs- oder Gleichstellungsgesetze (z. B. in Hessen und Niedersachsen) sind damals unter Beteiligung der GRÜNEN entstanden. Andere Gesetzesentwürfe wendeten sich gegen die rechtliche Diskriminierung von Prostituierten und gegen ungeschützte Teilzeitarbeit.

„Wir GRÜNEN haben ein ziemlich abgerundetes, viele Lebensbereiche umfassendes Frauenprogramm. Unsere bereits in parlamentarische Initiativen umgesetzte Utopie umfaßt Kinderbetreuungskonzepte, Erwerbsarbeit, alternatives Wohnen und Konzeptionen für ein menschenwürdiges Leben im Alter. Wir haben zusätzlich zu den Themen Gewalt und § 218 ausgereifte feministische Positionen zu den Themen lesbische Lebensweisen, Gentechnologie, Bevölkerungspolitik, Bildung und Prostitution in den Bundestag hineingetragen, und wir hatten Erfolg damit: ... Auf der diesjährigen Konferenz der Arbeitsgemeinschaft Sozialdemokratischer Frauen (ASF) in Berlin gab es zwei Anträge zum flexiblen Elternurlaub für Mütter und Väter, fünf (5!) Lesbenanträge und vieles mehr, was eindeutig auf unsere Urheberinnenschaft zurückzuführen ist", so Jutta Oesterle-Schwerin in ihrer Replik auf ein Interview mit Waltraud Schoppe. (im „Freitag" vom 31.7.1992, September 1992: 3)

Mit öffentlichen Foren, Bundesfrauenkonferenzen, Anhörungen und Kongressen versuchten die GRÜNEN, frauenpolitische Themen öffentlich zu diskutieren.[9] Das „Müttermanifest" entfachte 1987 eine breite innerparteiliche und öffentliche Kontroverse. Auch hier bezog Jutta Oesterle-Schwerin Außenseiter-Position. Sie war schwer einzuordnen, und in die polarisierten Zuschreibungen (Nicht-Mütter versus Mütter oder Realos versus linke Frauen) paßte sie nicht hinein. Anfangs, so sagt sie rückblickend, hätte sie durchaus Sympathien gehabt für das Müttermanifest. Dann wäre ihr der „politische Mißbrauch" deutlich geworden, der damit u.a. gegen linke feministische

---

8 Dieses erklärte mit der Generalklausel die Diskriminierung speziell von Frauen für unzulässig. Verboten werden sollte jede Benachteiligung am Ausbildungs- und Arbeitsplatz sowie in allen gesellschaftlichen Bereichen. Die Reduzierung von Frauen auf ihre Gebärfähigkeit, ihre Lebensform oder ihr Alter und die Fixierung von Rollenklischees sollten strafbar sein.

9 1985 und 1988 die Kongresse „Frauen gegen Gen- und Reproduktionstechnik", 1986 Kongreß „Frauen und Ökologie", 1986 Kongreß „Mit Kindern leben - Mütter werden laut."

Positionen innerhalb der GRÜNEN betrieben werden konnte. Sie bezog ihre eigenwillige Position, die „dazwischen", und verfaßte ein eigenes Papier mit der unauffälligen Überschrift „Betreuungsgeld. Lohnersatz oder Lohn für Betreuungsarbeit?" (abgedr. in: Kommune, Heft 7/1988: 47 f.) Hier plädierte sie für ein vom Staat zu finanzierendes existenzsicherndes Betreuungsgeld von 2000,-- DM im Monat für alle, die hilfsbedürftige Menschen zu versorgen hätten. Hiermit setzte sie sich massiver Kritik aus: Einerseits wurden ihr politische Schwärmerei und andererseits Aufwertung einer bzw. Anstiftung zur „Flucht ins Private" vorgeworfen, die für Frauen immer nur Fallen bereithielte (Meiners, in: Kommune Heft 5/1988).

Ab Mitte der 80er Jahre läßt sich in der Gesamtpartei eine Verlagerung von den klassischen Frauenthemen feststellen. Erste Versuche der zu zwei Drittel durch Frauen besetzten Bundestagsfraktion in den Bereichen Verkehrs- und Wohnungsbaupolitik oder im Rentenrecht sind wahrzunehmen. Hieran ist Jutta Oesterle-Schwerin nicht ganz unbeteiligt. Als sie 1987 in den Bundestag kommt, wird sie Mitglied im Ausschuß für Raumordnung, Bauwesen und Städtebau sowie im Frauen- und Jugendausschuß. Ihre ersten Aktivitäten im Parlament beziehen sich auf die Forderung nach einer nicht geschlechtsdiskriminierenden Sprache in amtlichen Verordnungen und Gesetzestexten (Bundestagsprotokolle, 11. WP., 37. S. vom 6.11.1987) sowie auf eine Veränderung der staatlichen Wohnungsbaupolitik.

1987 – im Jahr, das von den Vereinten Nationen zum „Jahr der Hilfe für Menschen in Wohnungsnot" erklärt worden war, – greift Jutta Oesterle-Schwerin die vergangenen Bundesregierungen wegen ihrer verfehlten Wohnungsbaupolitik an und fordert mehr Sozialwohnungen sowie Übernachtungsplätze für Obdachlose. In ihrer Rede malt sie die typischen Stationen auf dem Weg in die Obdachlosigkeit: Krankheit, Arbeitsplatzverlust, Schulden, Eheprobleme, Sozialamt. Nur ca. 1% der Sozialhilfeempfänger seien durch ein eigenes unwirtschaftliches Verhalten in die Abhängigkeit geraten. Außerdem kritisiert sie das Vorhaben der Bundesregierung, die Steuerbefreiung für den gemeinnützigen Wohnungsbau abzuschaffen.

„Private Investoren" – so ihre dezidierte Meinung – „leben doch von der Wohnungsverknappung"(Bundestagsprotokolle, 11. WP., 68. S. vom 10.3.1988: 4634).

In ihren Reden tauchen oft kapitalismuskritische Argumente auf, die sie so unverblümt vorträgt, als spräche sie im Studentenparlament. So zieht sie 1988 anläßlich des Vorhabens der Regierungskoalition, die Steuerfreiheit für den gemeinnützigen Wohnungsbau einzustellen, respektlos den Schluß, die

Koalition erhöhe das Wohngeld nur deshalb, damit die Vermieter die Miete „kräftig nach oben ziehen“ könnten.

„Sie wollen, daß die Mieten steigen, damit sich das Geschäft mit der Wohnung, die für sie nie etwas anderes als eine Ware war, für ihre Klientel wieder lohnen wird. Deswegen muß die Gemeinnützigkeit zerschlagen werden!“ (Bundestagsprotokolle, 11. WP., 87. S. vom 23.6.1988: 5882)

Außerdem fordert sie die Öffnung des Sozialen Wohnungsbaus auch für nichtverheiratete und homosexuelle Paare sowie für Wohngemeinschaften.

Bundesweit bekannt wird Jutta Oesterle-Schwerin nach der Rede des damaligen Bundestagspräsidenten Philipp Jenninger zum 50jährigen Gedenken an die Reichs-Pogromnacht in Deutschland am 9. November 1938. Sie ist die erste, die den Saal verläßt, nachdem sie den Anfang der Rede durch einen Zwischenruf gestört hatte, auf den Jenninger erwiderte: „Bitte lassen Sie diese würdige Stunde in der vorgesehen Form ablaufen.“[10]

Am Nachmittag geben einige Abgeordnete eine „persönliche Erklärung“ ab, die das Bundestagspräsidium formal zulassen muß, obwohl zu der Rede eigentlich keine Aussprache geplant gewesen war. Jutta Oesterle-Schwerin spricht in ihrer „persönlichen Erklärung“ dem Bundestag die Legitimation zu einer solchen Gedenkveranstaltung ab:

„... ein Bundestag, der sich in dieser Legislaturperiode geweigert hat, (Zwischenruf) die überlebenden Opfer, die Sinti und Roma, die Zwangssterilisierten und die Homosexuellen angemessen zu entschädigen, hat nicht das Recht, eine solche Gedenkstunde zu veranstalten. Ich war der Meinung, daß ein Bundestag, der sich... geweigert hat, (Zwischenruf) die Gesetze über die Zwangssterilisation für nichtig zu erklären, lieber die Finger von einer solchen Gedenkstunde lassen sollte. (Mehrere Zwischenrufe) Aber das, was dann kam, übertraf meine schlimmsten Erwartungen.“ (Bundestagsprotokolle, 11. WP., 106. S. vom 10.11.1988: 7308)

Obgleich ihre Ausführungen im Tumult und in lautstarken Empörungen aus dem Plenum der angesprochenen Abgeordneten unterzugehen droht, und ihr Bundestagsvizepräsidentin Annemarie Renger mehrfach schroff das Wort zu

10 Die Jenninger-Rede, die eine Welle von Kritik auslöste und letztlich zum Rücktritt des Bundestagspräsidenten führte, sollte nach Auffassung der GRÜNEN eigentlich vom Vorsitzenden des Zentralrates der Juden, Heinz Galinski, gehalten werden. Nach der Ablehnung dieses Vorschlags plädierte Jutta Oesterle-Schwerin in ihrer Fraktion dafür, der Veranstaltung fernzubleiben, doch fand dafür keine Mehrheit. Also kam sie und „störte“, indem sie auf die am selben Tag stattgefundene Zwangsabschiebung von tamilischen Flüchtlingskindern hinwies.

entziehen versucht und sie fast vom Rednerpult entfernen läßt[11], bleibt Jutta Oesterle-Schwerin unbeirrt stehen und fordert, ihre Rede zu Ende bringen zu dürfen. Daraufhin wird sie bundesweit bekannt als „mutige jüdische Pazifistin“, die aus persönlicher Betroffenheit und Protest gegen Jenningers Darstellungen den Saal verlassen habe.[12] Später bedauert sie fast den Rücktritt Jenningers, da jener

„nicht nur an dieser Politik selbst nichts ändert, sondern auch zur Rehabilitierung aller anderen VertreterInnen der gleichen Politik führt.“ (Oesterle-Schwerin, Die Jenninger-Affaire – Ein Nachwort, unv. Ms., 12/1989: 6)

Im Februar 1989 wird sie in den Fraktionsvorstand gewählt und Fraktionssprecherin der GRÜNEN. Ab diesem Zeitpunkt spricht sie im Plenum zu den verschiedensten Themen, vor allem macht sie sich unbeliebt – auch unter den sogenannten Realpolitikern innerhalb der GRÜNEN – als scharfe Kritikerin der deutschen Vereinigung. Nach dem Fall der Mauer attackiert sie Helmut Kohls Vorhaben, die DDR mit einem Dreistufen-Plan „heim ins Reich“ zu holen. Sie plädiert für mehr Zeit im Zuge der Vereinigung, insbesondere für die DDR, um eine „eigenständige Entwicklung“ einzuschlagen (Bundestagsprotokolle, 11. WP., 177. S. vom 28.11.1989: 13492). Außerdem vertritt sie den einsamen Standpunkt einer Zwei-Staaten-Lösung.

„Weder die ökologische Zerstörung hüben und drüben, noch die soziale Verelendung durch materielle Armut und Vereinsamung werden durch die Zusammenlegung von Staaten beendet.“ (Ebendort: 13493)

Auch und besonders unter frauenpolitischen Gesichtspunkten kritisiert sie die Vereinigung. Rückblickend bemerkt sie 1993:

---

11 „Ein SPD-Abgeordneter hastet in diesem Moment zum Präsidiumstisch hinauf. Und bevor noch Jutta stoisch wiederholen konnte: „Ich bleibe hier solange stehen, bis ich zu Ende geredet habe“, hört sie den Sozialdemokraten durch das eingeschaltete Saalmikrofon mit gepreßter Stimme der Bundestagsvizepräsidentin zuzischen: ‘Wenn sie die Oesterle-Schwerin hier wegtragen lassen, dann sind Sie auch weg.’ - Die Sitzung wird unterbrochen.“ (Roggenkamp 1989: 13)

12 „Die Zeit“, die dem Rücktritt des Bundestagspräsidenten am 18.11.1988 mehrere Seiten (und den „Aufmacher“) widmet, druckt ein Bild von J. O.-S. mit der Unterschrift: „Der Eklat: Schon nach den ersten Sätzen Philipp Jenningers machte Jutta Oesterle-Schwerin, eine Abgeordnete der Grünen, ihrem Unmut Luft.“ In unserem Interview relativiert sie ihr „Heldentum“: „Es war eigentlich nicht Kritik an seiner Rede, die nachher sehr angegriffen worden ist, sondern es war eine Kritik daran, daß er sich heute da als Biedermann aufspielt, und man sich heute zu Flüchtlingen so schweinisch verhält.“ (Interview: 78)

„Heute ist es für die Frauen viel schlimmer gekommen, als ich es da skizziert habe." (Interview: 94)

1990 wird sie in Baden-Württemberg auf der Landesliste nicht mehr auf einem aussichtsreichen Platz nominiert. Doch in Bayern gelingt es lesbischen und homosexuellen UnterstützerInnnen, innerhalb von zwei Wochen 650 Unterschriften für Jutta Oesterle-Schwerin zu sammeln, so daß sie auf der bayerischen Landesliste einen aussichtsreichen Platz erhält. Doch nachdem ihre Partei im Dezember 1990 knapp an der Fünf-Prozent-Klausel scheitert, und nur die Ost-GRÜNEN in den 12. Deutschen Bundestag einziehen, wird sie selbst keine Abgeordnete mehr, sondern hauptberuflich Mitarbeiterin bei der Abgeordneten vom Bündnis 90/Die GRÜNEN, der Physikerin Christina Schenk aus Ost-Berlin. Im 13. Bundestag wollte sie gern wieder als Abgeordnete politisch arbeiten, wurde aber vom Landesverband in Nordrhein-Westfalen nicht wieder gewählt.

6. *Politische Schwerpunkte: Frauen- und Lesbenpolitik*

Immer mehr kommen mit den Jahren bei Jutta Oesterle-Schwerin ihre politischen Schwerpunkte mit ihrer Lebensweise zur Deckung. Seit Ende der 70er Jahre lebt sie als Mutter zweier Kinder nach der Scheidung von ihrem Ehemann in lesbischen Beziehungen und hat sich entschlossen, die Diskriminierung von Lesben und Homosexuellen in der Gesellschaft offen politisch zu bekämpfen. Sie hat damit eine Lebensweise gewählt, die für sie zur konsequentesten Form der Verweigerung gesellschaftlicher Normen und patriarchialer Zumutungen gehören.

„Für mich ist Lesbischsein nicht nur Neigung, sondern eine Form der Verweigerung gegenüber einer Gesellschaftsordnung, in der Frauen im besten Fall die Nummer zwei erlangen. ... Noch wichtiger als die Antidiskriminierungspolitik ist mir die Sichtbarmachung unserer Lebensweise als selbstverständliche Lebensalternative für Frauen, autonom und frei von männlicher Dominanz. ... Lesbischsein ist kein Grund zum Jammern, sondern eine sehr attraktive Form der Abkehr vom Patriarchat." (Text für Brigitte, persönliches Archiv Oesterle-Schwerin)

Es dauert eine gewisse Zeit, bis Jutta Oesterle-Schwerin sich auch innerhalb der GRÜNEN politisch offensiv als Lesbe outet. Es geschieht erst im Rahmen ihrer Kandidatur für den Fraktionsvorstand im Dezember 1987: „Ich kandidiere als unabhängige Linke, als Frauenpolitikerin und nicht zuletzt als offen lesbisch lebende Frau."[13] Dieses Bekenntnis ruft bei nicht wenigen innerhalb der GRÜNEN Empörung und Widerstand hervor. „Andere, dringendere Probleme – wie die wachsende Verarmung und Verelendung ganzer Regionen im Ruhrgebiet" – seien wesentlich wichtiger als „die Innenarchitektur der Mittelstandslesben, (und) violette Bettvorleger zu entwerfen", – so zynisch ein Alt-Linker und Parteikollege – „sei aktuell nicht gefragt." Der Widerstand macht deutlich, daß auch innerhalb von sog. fortschrittlichen Parteien und neuen sozialen Bewegungen die Stigmatisierung und Abwertung von lesbischen Lebensformen existiert, gegen die sich Jutta Oesterle-Schwerin fortan verstärkt zur Wehr setzt. Sie plädiert für das Ernstnehmen dieses „Nebenwiderspruchs"[14] innerhalb und außerhalb der GRÜNEN und natürlich auch im Bundestag, wo sie es immerhin durchsetzt, daß dem Hohen Hause auf Drucksachen die Begriffe „Lesben" und „Schwule" zugemutet werden müssen – trotz des Einspruchs einiger Abgeordneter, die die „Verwilderung der Sprachkultur" im Bundestag beklagt und „der Gosse zugehörige Sprachwendungen" abgelehnt hatten.[15] Aktiv beteiligt ist sie ebenfalls an der Gründung der GRÜNEN Bundesarbeitsgemeinschaft Lesbenpolitik 1987, die ein Jahr später offiziell von der Partei als Arbeitsgemeinschaft anerkannt wird.

Gegen Ende der Legislaturperiode, am 22.11.1990, bringt sie im Namen ihrer Fraktion einen Antrag ein, der sicherlich erstmals ein Parlament be-

---

13 Jutta Oesterle-Schwerin, Zwei Jahre Lesben-Politik im Bundestag - Wie alles anfing und wie es weitergehen könnte, (in: Beiträge zur feministischen Theorie und Praxis, Heft 25-26/1989: 202)

14 „Zu allen Zeiten wurden die Probleme von Frauen, Juden oder Homosexuellen von den `normalen` Linken als Nebenwiderspruch abqualifiziert, der mit der Lösung des Hauptwiderspruchs ganz von selber verschwinden würde... Die Vorurteile gegenüber Lesben sind offenbar auch innerhalb der Linken keine Ausnahme. Oder hättest Du an mich so geschrieben, wenn ich gesagt hätte, ich möchte als Türkin in den Fraktionsvorstand gewählt werden?" Ihr Antwortschreiben an den o.g. Kollegen (ebendort:203)

15 In einem Brief des Bundestagspräsidenten Philipp Jenninger vom Juli 1988 an Oesterle-Schwerin heißt es „...Mir ist bekannt, daß die Begriffe „Schwule" und „Lesben" von nicht wenigen Kolleginnen und Kollegen nicht als Bestandteile der Hochsprache, in der die Tagesordnung des Plenums abgefaßt wird, anerkannt werden..." Ihr Antwortschreiben endet: „Ihr Verbot, die Worte „Lesbe" und „schwul" in den Überschriften unserer Anträge erscheinen zu lassen, empfinde ich als Teil einer permanenten Diskriminierung von Lesben und Schwulen. Wenn die Bezeichnungen ... für die Bundestagsdrucksachen nicht gut genug sind, wie ungemein schlecht muß es dann erst sein, als Schwuler oder als Lesbe zu leben." (Ebendort: 204/5; vgl. auch: Vorwärts Nr. 28 vom 9.7.1988)

schäftigen sollte: In der Drucksache 11/8488 beantragt sie „die Abkehr von der Zwangsheterosexualität", um „lesbisches Leben in unserer Gesellschaft sichtbar zu machen, zu erleichtern und zu fördern" (Bundestags-Drucksache 11/8488: 5). Der Antrag beinhaltet Maßnahmen, die von einer verstärkten Aufklärung und Öffentlichkeitsarbeit über Diskriminierungsverbote z.B. im Erwerbsleben bis zur Änderung des Erbrechts reichen. Seit 1990 ist sie Sprecherin des Lesbenringes e.V.[16] In dieser Funktion setzt sie sich in Vorträgen, Artikeln und in innerverbandlichen Diskussionen für eine offensive Antidiskriminierungspolitik und für die Anerkennung der lesbischen Lebensweise als Alternative („als Konkurrenzunternehmen") zum Patriarchat ein.[17]

Frauenpolitische Themen haben früh die politische Identität von Jutta Oesterle-Schwerin geprägt. Im frauenbewegten Protest gegen den § 218 ebenso wie in Selbsterfahrungsgruppen erlebt sie das, was viele (linke) Frauen als ihren Einstieg in den Feminismus ähnlich beschreiben würden.

„Die Diskriminierungen, die ich als Frau und als Mädchen erfahren habe,... die sind mir erst dann bewußt geworden, als die Frauenbewegung darauf aufmerksam gemacht hat. Also die Niederlagen, die ich als Frau hatte, die hab' ich früher als *persönliche* Niederlagen empfunden,... durch die Frauenbewegung hab' ich begriffen,... daß es Probleme gibt, die wir als Frau haben." (Interview: 28)

Auch sei sie stark von Frauen unterstützt und gefördert worden. Als Gemeinderätin zum Beispiel empfand sie die Partei als den „Ort, wo ich arbeite", während das Frauenzentrum die „emotionale Basis" war. Von dort bezog sie ihre Kraft für die „andere" politische Arbeit.

Vielleicht kann man sagen, daß Jutta Oesterle-Schwerins politischer Schwerpunkt gerade darin liegt, diese „andere" politische Arbeit zu leisten. Das Andere, das Abweichende zu sehen und sich dafür einzusetzen, scheint ihr eigentlicher Antrieb. Sie vertritt durch ihre Lebensgeschichte und ihre

---

16 Der Lesbenring e.V. wurde am 30.5.1982 in Köln als Dachverband (von 1992 ca. 50 Lesbengruppen) und bundesweite Organisation lesbischer Frauen gegründet. Er hat 1994 ca. 1000 Frauen als Mitglieder. Der Verein hat eine doppelte Aufgabe: nach innen will er ein Kommunikationsnetz für Lesben aufbauen, nach außen soll die lesbische Lebensweise sichtbar gemacht und der Diskriminierung von Lesben entgegengewirkt werden. Der Verein versteht sich als Teil der autonomen Frauenbewegung.

17 „Wir wollen, ... daß die lesbische Lebensweise in allen Bereichen der Frauenpolitik mit einbezogen wird. Wir wollen, daß die Privilegierung der Ehe durch den Staat, die auf das eigenständige Leben von Frauen äußerst negative Auswirkungen hat, beendet wird. Als Feministinnen haben wir uns der Forderung nach der Homoehe bewußt nicht angeschlossen und fordern stattdessen gleiche Rechte für alle, unabhängig von ihrer Lebensform." (Lesbenring-Info, Januar 1994:6)

jetzige Lebensweise das Nichtkonforme, das Unangepaßte, die Kritik am reibungslos Funktionierenden. Aus diesem Grund ist sie auch überzeugte Pazifistin. Sie hat in ihrer Jugend in Israel gelernt, „nein" sagen zu können.

Man kann daher auch nicht behaupten, daß Jutta Oesterle-Schwerin eine einzige Sachfrage zu ihrem Lebensthema gewählt hat, und daß sie tagespolitisch orientiert, pragmatisch und realitätskonform Politik betreiben würde. Sie verkörpert eher das Prinzip des Widerspruchs. Sie ist tatsächlich „die Paria", die Trägerin von Außenseitermerkmalen, die allesamt zu prinzipiell und zu rigoros sind, als daß sie den Leitfaden für eine praktische Alltagspolitik abgeben könnten. Jutta Oesterle-Schwerin verkörpert das Andere, den Widerspruch, das Nicht-mitmachen-Wollen. Das muß natürlich manchmal für KollegInnen in der Fraktion oder der Partei mühsam und anstrengend im Umgang gewesen sein, wenn jemand das Nein zum Prinzip erhebt. Im Grunde steht dahinter das Konzept der kritischen Theorie, eine schonungslose Kritik am Bestehenden bzw. gegenüber entwürdigenden gesellschaftlichen Bedingungen, die sehr wohl anders sein könnten, als sie sind. Bei Jutta Oesterle-Schwerin ist bemerkenswert die Art und Weise, *wie* sie Politik – auch Oppositionspolitik – betreibt. Sie macht sie als kritische Außenseiterin, ihre Themen sind gebunden an ihre Biographie. Sie ist damit die Verkörperung der kompromißlosen, konsequenten Mahnerin und Symbol des Widerständischen.

7. *Frauenspezifik*

„Ich bin nicht nur Feministin, oder ich bin nicht nur Frau, ich bin auch Feministin und Linke, und von anderen Frauen verspreche ich mir nicht viel in der Politik. Was soll ich mich jetzt unheimlich einsetzen für Frau Männle zum Beispiel? Okay, das ist wunderbar, daß sie 'ne Frau ist. Aber was macht sie?" (Interview: 91)

Jutta Oesterle-Schwerin repräsentiert einen für die GRÜNEN nicht unüblichen Frauentyp. Als ehemalige SDS-Genossin findet sie ihren persönlich-politischen Weg über die Kinderladenbewegung in autonome Frauengruppen hinein, dann – nach einem kurzen Zwischenstopp bei der SPD (in ihren Reformjahren) – über die Friedensbewegung zur grünen Partei. Hier versucht sie, ihre pazifistischen und umweltpolitischen Vorstellungen mit der Verteidigung von sog. Randgruppen und Minderheiten zu verbinden. Sie ist Mitglied von „terre des femmes" und „Safia", einer Organisation, die sich zum Ziel gesetzt hat, Alterssitze für Lesben aufzubauen. Zur Zeit des Interviews steckte sie viel Zeit und Energie in die Vorbereitung eines nationalen Frauenstreiks nach dem Vorbild von Schweizer und isländischen Frauen, der am Internationalen Frauentag, am 8. März 1994, stattgefunden hat.

Ihr Leben sei stark von Frauenzusammenhängen geprägt, resümiert sie, und so erstaunt es nicht, daß sie unterschiedliche und abwertende Erwartungen und Haltungen gegenüber Frauen in der Gesellschaft besonders sensibel registriert. Auch männlich-dominantes Verhalten gegenüber Frauen in der Politik, „Männerbündelei", sowie frauenausgrenzende Strukturen und Rituale kritisiert sie aus ihrer jahrelangen Erfahrung in politischen Gremien, sei es in der SPD oder bei den GRÜNEN. Vor allem unterschwellige Diskriminierungen gegenüber dem „Fremden", das durch Frauen repräsentiert werde, scheinen ihrer Ansicht nach weiterhin zu funktionieren. Hier sieht sie sich als Lesbe *und* linke Frau besonders betroffen:

> Männer anderer Parteien „gehen ... mit 'nem grünen linken Mann besser um als mit 'ner grünen linken Frau ..., und mit 'ner grünen linken Frau gehen sie besser um als mit 'ner grünen linken Lesbe ..." (Interview:38)

Jutta Oesterle-Schwerin bedauert einen typisch männlichen Verhaltensstil in der Politik. Dieser bestehe unter anderem daraus, die „anderen totzureden, nicht zuzuhören, widerlich zu taktieren". Das Dilemma für Frauen in der Politik – auch für die GRÜNEN – bestünde darin, sich diesem männlichen Stil entweder anzupassen oder „nicht durchsetzungsfähig" zu sein (Interview: 67). Als Frau der Politik in einer Minderheitenposition zu sein, erfuhr Jutta Oesterle-Schwerin sicher nicht nur einmal als problematisch:

> „Ich bin mal im Langen Eugen 29 Stockwerke zu Fuß runtergelaufen, bloß weil ich's im Aufzug mit dieser Meute, mit denen ich vorher im Ausschuß war, ich hab es nicht mehr ausgehalten! Ich hatte richtige Platzangst!" (Interview: 33)

Dieses Zitat beleuchtet vielleicht exemplarisch das Gefühl der „Fremdheit von Frauen in der Welt der Politik" (Schöler-Macher), selbst wenn sie körperlich dort seit geraumer Zeit anwesend sind.

Gegenwärtig kritisiert Jutta Oesterle-Schwerin bei den GRÜNEN die zunehmende Abkehr von früher unumstrittenen feministischen Positionen wie zum Beispiel vom sog. Reißverschlußprinzip bei Kandidaturen, das im Zuge der Vereinigung mit den Ost-GRÜNEN aufgeweicht worden sei. Jutta Oesterle-Schwerin glaubt nicht an unterschiedliche Themen von Frauen und Männern in der Politik, allerdings an unterschiedliche Sichtweisen von Frauen, von manchen zumindest. Skeptisch reagiert sie auf konservative, angepaßte Frauentypen, die „Frauen nichts nützen" würden. Selbstkritisch setzt sie hinzu, daß sie sich persönlich wahrscheinlich auch verändert habe, sie sei vermutlich „weniger nett" geworden. Neid, Konkurrenz, wenig solidarische

Kritik, alles Merkmale benachteiligter Gruppen, die um knappe Ressourcen streiten müssen, sieht sie bei Frauen im politischen Bereich. Doch warnt sie Frauen davor, sich den herrschenden Strukturen anzupassen.:

„Also, wenn wir uns anpassen, dann verlieren wir uns. ... Und wenn wir uns anpassen, werden wir so, wie die anderen, und dann wären wir nicht mehr gut und nicht mehr interessant. Dann werden wir geduldet, dann wird man uns auch immer wählen, aber wir werden keine Wirkung haben." (Interview: 76)[18]

Die Tatsache, daß Politikerinnen Rollenmodelle für junge Frauen abgeben können, macht ihr Hoffnung für die Zukunft. Andererseits sollten Frauen eben „die richtige Politik" betreiben:

„Wenn Frauen dann in diesen Führungspositionen sind, wie Sie das sagen, wenn sie dann nicht die richtigen Sachen machen, dann sind sie eine Enttäuschung. Nicht jede Frau macht die richtige Politik." (Interview: 91)

8. Persönliche Situation

„Ich denke, eigentlich alles, was ich tue, macht mir Spaß." (Interview: 32)

Jutta Oesterle-Schwerin ist zum Zeitpunkt des Interviews 52 Jahre alt. Sie heiratete 1967, mit 26 Jahren, den Studenten und späteren Maschinenbau-Ingenieur Uli Oesterle und bekam 1970 ihren Sohn und vier Jahre später ihre Tochter. 1978 trennte sie sich „in aller Freundschaft" von ihrem Mann und lebte mit ihrer damaligen Freundin und ihren Kindern in Ulm. Zeitgleich mit ihrer Wahl in den Bundestag 1987 trennten sich die beiden Frauen, was neben der emotionalen Belastung auch ganz praktische Probleme aufwarf, weil noch gemeinsam geplant worden war, daß die Freundin im Fall der Wahl von Jutta Oesterle-Schwerin nach Bonn in Ulm die Kinderbetreuung übernähme. Zufällig bekam sie dann aber eine Wohnung in demselben Haus, in dem ihr Ex-Mann mit einer neuen Partnerin wohnte, so daß die Kinder in der Zeit ihrer Abwesenheit betreut waren. Nach Ablauf ihres Mandats konnte sich Jutta Oesterle-Schwerin als Abgeordneten-Mitarbeiterin finanziell keine zwei Wohnsitze mehr leisten. So zog sie ganz nach Bonn, wo auch heute ihre neue Partnerin lebt. Ihre damals 16jährige Tochter zog zunächst mit, ging dann aber zurück nach Ulm und absolvierte eine Ausbildung zur Bauzeichnerin.

---

18 Als wie wahr diese Deutung sich für sie erweisen würde, war zu dem Zeitpunkt des Interviews noch nicht abzusehen. Bei der Kandidatenaufstellung der GRÜNEN in NRW im Januar 1994 für den 13. Bundestag wurden, ihrer Meinung nach, jüngere, „pflegeleichtere" Frauen aufgestellt.

Sie lebte zum Zeitpunkt des Interviews mit ihrem Bruder bei ihrem Vater. Der Sohn leistete damals in Ulm gerade seinen Zivildienst, dann studierte er dort. Jutta Oesterle-Schwerin lebte die lesbische Beziehung zu ihrer Freundin 1993 seit zweieinhalb Jahren,

„... und wir wohnen aber ... ganz bewußt nicht zusammen, weil ... die Beziehungen dann doch größeren Belastungen ausgesetzt sind." (Interview: 44)

Bewußt versucht sie heute, weniger zu arbeiten. Sie bemüht sich um geregelte Arbeitszeiten und hält sich Abende und Wochenenden terminfrei. Trotz ihrer Bewerbung um ein Bundestagsmandat ist sie nicht bereit, dafür ihr Privatleben entscheidend zu beschneiden. Urlaub macht Jutta Oesterle-Schwerin im Gegensatz zu früher heute regelmäßig.

„Früher war es so, daß ich viel gearbeitet habe und dann noch Kinder großgezogen habe. ... Wenn ich so meine Kinder seh' oder andere Jugendliche ..., denke ich, daß es falsch ist zu sagen, die Jugend ist die glückliche Zeit... Also, ich bin eigentlich mit den Jahren immer glücklicher geworden.... während ich sehe, daß junge Menschen sehr große Schwierigkeiten haben." (Interview: 82)

Als einzige der Interviewpartnerinnen erklärt sie, auch als Bundestagsabgeordnete genügend Erholungszeit gehabt zu haben. Nur Vortragsreisen und zahlreiche öffentliche Auftritte, bei denen sie andere motivieren sollte, politisch aktiv zu sein, empfand sie immer als belastend. Jutta Oesterle-Schwerin wirkt ruhig und nachdenklich, wenn sie von sich selber berichtet. Sie hat sich entschieden für einen bestimmten Lebensstil und ist ganz offenbar zufrieden damit. Zugleich strahlt sie eine gewisse Entschlossenheit und Festigkeit aus, ohne die Aura des Rechthabens zu verbreiten, die viele Menschen im politischen Alltag sich angewöhnt haben. Die persönliche Enttäuschung, die es für sie auch bedeutet haben mag, von BÜNDNIS 90/die GRÜNEN nicht mehr für ein Bundestagsmandat aufgestellt worden zu sein, hat sie nicht langfristig resignativ gestimmt. Bis zum Ende der 12. Wahlperiode war sie noch Mitarbeiterin von Christina Schenk, der ostdeutschen MdB. Dann wollte sie sich bemühen, wieder „in meinen Beruf zurückzukommen. Das kann ich!" Außerdem gehörte sie ab 1994 einem Initiativkreis von Feministinnen an, die eine „Frauen-Partei" gegründet haben. Gewiß wird man Jutta Oesterle-Schwerin politisch nicht aus den Augen verlieren.

IV. Nachlese

Annemarie Griesinger

„Ich hatte nie Emanzipationsprobleme".

Nachlese des Gesprächs am 5.3.1993 in Markgröningen

Einen Tag vorher ruft mich Annemarie Griesinger, Minister a.D., wie es auf ihrem Briefbogen heißt, an, ob es bei unserem Termin bleiben kann. Und sie sucht mir die besten S-Bahn-Züge heraus, die nach Asperg fahren, wo sie uns am Bahnhof abholen möchte. Markgröningen, einstige Freie Reichstadt und ihr Geburtsort, rund 20 Autominuten nord-westlich von Stuttgart gelegen, hat keinen eigenen S-Bahn-Anschluß. Annemarie Griesinger ist bemüht, daß alles gut klappt. Sogar nach 21 Uhr meldet sie sich noch einmal telefonisch, um alles zu bestätigen. Organisieren kann sie bestens, denke ich, das mußte sie ja auch als Ministerin sehr viel. Wir kommen pünktlich an und werden schon erwartet von einer großen, stattlichen Dame, die uns herzlich begrüßt.

Zuerst müssen wir das Städtchen noch beschauen und bewundern. Sie hält an einem kleinen Laden, um ein paar schwarze Strümpfe zu besorgen für eine Beerdigung am nächsten Tag. Annemarie Griesinger fährt uns noch ein wenig herum in ihrem Mercedes und macht mit uns eine kleine private Stadtbesichtigung. Auch ins schön restaurierte alte Rathaus gehen wir, nun zu Fuß, und bemerken, daß ihr Mann, Professor Heinz Griesinger, im Flurfenster-Mosaik namentlich zusammen mit anderen Stadtvätern Erwähnung findet.

An jeder Ecke „Grüß Gott, Frau Griesinger", „Grüß Gott, Ottl", „Grüß Gott, Frau Beyerle..." Nach eineinhalb Stunden Rundgang durch das beschauliche Markgröningen fange ich auch schon an, hier jeden mit „Grüß Gott" zu begrüßen, der neugierigen Blicks an uns vorüberzieht. Beneidenswert die Leute, die in ihrer Geburtsstadt ein Leben lang wohnen, den Wind der großen weiten Welt draußen ruhig vorbeisausen lassen und sich betulich und geordnet der nachbarschaftlichen Neugier preisgeben, jeden Stein dort kennen und mit dem Bäcker, dem Metzger oder Pfarrer (wahrscheinlich mit allen dreien) die Schulbank gedrückt haben. Karl Valentin fällt mir ein. „Fremd ist der Fremde nur in der Fremde." Wie fremd fühle ich mich hier! Später wird mir deutlich, wie wesentlich für die Politikerin Annnemarie Griesinger diese Verbundenheit mit, diese Verwurzelung an ihrem Heimatort ist. Sie ist die Quelle ihrer Energie.

Die ehemalige Sozialministerin Baden-Württembergs Annemarie Griesinger wohnt mit ihrem Mann, dem Volkswirt Dr. Heinrich Griesinger, in ihrem Elternhaus, einem hübschen, sehr grün gestrichenen großbürgerlichen Altbau am Ortsrand von Markgröningen. „Früher gab es hier nur Wiesen ringsherum, es war für uns Kinder ein Paradies!" Ein moderner riesiger Anbau, auch in grün, beherbergt heute das neue beheizbare Schwimmbad, in dem die Griesingers jeden Morgen ihre Runden ziehen. Sport war ja schon immer ihr Favorit. „Ami, lauf und hol den Ball!", hieß es früher, wenn ihre fünf Brüder Fußball spielten, und die kleine Schwester daneben stand. Das Haus ist groß, es ist – so kommt mir in den Sinn – natürlich viel zu riesig für ein alleinstehendes Ehepaar. Aber in der „Studentenwohnung" wohnt, wie sie erzählt, die gute Seele der Familie, Berte, die chauffiert, näht, bügelt, den Terminkram im Kopf hat und genügend Gespür dafür, wann die Griesingers gern mal zu zweit allein sein möchten.

Wir gehen in den ersten Stock, wo es gemütlich warm ist, der Kaffeetisch ist schön gedeckt, ein schwäbischer Imbiß vorbereitet. A. G. geht in die Küche und setzt den Tee auf. Sie ist bemüht, daß wir alles haben, alles mögen und uns wohl fühlen. Sie ist sehr stolz auf ihr Elternhaus. Das recht geräumige Wohnzimmer ist angefüllt mit den verschiedensten Mitbringseln, die wohl Geschenke an die ehemalige Frau Minister sind. Wandteller, russische Puppen, Becher, Bronzefigürchen, alles ist kunterbunt zusammengestellt und wirkt recht behaglich.

Unser Gespräch verläuft offen und zugewandt. Sie ist selbstbewußt und verbindlich zugleich. Am liebsten macht sie anhand von plastischen Beispielen deutlich, was sie meint. Vielleicht hat sie sich schon im Verlaufe ihres Politikerinnenlebens eine Art „vorgefertigte Lebensgeschichte" zurechtgelegt. Dennoch sind diese bildhaften Geschichten immer auch sehr aufschlußreich. Sie stellen vermutlich so etwas dar wie geistige Skripts oder gebannte Schlüsselerlebnisse. Allerdings wirkt dadurch das Gespräch etwas weniger spontan bzw. ihre Aussagen wirken nicht sehr neu. Manchmal ist es schwer, ihren Erzählstrom zu durchbrechen und eine knappe Antwort zu erhalten auf das, was wir wissen möchten.

Während des Interviews klingelt ab und an das Telefon, die Gespräche sind alle für sie, meistens Journalisten, die sie als Vorsitzende der Lebenshilfe für geistig Behinderte, e.V., zu sprechen wünschen. Bekannt geworden sind gerade ganz aktuell die Sparpläne in diesem Bereich. Sie beendet die Telefonate recht energisch und eilt zu uns zurück. Manchmal verfällt sie in Parteijargon. Doch hilft ihr das liebenswerte Schwäbeln, dies zu kaschieren. Sie „menschelt" so schön, es hat etwas Warmes, Zugewandtes, aber so etwas kostet – wenn man rein nach modernem Kosten-Nutzen-Kalkül geht – auch Zeit, sehr viel sogar. Menschlichkeit muß ins Zeitbudget eingepasst werden. Insofern habe ich nach dem Gespräch sogar den Eindruck, wenn ich selbst mal ein Anliegen hätte, dann könnte ich mich vertrauensvoll an sie wenden. Dies hat sie uns ja direkt angeboten. Passieren würde dann sicher auch nichts Großartiges, aber das wäre dann vermutlich nicht ihre Schuld. Sie hätte sich bemüht ... Eigentlich ist dieser Eindruck, den sie damit zu vermitteln vermag, in Zeiten wachsender Politikerverdrossenheit doch sehr klug für eine Politikerin ...

Renate Hellwig

„Politik ist eine Sucht wie das Rauchen."

Nachlese des Gesprächs am 5.7.1993 in Bietigheim

Nachdem uns zwei Termine sehr kurzfristig vom Büro Hellwig abgesagt worden sind, und dieser der letzte vor der großen Sommerpause war, habe ich den Eindruck eines außergewöhnlichen Privilegs, die Vorsitzende der Europa-Kommission des Deutschen Bundestages tatsächlich heute interviewen zu können. Da sie die einzige gewesen ist von allen vielbeschäftigten Politikerinnen, die mir zwei Terminvereinbarungen abgesagt hatte, könnte dies auf die chaotische Planung ihres Stabes zurückzuführen sein oder auf ihr Desinteresse dem Projekt gegenüber – entgegen ihren Bekenntnissen zur Wichtigkeit von Frauenpolitik in ihren Büchern.

Nun denn, an einem heißen Sonnabendmorgen im Juli reise ich an nach Bietigheim-Bissingen, einer hübschen Kleinstadt an der Enz, nördlich von Stuttgart. Renate Hellwig wohnt in einem renovierten Fachwerkhaus inmitten der verwinkelten Fußgängerzone Bietigheims. Den Hauseingang können nur Eingeweihte oder zäh bei Nachbarn sich Durchfragende in Erfahrung bringen, so eigensinnig sind Sträßchen, Hauszugänge und Hinterhöfe dort angelegt. Ganz gut, so eine unauffindbare Wohnstatt für eine bekannte Politikerin, die auch eine Rückzugsmöglichkeit braucht, denke ich.

Die Wohnung von Frau Hellwig befindet sich im Dachgeschoß und scheint ein richtiges Junggesellinnendomizil. Sie ist wohl für eine Einzelperson gedacht, aber großzügig gestaltet. Vom Wohnbereich führt eine Glastür auf einen Balkon oder eher Wintergarten. Er ist von einer sog. Dachgaube vollständig überdacht und üppig bepflanzt. Die Wohnung und auch der Dachgarten sind – ohne daß es „unordentlich" aussieht – voll mit allen Arten von „Nippes": Vasen, Kerzenständer, Krüge, Töpfe, Trockenblumensträuße. Überall hängen Bilder unterschiedlichster Stilrichtungen, ein abstraktes Motiv in einem modernen, eher nüchternen Rahmen hängt direkt neben einem riesigen Ölgemälde, dessen imposanter Goldrahmen ins Auge fällt. Auf dem Teppichboden liegen weitere Teppiche. In einer Ecke des Wohnzimmers steht ein zierlicher Sekretär. Die Wohnung macht einen gemütlichen – wenn auch vollen – und durchaus ständig bewohnten Eindruck, was erstaunt, denn Renate Hellwig ist in ihrer Funktion viel auf Reisen.

Sie empfängt uns sehr freundlich, aufgeschlossen und sichtlich daran interessiert, um was es sich bei dem Projekt denn handeln könnte. Ich habe den Eindruck, daß ihr an Frauenpolitik nach wie vor gelegen ist. Sie hat Kaffee aufgesetzt und bittet uns der Wärme wegen auf ihren überdachten Balkon, der gemütlich wie ein Wohnzimmer eingerichtet ist, mit einladenen Gartensesseln und dicken, großgeblümten Polstern. Ihr Ausruf: „Hoffentlich ist die Milch noch gut!" deutet darauf hin, daß sie entweder keine Milch-in-den Kaffee-Trinkerin ist oder aber daß sie eine unregelmäßige Besucherin ihrer Wohnung ist, und niemand dort für einen wohlgefüllten Eisschrank sorgt. Nicht ganz untypisch für eine alleinstehende Politikerin. Außerdem erklärt sie gegen Ende unseres Besuches, daß sie nunmehr für ca. vier Wochen nicht mehr zu Hause sein wird. Ein unstetes Leben – wieder mal – ich bin schon gewohnt an dieses Zigeunerinnentum meiner Interviewpartnerinnen. Von Ort zu Ort zu ziehen, ist für diese Frauen ja nichts Ungewöhnliches, im Gegenteil.

Wie integriert müssen diese Frauen sein, daß sie unbeschadet (?) dieses Herumziehen und „Nicht-zu-Hause-sein" leben können? Diese hektische, angestrengte Ortlosigkeit. In welchem Maße müssen sie „bei sich selbst zu Hause" sein! Oder fliehen sie vor sich selber und hektiken deshalb ununterbrochen in Sachen Politik von Ort zu Ort?

Sie fragt, wer die zweite CDU-Frau sei, die für das Projekt interviewt wird, und lacht ob der Tatsache, daß sie selbst als Vertreterin der jüngeren Generation ausgesucht worden sei.

Während des Interviews antwortet sie konzentriert, sachlich und druckreif im Ausdruck. Eine Intellektuelle. Außerdem scheint sie bei allem Termindruck, den sie offensichtlich hat, gelassen und herzlich, lacht recht viel, macht sich dadurch auch sympathisch. Später, bei der intensiven Auswertung des Interviews fällt auf, daß sie öfter an heiklen, schmerzhaften Stellen lacht, so, als ob sie etwas „weglachen" wollte.

Sie setzt sich recht leger hin, man könnte auch sagen, sie pflanzt sich im Sessel nieder. Sie hat sich wohl noch nicht für ihre zwei weiteren Termine umgezogen, denn sie trägt einen recht simplen geblümten Sommerrock und ein unaufwendiges gelbes T-Shirt. Trotz ihres lockeren Aufzuges hat sie wertvollen Schmuck angelegt, aber schließlich stammt sie ja aus einer Juweliersfamilie. Nur die Haare trägt sie so, wie auf den Fotos, auch relativ schlicht gestylt. Geschminkt hat sie sich nur wenig. Sie macht absolut keinen gestressten und gehetzten Eindruck (will sie ihn vermeiden?). Dieses setzt hohe Disziplin voraus. Sie scheint immer im Einsatz für die Politik, es muß ihr Spaß machen und ein hohes Maß an Befriedigung geben.

„Zum Leben hab' ich keine Zeit", dieser Satz, den Renate Hellwig von sich selber kolportiert, soll leicht verschmitzt ihr enormes Arbeitspensum ironisieren, und doch steckt ein selbst gestecktes Ziel dahinter, das ihr zum Ausruhen und Sich-treiben-lassen offenbar keine Zeit läßt. Es gibt einen geheimnisvollen Motor, der alle Politikerinnen antreibt, und eine Lust an der Hektik, am Gefordertsein, am turbulenten Leben, das sicher dichter ist, als das einer Büroangestellten oder Hausfrau – zumindest dichter und voller an unterschiedlichen Eindrücken, Menschen, Orten, Gefühlen. Ein sich auf vieles Einlassen auf kurze Zeit – ein Herausgehobensein, ein Ausgewähltsein, Verantwortlichsein, die Besonderheit zu spüren, aber – und das ist für einige wie eine offene Wunde – den Undank und die momentan gängige Kritik und auch die Häme zu spüren, die ihnen als Politikerinnen entgegenschlägt. „Es gibt fast niemanden, der mal dankt oder lobt."

Vielleicht erleben dies die Politikerinnen besonders hart, weil sie nicht nur bei Fehlern üblicherweise für ihr ganzes Geschlecht einstehen müssen, sondern jetzt auch noch für einen ganzen Berufsstand beschimpft werden. Die Last der Verallgemeinerungen liegt schwer auf ihren Schultern.

Geich zu Anfang bringt sie eine große Offenheit in das Gespräch und thematisiert auch Schwierigkeiten in ihrer Herkunftsfamilie, z. B. die Eifersucht ihrer Mutter auf Renates gutes Verhältnis zu Vater und Bruder. Ihr Privatleben nimmt in ihren Erzählungen überhaupt einen relativ großen Raum ein, und das bei einer Politikerin, von der behauptet wird, sie sei mit der Politik verheiratet. Sie betont öfter, daß sie die Gelegenheit gehabt habe zu heiraten und eine Familie zu gründen, dies aber wegen ihres Berufes immer wieder ausgeschlagen habe, bis es „zu spät" gewesen sei.

Renate Hellwig ist die erste Interviewpartnerin, die offen erklärt, sie fühle sich häufig als Einzelkämpferin, und es sei auch gar nicht ihre Sache, sich Gruppen aufzubauen und zu pflegen. Andere hielten zumindest verbal die Loyalität, das gegenseitige Abstimmen und Fördern unter Frauen hoch. Renate Hellwig scheint dagegen alle Politik, ob unter Männern oder Frauen, für ähnlich unsolidarisch zu halten: jeder kämpft für sich allein. Es schwingt die Erfahrung mit, daß Politik ein hartes Pflaster sei.

Gegen Ende des Gesprächs – sie muß ein gutes Zeitgefühl haben, denn sie hat gar nicht auf die Uhr geschaut – wird sie kurzbündiger, entschlossener, konzentrierter und baut in fast jede Antwort so etwas wie ein Resümee ein, eine Art Schlußwort, das ich auch so stehen lassen könnte. Sie hat es eilig. Als ich zum Ende komme, ist sie ganz offensichtlich erleichtert.

Insgesamt fand ich das Gespräch ergiebig, spannend, speziell als auch Enttäuschungen, Reibereien zum Ausdruck kamen.

Renate Hellwig wirkte klar, dynamisch, entschlußfreudig, eine Frau mit Humor, Intellekt, Belastbarkeit. Allerdings gibt es bei ihr dafür auch Grenzen, wie man an dem Entschluß, sich aus der Frauenpolitik zurückzuziehen, nachdem sie mehrmals gegen eine Parteikollegin so haushoch unterlegen gewesen ist, ablesen kann.

Frauenpolitik scheint ein Feld zu sein, bei dem eine starke Enttäuschungsresistenz vorherrschen muß, sonst gibt frau sie auf. Vielleicht auch gerade in dieser Partei, hier scheint es besonders schwierig zu sein. Der Kanzler taucht als absoluter Monarch und Machthaber in der Partei auf, er zieht die Fäden und hat Leute an seiner Statt, die ihm willig ergeben sind. Widerspruch und Kritik werden gnadenlos mißbilligt und auf unbegrenzte Zeit geahndet. Sie scheint in Ungnade gefallen zu sein, nachdem es ein „großes Zerwürfnis“ mit dem Kanzler gegeben hat. Hier deutet sie nur an und spricht verhalten über die Verletzungen. Auch die tiefen Wunden, die ihr die Grabenkämpfe innerhalb der Frauenvereinigung zugefügt haben, und die Kränkung (die fast eine persönliche Demütigung zu sein schien) bei einer Abstimmungsniederlage werden eher angedeutet, als ausgesprochen.
Ebenso der Mord an ihrem Vater. (Schon wieder ein gewaltsamer, zu früher, gnadenloser Tod in der Familie bei meiner Gruppe.)

Sie hat ein sehr früh politisiertes Leben gelebt, in dem wirklich wenig Zeit „zum Leben“ übrig gewesen zu sein scheint. Aber sie ist „voll drin“ und voll darin verstrickt. Wirklich aussteigen scheint sie weder zu wollen noch zu können. Sie versteht Politik als Passion, als „Sucht, wie das Rauchen.“

Renate Lepsius

„Also, ich war nie in dem Sinne ein Kumpel."

Nachlese des Gesprächs am 16.11.1992 in Weinheim

Nachdem ich Renate Lepsius schriftlich um einen Gesprächstermin gebeten hatte, schlug sie mir einen Besuch bei sich daheim vor mit dem Hinweis auf die häusliche Atmosphäre, die – nach ihren eigenen Interviewerfahrungen – die Gesprächsbereitschaft unterstütze.

Der Weg zu dem modernen Lepsius-Bungalow in einem abgelegenen Einfamilienhäuser-Vorort mit Ausblick ist nicht einfach zu finden. Das Haus ist geräumig, modern und strahlt den Charme eines 60er-Jahre-Luxus-Bungalows aus. Wie sympathisch, daß er offensichtlich nicht nach der gerade aktuellen Design-Art eingerichtet ist. Das Mobiliar wirkt, als sei es in einer langen Periode von verschiedenen Personen mit unterschiedlichstem Geschmack angehäuft und in den Stilen gehörig durcheinander. Das Interieur hat viel Eigensinn, riesige Bilder – Stil: moderne abstrakte Malerei – prangen an den Wänden aus roten Steinziegeln, die nur zu diesem Zweck des Bilder-an-sich-Hängens gebaut zu sein scheinen.

Eine große schlanke, blonde Frau öffnet mir die Haustür. Wir sind allein zu Haus, ihr Mann, den ich kenne, ist nicht anwesend. Offensichtlich hat sie sich auf das Gespräch gründlich vorbereitet, sie hat Materialien herausgesucht für mich, teils zum Kopieren, teils zu meinem Verbleib. Zweimal kocht sie Tee, es ist nachmittags, die Atmosphäre ist anfangs etwas steif, später wird es zunehmend aufgelockerter. Es gibt keine Plätzchen, und der Tee wird schnell wieder kalt.

Renate Lepsius erzählt gern und viel, dabei raucht sie ununterbrochen, am Ende ist der große Aschenbecher randvoll. Ihre Stimme ist entsprechend tief, sonor-verraucht. Das Telefon unterbricht das Gespräch zweimal. Es ist für ihren Mann. Sie scheint wohlinformiert über seine Angelegenheiten und gibt kurz angebunden Auskunft.

Sie fragt nicht nach Sinn und Zweck meiner Befragung, vielleicht, weil sie selbst etwas Ähnliches schon gemacht hat. Sie sucht keinen Anonymitätsschutz – sagt auch nie etwas „off the record". Es scheint, als hätte sie sich gut in der Hand und dies auch so geplant. Sie hat vermutlich weder große Befürchtungen noch größere Erwartungen an die Befragung. Gleichzeitig betont sie, daß sie bereits vieles vergessen hätte, ein Buch wie „Frauenpolitik als Beruf“ könne sie wohl heute nicht mehr schreiben.

Ich spüre während des gesamten Gesprächs, daß zwischen mir und ihr ein Hauch von Konkurrenz herrscht. Vielleicht weil ich nun auch ein Interview-Projekt mit Politikerinnen mache? Zudem habe ich mich des öfteren mit ihr verglichen: Könnte ich ein so intensives berufliches Engagement über Jahre fern von der Familie, trotz eines achtjährigen Sohnes und mit einem beruflich sehr eingespannten Ehemann leben? Sie hat es bis an die Grenzen der persönlichen Belastbarkeit gemacht. „Erschöpfung“ ist immer wieder ihr Begriff.

Sie strahlt eine gewisse Unerschrockenheit aus, interessiert und distanziert zugleich, klug und entschieden in ihrer Meinung. Nicht verbittert, kein Hauch von: „Das hätte ich alles noch werden können!“, kein Klagelied, obgleich indirekt offensichtlich wurde, daß ihr – so stellt sie es dar – ab und an ungerecht mitgespielt wurde, besonders von links – und hier von ihrem eigenen Landesverband und insbesondere von ihrer Lieblingsrivalin und XY.

Renate Lepsius macht einen selbstsicheren Eindruck, auf jeden Fall bin *ich* es, der ein Gespräch *gewährt* wird. (Oder ist das meine projektive Stilisierung?) Wenn Sie selbst ein Interesse an meiner Arbeit hat, so versteckt sie es gut. Andererseits bleibe ich in der Rolle der „Definitionsmächtigen“.

Zum Schluß habe ich ein gutes Gefühl, glaube, das eine oder andere näher beleuchtet zu haben. Aber „Brüche“ oder Inkonsistenzen sind wenig aufgetaucht, wenigstens nicht offen sichtbar. Sie hatte erst eine abwartende, testende Haltung mir und meinem Projekt gegenüber, die dann allmählich verschwand. Sie findet sicher ihr eigenes Buchprojekt informativer, weil sie es als „Insiderin“ geschrieben hat. Sie hatte diesen Vorteil, gewiß, weiß aber auch, daß ich einen anderen Vorteil habe – eben den der Außenseiterin und den der distanzierten Wissenschaftlerin.

Renate Lepsius hat vieles in ihrem Leben offensichtlich ganz unabhängig gemacht von ihrem bekannten Mann, sie wollte sicher nicht bloß seine Karrierebegleiterin sein, sie ist auch nicht der Typ dazu. Ehrgeizig, forsch, dominant, launisch, so lauten die Attribute, die man ihr im Bonner Umfeld zuschreibt. Einerseits ist sie stolz auf ihn, den bekannten „Universitätsprofessor“, andererseits würde sie, wenn sie noch mal entscheiden könnte, ihre Karriere nicht erst so spät beginnen, weniger Rücksicht auf ihn und auf die Familie nehmen. Manchmal klang das so wie: Es hat sich nicht gelohnt, so viel Rücksicht zu nehmen. Was „mehr“ hätte sie erwartet? Hatte sie Aspirationen, die nicht erfüllt worden sind? Warum ist sie dann mit 60 Jahren ausgeschieden? Resigniert wirkt sie jedenfalls nicht. Ganz im Gegenteil.

Herta Däubler-Gmelin

„Ich habe schon meinen sehr eigenen Kopf“

Nachlese des Gesprächs am 18.6.1993 in Bonn

Es war außergewöhnlich schwierig, mit ihr einen Termin zu finden. Weder in Tübingen, ihrem Wahlkreis und Wohnort, noch in Bonn. Außerdem hatte sie noch einen Autounfall und ein leichtes Schleudertrauma, wie mir ihre Mitarbeiterin am Telefon sagte. Später merke ich hiervon absolut nichts. So bekomme ich ihren letzten Termin vor der Sommerpause im Bonner Büro, in Tübingen wäre es noch knapper gewesen, wahrscheinlich zwischen zwei Veranstaltungen einbetoniert.

Nachdem uns ihre Mitarbeiterin erst versehentlich ins alte Büro bestellt hatte, und wir uns auf diese Weise ein wenig verspäteten, mußten wir dann am neuen Arbeitsplatz im Hochhaus Tulpenfeld/Anbau noch etwas auf sie warten. Im Vorzimmer herrscht die Atmosphäre lockerer Geschäftigkeit: zwei sympatische, typisch sozialdemokratisch rauh-herzlich im Ton miteinander parlierende, schick angezogene, nicht zu auffällige Mitarbeiterinnen, die sich und Herta natürlich duzen. Da kommt sie schon schwungvoll zur Tür herein, ein wenig abgehetzt, aber Termine ohne Pause scheint sie gewohnt zu sein. Sie begrüßt uns freundlich-distanziert, mäßig interessiert.

Ihr Büro ist ganz hell eingerichtet. Glas, Metall und Chrom, Holz kommt nicht vor. Die Grundfarbe ist weiß: weiße Tapeten, eine weiße geschlossene Schrankwand, die gegenüberliegenden Fenster sind mit weißen Rollos von der Höhe bis zum Boden behangen. Vor der Fensterfront ein halbhohes Regal aus Glasquadern. Hier stehen einige persönliche Details: ein chinesisches Hängebauchschwein, eine Specksteinfigur, eine Ebenholzfrau aus Afrika, in einem Gefäß rührend. Ein „Oskar“ gerät in den Blick, verliehen, spaßeshalber, für einen Film, in dem Herta Däubler-Gmelin selbst zu sehen war. Wir nehmen Platz auf einer weißen unbefleckten Ledergarnitur, offenbar neu, sehr schick im Design, aber ich habe Probleme, wo ich meine Arme aufstützen soll. Auf dem niedrigen Glastisch vor mir eine altrosa Keramikschale mit meinen Lieblingstoffeebonbons. Ihr Schreibtischsessel sieht absolut bequem aus, ist aus rotem Leder und präsidiert hinter einem riesigen vollbepackten, aber dennoch nicht chaotisch aussehenden Schreibtisch aus Metall. An der Stehlampe darüber hängt eine kleine grasgrüne Drachenmarionette.

Herta Däubler-Gmelin ist gut angezogen ohne besondere Extravaganzen: weißes T-Shirt, blauer Rock, blaue Strümpfe, nicht „blickdicht“, wie es heute heißt, um den Hals ein weißgrundiges Tuch mit bunt gestreiftem Rand. Höchstens die hochhackigen Pumps machen stutzig, da sie sie gewiß nicht angezogen hat, um ihre Körpergröße zu vermehren. Sie wirkt groß, schlank, jünger und weicher als auf den Fotos, die ich von ihr kenne. Kaum sitzen wir, wirkt sie zwar freundlich, doch auch geschäftsmäßig. Sie hat viel zu tun und packt es eben an. Sie wickelt einen Bonbon aus, weil sie nicht zum Mittagessen gekommen sei, ein anscheinend vertrautes Versäumnis. Ich übernehme sofort unwillkürlich ihren Zeitdruck und starte los. Vorher will sie noch gern die Fragen gegenlesen oder mitlesen, dann schaut sie kurz rein und gibt mir den Fragebogen zurück mit: „Ist in Ordnung“. Ich darf anfangen. Danke.

Ihr energisches Auftreten signalisiert: „Hier habe *ich* die Situation in der Hand.“ Ihre brüske Art ist ein wenig gewöhnungsbedürftig. Auch ich bin sehr konzentriert, es kommt während der nächsten eineinhalb Stunden kaum so etwas auf wie eine spezifische Neugier auf sie, die Persönlichkeit, den Menschen, der hinter dieser perfekten Fassade steckt. Ich gebe mich mit dem zufrieden, was sie bereit ist, uns ins Mikrofon zu sprechen. Es stachelt mich nichts an, nichts regt mich auf, deshalb bin ich auch ziemlich nachlässig mit dem Nachhaken bei evtl. doch heiklen Dingen, was mir hinterher schmerzhaft bewußt wird. Ich respektiere ihre Abgegrenztheit. Diese wirkt wie ein stillschweigend zwischen uns geschlossener Vertrag. Daher akzeptiere ich auch ihre knappe Zeit und bitte auch keineswegs um eine kurze Verlängerung.

Der Zeitdruck ist darüber hinaus offensichtlich: die Sekretärin kommt zweimal ins Zimmer, der nächste Besucher, der etwas von ihr will, steht schon im Raum, und das Telefon wird durchgestellt: ein dringender Anruf in Sachen Doppelstaatsbürgerschaft. Frau Däubler-Gmelin gibt Anweisungen, wie sie die Sache sieht. Schnell und druckreif sprudeln sie aus ihr heraus. Beeindruckend! Der Abschied fällt dementsprechend kurz aus. Ich bin sicher, nach einer Stunde hat sie uns vergessen.

Während des Interviews antwortet sie auf die Fragen kurz und präzise. Wenn sie von ihrer Familie spricht, ist ihr Ton ein wenig distanziert, oder erscheint es mir nur so? Sie ist es augenscheinlich mehr gewohnt, nach ihren politischen Standpunkten befragt zu werden als nach ihrer Lebensgeschichte. Nun, zur Zeit (im Juni 1993) ist sie ja auch jemand, die unbestritten mitten im Rampenlicht steht: „Wird sie nun Bundesverfassungsrichterin oder nicht?“ Außerdem hat sie ihren politischen Weg ja noch keineswegs abgeschritten, sie wirkt wie mitten drin.

Herta Däubler-Gmelin ist stolz auf ihr Schwabentum, sie schwäbelt anscheinend gern und benutzt viele typische Redewendungen wie „hano", „gell", „jano". Es scheint für sie eine Art „Markenzeichen". Ich habe von ihr insgesamt den Eindruck einer hochintelligenten, energiegeladenen, kontrollierten, ziel- und sachorientierten Frau, die es gewohnt ist, knappe Zeit optimal zu nutzen. Und die es ebenfalls gewohnt ist, daß ihre klaren Anweisungen befolgt werden. Freundlich, beherrscht, eher zu Zornesausbrüchen fähig denn zu Freudentaumeln. Dabei wirkt sie nicht unherzlich.

Ich habe keine „heiklen" Fragen gestellt, auch nicht zu ihrem Verhältnis zu XX. Ich kann mir vorstellen, daß diese sie gehaßt hat. Ich persönlich möchte sie auch nicht zur politischen Gegnerin oder gar Feindin haben. Es gäbe in der SPD-Führungsspitze niemanden, den sie nicht schon einmal tief verletzt habe, wird über sie kolportiert. Jetzt kann ich mir das ganz gut vorstellen. Und auch, daß sie dies gar nicht unbedingt aus bösem Willen, Mißgunst o.ä. macht, sondern weil sie eine direkte Art hat und einfach hart austeilt. Weiß sie auch ebenso hart zu nehmen? Ihr Ruf, nicht besonders umgänglich oder diplomatisch zu sein, läßt es mir schleierhaft erscheinen, wie sie es so weit in der Politik bringen konnte.

Sie hat bereits mit 29 Jahren im Bundestag gesessen. Zeit zum Gefördertwerden gab es bei ihr nicht. „Ich war dann ziemlich schnell ziemlich weit oben." Sie war immer die Beste, und sie hat alles allein geschafft. Hier scheint ein Lebensmotiv durch: die Unabhängigkeit. Eine starke Frau.

Herta Däubler-Gmelin wirkt absolut professionell, in ihrer Diktion glattbruchlos. Selbstzweifel oder Selbstkritik kommen nicht zur Sprache. Im Vergleich zu den anderen Interviews habe ich den Eindruck des unergiebigsten Gesprächs. Persönlich hat sie mich nicht hinter ihre Fassade schauen lassen. Gleichzeitig betont sie die Notwendigkeit für Frauen, Kritik nicht immer persönlich zu nehmen und einfach selbstbewußter, mutiger zu sein. Warum sich also mit Problemen herumschlagen, wo so viele neue, interessante Aufgaben vor einem liegen? Warum einer unbekannten Wissenschaftlerin zu viel Persönliches preisgeben? Ihr letzter Wunsch lautet, daß Frauen mehr über ihre Schwierigkeiten in der Politik reden sollten – schade, daß sie es selbst nicht tut!

Emmy Diemer-Nicolaus

„Es gibt keine spezielle Politik für Frauen."

Nachlese des Gesprächs am 23.1.1993 in Stuttgart

Emmy Diemer-Nicolaus wohnt in Stuttgart-Vaihingen, in einer ruhigen Vorortstraße. Die Nachbarn grüßen dort auch die Fremden mit einem freundlichen: „Grüß Gott". Die ehemalige Staatsrechtsexpertin der FDP bewohnt auf zwei Etagen zwei geräumige Wohnungen in einem Dreifamilienhaus der 60er Jahre, als das „Herrenzimmer" noch das geräumigste und hellste war, und die Küche und die anderen Räume auf Mindestmaße zugeschnitten waren und gen Norden wiesen. Ein enormer Schreibtisch residiert am schönsten Ort, im lichtdurchfluteten Wintergarten mit einem Blick in den gepflegten Garten. Man hat dort sitzend vermutlich das Gefühl, „im Grünen" zu arbeiten. Neben dem Schreibtisch ein einladender, etwas abgewetzter Ledersessel. Es herrscht ein funktionales, eigenwilliges Mischmasch aus Stilen und Eindrücken: einige chinesische Stücke (sehr kostbar und glänzend aussehend) aber auch deutsches Möbeldesign der 50er Jahre, viele Perserteppiche, manche, abgenutzte sind sogar im Keller placiert, wo sie ein kleines privates Archiv mit Bundestagsdrucksachen und Protokollen der verschiedensten Kommissionen auf sich gefährlich verbiegenden Holzregalen rund um den Winterstellplatz der Gartenmöbel aufgereiht hat. Ein schöner alter Flügel beherrscht das an den Wohnraum angrenzende Zimmer. Sie spielt seit ihrem Ausscheiden aus dem Bundestag wieder Klavier, heute circa drei Stunden am Tag. Im oberen Stockwerk wohnt eine Pianistin als Untermieterin, deren Übungsklänge durch das ganze Haus angenehm gefiltert zu hören sind.

Emmy Diemer-Nicolaus empfängt uns sehr freundlich, etwas aufgeregt und sehr entgegenkommend. Wir nehmen am runden Tisch im Wohnzimmer Platz. Im ersten Stock ist schon für den mittäglichen Brunch gedeckt. Sie hat sich auf einen längeren Besuch eingerichtet, und es wird auch einer.

Emmy Diemer-Nicolaus ist eine unerwartet zierliche, energiesprühende Persönlichkeit mit ihren bald 83 Jahren, sie wirkt integer, aufrichtig, ernst, klug, lacht gern und herzlich ein erfrischendes, ansteckendes Lachen. Sie hat aufmerksame Augen. Wir müssen recht laut sprechen, weil sie Hörprobleme hat.

Das Telefon, zum Glück, unterbricht unser Gespräch kein einziges Mal, nur die Tochter der Untermieterin kommt hereingelaufen: „Die Kleine kriegt immer Plätzchen."

Eindrucksvoll ist, daß die ehemalige liberale Strafrechtsexpertin keine „glatt" zu interpretierende Persönlichkeit ist. So war sie z. B. in den Nachkriegsjahren *die* Anwältin von vielen Ex-Diplomaten des Auswärtigen Amtes aus der NS-Zeit im Stuttgarter Raum. Charakteristisch ist ihre Ernsthaftigkeit, ihr Bemühen, alles objektiv darzustellen, getragen von einem erstaunlichen Erinnerungsvermögen. Ebenso charakteristisch ist, daß sie auf alle Fragen nach einer Frauenspezifik mit großem, aufrichtigen Unverständnis reagiert. Erstaunen und Fragen im Blick, so als hätte sie diese Thematik wahrhaftig *nie* berührt. Fast scheint sie bekümmert darüber, mir hier wirklich keine Auskunft erteilen zu können. Emmy Diemer-Nicolaus präsentiert sich so, als wäre das Frau-sein ganz unwesentlich im Zusammenhang mit Politik. Und das wirkt glaubhaft. Auch Fragen nach der familialen Organisation hält sie für eher überflüssig oder indiskret: „Das geht doch niemanden etwas an." Das Private ist privat! „Ich hasse diese Familiengeschichten." Der Schutz der Privatsphäre steht über allem. Sie selbst findet diesen Aspekt ihres Lebens vielleicht auch nicht erwähnenswert. Sie hat damals eben alles gemanagt: Berufstätigkeit als Anwältin, politisches Mandat *und* Familie. Sie hat drei Kinder großgezogen und ist heute Großmutter von vier Enkeln.

Es scheint für sie keine unlösbaren Probleme zu geben, mit denen man leben muß, (fast) keine Tiefs oder nur versteckte. Ihre Selbstpräsentation ist dennoch widersprüchlich. Obwohl sie vermutlich bei vielen Fragen das Gefühl hatte: „Das geht doch niemanden was an", antwortet sie unerschrocken und präzise oder „off the record". Das gefällt mir natürlich. Als ich ihr beim Abschied für das Gespräch herzlich danke, habe ich den Eindruck, ein Stück Zeitgeschichte auf faszinierende Weise kennengelernt zu haben.

Ursula Seiler-Albring

„Ja, ich möchte Minister werden!"

Nachlese des Gesprächs am 5.5.1993 in Bonn

Es bedeutet einen großen Unterschied, ob man eine „emeritierte" Politikerin interviewt oder eine, die als MdB tausend Termine wahrzunehmen hat. Ursula Seiler-Albring ist die Ranghöchste unter meinen Auserwählten. Sie bekleidet seit 1991 die Position einer Staatsministerin im Auswärtigen Amt, und ich bin erstaunt (und froh zugleich), daß sie mir auf meine Anfrage hin umgehend einen Termin anbietet und vor allem, daß sie ihn ein halbes Jahr später auch einhalten kann. Es hätte doch leicht etwas Dringendes dazwischenkommen können.

Wir treffen Ursula Seiler-Albring in Bonn an ihrem Arbeitsplatz. Das ist einerseits schade, weil ich auf diese Weise nicht den Hauch des vermutlich spärlichen Privatlebens spüre, der sie Zuhause umgibt und den sie mitgestaltet hat. Vorlieben, Geschmack, Stile und Lebensweisen werden in der privaten Atmosphäre oft ohne Worte erzählt. Andererseits ist es auch interessant, in welchem Rahmen sie arbeitet. Das Auswärtige Amt ist ein riesiger Klotz, und die langen, engen, dunklen Flure haben den eisigen Charme deutscher Bürokratie und Verwaltung.

Sie sei noch bei einem anderen Termin, erklärt uns eine Mitarbeiterin mit einem etwas mitleidigen Gesichtsausdruck, als wir zehn Minuten zu früh eintreffen. Ich weiß nicht, ob diese Mimik uns gilt oder auf ihre überbeschäftigte Chefin gemünzt ist. Der persönliche Referent ist ein Mann: junger, dynamischer FDP-Typ, groß, lässig-elegant mit Schnauzbart und gebremstem Charme.

Ihr Büro ist nicht prächtig, aber gediegen eingerichtet, und hinter den langweiligen Türen im Flur schon eher eine angenehme Überraschung. Das Gebäude profitiert von seiner Lage direkt am Rhein. So können wir in den Frühling, direkt auf riesige alte Bäume und auf Bötchen am Fluß sehen. Wir nehmen auf einer schwarzen Ledergarnitur Platz. Sie kommt ins Zimmer, chic gekleidet, mit ihr „ein Hauch von Auffälligkeit", wie die FAZ über sie schrieb. Ein leichtes Sommerkostüm, darunter ein sportliches T-shirt mit großem Aufdruck, hohe Pumps. Im Vorzimmer bittet sie ihre Mitarbeiterinnen noch um Kaffee und fragt, ob Kekse da seien, dann stürmt sie in ihr Arbeitszimmer, energiegeladen, wie jemand, der es gewöhnt ist, viele Dinge rasch anzupacken. Ich bewundere eine schöne antike Brosche und frage mich, ob sie echt ist.

Erstaunlicherweise stört kein einziges Mal das Telefon oder eine Sekretärin unser Gespräch, sie muß wohl um Ruhe gebeten haben. Und hinterher hat sie auch nicht gleich einen neuen Termin, wie man uns angekündigt hatte, sondern noch ein wenig Luft, und wir überziehen dann ungestraft um fast eine halbe Stunde. Ursula Seiler-Albring ist bereit, die Fragen – auch die nach ihrer Jugend und später die nach ihrem Privatleben – recht offen zu beantworten. Sie taut allmählich auf, nach dem anfänglich distanziert-kontrollierten Charme wird sie zum Schluß richtig herzlich und privat. Auch die Wortwahl wird zunehmend kritischer gegenüber dem Feld der Politik. „Heute macht Politik keinen Spaß mehr!“ „Die Arbeit hat so viele negative Seiten“. In solchen Äußerungen ist sie sehr direkt – auch in ihren respektlosen Kommentaren über Männer in der Politik. Andererseits ist sie „wütend“ über den „Undank“ der Öffentlichkeit und über Journalisten, die die momentane Politikerschelte anheizen und pauschal ein Negativ-Stereotyp des Politikers festschreiben.

Wenn man, wie sie, einen so hohen Preis (an privaten Möglichkeiten, an Familienbindungen) bezahlt hat in der Politik, („es ist die Frage, ob sich das gelohnt hat“ – „Vieles ist zu Bruch gegangen“) achtet man vielleicht besonders auf Gewinne, auf den persönlichen Ertrag oder die positive Resonanz in der Öffentlichkeit. In einer solchen Situation erscheint es aus ihrer subjektiven Perspektive unangemesen und ungerecht, wenn der ganze Berufsstand diskreditiert wird.

Mein spontaner Eindruck von Ursula Seiler-Albring ist: unängstlich, selbstsicher, gleichwohl recht sensibel, und doch männliche Sprache und Bandagen benutzend. Eine wache, ehrgeizige Frau.

„Es gibt ganz wenig Presseberichte über sie“, klagt die Leiterin ihrer Pressedokumentation – „der Außenminister sahnt einfach alles ab.“ Aber vielleicht liegt dies auch am völlig unspektakulären Auftreten der Staatsministerin. Auch dieses Unspektakuläre kann bewußt inszeniert sein.

Zum Schluß des Interviews wird deutlich, wie hoch sie ihre persönlichen Kosten einschätzt – fast schwingt ein wenig Trauer darüber mit, daß so vieles „zu Bruch gegangen“ sei im Privaten.

Aber weil sie eben schon einen realtiv hohen Preis bezahlt hat – so meine Interpretation – könne es nun ruhig noch weiter hinauf gehen z.B. bis zum „Minister“ – wie sie selbst sagt. Sie berichtet einiges Familiäre „off the record“ und wie wichtig ihr manche Termine der Familie trotz aller Politikverpflichtungen dennoch sind. Spagat ist fast ein zu nobler Begriff, ständige Zerreißproben wäre stimmiger.

Sie scheint mir eine idealtypische Vertreterin von klassischen FDP-Positionen zu sein: Respekt vor der Intimssphäre aber auch: preußische Pflichterfüllung und Leistungsbereitschaft, die gut bis optimal (ohne schlechtes Gewissen und völlig ideologiekonform) bezahlt werden muß: hoher Einsatz = hoher Gewinn. Geld spielt eine nicht unwichtige Rolle, denke ich, sie hat ja auch persönlich harte Jahre erlebt in der frühen Nachkriegszeit, als ihre Mutter sie bis 1949 allein durchbringen mußte und sicher auch danach, bis sich ihr Vater beruflich etabliert hatte.

Letzlich kommt das, was Parteikolleginnen über sie kolportieren, nicht so bei mir an: Sie sei absolut karriere- und ergebnisorientiert, hartnäckig und fleißig, unnahbar, eine Macherin, die einen Schutzpanzer um sich habe, und die *direkt* ans Ziel wolle, frei nach Monopoli: „Gehen Sie direkt dorthin, gehen sie nicht über Los, ziehen sie aber auf jeden Fall 4000,-- DM ein“ . Ursula Seiler-Albring und Irmgard Schwaetzer könnten – so wird von einer ehemaligen Bundestagskollegin ein wenig neidvoll zugestanden – mit weiblichen Eigenschaften männlich umgehen, sie würden beide respektiert, aber seien nicht sehr beliebt. Ursula Seiler-Albrings unterkühlter Charme ist sicher eine Verunsicherung für Männer – aber auch für Frauen!

Christa Reetz

„Engagement ja – aber keine Partei. Nur keine Partei wieder!"

Nachlese des Gesprächs am 11. 2. 1993 in Offenburg

Einen Tag vorher telefonieren wir zusammen: eine herzliche, dynamische Stimme am Telefon von einer Frau, die sich offensichtlich auf das Interview freut. Sie hole uns vom Bahnhof ab, verspricht Christa Reetz und bedauert mich gleichzeitig, daß ich so früh morgens losfahren müsse.

Christa Reetz steht auf dem Bahngleis, ich erkenne sie sofort. Man sieht ihr ihre 70 Jahre nicht an, sie habe eine „unverwüstliche Gesundheit" erklärt sie später. Sie läuft uns die Treppen voraus, rasch und leichtfüßig, wie eine Junge, und ich muß mich anstrengen, ihren zügigen Schritten zu folgen. Das Auto stehe gegenüber, schnell, es sei gerade grün, komplimentiert sie uns Fremdlinge über die Straße. An diesem grau-eisigen Februarmorgen würde selbst ein idyllischerer Anblick, als er sich uns vor dem Offenburger Hauptbahnhof bietet, nicht zum Verweilen animieren. Wir steigen in einen betagten größeren Opel, wahrscheinlich ungeheuer praktisch auch zum Transport von Politikkram. Sie fährt wie sie läuft: zügig bis rasant und auch risikofreudig, gar nicht, wie man sich eine 70Jährige vorstellt. Aber diese Klischees sind ja sowieso alle falsch.

Wir sind schnell bei ihr zu Hause, in einer kleinen Reihenhaus-Siedlung am Ortsrand. Ihr langes, schmales Gartenstück ist vor längerer Zeit als Gemüsegarten angelegt worden. Mittlerweile lagern dort fremde, herübergewehte Blätter auf Pflanzengestrüpp. Sie habe leider so wenig Zeit, sich um ihren Gemüsegarten zu kümmern. Christa Reetz führt uns durch den hinteren Kellereingang, vorbei an Fahrrädern und abgestellten „Kellerdingen", die zahlreich und bunt durcheinandergestapelt herumstehen, hinauf in ein klassisches Reihenhaus-Wohnzimmer: ein größerer Raum mit Fensterfront und Terrassentür. Der Eßbereich hat eine Durchreiche zur Küche. Während sie einen Tee kocht, steckt sie den Kopf durch die Durchreiche und erkundigt sich, ob ich meinen Sohn gut untergebracht hätte. Nett. Sie hat etwas sehr Menschliches, Vertrauenerweckendes, Hilfsbereites, Alltagsbezogenes. Gleichzeitig ist sie eine vielbeschäftigte, engagierte Frau, mit der man sich gerne auch privat treffen würde.

Der Tisch ist schön gedeckt mit Zwiebelmustergeschirr und einer passenden blau bestickten Decke, die wahrscheinlich aus dem Nachlaß ihrer Mutter stammt. Diese sei gerade gestorben, im Januar, und der Tod ist offenbar ein großer Verlust für die Tochter. Christa Reetz hat sich nicht extra für uns umgezogen, sie trägt legere Alltagskleidung. Ihr Haar ist ganz weiß mit schönem Glanz. Das Wohnzimmer hat eine für mich angenehme Untertemperatur, draußen ist es frostig, aber Bärbel friert die ganze Zeit, wie sie später zugibt.

Unser Gespräch verläuft ungestört. Zwischendurch kommt nur einmal kurz eine Freundin ihrer Tochter herein, die oben im Haus wohnt. Christa Reetz konzentriert sich sehr auf das Interview und scheint auch motiviert, die Fragen zu beantworten. Manchmal verliert sie sich in lange Erzählpassagen und kommt schwer aus ihren Geschichten heraus. Sie ist bemüht, vielleicht ein wenig nervös, auf jeden Fall sehr lebendig, hat kaum Gegenfragen, sondern steigt ein und erzählt ausführlich auch über Persönliches. Selbst über ihre Erfahrungen, sich nach über 30 Jahren Ehe scheiden zu lassen, spricht sie ein wenig und fair.

Im Verlaufe des Interviews scheint sie zunehmend am Thema „Frauenspezifik“ Gefallen zu finden, obgleich sie mich in ihrem ersten Antwortbrief ja fast abwimmeln wollte und mir indirekt zu verstehen gab, sie sei die falsche Frau. Als wäre ich daran interessiert, vor allem frauenbewegte Frauen zu interviewen. Vielleicht gibt es bei ihr eine „Erwartungs-Erwartung“, und daher im Verlaufe des Gesprächs ein vehementes Eintreten für Frauenbelange? Vielleicht ist sie auch einfach nur erfreut über mein (Forschungs-)Interesse an ihr, obgleich ich sie für erfreulich uneitel halte.

Nach dem Gespräch fragen wir uns, aus welchem Grund sie uns nicht so beeindruckt hat wie XY? Vielleicht weil sie nichts Doppelbödiges, Brüchiges hat, auch nichts Brillantes, Schillerndes oder etwas, das man „ein Geheimnis“ nennt. Sie scheint geradlinig, aufrichtig. Oder ist es ihr basisdemokratisches Engagement, das mir einfach vertrauter ist? Mein Abstand zu den anderen Politikerinnen war mir stets deutlicher spürbar. Sie dagegen könnte auch aus meiner eigenen „Bezugsgruppe Frieden“ stammen. Es ist irritierend, daß sie zwar zur Generation meiner Mutter gehört, aber politisch durchaus mit mir zusammen auf der Straße demonstrieren gehen könnte.

Die Männer im Bundestag werden kaum Angst vor ihr gehabt haben. Sie war auch keine so geübte und angriffslustige (ergo ernstzunehmende?) Rednerin. Außerdem richteten sich alle darauf ein, daß die Grünen sowieso bald wieder aus dem Parlament verschwunden sein würden. Und die Rotation besorgte ja bereits nach zwei Jahren einen Austausch. Darüber hinaus strömt sie keine intellektuelle Gefahr aus, wirkt eher resolut-bescheiden, menschlichmütterlich. Christa Reetz hat nichts Starres, Apparathaftes an sich. Sie äußert sich loyal gegenüber ihrer Partei, den GRÜNEN, was bei ihrer großen Skepsis gegenüber Parteien und Politikern überrascht.

Gegen Ende erzählt sie vom frühen Krebstod ihrer Tochter K. im Mai 1983, als sie selbst gerade seit dem März in den Bundestag gewählt worden war und immer an sie denken mußte und dauernd hin und her gefahren ist. Sie zeigt mir ein Foto, das sie vom ersten Stock holt, und wischt den Staub von den Rändern. Dort posierte K. kopfstehend in der „Freien Kolonie Wendland". Für wen? Für die Mutter? K. sei eine sehr fröhliche und politisch engagierte junge Frau gewesen. Über die Krebskrankheit der Tochter ist Christa Reetz auch Petra Kelly sehr nahe gekommen und verbunden gewesen. Ich merke, daß sie sie menschlich sehr bewundert hat und dies auch zugeben kann.

Christa Reetz zögert bei der ersten frauenbezogenen Frage, sie scheint irgendwie immer noch irritiert, daß ich gerade sie für dieses Gespräch ausgewählt habe – wo es doch bei den ersten grünen Bundestagsabgeordneten so reichlich Feministinnen gegeben habe. Sie versteht auch die Frage nicht, was sie von der Frauenbewegung hält – langes Zögern. Ich glaube, sie ist ganz erleichtert, als das Interview zu Ende ist. Sie kann jetzt wieder zur (politischen oder Alltags-) Praxis übergehen.

Jutta Oesterle-Schwerin

„Wenn wir uns anpassen, dann verlieren wir uns."

Nachlese des Gesprächs am 19.3.1993 in Bonn

Wir vereinbarten ein Treffen in ihrer Bonner Privatwohnung. Sie schien keine Terminprobleme und ein tatsächliches Interesse für mein Projekt zu haben. Jutta Oesterle-Schwerin wohnt am Rhein in einer engen Gasse, typisch Bonn, hoch oben in einem modernisierten, verwinkelten Altbau. Wir haben uns ein wenig verspätet und entschuldigen uns, aber sie hat das gar nicht bemerkt. Ihr Alltag zu Hause ist zur Zeit bestimmt von einer bosnischen Flüchtlingsfamilie, Mann, Frau, Kindergartenkind, die sie vorübergehend bei sich aufgenommen hat. (Später denke ich daran, wie bewundernswert ich diese praktische, konkrete Hilfe empfinde.) Der Kleine sieht gerade fern im Wohnzimmer, als wir eintreffen, und da er seine Mutter nicht allein zum Deutschunterricht gehen läßt, was Jutta Oesterle–Schwerin anbietet, haben wir, nachdem die beiden gegangen sind, mehr Ruhe für unser Gespräch. Sie hat sich heute den ganzen Vormittag für uns Zeit genommen und muß nicht mehr ins Büro – heute ist Freitag und nicht so viel los.

Die Wohnung – eine geräumige Dachwohnung, die sich über zwei Stockwerke hinzieht – ist gemütlich eingerichtet, mit einer Sitzecke, die den meisten Platz im Wohnzimmer einnimmt. Ein Blickfang sind die großen handsignierten Grieshaber-Original-Drucke, teilweise mit politischen Motiven. An den nicht-schrägen Wänden stehen Bücherregale. Auffallend sind die vielen großformatigen Kunst- und Architekturbücher, die auf ihren Beruf als Architektin hinweisen. Ein schöner, antiker Sekretär dient als Ablage und Raumverzierung. Man blickt aus dem Fenster auf verwinkelte Dächer und den Bonner Himmel. „Den Rhein können Sie von oben sehen, aber da schläft noch mein Sohn". Sie selbst trägt Alltagskleidung und ist völlig ungeschminkt. Der Kaffee ist vorbereitet, später gibt es Nüsse zum Knabbern. Ihr Sohn, 23 Jahre, ist gerade zu Besuch, er schläft noch, wie gesagt, als wir kommen. Später macht er sich selbst sein Frühstück in der Küche nebenan, ohne die bei Söhnen übliche Frage nach Kaffeetasse oder Filterpapier: angenehm.

Sie hat eine klare, fast bescheidene Art des Aufunszugehens, eine konzentrierte Ausstrahlung. Auch in ihrer Stimme ist nichts Hektisches. Dann aber, als sie über ihre Herkunft spricht, (daß ihre Eltern Kommunisten waren und ihr Vater jüdisch), über die Emigration ihrer Eltern nach Palästina, über ihren jüdischen Vater, der 1948 im Krieg gegen die Araber fiel, und ihre unangepaßte, antizionistische Mutter, da wird ihre Stimme fester und entschlossener. Vermutlich stand in diesem Kinderleben die Dramatik der politischen Ereignisse vollkommen im Vordergrund. Sie hat einen, wie die Soziologen sagen, „durchpolitisierten Lebenslauf". Vielleicht kann sie ihre Lebensgeschichte nur in einer relativ distanzierten Weise verarbeiten oder durch Reflexionen bannen. Gemessen an diesem Lebenslauf, der sich vor allem durch ihre Zugehörigkeiten zu sog. Außenseitergruppen auszeichnet (Sozialistin, Feministin, Jüdin und in einer lesbischen Beziehung lebend) kann ich mir nicht vorstellen, daß alles so „glatt" ging, wie sie selbst es schildert.

Sie antwortet auf alle Fragen konzentriert, denkt kurz nach und antwortet reflektiert und nüchtern in einer klaren, unprätentiösen Sprache. Sie schaufelt uns auch nicht voll mit fertigen Geschichten, obwohl ich merke, daß sie sich natürlich schon oft ihrer Biographie gestellt hat. Dafür gab es auch zu viele Umbrüche in ihrem Leben, in ihrer Familie – und als Jüdin, die in Deutschland lebt, kommt sie sowieso nicht umhin, sich damit auseinanderzusetzen.

Natürlich gibt sie vieles nicht preis, was uns vielleicht interessieren könnte, aber sie vermittelt auch nicht den Anschein, als ob sie es täte. Sie wirkt aufgeschlossen. Gleichzeitig ahnt sie Ähnlichkeiten in der politischen Position und Perspektive bei uns. Aber es ist auch nicht so, daß sie uns „ins Vertrauen" ziehen würde. Sie bleibt auf eine merkwürdige Art distanziert und eigen. Und ich kann ihr dies ganz gut zugestehen. Obgleich sie offen ihre Kritik gegenüber den Grünen äußert, habe ich den Eindruck, daß sie tatsächlich dort ihre Heimat hat und niemals wieder zurück zur SPD gehen könnte, aus der sie ja zu den Grünen gewechselt ist.

Jutta Oesterle-Schwerin wirkt ausgesprochen zufrieden mit sich und ihrer momentanen Lebenssituation. „Alles, was ich tue, macht mir Spaß." Dabei ist sie die einzige ehemalige Abgeordnete der Grünen, die nach dem Ausscheiden der Grünen–West als Mitarbeiterin bei der Fraktion beschäftigt ist. Viele könnten dies nicht. Es bedeutet ja möglicherweise auch einen Abstieg – vom Prestige und der Bezahlung her gesehen. Jutta Oesterle-Schwerin macht einen davon recht unabhängigen Eindruck. Sie scheint wenig politikkarriereehrgeizig, eher gelassen. Gleichzeitig habe ich das Gefühl, daß sie so, wie sie ist, nicht sehr viel Chancen hat, wieder in eine politische Führungsposition bei den Grünen zu kommen. Sie gibt das ja auch zu, daß sie keine Lobby habe. Sie sei „das geborene Opfer", kolportiert eine Kollegin. Diesen Eindruck kann ich nicht teilen.

Leider dringt nichts von den heftigen Auseinandersetzungen innerhalb der GRÜNEN, die ja aus den Zeitungen bekannt sind, durch. Auch die ausführliche Erzählung zum „Fall Jenninger" ist sehr entdramatisiert, um nicht zu sagen banalisiert. Ich denke, daß sie sich – um mit den vielen Erschütterungen und Veränderungen in ihrem Leben fertig zu werden – diese Haltung des „Von-Ferne-auf-sich-selbst-Sehens" angewöhnt hat. Auf jeden Fall ist sie ein gutes Gegenbeispiel zu dem Buch von XY, die darin kein gutes Haar an ihren KollegInnen aus der GRÜNEN-Fraktion gelassen hat.

Wir werden während des Gesprächs nicht gestört und bleiben fast vier Stunden. Die Kassetten reichen nicht aus, und wir müssen uns von ihr eine ausleihen zum Überspielen. Zum Schluß verabschieden wir uns fast herzlich. Es würde mich freuen, sie wiederzusehen.

V. Gesamtresümee: Parlamentarierinnen im historischen und sozialen Kontext von der Nachkriegszeit bis heute

A: Die älteren Parlamentarierinnen

„Denkt daran, wir Frauen müssen es machen!" (Anna Haag)

1. Historische Hintergründe: Nachkriegszeit

Die am 8. Mai 1945 erfolgte bedingungslose Kapitulation des Deutschen Reiches bzw. des nationalsozialistischen Regimes legte den Grundstein für Neubeginn und Rekonstruktion der Nachkriegsgeschichte und auch der Frauengeschichte in der Bundesrepublik. Die katastrophalen Bedingungen in Deutschland nach dem Sieg der Alliierten über den Nationalsozialismus sind von der traditionellen Geschichtswissenschaft hinlänglich aufgezeigt worden. Das Stichwort „Der schreckliche Friede – Hunger statt Bomben" vermag einiges von dem zu erfassen, was auch die jüngste Frauengeschichtsforschung betont, nämlich daß in der unmittelbaren Nachkriegszeit Politik und Alltagsbewältigung in einem extremen Maße miteinander verwoben waren und daß die sonst der Privatsphäre zugeordneten und übersehenen Reproduktionsleistungen von Frauen unmittelbare Überlebensarbeit an einer ganzen Nation, einer ganzen Gesellschaft waren. Der mühselige Weg aus dem Chaos der Nachkriegszeit in die Bonner Wohlstandsgesellschaft der 50er/60er Jahre ist in einem entscheidenden Ausmaß von Frauen geebnet und mitgestaltet worden.

Die politischen, wirtschaftlichen und gesellschaftlichen Institutionen waren weitgehend entweder durch den Krieg zerstört worden oder von den Besatzungsmächten außer Kraft gesetzt. Die uneingeschränkte gesetzgeberische, richterliche und vollziehende Gewalt war an die Militärbehörden der Siegermächte übergegangen. In den meisten deutschen Städten stand kein Stein mehr auf dem anderen. Rund ein Viertel aller Wohnungen, in den Städten sogar mehr als die Hälfte, waren durch Kriegseinwirkungen zerstört worden. Zusätzlich führten Flucht, Ausweisung und Umsiedlung von über zehn Millionen Deutschen aus den nunmehr polnischen oder russischen Ostgebieten, aus der Tschechoslowakei, Rumänien, Polen und Ungarn zu einer unvorstellbaren Wohnungsnot und katastrophalen Verhältnissen in der Versorgung mit Lebensmitteln, Heizmaterial u.ä. „1946 standen 14 Millionen Haushaltungen nur acht Millionen Wohnungen zur Verfügung" (Frevert 1986: 245). Die nationalsozialistische Ideologie, die zwölf Jahre lang unzählige Menschen beherrscht und auch teilweise begeistert hatte, war endgültig diskreditiert. Bei Kriegsende gab es sieben Millionen mehr Frauen als Männer, fast vier Millionen waren alleinstehend. Es gab 2,5 Millionen Kriegerwitwen mit Kindern. Viele Frauen mußten im Produktionsbereich (wie bereits schon vor dem und während des Krieges) Männer ersetzen, und sie mußten in der sog. „erweiterten Hausarbeit" um das Überleben ihrer Angehörigen kämpfen. Die Familie bot in dem allgemeinen Chaos von Tod, Zerstörung und Vertreibung, von Überleben und Neuanfang oftmals den einzigen Fluchtpunkt. Sie galt als die stabilste Burg in Zeiten, wo alles andere zusammengebrochen war. Und in ihr waren nun traditionellerweise die Frauen aufgerufen, das Alltagsleben wieder neu zu organisieren und von der größten Not zu befreien.

Hinter diesem schlichten Begriff verbargen sich: Wohnungsnot, Unterernährung, Auszehrung, Krankheiten, chronische Erschöpfung, Kälte, Säuglings- und Kindersterblichkeit; verbargen sich: stundenlanges Anstehen vor Geschäften für zugewiesene Hungerrationen, mühselige Hamsterfahrten, riskante Schwarzmarktgeschäfte, Beackern von Kleingärten zur Selbstversorgung, Schwerstarbeit beim Wegräumen der Schuttberge und Instandsetzen von zertrümmerten Wohnungen, Fabrikanlagen und Verkehrswegen, und nicht zuletzt verbarg sich dahinter die Leistung der psychischen Integration physisch und emotional zerstörter Menschen und Gruppenbeziehungen. Diese Arbeit von Frauen bleibt „natürliche Ressource", sie wurde als politische Größe offenbar weder von den Beteiligten selbst, noch später im Rückblick von der traditionellen Geschichts- oder Politikwissenschaft begriffen.

2. *Frauenbewußtsein*

Es ist problematisch, bei einem Versuch, die politische Arbeit und die Frauenpolitik der Nachkriegszeit aus der Retrospektive zu skizzieren, verallgemeinernd von der – in diesem Fall deutschen – Frau zu sprechen. Frauen waren – wie Männer auch – höchst unterschiedlich von der Niederlage des nationalsozialistischen Regimes betroffen, abhängig von ihrer sozialen Lage, Religion, ethnischen Zugehörigkeit, ihrem Alter, Bildungsgrad, Familienstand und ihrem politischen Engagement. Es gab natürlich die größten Unterschiede zwischen Frauen, die noch durch die „neuen sozialen Typisierungen" über Schicksalskategorien wie Vertriebene, Ausgebombte, Kriegerwitwe, KZ-Häftling, Displaced Persons u.ä. differenziert wurden. Diese Unterschiede wurden zwar alltagspraktisch durchaus wahrgenommen, sie waren unter anderem Ursache bzw. Folge konträrer politischer Positionen. Dennoch wurden diese Differenzen bzw. strukturelle Ähnlichkeiten zwischen Frauen nicht systematisch begriffen und konstruktiv gewendet.

So bleibt die Frage, ob es ein breites, gemeinsames Bewußtsein einer spezifischen Betroffenheit als Frau tatsächlich bereits Ende der 40er Jahre gab und ob dieses in Forderungen an Gesellschaft, Politik oder Rechtsinstanzen transformiert werden konnte, wie dies von einigen Autorinnen nachträglich gefordert wird (Hauser 1984; Möding 1988). Dieses erscheint im nachhinein als unwahrscheinlich. Wieso hätten sich die fortschrittlichen Frauen, die einen bewußt frauenpolitischen Anfang erstrebten, durchsetzen können? Welche historischen Chancen gab es für sie? Es fehlte ihnen nicht nur an zustimmungsfähigen alternativen Konzeptionen, sondern an Einfluß und Macht.

Ebenso war nach der politischen Sozialisation im Nationalsozialismus, in dem weder eigenständiges Handeln noch kritisches Denken gelehrt wurde, ein politisches Engagement von Frauen und ein spezifisches Bewußtsein ihrer Lage wenig selbstverständlich. Durch die Zerschlagung der wichtigsten Organisationen der Arbeiterbewegung und deren Ideen, durch die Ermordung der kritischsten Frauen und Männer ihrer Zeit und durch die zynische Instrumentalisierung aller gesellschaftlichen Gruppen ausschließlich für Ziele der Partei hinterließ der Nationalsozialismus ein katastrophales Erbe. Es ist zwar historisch belegt, daß sich die meisten Frauen in den Westzonen bald der Restauration eines patriarchalischen und kapitalistischen Systems nicht widersetzten. Aber das haben selbst viel mächtigere, besser organisierte politische Gruppen nicht getan. Im Gegenteil. Darüber hinaus haben die Vereinzelung in der Bewältigung der täglichen Not, die Atomisierung der Individuen auch noch nach Kriegsende als Nachwirkung der Vereinzelungstendenzen von totalitären Systemen, wie sie Hannah Arendt (1975) klassisch herausgearbeitet hat, und die Zuordnung der Frauenarbeit zur Privatsphäre statt zum Politischen eine Kollektivwerdung und ein längerfristiges, bewußtes Zusammengehen von Frauen als breite politische Kraft nicht zugelassen. Insofern erscheint es angebracht, das politische Engagement von Frauen in allen gesellschaftlichen Bereichen erst einmal *wahrzunehmen* und in seiner Bedeutung für die politische Mobilisierung der Töchter-Generation zwanzig Jahre später zu gewichten.

3. *Frauenpolitische Anfänge/Frauen in der Politik*

Zunächst sei festgehalten, daß es tatsächlich eine frauenpolitische Aufbruchsphase nach 1945 gegeben hat, die vor allem für den Stuttgarter Raum bestens dokumentiert worden ist (Hauser 1984). Unmittelbar nach Kriegsende waren frauenpolitische Aktivitäten in allen Besatzungszonen nicht zu übersehen: Es gab Frauenausschüsse und Frauenbüros in allen größeren Städten, zum Beispiel den Stuttgarter Frauendienst.[1] Es gab den „Stuttgarter Frauenkreis" um Freda Wuesthoff und Ulla Illing, die Gründerin der „Frauenpartei" (Schmidt-Harzbach 1984), dann den Club deutscher Frauen in Hannover (gegründet von der ersten Regierungspräsidentin Theanolte Bähnisch), oder Frauenfriedensorganisationen wie die IFFF (Internationale Liga für Frieden und Freiheit, eine der wenigen Frauenorganisationen mit Tradition seit 1919), die in Stuttgart Ende 1945 von der Pazifistin und Sozialdemokratin Anna Haag wieder ins Leben gerufen worden ist, und in der sie bereits nach dem Ersten Weltkrieg Mitglied gewesen war.[2] Zu nennen sind als ebenso bedeutsam die WFFB (Westdeutsche Frauenfriedensbewegung) oder W.O.M.A.N. (World Organisation of Mothers of all Nations), der DFD (Demokratischer Frauenbund Deutschlands, der Dachorganisation der später

---

1 Er wurde im September 1945 von der früheren Vorsitzenden der „Württembergischen Frauenvereine", Frau Hilde Reichert-Sperling, als Zusammenschluß „von Hausfrauen und Berufstätigen, die in enger Arbeitsgemeinschaft sich am Wiederaufbau von Stadt und Staat beteiligen wollen" gegründet. Auf seiner ersten öffentlichen Versammlung am 22. Oktober 1945 wurden als Ziele neben der praktischen Arbeit (Näh- und Bastelkurse, Nachbarschaftshilfe, Leseabende für Mädchen) auch die Neubelebung einer neutralen Frauenbewegung genannt." Hauser 1984:73; sie nennt allein 17 Frauenorganisationen in Stuttgart, die zwischen 1945 und 1947 gegründet worden sind, u.a. das „Frauenparlament Württemberg, gegründet als „Arbeitsgemeinschaft überparteilicher und überkonfessioneller Frauenverbände in Stuttgart" 1948 und als besonderer Zusammenschluß der „Stuttgarter Frauenausschuß" vom Juli 1946.

2 Anna Haag 1888-1982 war nach 1945 bis 1950 für die SPD im Landtag von Baden-Württemberg, 1945/46 im Gemeinderat Stuttgart vertreten. Heute ist ein von ihr gegründetes Mädchenwohnheim in Stuttgart nach ihr benannt. (Vgl.: Gallasch 1993: 217 ff.)

nur ostdeutschen Frauenverbände) bis zum Engagement von Frauen in den neu- oder wiedergegründeten Parteien, Gewerkschaften, Länder- und Bundesparlamenten. Sichtbar wurde ein „neues Selbstbewußtsein, das aus Not und Alleinverantwortung für das Überleben gespeist war mit dem Tenor: 'Wir Frauen müssen es machen', gegründet auf ein Rollenverständnis von der besonderen Eignung der Frauen, der Welt ein `menschlicheres` Gesicht zu geben" (Gerhard 1993:13f.). Ziel der in den Besatzungszonen gegründeten Frauenausschüsse war die Linderung der größten Not und langfristig der Wiederaufbau einer friedlicheren, demokratischen Gesellschaft unter der gleichberechtigten Beteiligung der Frauen. Die „uneingeschränkte Männerwirtschaft" – so lautete der allgemeine Tenor – hatte Krieg und Zerstörung gebracht. Nun sei es die Verantwortung und Aufgabe der Frauen, der „Welt vielleicht ein anderes, ein heiteres Gesicht" wiederzugeben – so Anna Haag 1946 (zitiert in: Hauser 1984: 60).

Doch die Geschichte des Stuttgarter Frauen-Ausschusses ist ein anschauliches Beispiel dafür, wie die Anliegen von pazifistischen und sozialdemokratischen Frauen – aus der ältereren Generation, die noch von den Kämpfen der alten Frauenbewegung inspiriert worden waren – allmählich verdrängt wurden, bis sich schon 1948 die gemäßigteren Anliegen der bürgerlichen Frauen(bewegung) durchsetzen konnten. Das Ende der antifaschistischen Grundstimmung in der deutschen Nachkriegsgesellschaft und die zunehmende Westintegration der jungen Bundesrepublik liefen parallel zu dem Zurückdrängen von Frauen aus beruflichen und öffentlichen Positionen. Vielleicht handelte es sich hierbei bloß um eine erstaunliche historische Parallelität von Ereignissen. Eventuell gab es aber einen inneren Zusammenhang in der Konstruktion von Gegnerschaften im Zuge der raschen Westanbindung, die eine Polarisierung von liberal-bürgerlich-kapitalistischen Positionen gegenüber eher sozialistisch-emanzipatorischem Gedankengut, in dessen Kern auch ein fortschrittliches Frauenbild enthalten war, vorantrieb. Das soziale Klima des Kalten Krieges sorgte ab Ende der 40er Jahre – mit Unvereinbarkeitsbeschlüssen, politischen Zurechtweisungen bis hin zu rigorosen Ausschlüssen kommunistischer Mitglieder und strafrechtlichen Verfolgungen – dafür, daß sozialistische und kommunistische Frauen ins politische Abseits gedrängt wurden.

Daneben ordneten sich viele Frauen aus dem Kontext der Arbeiterbewegung einem Gesellschaftsverständnis unter, das die spezifische Unterdrükkungssituation von Frauen im Patriarchat nur als „Nebenwiderspruch" abhandelte. Dieser würde mit einer sozialistischen Umwälzung quasi wie von selbst mitgelöst werden. Diese Identifikation mit dem Klassenstatus ihrer Männer verstärkte sich infolge des zunehmenden Kalten Krieges. Die relative „Flaute" in Sachen Frauenpolitik (Gerhard 1996) nach einem vielversprechenden Aufbruch in der unmittelbaren Nachkriegszeit lag sicherlich auch daran, daß die soziale Sprengkraft radikaler Frauenforderungen erkannt und verbannt worden ist – nicht zuletzt von vielen frauenpolitisch einflußreichen Frauen selbst, die hierin auf ihre Weise die restaurative politische Kultur der Adenauer-Ära repräsentierten und zementierten, weil sie vermutlich mehr zu verlieren hatten, als ihre Ketten. So mutierten frauenpolitische Veranstaltungen in den 50er/60er Jahren zu einer Mischung aus „belehrendem Seminar" und „Kaffeekränzchen", die bald niemanden mehr zum Mitmachen motivieren konnten.

Viele Sozialdemokratinnen als auch bürgerliche Frauen mit kirchlich-konservativem Hintergrund, traten gemäßigt und vor allem antikommunistisch auf. In ihren Stellungnahmen bezogen sie sich nicht auf die „Erkämpfung von Frauenrechten", sondern forderten „die bewußte und vollkommene Übernahme von Frauenpflichten" (Anna Haag zitiert in: Hauser 1984: 61). Weibliche Pflichterfüllung zum Wiederaufbau des Landes ebenso wie den „Einsatz von Frauen" und ihre „Bewährung" bei der „Ordnung des Chaos" (Möding 1988: 646) propagierten die Frauenverbände aber auch offizielle Stellen. Auch die Initiatorin der „Frauenpartei", Ulla Illing, begründete ihren Aufruf an die Frauen zu einem verstärkten politischen Engagement mit humanitären Gründen:

„... daß auch in der Gestaltung des öffentlichen Lebens der Mann und die Frau – jeder seiner Wesensart gemäß –, die Aufgabe erfüllen muß, die ihm zusteht... Wenn es uns gelingt als Frau dem Mann in der gemeinsamen Arbeit so zur Seite zu treten, daß eine Ergänzung beider und dadurch eine Weiterführung zum Menschlichen eintritt" (Illing, Das neue Thema, in: Der Silberstreifen, Heft 6/7, 1946: 20).

Entgegen der anfänglichen Aufbruchstimmung unter den spontan entstandenen, lokal begrenzten Frauenzusammenschlüssen „und entgegen ihrem Anspruch, möglichst viele Frauen in die Arbeit einzubeziehen," erstarrten die Frauenverbände bald zu verkrusteten Organisationen „ohne Basis und Bewegung" (Schüller 1993: 108). Ebenso abträglich wirkte sich das anfangs noch funktionierende Postulat der Überparteilichkeit der Frauenorganisationen aus. Diese verhinderte, besonders in heiklen Fragen (wie z. B. beim § 218), eine pointierte Stellungnahme und übte einen nivellierenden Zwang zum unverbindlichen Minimalkonsens aus. Da anfangs die regionalen und thematisch begrenzten Frauenverbände gegenüber traditionellen Parteien für eine Mitarbeit von Frauen attraktiver waren, sahen diese jene als Konkurrenz an und meldeten schon früh wieder ihren Alleinvertretungsanspruch in Sachen politischer Partizipation von Frauen an. Speziell die SPD tat einiges, um die Arbeit der unabhängigen Frauenorganisationen zu torpedieren:

> „Schon auf der ersten Reichsfrauenarbeitstagung der SPD, am 5. und 6. November 1946 in Frankfurt, wurde die Mitarbeit von Frauen in „unpolitischen Frauenbünden, Frauenclubs und Hausfrauenverbänden“ sowie in „kommunistisch inspirierten Frauenausschüssen“ abgelehnt.“ (Schüller 1993: 111)

Auch prominente SPD-Genossinnen unterstützten den Monopolanspruch ihrer Partei in Sachen Frauenrechte. Der Unvereinbarkeitsbeschluß, der zum Ausschluß kommunistischer Mitglieder (zum Beispiel aus dem Frauenverband Hessen 1950) führte, tat ein Übriges, um das baldige Versinken in politischer Bedeutungslosigkeit herbeizuführen. Auch bei Kommunistinnen zeigte sich eher ein der Parteiraison verpflichtendes Pathos anstatt ein explizites Beharren auf ihren frauenbezogenen Forderungen, die möglicherweise parteiübergreifend hätten formuliert werden können (z. B.: „gleicher Lohn für gleiche Arbeit“). Im Zuge des Antikommunismus blieben ihnen allerdings wenig realistische Alternativen zur Parteilogik. Im Juni 1947 befaßte sich der SPD-Parteivorstand offiziell mit der überparteilichen Frauenarbeit. Der damalige Parteivorsitzende Kurt Schumacher warnte in einer Sitzung davor,

> „derartige ‘Sonderorganisationen’ als ‘Rekrutenschule der Sozialdemokratie’ mißzuverstehen, als die er diese Organisationen allein nützlich sehen konnte. Ein großer Teil dieser ‘Madames’ sei ‘politisch nicht so ohne weiteres formbar’, sondern komme daher mit ‘sehr selbstsicheren Allüren der gesellschaftlichen Distinktion und des eigenen politischen Werbewillens. In einem großen Teil von ihnen steckt noch der Geist der frühen Vaterländnischen Frauenvereine, in einem anderen der kommunistische Eroberungswille. Das Agitationsfeld für die Sozialdemokratie ist also recht beschränkt.’“ (Die Genossin, Jg. 10, Nr. 7/8, Juni 1947: 2, zit. in: Langer 1994: 4)

In der Nachkriegszeit ordneten sich Sozialistinnen und Kommunistinnen einem von ihren männlichen Parteikollegen vorformulierten Gesellschaftsverständnis unter, das die spezifische Unterdrückungssituation von Frauen im Patriarchat nur als „Nebenwiderspruch“ abhandelte. Dieser würde mit einer sozialistischen Umwälzung quasi wie von selbst mitgelöst werden. Diese Identifikation mit dem Klassenstatus ihrer Männer verstärkte sich infolge der zunehmenden Polarisierung von liberal-bürgerlich-kapitalistischen Positionen und eher sozialistischen Ideen.

Die vom 21. bis 23. Mai 1947 in Bad Boll abgehaltene Frauen-Tagung setzte dann den inoffiziellen Schlußpunkt unter die immer schwieriger gewordene Kommunikation und politische Auseinandersetzung zwischen west-

und ostdeutschen Frauen. Die Tatsache, daß den Teilnehmerinnen aus der SbZ (Sowjetisch besetzten Zone) kam Redezeit zugestanden worden war, und eine inhaltliche Kritik an der aktuellen Politik der Westmächte abgewiegelt wurde, zeigte, daß der Kalte Krieg und die Politik der Spaltung Deutschlands nun auch die Frauen und die Frauenpoilitik erreicht hatte. Es ist eine bis heute nicht schlüssig beantwortete Frage, warum sich unzählige Frauen in ihren vielfältigen gesellschaftspolitischen Aktivitäten schon bald dem Konfrontationskurs der großen Politik angepaßt und der sehr eingeschränkten traditionellen Definition von Politik angenähert haben, die von Parteien, Gewerkschaften und traditionell männlich dominierten Verbänden ausgegeben worden sind.

4. Politikbegriff

Nach einem engen Begriff von Politik wird all das ausgespart, was den Lebensalltag und die Arbeit von Frauen ausmacht. Der traditionelle Politikbegriff erfaßt bloß das, was in der Öffentlichkeit seinen ihm zugewiesenen Platz hat und orientiert sich primär an institutionalisierter Partei- oder Regierungspolitik – mit ihren getrennten Zuständigkeiten nach Ressorts. Ein solches Verständnis setze – so die feministische Kritik – die Trennung und die unterschiedliche Bewertung der Bereiche Öffentlichkeit und Privatheit weiter fort. Frauenforscherinnen reklamierten demgegenüber ein umfassenderes Politikverständnis, in dem die Reproduktionsarbeit nicht von Politik abgekoppelt wird, sondern das, im Gegenteil, auf die Interdependenz von Reproduktion und gesamtgesellschaftlicher Produktion hinweist. Für die Nachkriegszeit bedeutete dies, so die Zeitgenossin Heli Knoll, daß es „politisch" war, ob die Menschen etwas

> „zu essen haben, ob Wohnungen gebaut werden, ob sie in jedem Beruf arbeiten können, ob sie für die gleiche Arbeit den gleichen Lohn erhalten, ob ihre Männer auskömmliche Löhne beziehen, damit die Familien das zum Leben notwendige kaufen können, in welchem Geist die Kinder unterrichtet werden, ob für die Alten und Kranken gesorgt, ob für die Ausgebombten und Flüchtlinge alles nur menschenmögliche getan wird." (Heli Knoll, Unser Weg zur Freiheit, Festvortrag in der Frankfurter Paulskirche zum Interzonalen Frauenkongreß 1948, zit. in: Schüller 1993: 90)

Von den Protagonistinnen eines verstärkten politischen Engagements von Frauen wurde Politik folgendermaßen definiert:

> „Haben Sie für Ihre Kinder genug zu essen? Haben Sie das behagliche, friedliche Heim, das Sie sich ersehnen? Haben Sie Holz genug für den Winter? Wissen Sie, was Sie morgen

kochen sollen? ... alles, was ich eben gefragt habe, alles das, was Ihre täglichen Sorgen ausmacht, alles das ist Politik.“ (Ulla Illing, Das neue Thema, in: Der Silberstreifen, Heft 6/7, 1946: 17)

Bald kam wieder der traditionelle Politikbegriff zum Tragen. Er basiert auf einer hierarchischen Trennung zwischen öffentlich-männlichen und privat-weiblichen Handlungsräumen und Arbeitsbereichen und zementiert darüber hinaus geschlechtsspezifische Zuständigkeiten und Bewertungsmaßstäbe. Die Restauration der patriarchalen Familie mit dem männlichen Oberhaupt und der dortigen (bis 1977 auch über das Ehe- und Familienrecht abgesicherten) Alleinzuständigkeit der Frau konnte entgegen den Ansprüchen auf gesellschaftliche Teilhabe von unzähligen Frauen nach diesem Muster der Trennung geschehen. Der traditionelle Politikbegriff impliziert gleichzeitig die zentrale Bedeutung der Familie als Kern der gesellschaftlichen Status-Quo-Sicherung. Zur Restauration der „heilen“ bürgerlichen Familie gehörte auch das Bild der allein dort Erfüllung findenden Frau.

5. *Motive und Selbstverständnis politisch aktiver Frauen*

Wir haben es in der Nachkriegszeit mit einem bemerkenswerten Paradox zu tun: Obgleich unzählige Frauen in den ersten Jahren der Republik politisch aktiv wurden – in Frauenausschüssen, -bünden usw. s.o. – scheinen sie selbst dieses Engagement nicht als politisches zu definieren. Politik bleibt „Männersache“. Und dieses Phänomen trifft nicht nur auf die oben beschriebenen Frauen zu, die sich vorparlamentarisch politisch betätigten, sondern erstaunlicherweise auch auf diejenigen Frauen, die parlamentarisch tätig geworden sind, sei es im Gemeinderat, Land- oder Bundestag. Aus meinen, aber auch aus anderen Studien wird bei der älteren Generation ein politisches Selbstbild als im Grunde „unpolitische Frau“ deutlich: „Ich bin keine politische Frau in dem Sinne“, so bringt es eine befragte Politikerin auf den Begriff (Schmidt 1993: 254). Für manche Politikerinnen symptomatisch scheint der pure *Zufallscharakter* ihres Eintritts in die Politik gewesen zu sein. Da ist frau „eben so reingeschliddert“, oder *gegen* ihren Willen hineinbugsiert worden.

„Ich habe mich da auch ein bißchen gewehrt, weil ich gesagt habe: Ihr habt doch Frauen gehabt, ich bin doch hier völlig fremd, ich kenn' doch nichts und niemand....und da haben sie geschubst und geschubst und geschubst, na also, ich muß sagen, ich mußte auch geschubst werden, nicht, ich wollte nicht.“ (Schmidt 1993: 240)

„Und ich wollte schon aufjaulen und sagen: um Gottes Willen, Mensch nehmet doch den davor, ich will doch gar nicht! Und da zupften mich die Frauen am Rock. Und das war auch so ein, ein Schockerlebnis in der Weise. Da hab` ich das erste Mal richtig kapiert, daß ich mir nicht mehr selbst gehöre, daß ich eigentlich, ja jetzt für andere stehe, nicht. Und da ist mir eigentlich erstmal so richtig zum Bewußtsein gekommen, daß ich mich ... jetzt am Riemen reißen muß und eben nun ja sagen muß." (Interview mit Politikerin 1.3.: 30)

Motive der Politikerinnen der „ersten Stunden" waren allenthalben das Gefühl, persönlich gebraucht zu werden, gemischt mit einem „tief ausgeprägten Gerechtigkeitsempfinden" (Schmidt 1993: 201) sowie der Wunsch, sich für Schwächere und ungerecht Behandelte einsetzen zu wollen. Eine vielleicht typisch weibliche *Motivation für die politische Arbeit* war die mütterliche Attitüde „wenn ich gebraucht werde, dann bin ich da!" Mit diesem fürsorglichen Element, das Frauen zu Sozialarbeiterinnen ihres Landes machte, wurde nicht nur von offiziellen Stellen um die Mitarbeit von Frauen geworben, sondern sie selbst erklärten und legitimierten ihren Aufbruch ins politische Engagement damit. Hier gab es allerdings generationsspezifische Unterschiede. Besonders jüngere Frauen mit bürgerlich-gemäßigten politischen Anschauungen betonten ihre Leistungs- und Opferbereitschaft. Weniger lautstark forderten sie den ihnen gebührenden Platz in der neuen Gesellschaft. Explizit wandten sie sich gegen das Aufleben einer „verschrobenen Frauenrechtlerei", das sie ihren „politischen Ahnfrauen" aus der alten Frauenbewegung vorwarfen. Darüber hinaus wurde das Frauenbild der bundesdeutschen Nachkriegszeit maßgeblich von einer besonderen weiblichen Befähigung zur Friedfertigkeit und Menschlichkeit bestimmt.

„Patent, praktisch, stark, unideologisch, aber human sollten Frauen zum Wiederaufbau ... beitragen. Die Annahme einer ... besonderen weiblichen Disposition zum Frieden barg immerhin ... die Chance zu politisch-gesellschaftlicher Wirksamkeit." (Möding 1988: 646)

Weil politisches Engagement und langfristig geplante Aktivitäten im Öffentlichen „unschicklich" seien, wird der Ehrgeiz, eine politische Karriere einzuschlagen, von den im Nachhinein befragten Frauen, auch den im Bundestag tätigen Parlamentarierinnen, weit von sich gewiesen. Eine später bundesweit bekannt gewordene Politikerin bezeichnet ihren Lebensweg als „kurios", ihre Studienfachwahl als „absurd" (Jura in den 30er Jahren), und ihre beruflichen Ambitionen als gesellschaftlich „verpönt" für junge Frauen ihres Standes. Dennoch setzt sie all dies durch, weil sie vom Vater bzw. vom Ehemann unabhängig sein möchte. Es scheint Frauen selbst im nachhinein schwer zu fallen, eine selbstbewußte Haltung zu ihren unüblichen Berufs- und Karrierewünschen einzunehmen. Sie wollten nie „in vorderster Linie“ kämpfen oder sich besonders exponieren, selbst diejenigen nicht, die später im Bundestag saßen oder gar als Ministerinnen sichtbar wurden. Viele haben nach ihren eigenen Beschreibungen keinen politischen Ehrgeiz gekannt und keine politischen Ämter von sich aus angestrebt.

„Und dann ist es, das geht ja zwangsläufig... 'Menschenskind, die xx, die könnte doch bei uns in den Vorstand kommen, nicht'? 'Kandidieren Sie doch bitte!' Und dann kamen die Frauen: 'Und wir brauchen so dringend 'ne junge Frau. Könnten Sie nicht ein bißl' mitarbeiten?' Dann hat mich die Geschäftsführerin geplagt, so daß ich fast 'ne moralische Verpflichtung hatte mitzumachen, wollte eigentlich gar nicht.“ (Interview mit Politikerin 1.3.: 28)

Sie hatten oftmals bloß „ungeheures Glück“ bei ihrem politischen Aufstieg, oder er ergab sich fast zwangsläufig.

„Bei mir ist das alles so, eines hat das andere mit sich gebracht, durch Zufälle oft, ... bei mir mit meinen Funktionen. Und ich wollte gar nicht... ich wollte diese Funktionen gar nicht haben, ich habe sie mir gar nicht so zugetraut, weil ich ja nicht wußte, was die von mir verlangen...“(Interview mit Politikerin 2.15.: 39)

Viele Frauen trauten sich auch die ihnen angetragenen politischen Ämter zunächst nicht zu und haben sie „aus reinem Pflichtgefühl der Partei gegenüber“ übernommen. Interessant ist, daß für viele ehemalige Parlamentarierinnen das Angebot, für einen der ersten Deutschen Bundestage zu kandidieren, ganz offensichtlich weder erwartet noch erwünscht gewesen ist.

„In den Bundestag wurde ich geholt, ich *wollte* nicht!“,

so eine nach ihrer Abgeordnetentätigkeit im Auswärtigen Dienst tätige hohe Diplomatin.

„Dann hat einer mich vorgeschlagen, dann habe ich gesagt, seid ihr verrückt, ich kann doch nicht in den Bundestag gehen... Und ich war ja ein parteitreues Lamm. Und nachdem die mir also so zugeredet haben, dachte ich, nein, da kannst du doch nicht nein sagen und hatte den Hintergedanken, ich werde ja nicht gewählt. Die Wahl wird so schlecht für uns ausfallen, daß ich nicht gewählt werde. Das war also mein Hintergedanke. Und dann bin ich also aufgestellt worden und bin gewählt worden, und dann saß ich dran. Und dann war ich in Bonn und wußte nicht, was soll ich nur tun.“ (Interview mit Politikerin 2.15.: 40)

Die anfängliche Weigerung, ein Bundestagsmandat zu übernehmen, mag zum einen durch den in der Nachkriegszeit beschwerlichen Verkehrsweg von Baden-Württemberg in die Bundeshauptstadt begründet gewesen sein, zum anderen aber auch durch die lange Abwesenheit von den (oftmals allein zu versorgenden) Kindern, die dann anderweitig untergebracht werden mußten.

„'Meine Kinder sind doch so klein, wer soll denn meine Kinder versorgen? Ihr könnt mir das doch nicht zumuten.' 'Ja, das mußt du machen, du, die im badischen Raum bekannteste Frau.' Was ja stimmte. 'Und wir helfen Dir, deine Kinder zu erziehen.'" (Interview mit Politikerin 2.15.: 39)

Vielleicht kommt in diesen Aussagen aber ein auch aus anderen Studien zu Berufsverläufen qualifiziert ausgebildeter Frauen bekanntes Muster zum Tragen, nämlich das der Bescheidenheit und Selbstverkleinerung in den Schilderungen erfolgreicher Frauen. Es scheint fast so, als wollten Politikerinnen eine eigene Beteiligung an ihrem Karriereweg bestreiten. Wetterer (1985) verweist auf den stets zitierten „Zufall" in beruflichen Karrieren und auf die darin enthaltene Selbstentwertung von hochmotivierten und -qualifizierten Frauen. In der „Es-hat-sich-so-ergeben-Karriere" können andere Personen, günstige Umstände und eben Zufälle – alles externe Faktoren – für die erreichten Positionen verantwortlich gemacht werden. Das eigene Ich bleibt verantwortungslos und ohne Schuld. Eigener Ehrgeiz, Durchsetzungsvermögen, Konkurrenzverhalten und Kampfeslust werden verleugnet, bzw. dürfen gar nicht erst als solche empfunden werden. Wir wissen nicht, ob es bloß geschickt inszenierte Akte des Verbergens eigener strategischer Kalküle sind oder ein Festhalten am Bild der „unschuldigen Frau", der eigentlich nichts übel genommen werden darf, wollte sie doch „eigentlich gar nicht so richtig", sondern wurde stets gedrängt oder kam „rein zufällig" mit „Riesendusel" in die Posten. Möglicherweise ist es auch für ältere Politikerinnen unschicklich, die für eine Frau unüblichen strategischen Kalküle offenzulegen, mit denen sie sich in der „Männerwelt Politik" durchgesetzt hat, oder welche Bandagen sie sich anziehen mußte, um Gegner oder Konkurrenten bzw. Konkurrentinnen aus dem Feld zu schlagen. Flaake vermutet, daß eine

„berufliche Karriere für Frauen ein verbotenes Terrain ... (sei), dessen Betreten keinesfalls auf eigene Aktivitäten zurückgehen darf. So klingt eine Verleugnung eigener Beteiligungen am beruflichen Erfolg wie ein Freisprechen von Schuld, einer Schuld, die mit Wünschen nach öffentlich sichtbarer Einflußnahme und Machtausübung verbunden zu sein scheint" (Flaake 1991: 137).

Hier hat sich mittlerweile etwas verändert bei den „jüngeren" Politikerinnen, wie später gezeigt wird.

6. Vereinbarkeit von Familie, Beruf und Politik

In der Nachkriegszeit haben viele Frauen ihre politischen und sozialen Aktivitäten als die „Fortführung der Familienarbeit mit anderen Mitteln" und unter erschwerten Bedingungen angesehen. Oftmals waren Männer, Väter, Brüder im Krieg gefallen oder in Gefangenschaft geraten. Dieser Umstand wirkte sich auf politisches Selbstverständnis und Handeln von Frauen – so merkwürdig es klingen mag – motivierend aus. Die meisten Frauen konnten die Überlebensarbeit nicht an andere delegieren, sie waren von den Umständen gezwungen, auch schon während des Krieges, die grundlegenden Bedingungen ihrer ins Wanken geratenden bzw. neuen Existenz selbst zu schaffen. Viele Frauen konnten sich in Zeiten des Arbeitskräftemangels beruflich engagieren und beweisen. Manche erlebten den Zusammenbruch des Dritten Reiches und der damit zusammenhängenden Berufsbeschränkungen für Frauen geradezu als persönliche Befreiung. Endlich konnten sie entsprechend ihrer Ausbildung beruflich tätig werden. Insbesondere galt dieses natürlich für alle während des Nationalsozialismus politisch verfolgten Frauen.

Manche Ehe war kurz vor Kriegsausbruch hastig und mit Angst vor dem Krieg oder in den ersten Kriegstagen nicht primär aus Liebe geschlossen worden. Dieses wirkte sich auf die geringe Stabilität bzw. die hohe Scheidungsrate von Ehen Ende der 40er/Anfang der 50er Jahre aus (Frevert 1986: 252). Wichtiger werden allerdings die großen Entfremdungen zwischen den Partnern gewesen sein, die durch das Kriegsgeschehen und die unterschiedlich und getrennt erlebten schlimmmen Jahre hervorgerufen wurden. An Frauen, die Evakuierung, Ausbombardierung, Hunger und Vergewaltigung, an Männern, die Krieg, Verwundung und Gefangenschaft erlebt hatten, hinterließen diese Erfahrungen lebensgeschichtliche Spuren.

„Nein, ich hätte nie mehr die Hausfrau spielen können und hätte nie mehr einem Mann Gehorsam entgegenbringen können. Nein, ich habe mich in der Kriegszeit eben in meiner Arbeit als Fürsorgerin doch sehr verändert ... Er hätte die alte Frau nicht mehr angetroffen. In der Zwischenzeit ist sie sich ihrer selbst bewußt geworden" (Interview mit Politikerin 2.15: 26).

Einige der späteren Parlamentarierinnen „schafften" – nach eigenen Worten – ihre politsche Arbeit erst, nachdem der Ehemann verstorben war. Ein lebender Ehemann hätte ihren politischen Weg nachhaltig blockiert, erschwert oder gar verboten. Es macht nachdenklich, wie stark ausgeprägt selbst bei äußerst aktiven und selbstbewußten Frauen die Abhängigkeiten von der Zustimmung und Anerkennung ihrer (Ehe)Männer gewesen ist. Insofern erscheint dessen Tod in manchen Fällen auch als Befreiung.

„Mein Mann ist dann ja im Januar 1940 eingezogen worden, so daß also die Eheprobleme damit erledigt waren... Wenn mein Mann zurückgekommen wäre, dann wäre es schwierig geworden." (Ebendort)

Wie oben angedeutet, wurde der zeitliche Rahmen und die Möglichkeit für politische Aktivitäten durch „Frauenpflichten“ in dem Maße eingeschränkt, wie bald strukturierte politische Institutionen entstanden, und die Politik sich vom täglichen Überlebenskampf entfernte. Ebenso wirkten die allmählich stabiler gewordenen Familienzusammenhänge darauf hin, daß politisch aktive Frauen mit familiären Betreuungsaufgaben, sich dort verstärkt engagierten. Die Organisation von Treffen und Parteiveranstaltungen orientierte sich darüber hinaus zunehmend an den Bedürfnissen und Zeitplänen der männlichen Mitglieder, so daß es für Frauen oft unmöglich wurde, weiterhin Beruf, Familie und Politik zu koordinieren.

„Die politische Arbeit wurde aufgegeben, wenn der Ehemann schwer erkrankte, und der häuslichen Fürsorge bedurfte, oder wenn der Beruf des Mannes einen Umzug erforderte, und sein damit verbundener Aufstieg einen verstärkten Repräsentationseinsatz der Ehefrau verlangte. Zumindest eingeschränkt wurde die politische Arbeit gelegentlich ..., um die schulische Ausbildung der Kinder zu gewährleisten oder gar um an den Sohn das Stadtverordnetenmandat abzutreten. Als Großmütter legten die Politikerinnen Ende der 50er Jahre ihre Ämter nieder oder verzichteten auf einen Listenplatz, um den Töchtern, die ihr erstes Baby erwarteten, in einem fremden Land beizustehen..“(Schmidt 1993: 256)

Insofern erstaunt es nicht, daß die ersten Frauen im Bundestag auffällig weniger Familie bzw. Kinder hatten, sie waren älter als ihre Kollegen, häufiger ledig, verwitwet oder geschieden, also häufiger befreit von den Pflichten der Kleinkinder- oder Ehegattenbetreuung. In den späteren 50er Jahren wurde die Kinderversorgung wieder ideologisch verbrämt und zum alleinigen Mutter-Problem stilisiert. Mit Hilfe des 1953 geschaffenen Familienministeriums und seines katholischen Ministers Franz Josef Würmeling wurde die Familie – und insbesondere die Mutterliebe – zum Rettungsanker gegen den Zerfall der Zivilisation und menschlichen Kultur ausgerufen. Alles, was mit der Zunahme der weiblichen Erwerbstätigkeit zusammenhing, wurde von der CDU/CSU als familiengefährdend bis ehezerstörend eingeschätzt. Franz Josef Würmeling, ab 1953 als erster Familienminister berufen, trat als einer der entschiedensten Gegner einer Frauenerwerbstätigkeit auf. Diese habe einen „gemeinschaftzerstörenden Charakter“, weil sie den Individualismus zu sehr betone. Insofern scheint es funktional gewesen zu sein, wenn Politikerinnen im Bereich der Politik als „gute Mutter“ auftraten, sich als „gute Seele der Fraktion“ selber inszenierten. Viele Frauen haben das traditionelle Leitbild der sich auch in der Politik fürsorgend einsetzenden mütterlichen Genossin/Parteigefährtin akzeptiert.

„Was es mir in der Fraktion manchmal leichter gemacht hat, ist vielleicht mein etwas 'rundlicher Typ' gewesen, der den Männern dabei entgegengekommen ist, Forderungen von mir zu akzeptieren. Bei mir haben sie immer das Gefühl gehabt, wenn die Elfriede das sagt, die will uns ja nichs Böses. Die haben mich nie als 'Emanzipierte' gesehen, die ich nach eigenem Empfinden durchaus war. Du hast es sehr viel schwerer gehabt." (Elfriede Eilers zu Renate Lepsius, in: Lepsius 1987: 90)

Die Anpassungserfordernisse an die Spielregeln der offiziellen Politik waren erheblich: Groß und schlank oder gar „emanzipiert" durften die weiblichen Abgeordneten offenbar nicht sein. Aus manchen Aussagen wird deutlich, daß Parlamentarierinnen ihr Geschlecht abgesprochen wurde:

„Ein Beispiel aus dem Kabinett, das für mein Verhältnis zu Helmut (Schmidt, B.M.) typisch ist: ... Einmal sagte Willy Brandt: 'Ich wüßte noch einen schönen Witz, aber der ist eigentlich nichts für Frauenohren. Käte, hör' halt weg!' Darauf sagte Helmut: 'Wieso, Käte habe ich immer für einen Mann gehalten.' So war seine Art, eine Person zu akzeptieren." (Strobel in: Lepsius 1987: 43)

Manche Politikerinnen, oft solche, die ledig und ohne Kinder blieben, fielen z. B. in der Medienberichterstattung unter das Verdikt, allein „mit der Politik verheiratet" zu sein. Der Volksmund prägte allerlei skurile Spitznamen und hämische Verballhornungen, die auf die „Blaustrümpfigkeit" dieses Frauentyps in der Politik anspielten. So wurde die erste Ministerialrätin in Nordrhein-Westfalen Christine Teusch „Chistine Keusch" genannt. - Helmut Schmidt rief seine Kollegin, die erste sozialdemokratische Ministerin Käte Strobel, stets „Tante Käte". Viele der „großen alten Damen" in der Nachkriegspolitik ähnelten vordergründig durchaus dem Bild einer in schwarz gekleideten, altjüngferlichen Zofe. Damit entsprachen sie vordergründig dem bekannten Abwehrklischee bedrohter Männlichkeit und getrennter Wirkungsbereiche: Sie hatten in den Augen der Männer ihre Präsenz in der männlichen Sphäre mit einem Verlust an Individualität und an genormter „Weiblichkeit" bezahlt. Frauen mußten sich vielleicht die Präsenz im sichtbaren Raum der Öffentlichkeit mit der Aufgabe der Eindeutigkeit ihres Geschlechts erkaufen. Oder, wie es Margrit Brückner ausdrückt:

„Die Zugehörigkeit zu einem Geschlecht scheint bei gesellschaftlich wichtigen Tätigkeiten zu stören und muß weggedacht werden. Doch während dem männlichen Menschen die Eigenschaft zugesprochen wird, als Mann für beide Geschlechter einzutreten ..., wird der Frau ihr Geschlecht genommen, sie wird geschlechtslos gemacht.... Auf der Basis dieses Verlustes ist ihr Machtzuwachs erträglich." (Brückner in: Brückner/Meyer 1994: 21)

In den 50er Jahren galten die Pflichten als Ehefrau und Mutter, insbesondere die Erziehung der Kinder, im Vergleich zur Politik als wesentlicher und teilweise noch als „weibliche Bestimmung". Dieses gesellschaftliche Leitbild wurde auch von Politikerinnen selbst akzeptiert (nicht immer gelebt) und weithin nicht in Frage gestellt: „Meine Familie ist mir wichtiger als alle Politik", so drückt es eine Politikerin im Nachhinein aus. Die Akzeptanz des Leitbildes der guten Mutter und glücklichen Hausfrau war natürlich abhängig von ihrer sozialen Herkunft, ökonomischen Lage und den damit zusammenhängenden Delegationsmöglichkeiten und Arbeitserleichterungen durch Personal, Wohnraum, Telefon, Haushaltsmaschinen und bald auch Autos. Nach dem Kriege hatten es die ersten Sozialdemokratinnen und Kommunistinnen besonders schwer, da sie sich überwiegend in schlimmen materiellen Verhältnissen befanden, die sie zum Geldverdienen nötigten. Für Haushalt und Kinderbetreuung hatten sie kein Personal, sondern waren noch traditionsgemäß auf Unterstützung durch Familienangehörige (zumeist die Mütter/Großmütter) oder die Nachbarschaft angewiesen.

Interessant ist, daß viele Frauen das traditionelle Leitbild der sich auch in der Politik fürsorgend einsetzenden mütterlichen Genossin/Parteigefährtin akzeptierten. Sie sagten, daß sie keine eigenen Karriereambitionen hegten und gaben somit das geheime Versprechen ab, keineswegs zu einer Konkurrentin für „den Mann an ihrer Seite" (in der Politik oder zu Haus) zu werden. Andere stilisierten sich als „guter Kumpel" oder gaben sich als Komplizin der Männer aus, vor denen mann keine Angst zu haben bräuchte. Bei manchen wirkte einfach nur ihr Typ „mütterlich-harmonisierend". Das Versprechen, die dominante Männerkultur in Regierung und Parlament nicht durch ein zu auffälliges Frausein oder durch sichtbare attraktive Weiblichkeit zu verunsichern, war vermutlich nicht anachronistisch, sondern erwies sich als sinnvoll. Gab es den nach außen agierenden Frauen doch einen Schutz- und Schonraum für ihr ungewohntes Auftreten. Die Ambivalenz ihres Tuns wurde ihnen somit weniger scharf bewußt, und sie konnten mit Verunglimpfungen vermutlich besser umgehen, da sie ja „eigentlich" nicht vorhatten, die männliche Welt der Politik durch ihre Präsenz oder frauenpolitische Forderungen nachhaltig zu stören. Auf diese Weise gelang, so können wir vermuten, vielleicht manch frauenpolitischer Erfolg, gerade weil er nicht von einer Politikerin im Gewand der „Frauenrechtlerin" durchgesetzt wurde.

Die meisten Mitstreiterinnen der frühen Frauenorganisationen in der Nachkriegszeit haben ebenso wie einzelne Parlamentarierinnen ihr politisches Engagement nach 1945 nicht als gesellschaftlich relevantes Tun angesehen mit dementsprechenden Anerkennungserwartungen, Ansprüchen und Konsequenzen.[3] Sie haben sich als Sozialarbeiterinnen von Westdeutschland betätigt – wenig bis schlecht anerkannt, unterstützt und honoriert. Viele gingen aus purem Idealismus an die politische (Aufräum)Arbeit.

In der bundesdeutschen Nachkriegsgeschichte wurde die politische Mitarbeit von Frauen von offiziellen Stellen und Parteien auch nicht wirklich ernsthaft gefordert oder gefördert. Sie sollte als Notpflaster für die allergrößten Wunden dienen. Es herrschte, neben den Appellen an die Frauen, sich an Wahlen zu beteiligen, vor allem der Wunsch vor, daß jene die Not der ersten Stunden tatkräftig würden lindern helfen. Und das taten die meisten Frauen mit großem Engagement. Berge von Schutt und Asche schafften sie als sog. Trümmerfrauen weg, zersprengte Familien und deren Mitglieder führten sie zusammen und bauten sie psychisch und physisch wieder auf. Die „goldenen Jahre" des deutschen Wirtschaftswunders begannen bald, gleichzeitig die des Zurückdrängens der erwerbstätigen Frauen in die – so vorhandene – Familie. Als ideologische Begleitmusik erklang das Lied der Schlüsselkinder, der Rabenmütter und des schlechten Gewissens. Hier wurde dann mit unterschiedlichsten Mitteln zugleich gegen die berufstätige oder die politisch aktive Frau gekämpft.

Weibliche Bundestagsabgeordnete selbst lebten im gesellschaftlichen Widerspruch: Sie haben für sich selbst ein beruflich und politisch angefülltes Leben gewählt, paßten sich allerdings in ihrer politischen Rhetorik oft an die traditionellen Frauenbilder ihrer jeweiligen Partei an. Darüber hinaus finden wir nicht selten die offene Absage an die Notwendigkeit von Frauenpolitik generell. So grenzten sich auch viele in ihrem Selbstbild von der Position einer „Frauenrechtlerin" ab.

> „Und ich habe nie zu der Gruppe der Frauenrechtlerinnen gehört. Ich habe mich durchgeboxt, so gut ich kann und bin dahin gekommen, wohin ich gekommen bin, weiter als ich je angestrebt habe, aber *nie* auf dem Wege der Verteidigung der Rechte der Frau als etwas besonderes, sondern der Verteidigung des Menschen." (Interview mit Politikerin 3.4.: 13)

---

3 Diese Aussage muß relativiert werden für diejenigen weiblichen Abgeordneten, die für mehr als eine Legislaturperiode in Parlamente von Bund und Ländern gewählt worden waren. Sie gilt für jene, die vor allem im politischen Basisbereich tätig gewesen sind.

Obgleich viele Parlamentarierinnen sich bereits früh und dann kontinuierlich für die Verbesserung der Lebenssituation und -chancen von Frauen eingesetzt haben, bestreiten sie gleichzeitig die Legitimität von Frauenpolitik überhaupt. Die wesentlichsten Dimensionen der politischen Tätigkeit von Frauen in der deutschen Nachkriegsgeschichte scheinen mir die *Unbewußtheit des (frauen)politischen Engagements* zu sein und zwar in zweifacher Sicht: Zum einen dachten viele Frauen, die im vorparlamentarischen Raum tätig waren, selbst, sie würden ja nur der Not gehorchen und das Notwendigste eben bloß erledigen. Daneben engagierten sich zahlreiche parlamentarisch tätige Frauen überwiegend und speziell für Frauenbelange, ohne daraus für sich ein frauenpolitisches Engagement abzuleiten. Die strukturellen und systematischen Komponenten von Frauendiskriminierung in einer patriarchalen Gesellschaft bleiben damit unberücksichtigt. Die ökonomisch, politisch und sozialpsychologisch abgesicherte Konstruktion von männlicher Macht und weiblicher Unterordnung in der Entstehungsphase der Bundesrepublik wurde nicht thematisiert. Dennoch agierten die Frauen politisch und frauenbezogen. Insofern möchte ich in dieser Zeit von einem *unbewußten Frauenbewußtsein und von vorbewußtem Frauenhandeln* sprechen.

Der andere wichtige Punkt scheint die machtpolitische Bescheidenheit der *Frauenausschüsse und Frauenorganisationen* nach 1945 selbst zu sein. Machtfragen wurden in Frauengruppen nicht wirklich gestellt. Die Frauen gingen in der Überlebens- und Sozialarbeit auf, währenddessen gingen ihre politischen Ansprüche und Forderungen unter. In dem Maße, wie sich die Sphäre der Politik rationalisierte und anonymisierte, verschwindet auch die sog. „alte Garde“ der radikaleren Frauenrechtlerinnen. Für nachgeborene Töchter heute, allzumal für Frauenforscherinnen, mag es befremdlich anmuten, daß damals aktive Protagonistinnen der Frauenverbände selbst ihre Einmischung in die Politik ihres Landes mit ihrem „instinktiven“ Friedenswillen und einem quasi naturbedingten weiblichen Pazifismus begründeten, wie dies aus zahlreichen Quellen zu lesen ist (z. B. Kuhn 1984, 1986).

Schon oft in der Geschichte haben nach Kriegen und in Krisenzeiten Frauen die Rolle der Aufräumarbeiterinnen, der „moralischen Putzkolonnen“ (Thürmer-Rohr) oder eben der Trümmerfrauen übernehmen müssen und auch übernehmen wollen. Hoffnungen von Frauen auf eine humanere gesellschaftliche Praxis stehen oft in der Gefahr, sich instrumentalisieren zu lassen als Projektionsfläche kultureller Wünsche aus männlicher Perspektive. Gleichwohl ist es historisch verkürzend, die Entwicklung der ersten politischen Frauenaktivitäten in der Nachkriegszeit ausschließlich aus der nachträglichen Kenntnis ihrer Instrumentalsierung und aus der vorweggenommenen Perspektive ihres Scheiterns zu interpretieren. Es gab die unterschiedlichsten Fraktionen und Forderungen von Frauen. Unter den Gründerinnen finden wir die großen alten Damen der bürgerlichen Frauenbewegung wie Dorothee von Velsen, Agnes von Zahn-Harnack, Marie-Elisabeth Lüders oder Emmy Beckmann. In der SbZ organisieren sich Vertreterinnen der radikalen Pazifistinnen und Frauenenrechtlerinnen, Kommunistinnen und ehemalige Gewerkschafterinnen, die bereits vor 1933 in der Gewerkschaft oder Frauenpolitik aktiv gewesen waren und während des Nationalsozialismus verfolgt und teilweise emigriert waren. Aus heutiger Sicht erklärungsbedürftig ist die allmähliche Zurückdrängung radikaler Frauenpositionen. So wollte zum Beispiel der „Stuttgarter Frauendienst" mit seiner ungebrochenen Kontinuität zur bürgerlichen Frauenbewegung der Weimarer.Republik und seiner Zusammensetzung aus meist privilegierten Frauen (Akademikerinnen, Frauen angesehener Männer) einen radikalen Standpunkt nicht formulieren. „Er war geprägt von einer konservativen Grundhaltung, die nicht im Widerspruch zur westdeutschen Restauration stand. Dies belegt z. B. seine Haltung zum Paragraphen 218, für dessen Beibehaltung er sich während der breiten öffentlichen Diskussion Anfang 1947 aussprach" (Hauser 1984: 75).

Die Auseinandersetzung um den § 218 wurde zum Initialzünder der Neuen bundesdeutschen Frauenbewegung in den 70er Jahren. Vielleicht haben die Zeitgenossinnen der Adenauer-Politik und die Politikerinnen der älteren Generation damals ein unbewußtes Emanzipationspotential ausgelebt und somit nicht bewußte aber tatkräftige Vorbilder abgegeben für eine spätere Radikalität der „Töchter". Vielleicht haben sich aber viele Töchter von ihren angepassten, unzufriedenen Familienmüttern abgegrenzt und daraus die Kraft der politischen Einmischung gezogen. Hinweise gibt es auf beide Möglichkeiten. Man wird sich nicht entscheiden müssen bei dem nachträglichen Versuch, Kontinuitäten oder Brüche in den Motiven, Hoffnungen und politischen Zielsetzungen der heutigen Akteurinnen zu rekonstruieren. Wichtig ist, daß *beide* Aspekte eines generationsspezifischen Zusammenhanges gesehen werden.

B: Die jüngeren Parlamentarierinnen

„Politik ist eine Sucht wie das Rauchen." (Renate Hellwig)

1. Historische Hintergründe: Vom Beginn der neuen Frauenbewegung bis heute

Die neue Frauenbewegung, ob im internationalen Kontext oder auf die Bundesrepublik Deutschland bezogen, ist mittlerweile Geschichte geworden. Diese Aussage mag merkwürdig klingen, insbesondere für jemanden, deren persönliche Biographie und politische Sozialisation unmittelbar mit dieser Phase zusammenhängt. Heute kann man die Frage stellen: „Was hat die Frauenbewegung bisher erreicht? Hat sie mehr bewegt als ihre Klientel? Welche Ziele formulierte die Frauenbewegung in ihrer Aufbruchszeit? Welche prägten zehn Jahre später in den 80er Jahren ihr Anspruchsprofil? Hat sie einen vielleicht erst bei Nahsicht zu bemerkenden Wandel in der politischen Kultur der Bundesrepublik bewirkt? Gibt es Erfolge der institutionaliserten Frauenförderung? Erlaubt sei ein vorläufiger Versuch einer Art Zwischenbilanz.

Was auffällt, klingt zunächst recht simpel: Es hat sich frauenpolitisch in den vergangenen 25 Jahren viel verändert. Einerseits gewannen Frauen und ihre Themen an Brisanz und öffentlicher Präsenz. Frühe Forderungen der Frauenbewegung etwa nach gesellschaftlichem Schutz gegenüber Gewalt im Privatbereich wie in der Öffentlichkeit oder nach Frauenförderung in der Arbeitswelt und in der Politik werden – zumindest rhetorisch – von allen politischen Parteien und gesellschaftlichen Gruppen unterstützt. Die seit 1980 in einige Landtage und ab 1983 in den Bundestag eingezogenen GRÜNEN, heute: BÜNDNIS 90/DIE GRÜNEN forcierten die Diskussion um eine strukturell verankerte Frauenförderung. Daß über die Frage nach Frauenquoten keine Partei mehr hinweggehen kann, ist vor allem den GRÜNEN – und da den Frauen – zu verdanken.

Ist die zeitweilige größere Offenheit der Parteien gegenüber Frauen und ihren Themen ein Beweis der politischen Lernfähigkeit oder nur ein geschickt inszenierter Akt der Beschwichtigung? Insgesamt würde ein genauerer Blick auf die momentan geführten Diskussionen und auf die wichtigsten Arbeiten aus der feministischen Theorie eher ein frauenpolitisches *Paradox* feststellen, das auf die Deutung hinausliefe: „Frauen haben unglaublich viel erreicht, aber verändert hat sich seit Generationen fast nichts." Näher erläutert hieße dies, daß sich die Lebenslagen von Frauen zwar seit dem Bestehen der Bundesrepublik enorm gewandelt haben: Von der juristisch entmündigten, ökonomisch ausgebeuteten und politisch instrumentalisierten Frau am Ende der nationalsozialistischen Diktatur sind Frauen heute Lichtjahre entfernt. Und was 1971 mit der Kampagne einiger radikaler Dissidentinnen gegen den § 218 als sog. Neue Frauenbewegung begann, ist inzwischen zu einer unüberblickbaren, von allen politischen Lagern respektierten Einflußgröße geworden. Dennoch erinnert vieles in den 90er Jahren an die Wiederkehr des Immergleichen: in der patriarchalischen Gesellschaft gehören Frauen nach wie vor *strukturell und individuell, praktisch und theoretisch* zu den Diskriminierten: von der ungleichen Entlohnung und Behandlung auf dem Arbeitsmarkt über Gewaltstrukturen in der Partnerschaft oder in der Öffentlichkeit bis hin zu der Tatsache, daß Armut hierzulande meist immer noch weiblich ist. Obgleich Frauen ihr sog. Bildungsdefizit längst aufgeholt haben, sind sie nach wie vor auf dem Erwerbsarbeitsmarkt in den unteren, schlecht bezahlten Positionen vertreten. Und nach wie vor reglementiert der § 218 die freie Gewissensentscheidung von Frauen, ob sie Kinder gebären und großziehen wollen oder nicht.

Die gesellschaftliche Modernisierung zeigte sich an Entwicklungen, die auch problematische Aspekte aufweisen: eine gestiegene Erwerbsbeteiligung von (verheirateten) Müttern mit Kleinkindern, erhöhte Scheidungsziffern, eine größere Berufsorientierung von jungen Mädchen, die wachsende Zahl von Alleinerziehenden und die rapide Zunahme von nichtehelich geborenen Kindern. Neue Wahlmöglichkeiten und -zwänge schufen eine Vielfalt von individuellen Lebens- und Bindungsmöglichkeiten. Die Industrialisierung und das Vordringen der Frauen auf den Erwerbsarbeitsmarkt bedeutete immer schon zugleich einen Sinn- und Bedeutungswandel der häuslichen Reproduktionsarbeit. Und allem egalitärem Anschein widersprechend sind die Chancen auf Einstieg, Qualifizierung und Aufstieg im Arbeitsleben für Frauen immer noch ungleich geringer als für Männer. Ebenso drohen auf der einen Seite Gefahren der persönlichen Überforderung, da die bestehende familiale Arbeitsteilung weiterhin auf den Schultern der Frauen lastet, und auf der anderen Seite die Gefahren der Überanpassung an bestehende ausbeutende und unkalkulierbare Arbeitsmarktstrukturen. In bezug auf die Frauenbewegung gewannen in den 80er Jahren mittelfristige Einmischungskonzepte und juristische Regelungsentwürfe wie Gleichstellungs- und Antidiskriminierungsgesetze oder Frauenförderpläne Konjunktur. Der Trend zu einer Professionalisierung von Frauenpolitik ist unübersehbar. In zahlreichen kulturellen und ökonomischen

Bereichen sind Projekte der Frauenbewegung fest etabliert. Es gibt heute eine breitere Akzeptanz von Frauenpolitik, aber auch gleichzeitig größere Widerstände und ausgeklügeltere Gegenstrategien. Die deutsche Vereinigung hat diese Entwicklungen seit 1990 eher dramatisch zugespitzt als entschärft und ihnen noch die Dimensionen massenhafter Erwerbslosigkeit (im Osten zu 70% eine von Frauen), Desorientierung von Jugendlichen, Sozialabbau und Rechtsextremismus hinzugefügt.

In den 70er Jahren bestimmte noch der Reformwille der sozialliberalen Koalition unter Willy Brandt die Frauenpolitik der Bundesrepublik. Mit Gesetzen wie dem Nichtehelichenrecht von 1969/1970 oder der Indikationsregelung beim Schwangerschaftsabbruch 1974/76 bis zum Gesetz zur Reform des Ehe- und Familienrechts von 1976 zeigten sich Bemühungen, Relikte einer anachronistischen Ehe- und Familienpolitik mit ihren starren Frauenleitbildern zu verändern. Parteipolitisch dokumentierte der Regierungswechsel von 1969 durch die Bildung der sozialliberalen Koalition den sozialen und politischen Umbruch. Vor dem Hintergrund der veränderten Lebenslagen und politischen Verhältnisse geriet die Eherechtsreform in den 70er Jahren zu den umstrittensten frauenpolitischen Gesetzen der Nachkriegszeit (Langer-El-Sayed 1980, Meyer 1990).

Der frauenpolitische Reformwille und die Reformära gerieten in den 80er Jahren in die Defensive bzw. wurden gestoppt. Seit dem Regierungswechsel 1982 stand die Regierung Kohl unter dem Druck, ihre Kritik an frauenpolitischen Reformen der SPD/FDP-Koalition in konstruktive politische Maßnahmen umzusetzen. Während die CDU noch in den 70er Jahren von einer großen Skepsis bestimmt war gegenüber jeglichen Modernisierungserscheinungen wie Frauenerwerbstätigkeit, Fremdbetreuung von Kindern, Scheidungen u.ä., und sie diesen „Kulturverfall" mit moralischen Appellen bannen wollte, versuchte sie in den 80er und 90er Jahren ihr Frauenbild vermehrt an der sperrigeren sozialen Realität auszurichten. Dies bedeutete Widersprüchliches: Einerseits möchten Teile der Union ein traditionelles Frauenbild bewahren, das den Vorrang von Familienaufgaben vor einer Berufstätigkeit für Frauen, insbesondere für Mütter, betont. Andererseits versucht die Partei, gesellschaftliche Veränderungen und das gewachsene Bildungs-, Berufs- und Anspruchsniveau von Frauen aufzunehmen.

Die erste Bundestagspräsidentin der Union, Rita Süßmuth, steht seit ihrem überraschenden Amtsantritt im Jahre 1985 als Familienministerin generell für eine stärkere Berücksichtigung der Wünsche von Frauen, z. B. nach einem selbstverantwortlich gestaltetem Leben und nach einer qualifizierten Berufsausbildung und -tätigkeit. Konzeptionelle Widersprüche zu ihrer Partei sind dabei allerdings unübersehbar. Wurde sie einst als „Flaggschiff" durch einen geschickten Schachzug vom damaligen Generalsekretär und in Personalunion Familienminister Heiner Geissler ins Kabinett lanciert, fiel Rita Süßmuth mit steigender Popularität in der Gunst ihrer Parteikollegen und insbesondere ihres Chefs. Und auch bei der Kampfabstimmung um eine Neufassung oder Abschaffung des § 218 nach der Deutschen Vereinigung sah man um Rita Süßmuth den progressiveren Teil der CDU-Politikerinnen, die den Frauen zwar eine Pflicht zur Beratung in Schwangerschaftskonflikten aber nicht die zum Austragen, Gebären und Großziehen von ungewollten Kindern auferlegen wollten. Nach der Bundestagwahl vom 16. Oktober 1994 mußte sich auch der 13. Deutsche Bundestag, der den höchsten Frauenanteil in seiner Geschichte (rd. 26%) aufweist, erneut mit dieser alten Frage beschäftigen, die mittlerweile zum „Gradmesser" der frauenpolitischen Emanzipation aufgestiegen ist.

2. Frauenbewußtsein

Das was die heutige Frauenbewegung gegenüber ihren politisch aktiven Müttern nach 1945 auszeichnet, ist eine Veränderung der politischen Gesamtkultur und des Frauenbewußtseins in weiten Teilen der Bevölkerung. Die Sensibilitäten gegenüber geschlechtsspezifischen Diskriminierungen sind gestiegen, auch wenn sich dies empirisch nicht immer sogleich meßbar im Verhalten einzelner niederschlägt; die traditionelle Politik hat dazu gelernt, vielfach auch bloß vereinnahmt oder ihre Gegenstrategien verfeinert. Heute existiert zumindest in den westlichen Bundesländern in großen Teilen der Bevölkerung ein breiteres Frauenbewußtsein, das – abgestützt durch Bildung und qualifizierte Berufstätigkeit - nicht mehr so leicht übergangen werden kann. Im Gegensatz zu den 50er Jahren können auch ihre Trägerinnen nicht mehr so einfach von der politischen Bühne verdrängt werden.

Der Vereinigungsprozeß ist im Hinblick auf die Frage des Frauenbewußtseins allerdings nicht eindeutig zu beurteilen. Zunächst sah es so aus, als wären die ostdeutschen Frauen, zumindest diejenigen, die sich öffentlich äußerten, zwar sehr selbstbewußt aber wenig frauenbewußt. Mittlerweile hat durch den politischen, ökonomischen und sozialen Umwälzungsprozeß, der die Westanbindung der ehemaligen DDR eruptiv begleitete, eine Ausgrenzung der Frauen auf allen Ebenen stattgefunden. Ob im Betrieb oder in der Familie: Überall hat sich das westdeutsche Patriarchat, das im Mantel des wirtschaftlich erfolgversprechenden Kapitalismus daherkam, durchsetzen können. Frauen sind aus dem Erwerbsleben als erste und „leichter" entlassen worden als die männlichen „Ernährer". Soziale Unterstützungseinrichtungen wie Kindergärten oder -betreuungsplätze – wenngleich oft auch nicht nachahmenswert in ihrer inhaltlich-pädagogischen Ausgestaltung – sind auf ein Minimum reduziert worden. Und die ideologischen Muster von Weiblichkeit und Unterordnung, die im Westen allmählich verabschiedet wurden, leben dort – importiert durch westdeutsche Verwaltungsbeamte und andere Helfer beim „Aufbau Ost" – ungebrochen wieder auf. Der Schwangerschaftsabbruch, seit 1971 in der DDR straffrei, wird wieder in staatliche bzw. juristische Hände genommen: Das westdeutsche Beratungsmodell wird den schwierigen und pharisäerhaften Kompromiß zwischen dem Selbstbestimmungsrecht von Frauen und den Bedenken der katholischen Kirche gehen müssen. Die „runden Tische", an denen noch zahlreiche Frauen, zumeist aus den Bürgerrechtsbewegungen, vertreten gewesen waren, sind aufgelöst und von männlich dominierten Parteien sowie von modernen Landesfürsten beerbt worden. Ob dieser „kalte Frauenausschluß" zu einer Mobilisierung der ostdeutschen Schwestern führen wird oder zu einer größer werdenden Resignation, bleibt derzeit noch abzuwarten.

3. *Frauen in der Politik*

Die politische Präsenz von Frauen in der Öffentlichkeit ist unübersehbar geworden, sei es durch ihre zunehmende Erwerbstätigkeit, ihre hohe Wahlbeteiligung oder durch die öffentlich geführten Debatten um Forderungen der Frauenbewegung. Gegenüber der Nachkriegszeit und besonders zwischen den Jahren 1970 und 1980 hat sich der Frauenanteil in den Parteien rapide erhöht (Hoecker 1995). Auch in den Landtagen oder in den Parteivorständen rücken Frauen in ehemalige Herrenriegen auf. So beträgt der Frauenanteil in den Parlamenten der Bundesländer selbst in Baden-Württemberg mittlerweile über 15% und erreichte 1992 im Stadtstaat Bremen in der hanseatischen Bürgerschaft die bundesweite Höchstrate von 35%. Da Frauen nicht nur die Bevölkerungsmehrheit ausmachen, sondern auch 53% der Wahlberechtigten stellen, könnten sie, wenn sie wollten, alle anstehenden Wahlen in politischen Entscheidungswahljahren maßgeblich bestimmen. Sie tun es natürlich auch, aber nicht in der Gemeinsamkeit eines Frauenbewußtseins oder -handelns. Das Wort „Frauen gemeinsam sind stark" hat immer nur solange Gültigkeit, wie weltanschauliche, ideologische, religiöse, bildungs- und milieuspezifische, regionale und generationsabhängige Differenzen überwunden werden können. Das ist selten genug der Fall. Parlamentarierinnen des Deutschen Bundestages können solch frauenpolitische Sternstunden an einer Hand abzählen (genannt wird z. B. der überfraktionelle Gesetzesentwurf beim Verbraucherschutz oder jüngst beim § 218).

Wenn im weiteren Verlaufe die Frage nach dem spezifischen Umgang von politisch verantwortlichen Frauen mit der Politik und deren Verhaltensanforderungen, Erwartungen, institutionellen Regeln und Abläufen gestellt wird, so in dem Bewußtsein, daß die jüngeren Politikerinnen heute alle lebensgeschichtlich geprägt worden sind von der Erweiterung und Veränderung des traditionellen Politikbegriffs durch die Neue Frauenbewegung.

4. Politikbegriff

Mit dem Slogan:"Das Private ist politisch!" erweiterte die Frauenbewegung den gesellschaftlichen Diskurs um Themen wie Liebe, Sexualität, Hausarbeit, Beziehungsmuster u.ä., die bislang als naturhaft-fixiert oder privat-unberechenbar erschienen. Die Politisierung des Privaten brach gleich mehrere Tabus. Zum einen forcierte die Frauenbewegung eine Diskussion um die Problematik des Sozialstaates, der zunehmend in den Privatbereich seiner Bürger und Bürgerinnen interveniert und immer detaillierter das Private regelt durch Arbeitszeitbestimmungen, Bildungspolitik oder Ehe- und Familiengesetzgebung und in dem zugleich Probleme des Intimbereichs (wie Abtreibung, Ehebruch, Haushaltsführung, Kindesmißhandlung) immer mehr zum Gegenstand des öffentlichen Diskurses geraten. Die Frauen problematisierten damit jene Gewaltverhältnisse, die sich durch die neuartige Verschränkung von Öffentlichkeit und Privatheit als politische herausgebildet hatten. Zum anderen war dies deshalb auch provozierend, weil nach klassisch liberalem Verständnis die Privatsphäre auch heute noch als der vor dem Staat zu schützende Bereich galt. Im Zeitalter des Interventions- und Wohlfahrtsstaates ist aber die schroffe Trennung zwischen Öffentlichkeit und Privatem durchbrochen. Ihre fortgesetzte Behauptung und der Wunsch, die „heile Familie" vor den Gefahren gesellschaftlicher Einflüsse oder staatlicher Eingriffe bewahren zu wollen, bergen heute ideologische Implikationen in dem Sinne, daß ein Rekurs auf Staatsfreiheit im Privaten in der Regel das traditionelle Dominanz- und Abhängigkeitsverhältnis zwischen den Geschlechtern „schützt", anstatt die Gleichberechtigung der Frauen wirklich zu forcieren.

Die feministische Kritik an der moderne Gesellschaften konstituierenden Frauenausgrenzung und -abwertung sowie an dem herrschenden Politikbegriff, der Politik als Geschäft und rücksichtslosen Machtkampf versteht, scheint heute, fast eine Generation nach dem Beginn der Neuen Frauenbewegung, aktueller denn je. Wie zerstörerisch ein allein auf Machtgewinn und Dominanz ausgerichtetes Politikverständnis sich konkret auf die Menschen auswirken kann, wurde im Krieg auf dem Balkan erlebt, in dem ein mörderischer Männlichkeitswahn keine Grenzen mehr zu haben scheint, und Frauen als Kriegsbeute gelten. Hier zeigt sich wie unter einem Vergrößerungsglas, daß die Hoffnungen von Frauen (und vielen Männern) auf eine gewaltlose und wirklich gleichberechtigte Teilhabe am politischen Geschehen engstens verknüpft sind mit einer demokratisch geregelten Gesellschaft, die ihre Verpflichtung nach zivilen Formen der Konfliktaustragung ernst nimmt. Frauenpolitik und der Aufbruch von Frauen findet nicht in einem historischen Nirgendwo statt. Sie sind gebunden – und zwar ausdrücklich – an die in freiheitlichen Demokratien als Selbstverpflichtung vorgegebenen universalistischen Prinzipien der Menschenwürde und Menschenrechte. Vielleicht war es der Frauenbewegung in ihren Anfangszeiten gar nicht bewußt, daß sie mit ihrem erweiterten Politikverständnis unmittelbar an dieses Prinzip anzuknüpfen hatte. Die nächste Zeit wird zeigen, ob die Bundesrepublik tatsächlich eine gefestigte demokratische Kultur entwickelt hat und menschenrechtliche Standards anerkennt, bei denen Individuen in ihrer Würde nicht von Zuschreibungen wie Nationalität, Herkunft, Religion, Hautfarbe oder Geschlechtszugehörigkeit abhängig sind.

5. *Motive und Selbstverständnis politisch aktiver Frauen heute*

Auf den ersten Blick scheinen sich manche Motive für ein politisches Engagement der 50er Jahre-Politikerinnen und denen der 80er Jahre zu ähneln: Ein vitales Gerechtigkeitsbedürfnis und der Wunsch, die Welt etwas zum Besseren hin zu verändern, wird auch von der jüngeren Politikerinnen-Generation als entscheidend genannt. Ein persönliches Verantwortungsgefühl gegenüber gesellschaftlichen Zuständen und gegenüber den Sorgen und Nöten der Bevölkerung, ebenso wie die Einsicht in die Notwendigkeit von eigener Aktivität sind beherrschende Motive, sich politisch zu engagieren. Bei den älteren Politikerinnen gab es nach der Befreiung vom Nationalsozialismus, insbesondere für viele vorher verfolgte Sozialdemokratinnen und Kommunistinnen aber auch für selbstbewußte Frauen aus bürgerlichen Kreisen, das Motiv, den politischen Neuanfang mit weiblicher Hand besser zu gestalten. Manches Mal wurde das politische Engagement auch mit einer widerspenstigen Haltung gegen den von den Besatzungsmächten „aufoktroyierten Frieden“ begründet oder aus einer heftigen Kritik an der Ungerechtigkeit der Entnazifizierung.

Die Auflehnung gegen als ungerecht empfundene Machtverhältnisse ist auch ein Moment bei der jüngeren Generation. Auch hier wandte sich der Protest gegen das von den politischen Eltern Vollzogene. Dazu kam oft die Kritik an den bürgerlich-kapitalistischen Macht- und Ausbeutungsverhältnissen. Dies ist ein spezifisches historisches Phänomen der alten Bundesrepublik. Die 70er/80er Jahre-Parlamentarierinnen wurden *anders* politisch sozialisiert. Dieser Punkt ist bedeutsam für ihre Motivation, (partei)politisch tätig zu werden. Das stark aufgeladene politisierte Klima der unruhigen Zeit der Studentenbewegung hat sich mit seinen polarisierenden Tendenzen auf die politische Standortfindung besonders derjenigen ausgewirkt, die zu der Zeit zwischen 15 und 30 Jahre alt waren. Wenn sie zudem noch studierten, vielleicht sogar noch in Berlin oder Frankfurt, dann war es äußerst wahrscheinlich, daß ein Politisierungsschub ausgelöst wurde, der zu einem späteren, längerfristigen (partei)politischen Engagement führte – bei Frauen wie bei Männern, ob in eher linken-reformoffenen oder eher konservativ-bewahrenden Parteien.[4] Die Studentenbewegung und die Frauenbewegung waren Protest gegen die Generation der „Väter“, gegen das Verschweigen der nationalsozialistischen Vergangenheit und gegen die saturierte Wohlstandsgesellschaft. Demonstrationen, besetzte Häuser oder Hörsäale, solche Schlüsselerlebnisse oder auch „motivierende Konfliktsituationen“, in denen sich die Beteiligten gegen Ungerechtigkeiten – auch die von „links“ – gewehrt haben, werden von Frauen als entscheidende Motivationen zum Parteibeitritt genannt. Hoecker (1984: 91) spricht von einer Parteibeitrittswelle in den 70er Jahren. Insofern profitierten alle Parteien – auch die bürgerlichen – von der Aufbruchstimmung der 68er Jahre.

Günstig für ein politisches Engagement von Frauen waren das höhere Ausbildungsniveau, Veränderungen in Art und Umfang der Erwerbstätigkeit, steigende Urbanisierung, Veränderungen im generativen Verhalten, zusammen mit dem politisierenden Klima in Hochschulen und neuen sozialen Bewegungen. Der überwiegende Teil der heute politisch und parlamentarisch

---

4 So haben von den acht Parlamentarierinnen, die hier näher vorgestellt wurden, allein vier in Berlin, dem Brennpunkt der politischen Auseinandersetzungen in den 60er Jahren studiert.

tätigen Frauen hat eine fundierte Berufsausbildung oder ein Universitätsstudium in frauen*un*typischen Fächern absolviert. Bildete der Fürsorgerinnen-Beruf bis in die späten 60er Jahre hinein den typischen professionellen Hintergrund einer politisch aktiven Frau (zumal in den „großen" Parteien), so ist bei der jüngeren Generation die Akademisierung und Professionalisierung in „frauenuntypischen" Feldern auffällig: Auf der Führungsetage, im Bundestag, finden sich Rechtsanwältinnen, Richterinnen, Informatikerinnen, Ingenieurinnen, Professorinnen, Ärztinnen.

Durch ihre Berufsqualifikation haben viele Frauen heute die Möglichkeit beruflicher und finanzieller Selbständigkeit. Dieses Moment prägt auch das Selbstbild vieler Politikerinnen, die darauf ihre gewisse persönliche Unabhängigkeit von der Politik begründen und dies als Vorteil gegenüber ihren männlichen Kollegen empfinden. Die Erfahrung von qualifizierter Erwerbstätigkeit schafft für Frauen die Möglichkeit, die politische Arbeit als etwas Eigenes, Zusätzliches, Freiwilliges zu betrachten, aus dem sie gegebenenfalls auch wieder aussteigen können.[5]

„... ich denke, ich biete mich an, ich hab' was vorzuweisen... Wollen sie mich, dann mache ich das, und wollen sie mich nicht, mache ich was anderes.... Es ist ja nicht so, daß ich meinen Beruf nicht liebe." (Interview mit Politikerin 4.5.: 49/50)

In vielen Aussagen finden wir ein größeres Maß an Realismus sowie einen pragmatischeren Umgang mit dem Vorgefundenen in der Politik. Beide Momente sind gemischt mit einer – natürlich unterschiedlich ausgeprägten und geäußerten – Kritik an den Regeln und Kommunikationsformen, am Stil und Entscheidungsprocedere im politischen Bereich. Dieses führt zu einer heiklen Kombination von Anpassung und Widerstand, von Kampfesmut und der „Lust, alles hinzuschmeißen".

Exkurs: Der Bezug auf Weiblichkeit und auf andere Frauen

In Selbstbeschreibungen von Politikerinnen tauchen manchmal „typisch weibliche", d.h in der Sozialisation von Mädchen erfahrene Muster der Selbststilisierung auf: das Bedürfnis nach Ausgleich, Gerechtigkeit, Harmo-

5 Schöler-Macher 1993 hält die Betonung von Autonomie für zentral in den Selbstbeschreibungen von Politikerinnen. Aus dem Streben nach Autonomie, das jeweils sehr spezifische lebensgeschichtliche Ausformungen annehmen kann, entwickle sich überhaupt erst der Wunsch, in dem als männliches Terrain wahrgenommenen Bereich der Politik aktiv zu werden.

nie, das bei Mädchen vermutet, gesucht und entsprechend gefördert, später erwartet und entsprechend anerkannt aber schlecht bezahlt wird. Manche Frauen schreiben sich „einen Blick“ dafür zu oder „ein persönliches Gespür“, ob jemand schlecht oder ungerecht behandelt wird oder nicht, und viele betonen dieses mit Stolz. Die Übernahme von kulturellen Weiblichkeitsstereotypen mischt sich bei jüngeren Politikerinnen allerdings mit dem kritischen Bewußtsein darüber, daß diese Stereotype stets zu Ausgrenzungen bzw. dem Verweisen von Frauen auf das naheliegende „Soziale“ geführt haben. Insofern ist es für diese Frauen immer doppelbödig, auch zu den positiven Anteilen eines sozialen Engagements zu stehen, die ja durchaus darin liegen, sich um die Alltagsnöte von Menschen zu kümmern und tatsächlich Gerechtigkeit im sozialen Bereich anzustreben und damit der größer werdenden Distanz zwischen PolitikerInnen und BürgerInnen entgegenzuwirken. Die Sorgen der Bevölkerung ernstzunehmen, dieser alltägliche „Kleinkram“: Viele Frauen sahen darin früher (sowohl um die Jahrhundertwende als auch in der Nachkriegszeit) gerade ein positives Element ihrer politischen Arbeit. Hierzu gehört, daß früher viele Politikerinnen als Fürsorgerinnen die konkreten Probleme von Frauen kannten und dadurch politisch motiviert wurden. Auch heute nennen z. B. Rechtsanwältinnen die katastrophale Rechtslage von Frauen, die sie täglich in ihrer Praxis erleben, als Motivation zum politischen Engagement. In der Politik geht es nicht ohne dieses konkrete Hinsehen und Ernstnehmen der sozialen Nöte – daher wissen auch die Parteien, was sie an ihren „Müttern“ haben –, aber die Geringschätzung und Bagatellisierung der auch als „Weiberkram“ titulierten Aufgaben findet weiterhin statt. Und das wissen die meisten Politikerinnen.

Wenn sich heute Frauen aktiv in die Politik einmischen, wenn sie einer Partei beitreten (rd. 3% aller Frauen tun dies in den alten Bundesländern und rd. 9% aller Männer, im Osten 5% zu 7%), wenn sie sich darüber hinaus in höhere Ämter wählen lassen und die Absicht äußern, dabei bleiben zu wollen, dann ist ihnen ihr ungewöhnliches Tun selbst sehr bewußt. Sie wissen, daß sie sich gegen gesellschaftliche Erwartungen verhalten, und sie ahnen – eventuell anders als ihre politischen Mütter –, daß der Beruf der Politikerin ein „widriges Geschäft“ sein kann. Viele haben diesen schwierigen Weg nur aufgrund der Förderung von Männern/Parteikollegen gehen können.

Solange in den Parteien eine so auffällige quantitative Mehrheit von männlichen Mitgliedern vorherrscht, und solange auch überwiegend Männer in den Führungspositionen personelle Entscheidungen fällen, so lange kann das Prinzip der Frauenförderung nicht *ohne* oder gar *gegen* männliche Parteimitglieder durchgesetzt werden. Insofern sind Frauen auf die aktive Förderung und Unterstützung oder zumindest auf das Wohlwollen ihrer Parteikollegen angewiesen. Diese Tatsache gilt besonders für Parteien, deren Frauenanteil an der Mitgliedschaft bzw. in Führungsgremien noch unter 25% - 30% stagniert. Allerdings ist selbst in Parteien, in denen der weibliche Mitgliederanteil relativ hoch ist, und ein Quoten- oder Reißverschlußprinzip bei der Besetzung von Ämtern und Mandaten – wie bei BÜNDNIS 90/DIE GRÜNEN – Anwendung findet, für die Frauenförderung auch die Unterstützung von einflußreichen männlichen Parteimitgliedern notwendig und unumgänglich. Diese Tatsache war für einige Politikerinnen besonders schwer hinzunehmen. Einzelne, so wie die ehemalige Bundestagsabgeordnete Jutta Oesterle-Schwerin haben sich entschlossen, aus ihrer Partei auszutreten, um entweder ganz aus der Parteipolitik auszusteigen oder um sich anderen Parteien – in diesem Fall sogar einer Parteineugründung der feministischen Partei „Die Frauen" – zuzuwenden.

Die Belastungen, sich heute als Frau auf eine politische Karriere einzulassen, hängen darüber hinaus auch ab von der Bereitschaft, auf manch liebgewonnene Vorteile als eine der wenigen Frauen im „Männerbund" zu verzichten. Waren es früher vereinzelte und oftmals weniger frauenbewußte Frauen auf politischem Parkett, so wurden sie noch gerne von männlicher Seite gefördert.

> „Jetzt kam ich ganz frisch in die Partei und war ja noch nicht profiliert. Ich hatte ja mit Frauenfragen nichts am Hut, damals, weil ich die Probleme ja nicht sah. Es waren ja für mich keine gewesen. Und dadurch war ich dann auch so eine, die den anderen vor die Nase gesetzt wurde." (Interview mit Renate Hellwig: 24)

Doch mit der zunehmenden Zahl von Parlamentarierinnen und Kandidatinnen wird es für einzelne Frauen nicht leichter im parlamentarischen Bereich. Denn trotz rhetorisch anerkannter und bei BÜNDNIS 90/DIE GRÜNEN und der SPD satzungsmäßig fixierter Frauenförderung wissen heute viele männliche Parteimitglieder nicht, ob ihre eigenen unhinterfragten Chancen und Machtpositionen noch weiter gewährleistet sind, wenn sie Frauen aktiv fördern. Diese Tatsache wirkt sich entsprechend auf das Klima und den Umgang der Politikerinnen auch untereinander aus. Manche Privilegien von einst sind heute rar. Als Angehörige einer „schützenswerten Minderheit", konnten viele Frauen jahrzehntelang in verschiedenen Bereichen und Situationen auch Extra-Anerkennung und Vorteile ziehen. Dadurch ist das sog. „Bienenköniginnen-Syndrom" zu verstehen, das manche Frauen in exponierten Positionen dazu gebracht hat, Kolleginnen abzuwerten und andere Frauen nicht nachkommen zu lassen. Die – für einige Politikerinnen nicht unbedeutenden – Privilegien, die ihnen vielfach aus ihrer Primadonna(Erste-Frau)rolle erwuchsen, wurden oftmals „erkauft" durch die andauernde, zeitgleiche Abwertung und Ausgrenzung von anderen Frauen und frauenspezifischen Ansprüchen/Themen, kurz: durch das Draußen-vor-der-Tür-Halten des weiblichen Geschlechts. So wird in den Interviews die Frage nach der Konkurrenz zwischen Parteikolleginnen bzw. -genossinen oder anderen Frauen als besonders heikel eingestuft – mal entschieden zugegeben, mal weit von sich gewiesen.

Für das Selbstbild von einigen Politikerinnen scheint die Abgrenzung von anderen Frauen ein wichtiges Moment zu sein. Auch das Verhältnis zu ihrer eigenen Weiblichkeit bzw. zum Frausein in der Politik ist geprägt von zahlreichen Ambivalenzen, Selbststilisierungen und Brüchen. Viele wehren sich vehement dagegen, als sog. „Weibchen" ihre Karriere gemacht zu haben.

„Ich bin aber auch dafür nicht der Typ... ich bin nicht der Weibchen-Typ, bei dem das regelmäßig zu sein pflegt (Frauen, die Männern auf Posten vorgezogen werden, B. M.) Ich kann Ihnen ein paar Beispiele nennen, wo das so ist, ich aber eigne mich nicht dafür." (Interview mit Politikerin 2.3.: 22)

Auch das Hervorheben ihrer eigenen Kompetenz im Gegensatz zu Parteikolleginnen ist ihnen wichtig:

„Das meinte ich vorhin mit manchen Frauen, die vielleicht als Schmetterling über manchen Dingen für eine gewisse Zeit schweben. Wenn die also nicht die Bereitschaft mitbringen, sich einzusetzen, sich einzubringen, konsequent dabeizubleiben, fleißig zu sein, pünktlich zu sein, zuverlässig zu sein, dann können Sie es vergessen." (Interview mit Politikerin 3.5.: 60)

Die Hoffnung auf eine überfraktionelle Zusammenarbeit von Parlamentarierinnen wird oft von Außenstehenden geäußert. Wenn man die Aussagen von Politikerinnen aber ansieht, so fallen eher die Schwierigkeiten und die Skepsis auf, die in diesem Punkt betont werden. Der Abgrenzungsdruck von (Partei)Kolleginnen ist stark, die Identifikation mit Kernzielen der Partei im Zweifel größer als eine vielbeschworene Frauensolidarität über Parteigrenzen hinweg. Und in höheren Positionen wird dies, so scheint es, immer schwieriger. Die Loyalität gegenüber der eigenen Partei wird in konkurrierenden Situationen im Zweifelsfall höher eingestuft als die Solidarität unter Frauen über Partei- oder Fraktionsgrenzen hinweg. Diese Tatsache ist zum einen auf die großen inhaltlichen Differenzen unter Frauen zurückzuführen. Selbst innerhalb einer Partei ist das Meinungs- und Interessensspektrum bei weiblichen Mitgliedern oder Mandatsträgern sowie bei der weiblichen Wählerschaft bzw. Klientel überaus groß. Darüber hinaus verfügen Parteigremien und einzelne Funktionäre über entsprechendes Überzeugungskapital und Sanktionsmittel, um überfraktionelle Zusammenschlüsse von Frauen zu vereiteln. Hinzukommt, daß es in einem Bereich, der in einem so hohen Ausmaß von öffentlicher Präsenz und Sichtbarkeit gekennzeichnet ist wie die parlamentarische Politik, einen auf Wettbewerb ausgerichteten Verhaltenskodex gibt, so daß solidarische Zusammenschlüsse aufgrund vergleichbarer Erfahrungen eher bemerkenswert als selbstverständlich sind. Auf Konkurrenzsituationen gibt es bei Politikerinnen verschiedene Verhaltensmuster. Das „traditionelle", das sich eher an von Männern erwartete Rollenvorgaben orientiert und sich gegen andere Frauen wendet, oder das „feministische", das bewußt und oft kämpferisch Frauenpositionen gegen den männlichen Mainstream einbringt und sich bei Parteikollegen aber auch bei – kolleginnen entsprechend unbeliebt macht: „Ich war natürlich das rote Tuch." „Man kann sich mit keiner Politik so unbeliebt machen wie mit Frauenpolitik", heißt es in einem meiner Interviews.

Interessant erscheint darüber hinaus die Tatsache, daß viele Politikerinnen der „jüngeren Generation" (ab Jahrgang 1940 und jünger) nicht aus einer explizit frauenspezifischen Betroffenheit in die Politik gegangen sind und auch explizit *keine* Frauenthemen als ihre speziellen Interessens- und Fachgebiete nennen.

„Also ich bin keine Frauenpolitikerin. Das sage ich ganz offen. Meine politischen Themen sind auch ganz andere." (Interview mit Politikerin 3.5.: 17)

Am Anfang eines Interviews stellt eine Ministerin sofort klar:

„... ich hab's eigentlich nicht so sehr mit der Frauenpolitik. Ich mache lieber Politik für Frauen, aber keine Frauenpolitik. Es schadet nämlich nichts." (Interview mit Politikerin 3.5.: 3)

Auffällig ist darüber hinaus, wie übereinstimmend besonders jüngere Politikerinnen abstreiten, eine sog. Quoten-Frau" zu sein. Die Betonung, es auch ohne Quote „geschafft" zu haben, ist ihnen wichtig:

„Ich habe nur für Posten kandidiert, wo ich wirklich die Beste war. Wenn Sie so wollen. Man hätte mir was anderes auch nicht abgenommen." (Interview mit Politikerin 2.3.: 22)

Eine frühere GRÜNE Bundestagsabgeordnete urteilt 1993 über die Quote:

„Also mein Schicksal ist davon überhaupt nicht abhängig, ob die Quotierung fällt oder nicht, weil wenn ich wieder einen Platz kriege in dieser Partei, dann krieg' ich ihn, weil ich eben bekannt bin. Wenn ich ihn kriege, dann kriege ich ihn auch deswegen, weil ich bekannt bin. Insofern für mich spielt es überhaupt keine Rolle." (Interview mit Politikerin 4.5.: 30)

Diese Aussage kann man einerseits als großes Selbstbewußtsein interpretieren – das ist sicher nötig und positiv für Frauen in der Politik. Andererseits deuten die Aussagen aber auf eine Schieflage in der historisch-politischen Analyse hin. Suggerieren sie doch die Unterstellung von faktischer Gleichberechtigung, so als würde Bekanntheitsgrad oder Leistung allein für die politische Förderung ausreichen. Der Quote wird insgeheim trotz anderslautender Proklamationen die Förderung von Leistungsschwäche unterstellt.

„... irgendwelche Bevorzugungen wegen des Geschlechts,... das hätte nicht in meiner Rolle gelegen. Schlicht und einfach."

„.. weil ich mich dazu nicht eigne, jetzt in dieses Feld reingesetzt zu werden. Das war bei anderen. Das sind andere Typen..." (Interview mit Politikerin 2.3.: 22)

„Ich bin also nie Quoten-, oder Alibi- oder Vorzeigefrau gewesen." (Interview mit Politikerin 3.5.: 26)

Möglicherweise akzeptieren hier Politikerinnen manche Unterstellungen von Quotengegnern, nämlich daß die Quote Leistungsschwäche belohne. Um die Quote fraglos anerkennen zu können, steht parlamentarisch tätigen Frauen ihr eigenes Selbstbewußtsein im Wege. Sie sind stolz auf ihre Leistungen und auf die Entbehrungen, die sie für die politische Arbeit auf sich genommen haben. Eine Quotengegnerin aus der FDP urteilt:

„... auf die Dauer möglicherweise kommen wir um eine Quote nicht 'rum,... Also ich hab' da deshalb wahrscheinlich nicht so einen Zugang dazu, weil ich es eben anders geschafft habe, und das mag vielleicht eine gewisse Unbarmherzigkeit sein, aber was man aus eigenem Erleben eben nicht so nachvollziehen kann, das ist für einen nicht so prioritär." (Interview mit Politikerin 3.5.: 52)

Was bedeutet die Ablehnung der Frauenquote bei Parlamentarierinnen, die es offensichtlich ohne Quote „geschafft" haben? Wird hier mit der Frauenquote eine Abwertung der eigenen Kompetenz assoziiert? Welche Bedingungen sollten anstelle von Quoten die Förderung von mehr Frauen in die Politik ermöglichen? Welches Selbstbild wird durch die Ablehnung der Quoten transportiert und stabilisiert? Diese erst im Kapitel C. zu beantwortende Fragen sollen diesen Exkurs abschließen.

6. Vereinbarkeit von Familie, Beruf und Politik

Politisch tätige Frauen wollen (und müssen) ihr politisches Engagement mit beruflichen und familiären Aufgaben verbinden. Parlamentarierinnen sind heute keine Entweder-Oder-Frauen mehr. Sie wollen sich nicht mit dem „Ja" zum politischen Beruf für ein „Nein“ zur Familie entschieden haben. Sie sind im Vergleich zu ihren politischen Ahnfrauen jünger, eher verheiratet und haben oft noch kleinere Kinder. Viele wollen beruflichen Erfolg und eine Familie verbinden. Sie wollen Ehefrau/Partnerin und Mutter sein, gleichzeitig Expertin und Erste Frau in ihrer Partei, in der Fraktion, in der Politik. Aber wir sollen ihnen die Schwierigkeiten einer solchen Mehrfachbelastung möglichst nicht ansehen. Der Wahlkampf wird hochschwanger („Zum Glück sah man es nicht so“) durchgefochten, und Rekorde in der Wahrnehmung von Verpflichtungen werden gebrochen, bei manchen bis zur physischen Erschöpfung. Alle betonen die enormen gesundheitlichen Belastungen, die mit einem langjährigen politisch-parlamentarischen Engagement verbunden sind. Vor allem Bandscheibenprobleme stellen sich ein, aber auch ein permanentes Überlastungsgefühl. „Erschöpfung“ ist ein sich in manchen Interviews durchziehender Begriff. Aus vielen Aussagen spricht auch eine große Befriedigung darüber, mit Energie die eigene Geschlechtsrolle aufgebrochen zu haben. Fast stolz berichten einige, daß sie erstmals seit Jahren vier Wochen Urlaub machen, ohne Fax, mit Mann und Kindern. Für ihre Hobbies wie Klavierspielen und Singen, Konzert- und Ausstellungsbesuche haben sie keine Zeit. Außerdem schlafen sie notorisch zu wenig. Oft wird der Freundeskreis immer kleiner, das Privatleben immer eingeschränkter.

Viele Politikerinnen-Kinder werden von Großmüttern oder Tanten betreut oder von anderem Fachpersonal. Das bildet die Basis für die zeitgleiche politische Karriere der Mütter. Daß in diesem Bereich die subjektiven Verlustgefühle am größten sind, wird in fast allen Interviews von Politikerinnen mit Kindern deutlich.[6] Die meisten Politikerinnen greifen in schwierigen Phasen der beruflichen oder familiären Belastung auf ihre Mütter zurück. Es sind die Mütter der politisch-parlamentarisch aktiven Frauen, die im Wahlkampf helfen und Termine organisieren, die den Ehemann während ihrer Abwesenheit bekochen und bei der die Kinder „abgeladen“ werden können. Einige Parlamentarierinnen haben seit der Geburt ihrer Kinder oder seit ihrem Einzug ins Parlament ihre Mütter ganz ins Haus geholt, es entsteht wieder so etwas wie eine späte töchterliche Angewiesenheit auf die Fürsorge und Unterstützung durch die Mutter.

„Wir lebten mit meiner Mutter zusammen, als mein Vater gestorben war, und meine Mutter liebte meinen Mann sehr, bekochte ihn auch gut, und ... bis ins hohe Alter war

6 „Die Kinder haben doch arge Defizite...“ Interview mit Politikerin 3.4.:61. „Meine Kinder sind die eigentlich Leidtragenden...“ Interview mit Politikerin 3.5.: 28.

immer ein Gesprächspartner da, weil meine Mutter nun auch sehr interessiert war an allem, da konnte ich auch ruhig im Bundestag sein." (Interview mit Politikerin 1.3.: 53)

Man muß keine Psychologin sein, um sich die möglichen Konflikte vorzustellen, die sich aus einer solchen Konstellation ergeben können. Die Mutter hat auf diese Weise, gerade weil die Tochter nicht den traditionellen Weg geht (den der Mutter vielleicht), eine große Macht über die Tochter, eine Nähe zu ihrem Leben, die in modernen Familien mit der Generationentrennung kaum noch üblich ist.

„Meine Mutter hat dann gesagt, am liebsten wollte sie ganz klein sein und im Rucksäckchen, und dann sollte ich sie auf den Rücken nehmen und immer mit mir rumschleppen, wenn ich erzählt habe, wo ich alles hinfahre. Ach, da wollte sie gerne hin..." (Interview mit Politikerin 4.6.: 7)

In ihrer Lebensplanung unterscheiden sich jüngere Parlamentarierinnen von der älteren Generation, die erst die Kinder „aus dem Gröbsten" herausbrachten (oder erst gar keine in die Welt setzten), ehe sie den Sprung ins Parlament wagten. Einige jüngere Parlamentarierinnen bekamen ihre Kinder, als sie sich schon längst für Bonn entschieden hatten.

„Diese Frauen muten also ihren Familien zu, was bisher ... nur Männer für sich in Anspruch genommen haben. Sie entfernen sich vom Erziehungsgeschäft und von den meisten häuslichen Pflichten. Sie setzen ihre Karriere an die erste Stelle, baden mit Genuß und ohne Reue in der öffentlichen Aufmerksamkeit, Mann und Kinder – wer kennt schon Herrn Däubler und wer Herrn Matthäus? – haben sich ins zweite Glied zu fügen. Und siehe da: sie tun es auch." (Krause-Burger 1981)

Ganz so harmonisch, wie es die Bonner Publizistin sieht, geht es hier vermutlich nicht zu. Männer – auch die von Politikerinnen – sind ungeübt in der Rolle von Karrierebegleitern. Sie sind es historisch nicht gewöhnt, „sogenannter Kronprinz zu sein", wie es eine Ministerin ausdrückte. Politikerinnen mit Partner sind sich – wie jede beruflich und politisch tätige Frau – des Balanceakts bewußt zwischen beruflich-politischem Einsatz und dem Risiko der fehlenden Präsenz und Nähe beim Partner. Seine Toleranzgrenzen sind es, an die sie die Dosierung ihres politischen Engagements anpassen müssen, oder es kommt zum Bruch der Beziehung.

Aus Studien über Frauen in Führungspositionen mit Partnern geht hervor, daß es darunter kaum einen gibt, der seine Frau wirklich aktiv auf ihrem Karriereweg unterstützt hat. Die allerwenigsten haben gar ihren eigenen beruflichen Weg hintangestellt, um ihr den Rücken eine Zeitlang frei zu halten (Schmidt 1989). Vielleicht, so könnte man spekulieren, wählen sich beruflich oder politisch sehr ehrgeizige Frauen auch nicht besonders progressive Männer aus, die bereit sind, ganz neue Wege in der Partnerschaft zu gehen. Es ist auch heute keine Selbstverständlichkeit, daß Partner ihre Frauen in ihren beruflichen oder politischen Ambitionen selbstlos unterstützen, wie es im umgekehrten Fall bei der Politikerehefrau immer noch üblich ist. Und sicher ist es recht ungewöhnlich, wenn Männer ihr eigenes berufliches Fortkommen zeitweise zurückstellen oder einschränken. Die wenigsten Männer sind stolz auf ihre Frauen im Bundestag. Für den „Mann an ihrer Seite" wird es im Bekannten- oder Kollegenkreis kaum als Vorteil bewertet, wenn die Frau als Abgeordnete arbeitet. Oftmals werden die Ehepartner von weiblichen Bundestagsangehörigen von ihren Freunden regelrecht bemitleidet. Nur eine einzige Politikerin sprach in unseren Interviews von der aktiven Förderung ihres Ehepartners, der allerdings gleichzeitig ihr Kreisvorsitzender war.

Politikerinnen haben sich ein Arbeitsfeld ausgesucht, in dem besonders hohe Ansprüche an persönliche Flexibilität, Zeitinvestitionen, Kommunikationsintensität und physische wie psychische Stabilität gestellt werden. Die Bedingungen in der politischen Arbeit, speziell die einer Abgeordnetentätigkeit, sind menschlichen Bedürfnissen nach Entspannung, nach Auftanken durch emotionale, fürsorgliche Nähe besonders abträglich. Viele Studien haben deutlich auf den der Politik innewohnenden Zwang zur Anpassung an männliche Arbeits- und Lebensformen hingewiesen (u. a.: Schöler-Macher 1991 ff.) und auf den hohen individuellen Preis, den Männer wie Frauen dafür zahlen. In der Politik werden typisch männliche Karrieremuster vorgeschrieben, daran hat auch die vermehrte Anwesenheit von Politikerinnen nicht viel geändert. Für Männer konnte dieses Muster zur Normalität werden, weil ihnen (mindestens) eine Frau emotional zur Seite stand, um Konkurrenz und Belastungen zu kompensieren und zu ermöglichen. Für Parlamentarierinnen statt dessen gerät die Bitte um die notwendige Unterstützung und das Rückenfreihalten oft genug zum täglichen Kleinkrieg oder einer ständigen Unsicherheit. Für viele liegt es darum näher, sich bezahlte Hilfe zu organisieren, als sich auf die freiwillige Fürsorge eines Partners zu verlassen.

Wenn – was speziell in Politikerinnen-Ehen vorkommt – beide sog. Eineinhalb-Personen-Berufe (Beck-Gernsheim) ausüben, sind Belastungen organisatorischer, finanzieller, psychischer und physischer Art zu erwarten. Die divergierenden Interessen von zwei ambitioniert Berufstätigen, die auch noch eine Familie bilden möchten, werden weder gesellschaftlich erwartet noch unterstützt, sondern sind individuell zu arrangieren. Es gibt wenig Rollenmodelle von geteilter Elternschaft, von wirklich gleichverteilter Verantwortlichkeit in Beruf und Familie, an denen sich ein Paar heute hoffnungsvoll orientieren könnte. Diese Tatsache trägt nicht gerade zur Stabilität von Ehen bei.

Exkurs: Der Weg in die Politik auf den Spuren des Vaters

Die späteren Parlamentarierinnen sind nach meinen Ergebnissen überwiegend vaterorientierte Töchter. Bei den Schilderungen ihrer Herkunftsfamilie fällt eine frühe besondere Bindung zum Vater auf. Und es ist interessant, daß diese Konstellation bei den älteren wie den jüngeren Politikerinnen auftaucht. Der Vater bekommt in Rückblicken auf ihre Jugend eine herausragende Bedeutung verliehen, nicht allein als dominantes Familienmitglied, sondern als Personifizierung und Symbolisierung gesellschaftlicher Autorität und Wertigkeit.

Fast alle der befragten Politikerinnen haben früher gegen jeden Versuch einer besonderen Mädchenerziehung opponiert und nicht „mit Puppen gespielt“. Andere kamen aus einem Elternhaus, das – in der fortschrittlichen Tradition der Arbeiterbewegung verankert – ohnehin bewußt eine geschlechtsspezifische Erziehung vermeiden wollte. Fast achtzig Prozent der von uns befragten Parlamentarierinnen waren in ihrer Familie die älteste Tochter oder die Jüngste.[7] Es ist anzunehmen, daß diese herausgehobene Position in der Geschwisterstellung bereits früh den Weg weist auf eine exponierte und besondere Rolle bzw. Funktion auch in der Gesellschaft.[8] Die Tatsache, daß fast alle Befragten männliche Geschwister hatten, zeigt, daß es für spätere Politikerinnen günstig zu sein scheint, Männer quasi „von früh her“ zu kennen und einen Umgang mit ihnen erprobt zu haben. Oftmals in der Rolle als ältere Schwester mußten viele für jüngere Geschwister früh Verantwortung übernehmen, oder sie waren – wie in Einzelfällen mangels Brüder – der vom Vater ersehnte „Sohn“ im Haus.[9] Sie zeigten besonderes In-

---

7 Keine der befragten Politikerinnen war ein Einzelkind. Bis auf vier Frauen - das heißt 18 von 22 -hatten alle einen oder mehrere Brüder, bei den Unions-Politikerinnen besaßen sogar alle männliche Geschwister; s. Kap. C. 2.

8 Der Psychologe Alfred Adler hat bereits früh darauf hingewiesen, daß Erstgeborene leistungs- und erfolgsorientierter seien als Nachgeborene und ein besonderes Verhältnis zur Macht besäßen. Auf diesen Zusammenhang kann hier nicht eingegangen werden.

9 „Mein Vater ... der hätte wahrscheinlich ganz gerne auch einen Sohn gehabt, aber da wir keinen hatten, hat er mich sehr viel mitgenommen. Der war auch immer Schützenkönig. Ich hab' also Schießen gelernt, ich hab' Schachspielen gelernt...“ (Interview mit

teresse für seine Tätigkeiten, begleiteten ihn auf beruflichen Treffen und Reisen, hockten stundenlang an seiner Werkbank oder saßen nicht selten in politischen Veranstaltungen, bei denen der Vater selber eine gewichtige Rolle spielte. Sie waren häufig die Lieblingstöchter ihrer Väter, behütet und gelassen zugleich, unter seinem Blick einen besonderen Freiraum genießend. Sie wußten, daß sie sich seiner speziellen Nachsicht und Aufmerksamkeit sicher sein konnten. So etwas formt. So etwas fordert heraus.

Für Vater-Töchter ist der Mann die wichtigste Instanz im Leben. Er allein hat die Macht, Anerkennung, Lob oder Tadel und Kritik zu verteilen oder vorzuenthalten. Er wird zum Maßstab für richtig und falsch, für gut oder schlecht. Und er wirkt für seine Tochter als Herausforderung, sich abzugrenzen und eigene Autonomie zu gewinnen. Diese Töchter wurden von ihren Vätern in die Welt mit- und damit ernstgenommen. Auch als Konfliktpartner wählten sie ihn. Sie treten gezielt einer anderen Partei bei als der ihres Vaters, werden aber, genau wie er, politisch aktiv. (Wie zum Beispiel Herta Däubler-Gmelin, Renate Hellwig, Renate Lepsius, Christa Reetz, Jutta Oesterle-Schwerin oder Ursula Seiler-Albring). Beruflich schlagen sie oft denselben Weg ein wie er oder den, den er eigentlich für sich erwählt hätte, aber aufgrund widriger Konstellationen nicht verfolgen konnte.

Väter-Töchter sind ausgesprochen pflichtbewußt. Schon in der Schule wird ihnen Verantwortung übertragen, sie lassen sich zur Klassen- oder Schulsprecherin wählen. Sie studieren zügig – trotz des oft schon parallel geschalteten politischen Engagements – und wollen ihren Vätern finanziell „nicht lange auf der Tasche liegen." Viele Vater-Töchter gehen „seinen" Weg, indem sie die väterlichen Maßstäbe der Berufswelt internalisieren und zeitlebens abhängig bleiben von seiner Akzeptanz und Anerkennung. Oftmals sind die väterlichen Erwartungen aber gnadenlos hoch. Besonders Töchter von beruflich erfolgreichen und ehrgeizigen Vätern bekommen das Gefühl, daß Zuneigung erst durch eine besondere Leistung erworben werden müsse und kein „Naturrecht", kein selbstverständliches Anrecht des Kindes sei. Bei einigen Aussagen finden wir auch so etwas wie eine „väterliche Mission", die die Töchter erfüllen. Der Vater – so scheint es – gibt ihnen eine geheime Botschaft mit bzw. einen Auftrag für ihr Leben.

Politikerin 3.1.: 14) „Ich hatte spezifisch sehr enge Bindungen zu meinem Vater und hab' mich eine Weile furchtbar mit meiner Mutter gestritten." (Interview mit Politikerin 2.3: 6) - „Ich war sehr stark auf diese, sage ich mal, Auseinandersetzung mit meinem Vater ... fixiert. Einerseits die Anerkennung von ihm zu kriegen, andererseits auch gerade diese intensiven Diskussionen..." (Interview mit Politikerin 1.4.: 7)

„Und da hat er mir dann damals gesagt, mein liebes Kind, in einer Demokratie kostet es vielleicht nur den einen oder anderen Beförderungsnachteil, den Mund aufzumachen. Ich wünsche Dir, daß Du immer den Mut dazu haben wirst, um sie zu erhalten. (Lachen) Und das hat er mir eigentlich so als Vermächtnis hinterlassen..." (Interview mit Renate Hellwig: 2 – „Ich hatte keine Zeit, denn ich hatte meinem Vater ein Versprechen abgegeben..." (Interview mit Politikerin 1.4.: 13) – Außerdem leben sie mit des Vaters Doppelbotschaft:"werde unabhängig, aber bleibe mein Geschöpf"; vgl.: Flaake 1991.

Oftmals wird im späteren Leben der Parlamentarierin der Partei so etwas wie eine Vater- bzw. Familienersatz-Funktion zugeschrieben. Diese Interpretation liegt bei den älteren Politikerinnen nahe. War es hier früher das „Familiäre, das Gefühl von Wärme und Anteilnahme" (Schmidt 1993:258), so fehle dies heute, wird beklagt. Bei den Jüngeren scheint eher der Aspekt der Herausforderung durch die Werte des Vaters eine Rolle zu spielen, die darin bestehen kann, sich in der Welt der Rationalität, der Sachzwänge und der Macht durchzusetzen. Vielen Vater-Töchtern macht es – nach Temperament unterschiedlich ausgeprägt – auch „großen Spaß", sich einzumischen, mal richtig „loszupowern".

Darüber hinaus muß die Frage gestellt werden, welchen Stellenwert für ihr frauenpolitisches Bewußtsein und Handeln die Tatsache einnimmt, daß Politikerinnen eventuell sogenannte Vater-Töchter zu sein scheinen. Einerseits besitzen sie dadurch vielleicht erst überhaupt die Motivation und Befähigung, sich Bereichen zuzuwenden, die bislang den Männern vorbehalten waren, und die so offensichtlich noch von ihnen dominiert sind. Andererseits kann der Weg des Vaters oftmals – und hier besteht die eigentliche Problematik – nur über eine Abwertung des mütterlichen Weges beschritten werden, im übertragenden Sinne über eine „Verheimlichung" oder Abschwächung des eigenen frauenbewußten Standpunktes. Viele Politikerinnen sagen auch ganz offen, daß sie sich den männlichen Strukturen teilweise angepaßt haben. Frauen, die in Männerdomänen reüssieren wollen, müssen (und wollen es auch) zunächst einmal die dortigen Spielregeln gut kennen und ein Stück weit für sich akzeptieren. Wenn eine Spielregel heißt: Frauen und Fraueninteressen nicht als politisch so wichtig und ernst zu nehmen, wie andere Bereiche, dann dann müssen Frauen bereit sein, dies für sich zu akzeptieren. Dies richtet sich aber zugleich *gegen* die eigene Geschlechtszugehörigkeit. So haben sich manche Politikerinnen bereits früh von der Mutter abgegrenzt und sich später dezidiert gegen ihr „Muttelchen" (so der Ausdruck einer befragten älteren Politikerin) entschieden, um den Weg des Vaters in Beruf und Politik zu gehen. Die Orientierung am Vater ist oftmals gleichzeitig eine Abwertung oder Neutralisierung des mütterlichen Einflusses. Dieses macht

Töchtern, die innerlich stark mit der Mutter verbunden sind, große Schuldgefühle (vgl. Flaake 1991 und Kapitel C.).

C: Vergleich von zwei Politikerinnen-Generationen

Eine Intention dieser Untersuchung war es, Parlamentarierinnen aus verschiedenen Jahrgängen miteinander zu vergleichen. Ein Vergleich der politisch-parlamentarischen Repräsentation und Präsenz von Frauen in der bundesdeutschen Nachkriegszeit mit denjenigen, die in den achtziger und neunziger Jahren aktiv politisch-parlamentarisch tätig sind, muß historische, politologische, soziologische und psychologische Aspekte miteinbeziehen. Vor dem Hintergrund der theoretischen und konzeptionellen Vorüberlegungen (s. Kap. I.) und angesichts des Forschungsdesigns (eigene empirische Datenerhebungen, lebensgeschichtliche Interviews, schriftlich zu beantwortende Fragebögen, Auswertung aller einschlägiger Studien aus dem deutschsprachigen Raum über politisch-parlamentarisch tätige Frauen sowie aus der Frauengeschichtsforschung) als auch angesichts des methodischen Zugangs zum Interviewmaterial (z. B. Gruppendiskussionen in der Auswertungsphase s. Kap. II.) ergeben sich für einen zusammenfassenden Vergleich mehrere Perspektiven. Diese sollen auf der Basis der bereits im Kapitel V.: „Gesamtresümee" unter den Punkten A und B skizzierten Bilanzierung der älteren und der jüngeren Parlamentarierinnen *systematisch unter vier unterschiedlichen Fokussierungen zusammengefaßt* werden:

1. Historischer Hintergrund, sozio-ökonomische und kulturelle Rahmenbedingungen für das Engagement von Frauen in der Politik

Die empirische Untersuchung eines komplexen, doch relativ begrenzten Ausschnitts der Gesellschaft gewinnt erst Konturen, wenn sie über ihren unmittelbaren Gegenstand hinaus die gesamtgesellschaftlichen Rahmenbedingungen mitreflektiert: Inwiefern wirkten die historisch-politischen, sozialen, ökonomischen Bedingungen der Nachkriegszeit und die Eigenarten/die Spezifik der politischen Kultur der Nachkriegsrepublik besonders günstig bzw. behindernd auf die politisch-parlamentarische Präsenz und Mitarbeit von Frauen? Was bedeutete ein politisches Engagement in der Nachkriegszeit für Frauen? Und inwieweit unterscheidet sich dieses von den 70/80er Jahren der Bundesrepublik?

2. *Sozialer und biographischer Kontext*

Der Prozeß des gesellschaftlichen Wandels wird mitbedingt durch sozialstrukturelle und demographische Veränderungen, familiensoziologische Umwälzungen und alltagsbezogene Anforderungen an Frauen in der Politik sowie durch kulturelle Veränderungen im Geschlechterverhältnis. Welche sozialen Indikatoren sind für die Parlamentskarrieren von Frauen in der bundesdeutschen Nachkriegszeit sowie in den 70/80er Jahren auszumachen? In diesem Zusammenhang werden soziale Daten wie Herkunftsort und -familie, politischer Kontext des Elternhauses, Berufsausbildung der Mutter/des Vaters, Stellung in der Geschwisterreihenfolge, Schulabschlüsse, Berufsausbildung, professioneller Hintergrund, Altersstruktur, Familienstand und Kinderzahl u. ä. berücksichtigt.

3. *Zum Selbstverständis politisch aktiver Frauen*

In jeder politischen Biographie gibt es vermutlich einige bemerkenswerte lebensgeschichtliche Schnittstellen, in denen sich die Interdependenz von historischen, sozialstrukturellen und persönlichen Momenten widerspiegelt: Welche persönliche politische Motivation, welche eigenen Ansprüche und Selbsteinschätzungen der ausgewählten Parlamentarierinnen sind nachweisbar? Welche subjektiven Anpassungsleistungen an und Ausgestaltungsmöglichkeiten von politischen und historisch-kulturellen Rollenvorgaben wurden/ werden vorgenommen? Sind Unterschiede zwischen den älteren Parlamentarierinnen und den jüngeren auffällig?

4. *Die Bedeutung frauenspezifischer Fragestellungen und die Frage nach dem „anderen" Politikverständnis von Frauen in politischen Führungspositionen*

In der politischen Biographie der acht ausgewählten Parlamentarierinnen ist ausführlich auf ihr jeweiliges frauenspezifisches Engagement eingegangen worden. Hier soll gefragt werden: Wie ist die Ausgestaltung des frauenpolitischen Handlungspielraumes von Parlamentarierinnen vorgenommen worden? Taucht das Selbstbild als Frauenpolitikerin auf? Welche Bedeutung haben frauenspezifische Fragestellungen für die Parlamentarierin? In welchem Maße haben sie in ihrem Willensbildungs- und Entscheidungsverhalten frauenspezifische Aspekte subjektiv reflektiert, öffentlich artikuliert und politisch durchzusetzen versucht? Und (wie) beziehen sich die jüngeren Politikerinnen in ihrem Selbstverständnis auf die Frauenbewegung bzw. auf feministische Forderungen (Quote, Frauenförderpläne u. ä.) ? Wird eine Notwendigkeit einer speziellen Frauenpolitik gesehen? Und gibt es Anzeichen für geschlechtsspezifische innerparlamentarische Kommunikationsmuster bzw. einen anderen Umgangs- bzw. Führungsstil?

Bei allen vier Fokussierungen wird nicht allein auf der Grundlage des für diese Untersuchung über „Frauen in politischen Führungspositionen aus Baden-Württemberg" erhobenen Datenmaterials argumentiert, sondern es werden die bereits im Verlaufe der Auswertung genannten Studien zu politisch aktiven Frauen herangezogen. Auf diese Weise können die Ergebnisse dieser Arbeit vor dem Hintergrund anderer einschlägiger Studien gestützt, ergänzt bzw. relativiert werden.

1. Historischer Hintergrund, sozio-ökonomische und kulturelle Rahmenbedingungen für das Engagement von Frauen in der Politik

Das Spezifische an der Nachkriegssituation in der Bundesrepublik Deutschland nach der bedingungslosen Kapitulation des nationalsozialistischen Regimes war das historische „Nebeneinander von politischem Kontinuitätsbruch und sozialpsychologischen Kontinuitätsbezügen" (Hennig 1989: 89). Im Bewußtsein der Deutschen nach dem Zweiten Weltkrieg standen die historische Erfahrung der totalitären Gewaltherrschaft des Nationalsozialismus und die der neuen Demokratie unverbunden und unvermittelt nebeneinander (Dubiel 1994: 884).

In der bundesdeutschen Nachkriegsgeschichte hat es zunächst einmal kurzfristig Handlungsspielräume für Frauen in der Politik gegeben (vgl. Kap. V. A.). So erfuhr der traditionelle Politikbegriff eine Erweiterung, in der die Produktions- und Reproduktionsarbeit von Frauen als politische „Überlebensarbeit" miteinbezogen wurde. Die Reproduktionsleistungen von Frauen waren für die gesamtgesellschaftliche Entwicklung von großer Bedeutung. Darüber hinaus besaßen Frauen in der unmittelbaren Nachkriegszeit auch Chancen, nach dem verlorenen Krieg beim Wiederaufbau mitzuhelfen. Viele Frauen wurden im politischen und gesellschaftlichen Umfeld aktiv, sie gehörten zu den Gründungsmitgliedern von traditionellen politischen Institutionen wie Parteien oder Gewerkschaften, waren auch in konfessionellen Zusammenhängen aktiv (Langer u.a. 1994, 1995). Nach 1945 gab es eine bemerkenswerte frauenpolitische Aufbruchsphase, die für viele Regionen durch lokale Studien dokumentiert worden ist (Hauser 1984; Henicz/Hirschfeld 1986; Hoecker/Meyer-Braun 1988; Wischermann u.a. 1993; Fuchs 1993; Langer u.a. 1994, 1995; Pitzschke 1994; Schüller 1995; Bouillet/Schüller

1995). Unmittelbar nach Kriegsende waren frauenpolitische Aktivitäten in allen Besatzungszonen und besonders in Bereichen, die wir heute unkonventionelle nennen, nicht zu übersehen: Es gab überparteiliche und überkonfessionelle Frauenausschüsse und Frauenbüros in fast allen größeren Städten. Zahlreiche Frauen ergriffen die politische Initiative, um „dafür zu sorgen, daß in der öffentlichen Verwaltung, im Berufsleben, in der Kultur Frauen in entscheidende Stellungen hineinkommen, damit überall der Fraueneinfluß spürbar wird." (Frankfurter Rundschau vom 31.12.1945, zit. in: Wischermann u.a. 1993: 61)

In der Zeit der politischen Neuordnung nutzten zahlreiche Frauen ihre Chance zur politischen Partizipation. In dieser relativ offenen Situation, in der politische Institutionen wie Parlamente, Parteien aber auch soziale Organisationen wie die Gewerkschaften, in der der Arbeitsmarkt und die sozialen Beziehungen noch nicht wieder durch neue oder tradierte Institutionalisierungen in strukturförmige Bahnen gelenkt waren, ergaben sich vielfache Chancen für ein politisch-soziales Engagement von Frauen. Doch die gesamtpolitischen Rahmenbedingungen, die durch die alliierte Deutschlandpolitik abgesteckt wurden, wandelten sich rasch vor dem Hintergrund des Ausbruchs der globalen Konfrontation zwischen den westlichen Demokratien und den sozialistischen Staaten Osteuropas insbesondere der Sowjetunion und der DDR. Schon Ende der 40er/Anfang der 50er Jahre setzte sich in der neu gegründeten Bundesrepublik Deutschland eine Retraditionalisierung der Politik und eine „Refamiliarisierung" (Kuhn 1991, 1994) in den gesellschaftlichen Beziehungen durch. Die Bundesrepublik wurde zu einer „konservativen Kanzlerdemokratie" (Hermann Josef Rupieper), und dies verdeutlichte sich in der Familien- und Frauenpolitik der Adenauer-Regierung, die wiederum von einem breiten gesellschaftlichen Konsens gestützt wurde. Verantwortliche in Politik und Gesellschaft und besonders die Abgeordneten der ersten beiden Koalitionsregierungen unter Konrad Adenauer sahen bereits kurze Zeit nach der Verankerung des Artikel 3 Abs. 2 im Bonner Grundgesetz die Gleichberechtigung der Frau als „erledigt" an.[10] Anfang der 50er

10 Gerhard in: Brückner/Meyer 1994. Von kritischen Zeitgenossinnen kritisiert wurde die zögerliche Umsetzung des Gleichberechtigungsgrundsatzes der Verfassung in das Bürgerliche Ehe- und Familienrecht: der Stichentscheid des Vaters, der erst 1958 vom Bundesverfassungsgericht als verfassungswidrig erklärt wurde oder die sog. Zölibatsklausel für weibliche Beamte in den 50er Jahren; Feuersenger 1980. Diese Tatsachen ließ die Kasseler Juristin und eine der vier „Mütter des Grundgesetzes" Elisabeth Selbert von einem „permanenten Verfassungsbruch" sprechen.

Jahre funktionierten wieder männlich dominierte politische Institutionen, und das, was als „Politik“ angesehen wurde, entfernte sich vom täglichen Überlebenskampf. Gewerkschaftliche Treffen und Parteiveranstaltungen orientierten sich zunehmend an den Bedürfnissen und Zeitplänen der männlichen Mitglieder, so daß es für Frauen immer schwieriger wurde, weiterhin Beruf, Familie und Politik zu koordinieren (Schüller 1994, Gerhard 1994, Langer 1995). Kämpferinnen für Frauenrechte oder für Frieden und gegen die Wiederbewaffnung Deutschlands in den 50er Jahren wurden in der Zeit der ideologischen Konfrontation zwischen West und Ost und mit dem Erstarken des Antikommunismus in Westdeutschland überwacht[11], eingeschüchtert und strafrechtlich verfolgt, wie das Beispiel der Bonner Hochschullehrerin Klara-Marie Faßbinder verdeutlicht, die aufgrund ihres antimilitaristischen Engagements als Professorin aus dem Universitätsdienst entlassen wurde (Notz 1990).

Die Zeit vermehrter Frauenerwerbstätigkeit, die zusammenfiel mit dem Engagement zahlreicher frauenpolitischer Initiativen und Einzelpersönlichkeiten, war im Bewußtsein der allermeisten Beteiligten eine Zeitspanne äußerster Not und Krisenbewältigung. Die schon während der letzten Kriegsjahre und in der unmittelbaren Nachkriegszeit gestiegene Frauenerwerbstätigkeit wurde als Übergangslösung von Staats wegen gebraucht und legitimiert. Gleichzeitig wurde sie als solche vielfach von den Frauen erst ertragen. Insofern erscheint die sprichwörtliche „Entpolitisierung“ von Frauen in den 50er/60er Jahren oder der „Rückzug in die Familie“, wie oft kritisch festgestellt wird, auch als eine rationale Verarbeitung der Hoffnung auf und der Sehnsucht nach „Normalität“ und dem Ende von Not. Die Suche nach „normalen Zuständen“ und nach geschützten und bekannten Räumen gab es vermutlich nicht nur bei Frauen, sondern ebenfalls bei Männern in den Nachkriegsjahren. Doch für beide Geschlechter bedeutete sie historisch Verschiedenes: eine Restabilisierung der tradierten Zuständigkeiten für unterschiedliche gesellschaftliche Bereiche, die unterschiedlich bewertet und geachtet wurden: für Haus und Öffentlichkeit. In den 50er und 60er Jahren können wir in der Bundesrepublik Deutschland nicht von einer Frauenbewegung sprechen. Die „Privatisierung“ gesellschaftlicher Probleme und die zunehmende „Verhäuslichung“ von Frauen, die ihre Erwerbsarbeitsplätze den aus der Gefangenschaft zurückehrenden Männern zur Verfügung stellten, ließen

---

11 wie zum Beispiel die Vorsitzende der Zentrums-Partei, Helene Wessel, deren BND-Aktenvermerke und Beobachtungsprotokolle von mir im Archiv der Sozialen Demokratie eingesehen werden konnten.

ein bewußtes Zusammengehen von Frauen und das Erstarken einer selbstbewußten sozialen Bewegung der Frauen nicht zu.

Heute, über 50 Jahre nach Kriegsende hat sich frauenpolitisch Entscheidendes geändert. Die Forderung nach Einlösung von Bürgerrechten auch für Frauen ist in den 90er Jahren auf der politischen Tagesordnung. Die verstärkte politische Partizipation von Frauen in konventionellen wie in unkonventionellen Bereichen (vgl.: Kap. I.) deutet auf ein verändertes Selbstbewußtsein und ein verändertes Partizipationsverhalten von Frauen hin. In den bundesdeutschen Parteien haben sich weitreichende frauenpolitische Veränderungen abgezeichnet. Der weibliche Mitgliederanteil stieg vor allem in den 70er/80er Jahren rapide an. 1995 sind etwa 524.000 Frauen in Deutschland Mitglieder einer Partei (Hoecker 1995:77), damit stellen sie rund ein Viertel (26,8%) der Mitglieder aller Parteien. Der bundesweite Frauenanteil beträgt 1995 für die CDU etwa 25%, die CSU 16%, die FDP 25%, die SPD 28%, für die Bündnisgrünen etwa 33% und für die PDS ca 43%.

Der oben beschriebene Erosionsprozeß (vgl.: Kap. V. B.) traditionaler Institutionen und Leitbilder setzte sich in der Reformära der sozialliberalen Koalition und in den 80er Jahren weiter fort. Auf der sozialstrukturellen Ebene zeigte sich die gesellschaftliche Modernisierung an einer gestiegenen Erwerbsbeteiligung von (verheirateten) Müttern mit Kleinkindern, erhöhten Scheidungsziffern, einer größeren Berufsorientierung von jungen Mädchen, der wachsenden Zahl von Alleinerziehenden und von nichtehelich geborenen Kindern. Auf der Ebene der sozialen Beziehungen bewirkte die Modernisierung einen Wandel des traditionellen Geschlechterverhältnisses. Die Beziehungen zwischen Männern, Frauen und Kindern begannen, sich aus formalisierten Verbindlichkeiten und Rollenzuweisungen zu lösen. Neue Wahlmöglichkeiten und -zwänge schufen eine neuartige Vielfalt von individuellen Lebensgestaltungsmöglichkeiten (Vaskovics 1994).

Frauen aus der Frauenbewegung versuchen Mitte der 90er Jahre anders als noch in den 70er Jahren, auf diese Veränderungen pragmatisch und mit Strategien der Einmischung zu reagieren. Der Trend zu einer Professionalisierung und Bürokratisierung von Frauenpolitik ist unübersehbar. Was die heutige Frauenbewegung gegenüber ihren politisch aktiven Müttern nach 1945 bewirkt hat, ist eine Veränderung der politischen Gesamtkultur. Die Sensibilitäten gegenüber geschlechtsspezifischen Barrieren und Diskriminierungen sind gestiegen, auch wenn sich dies empirisch noch nicht sogleich meßbar im Verhalten einzelner niederschlägt; die traditionelle Politik hat dazu gelernt, vielfach auch bloß vereinnahmt oder ihre Gegenstrategien differenziert (Jansen/Baringhorst/Ritter 1996). Ute Gerhard verwendet zur Standortbestimmung der Frauenbewegung Mitte der 90er Jahre ein Bild aus der Seemannssprache: „Flaute". Sie meint damit „einen Schwebezustand", der „nicht unbedingt das Ende einer Bootspartie bedeutet oder gar den Untergang ankündigt, im Gegenteil..." (Gerhard 1996: 3).

Auch die politischen Parteien in der Bundesrepublik Deutschland haben auf die Entwicklung zur „postmodernen" Familie (Rerrich 1994) reagieren müssen und auf die gestiegenen Ansprüche von Frauen auf berufliche und öffentlich-politische Partizipation. Sie haben dies in höchst unterschiedlicher Weise getan. Ihre Frauenpolitik ist allerdings, wie in anderem Zusammenhang an den Reformdebatten der 50er bis 80er Jahre gezeigt werden konnte (Meyer 1990), oftmals nicht mehr als eine schon im Ansatz überholte Geste, die der gesellschaftlichen Modernisierung durch technologischen Wandel und neue Lebens- und Bewußtseinsformen hinterhereilt. Im nunmehr vereinten Deutschland seit 1990 drohen vielen Frauen – nicht nur im Osten – reale Verluste im politischen, ökonomischen und sozialen Bereich. Eine überproportional hohe Erwerbslosigkeit, deren Ausmaße und Folgen in ihrer Komplexität heute noch nicht abzusehen sind, hat in großem Maße auch Frauen betroffen. Der Abbau sozialer Dienstleistungen in der ehemaligen DDR, wie zum Beispiel eine fast flächendeckende Versorgung mit Kinderbetreuungsplätzen, wird vorrangig auf den Schultern erwerbstätiger Mütter ausgetragen. Und der die Öffentlichkeit bewegendste Streitpunkt: die Regelung des § 218 hat eine restriktivere, bundesdeutsche Lösung gebracht. Vieles, was die neue Frauenbewegung in Westdeutschland ab Anfang der 70er Jahre an Bewußtseinswandel und realen politischen Veränderungen im Geschlechterverhältnis bewirkt hat, scheint durch die deutsche Vereinigung und die damit einhergehenden ökonomischen und sozialen Umwälzungen und arbeitsmarktpolitischen Krisen zunächst in den politischen Hintergrund gerückt zu werden.

Zusammenfassend kann man konstatieren, daß durch die neue Frauenbewegung das traditionelle Geschlechterverhältnis in der Bundesrepublik Deutschland zwar nicht umgewälzt worden, aber verändert worden ist. Viele Männer haben heute größere Widerstände zu erwarten, wenn sie ihre traditionelle Rollendominanz und gesellschaftlichen Privilegien ausspielen und die Ansprüche von Frauen übergehen möchten. Diese nehmen sich in den 90er Jahren vermehrt das Recht, für sich zu entscheiden. Die Selbstbestimmungswünsche und Erwartungen von Frauen auf „ein Stück eigenes" und erfülltes „Leben" (Beck-Gernsheim) sind gestiegen. Zu beobachten ist ein – wenn auch durch ökonomische Krisen und den Abbau des Sozialstaates gefährdetes – Bewußtsein der historischen Berechtigung, für Benachteiligungen entschädigt zu werden, und zwar noch in diesem Leben.

2. *Sozialer und biographischer Kontext*

Im Zentrum der Untersuchung zum Thema Frauen in politischen Führungspositionen aus Baden-Württemberg standen alle 43 Parlamentarierinnen aus Baden-Württemberg, die zwischen 1949 und 1991 im Deutschen Bundestag vertreten waren: 11 aus der CDU, 17 aus der SPD, 6 aus der F.D.P. und 8 von den GRÜNEN, eine von der KPD. Davon sind mittlerweile sechs verstorben. Die sozialstatistischen Daten der von mir befragten Untersuchungsgruppe werden im folgenden ergänzt bzw. relativiert durch Daten, die mittlerweile über weibliche Bundestagsabgeordnete in der Bundesrepublik Deutschland insgesamt vorliegen.

Herkunftsort

Nur rund ein Drittel der weiblichen Bundestagsabgeordneten aus Baden-Württemberg stammt von seiten ihrer Herkunftsfamilie aus diesem Bundesland. Von einer bodenständigen, langjährigen, lokalen bzw. regionalen Anbindung der Mandatsträgerinnen aus Baden-Württemberg kann somit nach 1945 nicht die Rede sein. Der überwiegende Teil der befragten Politikerinnen, die das Land im Bundestag vertreten haben, stammt von seiten ihrer Herkunftsfamilie *nicht* aus Baden-Württemberg. Die meisten der älteren Parlamentarierinnen kamen durch die Kriegs- und Nachkriegswirren (auch beruflicher Art) bedingt erst später ins Bundesland.

Drei CDU-Politikerinnen, fünf SPD-Politikerinnen, vier F.D.P.-Politikerinnen und drei GRÜNE-Politikerinnen (insgesamt 15 Frauen, d. h. rund zwei Drittel) stammen nicht aus Baden-Württemberg. Hierbei fiel keine Parteispezifik auf. Lediglich alle drei GRÜNEN-Politikerinnen, von denen Antworten vorliegen und die erst in den 80er Jahren in den Bundestag gewählt wurden, stammen nicht aus Baden-Württemberg.

Herkunftsfamilie

Bei der Analyse der Herkunftsfamilie stachen vier Merkmale ins Auge: die Herkunft aus überwiegend kinderreichen Familien (auch bei den jüngeren Politikerinnen), die Formung durch männliche Geschwister, die exponierte Stellung in der Geschwisterreihenfolge und die starke Prägung durch eine politische Sozialisation bereits im Elternhaus. Dies galt sowohl für die älteren als auch für die jüngeren weiblichen Abgeordneten. Keine der befragten Politikerinnen war ein Einzelkind. Bis auf vier Frauen (eine SPD-, eine F.D.P.-, eine GRÜNE- und eine KPD-Frau) hatten alle einen oder mehrere Brüder. Bei den CDU-Frauen hatten sogar alle männliche Geschwister. Bis auf sechs Frauen (drei CDU-, eine F.D.P.- und zwei GRÜNE-Frauen) hatten alle eine oder mehrere Schwestern. Zwölf der 22 Befragten (drei CDU-, drei SPD-, drei F.D.P.-, zwei GRÜNE-Frauen und eine KPD-Frau) waren innerhalb der Familie die erste Tochter. Fünf Frauen waren in ihrer Familie die Jüngste. Sieben Frauen waren in ihrer Familie die Älteste. Dies läßt auf eine exponierte Stellung innerhalb der Geschwisterfolge schließen.

In nahezu allen Fällen erfuhren die späteren Parlamentarierinnen ihre Politisierung bereits im Elternhaus. Dort sind die meisten von ihnen insbesondere über ihre Väter mit Politik vertraut gemacht worden. Einige der Väter waren früher selber Abgeordnete, Oberbürgermeister oder aktive Parteimitglieder gewesen. Seltener trifft dieses auf die Mütter zu. Die Elternhäuser insgesamt (bei den älteren wie bei den jüngeren Abgeordneten) waren überproportional im Vergleich zur Gesamtpopulation politisch geprägt. Vor allem die Sozialdemokratinnen erwähnen einen hohen Organisationsgrad ihrer beider Elternteile.

Schule/Ausbildung/Berufstätigkeit

In bezug auf den Bildungshintergrund der Parlamentarierinnen gibt es eine partei- und generationsspezifische Varianz, die man nicht nur in Baden-Württemberg, sondern bei allen weiblichen Abgeordneten im Deutschen Bundestag, in Landes- und Kommunalparlamenten beobachten kann: durchweg ein höherer Bildungsstand bei den Unionsabgeordneten, während bei den Sozialdemokratinnen die in unserem Sample als älter bezeichnete Gruppe überwiegend aus nichtakademischen Kreisen und Berufen kam. So besaßen drei von vier älteren CDU-Abgeordneten, die zwischen 1949 und 1972 im Bundestag vertreten waren, das Abitur. Zwei hiervon arbeiteten in akademischen Berufen. Bei der SPD hatten nur zwei von sechs Frauen, die zwischen 1949 und 1972 im Bundestag vertreten waren, das Abitur, und bei der F.D.P. eine von zwei. Die KPD-Frau hatte die Mittelschule besucht. Aus unserer Gruppe verfügten 14 Frauen von insgesamt 22 über einen Fachhochschul- bzw. Hochschulabschluß, ohne daß hierbei eine parteispezifische Verteilung auffällig gewesen wäre. Bei der SPD fällt eine Akademisierung der heutigen Parlamentarierinnen auf. In der Mandatszeit zwischen 1972 und 1991 besaßen von elf SPD-Frauen zehn das Abitur, und neun hiervon arbeiteten in akademischen Berufen, während dies bei den jüngeren CDU-Abgeordneten vier von sieben taten. Bei den GRÜNEN-Frauen stellen wir durchweg eine hohe Bildungs- und Berufsqualifikation fest: Sechs von acht Frauen besaßen das Abitur, die Hälfte akademische Berufe.

Die empirische Politikwissenschaft bestätigt seit langem die Tatsache, daß das Sozialprofil der Abgeordneten keineswegs ein Spiegelbild der Gesamtbevölkerung widergibt. Ein durchweg hoher formaler Bildungsgrad und ein durch Politiknähe gekennzeichneter Beruf werden seit den siebziger Jahren bei männlichen und weiblichen Abgeordneten festgestellt. Darüber hinaus haben sich in den vergangenen zwei Jahrzehnten die Karriereprofile beider Geschlechter angeglichen (u. a.: Herzog 1975, 1982, Hoecker 1987, 1995, Patzelt 1996, 1997). Während noch in der ersten Wahlperiode (1949-1953) 40% aller Parlamentarier den Hauptschulabschluß aufwiesen und in der zweiten noch 22% (14,6% weibliche MdB), sind dies in der 13. Wahlperiode (1994) lediglich 8,4% (weibliche MdB 4,5%). Heute verfügen drei Viertel aller Abgeordneten über ein Hochschulstudium.

Professioneller Hintergrund

Der überwiegende Teil der heute politisch-parlamentarisch tätigen Frauen verfügt über eine fundierte Berufsausbildung oder ein Universitätsstudium in frauenuntypischen Fächern. Bildete der Fürsorgerinnen-Beruf bis in die späten 60er Jahre hinein den typischen professionellen Hintergrund einer politisch aktiven Frau, (zumal in den beiden „großen“ Parteien), und lag der Hausfrauenanteil im Jahre 1972 noch bei mehr als einem Drittel, so ist bei der jüngeren Generation die Akademisierung und Professionalisierung in „frauenuntypischen“ Feldern auffällig: Im Bundestag finden wir Rechtsanwältinnen, Richterinnen, Informatikerinnen, Ingenieurinnen, Professorinnen, Ärztinnen. Dieser Trend verstärkte sich durch die weiblichen Parlamentarier aus den neuen Bundesländern, die durchweg eine (hohe) Berufsqualifikation besitzen. 1990 gaben nur noch 10% der Parlamentarierinnen als Berufsbezeichnung Hausfrau an (wobei hier teilweise eine akademische Bildung und eine qualifizierte Berufserfahrung vorlagen). Von den Parlamentarierinnen der 13. Wahlperiode sind über 40% Angestellte und Beamtinnen im öffentlichen Dienst, wobei dieses Ergebnis vorrangig auf den hohen Anteil an Lehrerinnen zurückzuführen ist.

Altersstruktur

Waren in den ersten Deutschen Bundestagen die Parlamentarierinnen im Durchschnitt älter als die männlichen Kollegen, so hat sich dies seit der 10. Wahlperiode (1983) verändert. Im ersten Bundestag (1949) waren rund 18% der Parlamentarierinnen über 60 Jahre alt, im 12. Deutschen Bundestag (1991-1994) demgegenüber nur noch rund 5%. 1994 lag das Durchschnittsalter der weiblichen Abgeordneten mit 46,5 Jahren um 3,6 Jahre unter dem der männlichen (50,1 Jahre) (Wissenschaftliche Dienste des Deutschen Bundestages, Parlamentarierinnen im Deutschen Bundestag 1949-1993, Materialien Nr. 122, August 1993). Auffällig war, daß die SPD-Frauen unserer Untersuchungsgruppe zum Zeitpunkt ihres Parteibeitritts in der Regel jünger waren (unter 25 Jahre alt) als die Frauen, die der CDU beitraten (über 35 Jahre beim Parteibeitritt).

Familienstand und Kinderzahl

Auch hier fallen partei- bzw. generationsspezifische Aspekte auf: Bei den in unserem Sample als „ältere" Parlamentarierinnen bezeichneten sind alleinstehende, ledige, verwitwete oder geschiedene Frauen überproportional vertreten, oft ohne Kinder. Auch ihr höheres Eintrittsalter in den Bundestag scheint das Phänomen zu bestätigen, daß eine politische Karriere und ein Familienleben schwer zu vereinbaren sind. Dagegen scheint zumindest quantitativ der Umstand zu sprechen, daß die Parlamentarierinnen, die in unserem Sample als „jünger" bezeichnet wurden, beim Eintritt in den Bundestag überwiegend jünger und verheiratet sind sowie (auch noch kleine) Kinder haben.

Aus unserer Untersuchungsgruppe besaßen alle Unionsabgeordneten, die zwischen 1949 und 1972 im Bundestag vertreten waren, *keine Kinder*. Die Hälfte von ihnen war verheiratet, die andere Hälfte ledig (während ihrer Mandatszeit). Bei den Unionsabgeordneten, die von 1972 ab im Bundestag vertreten waren, haben von sieben nur zwei keine Kinder und sind ledig; drei haben zwei Kinder, und zwei haben sogar drei Kinder. Bei den SPD-Abgeordneten zwischen 1949 und 1972 sind/waren von insgesamt sechs Frauen drei entweder ledig oder verwitwet. Von den elf SPD-Abgeordneten ab 1972 sind fünf verheiratet, eine ist jeweils verwitwet bzw. geschieden bzw. ledig, acht haben Kinder. Nur eine Abgeordnete hat keine Kinder. Bei der F.D.P. waren die beiden Abgeordneten, die zwischen 1949 und 1972 im Bundestag vertreten waren, verheiratet (bzw. eine war geschieden, eine verwitwet während ihrer Mandatszeit) und beide hatten Kinder. Bei den Parlamentarierinnen ab 1972 haben von vier Abgeordneten zwei keine Kinder (eine ist erst Jahrgang 1965). Bei den Abgeordneten der GRÜNEN hatte die einzige ältere Parlamentarierin, die in den achtziger Jahren im Bundestag vertreten war, fünf Kinder und wurde während ihrer Mandatszeit geschieden. Insgesamt hatten von acht Frauen fünf Kinder. Die KPD-Abgeordnete war zweimal verheiratet, während ihrer Mandatszeit verwitwet und hat zwei Kinder.

Empirische Erhebungen für die Bundesrepublik Deutschland insgesamt weisen darauf hin, daß erheblich weniger verheiratete Frauen eine Parteimitgliedschaft erwerben als verheiratete Männer (Hoecker 1995: 41), und daß im Bundestag ein weit überdurchschnittlicher Anteil an alleinstehenden Frauen zu beobachten ist. Während der Anteil der alleinstehenden (ledigen, geschiedenen oder verwitweten) männlichen Abgeordneten bislang stets unter 10% angesiedelt war, bewegte sich der entsprechende Anteil der weiblichen Abgeordneten bis zur 8. Wahlperiode (1976) zwischen 50 und 60 Prozent. Im 13. Deutschen Bundestag sind heute demgegenüber rund ein Drittel aller Frauen alleinstehend (ledig, geschieden oder verwitwet), während dies auf nur ca 14% der männlichen Abgeordneten zutrifft. Etwas über die Hälfte aller Parlamentarierinnen im derzeitigen Bundestag ist verheiratet und hat Kinder gegenüber rund drei Viertel der männlichen Kollegen. Diese Tatsache bedeutet eine große Veränderung zu den Nachkriegsjahrzehnten, aber noch keineswegs eine Angleichung der Karriereprofile weiblicher und männlicher Parlamentarier.

3. *Zum Selbstverständis politisch aktiver Frauen*

In der bundesdeutschen Nachkriegszeit fiel uns ein bemerkenswertes Paradox auf: Obgleich Frauen so zahlreich in den ersten Jahren der Republik politisch aktiv wurden – in Frauenausschüssen, -friedensgruppen, Frauenverbänden, im Deutschen Frauenring usw. (s. Kap. V. A) – scheinen sie selbst dieses Engagement nicht als politisches zu definieren. Politik bleibt überwiegend und fast selbstverständlich „Männersache“. Und dieses Phänomen trifft nicht nur auf diejenigen Frauen zu, die sich im unkonventionellen Bereich und vorparlamentarisch politisch betätigten, sondern erstaunlicherweise auch auf viele derjenigen Frauen, die parlamentarisch tätig geworden sind, sei es im Gemeinderat, im Land- oder Bundestag. Meine Untersuchungsergebnisse, aber auch andere Studien skizzieren bei denjenigen Frauen, die in der bundesdeutschen Nachkriegszeit politisch aktiv wurden, ein Selbstbild als im Grunde „unpolitische Frau“: „Ich bin keine politische Frau in dem Sinne“, so bringt es eine befragte Politikerin aus Hessen auf den Begriff (Schmidt in: Wischermann u.a. 1993: 254).

Darüber hinaus scheint für manche symptomatisch auch der Zufallscharakter ihres Eintritts in die Politik gewesen zu sein bzw. das, was Frauen im Nachinein als „zufällig" beschreiben. Einige haben fast „zwangsläufig" und aus „moralischer Verpflichtung mitgemacht" – manches Mal sogar *gegen* den eigenen Willen[12] oder weil sie von der Partei, von Freunden/Kollegen dazu gedrängt wurden. Zum Selbstverständnis von befragten Politikerinnen der „ersten Stunden" gehörte offenbar das Gefühl, persönlich gebraucht zu werden sowie der Wunsch, sich für Schwächere und ungerecht Behandelte einsetzen zu wollen. Darüber hinaus wurde der Wunsch geäußert, die Geschicke des Vaterlandes zumindest zeitweise mit „weiblicher Intuition" zu lenken und in den Anfangsjahren der Republik am Aufbau der Partei/der Gesellschaft mitzuwirken.

Aus anderen einschlägigen Studien wird deutlich: Die meisten Mitstreiterinnen der frühen Frauenorganisationen in der Nachkriegszeit haben ebenso wie einzelne Parlamentarierinnen ihr politisches Engagement nach 1945 nicht als gesellschaftlich relevantes Tun angesehen mit dementsprechenden Anerkennungserwartungen, Ansprüchen und Konsequenzen.[13] Diese frauenpolitische Bescheidenheit erinnert an Positionen aus dem bürgerlichen Flügel der ersten deutschen Frauenbewegung um die Jahrhundertwende, die sich das Stimmrecht mit ihrem sozialkaritativen Engagement erdienen und verdienen wollten (Schenk 1983, Gerhard 1991, Wischermann u.a. 1993).

Eine vielleicht typisch weibliche Motivation für die politische Arbeit war die mütterliche Attitüde „wenn ich gebraucht werde, dann bin ich da!" oder das sprichwörtliche „Glück, helfen zu können", welches die Historikerin und Bundestagsabgeordnete Renate Lepsius einem ihrer Interview-Portraits als Titel gab (Lepsius 1987). Mit diesem fürsorglichen Element wurde nicht nur von offiziellen Stellen um die Mitarbeit von Frauen geworben, sondern sie selbst erklärten und legitimierten ihren Aufbruch ins politische Engagement

---

[12] Diesen Befund können Ingrid Langer u.a. offensichtlich aus ihrer Studie nicht bestätigen. Ich vermute hier methodische und methodologische Unterschiede: Da sie keine Interviews mit Betroffenen geführt haben und ihre Aussagen vorrangig auf veröffentlichte Quellen stützen, war weder das Datenmaterial noch der methodologische Zugang (bes. meine interpretative Gruppenauswertung) vergleichbar.

[13] Diese Aussage muß relativiert werden für diejenigen weiblichen Abgeordneten, die für mehr als eine Legislaturperiode in Parlamente von Bund und Ländern gewählt worden waren. Sie gilt für jene, die vor allem im politischen Basisbereich tätig gewesen sind (vgl.: Pitzschke 1994, Wischermann u.a. 1993).

damit. Hier gab es allerdings beträchtliche Unterschiede. Besonders Frauen mit bürgerlich-gemäßigten politischen Anschauungen betonten ihre Leistungs- und Opferbereitschaft für die neue Republik. Weniger lautstark forderten sie den ihnen gebührenden Platz in der Gesellschaft. „Uns fehlt das Ethos der alten Frauenbewegung. Wir wollen uns nicht auf unser Recht stützen, die Leistung allein berechtigt uns zu fordern", so eine Stimme aus der Zeit (Pfeiffer 1948, zit. in: Gerhard 1993: 17). Die Abgrenzung von kämpferischen Impulsen der Radikalen innerhalb der ersten deutschen Frauenbewegung und von „frauenrechtlerischen Tendenzen" war Ausdruck davon, daß sich nach 1945 in den maßgeblichen Frauenverbänden vor allem konservativ-gemäßigte Positionen durchsetzen konnten, die mit ihrer Kultur „weiblicher Eigenart" den Gedanken einer biologisch-kulturellen Differenz zwischen den Geschlechtern verfestigen halfen. Die Radikalen, d. h. die Nachfolgerinnen einer egalitären Rechtstradition, „die Vertreterinnen des Menschenrechts auf Gleichheit und des unabdingbaren Anspruchs auf staatsbürgerliche Partizipation" (Gerhard 1994: 338) fanden in der Bundesrepublik nach 1945/1949 nur wenige einflußreiche Nachfolgerinnen.[14] Zwar gab es Gewerkschafterinnen, Parteifrauen und Funktionärinnen aus den verschiedensten Frauenverbänden sowie wieder- oder neu zugelassene Juristinnen, die in den 50er und 60er Jahren im Bundestag und vor den höchsten Gerichten Rechtsverbesserungen für Frauen erfochten haben. Aber sie hatten im Verlaufe der Zeit zunehmend Legitimationsprobleme. Belegt sind Äußerungen von enttäuschten Hoffnungen über die minimale Unterstützung von aktiven Frauen und über das mangelnde politische Interesse der Mehrheit der weiblichen Bevölkerung (z.B. Lüders 1963, Gerhard 1991).

Sowohl in den von uns mündlich geführten Interviews als auch in den schriftlichen Befragungen charakterisiert sich die Mehrheit der befragten älteren Parlamentarierinnen nicht vorrangig als Frauenpolitikerinnen. Sie seien – nach ihren Worten – nicht primär über frauenpolitische Fragestellungen in die Politik gegangen. (Auf diesen Aspekt wird im Kap. 4 näher eingegangen.) Viele von den auch in anderen Studien befragten weiblichen Abgeordneten lebten im gesellschaftlichen Widerspruch: Sie haben für sich selbst ein beruflich und politisch angefülltes Leben in der Öffentlichkeit, in der Politik, gewählt, paßten sich allerdings in ihrer politischen Rhetorik an die traditionellen

---

14 Hier sind insbesondere Elisabeth Selbert, eine der vier „Mütter des Grundgesetzes" zu nennen, die Richterinnen am Bundesverfassungsgericht Erna Scheffler und Rupp-von-Brüneck, sowie die Bundestagsabgeordneten Emmy Diemer-Nicolaus, Marie-Elisabeth Lüders oder Elisabeth Schwarzhaupt.

Frauenleitbilder ihrer jeweiligen Partei an. Darüber hinaus akzeptierten sie die traditionell getrennten Aufgabenbereiche für beide Geschlechter:

„... daß auch in der Gestaltung des öffentlichen Lebens der Mann und die Frau – jeder seiner Wesensart gemäß – die Aufgabe erfüllen muß, die ihm zusteht... Wenn es uns gelingt als Frau dem Mann in der gemeinsamen Arbeit so zur Seite zu treten, daß eine Ergänzung beider und dadurch eine Weiterführung zum Menschlichen eintritt." (So die Gründerin der „Frauenpartei" Ulla Illing: Das neue Thema, in: Der Silberstreifen, Heft 6/7, 1946: 20.)

Zusammengefaßt scheinen die wesentlichsten Dimensionen der politischen Tätigkeit von Frauen in der bundesdeutschen Nachkriegsgeschichte in einer Unbewußtheit des (frauen)politischen Engagements zu bestehen und zwar in zweifacher Sicht: Zum einen glaubten viele Frauen, die in unkonventionellen Bereichen und im vorparlamentarischen Raum tätig waren, sie würden der Not gehorchen und das Notwendigste eben bloß erledigen. Daneben engagierten sich zahlreiche parlamentarisch tätige Frauen überwiegend und speziell für Frauenbelange, ohne daraus für sich notwendig ein frauenpolitisches Engagement abzuleiten. Die strukturellen und systematischen Komponenten von Frauendiskriminierung in einer patriarchal organisierten Gesellschaft blieben damit unberücksichtigt. Die ökonomisch, politisch und sozialpsychologisch abgesicherte Konstruktion von männlicher Macht und weiblicher Unterordnung in der Entstehungsphase der Bundesrepublik wurde von den befragten Politikerinnen auch im Nachhinein nicht thematisiert. Dennoch agierten die Frauen politisch und frauenbezogen. Insofern habe ich in dieser Zeit von einem *unbewußten Frauenbewußtsein und von vorbewußtem Frauenhandeln* gesprochen.

Beides können die nachgeborenen „politischen Töchter" nicht mehr geltend machen. Der Generationswechsel in Westdeutschland nach 1968 vollzog sich politisch und kulturell als Bruch. Die spätere Radikalität der frauenbewegten Töchter bezog ihre prägende Kraft zunächst und primär aus der Abgrenzung von den angepaßten Müttern (und Vätern) der Adenauer-Zeit. Erst allmählich wird im Steinbruch der Frauengeschichte vieles von dem freigelegt, das – ob bewußt und beabsichtigt angelegt oder nicht – als das „Erbe der Mütter" angesehen werden kann. Die Frage, ob die Jahrgänge der Mütter der 68er, also die Zeitgenossinnen der Adenauer-Politik in der Bundesrepublik der 50er und 60er Jahre ein unbewußtes Emanzipationspotential auslebten (Metz-Göckel 1987) und somit nicht bewußte aber tatkräftige Vorbilder abgaben für eine spätere Radikalität der „Töchter", oder ob es eher die angepaßten aber unzufriedenen Familienmütter waren, von denen sich die Töchter abgrenzten und daraus die Kraft der politischen Einmischung zogen (Eckart 1987), kann nicht eindeutig beantwortet werden. Bei dem nachträglichen Versuch, die Anfänge der Frauenbewegung zu rekonstruieren, d.h. Rationalität und schlüssige Motivstrukturen zu unterstellen beim Entstehen einer sozialen Bewegung und eines kollektiven Subjektes, gibt es Hinweise auf beide Möglichkeiten. Wichtig erscheint, daß beide Aspekte eines generationsspezifischen Zusammenhanges gesehen werden. Und daß die Anfänge der neuen Frauenbewegung nicht – oder nur oberflächlich – in dem legendären Tomatenwurf in Richtung SDS-Genossen zu suchen sind.

Die jüngeren Parlamentarierinnen (ab Jahrgang 1940) tragen aus ihrer eigenen politischen Sozialisation die Erfahrungen von Destabilität, Chaos und Neuordnungsversuchen in der bundesdeutschen Nachkriegszeit. Die Töchter aus der „Generation der Bombensplitter- und Ruinenkinder“ (Rolf Dieter Brinkmann) sind lebensgeschichtlich geprägt durch den Wiederaufbau der Bundesrepublik, durch die Westbindung und die Abgrenzung gegenüber dem „totalitären Osten“ sowie durch den späteren Protest gegen die kapitalistische Wohlstandsgesellschaft der „Väter“ und „Mütter“. Für zahlreiche Frauen der Geburtsjahre nach 1940 war die Phase des in der Studentenbewegung mobilisierten Protests ein wichtiger Politisierungsschub. In allen lebensgeschichtlichen Interviews werden die Studenten- und Frauenbewegung als ihre Politisierung auslösende bzw. anregende Faktoren genannt. Manche haben sich schützend vor die angegriffenen (Werte der) Väter gestellt. Andere wiederum schlossen sich mehr oder weniger konsequent dem Protest und dem Aufbruch an. Mit der Frauenbewegung identifizierten sich später besonders die Frauen der politischen Linken. Sie dokumentierten dies vielmals durch ihre Mitarbeit in autonomen Frauengruppen oder parteiförmig auch in der AsF, später bei den GRÜNEN.

Heutige Politikerinnen – so zeigen es die interpretierten Interviews – entsprechen in ihrem Selbstverständnis und in ihrem präsentierten Selbstbild nicht den gesellschaftlich geformten Bildern traditioneller Weiblichkeit. Die Mehrheit von ihnen äußert ein großes Interesse an Autonomie und Eigenverantwortlichkeit (schon in ihrer Jugend). Sie repräsentieren darüber hinaus in ihrer jeweiligen Berufswahl (Rechtsanwältin oder z. B. Lehrerin) ein Stück Verantwortlichkeit gegenüber anderen Menschen bzw. gegenüber der gesamten Gesellschaft. Durch ihre Berufsqualifikation haben die Parlamentarierinnen heute eher als in früheren Zeiten die Möglichkeit beruflicher und finanzieller Selbständigkeit. Dieses Moment prägt auch ihr Selbstbild. Sie begründen damit ihre persönliche Unabhängigkeit von der Politik und betrachten dies als Vorteil gegenüber ihren männlichen Kollegen, bei denen sie eine größere Abhängigkeit von Diäten und politischen Machtpositionen konstatieren. Die Erfahrung von qualifizierter Erwerbstätigkeit schafft für Frauen eventuell die Möglichkeit, die politische Arbeit als etwas Eigenes, Zusätzliches, Freiwilliges zu betrachten, aus dem sie gegebenenfalls auch wieder aussteigen können.[15]

Die Selbstbeschreibungen jüngerer Parlamentarierinnen sind geprägt von Begriffen wie Mut, Einsatzbereitschaft, Ehrgeiz und Belastbarkeit. Viele stellen sich selbst nicht ohne Stolz als klar, dynamisch, arbeitsorientiert, entschlußfreudig und durchsetzungsfähig dar. Dieses sind Begriffe, die traditionellerweise eher dem „männlichen Arbeitsvermögen" zugeschrieben werden. Begriffe, die sich auf die klassisch weiblichen Stereotype, nämlich Fähigkeiten wie Fürsorglichkeit, Nachgiebigkeit, Flexibilität beziehen, tauchen in den Selbstbeschreibungen heutiger Politikerinnen kaum auf (Sauer 1994). Politisch aktive Frauen der jüngeren Jahrgänge wurden von mir – wie die befragten Politikerinnen aus der Nachkriegszeit – als sog. „Vater-Töchter" charakterisiert. Ein früh entwickeltes Selbstbewußtsein wurde offensichtlich sowohl von den Müttern, die auch bei den befragten Politikerinnen die primäre Bezugsperson in der frühen Kindheit war, als auch später und vor allem von den jeweiligen Vätern unterstützt. Der Vater, selbst wenn er bei den jüngeren Nachkriegstöchtern persönlich noch durch Gefangenschaft von der Familie getrennt war oder, wie bei den älteren Abgeordneten z. B. bei Emmy Diemer-Nicolaus, noch in den Ersten Weltkrieg eingezogen war, symbolisierte Sicherheit und Weltzugang. Er war für die Tochter das identitätsbildende Gegenüber, seine Erwartungen setzten für sie die Maßstäbe, während die Mutter oft zwar als freundlich, fürsorglich aber konturenlos beschrieben wurde: „Sie hat eben das getan, was der Vater gesagt hat", so Christa Reetz über ihre Mutter.

Eigene Ich-Schwäche und den Verlust von Autonomie wollen Vater-Töchter vermeiden. Oft sind spätere politische Prioritätensetzungen und Erfolge gleichsam als Selbstbehauptung *gegen* ihn, gegen den väterlichen Willen erfochten. Selbstbehauptung und Anerkennung von anderen bilden – nach

5 Schöler-Macher (1993) hält die Betonung von Autonomie für zentral in den Selbstbeschreibungen von Politikerinnen. Aus dem Streben nach Autonomie, das jeweils sehr spezifische lebensgeschichtliche Ausformungen annehmen kann, entwickle sich überhaupt erst der Wunsch, in dem als männliches Terrain wahrgenommenen Bereich der Politik aktiv zu werden.

der amerikanischen Psychoanalytikerin Jessica Benjamin – die Pole eines prekären Gleichgewichts.

„Dieses Gleichgewicht ist wesentlich für das, was als 'Differenzierung' betrachtet wird: die Entwicklung des Individuums zu einem Selbst, das sich seiner Verschiedenheit von anderen bewußt ist." (Benjamin 1993: 15)

Für Frauen bedeutet diese Konstellation etwas Besonderes: Die notwendige Selbstbehauptung kann primär über den Weg der Anerkennung durch einen anderen stattfinden, der persönlich wie gesellschaftlich als eigenständige Person wertgeschätzt wird. Insofern stellt in einer Gesellschaft, die die Produktionssphäre gegenüber der Reproduktionssphäre so viel höher schätzt, der Vater für die Identitätsbildung von Kindern eine besonders wichtige Person dar. Ehrgeiz sowie ein starkes Bedürfnis nach Anerkennung und Bestätigung vom Vater wurden in den Selbstbeschreibungen der interviewten Parlamentarierinnen, besonders von erstgeborenen Töchtern, die eine besondere Aufmerksamkeit vom Vater erhielten, erkennbar. Sie orientieren sich am „starken" Geschlecht in der Familie, d. h. im übertragenden Sinne an männlichen Normen der Gesellschaft. Diese werden explizit höher bewertet als die weiblichen. Die hier als Vater-Töchter bezeichneten Politikerinnen sind in ihrer Jugend „neugierig gewesen" auf das, was der Vater repräsentiert.

„Ihre Leistungen, ihr Können und ihre Aktivitäten stehen im Bannkreis des männlichen Blicks und bleiben auf die Anerkennung durch ihn gerichtet,"

so drückt es die Soziologin Martina Ritter in ihrer Untersuchung über Mädchen und Computerbeschäftigung aus (Ritter 1994: 217). Auch in anderen Studien wird die besondere Nähe zum Vater von Politikerinnen dokumentiert.[16]

Die befragten Parlamentarierinnen haben den interessanten, vielversprechenden Weg des Vaters eingeschlagen hinein in Beruf, Öffentlichkeit und Politik. Sie sind ihn dann als ihren eigenen Weg weitergegangen. Der Vater oder andere männliche Personen dienten auf diesem Weg als Vorbilder, fast nie wurden weibliche Vorbilder genannt. Nach eigenen Aussagen war für viele in ihrer politischen Sozialisation der Reiz groß, über das eigene Geschlechtsschicksal hinauszugehen, welches oft allein das wenig attraktive Bild von der „Frau an seiner Seite" bereithielt. Die Partei, als auffällig männlich

---

16 „Und da mein Vater für mich auch heute noch sehr stark Vorbild ist, - er mich vielleicht auch am stärksten in die Emanzipation gedrängt hat. Die größte Angst, die er hatte, war immer, daß ich heiraten würde und meinen Beruf aufgeben oder relativieren würde..." Rita Süßmuth in: Schwarzer 1992: 209. Vgl. auch Eckart 1990, 1992.

strukturierte Organisation, steht später für das väterliche Prinzip. Auch ihr gegenüber muß die einzelne Frau durch Leistung auffallen, um Anerkennung, um Posten und Beförderung ringen. Sie muß eigenständig genug auftreten, um für herausragende Positionen akzeptabel zu sein, aber durchweg die „loyale Tochter" bleiben. Bei vielen Aussagen ist durchgängig – mal offen, mal verborgen – eine erstaunliche Loyalität gegenüber der Partei festzustellen. Fast unisono sagen die Parlamentarierinnen, sie würden heute wieder in dieselbe, in „ihre" Partei eintreten. Auf den Parteivorsitzenden lassen sie nichts kommen, oft wird er als der persönliche „Förderer" hervorgehoben, eine kritische Distanz wird zumindest in den Interviews selten geäußert. Um im Bild zu bleiben, könnte man die Partei mit einer hierarchisch strukturierten Familie vergleichen: Bleibt die loyale Tochter ihrem Vater bis ins Erwachsenenalter treu, und tut sie dies in angemessener Form, spendet die Partei auch Schutz und Hilfe, wie es ein paternalistischer Vater vermutlich ebenfalls täte. Hier spürt die Parlamentarierin denselben Funktionsmechanismus: Kontrolle und Anerkennung bei Unterordnung, Kritik und Strafe bei Widerstand – je nach Bedarf. Dieser Mechanismus kann sicher auch bei männlichen Parteimitgliedern funktionieren. Er gehört zum System einer rituellen Über- und Unterordnung in der Politik, wie sie u. a. Kreisky und Schöler-Macher aus feministischer Perspektive beschrieben haben. Aber er bedeutet für Frauen als die historisch später Dazugekommenen etwas entscheidend anderes als für Männer, weil sie als Frauen kulturell als das vom Mann Differente und Abhängige perzipiert werden.

Die Bindung an die Partei ersetzt – so könnte die Interpretation nahelegen – die frühe Bindung an den Vater oder führt sie fort. Insofern steht die Partei im späteren Leben von sog. „Vater-Töchtern" für die väterliche Autorität, die Gehorsam und Unterordnung verlangt aber auch Protektion spendet. Viele Politikerinnen prägt – nach eigenen Worten – ebenfalls das Ringen um Selbstbehauptung, um Unabhängigkeit von der väterlichen Autorität und aus der töchterlichen Existenz. Diese Abhängigkeit muß sich nicht auf die konkrete Person des Vaters beziehen, sondern auf die durch ihn repräsentierten Werte und Erfahrungen in einer männlich geprägten Gesellschaft. Bei manchen jüngeren Politikerinnen scheint auch der Aspekt der Herausforderung durch die Werte des Vaters eine Rolle zu spielen, die darin bestehen kann, sich in der Welt der Rationalität, der Sachzwänge und der Macht durchzusetzen. Vielen Vater-Töchtern macht es – nach Temperament unterschiedlich ausgeprägt – „großen Spaß", sich einzumischen, mal richtig „loszupowern" und sich damit selber als eigenständige Person zu beweisen und sich von seiner Abhängigkeit zu lösen. Die Orientierung am Vater wird sozialpsychologisch gedeutet als gleichzeitige Abwertung oder Neutralisierung des mütterlichen Einflusses bzw. der mütterlichen Existenz (Flaake 1991, Eckart 1991, Benjamin 1990). Dieses macht Töchtern, die innerlich stark mit der Mutter verbunden sind, große Schuldgefühle. Stellvertretend für diesen Konflikt steht n. m. A. Christa Reetz, die vielleicht auch deshalb lange Jahre benötigt hat, um im konventionellen politischen Bereich aktiv zu werden. Das Relativieren von kulturell der „Mutter" zugeschriebenen Fähigkeiten, Wünschen und Möglichkeiten, auch Selbstentwertungen als „Tochter" können damit einhergehen. Um die „töchterliche Rolle gegenüber dem Vater und damit die untergeordnete Position gegenüber Männern zu überwinden" (Flaake 1991), müßten – psychoanalytisch gesehen – Frauen, die auf männlichem Terrain erfolgreich sein wollen, beide Anteile – mütterliche und väterliche – in sich wieder vereinen. Erst die (Wieder)Aneignung der eigenen Weiblichkeit, ohne Abwertung und Ausgrenzung des „mütterlichen Erbes", könnte sie befähigen – so Karin Flaake –, selbständig, souverän und produktiv mit den Anforderungen in (politischen) Führungspositionen umzugehen.

Die vorliegenden Interviewaussagen legen den Schluß nahe, daß – wenn Frauen heute in die Politik gehen – sie sich sehr bewußt sind, was sie dort erwartet – im negativen wie im positiven Sinne. In die politische Arbeit sind die jüngeren Parlamentarierinnen, die wir befragt haben, weder „hineingeschliddert", noch „geschubst" oder „hineingebeten" worden, noch haben sie „nur einfach Glück gehabt", wie es einige ältere Politikerinnen für sich beschreiben (Guttmann 1995). Die jüngeren haben sich das Feld der Politik meist bewußt ausgewählt, nicht selten unter dem Aspekt, dort auch in einflußreiche Positionen zu gelangen, in denen sie „wirklich etwas bewegen" können, „Einfluß bekommen", und auch: „Macht, etwas durchzusetzen". Kein weibliches Pflichtgefühl oder allein Frauen zugeschriebene Fähigkeiten der Fürsorge, Harmonie, Aufopferung und Anteilnahme bringen sie in die Politik. Die von uns befragten Politikerinnen, die heute parlamentarisch tätig sind, sehen sich selbst nicht als Heldinnen des Verzichts oder der stillen Hingabe an ihr Amt.[17] Sie haben überwiegend ganz „unweibliche" Motive des politischen wie persönlichen Erfolgs oder der Karriere im Auge und wollen nicht primär in Dienst genommen werden. Bei den meisten besteht ein starkes Interesse an sozialen Fragen auf gesellschaftspolitischer Ebene, gemischt

---

[17] Dies betonen z. B. Herta Däubler-Gmelin, Ursula Seiler-Albring, Renate Hellwig, Jutta Oesterle-Schwerin aber auch Heide Pfarr, Renate Schmidt und Rita Süßmuth in anderen Kontexten, um nur die bekannteren zu nennen.

mit einer Portion Mut, Risikofreude, großes Selbstbewußtsein und dem Willen, politische Verantwortung zu übernehmen. Manche der heute aktiven Parlamentarierinnen äußern dezidiert den Wunsch, nicht nur die Alibi- oder Ausnahmefrauen in der Partei oder im Parlament zu sein bzw. zu bleiben, sondern sie setzen darauf, daß sich eventuell durch die vermehrte Präsenz von Frauen auch die Qualität von Politik verändern könne. In diesem Punkt unterscheiden sich die Einschätzungen der Politikerinnen allerdings beträchtlich, abhängig von ihrer parteipolitischen Anbindung und der lebensgeschichtlichen Nähe zu Themen und Aktionen der Frauenbewegung. Interessant ist vielleicht, daß die größte Skepsis im Hinblick auf die qualitative Veränderung der Politik durch Frauen von den befragten FDP-Politikerinnen geäußert wurde, während die anderen Parlamentarierinnen sich bedingt hoffnungsvoll äußerten.

Im Unterschied zu ihren Vorgängerinnen äußern viele der von uns befragten derzeit aktiven Parlamentarierinnen ihr Wissen um die ambivalenten Konsequenzen von zugeschriebenen sogenannten „weiblichen Fähigkeiten" und um die Tendenz, diese im öffentlichen Bereich einerseits auszubeuten und gleichzeitig abzuwerten. In der Abwehr der gesellschaftlichen Definition von einschränkender und normierter Weiblichkeit, in der persönlicher Unabhängigkeit und gesellschaftspolitischer Verantwortung keine großen Spielräume beigemessen werden, sehen viele ihre spezifischen Chancen zur Selbstverwirklichung.

Die meisten der heute parlamentarisch tätigen Frauen – so lautet mein Fazit in Übereinstimmung mit neueren Studien über Frauen in politischen Führungspositionen – besitzen ihren eigenen Worten nach „Ehrgeiz", eine überdurchschnittliche „Leistungsbereitschaft", „Disziplin" und die nötige Sachkompetenz, um Führungspositionen anzustreben und auszufüllen (Schöler-Macher 1994, Schaeffer-Hegel u.a. 1995). In den 50er Jahren war es eher unüblich und „unschicklich" oder auch karrierebremsend, diese Eigenschaften allzu auffällig, selbstbewußt und konfrontativ zu zeigen. Während Politikerinnen der Anfangsjahre der Bundesrepublik in Selbstbeschreibungen auf sogenannte „weibliche Tugenden" und Strategien zurückgriffen und/oder sich in Selbstverkleinerungen in die Defensive brachten, um einen Platz auf dem politischen Parkett einzunehmen, äußern derzeit aktive Politikerinnen, als männlich definierte Strategien und Verhaltensweisen übernehmen zu können oder zu müssen, um politischen Erfolg zu haben. Viele geben zu, diese Strategien auch anzuwenden. In einigen Aussagen scheint hier das durch persönliche Erfahrungen gespeiste Bewußtsein durch, daß dabei gewisse Grenzen stets einzuhalten seien, die jeweils von der parteiinternen Konfliktkultur, vom frauenpolitischen Zeitgeist und von den eigenen individuellen Persönlichkeitsmerkmalen und denen ihres Umfeldes abhängen. Das politische Selbstverständnis der hier befragten Parlamentarierinnen ist durchweg geprägt von dem Bewußtsein, sich im Bereich der Politik auf eher männlichem Terrain zu bewegen. In den Interviews bestätigen alle Politikerinnen die Funktionsmächtigkeit z. B. von männlichen Seilschaften oder Kumpaneien. Manche Parlamentarierin – interessanterweise eher aus der Gruppe der älteren – belächelte diese Phänomene oder stellte sie als unumgänglich dar. Manche Parlamentarierin äußert sich kritisch distanziert, oder im persönlichen Gespräch auf Nachfragen hin zornig. In vielen Äußerungen spielen eigene Diskriminierungserfahrungen eine Rolle. Diese wurden umso deutlicher geschildert, desto expliziter der eigene Bezug auf eine Außenseiterposition „als Frau“ in der Politik zum Ausdruck gebracht wurde.

Neuere Studien über Frauen in politischen Führungspositionen haben auf die männerbündischen Mechanismen in der Politik hingewiesen (Geschlossenheit, Seilschaften, Disziplin, Gruppenkohäsion). Es wäre interessant, den Arbeitsplatz Parlament auf das spezifische und unkalkulierbare Zusammenwirken von informellen und hintergründigen Beziehungen auf der einen Seite sowie Regelhaftigkeit und Sachorientierung auf der anderen unter der Perspektive der unterschiedlichen Auswirkungen auf die Geschlechter hin zu untersuchen. Hier scheint eine speziell frauenausschließende Dynamik vorzuherrschen, die vielen Akteurinnen zwar erfahrbar aber schwer einzuschätzen und abbaubar erscheint.

Zum Selbstverständnis der älteren Parlamentarierinnen gehörte eine frühe Orientierung an und eine eindeutige Bezugnahme auf männliche Vorbilder. In den 50er Jahren – so die Interpretation diesbezüglicher Aussagen – war möglicherweise die innere und äußere Abhängigkeit von männlicher Wertschätzung und Anerkennung größer als heute. Frauen als gesellschaftliche Gruppe und als einzelne Individuen waren stärker als heute auf männliche Zustimmung (vom Vater, Ehemann, Partner, Sohn, Arbeitgeber, Parteivorsitzenden) zu ihrem Tun angewiesen. Viele richteten sich – natürlich abhängig vom persönlichen Temperament und politischen Vorstellungen – in dieser Situation ein. In der bundesdeutschen Nachkriegszeit war die gesellschaftliche Machtverteilung eindeutig: Männer besaßen Positionen, Einfluß, Kenntnis der Strukturen und – trotz der Katastrophe des Nationalsozialismus – das Gefühl ihrer historischen Berechtigung, das „erste Geschlecht“ zu sein. Männer als gesellschaftliche Gruppe und als einzelne Individuen waren mächtiger als heute im Sinne der kulturellen Unangefochtenheit ihrer legitimen Präsenz im Politischen.

Obgleich sich Frauen in der Nachkriegszeit in männlich besetzte Sphären wie die Politik oder die Erwerbssphäre zunehmend vorwagten und damit die Trennung der geschlechtsspezifischen Tätigkeitsbereiche durchbrachen, auf der das bürgerliche Modell einer geschlechtshierarchisch strukturierten Gesellschaft basiert, blieben Frauen dieser Polarität überwiegend verhaftet. (Die Männer natürlich ebenso, indem sie nicht gleichberechtigt an Reproduktionsarbeiten teilhatten.) Viele Politikerinnen beharrten auf der prinzipiellen Vorrangigkeit der Aufgabenstellung für alle Frauen in Familie und Mutterschaft. Sie besaßen für sich selbst eine Art Ausnahme-Bewußtsein und legitimierten ihre politische Tätigkeit aus dem traditionell für Frauen gesellschaftlich vorgesehenen Aufgabenbereich. Ich denke, daß Annemarie Griesinger und Emmy Diemer-Nicolaus hierfür Beispiele sind. Sie scheinen die geringsten Probleme mit der Politik als eigentlich männlichem Terrain gehabt zu haben. Sie akzeptieren die getrennten, quasi „von der Natur her gewollten" unterschiedlichen Zuständigkeitsbereiche. Beide äußern sich zu der Wichtigkeit von sogenannten „weiblichen Werten/Eigenschaften", und hoffen darauf, daß das Männliche, das selbstverständlich seinen Platz im Öffentlichen habe, durch sie bereichert und harmonisiert werde. Die damit einhergehende, oft fraglose Anerkennung der männlichen Vormacht und legitimen Präsenz im politischen Raum war zugleich funktional für eine Vermeidung von Konkurrenz gegenüber Männern. Solche Parteikolleginnen stellten für männliche Abgeordnete keine unbequeme Herausforderung dar in dem Sinne, daß jene die Vormachtstellung und Kompetenz von ihnen etwa kritisiert oder gar bekämpft hätten. Diese weiblichen Abgeordneten hatten es – nach ihren eigenen Aussagen – persönlich oft leichter als die sogenannte „Frauenrechtlerin", der immer noch eine pejorative Konnotation anhaftet.

3.1 Vereinbarkeit von Familie, Privatleben, Beruf und Politik

Zum Selbstverständnis der befragten Parlamentarierinnen gehörte auf unterschiedlichste Weise ihre Identität als Frau und als (potentielle) Mutter. Insofern waren die Antworten hierzu vor allem in den persönlich geführten Interviews recht ausführlich. Insgesamt kann festgestellt werden: Eines der größten praktischen Handicaps für eine politische Karriere stellt nach wie vor die mangelnde reproduktive Absicherung und Unterstützung für Politikerinnen dar. Dieser Befund galt für die älteren, die allerdings häufiger ohne Familie i. S. von Partner/Partnerin und Kindern lebten, als auch für die jüngeren

Abgeordneten. Wenn diese alleine leben, so müssen sie die fehlende oder ungesicherte Unterstützung durch gekaufte Hilfsleistungen sowie ständige Organisationstätigkeit ersetzen. Darüber hinaus fehlt ihnen die für eine öffentlich sichtbare Person so wichtige Begleitung und Stabilisierung durch Personen, die verläßliche Fürsorge und korrigierende Kritik zugleich geben können. „Mein einziger Unterstützer ist der Anrufbeantworter", stellt eine alleinlebende Politikerin Jahrgang 1942 lakonisch fest.

Wenn parlamentarisch tätige Frauen selber eine Familie haben (Kinder, Partner, Partnerinnen, noch lebende Eltern, andere hilfsbedürftige Angehörige), dann gerät ihnen die Familientätigkeit und Verantwortung für diese oft zur Barriere. Sowohl aus der Perspektive von Parteigremien und ihrer Funktionäre als auch in der Außenerwartung und Bewertung durch Medien oder Öffentlichkeit ist eine Familie sozusagen kontraproduktiv für Politikerinnen. Auch heute noch werden Frauen, die sich politisch engagieren oder um ein Amt oder ein Mandat bewerben, immer noch unter geschlechtsbezogenem Vorbehalt visiert und strenger bewertet als ihre männlichen Kollegen. Diese unterschiedliche Bewertung gilt nicht nur für ihre äußere Erscheinung, sondern vor allem im Bereich ihres Privatlebens. Politikerinnen müssen sich zum einen legitimieren, Zeit für ihre Familie und für ihr Privatleben haben zu wollen.[18] Andererseits müssen sie öffentlich Rechenschaft ablegen, ob sie als Politikerinnen noch gute Mütter oder Partnerinnen/Ehefrauen sein können. Denn: (und dies ist auch ein Unterschied zu der Nachkriegsgeneration) politisch aktive Frauen leben heute zunehmend beides, Familiengründungsphase und Karrierebeginn, zeitgleich parallel.

Aus unseren Interviews wird deutlich, daß heutige Parlamentarierinnen keine Entweder-Oder-Frauen mehr sein wollen. Sie akzeptieren es nicht mehr, wenn ihnen durch ihr Mandat zugemutet wird, ohne Kinder oder mit wenig familiärer Anbindung zu leben. Die Politikerinnen der 80er/90er Jahre haben heute „mehr" Familie als früher, sie sind aber immer noch Frauen des Verzichts. Denn vor allem Landtags- oder Bundestagsabgeordnete müssen in einem starken Maße auf Lebensbereiche verzichten, in denen sie ihr Frausein

---

18 Vgl. die Welle der Kritik, die die baden-württembergische Familienministerin Brigitte Unger-Soyka auf sich zog, als sie den Wunsch äußerte, ein Wochenende im Monat für ihre Familie politikfrei zu haben. Oder ein jüngeres Beispiel: Die hauptamtliche Dezernentin für Recht, Sport, Frauen und Wohnungswesen der Stadt Frankfurt, Silvia Schenk, beabsichtigte im November 1995, ihre Stelle um 20% zu kürzen, um Zeit für ihr Kleinkind zu haben. Ihr wurde vorgehalten, man habe sie als Vollzeit- und nicht als Vierfünftel-Dezernentin in ihr Amt gewählt. Vgl. Frankfurter Allgemeine Zeitung vom 27.11.1995.

als Partnerin und/oder Mutter erleben und zeitintensiv verbringen können. Die Politik ist allen befragten Frauen wichtig, die Familie/persönliche Beziehungen aber auch. In diesem heute offener ausgesprochenen Bekenntnis zu beiden Bereichen finden sich die heikelsten und persönlich schwierigsten Balanceakte zwischen gegensätzlichen Anforderungen, von denen nicht mehr wie früher ausgemacht ist, daß die Familie oder Partnerschaft die „wesensgemäße" Priorität erhält. Hier liegen speziell für ehrgeizige Frauen ihre verwundbarsten Stellen. Viele empfinden deutlich den großen Verzicht, den es bedeutet, wenn sie ihre Partner, Kinder oder Freunde jahrelang nur noch „auf Besuch" sehen. Dieses gilt insbesondere für Abgeordnete, die zwischen Wohnort, Wahlkreis und Bundestag hin- und herpendeln müssen. Überdies sind die meisten Partner von Politikerinnen keine geübten „Karrierebegleiter", die ihr eigenes berufliches Fortkommen zeitweise der Frau zuliebe zurückstellen. Viele Ehen/Partnerschaften sind durch die politische Tätigkeit der Frauen stark belastet, wie dies in unserem Sampel besonders bei Herta Däubler-Gmelin, Emmy Diemer-Nicolaus, Renate Lepsius und Ursula Seiler-Albring während der Kleinkindphase verdeutlicht worden ist. Oder sie sind „zu Bruch gegangen", oft nach jahrzehntelangen Bindungen, wie die Scheidung etwa von Christa Reetz nach fast 40jähriger Ehe während ihrer Abgeordnetentätigkeit zeigt. Viele Männer empfinden den Prestigegewinn oder das gute Einkommen einer MdB-Gattin/-Partnerin keineswegs als ausreichende Kompensation für die Verringerung ihrer Präsenz und Fürsorge.

Kompromisse, Verzichte, psychische Belastungen und körperliche Überanstrengung sind vor allem für Frauen in politischen Positionen vorprogrammiert, solange Politik als Beruf überwiegend männlich strukturiert und dominiert bleibt und politisches Engagement auf eine starke Vereinseitigung in der persönlichen Lebenspraxis hinausläuft, die viele Frauen (und auch Männer) nicht hinzunehmen bereit sind. Wenn die Belastungen, die der politische Alltag zwangsläufig mit sich bringt, nicht „privat" ausbalanciert und kompensiert werden können, machen sie sich auf andere Weise bemerkbar. Vielleicht hängt auch damit der Umstand zusammen, daß im Deutschen Bundestag die über 60jährigen Frauen mittlerweile zu den Ausnahmen gehören. Viele verabschieden sich (gerne) mit 60 oder 62 Jahren aus der aktiven Mandatszeit und lassen „Jüngere ran". (Während in der 1. Wahlperiode 1949-1953 von 28 weiblichen Abgeordneten im Bundestag 5 (= rd. 18%) über 60 Jahre alt waren und somit noch aus der Zeit der Jahrhundertwende stammten, waren in der 12. Wahlperiode nur 7 von insgesamt 136 Frauen d.h. rund 5% in diesem Alter.) Viele leben dann – nach ihren eigenen Worten – geradezu auf, widmen sich jahrzehntelang brachliegenden Hobbies wie Klavierspielen, Wandern und Photographieren. Oder sie kehren zu „ihren Ursprüngen“ zurück, indem sie ihre Kunstbegeisterung als Vorsitzende eines „Vereins zur Förderung junger Nachwuchskünstler“ endlich ausleben können, wie es beispielsweise Renate Lepsius tut, die der Politik ganz den Rücken gekehrt hat. Vielleicht ist es für Außenstehende bloß bedauerlich, wenn sich über sechzigjährige Politikerinnen (mehr oder weniger freiwillig) aus der parlamentarischen Arbeit zurückziehen. Ein Affront ist es allerdings, wenn eine Partei ein weibliches Mitglied über 60 Jahren bereits zu den „Alten“ rechnet und aus Altersgründen nicht mehr für ein politisches Amt nominiert. Männer im selben Alter dagegen werden oft als „erfahrene und bewährte Kollegen“ für den nächsthöheren Posten nominiert (vgl.: Kap. C. 2.).[19]

Andererseits ist der Zustand als „Politik-Pensionärin“ für viele Politikerinnen durchaus ein Gewinn. Viele äußern sich zufrieden über das Plus an Lebensqualität, an Glück sogar, an Muße, Behaglichkeit und an Zeit für früher vernachlässigte Bereiche und Aktivitäten. In diesen Aussagen zeigt sich eventuell auch eine Fähigkeit von manchen Frauen, andere Schwerpunkte in ihrem Leben setzen zu können und persönliche Erfüllung nicht allein aus (politischen) Machtpositionen zu bekommen. Politiker dagegen scheinen die genannte starke Vereinseitigung in der persönlichen Lebenspraxis nicht so zu spüren. Manche brauchen die äußeren Machtbezüge ein Leben lang, ebenso wie die gesellschaftlichen Privilegien, die dazugehören.

3.2 Attraktive Seiten im Beruf einer Parlamentarierin

Gleichzeitig ist Politik und Politik als Beruf für Frauen sehr attraktiv. Die Mitgliedschaft in einer Partei, ein politisches Mandat oder ein gewähltes Amt enthalten, ebenso wie politisches und soziales Engagement im allgemeinen, neben den genannten Belastungen viele attraktive Seiten und verlockende Aspekte für Frauen. Viele sehen im politischen Engagement eine Gelegenheit, die Geschicke des Landes mitzugestalten oder „die Demokratie zu verwirklichen“, wie es eine Parlamentarierin ausdrückte. Geradezu überraschend waren bei der Auswertung der persönlichen Interviews die Vielzahl und

19 Im 13. Deutschen Bundestag liegt das Durchschnittsalter der weiblichen Abgeordneten auffällig unter dem ihrer männlichen Kollegen, (vgl. Kürschners Volkshandbuch Deutscher Bundestag 13. WP: 295). Von 51 Abgeordneten über 60 Jahren sind 43 männlich und 8 weiblich, von 18 über 65 Jahren sind 16 männlich und 2 weiblich.

Vielfältigkeit von positiven Aussagen über das Berufsfeld der Politikerin.[20] Ebenso überraschen muß daher auch, daß solcherart positive Bewertung bei anderen Studien über Politikerinnen vernachlässigt wird.

Im Unterschied zu den Nachkriegsparlamentarierinnen scheinen bei jüngeren für die Berufsauswahl auch Motive der Selbstverwirklichung mit ausschlaggebend gewesen zu sein. Vielleicht äußern sich die Jüngeren auch nur offener zu hedonistischen Bedürfnissen im Hinblick auf einen interessanten und vielseitigen Beruf, der darüber hinaus soziale Anerkennung und materielle Privilegien verspricht. Auf die positiven Seiten des Abgeordnetenberufs angesprochen, erwähnen die Parlamentarierinnen ähnliche Aspekte, wie sie auch in Studien der Abgeordnetensoziologie (z. B. von Patzelt 1995 f.) erfragt worden sind. Persönliche Zufriedenheit und beruflicher Stolz bestimmen auch die Aussagen der weiblichen Parlamentarier. Genannt wurden vor allem die abwechslungsreiche Fülle und hochinteressante Vielfalt der Aufgaben sowie die Möglichkeit, weltweit interessante Menschen kennenzulernen. Auch die persönliche Herausforderung, für andere Menschen etwas in Bewegung zu setzen, die Möglichkeit, sich für die Interessen der Bürger und Bürgerinnen in konkreten Fällen einzusetzen und ihnen nachweislich zu helfen, wurde als zufriedenstellend erlebt. Eine früher eher untypische Aufstiegsmotivation und Faszination für das politische Geschäft sind heute unübersehbar: Viele Parlamentarierinnen sind trotz aller Schwierigkeiten, persönlichen Enttäuschungen oder politischer Rückschläge geradezu in Bann gezogen von dem abwechslungsreichen politischen Alltag, den neuen Kontakten, den Reisen, dem Dabeisein, vom „Mitmischen-Können", vom „gezielt-Dinge-in-Bewegung-Setzen". „Politik ist eine Sucht wie das Rauchen", so bringt es eine Bundestagsabgeordnete des Jahrgangs 1940 mehrdeutig auf den Begriff. Interessant ist ebenfalls, daß viele der befragten Politikerinnen die Einschätzung äußern, sie besäßen als Frauen durchaus auch Vorteile gegenüber männlichen Kollegen in der Politik (aus meiner Untersuchungsgruppe gaben dies immerhin zwei Drittel der Befragten an). Fast die Hälfte der Befragten erinnert sich darüber hinaus an eine Situation, in der sie einem Mann vorgezogen worden sei, um ein höheres Amt zu bekleiden oder ein Mandat auszuüben. Bei einem ebenso deutlich geäußerten Bewußtsein von möglichen Nachteilen und Diskriminierungen von Frauen gegenüber Männern in der

20 Und hier zeigte sich auch der Vorteil der Methodenvarianz dieser Studie und insbesondere der Vorteil der persönlichen Interviews. Denn aus öffentlichen Reden oder schriftlichen Dokumenten wäre dieser Aspekt kaum so deutlich herauszuarbeiten gewesen.

Politik spiegelt die Nennung von Vorteilen ein differenziertes Bild des politischen Alltags und eine positive Bilanz der eigenen Tätigkeit, Bedeutung und Rolle im politischen Alltag wieder.

4. Die Bedeutung frauenspezifischer Fragestellungen und die Frage nach dem „anderen" Politikverständnis von Frauen in politischen Führungspositionen

Dieses Forschungsprojekt wurde von der Fragestellung inspiriert und langfristig begleitet, ob es bei den Parlamentarierinnen ein *„anderes", ein spezifisches, ihr Frausein explizit reflektierendes Politikverständnis* gäbe.[21] Dieses sollte analysiert werden anhand ihrer öffentlich dokumentierten Selbstdeutungen, ihrer Interviewaussagen, der Wahl ihrer politischen Tätigkeitsfelder und ihrer spezifischen Strategien, politisch Einfluß zu nehmen. Dieses „andere" Politikverständnis wurde nicht bei denjenigen Frauen erfragt, die im Namen dieses „anderen" etwa in der Frauenbewegung und in feministischen Organisationen und Gruppenzusammenhängen gesellschaftspolitisch aktiv geworden sind. Es war vielmehr das Anliegen dieser Arbeit (und ein Unterschied zu den im Kapitel I. „Forschungsstand" genannten Studien), das möglichwerweise „andere" Verständnis von Politik speziell bei den Frauen aufzuspüren, die im klassisch-parlamentarischen Bereich aktiv waren und dies an herausgehobener Stelle, nämlich in politischen Führungspositionen im Deutschen Bundestag (vgl. Kap. II. Auswahl der Untersuchungsgruppe). Hier wird die Suche nach einem „anderen" Politikverständnis von parlamentarisch tätigen Frauen im Hinblick auf folgende Kriterien in zwei Schritten für die Auswertung fruchtbar gemacht:

1. Zunächst wurden Aussagen ausgewertet, die sich auf geschlechtsspezifische innerparlamentarische Kommunikationsmuster und einen *anderen Politik- bzw. Führungsstil* bezogen.
2. Darüber hinaus wurden Aussagen ausgewertet, die sich auf das *frauenpolitische Selbstverständnis* der Parlamentarierinnen bezogen sowie auf deren Selbstbild als Frauenpolitikerin. Von Interesse waren die Bedeutung frauenspezifischer Fragestellungen sowie die Notwendigkeit einer speziellen Frauenpolitik aus der Sicht der Befragten.

---

21 Bärbel Schöler-Macher bezeichnet dies in ihrer Studie „die Eigen-heit der Frauen in der Politik" (1994: 37 ff.) Ich wähle bewußt den Begriff des „anderen", um die Aufmerksamkeit auf die spezifischen Differenzen zu den Normalitätsunterstellungen und -erwartungen im politischen Bereich zu lenken.

ad 1. Entgegen den Vermutungen anderer Studien (z. B. bei Schaeffer-Hegel u.a. 1995), aber auch entgegen eigener Vorannahmen, daß bei weiblichen Abgeordneten ein *anderer Politik- oder Führungsstil* auffällig sei, konnte dies in der vorliegenden Studie nicht belegt werden. Ebensowenig fiel auf, daß die Parlamentarierinnen mehrheitlich und in eindeutiger Weise *sich selber* einen von männlichen Kollegen unterschiedenen, *anderen Politik- oder Führungsstil* bescheinigen würden. Diese Ablehnung mag auf dem Bewußtsein der Parlamentarierin beruhen, durch solche Klassifizierungen evtl. Geschlechterstereotype zu unterstützen.

Die Selbsteinschätzungen und präsentierten Selbstbilder der weiblichen Bundestagsabgeordneten aus Baden-Württemberg wichen darüber hinaus – sofern sie sich selbst (nach ihren Worten) einen „spezifisch weiblichen" oder von Kollegen zu unterscheidenden Führungsstil attestierten – zum Teil erheblich von den erfragten und/oder dokumentierten Fremdbeschreibungen einzelner Mitarbeiter und Mitarbeiterinnen sowie von Kollegen und Kolleginnen bzw. politischen Beobachterinnen und Beobachtern ab.[22] In den jeweiligen politischen Biographien wurde dies deutlich gekennzeichnet.

Auf die von uns bewußt sehr unspezifisch formulierte Frage nach einem unterschiedlichen Politikstil von Frauen und Männern bestreitet die Mehrheit der befragten Politikerinnen, daß es überhaupt so etwas gäbe. Gleichwohl stellen sie in den Interviews *andere Verhaltensweisen* vor allem einen *anderen Kommunikationsstil* bei männlichen und weiblichen Abgeordneten fest. Nach den Merkmalen befragt, die ihrer Auffassung nach ihren eigenen politischen Verhaltensstil kennzeichnen würden, beschreiben Politikerinnen bei sich selbst eher unspezifische, sogenannte „typische" Stile, die den Verhaltensweisen von Abgeordneten insgesamt nahe kommen und manche Ähnlichkeiten mit Merkmalen aus dem in der Abgeordnetensoziologie beschriebenen „normativen Abgeordnetenprofil" aufweisen (Patzelt 1995: 306). So bescheinigen sie sich selbst vor allem „Einsatzbereitschaft", „Überzeugungskraft" und „Sachlichkeit" (die drei am häufigsten genannten). Für Verhaltensstile, die in der feministischen Literatur als „weibliche" gelten, wie „Diskretion", „Kooperation", „Flexibilität" wurde zum Beispiel gar nicht votiert. Ebenso wenig wie eher „männliche Stereotype" zum Beispiel „Aggressivität", „Konfrontation" oder „Ehrgeiz" (keine bzw. eine Nennung) bei sich selbst genannt wurden.

22 Diese Feststellung mußten auch Schaeffer-Hegel und ihre Mitarbeiterinnen machen. Gleichwohl bescheinigen sie den Berliner Senatorinnen unter anderem durchweg einen „ökologischen Führungsstil" (1995: 26). Vgl. zur Kritik der Studie: Geißel 1995.

Insofern ist es tatsächlich schwierig – zumindest für unsere Untersuchungsgruppe – von einem spezifischen, möglicherweise primär bei Frauen vorhandenen Politik- bzw. Führungsstil in der parlamentarischen Arbeit zu sprechen. Auch die „andere zeitliche Organisation des Engagements ... und ein nicht an Organisationszielen orientiertes Handeln" (Rubart 1988: 31) war speziell für unsere Untersuchungsgruppe von Bundestagsparlamentarierinnen nicht bzw. nur in Ausnahmefällen nachweisbar. Dieses Ergebnis mag möglicherweise an der spezifischen Auswahl unserer Untersuchungsgruppe selbst gelegen haben. Alle Befragten hatten sich in traditionelle parteiförmige Organisationen begeben und für den parlamentarischen Prozeß in besonderer Weise und jahrelang qualifiziert. Alle waren mehrfach wieder von ihren Parteien für ein Mandat nominiert und anschließend wieder gewählt worden. Die in der Forschung genannten Bestimmungsgründe für einen anderen, „weiblichen" Führungsstil oder gar eine „mütterliche Praxis" (Hagemann-White 1987, kritisch dazu: Sauer 1994) in der Politik konnten wir für die Frauen unseres Samples nicht ausmachen .[23]

Am Ende der Auswertung wurde ein Problem deutlich, das wir bei der Konzeption der Hypothesen der Studiebereits aufschien: Wie verhält sich die Unterstellung eines spezifischen Politikverständnisses bei Frauen zu den unter Umständen auch ideologisch motivierten Selbstbeschreibungen realer Politikerinnen? Sind doch diese Selbstwahrnehmungen und -stilisierungen immer auch ein Ausdruck von kulturell wirksamen Geschlechtsrollenstereotypisierungen. Birgit Sauer (1994) z. B. warnt davor, sich allein oder allzusehr auf die Selbststilisierungen von interviewten Politikerinnen zu verlassen. Methodisch wurde dies hier allerdings durch die breite Materialbasis und das spezielle Auswertungsverfahren vermieden, die sich nicht allein oder primär auf die Interviewtexte oder auf manifeste Bedeutungsinhalte stützten. Andererseits spiegeln Selbststilisierungen subjektive Erfahrungen und Sichtweisen wieder, die ganz unabhängig von Fremdeinschätzungen ihre Gültigkeit besitzen und für diese Untersuchung von besonderem Interesse gewesen sind. Solche Geschlechtsrollenstereotype determinieren und begrenzen die Erfahrungen von Frauen und von Männern in der Politik und setzen implizit und explizit Maßstäbe für das Verhalten einzelner Individuen. Dabei wirken sie als „normative und faktische Unterbewertung des Weiblichen" (Becker-

23 Im nachhinein liegt es nahe, über eine Studie mit anderen Auswahlkriterien für die Untersuchungsgruppe nachzudenken. So könnte man z. B. „Parteiaussteigerinnen" oder „Karriereabbrecherinnen" befragen, um die Bestimmungsgründe für ein solches „abweichendes" Verhalten zu erforschen.

Schmidt 1988: 48) und beinhalten die Erfahrungen von Frauen, daß die Zugehörigkeit zum weiblichen Geschlecht in der Politik möglicherweise Nachrangigkeit bedeutet. Um diese Selbststereotypisierungen anders in den Griff zu bekommen, könnte man eventuell eine Befragung von männlichen Parlamentariern anschließen, um speziell die *Unterschiede* zwischen männlichen und weiblichen Abgeordneten festzustellen. Da ich mich hier aus oben dargelegten Gründen bei den Interviews auf die Selbstbeschreibungen von weiblichen Parlamentarierinnen eingelassen habe, sollen im folgenden Punkte erwähnt werden, bei denen es nicht relevant erscheint, *ob* die stilisierten Unterschiede zu männlichen Kollegen real existieren, sondern *daß* sie in den Deutungen und Sichtweisen der Befragten einen Stellenwert besitzen.

So war es denn nicht so sehr ein anderer Führungsstil, wie er oben theoretisch skizziert worden ist, der festgestellt werden konnte, sondern spezifische *Kommunikationsmuster*, welche die Befragten bei sich und anderen Parlamentarierinnen perzipierten. In den Aussagen – besonders von allen persönlich befragten Politikerinnen – tauchte eine deutliche Abgrenzung auf von dem, was ihrer Meinung nach mit *männlicher Außen- und Selbstdarstellung* in der Politik zu tun habe. Hier wird ein auffallender Unterschied in den Verhaltensweisen von männlichen und weiblichen Abgeordneten wahrgenommen und beschrieben. Im kommunikativen Umgang – sowohl mit dem Personal als auch mit der Kollegen- und Wählerschaft – wird von Politikerinnen bei sich selber und bei anderen Frauen ein weniger karriereorientierter, ein sachlicherer, engagierterer, ein toleranterer und ausdauernderer kommunikativer Stil wahrgenommen als bei männlichen Kollegen. Auch Parlamentarierinnen, die jede Geschlechterspezifik bestreiten, nennen zahlreiche Einzelerfahrungen und Anekdoten, die Unterschiede im kommunikativen Verhaltensstil belegen könnten. Die von uns befragten Parlamentarierinnen charakterisieren den kommunikativen Stil ihrer männlichen Kollegen fast unisono mit angeblich „typisch männlichen“ Eigenschaften wie: „Eitelkeit“, „Taktiererei“, einem Mangel an Zuhörbereitschaft und kommunikativer Empathie und einem Übermaß an rhetorischer und medialer Selbstdarstellung, „Dünkel“ und „Profilierungssucht“ („Schaumschlägerei“).

„Was Männer besonders gut können, ist ihren Auftritt (bei Plenarreden im Bundestag B. M.) entsprechend gut vorzubereiten.(Interview mit Politikerin 2.4.: 35)

„Männer haben das Gehabe eines Hahns im Hühnerhof. Eine gewisse Gespreiztheit, eine bestimmte Lautstärke, das Sich-in-den-Vordergrund-Spielen, sehr viel weitschweifiger Dinge erklären...“ (Interview mit Politikerin 3.6.: 48)

In der Bewertung dieser unterschiedlichen Kommunikationsstile sind die Parlamentarierinnen durchaus geteilter Meinung. Oft taucht eine explizite Negativbeurteilung männlicher Verhaltensweisen auf:

„Frauen haben Hemmungen, das gleiche nochmal zu erzählen wie gerade ihr Vorredner oder ihre Vorrednerin, während Männer da überhaupt gar keine Hemmungen haben" (Interview mit Politikerin 2.6.: 37).

„Männer können sehr schlecht etwas anerkennen, was nicht auf ihrem eigenen Mist gewachsen ist" (Interview mit Politikerin 4.7.: 49).

Gleichzeitig wird die Einschätzung geäußert, daß im parlamentarischen Raum solche „Hahnenkampf-Eigenschaften" und rigiden Kommunikationsstile sehr funktional seien, um sich durchzusetzen. Interessant ist in diesem Zusammenhang zudem folgendes Phänomen: Oft wird, speziell wenn bei Frauen ein unterschiedlicher Verhaltensstil beschrieben wird, dieser tendenziell abgewertet. Selbst bei eindeutig positiven Selbstbeschreibungen oder Fremdstilisierungen bei anderen Frauen wie eine „kooperative, kommunikative Kompetenz" oder auch eine „geringere Karriere- bzw. größere Sachorientierung", werden diese bei Frauen vermuteten Merkmale als weniger wertvoll, als disfunktional auf dem politischen Karriereweg oder im parlamentarischen Prozeß eingeschätzt. Hier taucht oft eine explizite, manchmal implizite Abwertung von Merkmalen, Stilen oder Kompetenzen auf, die bei Frauen deutlicher und öfter wahrgenommen werden als bei Männern. Diese Tendenz zur Abwertung von Merkmalen, die Frauen zugeschrieben und bei ihnen perzipiert werden, deutet auf die großen Identitätskonflikte und die internalisierten Anpassungszwänge hin, die nach wie vor für Frauen bestehen, die auf männlichem Terrain reüssieren wollen. Hier wird eine paradoxe politische Integration von Frauen, ihr Aus- und Einschluß zugleich, der jeweils persönlich verarbeitet werden muß, besonders deutlich.

Ein anderer Punkt fiel auf: In den Interviews bestätigen alle Parlamentarierinnen die Funktionsmächtigkeit von „männlichen net-works", von sogenannten „Seilschaften" in der Politik. In den Augen der Politikerinnen scheinen sowohl alle Parteien als auch der Arbeitsplatz Parlament offen frauenausschließende Mechanismen (beibehalten) zu haben. Die Wahrnehmung von typischen Verhaltensweisen im „Männerbund Politik" (Kreisky 1992) wie Initiationsriten, Feindbildproduktionen und Geheimhaltungstechniken, die Männer ein- und Frauen ausgrenzen, prägten explizit und implizit alle Aussagen besonders die der persönlich befragten weiblichen Abgeordneten. Auf diesen Punkt wurde in den einzelnen politischen Biographien ausführlich eingegangen.

ad 2. Ich habe zwar – vielleicht aufgrund methodischer Besonderheiten (Zusammensetzung der Untersuchungsgruppe) – keinen spezifisch anderen Politik- oder Führungsstil bei den weiblichen Bundestagsabgeordneten aus Baden-Württemberg feststellen können, aber zu dem präsentierten Selbstverständnis der befragten Politikerinnen gehört die Meinung, daß Frauen *andere Themen* in die politische Arena einbrächten und einbringen sollten als Männer. Dies haben weibliche Bundestagsabgeordnete aus Baden-Württemberg in der Nachkriegszeit ganz überwiegend auch getan. Sie haben explizit frauenbezogene Themen in das Bundesparlament eingebracht und verfolgt, obgleich hieraus nicht zwingend die Notwendigkeit einer speziellen Frauenpolitik geschlußfolgert wurde. Für politisch-parlamentarisch tätige Frauen der Nachkriegszeit[24] wurde in dieser Untersuchung ein Paradoxon festgestellt: Obgleich sich Parlamentarierinnen wie Annemarie Griesinger oder Emmy Diemer-Nicolaus sowohl in ihren beruflichen Tätigkeiten als auch (später) im Bundestag für Frauen als gesellschaftliche Gruppe, die von politischen Entscheidungen in spezifischer Weise betroffen ist, eingesetzt haben, indem sie frauenrelevante Themen und Politiken (wie das Landfrauenprogramm bei A. Griesinger, das Ehescheidungsrecht bei E. Diemer-Nicolaus, die gesamte Ehe- und Familienrechtsreform, insbesondere den Versorgungsausgleich bei Renate Lepsius, und die Friedens- und Anti-Atomenergie-Politik bei Christa Reetz) in den parlamentarischen Entscheidungsprozeß eingebracht und dort vertreten haben, weisen sie für ihr politisches Selbstverständnis das Bild einer „Frauenpolitikerin“ weit von sich. Und diese Stilisierung prägt die nachträglichen Reflexionen auf die eigene Lebensgeschichte in interessanter Weise: So grenzen sich viele Politikerinnen der Nachkriegszeit, und dies wird auch in anderen Studien bestätigt (Gerhard 1994, Kuhn 1995), in ihrem Selbstbild besonders von dem emanzipatorischen Sendungsbewußtsein früherer Suffragetten oder von der Position einer „Frauenrechtlerin“ ab:

„Und ich habe nie zu der Gruppe der Frauenrechtlerinnen gehört. Ich habe mich durchgeboxt, so gut ich kann und bin dahin gekommen, wohin ich gekommen bin, weiter als ich je angestrebt habe, aber *nie* auf dem Wege der Verteidigung der Rechte der Frau als etwas besonderes, sondern der Verteidigung des Menschen. Und das hat man mir in meiner Partei, besonders in Stuttgart, sogar übelgenommen“ (Interview mit Politikerin 3.4.: 13).

---

24 Christa Reetz muß hier insofern ausgenommen werden, als sie in den 50er, 60er und 70er Jahren *vor*parlamentarisch tätig gewesen ist und erst 1983 in den Bundestag gewählt wurde - eine untypische Politikerin-Karriere in einer für das bundesdeutsche Parteiensystem immer noch - was die Rekrutierung ihres Führungspersomnals anbelangt - untypischen Partei Bündnis 90/Die GRÜNEN.

Solche Aussagen irritieren: Obgleich viele ältere Parlamentarierinnen sich bereits früh und auch kontinuierlich für die Verbesserung der Lebenssituation und -chancen von Frauen eingesetzt haben, bestreiten sie die Legitimität von Frauenpolitik. Sie haben sich für Frauenbelange eingesetzt, aber nicht aus einem spezifischen Bewußtsein heraus, als Frau zu einer gesellschaftlich diskriminierten Gruppe zu gehören. „Es gibt keine spezielle Politik für Frauen!" meint Emmy Diemer-Nicolaus, die heute über 80jährige Juristin, die sich als Strafrechtsexpertin fast 30 Jahre lang für die Verbesserung der Stellung von Frauen im Ehe- und Familienrecht und schon in den 60er Jahren für eine Liberalisierung des Paragraphen 218 eingesetzt hatte.

„Ich konnte mich nie so ganz in die frauenrechtlerische Linie hineinbegeben. Das lag mir eigentlich nicht so sehr",

so die ehemalige baden-württembergische Sozialministerin Annemarie Griesinger, die als Bundestagsabgeordnete in Bonn als erstes ein Landfrauenprogramm durchsetzte, auf das sie heute – viele Jahre später – immer noch stolz ist.

Es hat den Anschein, als ob eine unserer Gesellschaft inherente und tradierte Abwertung der spezifischen Interessen und Problemlagen von Frauen und die damit zusammenhängende Degradierung von Frauenpolitik hier – in unterschiedlicher Ausprägung – in den Selbstbildern von Politikerinnen präsent und wirksam wird. Darüber hinaus vermeiden einige Interviewte (insbesondere aus CDU und FDP) eine Einordnung oder Zuordnung zu der Großgruppe Frauen. Dies geschieht vielleicht, um es nicht zu einer Polarisierung zwischen den Geschlechtern kommen zu lassen. „Ich wollte lieber eigentlich Partnerin sein, Kollegin sein ...", so Annemarie Griesinger in einer für ihre Altersgenossinnen typischen Antwort. Durch solche Aussagen kann es zudem vermieden werden, sich explizit als Frau in der Politik zu thematisieren und zu reflektieren und sich auf diese Weise politisch festzulegen. Durch die rhetorische Absage an die Notwendigkeit einer speziellen Politik für Frauen und durch die Vermeidung einer Selbsthabitualisierung als „Frauenpolitikerin" kann auch eventuell wirksamen stereotypen Weiblichkeitsbildern über das, was sich für eine Frau schickt und was nicht, aus dem Weg gegangen werden. Insofern kann dem ein kritischer und bewußt reflektierender Umgang mit gängigen Weiblichkeitsstereotypen zugrunde liegen.

Darüber hinaus betreiben viele frühe Nachkriegspolitikerinnen Frauenpolitik, obgleich ihr keine bewußten persönlichen Erfahrungen zugrundeliegen, die die einzelne Parlamentarierin mit ihrer Geschlechtszugehörigkeit in Verbindung bringen könnte. „Ich hatte nie Emanzipationsprobleme“ dieser Satz von A. Griesinger steht als Beispiel für diese Interpretation.

Frauenrechtlerei und Feminismus sind politisch besetzte Kampfbegriffe, die die Politikerinnen zumeist für sich ablehnen. Sie wollen als Individuen kämpfen, nicht als Vertreterinnen einer Gruppe. Der Begriff Frauenpolitik beeinhaltete vermutlich in der Nachkriegszeit noch für viele eine negative Konnotation. Frauenpolitik – so klingt es aus manchen Interviews heraus – bedeutete eine Einschränkung eines universalistischen Anspruchs auf Gleichheit und Gerechtigkeit für alle Menschen, der lange Jahre besonders in der nationalsozialistischen Diktatur politisch unterdrückt gewesen war. Hinzu kommt vielleicht die prägende (und damals noch frische) Erfahrung gesellschaftlicher Instrumentalisierung und zynischer Inanspruchnahme einer bestimmten Variante von Frauenpolitik, die ideologisch vor allem auf die Mutterschaft abzielte und die für staatliche Interessen im Nationalsozialismus bevölkerungspolitisch vernutzt wurde.

Auch in den Parteien scheint es in den Nachkriegsjahren der Bundesrepublik darum gegangen zu sein, den innerparteilichen Frauengruppen keinen sogenannten „Sonderstatus“ einzuräumen. In allen Parteien wurde zunächst die Notwendigkeit einer speziellen Politik und Organisationsform für Frauen bestritten. In der SPD beispielsweise wurde die „Notwendigkeit einer gesonderten politischen Frauenarbeit“ erst ab dem Ende der 60er Jahre betont.[25] Frauen sollten möglichst keine Sondergruppierungen bilden, weder innerhalb noch außerhalb der Partei, und Frauenfragen sollten stets als allgemein menschliche behandelt werden (Langer 1994, Bd 1: 30 f.). Frauen seien nur eine Gruppe unter vielen anderen gesellschaftlichen Gruppen, denen kein Sonderstatus zukommen solle. Mit ihrem „Partikularinteresse“ solle keine „allgemeine Politik“ bestimmt werden. Und dieses Muster akzeptierten viele Frauen für ihr eigenes (frauen)politisches Selbstverständnis. Hieran ist bemerkenswert, daß der Anspruch von Frauen, als gleichberechtigte Bürgerinnen Anerkennung zu finden und auf der Einlösung auch ihrer bürgerlichen Freiheitsrechte zu beharren, als Ansinnen einer partikularen Interessensgruppe abgetan wird.

---

25 Frau und Gesellschaft 1969. So wurde die Arbeitsgemeinschaft sozialdemokratischer Frauen auch erst 1973 gegründet. Deren erste Vorsitzende Elfriede Eilers charakterisierte auf der ersten AsF-Bundeskonferenz deren Auftrag mit folgenden Worten: „Die AsF hat die Aufgabe, sich selbst überflüssig zu machen“. Frauenthemen - AsF-Information Nr. 19, Februar 1996: 15.

Hingegen hat sich in der neuen Frauenbewegung und in der von ihr beeinflußten Öffentlichkeit ein Verständnis von Frauenpolitik durchgesetzt, in dem diese nicht nur ein Teilfeld eines arbeitsteiligen Ensembles von anderen Politiken darstellt, sondern ein universalistisches Projekt. Ähnlich wie in der marxistisch interpretierten Arbeiterbewegung die Arbeiter als Träger eines legitimen Allgemeininteresses gesehen wurden, wird heute auch die Orientierung der Politik an weiblichen Werten als Chance gesehen, der sexistischen und instrumentellen Bornierung der realen Politik Grenzen zu setzen. Ihr Telos hätte sie nicht in einer Stärkung vorgeblicher weiblicher Sonderinteressen, sondern in einem egalitären Geschlechterverhältnis, das Frauen und Männer gleichermaßen umfaßt.

Die Hälfte der Gesamtheit der befragten Politikerinnen antwortete auf die Frage, ob Frauenpolitik zu ihrem Themenspektrum gehöre, zwar ganz allgemein mit „Ja", im Sinne, daß sie die gesellschaftliche Situation von Frauen verbessern wollten. Sie beabsichtigten aber nicht, ihr einen vorrangigen Platz einzuräumen. Auch etwa die Hälfte der von uns befragten *jüngeren* Politikerinnen sagten, nicht aus einer explizit frauenspezifischen Betroffenheit in die Politik gegangen zu sein und nannten auch explizit keine Frauenthemen als ihre speziellen Interessens- und Fachgebiete.

„Aber daß ich mich speziell engagieren würde in ... *der* Frauenbewegung, das liegt mir einfach nicht, weil ich der Ansicht bin, eine Politik muß so gut sein, daß sie auch für Frauen ein optimales Ergebnis hat. Also ich bin keine Frauenpolitikerin. Das sage ich ganz offen. Meine politischen Themen sind auch ganz andere." (Interview mit Politikerin 3.5.: 17)

Es gab in unserer Untersuchungsgruppe mehrere jüngere Politikerinnen, die ein frauenpolitisches Engagement nicht für wichtig erachten und auch wenig förderlich bei ihrer Karriereplanung:

„... ich hab's eigentlich nicht so sehr mit der Frauenpolitik. Ich mache lieber Politik für Frauen, aber keine Frauenpolitik. Es schadet nichts." (Interview mit Politikerin 3.5.: 3).

Hier wird angesprochen, wie schwierig es in der männlich konnotierten und dominierten Welt der Politik sein muß, als Frau Frauenpolitik zu betreiben. Eine Profilierung als frauenpolitisch Engagierte ist offenbar nur unter besonders günstigen partei- und gesamtpolitischen Voraussetzungen möglich. Sind diese nicht gegeben, setzt im normalen politischen Alltagsgeschäft ein allzu prägnantes frauenpolitisches Profil und Durchsetzungsbegehren zahlreiche offene und subtil wirkende Widerstände in Gang. Ein auffälliges Engagement für Frauenfragen kann – so die Aussagen der Betroffenen – nicht selten zur Karrierebremse werden.

Es ist schwierig zu beantworten, ob allein ein strategisches Kalkül in der politischen Karriereplanung die Äußerung eines frauenpolitischen Engagements bei jüngeren Parlamentarierinnen beschneidet, oder ob tatsächlich öfter ein Desinteresse an frauenpolitischen Themen dahinter steckt. Wobei bei den Jüngeren die Übereinstimmung zwischen geäußerter frauenpolitischer Distanz und ihren tatsächlichen politischen Schwerpunktsetzungen zum Zeitpunkt der Befragung deutlich war.[26] So hatten z. B. Herta Däubler-Gmelin und Renate Hellwig ihre frauenpolitische Phase bereits hinter sich. Heute haben sie sich weniger sensiblen Themenbereichen zugewandt: „Man kann sich mit keiner Politik so unbeliebt machen wie mit Frauenpolitik", so lautet das Fazit von Renate Hellwig. Auch aus anderen Studien wird deutlich: Bei zeitgenössischen Parlamentarierinnen, auch bei denjenigen, die sich in ihrer früheren praktischen Arbeit besonders für Frauenthemen eingesetzt haben, bezieht sich ihr heutiges politisches Selbstverständnis nicht mehr primär auf ihr Frausein. Politikerinnen, die sich – wie beispielsweise Rita Süßmuth, Uta Würfel, Waltraud Schoppe oder Renate Hellwig – lange Jahre kämpferisch für Frauenpositionen eingesetzt hatten, haben sich mehr oder weniger lautlos aus diesem Bereich zurückgezogen. Dieses Ergebnis steht interessanterweise im Widerspruch zu den Erfahrungen und Ergebnissen aus den Vereinigten Staaten. Dort – so wurde empirisch festgestellt – beziehen sich heute im Vergleich zu vor zwanzig Jahren auffällig mehr Politikerinnen immer expliziter und häufiger auf Frauenthemen und auf eine Selbststilisierung als „Feministin" (Meyer 1996).

Dieses bundesdeutsche Phänomen könnte eventuell positiv als frauenpolitischer Erfolg verbucht werden: Es könnte auf eine intendierte Aufweichung der früher starren geschlechtsspezifischen Grenzziehung zwischen Politikbereichen verweisen, wie es auch eine stellvertretende Parteivorsitzende sieht:

> „Sie haben heute im Bereich der klassischen männlichen Felder, angefangen von Innenpolitik über Justiz und Außenpolitik und Finanzpolitik und Wirtschaftspolitik genauso Frauen bei uns, wie Sie Männer zum Beispiel im Bereich der Gleichstellungspolitik haben." (Interview mit Politikerin 2.3.: 37)

Gleichzeitig könnte in manchen Aussagen eine qualitative frauenpolitische Richtungsänderung enthalten sein:

---

26 Dieser Befund könnte ein Merkmal speziell unserer Untersuchungsgruppe sein, er ist durch weitere empirische Erhebungen zu klären. Die Ausnahme ist Jutta Oesterle-Schwerin, die ihre feministischen Positionen zusammen mit ihrer Lesbenpolitik als zu radikal für Bündnis 90/DIE GRÜNEN einstufte und austrat.

„Frauen sollten heute eigentlich Männerpolitik betreiben". (Interview mit Politikerin 2.3.: 38)

Dieses Muster einer möglichen Relativierung eines spezifischen frauenpolitischen Anspruchs hat auf den ersten Blick Ähnlichkeiten mit dem von mir als „unbewußtes Frauenbewußtsein" in den 50er/60er Jahren bezeichneten Phänomen einer nicht offen, bewußt und explizit gemachten frauenpolitischen Einstellung bei gleichzeitigem Engagement in frauenspezifischen Politikbereichen und Themen. Es ist allerdings heute beeinflußt von einem gewachsenem Selbstbewußtsein und einer über Berufsqualifikation erreichten Autonomie der Politikerinnen und nicht unabhängig von den durch die Impulse der neuen Frauenbewegung gemachten Erfahrungen (Brinkmann To Broxten 1995, Jung 1995). Eventuell zeigt eine Relativierung des eigenen frauenpolitischen Anspruchs nur die Kehrseite des frauenpolitischen Erfolgs.[27]

Formulierungen wie die oben angeführten enthalten eine zentrale Aussage und zwei Deutungsmöglichkeiten: Die zentrale Aussage betrifft die Bandbreite von unterschiedlichen Definitionen dessen, was die Politikerinnen unter „Frauenpolitik" und „Männerpolitik" verstehen. Hier scheinen eher traditionelle Zuschreibungen mitgedacht worden zu sein: Unter „Männerpolitik" wurden wohl nicht die klassischen Bereiche wie Erziehung, Bildung und Soziales gemeint. Und es kommt die vordergründige Auffassung zum Tragen, z. B. Finanz-, Wirtschafts- und Außenpolitik seien keine frauenrelevanten Politikbereiche. Darüber hinaus impliziert die eine Deutungsmöglichkeit, daß Frauenpolitik von einem eher marginalen und unterbewerteten Politikbereich nunmehr historisch zu einem Bereich avanciert sei, dem sich auch Männer (allerdings unter dem Titel „Gleichstellungspolitik") widmen dürften. Daneben könnte eine zweite Deutung implizieren, daß nunmehr die Zeiten geschlechtsspezifischer Segmentierung und Zuweisung von sogenannten „weichen" und „harten" Politikfeldern aufgehoben sei. Diese „Verflüssigung" (oder Aufhebung) der geschlechtsspezifischen Zuständigkeitsbereiche könnte in zwei denkbaren Alternativen münden: Die eine, negative, Konsequenz wäre eine Banalisierung der durchaus reizvollen Möglichkeit, Frauen in allen Ressorts gleichberechtigt vertreten zu haben. Diese Banalisierung käme durch schlichte Assimilierung zustande, durch Politikerinnen, die einfach „Politiker" sind. Die andere, positive, Möglichkeit wäre eine Veränderung der Attitüde, mit der Politik betrieben wird, sowie andere Kommunikations-

27 Christel Eckart (1995) spricht von den „Tücken des Erfolgs" und meint eine Nivellierung des ursprünglichen frauenpolitischen Impulses durch eine voranschreitende Institutionalisierung von Frauenpolitik.

formen aller Beteiligten. Naheliegend wäre heute allerdings die Kehrseite von beidem: Die Aufhebung der geschlechtsspezifischen Zuständigkeitsbereiche könnte den Erwartungsdruck an Frauen und besonders an Frauen in politischen Führungspositionen steigern. Politikerinnen sollten am besten in allen Politikfeldern kompetent und aktiv sein. Interessen, Erfahrungen und Qualifikationen, die sie aus ihrem persönlichen Bezugsfeld und aus dem lebensgeschichtlichen Zusammenhang als Frau in dieser Gesellschaft u. U. mitbringen, wären dann eventuell nicht mehr thematisierbar und politikfähig zu machen.

Die Wahrnehmung eines kollektiven Erwartungsdrucks prägt auch in anderem Zusammenhang die Aussagen der parlamentarisch tätigen Frauen. Fast in allen Studien über Politikerinnen und auch in dieser werden Aspekte persönlicher Erschöpfung und Enttäuschung geäußert in Anbetracht des *übermächtigen institutionellen Beharrungsvermögens und der Langsamkeit und Unkalkulierbarkeit frauenpolitischer Reformprozesse*. Die Kritik der überwiegenden Mehrheit der Politikerinnen an den frauenausgrenzenden Strukturen und den Prinzipien der Patronage und männlichen Seilschaften sowie der Eindruck, als Politikerin für frauenspezifische Issues kaum nennenswerte bzw. stets konjunkturanfällige Unterstützung von seiten der männlichen (und auch weiblichen) Kollegen zu erhalten, münden nicht selten in einen offenen oder inneren Rückzug von frauenpolitischen Themen. Auffallend deutlich geäußert wurde in unseren Interviews eine gewisse Müdigkeit und Resignation:

„... dieses ewige Mahlen und Mahlen, ohne daß es voran geht... man ist einfach ungeduldiger, wenn man vorwärts drängt. Zum Beispiel diese Rede,... die kann man zwanzig Jahre und dann zwanzig Jahre später halten. Und da war ich dann der Meinung, jetzt können mal andere anfangen, diese Reden zu halten, damit ich mich nicht permanent wiederholen muß..." (Interview mit Politikerin 1.4.: 24),

so eine früher frauenpolitisch kämpferische CDU-Abgeordnete.

„Es sind die in der Politik vorherrschenden, männerbündisch strukturierten Formen der gegenseitigen Unterstützung und Patronage, an denen sich Frauen stoßen und die deswegen so stabil sind, weil sie sich in psycho-sozialer und machtstrategischer Hinsicht für die 'Dazugehörigen' auszahlen." (Schöler-Macher 1994: 253)

Dieses Fazit der Studie von Schöler-Macher über die „Fremdheit der Politik" gilt auch für diese Untersuchung bzw. für Teile der von mir befragten Frauen. Es werden umso eher Abnutzungserscheinungen und Rückzugstendenzen genannt, desto stärker der reformerische Impuls, an den bestehenden politischen Strukturen etwas zu verändern, einst gewesen war. Insofern sind die Äußerungen über eine frauenpolitische Rückzugs- und Defensivhaltung nicht überraschend. Auch Frauenpolitik spiegelt die institutionalisierten Herrschaftsverhältnisse wider. Und Frauen in der Politik stehen unter dem Druck, ihre Anliegen und Projekte in die schon bestehenden politischen Institutionen und in die bereits eingeübten Kommunikationsformen zu übersetzen, statt diese selbst zu hinterfragen. Und dennoch löste die Aussage einer jüngeren Politikerin, keine explizite Frauenpolitikerin zu sein, bei mir Irritationen aus. So sagte eine GRÜNE Basisfrau:

„Mein politisches Selbstverständnis ist nicht frauenspezifisch, im Gegenteil, bei den Bürgerinitiativen ist es meiner Meinung nach weitestgehend möglich, die Polarität zwischen den Geschlechtern positiv zu erleben, wenig belastet von sexistischen Spannungen." (Politikerin 4.6. in einem Brief an die Verfasserin vom 14.1.1993)

Warum streiten Politikerinnen aus sogenannten fortschrittlichen und frauenfreundlichen Parteien ein frauenpolitisches Engagement ab, so als wollten sie ein zu eng gewordenes Kleid abstreifen, etwa nach dem Motto:

„Frauenpolitik hat mich überhaupt nicht interessiert. Das andere war viel politischer, viel globaler und brachte meine Erfahrungen viel mehr in die Umsetzungsmöglichkeit." (Interview mit Politikerin 3.4.: 15)

Wird in diesen und ähnlichen Äußerungen ein „defensiver Feminismus" (Marianne Rodenstein) erkennbar oder der vielbeschriebene „Backlash" (Faludi 1993), der die Zurückdrängung von Frauen und ihren Forderungen auf verschiedenen gesellschaftlichen Ebenen diagnostiziert, auf seiten derjenigen Frauen, die in der Politik an herausgehobener Stelle agieren? Oder ist es – wie Margrit Brückner vermutet – eher eine positive, eine emanzipatorische Möglichkeit für frauenbewußte Frauen, sich nicht primär über ihr Geschlecht zu definieren? Erst dadurch sei es Frauen möglich, einer Festlegung auf gesellschaftlich produzierte Weiblichkeitsstereotype zu entgehen (Brückner in: Brückner/Meyer 1994). Wir könnten angesichts der Ergebnisse unserer Studie auch fragen, ob überhaupt frauenbewußte Frauen im Parlament die Agentinnen von Frauenpolitik sind. Aber was könnte sonst eine Mobilisierungsstrategie sein, damit Frauenpolitik nicht in der Agenda „wesentlicherer" Themen untergeht? Möglicherweise haben sich Politikerinnen dem Universalisierungsdruck in der Politik gebeugt und die Relevanz von Frauenpolitik und ihren Ansprüchen zurückgenommen. Oder sie machen sich ihn auf eigene Weise langfristig geschickt zunutze. Diese beiden Deutungsmöglichkeiten sollen in den Überlegungen zum Abschluß angesprochen werden.

D: Frauen in der Politik – ein Kurzresümee

Die vorgestellten Ergebnisse dieser Untersuchung sind keineswegs eindeutig. Wir haben bei unserer Untersuchungsgruppe entgegen den eigenen Vorvermutungen kein „frauenspezifisches Politikverständnis" i. S. eines „anderen Politik- und Führungsstils" gefunden. Insofern muß eine Enttäuschung der vorangestellten hypothetischen Erwartungen konstatiert werden. Andererseits ist zu sagen, daß wir ein anderes Politikverständnis von Frauen *nicht nicht* gefunden haben.

Das Politikverständnis, das die Frauen in politischen Führungspositionen aus unserem Sample äußern, ist offensichtlich in einem starken Maße von einem politischen Stil geprägt, der eine Nähe zu dem, was wir Alltagspolitik nennen würden, aufweist. Er ist praxis- und personenbezogen sowie besonders an Fragen orientiert, wie Menschen in konkreten Fällen leben und wie speziellen Personengruppen in bestimmten Problemlagen geholfen werden kann. Viele Politikerinnen thematisieren ihren Bezug zu den täglichen Problemen der Lebenspraxis. Diese bestimmt auch die *Inhalte* ihrer parlamentarischen Arbeit. Wie andere neue Studien auch belegen (Rebenstorf, Sitter, Hoecker) sind es vor allem die weiblichen Abgeordneten, die Themen in die Diskussion bringen, die nach gängiger patriarchaler Sicht der privaten Reproduktionssphäre zugerechnet werden. In ihren Debattenbeiträgen behandeln sie Fragen wie: weibliche Erwerbstätigkeit, Mutterschutz, Erziehungsurlaub, Abtreibung, Scheidungsrecht, Fragen der sexuellen Selbstbestimmung und körperlichen Integrität, soziale Sicherung, Umwelt- und Naturschutz sowie Verbraucherschutz.. Obgleich sich die Themenvarianz der heutigen Parlamentarierinnen im Vergleich zu denen der ersten Legislaturperioden erheblich erweitert hat, thematisieren vor allem Frauen Fragen der weiblichen Alltags- und Berufspraxis. Viele Aussagen weisen auf die große innere Angebundenheit an Partner/Partnerinnen, Kinder, Angehörige, Freunde hin. Diese Bedürfnisse nach einer Bezogenheit auf andere als die in der Politik vorherrschenden Menschen und Themen wird von den Parlamentarierinnen bei männlichen Abgeordneten so nicht beobachtet. Ebenso deutlich waren in den Selbstdeutungen die Hinweise auf einen anderen, speziell bei weiblichen Abgeordneten wahrgenommenen Kommunikationsstil, auf den ich im Kap. 4 näher eingegangen bin. Es käme mithin darauf an, das von mir gesuchte „andere" Politikverständnis von Frauen nach solchen Kriterien weiter aufzuschlüsseln und es langfristig weiter zu verfolgen. Denn mit ihm durchweg verknüpft waren Vorstellungen einer langfristigen Veränderung der politischen Institutionen durch die verstärkte Präsenz und Partizipation von Frauen.

Frauen in der Politik werfen Fragen auf, die nicht allein ihre Partizipation als Gruppe betreffen, sondern das Verhältnis der Geschlechter insgesamt. Politikerinnen zeigen allein durch ihre vermehrte Präsenz in einem männlich dominierten Bereich auf besonders eindrückliche Weise das Aufbrechen der geschlechtsspezifischen Arbeitsteilung und die Relativierung der historisch-kulturellen Grenzziehung zwischen den als getrennt entworfenen Sphären Privatheit und Öffentlichkeit. In der Abwehr der gesellschaftlichen Definition von eingeschränkter Weiblichkeit in der Privatsphäre, in der persönlicher Unabhängigkeit und gesellschaftspolitischer Verantwortung keine großen Spielräume beigemessen werden, sehen viele dieser Frauen ihre spezifischen Chancen zur Selbstverwirklichung.

Trotz des höheren Frauenanteils in den Parlamenten ist die reale Macht immer noch zu Lasten von Frauen verteilt. Die Rekrutierungsmechanismen und parlamentarischen Regeln und Strukturen haben sich noch nicht grundsätzlich geändert. Sie sind aber auch nicht unverändert. Dazu beigetragen haben v.a. die seit den 80er Jahren veränderte Elitenrekrutierung der Parteien, z. B. durch Quotierungen, numerische Zielvorgaben, Frauenförderpläne, Frauenlisten etc. Heute definieren sich Frauen als autonomer und unabhängiger von männlicher Wertschätzung als noch vor ein oder zwei Generationen. Sie beanspruchen mit größerem Selbstbewußtsein, aber noch keineswegs selbstverständlich, ihren Platz in der Politik. Frauen werden dort sichtbarer und wollen dies nicht nur vorübergehend bleiben. Dies bedeutet allerdings, daß sie mit anderen, neuen Widerständen und subtileren Abwehrstrategien von seiten männlicher Kollegen rechnen müssen. Das Bewußtsein und die Erfahrung dieser Schwierigkeiten prägen durchweg alle Aussagen der Politikerinnen unabhängig von ihrer Parteizugehörigkeit.

Insgesamt hat dieser Vergleich von Parlamentarierinnen, die in der Nachkriegszeit politisch aktiv waren, mit denjenigen, die es ab Mitte der 70er Jahre gewesen sind, zahlreiche bemerkenswerte Unterschiede in Motivation, politischem Selbstverständnis und frauenpolitischen Schwerpunktsetzungen erbracht. Aufgrund der Untersuchungsergebnisse sind darüber hinaus Aspekte der Fragestellung deutlicher als vorher hervorgetreten, welche die Tiefenschärfe und Komplexität der hier interessierenden Veränderungen erfassen. Eine Folgeuntersuchung müßte eventuell einen weiteren historischen Zeitraum in den Blick nehmen sowie die Widersprüchlichkeit eines bereits aufgebrochenen traditionellen Geschlechterverhältnisses in Rechnung stellen. Was dies theoretisch und methodisch bedeutet, wird die politikwissenschaftliche Frauenforschung in Zukunft beschäftigen.

Ein kardinales theoretisches und methodisches Problem von wissenschaftlichen Beschreibungen der Implikation eines bereits aufgebrochenen traditionellen Geschlechterverhältnisses besteht m. E. in der offenkundigen Unzulänglichkeit eines naiven empiristischen Realismus. Man könnte nicht in einer objektivistischen Einstellung behaupten, daß das Patriarchat immer noch die Totalität des Geschlechterverhältnisses restlos beherrscht. Ebensowenig wie man objektiv behaupten könnte, daß wir ein nachpatriarchales Zeitalter bereits erreicht hätten. Wie einzelne Trends, Daten und Befunde über die Partizipation von Frauen in der offiziellen Politik letztlich bewertet werden, hängt von Deutungsmustern ab, die ihrerseits kaum jemals reflexiver Gegenstand der wissenschaftlichen oder politischen Situationsbeschreibungen sind. Somit ist für mich zum Schluß jetzt wichtig, die Deutungslogik, die den jeweiligen Einschätzungen der Bedeutung von frauenpolitischen Veränderungen seitens der Frauenforschung selbst zugrunde liegt, zu beleuchten. Ich habe den Eindruck, daß hier – sehr vereinfacht und verkürzt ausgedrückt – zwei Interpretationssichten dominieren: eine optimistische und eine pessimistische, die von der jeweils anderen Position her entweder als „angepaßt" oder als „utopisch" bezeichnet werden könnte. M. A. n. gibt es zwei spiegelbildliche Deutungen, die frauenpolitische Veränderungen anders interpretieren. Auf die Frage nach dem Veränderungspotential, das Frauen in politischen Führungspositionen seit dem Bestehen der Bundesrepublik auf deren politische Institutionen, Strukturen, Arbeitsabläufe, und die Menschen darin ausgeübt hätten, würden beide Positionen jeweils völlig verschieden antworten. Die dahinter wirkende Deutungslogik scheint mir aufschlußreich für den momentanen Zustand von Frauenbewegung, Frauenforschung und -politik zu sein.

Innerhalb derer, die sich an der Diskussion um Profil und Weiterentwicklung von Frauenpolitik und -bewegung in der Bundesrepublik beteiligen, sind derzeit viele skeptische Stimmen zu hören. Im autonomen Spektrum wird für eine kritische Distanz gegenüber patriarchalen Vereinnahmungs- und Annäherungsversuchen plädiert (Kontos 1995, Eckart 1995). Parteien- und Gewerkschaftsfrauen werfen die Frage auf, ob mit zunehmender Akzeptanz von Frauenförderung nicht neue Zwänge und Anpassungsforderungen und subtilere Benachteiligungen auf Frauen zukommen könnten. Einen langfristig bemerkenswerten frauenpolitischen Rückschritt sehen viele Feministinnen in der Vereinigung der beiden deutschen Staaten (Erler 1990). Frauenforscherinnen warnen darüber hinaus vor dem affirmativen Charakter und unkritischen Gebrauch von in emanzipatorischer Absicht entworfenen feministischen Weiblichkeitskonzepten (z. B. weibliches Arbeitsvermögen) durch männliche Wissenschaft, Medien und Politik (Knapp 1988). Andere wiederum setzen auf die Politik der Einmischung und prognostizieren – wenn auch kleine – Fortschritte (z. B.: Gerhard 1996).

Wer hat nun recht? Hat die Frauenbewegung und die verstärkte politische Partizipation von Frauen zur emanzipatorischen Veränderung unserer politischen Kultur beigetragen mit realistischen Chancen der Weiterveränderung? Oder hat das Patriarchat nachgerüstet bzw. geschickt vereinnahmt und den Stachel des Feminismus gezogen?

Die skeptischen, warnenden bis resignierten Stimmen deuten frauenpolitische Terraingewinne bloß als oberflächliche Kosmetik am Patriarchat. Sie glauben an die Durchsetzungs- und Widerstandskraft der männlich dominierten und patriarchal-kapitalistisch strukturierten Gesellschaft und vermuten hinter jeder Frauenleitstelle einen arglistigen Schachzug des Patriarchats. Das dahinter stehende Emanzipationskonzept ist ausgerichtet an der Verschiedenheit von Frauen, an ihrer Besonderheit und an dem Anspruch, diese Besonderheit fern von patriarchal geprägten Strukturen irgendwann und irgendwie leben zu können. Dieses als dualistisch bezeichnete Emanzipationskonzept (Klinger 1986) glaubt an die Eigenwertigkeit und Eigenwilligkeit von Frauen und will diese mehr und mehr entdecken und den herrschenden männlichen Werten entgegenstellen (Libreria delle donne di Milano 1988). Dualistische Vorstellungen beziehen sich auf historisch entstandene geschlechtsgetrennte Lebenswelten von Männern und Frauen (Hausen 1977) und den Entsprechungen in deren Gedanken, Erfahrungen und Handlungsmöglichkeiten. Vertreterinnen dieses Konzeptes sehen feministische Forderungen nach formaler Gleichheit stets an ihre Grenzen stoßen. Sie konstatieren immer wieder eine eigentümliche Widerspenstigkeit und Zählebigkeit geschaffener hierarchischer Strukturen, die als genuin patriarchalisch bezeichnet wird. Nach diesem pessimistischen Emanzipationskonzept hätten Frauen keine bessere Zukunft zu erwarten. Die Welt sei verwüstet, und weibliche Seelen seien besetzt wie die von Sklaven, die sich auch keine bessere Welt mehr vorzustellen vermögen. Diese Deutungslogik ist die eines allumfassenden Katastrophenzusammenhanges, der sich bereits durchgesetzt habe. Das Patriarchat enthielte für Frauen demnach nur noch „Täuschungen und Enttäuschungen" bereit (Thürmer-Rohr 1987).

Im Hinblick auf die politischen Institutionen wird aus der pessimistischen Perspektive die latente Fortdauer der herkömmlichen Strukturen und Politikrituale nun, wo Frauen auch und vermehrt repräsentiert sind, noch schärfer akzentuiert. Das mögliche Subversionspotential von Frauen in politischen Führungspositionen, wenn es sich in öffentliche und politische Strukturen einmischt, werde dort zum Schweigen gebracht, es werde benutzt und ausgebeutet. Geschlechtsspezifische Zuweisungen und Polarisierungen hätten nicht aufgehört zu existieren, indem z. B. von Politikerinnen erwartet würde, daß sie sog. „weibliche" Themen besetzten und „weiche" Positionen einbrächten. Der Blick auf das Geschlecht wirke damit weiter: Er determiniere und begrenze Frauen und Männer nach wie vor trotz gegenteiliger Rhetorik. All dies wirke als Wiederholung und Verlängerung der geschlechtsspezifischen Arbeitsteilung. Das Potential von Frauen in der Politik werde evtl. auch genutzt zur Stabilisierung der Mängel, die das bürokratisch-technische Handeln notwendig mit sich bringen würde, damit sich das Ganze nicht ändern müsse. Ohne es vielleicht zu wollen, wirkten auch die Frauen systemstabilisierend, obgleich sie politischen Regeln skeptisch und oftmals kritisch gegenüberstünden. Sie paßten sich notwendigerweise an sie an und sie adaptierten sie. Auch Frauen seien die Akteurinnen in dieser pessimistischen Perspektive, nicht nur die Strukturen, die sie als „Fremde" reproduzieren oder die Männer darin.

Die optimistische Perspektive nun kehrt diese Argumente um: Von Teilen der Frauenforschung wird auf der theoretischen Ebene wie auf der praktisch politisch werdenden ein egalitäres Emanzipationskonzept vertreten (Gerhard 1990 ff.). Dieses ist trotz aller historischen Gegenbewegungen an den Versprechungen der Aufklärung, an Werten von Freiheit und Gleichheit orientiert. Zugrunde liegt ein eher optimistisches Bild vom Menschen und der gesellschaftlichen Entwicklung sowie das Festhalten an der klassisch aufklärerischen Hoffnung auf die Verwirklichung eines fairen Verhältnisses der Geschlechter. Das egalitäre Emanzipationskonzept hält fest an der Gleichheit aller Menschen: auf der politischen Ebene zumindest als anzustrebenes Ziel, auf der philosophisch-theoretischen Ebene als regulatives Prinzip (Prengel 1990). Frauen in politischen Führungspositionen sind nach dieser Sicht Repräsentantinnen eines historischen Lernprozesses, der gerade erst angefangen habe. Heute seien Frauen präsent in etablierten Institutionen, es sei ihnen zwar noch nicht gelungen, sofern sie es überhaupt intendierten, die politischen Logiken und Codes zu brechen.[28] Frauen und Männer befänden sich

28 Dieses wird an meiner These vom unbewußten Frauenbewußtsein und vorbewußtem Frauenhandeln deutlich: Die Tatsache, daß sich die älteren Parlamentarierinnen selbst nicht als frauenpolitische Akteurinnen sehen, daß sie dies selbst nicht thematisieren, ist nicht bedeutungsvoll, sondern man muß es in übergenerationellen Prozessen sehen.

aber auf einem längeren historischen Weg. Die Logik der Institutionen verändere sich – wenn auch nur langsam. Perspektiven und Erfahrungen von Frauen würden sich aber früher oder später durchsetzen (Gerhard 1996). Unter dieser Sicht werden die Zeichen der positiven Veränderung durch die verstärkte politische Partizipation von Frauen sehr stark betont und in die Zukunft extrapoliert.

Diese reformistische Perspektive, die realpolitische Verbesserungen für Frauen immer schon als Wegmarke eines übergenerationellen historischen Lernprozesses wertet, bestreitet zwar nicht die Symptomatik patriarchaler Herrschaft, aber sie schließt nicht von vornherein aus, daß es historisch möglich sei, das Patriarchat, wenn schon nicht aus den Angeln zu heben, so doch menschenfreundlicher bzw. frauenwürdiger gestalten zu können. Diese Sicht wird von seiten der Pessimistinnen gern mit dem Vorwurf blauäugiger Herrschaftsblindheit oder „nahtloser Anpassung an männlich geprägte Verhaltensweisen und Lebensperspektiven" bedacht (Frevert 1986: 295). Dieser Vorwurf ist m. A. n. unzutreffend. Der Vision einer Begrenzung oder Zivilisierung patriarchaler Herrschaft liegt nämlich eine evolutionäre Gesellschaftstheorie zugrunde, in deren Zentrum verantwortliche Subjekte stehen, die nicht nur Opfer, sondern KonstrukteurInnen von Herrschaft, möglicherweise sogar deren BoykotteurInnen sein können. Die Deutungslogik, die hinter solch optimistischer Interpretation der Verlaufsgeschichte der Frauenbewegung und den Chancen von Frauenpolitik steht, ist die einer Emanzipation als *ständiger Leistung* von Frauen (und einiger Männer), die auf Befreiung von sexistischer Bevormundung hoffen, sie anstreben, ohne sie *je* als völlig durchsetzbar anzunehmen.

Sie schätzen evtl, auch ihre *persönliche* Zeit richtig ein als Zeitspanne, in der sie persönlich politische Veränderungen bewirken können. Die *historische* Zeitspanne ist demgegenüber eine über ein Leben hinausgehende und individuelle Dispositionschancen erweiternde Spanne.

Bibliographie

Abzug, Bella/Kelber, Mim, Gender Gap. Bella Abzug's Guide to Political Power for American Women, Boston 1984

Agnoli, Johannes/Brückner, Peter, Die Transformation der Demokratie, Berlin 1968

Alemann, Ulrich von, Partizipation - Demokratie - Mitbestimmung, Opladen 1975

Almond, Gabriel A./Verba, Sidney, The Civic Culture. Political attitudes and democracy in five nations, Princeton 1963

Arendt, Hannah, Macht und Gewalt, München 1970

Arendt, Hannah, Wahrheit und Politik, in: Dies., Wahrheit und Lüge in der Politik, München 1972, S. 44-92

Arendt, Hannah, Elemente und Ursprünge totaler Herrschaft, Band 3: Totale Herrschaft, Frankfurt 1975

Arendt, Hannah, Besuch in Deutschland (1950), in: Dies., Zur Zeit. Politische Essays, Berlin 1986, S. 43-70

Arlt-Palmer, Christine, Der lange Marsch der Unionsfrauen. Die programmatische Grundsatzarbeit der Frauen-Union der CDU von 1975-1985 und der Durchbruch der Frauenpolitik in der CDU, unv. Magisterarbeit, Stuttgart 1992

Asgodom, Sabine/Weber-Nau, Monika, Hrsg., Frauen machen Politik, München 1995

Augstein, Renate, Antidiskriminierungsgesetz, in: Frauenhandlexikon. Stichworte zur Selbstbestimmung, hrsg. v. Beyer, Johanna/Lamott, Franziska/Meyer, Birgit, München 1983, S. 9-13

Augstein, Renate, Politische Bildung und die Frauen, in: liberal, Heft 2, Mai 1990, S. 72-76

Baker Miller, Jean, Die Stärke weiblicher Schwäche. Zu einem neuen Verständnis der Frau, Frankfurt 1976

Ballhausen, Anne/Brandes, Uta/Karrer, Marva/Schreiber, Robert, Zwischen traditionellem Engagement und neuem Selbstvertrauen - weibliche Präsenz in der Öffentlichkeit. Eine empirische Untersuchung zur politischen und sozialen Partizipation von Frauen, Bielefeld 1986

Bandhauer-Schöffmann, Irene/Hornung, Ela, Trümmerfrauen - ein kurzes Heldinnenleben. Nachkriegsgesellschaft als Frauengesellschaft, in: Graf, Andrea, Hrsg.,

Zur Politik des Weiblichen. Beiträge zur Innenwelt und Außenwelt, Wien 1990, S. 93-119

Bandhauer-Schöffmann, Irene/Hornung, Ela, Hrsg., Wiederaufbau weiblich. Dokumentation der Tagung F"rauen in der österreichischen und deutschen Nachkriegszeit", Wien/Salzburg 1993

Bandhauer-Schöffmann, Irene, Gedächtnis - Geschichten - Geschlecht. Erzählmuster und Selbststilisierungen von Frauen in lebensgeschichtlichen Interviews, in: Hauch, Gabriella, Hrsg., Geschlecht, Klasse, Ethnizität. Wien/Zürich 1994

Baring, Arnulf, Machtwechsel. Die Ära Brandt-Scheel, Stuttgart 1982

Barnes, Samuel H./Kaase, Max et al., Political Action. Mass Participation in Five Western Democracies, Beverly Hills 1979

Baxter, Sandra/Lansing, Marjorie, Women and Politics. The Invisible Majority, Ann Arbor 1980

Beck, Ulrich, Risikogesellschaft. Auf dem Weg in eine andere Moderne, Frankfurt 1986

Beck, Ulrich/Beck-Gernsheim, Elisabeth, Das ganz normale Chaos der Liebe, Frankfurt 1990

Beck-Gernsheim, Elisabeth, Der geschlechtsspezifische Arbeitsmarkt. Zur Ideologie und Realität von Frauenberufen, Frankfurt 1976

Beck-Gernsheim, Elisabeth, Das halbierte Leben. Männerwelt Beruf - Frauenwelt Familie, Frankfurt 1980

Beck-Gernsheim, Elisabeth, Karriere: Wie hoch ist ihr Preis? Die Folgen für Frauen und Männer, in: Altvater, Elmar/Baethge, Martin u.a., Arbeit 2000, Hamburg 1985

Becker-Schmidt, Regina, Gesellschaft, Geschlechterverhältnis und Staat, in: Biester, Elke u.a., Hrsg., „Staat aus feministischer Sicht", Dokumentation des Workshops der ad-hoc-Gruppe „Politik und Geschlecht" in der Deutschen Vereinigung für politische Wissenschaften, Berlin 1992, S. 75-86

Becker-Schmidt, Regina, Zur Erkundung von Frauengeschichte: Oral History, narrative Interviews und themenzentrierte Gesprächsführung, in: Hauch, Gabriella, Hrsg., Geschlecht, Klasse, Ethnizität Wien/Zürich 1994

Becker-Schmidt, Regina/Knapp, Gudrun-Axeli, Hrsg., Geschlechtertrennung-Geschlechterdifferenz. Suchbewegungen sozialen Lernens, Bonn 1987

Becker-Schmidt, Regina/Knapp, Gudrun-Axeli, Hrsg., Das Geschlechterverhältnis als Gegenstand der Sozialwissenschaften, Frankfurt/New York 1995

Beckwith, Karen, American Women and Political Participation. The Impacts of Work, Generation and Feminism, New York et al. 1986

Beer, Ursula, Hrsg., Klasse Geschlecht. Feministische Gesellschaftsanalyse und Wissenschaftskritik, Bielefeld 1987

Beiträge zur feministischen Theorie und Praxis, Der Kaiserinnen neue Kleider. Feministische Denkbewegungen, Köln 1989

Belenky, Mary Field u.a., Das andere Denken. Persönlichkeit, Moral und Intellekt der Frau, Frankfurt 1989

Benard, Cheryl/Schlaffer, Edit, Grenzenlos weiblich. Europas schwaches Geschlecht: stark im Kommen, Köln 1990
Benhabib, Seyla/Nicholson, Linda, Politische Philosophie und die Frauenfrage, in: Pipers Handbuch der politischen Ideen, Bd. 5, Neuzeit. Vom Zeitalter des Imperialismus bis zu den neuen sozialen Bewegungen, hrsg. von Fetscher, Iring/Münkler, Herfried, München/Zürich 1987, S. 513-562
Benhabib, Seyla, Der Paria und sein Schatten: Über die Unsichtbarkeit der Frau in Hannah Arendts politischer Philosophie, in: Babylon vom 9.11.1991
Benhabib, Seyla, Feministische Theorie und Hannah Arendts Begriff des öffentlichen Raumes, in: Brückner, Margrit/Meyer, Birgit, Hrsg., Die sichtbare Frau. Die Aneignung der gesellschaftlichen Räume, Freiburg 1994, S. 270-300
Benjamin, Jessica, Die Fesseln der Liebe, Psychoanalyse, Feminismus und das Problem der Macht, Frankfurt 1990
Berger, Liselotte/Bothmer, Lenelotte von/Schuchardt, Helga, Frauen ins Parlament? Von den Schwierigkeiten, gleichberechtigt zu sein, Reinbek 1976
Bernadoni, Claudia, Reformpolitik - der Ariadnefaden für Frauen in der Regierung, in: ifg/Frauenforschung, Heft 4, 1992, S. 1-7
Bernadoni, Claudia/Werner, Vera, Hrsg., Der vergeudete Reichtum. Über die Partizipation von Frauen im öffentlichen Leben, Bonn 1983
Beyer, Johanna I./Lamott, Franziska/Meyer, Birgit, Hrsg., Frauenhandlexikon. Stichworte zur Selbstbestimmung, München 1983
Beyme, Klaus von, Die politische Elite in der Bundesrepublik Deutschland, München 1971
Beyme, Klaus von, Feministische Theorie der Politik zwischen Moderne und Postmoderne, in: Leviathan, Heft 2/1991, S. 208-228
Biester, Elke/Holland-Cunz, Barbara/Sauer, Birgit, Hrsg., Demokratie oder Androkratie? Theorie und Praxis demokratischer Herrschaft in der feministischen Diskussion, Frankfurt/New York 1994
Bilden, Helga, Geschlechtsspezifische Sozialisation, in: Hurrelmann, Klaus/Ulrich, D., Neues Handbuch der Sozialisationsforschung, Weinheim und Basel 1991, S. 279-301
Bilden, Helga/Marquardt, Regine/Poppe, Nicola, Frau geht voraus. Zum unerkannten Innovationspotential der Frauen in den Gewerkschaften, München/Wien 1994
Bock, Gisela, Historische Frauenforschung: Fragestellung und Perspektiven, in: Hausen, Karin Hrsg., Frauen suchen ihre Geschichte, Historische Studien zum 19. und 20. Jahrhundert, München 1983, S. 22-61
Bock, Gisela/Duden, Barbara, Arbeit aus Liebe - Liebe als Arbeit, in: Frauen und Wissenschaft. Beiträge zur 1. Berliner Sommeruniversität für Frauen, Berlin 1977, S. 118-200
Borsdorf, Ulrich/Niethammer, Lutz, Hrsg., Zwischen Befreiung und Besatzung. Analysen des US-Geheimdienstes über Positionen und Strukturen deutscher Politik 1945, Wuppertal 1977

Bouillot, Corinne/Schüller, Elke, „Eine machtvolle Frauenorganisation" - oder: „Der Schwamm, der die Frauen aufsaugen soll". Ein deutsch-deutscher Vergleich der Frauenzusammenschlüsse der Nachkriegszeit, in: Ariadne, Heft 27, Mai 1995, S. 47-56

Böttger, Barbara, Das Recht auf Gleichheit und Differenz. Elisabeth Selbert und der Kampf der Frauen um Art. 3. 2 Grundgesetz, Münster 1990

Böttger, Barbara, Macht und Liebe, Gleichberechtigung und Subsistenz - Kein Ort - Nirgends. Auf der Suche nach einem feministischen Politikverständnis, in: Beiträge zur feministischen Theorie und Praxis, Heft 19/87, Köln 1987, S. 9-28

Brandt, Karl-Werner/Büsser, Detlev/Rucht, Dieter, Aufbruch in eine andere Gesellschaft. Neue soziale Bewegungen in der Bundesrepublik, Frankfurt/New York 1983

Brandt, Karl-Werner, Hrsg., Neue soziale Bewegungen in Westeuropa und den USA. Ein internationaler Vergleich, Frankfurt/New York 1985

Bremme, Gabriele, Die politische Rolle der Frau in Deutschland, Göttingen 1956

Brinkmann to Broxten, Eva, Frauenpolitik in Hessen. Einfluß und Wirkungen der Neuen Frauenbewegung auf den parlamentarischen Diskurs im Hessischen Landtag, Frankfurt 1995

Brinkmann, Rolf-Dieter, Rom. Blicke, Reinbek 1979

Brückner, Margrit/Meyer, Birgit, Hrsg., Die sichtbare Frau. Die Aneignung der gesellschaftlichen Räume, Freiburg 1994

Brumlop, Eva, Frauen im Management: Innovationspotential der Zukunft? Neue Unternehmenskultur und Geschlechterpolitik, in: Die Neue Gesellschaft/ Frankfurter Hefte, 2/1992

Buchhaas, Dorothee, Die Volkspartei. Programmatische Entwicklung der CDU 1950-1973, Düsseldorf 1981

Bude, Heinz, Deutsche Karrieren, Frankfurt 1987

Bude, Heinz, Der Fall und die Theorie. Zum erkenntnislogischen Charakter von Fallstudien, in: Gruppendynamik, 19. Jg., Heft 4, 1988, S. 421-427

Bude, Heinz, Bilanz der Nachfolge. Die Bundesrepublik und der Nationalsozialismus. Frankfurt 1992

Bude, Heinz, Das Altern einer Generation. Die Jahrgänge 1938 bis 1948, Frankfurt 1995

Buechler, Steven M., Women's Movement in the United States: Women's Suffrage, Equal Rights, and Beyond, New Brunswick/London 1990, S. 9 ff.

Bundeszentrale für politische Bildung, Hrsg., Politische Partizipation. Beiträge einer internationalen Fachtagung. Schriftenreihe der Bundeszentrale für politische Bildung, Bd.220, Bonn 1985

Burkhardt, Armin, „Das ist eine Frage des Intellekts, Frau Kollegin!" Zur Behandlung von Rednerinnen in deutschen Parlamenten, in: Günthner S./Kotthoff, H., Hrsg., Die Geschlechter im Gespräch, Stuttgart 1992

Burrell, Barbara, A Woman's Place Is in the House. Campaigning for Congress in the Feminist Era, Ann Arbor 1994

Buse, Michael, Determinanten politischer Partizipation, Meisenheim 1978

Buse, Michael/Nelles, Wilfried/Oppermann, Reinhard, Determinanten politischer Partizipation. Theorieansatz und empirische Überprüfung am Beispiel der Stadtsanierung Andernach, Meisenheim 1978

Butler, Judith, Das Unbehagen der Geschlechter, Frankfurt 1991

Bystydzienski, Jill M., Hrsg., Women transforming Politics. Worldwide Strategies for Empowerment, Bloomington 1992

Carroll, Susan J./Dodson, Debra L./Mandel, Ruth B., The Impact of Women in Public Office. Report published by the Center for the American Woman and Politics (CAWP), Eagleton Institute of Politics, Rutgers University, 1991

Chodorow, Nancy, The Reproduction of Mothering. Psychoanalysis and the Sociology of Gender, Berkeley 1978 (dtsch: Das Erbe der Mütter. Psychoanalyse und Soziologie der Geschlechter, München 1985)

Cockburn, Cynthia, Die Herrschaftsmaschine, Geschlechterverhältnisse und technisches Know how, Hamburg 1988

Cordes, Mechthild, Frauenpolitik. Gleichstellung oder Gesellschaftsveränderung? Ziele, Institutionen, Strategien, Opladen 1996

Cornelissen, Waltraud, Politische Partizipation in der alten Bundesrepublik und im vereinten Deutschland, in: Helwig, Gisela/Nickel, Hildegard Maria, Hrsg., Frauen in Deutschland 1945-1992, Bonn 1993, S. 321-349

Dahlhoff, Jutta/Frey, Uschi/Schöll, Ingrid, Hrsg. Frauenmacht in der Geschichte, Düsseldorf 1986

Danz, Gisela, Berufsbiographien zwischen gestern und heute. Volksschullehrerinnen, geboren um die Jahrhundertwende, berichten. Eine qualitative Studie, Weinheim 1990

Däubler-Gmelin, Herta, Frauenarbeitslosigkeit oder Reserve zurück an den Herd!, Reinbek 1977

Delille, Angela/Grohn, Andrea, Blick zurück aufs Glück. Frauenleben und Familienpolitik in den 50er Jahren, Berlin 1985

Dertinger, Antje, Die bessere Hälfte kämpft um ihr Recht, Köln 1980

Dertinger, Antje, Dazwischen liegt nur der Tod. Leben und Sterben der Sozialistin Antonie Pfülff. Berlin/Bonn 1984

Deutscher Gewerkschaftsbund, Hrsg., „Da haben wir uns alle schrecklich geirrt..." Die Geschichte der gewerkschaftlichen Frauenarbeit im Deutschen Gewerkschaftsbund von 1945 bis 1960, Pfaffenweiler 1993

Deutscher Juristinnenbund, Hrsg., Juristinnen in Deutschland, München 1984

Die Präsidentin des Landtags Nordrhein-Westfalen, Hrsg., Frauen im Landtag, Düsseldorf 1992

Diederich, Nils, Zur Mitgliederstruktur von CDU und SPD, in: Dittberner, Jürgen/Ebbighausen, Rolf, Hrsg., Parteiensystem in der Legitimationskrise, Opladen 1973

Diemer-Nicolaus, Emmy, Sehr bescheidene Arbeitsbedingungen, in: Jahresspiegel '91 des Landtags von Baden-Württemberg. 40 Jahre Baden-Württemberg, Stuttgart 1991

Dietzinger, Angelika, Frauen: Arbeit und Individualisierung. Chancen und Risiken. Eine empirische Untersuchung anhand von Fallgeschichten, Opladen 1991

Dinnerstein, Dorothy, Das Arrangement der Geschlechter, Stuttgart 1979

Dischner, Gisela, Hrsg., Eine stumme Gemneration berichtet. Frauen der dreißiger und vierziger Jahre, Frankfurt 1982

Dittberner, Jürgen/Rolf Ebbighausen, Hrsg., Parteiensystem in der Legitimationskrise. Studien und Materialien zur Soziologie der Parteien in der Bundesrepublik Deutschland, Opladen 1973

Döbert, Rainer, Männliche Moral - weibliche Moral?, in: Gerhard, Uta/ Schütze, Yvonne, Hrsg., Frauensituation. Veränderungen in den letzten 20 Jahren, Frankfurt 1988

Dokumentation des Bundesministers für Jugend, Familie, Frauen und Gesundheit: Motive junger Nichtwählerinnen. Eine Untersuchung des Institut für Demoskopie, Allensbach 1989

Dölle, Gilla/Hamm-Mühl, Corneli/Wagner, Leonie, Damenwahlen. Die weiblichen Stadtverordneten in Kassel 1919-1933, in: Schriftenreihe des Archivs der deutschen Frauenbewegung, Band 8. Kassel 1992

Dörr, Margarete, Kriegserfahrung von Frauen. Eine Annäherung durch Oral History, in: Jenisch, Susanne, Hrsg., Standpunkte, Stuttgart 1993, S. 163-178

Dubiel, Helmut, Hrsg., Populismus und Aufklärung, Frankfurt 1987

Dubiel, Helmut, Herrschaft oder Emanzipation?, in: Honneth, Axel u.a., Hrsg., Zwischenbetrachtungen im Prozeß der Aufklärung, Festschrift für Jürgen Habermas, Frankfurt 1989

Dubiel, Helmut, Über moralische Souveränität, Erinnerung und Nation, in: Merkur, Heft 3+4/1994, S. 884-900

Duelli-Klein, Renate u.a., Hrsg., Feministische Wissenschaft und Frauenstudium. Blickpunkt Hochschuldidaktik 71, Hamburg 1982

Ebbinghaus, Angelika, Hrsg., Opfer oder Täterinnen? Frauenbiographien des Nationalsozialismus. Hamburger Stiftung für Sozialgeschichte des 20. Jahrhunderts. Bd. 2, Nördlingen 1987

Eckart, Christel, Töchter in einer „vaterlosen Gesellschaft". Das Vorbild des Vaters als Sackgasse zur Autonomie, in: Hagemann-White, Carol/Rerrich, Maria S., Hrsg., FrauenMännerBilder. Männer und Männlichkeit in der feministischen Diskussion, Bielefeld 1986, S. 170-193

Eckart, Christel, Der Preis der Zeit. Eine Untersuchung der Interessen von Frauen an Teilzeitarbeit, Frankfurt/New York 1990

Eckart, Christel, Suchbild Vater. Interpretationen des Tochter-Vater-Verhältnisses aus der Sicht der Töchter, in: Psychoanalyse im Widerspruch, hrsg. vom Institut für Psychotherapie und Psychoanalyse, Heidelberg, Heft 8, 1992, S. 7-24

Eckart, Christel, Von den verleugneten Abhängigkeiten im Geschlechterverhältnis, in: Frankfurter Frauenblatt, Heft 1/1992, S. 7-9
Eckart, Christel, Feministische Politik gegen institutionelles Vergessen, in: Feministische Studien, Heft 1, Mai 1995, S. 82-90
Elshtain, Jean B., Public Man, Private Woman. Woman in Social and Political Thought. Princeton 1981
Elshtain, Jean B., Women and War, Princeton 1987
Elshtain, Jean Bethke, Power Trips and Other Journeys. Essays in Feminism as Civic Discourse, The University of Wisconsin Press, Wisconsin 1990
Engler, Wolfgang, Was ist privat, politisch, öffentlich?, in: Leviathan, Heft 4/1994, S. 470-498
Erler, Gisela, Im Schatten der Vereinigung, in: Die Tageszeitung v.12.3.1990
Eßer, Karl-Albert, Die Sozialausschüsse der CDA und ihre Entwicklung von 1967-1983, Diplomarbeit TH Aachen, o.J.
Falke, Wolfgang, Die Mitglieder der CDU. Eine empirische Studie zum Verhältnis von Mitglieder- und Organisationsstruktur der CDU 1971-1977, Berlin 1982
Falter, Jürgen/Schumann, Siegfried, Vive la (très) petite différence! Über das unterschiedliche Wahlverhalten von Männern und Frauen bei der Bundestagswahl 1987, in: Kaase, Max/Klingemann, Hans-Dieter, Hrsg., Wahlen und Wähler. Analysen aus Anlaß der Bundestagswahl 1987, Opladen 1990, S. 109-142
Feist, Ursula, Die Unterrepräsentanz von Frauen im politischen System der Bundesrepublik. Gründe und Strategien zur Veränderung, in: Schaeffer-Hegel, Barbara/Kopp-Degethoff, Heidi, Hrsg., Vater Staat und seine Frauen, Studien zur politischen Kultur, Pfaffenweiler 1991, S. 9-24
Fels, Orla-Maria, Eine leidenschaftliche Verteidigerin des Rechtsstaats: Emmy Diemer-Nicolaus, in: Funcke, Liselotte, Hrsg., Die Liberalen. Frei sein, um andere frei zu machen, München 1984, S. 194-201
Feuersenger, Marianne, Die garantierte Gleichberechtigung. Ein umstrittener Sieg für Frauen, Freiburg 1980
Fischer, Joschka, Für einen grünen Radikalreformismus, in: Was sollen die Grünen im Parlament?, Hrsg. v. Kraushaar, Wolfgang, Frankfurt 1983, S. 35-46
Flaake, Karin, Berufliche Orientierungen von Lehrerinnen und Lehrern. Eine empirische Untersuchung, Frankfurt/New York 1989
Flaake, Karin, Frauen und öffentlich sichtbare Einflußnahme - Selbstbeschränkungen und innere Barrieren, in: Feministische Studien, Heft 1, Mai 1991, S. 136-141
Flaake, Karin, Weibliche Adoleszenz und Einschreibungen in den Körper, in: Jahrbuch für Psychoanalytische Pädagogik 4, Mainz 1991
Flaake, Karin/King, Vera, Hrsg., Weibliche Adoleszenz. Zur Sozialisation junger Frauen, Frankfurt/New York 1992
Flammang, Janet A., Hrsg., Political Woman. Current Roles in State and Government, Berkeley Hills 1984.

Frauenhandlexikon. Stichworte zur Selbstbestimmung, hrsg. von Beyer, Johanna I./Lamott, Franziska/Meyer, Birgit, München 1983

Freier, Anna-Elisabeth, Frauenfragen sind Lebensfragen. Über die naturwüchsige Deckung von Tagespolitik und Frauenpolitik nach dem Zweiten Weltkrieg, in: Dies./Kuhn, Annette, Hrsg., Frauen in der Geschichte V. „Das Schicksal Deutschlands liegt in der Hand seiner Frauen“ -Frauen in der deutschen Nachkriegsgeschichte, Düsseldof 1984, S. 18-50

Freier, Anna-Elisabeth/Kuhn, Annette, Hrsg., Frauen in der Geschichte V. „Das Schicksal Deutschlands liegt in der Hand seiner Frauen“ - Frauen in der deutschen Nachkriegsgeschichte, Düsseldorf 1984

Frevert, Ute, Frauen-Geschichte. Zwischen bürgerlicher Verbesserung und Neuer Weiblichkeit, Frankfurt 1986

Frevert, Ute, Frauen auf dem Weg zur Gleichberechtigung - Hindernisse, Umleitungen, Einbahnstraßen, in: Zäsuren nach 1945. Essays zur Periodisierung der deutschen Nachkriegsgeschichte, hrsg. von Martin Broszat. Schriftenreihe des Instituts für Zeitgeschichte, Band 61, München 1992

Frevert, Ute, Entwicklungen, Sackgassen und Perspektiven historischer Frauenforschung, in: Jenisch, Susanne, Hrsg., Standpunkte, Stuttgart 1993, S.13-24

Friese, Elisabeth, Helene Wessel (1898-1969). Von der Zentrumspartei zur Sozialdemokratie, Essen 1993

Frommel, Monika, Männliche Gerechtigkeitsmathematik versus weiblicher Kontextualismus, in: Dreier, Ralf, Hrsg., Rechts- und Sozialphilosophie in Deutschland, 1991

Fuchs, Susanne, Frauen bewältigen den Neuaufbau. Eine lokalgeschichtliche Analyse der unmittelbaren Nachkriegszeit am Beispiel Bonn, Pfaffenweiler 1993

Fülles, Mechthild, Frauen in Partei und Parlament, Köln 1969

Funcke, Liselotte, Hrsg., Frauen in der Politik. Die Liberalen - frei sein, um andere frei zu machen, Stuttgart 1984

Funke, Manfred/Schwarz, Hans Peter, Hrsg., Deutschland zwischen Krieg und Frieden. Beiträge zur Politik und Kultur im 20. Jahrhundert, Festschrift für Hans Adolf Jacobsen, Düsseldorf 1991

Gallasch, Christa, Haag, Anna, in: Frauen im deutschen Südwesten, Hrsg. von Knorr, Birgit/Wehling, Rosemarie, Stuttgart u.a. 1993, S. 217-221

Gast, Gabriele, Die politische Rolle der Frau in der DDR, Düsseldorf 1973

Geißel, Brigitte, Politisierungsprozesse und politische Sozialisation von Frauen. Überblick und Diskussion zum Forschungsstand in der aktuellen deutschen und anglosächsischen Literatur, in: Maleck-Lewy, Eva/Penrose, Virginia, Hrsg., Gefährtinnen der Macht. Politische Partizipation von Frauen im vereinigten Deutschland - eine Zwischenbilanz, Berlin 1995, S. 17-36

Gerhard, Ute, Gleichheit ohne Angleichung, Frauen im Recht, München 1990

Gerhard, Ute, Unerhört. Die Geschichte der deutschen Frauenbewegung. Unter Mitarbeit von Ulla Wischermann, Reinbek 1991

Gerhard, Ute, Frauenleitbilder und Etappen bundesrepublikanischer Frauenpolitik, in: Veil, Mechthild/Prinz, Karin/Gerhard, Ute, Hrsg., Am modernen Frauenleben vorbei. Verliererinnen und Gewinnerinnen der Rentenreform, Berlin 1992, S. 17-42

Gerhard, Ute, „Fern von jedem Suffragettentum“ - Frauenpolitik nach 1945, eine Bewegung der Frauen?, in: Wischermann Ulla u.a., Hrsg., Staatsbürgerinnen zwischen Partei und Bewegung- Frauenpolitik in Hessen 1945 bis 1955, Frankfurt 1993, S. 9-40

Gerhard, Ute, Feminismus zu Recht, in: Brückner, Margrit/Meyer, Birgit, Hrsg., Die sichtbare Frau, Die Aneignung der gesellschaftlichen Räume, Freiburg 1994, S. 327-368

Gerhard, Ute, Die 'langen Wellen' der Frauenbewegung - Traditionslinien und unerledigte Anliegen, in: Becker-Schmidt, Regina/Knapp,Gudrun-Axeli, Hrsg., Das Geschlechterverhältnis als Gegenstand der Sozialwissenschaften, Frankfurt/New York 1995, S. 247-278

Gerhard, Ute, Atempause: Die aktuelle Bedeutung der Frauenbewegung für eine zivile Gesellschaft, in: Aus Politik und Zeitgeschichte. Beilage zur Wochenzeitung Das Parlament, Heft B21-22, 1996, S. 3-14

Geschlecht. Macht. Arbeit. Kategorien der historischen Frauenforschung. Hrsg. von „Frauen und Geschichte, Baden- Württemberg“, Tübingen 1995, S. 77-88

Gildemeister, Regine, Die soziale Konstruktion von Geschlechtlichkeit, in: Ostner, Ilona/Lichtblau, Klaus, Hrsg., Feministische Vernunftkritik, Ansätze und Traditionen, Frankfurt/New York 1992, S. 220-239

Gildemeister, Regine/Wetterer, Angelika, Wie Geschlechter gemacht werden. Die soziale Konstruktion der Zweigeschlechtlichkeit und ihre Reifizierung in der Frauenforschung, in: Knapp, Gudrun-Axeli/Wetterer, Angelika, Hrsg., Traditionen - Brüche. Entwicklungen feministischer Theorie, Freiburg 1992, S. 201-255

Gilligan, Carol, Die andere Stimme. Lebenskonflikte und Moral der Frau, München 1984

Githens, Marianne, Prestage, Jewell, eds., A portrait of marginality - The political behaviour of the american woman, New York 1977

Glaser, Barney G./Strauss, Anselm L., Die Entdeckung gegenstandsbezogener Theorie: Eine Grundstrategie qualitativer Sozialforschung, in: Hopf, Christel/Weingarten, Elmar, Hrsg., Qualitative Sozialforschung, Stuttgart 1984, S. 91-111

Gole, Inge/Bake, Rita, „ Ich habe jonglieren mit drei Bällen geübt.“ Frauen in der Hamburgischen Bürgerschaft 1946 bis 1993, Hamburg 1995

Gravenhorst, Lerke/Tatschmurat, Carmen, Hrsg., TöchterFragen, NS-Frauen-Geschichte, Freiburg 1990

Greven, Michael Th., Hrsg., Macht in der Demokratie, Baden-Baden 1991

Greven, Michael Th., Macht in der Demokratie. Anathema in Politikwissenschaft als Demokratiewissenschaft und empirische Politikforschung, in: Ders., Hrsg., Macht in der Demokratie, Baden-Baden 1991, S. 107-140

Griesinger, Annemarie, Der Humor darf nicht zu kurz kommen!, in: Ein Leben für die Politik? Briefe an jüngere Mitbürger, hrsg.v. Schmid-Burgk, Sonja, Freiburg 1988, S. 54
Guttmann, Barbara, Frauen in der Kommunalpolitik der Nachkriegszeit (1945-1955). Das Beispiel Karlsruhe, in: Geschlecht. Macht. Arbeit. Kategorien der historischen Frauenforschung. Hrsg. von „Frauen und Geschichte", Baden-Württemberg, Tübingen 1995, S. 77-88
Guy, Mary, E., Hrsg., Women and Men of the States. Public Administrators at the State Level, Armonk et al. 1992
Habermas, Jürgen, Zum Begriff der politischen Beteiligung, in: Ders., Kultur und Kritik, Frankfurt 1973
Habermas, Jürgen, Philosophisch-politische Profile, Frankfurt 1984
Hagemann-White, Carol, Frauenforschung, in: Frauenhandlexikon. Stichworte zur Selbstbestimmung, Hrsg. v.. Beyer, Johanna I./Lamott, Franziska/ Meyer, Birgit, München 1983, S. 91-92
Hagemann-White, Carol, Sozialisation: weiblich - männlich?, Opladen 1984
Hagemann-White, Carol/Kulke, Christine/Schaeffer-Hegel, Barbara, Unterschiede im politischen Umgang mit Macht bei Frauen und Männern, Berliner Institut für Sozialforschung, unv. Ms., Berlin 1985
Hagemann-White, Carol, Können Frauen die Politik verändern?, in: Aus Politik und Zeitgeschichte, Beilage zur Wochenzeitung „Das Parlament", B9-10/87 vom 28.2.1987, S. 29-37
Hagemann-White, Carol, Wir werden nicht zweigeschlechtlich geboren, in: Dies./Rerrich, Maria S., Hrsg., FrauenMännerBilder. Männer und Männerbilder in der feministischen Diskussion, Bielefeld 1988, S. 224-235
Hagemann-White, Carol/Rerrich, Maria S., Hrsg., FrauenMännerBilder. Männer und Männerbilder in der feministischen Diskussion, Bielefeld 1988
Hale, Mary, M./Kelly, Rita Mae, Hrsg., Gender, Bureaucracy, and Democracy. Careers and Equal Opportunity in the Public Sector, New York et al. 1989
Hans-Böckler-Stiftung, Hrsg., Die Frauenpolitik in den Gewerkschaften Berlins 1945-1949, Düsseldorf 1992
Hauch, Gabriella, Hrsg., Geschlecht, Klasse, Ethnizität, Wien/Zürich 1994
Haug, Frigga, Frauen - Opfer oder Täter? Berlin 1982
Hausen, Karin, Die Polarisierung der „Geschlechtscharaktere" - eine Spiegelung der Dissoziation von Erwerbs- und Familienleben, in: Conze, Werner, Hrsg., Sozialgeschichte der Familie in der Neuzeit Europas, Stuttgart 1977
Hausen, Karin, Hrsg., Frauen suchen ihre Geschichte, München 1983
Hausen, Karin/Nowotny, Helga, Hrsg., Wie männlich ist die Wissenschaft?, München 1986
Hauser, Andrea, Frauenöffentlichkeit in Stuttgart nach 1945 - Gegenpol oder hilflos im Abseits, in: Freier/Kuhn, Hrsg. Frauen in der Geschichte V. „Das Schicksal Deutschlands liegt in der Hand seiner Frauen" - Frauen in der deutschen Nachkriegsgeschichte, Düsseldorf 1984, S. 51-90

Hein, Susanne, Die Familienpolitik von CDU/CSU und SPD in der Regierungsverantwortung. Ein Vergleich. Unv. Magisterarbeit, Bonn 1983

Heinsen, Elke, Reform auch nach innen - ein Fallbeispiel für eine veränderte „Problemlösungskultur" in der politischen Verwaltung, in: ifg/frauenforschung, Heft 4/1992, S. 8-19

Heinz, Margarethe, Politisches Bewußtsein bei Frauen, München 1971

Helgeson, Sally, The Female Advantage, Women`s Ways of Leadership, New York 1990

Hellmer, Ulrike, Wohin treibt die feministische Theorie?, in: Feministische Studien, Heft 1/1986, S. 141-148

Hellwig, Renate, Frauen verändern die Politik. Eine gesellschaftspolitische Streitschrift, Stuttgart 1975

Hellwig, Renate, Hrsg., Frauen in der Politik. Die Christdemokratinnen - Unterwegs zur Partnerschaft, Stuttgart 1984

Hellwig, Renate, Wir Frauen stehen in der Tradition unserer tapferen Vorgängerinnen, in: Dies., Hrsg., Die Christdemokratinnen. Unterwegs zur Partnerschaft, Stuttgart 1984, S. 325-340

Henicz, Barbara/Hirschfeld, Margrit, Die ersten Frauenzusammenschlüsse, in: Kuhn, Annette, Hrsg., Frauen in der deutschen Nachkriegszeit, Band 2, Düsseldorf 1986, S. 94-101

Hering, Sabine/Lützenkirchen, Hans-Georg, Hrsg., Wegweiser. Die politische Erwachsenenbildung nach dem Kriege, Bonn 1992

Hernes, Helga Maria, Wohlfahrtsstaat und Frauenmacht. Essays über die Feminisierung des Staates, Baden-Baden 1989

Herzog, Dietrich, Politische Karrieren. Selektion und Professionalisierung politischer Führungsgruppen, Opladen 1975

Herzog, Dietrich, Politische Führungsgruppen. Probleme und Ergebnisse der modernen Eliteforschung, Darmstadt 1982

Herzog, Dietrich, Elitensoziologische Aspekte der Bundestagswahl 1980, in: Kaase, Max/Klingemann, Hans-Dieter, Hrsg., Wahlen und politisches System. Analysen aus Anlaß der Bundestagswahl 1980, Opladen 1983

Herzog, Dietrich, Der moderne Berufspolitiker. Karrierebedingungen und Funktion in westlichen Demokratien, in: Hoffmann-Lange, Ursula, Hrsg., Eliten in der Bundesrepublik Deutschland, Stuttgart 1990, S. 28-51

Herzog, Dietrich/Rebensdorf, Hilke/Werner, Camilla/Weßels, Bernhard, Abgeordnete und Bürger. Ergebnisse einer Befragung der Mitglieder des 11. Deutschen Bundestages und der Bevölkerung, Opladen 1990

Herzog, Dietrich/Rebenstorf, Hilke/Weßels, Bernhard, Hrsg., Parlament und Gesellschaft. Eine Funktionsanalyse der repräsentativen Demokratie, Opladen 1993

Hochreuther, Ina, Frauen im Parlament. Südwestdeutsche Abgeordnete seit 1919, hrsg. vom Landtag Baden-Württemberg, Stuttgart 1992

Hoecker, Beate, Frauen in den Bremer Parteien. Eine Darstellung ihres Sozial-, Einstellungs- und Partizipationsprofils. Forschungsgruppe Parteiendemokratie. Hrsg. v. Kaack, Heino/Roth, Roland, Nr.11, Koblenz/Bremen 1985

Hoecker, Beate, Frauen in der Politik. Gängige Hypothesen zum Präsenzdefizit auf dem empirischen Prüfstand in Bremen, in: Zeitschrift für Parlamentsfragen, Heft 1/1986, S. 65-82

Hoecker, Beate, Frauen in der Politik. Eine soziologische Studie, Opladen 1987

Hoecker, Beate, Politik: Noch immer kein Beruf für Frauen?, in: Aus Politik und Zeitgeschichte. Beilage zur Wochenzeitung „Das Parlament“, B9-10/1987, 28.2.1987

Hoecker, Beate/Meyer-Braun, Renate, Bremerinnen bewältigen die Nachkriegszeit. Frauen, Alltag, Arbeit, Politik, Bremen 1988

Hoecker, Beate, Parlamentarierinnen im Deutschen Bundestag 1949 bis 1990. Ein Postskriptum zur Abgeordnetensoziologie, in: Zeitschrift für Parlamentsfragen, Heft 4/1994, S. 556-581

Hoecker, Beate, Politische Partizipation von Frauen. Ein einführendes Studienbuch, Opladen 1995

Hoecker, Beate, Politische Partizipation von Frauen im Vereinigten Deutschland, in: Aus Politik und Zeitgeschichte. Beilage zur Wochenzeitung Das Parlament, Heft B 21-22/96, S. 23-33

Hoffmann-Lange, Ursula, Eliten und Demokratie in der Bundesrepublik, in: Kaase, Max, Hrsg., Politische Wissenschaft und politische Ordnung. Analysen zu Theorie und Empirie demokratischer Regierungsweise. Festschrift zum 65. Geburtstag von Rudolf Wildenmann, Opladen 1986, S. 318-338

Hoffmann-Lange, Ursula, Hrsg., Eliten in der Bundesrepublik Deutschland, Stuttgart 1990

Hoffmann-Lange, Ursula, Eliten, Macht und Konflikt in der Bundesrepublik, Opladen 1992

Hofmann-Göttig, Joachim, Die neue Rechte: Die Männerparteien, in: Aus Politik und Zeitgeschichte, Beilage zur Wochenzeitung Das Parlament, B 41-42/89 S. 21-31

Hofmann-Göttig, Joachim, Emanzipation mit dem Stimmzettel. 70 Jahre Frauenwahlrecht in Deutschland, Bonn 1986

Holl, Stefan, Landtagsabgeordnete in Baden-Württemberg. Sozialprofil, Rekrutierung, Selbstbild, Kehl u.a. 1989

Holland-Cunz, Barbara, Öffentlichkeit und Intimität - demokratietheoretische Überlegungen, in: Biester, Elke/Holland-Cunz, Barbara/Sauer, Birgit, Hrsg., Demokratie oder Androkratie? Theorie und Praxis demokratischer Herrschaft in der feministischen Diskussion, Frankfurt/New York 1994, S. 227-247

Holzhauer, Johanna/Steinbauer, Agnes, Frauen an der Macht. Profile prominenter Politikerinnen, Frankfurt 1994

Hopf, Christel/Weingarten, Elmar, Hrsg., Qualitative Sozialforschung, Stuttgart 1984

Horstkötter, Marianne, Frauen in der Kommunlapolitik. Einflußfaktoren auf die politische Partizipation von Frauen in kommunalen Räten - Eine Regionalstudie, Frankfurt 1990

Huber, Antje, Hrsg., Frauen in der Politik. Die Sozialdemokratinnen - Verdient die Nachtigall Lob, wenn sie singt?, Stuttgart 1984

Huber, Josef, Basisdemokratie und Parlamentarismus, in: Kraushaar, Wolfgang, Hrsg. Was sollen die Grünen im Parlament?, Frankfurt 1983, S. 68-85

Huffmann, Ursula/Frandsen, Dorothea/Kuhn, Annette, Hrsg., Frauen in Wissenschaft und Politik, Düsseldorf 1987

Hüttche, Werner, Die familienpolitische Position von CDU und CSU, in: Politische Didaktik, Heft 4/1976

Illing, Ulla, Das neue Thema, in: Der Silberstreifen, Heft 6/7, 1946, S. 17-20

Institut für Demoskopie Allensbach, Hrsg., Frauen in Deutschland, Lebensverhältnisse, Lebensstile und Zukunftserwartungen. Die Schering-Frauenstudie '93, Köln 1993

Institut für Demoskopie Allensbach, Motive junger Nichtwählerinnen, Allensbach 1989 und 1993

Ismayr, Wolfgang, Der Deutsche Bundestag. Funktionen, Willensbildung, Reformansätze, Opladen 1992

Jacobi, Juliane, Sind Mädchen unpolitischer als Jungen?, in: Heitmeyer, Wilhelm/Jacobi, Juliane, Hrsg., Politische Sozialisation und Individualisierung, Weinheim und München 1991

Jahrbuch für Sozialökonomie und Gesellschaftstheorie: Frauen - Macht - Politik, Zerreißproben um Emanzipation und Quotierung, Opladen 1989

Jansen, Mechthild M./Baringhorst, Sigrid/Ritter, Martina, Hrsg., Frauen in der Defensive? Zur backlash-Debatte in Deutschland, Münster 1996

Jenisch, Susanne, Hrsg., Standpunkte. Ergebnisse und Perspektiven der Frauengeschichtsforschung in Baden-Württemberg, Stuttgart 1993

Jung, Dörthe, Der diskrete Eintritt in die Macht, in: FrauenStadtGeschichte. Zum Beispiel Frankfurt. Hrsg. von der Hessischen Landeszentrale für Politische Bildung und WEIBH e.V., Frankfurt 1995, S. 198-220

Kaack, Heino, Wer kommt in den Bundestag? Abgeordnete und Kandidaten 1969, Opladen 1969

Kaase, Max, Politische Beteiligung und politische Ungleichheit. Betrachtungen zu einem Paradoxon, in: Albertin, Lothar/Link, Werner, Hrsg., Politische Parteien auf dem Weg zur parlamentarischen Demokratie in Deutschland, Düsseldorf 1981, S. 363-377

Kaase, Max/Klingemann, Hans-Dieter, Hrsg., Wahlen und politisches System. Analysen aus Anlaß der Bundestagswahl 1980, Opladen 1983

Kaase, Max/Klingemann, Hans-Dieter, Hrsg., Wahlen und Wähler. Analysen aus Anlaß der Bundestagswahl 1987, Opladen 1990

Kaase, Max, Partizipation, in: Nohlen, Dieter, Hrsg., Wörterbuch Staat und Politik, Bonn 1991, S. 466-471

Kahlweit, Cathrin, Damenwahl. Politikerinnen in Deutschland, München 1994

Kathlene, Lyn/Clarke, Susan, E.,/Fox, Barbara, A., Ways Women Politicians are making a Difference, in: Gender and Policymaking: Studies of Women in Office. Hrsg. von Dodson, Debra, Brunswick N.Y. 1991

Katzenstein, Mary, Fainsod/Mueller, Carol, M., Hrsg., The Women's Movements of the United States and Western Europe, Philadelphia 1987

Keller, Angela, Historischer Abriß, in: Für Gleichberechtigung und Partnerschaft. Christlich-Demokratische Frauen in der Politik, Katalog zur Ausstellung der Konrad-Adenauer-Stiftung, St. Augustin 1990, S. 9-52

Kelly, Rita/Boutilier, Mary, The Making of Political Women: a Study of Socialisation and Role Conflict, Chicago 1978

Kirkpatrick, Jeane, J., Political Woman, New York 1974

Kleinmann, Hans-Otto, Geschichte der CDU 1945-1982, Stuttgart 1993

Kleßmann, Christoph, Die doppelte Staatsgründung. Deutsche Geschichte 1945-1970, Göttingen 1982

Klingemann, Hans-Dieter, Formen, Bestimmungsgründe und Konsequenzen politischer Beteiligung. Ein Forschungsbericht, Berlin 1985

Klingemann, Hans-Dieter/Stöss, Richard/Weßels, Bernhard, Hrsg., Politische Klasse und politische Institutionen, Opladen 1991

Klinger, Cornelia, Das Bild der Frau in der Philosophie und die Reflexion der Frauen auf die Philosophie, in: Hausen, Karin/Nowotny, Helga, Hrsg., Wie männlich ist die Wissenschaft?, Frankfurt 1986, S. 62-84

Klinger, Cornelia, Déjà-Vu oder die Frage nach den Emanzipationsstrategien im Vergleich zwischen der ersten und der zweiten Frauenbewegung, in: Kommune, Heft 12/1986, S. 57-72

Knafla, Leonore/Kulke, Christine, 15 Jahre neue Frauenbewegung. Und sie bewegt sich noch! - Ein Rückblick nach vorn, in: Roth, Roland/Rucht, Dieter, Hrsg., Neue soziale Bewegungen in der Bundesrepublik Deutschland, Bonn 1987, S. 89 ff.

Knapp, Gudrun-Axeli, Die vergessene Differenz, in: Feministische Studien, Heft 2/1988, S. 12-32

Knapp, Gudrun-Axeli, Macht und Geschlecht. Neuere Entwicklungen in der feministischen Macht- und Herrschaftsdiskussion, in: Knapp, Gudrun-Axeli/Wetterer, Angelika, Hrsg., Traditionen - Brüche. Entwicklungen feministischer Theorie, Freiburg 1992, S. 287-321

Knapp, Gudrun-Axeli, Neuere Entwicklungen in der feministischen Machtdiskussion, in: Elke Biester u.a., Hrsg., „Staat aus feministischer Sicht", Dokumentation des workshops der ad-hoc-Gruppe „Politik und Geschlecht" in der Deutschen Vereinigung für Politische Wissenschaft, Berlin 1992, S. 19-37

Knäpper, Marie-Thérès, Feminismus-Autonomie-Subjektivität. Tendenzen und Widersprüche in der Neuen Frauenbewegung, Bochum 1984

Knoll, Heli, Unser Weg zur Freiheit. Festvortrag in der Frankfurter Paulskirche zum Interzonalen Frauenkongreß 1948

Knorr, Birgit/Wehling, Rosemarie, Hrsg., Frauen im deutschen Südwesten, Stuttgart u.a. 1993

Koch, Gertrud, Schuld und Unschuld - das Bild der Terroristin im Neuen Deutschen Film, in: Tel Aviver Jahrbuch für Deutsche Geschichte, 1992

Köcher, Renate, Politische Partizipation und Wahlverhalten von Frauen und Männern, in: Aus Politik und Zeitgeschichte, Beilage zur Wochenzeitung „Das Parlament“, Nr. B 11/94 vom 18.3.1994

Kohli, Martin, Wie es zur „biographischen Methode“ kam und was daraus geworden ist, in: Zeitschrift für Soziologie, Jg. 10, 1981, S. 273-293

König, Gudrun, „Man hat vertrennt, vertrennt und wieder vertrennt“, Erinnerungen an den Nachkriegsalltag, in: Freier/Kuhn, Hrsg., Frauen in der Geschichte V. „Das Schicksal Deutschlands liegt in der Hand seiner Frauen“ - Frauen in der deutschen Nachkriegsgeschichte, Düsseldorf 1984, S. 386-409

Kontos, Silvia/Walser, Karin, ...weil nur zählt, was Geld einbringt - Probleme der Hausfrauenarbeit, Frankfurt 1979

Kontos, Silvia, Modernisierung der Subsumptionspolitik? Die Frauenbewegung in den Theorien neuer sozialer Bewegungen, in: Feministische Studien, Heft 2/1986, S. 34-49

Kontos, Silvia, Zum Verhältnis von Autonomie und Partizipation in der Politik der neuen Frauenbewegung, in: Schaeffer-Hegel, B., Hrsg., Vater Staat und seine Frauen, Pfaffenweiler 1990

Krause-Burger, Sibylle, Karrierefrauen in der Politik. Die parlamentarischen Mütter kommen aus der Mode, in: Frankfurter Allgemeine Zeitung vom 22.11.1975

Krause-Burger, Sibylle, Zuerst die Karriere, in: Stuttgarter Zeitung vom 25.4.1981

Kraushaar, Wolfgang, Hrsg., Was sollen die Grünen im Parlament?, Frankfurt 1983

Kreisky, Eva, Der Staat als „Männerbund“. Der Versuch einer feministischen Staatssicht, in: Biester, Elke/u.a., Hrsg., „Staat aus feministischer Sicht“, Dokumentation des workshops der ad-hoc-Gruppe „Politik und Geschlecht“ in der Deutschen Vereinigung für Politische Wissenschaft, Berlin 1992, S. 53-62

Kreisky, Eva, Das ewig Männerbündische? Zur Standardform von Staat und Politk, in: Leggewie, Claus, Hrsg., Wozu Politikwissenschaft? Über das Neue in der Politik, Darmstadt 1994, S. 191-210

Kreisky, Eva/Sauer, Birgit, Hrsg., Feministische Standpunkte in der Politikwissenschaft, Frankfurt/New York, 1995

Krieger, Verena, Was bleibt von den Grünen? Hamburg 1991

Kriegeskorte, Michael, Werbung in Deutschland 1945-1965. Die Nachkriegszeit im Spiegel ihrer Anzeigen, Köln o.J.

Kuhn, Annette/Schubert, Doris, Frauen in der Nachkriegszeit und im Wirtschaftswunder 1945-1960, Bd IV, Frankfurt 1980

Kuhn, Annette, Die vergessene Frauenarbeit in der deutschen Nachkriegszeit, in: Freier, Anna-Elisabeth/Kuhn, Annette, Hrsg., Frauen in der Geschichte V, „Das Schicksal Deutschlands liegt in der Hand seiner Frauen“ - Frauen in der deutschen Nachkriegsgeschichte, Düsseldorf 1984, S.170-201

Kuhn, Annette, Hrsg., Frauen in der deutschen Nachkriegszeit, Bd.2: Frauenpolitik 1945-1949, Quellen und Materialien, Düsseldorf 1986.

Kuhn, Annette, 1945 - Versäumte Emanzipationschancen? Feministische Überlegungen zur Refamilialisierung nach 1945, in: Frauen in den neuen Bundesländern. Rückzug in die Familie oder Aufbruch zur Gleichstellung in Beruf und Familie?, Bonn 1991

Kuhn, Annette, Hrsg., Die Chronik der Frauen, Dortmund 1992

Kuhn, Annette, Die stille Kulturrevolution der Frau. Versuch einer Deutung der Frauenöffentlichkeit (1945-1947), in: Clemens, Gabriele, Hrsg., Kulturpolitik im besetzten Deutschland 1945-1949, Stuttgart 1994, S. 83-101

Kuhn, Annette, 8. Mai 1945 - Erinnerungen an die deutschen Trümmerfrauen nach fünfzig Jahren, unv. Manuskript, Bonn 1995

Kulke, Christine, Die Rationalität der Macht und die Macht der Rationalität - Paradigmata der Politik des Patriarchats, in: Greven, Michael Th., Hrsg., Macht in der Demokratie, Baden-Baden 1991, S. 253-270

Landfried, Christine, Politik als Beruf heute. Ein Anforderungsprofil an Professionelle, in: Leggewie, Claus, Hrsg., Wozu Politikwissenschaft? Über das Neue in der Politik, Darmstadt 1994, S. 211-227

Landfried, Christine, Politikorientierte Folgenforschung. Zur Übertragung der Chaostheorie auf die Sozialwissenschaften, Speyer 1992

Lang, Sabine, Öffentlichkeit und Geschlechterverhältnis. Überlegungen zu einer Politologie der öffentlichen Sphäre, in: Kreisky, Eva/Sauer, Birgit, Hrsg., Feministische Standpunkte in der Politikwissenschaft, Frankfurt/New York, 1995, S. 83-121

Lange, Gunther, Jeanette Wolff, 1888 bis 1976. Eine Biographie, München 1988

Langer-El Sayed, Ingrid, Familienpolitik: Tendenzen, Chancen, Notwendigkeiten, Frankfurt 1980

Langer, Ingrid, Zwölf vergessene Frauen. Die weiblichen Abgeordneten im Parlament des Volksstaates Hessen. Ihre politische Arbeit - ihr Alltag - ihr Leben, Frankfurt/M. 1989

Langer, Ingrid, Hrsg., Ley, Ulrike/Sander, Susanne, Alibi-Frauen? Hessische Politikerinnen I in den Vorparlamenten 1946-1950, Frankfurt 1994

Langer, Ingrid, Hrsg., Ley, Ulrike/Sander, Susanne, Alibi-Frauen? Hessische Politikerinnen II im ersten und zweiten Hessischen Landtag 1946 bis 1954, Frankfurt 1995

Lauterer-Pirner, Heide-Marie, „...Über Gegensätze hinweg in eine neue Zukunft." Politisches Handeln und Verhalten von Parlamentarierinnen in der Weimarer Republik, im Dritten Reich, der Bundesrepublik und der DDR (1918-1961). Ein gruppenbiographischer Versuch. Unv. Antrag 1992

Lauterer-Pirner, Heide-Marie, Marie Baum (1874-1964) und der gesellschaftliche und politische Wiederaufbau im Heidelberg der Nachkriegszeit, in: Jenisch, Susanne, Hrsg., Standpunkte, Stuttgart 1993, S. 143-151

Lemke, Christiane, Die Ursachen des Umbruchs 1989. Politische Sozialisation in der ehemaligen DDR, Opladen 1991

Lepsius, Renate, Frauenpolitik als Beruf. Gespräche mit SPD-Parlamentarierinnen, Hamburg 1987

Libreria delle donne di Milano, Wie weibliche Freiheit entsteht. Eine neue politische Praxis, Berlin 1988

Lindemann, Gesa, Das paradoxe Geschlecht. Transsexualität im Spannungsfeld von Körper, Leib und Gefühl, Frankfurt 1993

Linke, Werner, Wählerverhalten nach Geschlecht und Alter bei der Bundestagswahl 1976, in: Wirtschaft und Statistik, Heft 1/1977

Lisch, Ralf/Kriz, Jürgen, Grundlagen und Modelle der Inhaltsanalyse, Bestandsaufnahme und Kritik, Reinbek 1978

List, Elisabeth/Studer, Herlinde, Hrsg., Denkverhältnisse. Feminismus und Kritik, Frankfurt 1989

Lorentzer, Alfred, Der Gegenstand psychoanalytischer Textinterpretation, in: Goeppert, S., Hrsg., Perspektiven psychoanalytischer Literaturkritik, Freiburg 1978, S. 71-81

Lorentzer, Alfred, Tiefenhermeneutische Kulturanalyse, in: König, Hans-Dieter u.a., Kultur-Analysen. Psychoanalytische Studien zur Kultur, Frankfurt 1986, S. 11-98

Lovenduski, Joni/Norris, Pippa, Hrsg., Gender and Party Politics, London 1993

Mabry, Hannelore, Unkraut ins Parlament. Die Bedeutung weiblicher parlamentarischer Arbeit für die Emanzipation der Frau, München 1971

Maihofer, Andrea, Ansätze zur Kritik des moralischen Universalismus. Zur moraltheoretischen Diskussion um Gilligans Thesen einer „weiblichen" Moralauffassung, in: Feministische Studien, November 1988, S. 32-52

Maleck-Lewy, Eva/Virginia Penrose, Hrsg., Gefährtinnen der Macht. Politische Partizipation von Frauen im vereinigten Deutschland - eine Zwischenbilanz, Berlin 1995

Mandel, Ruth B./Dodson, Debra, Do Women Officeholders make a Difference?, in: Rix, Sarah E., Hrsg., The American Woman, New York 1992

Mandel, Ruth B., The Evolution of Women in Politics, in: Women in American Politics, New York 1994

Marcuse, Herbert, Der eindimensionale Mensch, Neuwied/Berlin 1964

Martiny, Anke, Wer nicht kämpft, hat schon verloren. Frauen und der Mut zur Macht, Reinbek 1986

Martiny, Anke, Männliche und weibliche Politik - Thesen zum Unterschied, in: Schaeffer-Hegel, Barbara, Hrsg., Vater Staat und seine Frauen, Pfaffenweiler 1990

Marx Feree, Myra, Gleichheit und Autonomie. Probleme feministischer Politik, in : Gerhard, Ute, u. a., Hrsg., Differenz und Gleichheit. Menschenrechte haben (k)ein Geschlecht, Frankfurt 1990, S. 283-298

Marx, Sabine, Der Ort der Politik ist: Hier, überall. Die Zeit der Politik ist: Jetzt, sofort. Aktuelle Thesen zu einem feministischen Politikverständnis, in: Beiträge zur feministischen Theorie und Praxis: Unser Staat?, Heft 13/1985, S. 115-127

Mattl, Siegfried, „Aufbau" - eine männliche Chiffre der Nachkriegszeit, in: Bandhauer-Schöffmann, Irene/Hornung, Ela, Hrsg., Wiederaufbau weiblich, Dokumentation der Tagung „Frauen in der österreichischen und deutschen Nachkriegszeit", Wien/Salzburg 1993, S. 14-23

Mayer-Katz, Leonore, Sie haben zwei Minuten Zeit. Nachkriegsimpulse aus Baden, Freiburg 1981

Mayntz, Renate/Neidhardt, Friedhelm, Parlamentskultur: Handlungsorientierungen von Bundestagsabgeordneten - eine empirisch explorative Studie, in: Zeitschrift für Parlamentsfragen, Heft 3/1989, S. 370-387

Mersch, Wolf, Volksvertreter in Ost und West. Das Sozialprofil von Bundestagsabgeordneten und Delegierten der Volkskammer, in: Beiträge zur Analyse der deutschen Oberschicht, Hrsg. von Zapf, Wolfgang, Tübingen 1964

Mettke, Jörg R., Hrsg., Die GRÜNEN, Regierungspartner von morgen?, Reinbek 1982

Metz-Göckel, Sigrid, Die zwei (un)geliebten Schwestern. Zum Verhältnis von Frauenbewegung und Frauenforschung im Diskurs der neuen sozialen Bewegungen, in: Beer, Ursula, Hrsg., Klasse Geschlecht. Feministische Gesellschaftsanalyse und Wissenschaftskritik Bielefeld 1987, S. 25-57

Metz-Göckel, Sigrid, Mächtige Frauen und Macht der Frauen, in: Roemheld, Regine, Hrsg., Fraueninteressen, Frauenpolitik, Definitionen und Initiativen, Weinheim 1994, S. 28-56

Metzler, Gabriele, Frauen, die es geschafft haben. Portraits erfolgreicher Karrieren, Düsseldorf 1986

Meulemann, Heiner, Befragung und Interview. Über soziale und soziologische Situationen der Informationssuche, in: Soziale Welt, Heft 1, 1993, S. 98-119

Meyer, Birgit, Frauen an die Macht!? Politische Strategien zur Durchsetzung der Gleichberechtigung von Mann und Frau, in: Aus Politik und Zeitgeschichte, Beilage zur Wochenzeitung „Das Parlament", B9-10, 28.2.1987, S. 15-28

Meyer, Birgit, Elisabeth Selbert, „Gleichberechtigung ohne Wenn und Aber", in: Kritische Justiz, Hrsg., Streitbare Juristen. Eine andere Tradition, Baden-Baden 1988, S. 427-440

Meyer, Birgit, Viel bewegt - auch viel erreicht? FrauenGeschichte und Frauenbewegung in der Bundesrepublik, in: Blätter für deutsche und internationale Politik, Heft 7/1989, S. 832-843

Meyer, Birgit, Frauenpolitiken und Frauenleitbilder der Parteien in der Bundesrepublik, in: Aus Politik und Zeitgeschichte. Beilage zur Wochenzeitung Das Parlament, Heft B34-35, 17.8.1990, S. 16-29

Meyer, Birgit, Frauenbewegung und politische Kultur in den 80er Jahren, in: Süß, Werner, Hrsg., Die Bundesrepublik in den 80er Jahren. Innenpolitik, Politische Kultur, Außenpolitik, Opladen 1991, S. 219-235

Meyer, Birgit, „Sie ist der einzige Mann in der Fraktion!“ Versuch einer Würdigung der ersten Parlamentarierinnen in der Bundesrepublik Deutschland, in: Bracher, Karl Dietrich/Funke, Manfred/Schwarz, Hans Peter, Hrsg., Deutschland zwischen Krieg und Frieden. Beiträge zur Politik und Kultur im 20. Jahrhundert, Festschrift für Hans Adolf Jacobsen, Düsseldorf 1991, S. 428-441

Meyer, Birgit, Über das schwierige aber notwendige Verhältnis von Feminismus und Demokratie, in: Biester, Elke u.a., Hrsg., „Staat aus feministischer Sicht“, Dokumentation des workshops der ad-hoc-Gruppe „Politik und Geschlecht“ in der Deutschen Vereinigung für Politische Wissenschaft, Berlin 1992, S. 63-74

Meyer, Birgit, Die „unpolitische“ Frau. Politische Partizipation von Frauen oder: haben Frauen ein anderes Verständnis von Politik? in: Aus Politik und Zeitgeschichte. Beilage zur Wochenzeitung Das Parlament, Heft B 25-26, 12.6.1992, S. 3-18

Meyer, Birgit, „Hat sie heute denn überhaupt gekocht?“ Frauen in der Politik von der Nachkriegszeit bis heute, in: ifg Zeitschrift für Frauenforschung. Heft 3/1993, S. 6-32

Meyer, Birgit, Ist das Projekt der Frauensolidarität gescheitert? in: Modelmog, Ilse/Gräßel, Ulrike, Hrsg., Konkurrenz & Kooperation. Frauen im Zwiespalt?, Münster 1994, S. 157-171

Meyer, Birgit, „Hat sie heute denn überhaupt gekocht?“, Frauen in der Politik von der Nachkriegszeit bis heute, in: Brückner, Margrit/Meyer, Birgit, Hrsg., Die sichtbare Frau. Die Aneignung der gesellschaftlichen Räume, Freiburg 1994, S. 369-413

Meyer, Birgit, „Wenn man so politisch aktiv ist, muß man sich ja noch lange nicht für Politik interessieren!“ Zum Politikverständnis von Mädchen, in: Zeitschrift für Frauenforschung, Heft 1 + 2/1994, S. 64-77

Meyer, Birgit, „Politik ist eine Sucht wie das Rauchen.“ Frauen in politischen Führungspositionen, in: Maleck-Lewy, Eva/Penrose, Virginia, Hrsg., Gefährtinnen der Macht. Politische Partizipation von Frauen im vereinigten Deutschland - eine Zwischenbilanz, Berlin 1995, S. 165-182

Meyer, Birgit, Amerika, hast Du es besser? Zur politischen Partizipation von Frauen in den USA, in: Aus Politik und Zeitgeschichte, Beilage zur Wochenzeitung Das Parlament, B 21-22/96 vom 17.5.1996, S. 35-46

Meyer, Sibylle/Schulze, Eva, Wie wir das alles geschafft haben. Alleinstehende Frauen berichten über ihr Leben nach 1945, München 1984

Meyer, Sibylle/Schulze, Eva, Von Liebe sprach damals keiner. Familienalltag in der Nachkriegszeit, München 1985

Meyer-Braun, Renate, 1945 - die Stunde der Frauen? Politik und Politikerinnen im Nachkriegs-Bremen, in: Dies., Hrsg., FRAUEN GESCHICHTE BREMEN, Bremen 1991

Mezey, Susan Gluck, Do Women make a Difference?, in: The Year of the Woman. Myths and Realities, hrsg. von Cook, Elisabeth A./Thomas, Sue/Wilcox, Clyde, Boulder 1994

Michalik, Regina, Politik: Das Leid mit einer Leidenschaft, in: Beiträge zur feministischen Theorie und Praxis, Heft 19: Politik, Zeit zum Streit, Köln 1987, S. 89-100

Mies, Maria, Methodische Postulate zur Frauenforschung, in: Beiträge zur feministischen Theorie und Praxis, Heft 1/1978, S. 41-64

Mies, Maria, Weibliche Lebensgeschichte und Zeitgeschichte, in: Beiträge zur feministischen Theorie und Praxis, Heft 7/1981, S.

Milz, Helga, „Blick zurück nach vorn!". Empirische Untersuchungen zum gesellschaftlichen und politischen Frauenbewußtsein, in: Frauen - Macht - Politik, Jahrbuch für Sozialökonomie und Gesellschaftstheorie der Hochschule für Wirtschaft und Politik Hamburg, Opladen 1989

Möding, Nori, Die Stunde der Frauen? in: Von Stalingrad zur Währungsreform. Zur Sozialgeschichte des Umbruchs in Deutschland, München 1988, S. 619-647

Molitor, Ute, Wählen Frauen anders? Zur Soziologie eines frauenspezifischen politischen Verhaltens in der Bundesrepublik Deutschland, Baden-Baden 1992

Möller, Kurt, Geschlechtsspezifische Aspekte der Anfälligkeit für Rechtsextremismus in der Bundesrepublik Deutschland, in: ifg/Frauenforschung, Heft 3/1991, S. 27-49

Mommsen, Margareta, Die politische Rolle der Frau in Ost und West, in: Aus Politik und Zeitgeschichte, Beilage zur Wochenzeitung Das Parlament, B 6-7/1986, vom 8.2.1986, S. 3-13

Muckli, Martina, Einbruch in die Männerwelt? Chancen und Restriktionen einer Veränderung von Politik durch Frauen am Beispiel der GAL-Frauenfraktion in Hamburg, Hamburg 1990

Mueller, Carol, M., Hrsg., The Politics of the Gender Gap. The Social Construction of Political Influence. Beverly Hills/London/New Delhi 1988

Müller-Rommel, Ferdinand/Sprengel, Tanja, Kabinettsmitglieder in Bonn 1949-1986. Eine Dokumentation soziodemographischer Daten und parlamentarischer Karriereverläufe, in: Zeitschrift für Parlamentsfragen, Heft 1/1986

Müller-Rommel, Ferdinand/Poguntke, Thomas, Die GRÜNEN, in: Mintzel, Alf/Oberreuther, Heinrich, Hrsg., Parteien in der Bundesrepublik, Bonn 1992, S. 319-361

Münkler, Herfried, Die Moral der Politik. Politik, Politikwissenschaft und die soziomoralische Dimension politischer Ordnungen, in: Leggewie, Claus, Hrsg., Wozu Politikwissenschaft? Über das Neue in der Politik, Darmstadt 1994, S. 228-242

Narr, Wolf-Dieter, Andere Partei oder neue Form der Politik?, in: Mettke, Jörg R., Hrsg., Die GRÜNEN; Regierungspartner von morgen?, Reinbek 1982, S. 242-271

Naßmacher, Hiltrud, Frauen und lokale Politik, in: Blanke, Bernhard, Hrsg., Staat und Stadt. - Systematische, vergleichende und problemorientierte Analysen "dezentraler" Politik, Opladen 1991, S. 151-176

Nauck, Bernhard/Onnen-Isemann, Corinna, Hrsg., Familie im Brennpunkt von Wissenschaft und Forschung, Neuwied 1995

Nemitz, Rosemarie, Die Frau in den deutschen Parlamenten, in: Gewerkschaftliche Monatshefte, Heft 9/1958

Neyer, Gerda, Zugangsmodalitäten und strukturelle Behinderungen in österreichischen Parlamenten: Frauen im Nationalrat, in: Schaeffer-Hegel, Barbara/Kopp-Degethoff, Heidi, Hrsg., Vater Staat und seine Frauen, Studien zur politischen Kultur, Pfaffenweiler 1991, S. 39-51

Niedermayer, Oskar, Innerparteiliche Partizipation, Opladen 1989

Niethammer, Lutz, Hrsg., Lebenserfahrung und kollektives Gedächtnis. Die Praxis der „oral history“, Frankfurt 1980

Noelle-Neumann, Elisabeth, Hrsg., Jahrbuch der öffentlichen Meinung 1947-55, Allensbach 1956

Nödinger, Ingeborg, Für Frieden und Gleichberechtigung - Der Demokratische Frauenbund Deutschlands, in: Herve, Florence, Hrsg., Geschichte der Deutschen Frauenbewegung, Köln 1987

Nohlen, Dieter, Wahlrecht und Parteiensystem, Opladen 1986

Notz, Gisela: „Unser Fräulein Doktor..., die hat uns immer die Wahrheit gesagt“, in: Beiträge zur feministischen Theorie und Praxis, Rassismus. Antisemitismus. Fremdenhaß. Geteilter Feminismus, Nr. 27/1990, S. 161-172

Nunner-Winkler, Gertrud, Gibt es eine weibliche Moral?, in: Kultur und Gesellschaft, Hrsg. von Haller, M./Hoffmann-Nowotny, H. J./Zapf, W., Frankfurt 1989

Nunner-Winkler, Gertrud, Hrsg., Weibliche Moral. Die Kontroverse um eine geschlechtsspezifische Ethik, Frankfurt/New York 1991

Nyssen, Elke/Metz-Göckel, Sigrid, „Ja, die waren ganz einfach tüchtig“ - Was Frauen aus der Geschichte lernen können..., in: Freier/Kuhn, Hrsg., Frauen in der Geschichte V. „Das Schicksal Deutschlands liegt in der Hand seiner Frauen“ - Frauen in der deutschen Nachkriegsgeschichte, Düsseldorf 1984, S. 312-348

Oesterle-Schwerin, Jutta, Zwei Jahre Lesben-Politik im Bundestag - Wie alles anfing und wie es weitergehen könnte, in: Beiträge zur feministischen Theorie und Praxis, Heft 25-26/1989, S. 201-208

Oevermann, Ulrich/Allert, Tillman/Konau, Elisabeth/Krambek, Jürgen, Die Methodologie einer „objektiven Hermeneutik“ und ihre allgemeine forschungslogische Bedeutung in den Sozialwissenschaften, in: Soeffner, Hans-Georg, Hrsg., Interpretative Verfahren in den Sozial- und Textwissenschaften, Stuttgart 1979, S. 352-434

Offe, Claus, Politische Herrschaft und Klassenstrukturen. Zur Analyse spätkapitalistischer Gesellschaftssysteme, in: Kress, Gisela/Senghaas, Dieter, Hrsg., Politikwissenschaft. Eine Einführung in ihre Probleme, Frankfurt 1972, S. 135-164

Olsen, Frances, Das Geschlecht des Rechts, in: Kritische Justiz, Heft 3/1990

Oltmanns, Reimar, Frauen an der Macht, Protokolle einer Aufbruchsära, Frankfurt 1990

Ostner, Ilona, Beruf und Hausarbeit. Die Arbeit der Frau in unserer Gesellschaft, Frankfurt 1978

Ostner, Ilona, Scheu vor der Zahl? Die qualitative Erforschung von Lebenslauf und Biographie als Element einer feministischen Wissenschaft, in: Voges, Wolfgang, Hrsg., Methoden der Biographie- und Lebenslaufforschung, Opladen 1987, S. 103-124

Paget, Karen M., The Gender Gap Mystique, in: The American Prospect, Fall 1993, S. 93-101

Paget, Karen M., Behind the Scenes: Increasing Women's Political Participation in the US. Unv. Ms 1994

Passens, Bernd/Schöll, Ingrid, Frauenwiderstand gegen die Remilitarisierung zu Beginn der 50er Jahre. Unv. Ms. Bonn 1984

Pateman, Carol, The Disorder of Women. Democracy, Feminism and Political Theory, Worcester 1989

Patzelt, Werner, J., Der Abgeornete - ein unbekanntes Wesen? Bericht über das Schrifttum zur Abgeordnetenforschung, in: Neue Politische Literatur, Heft 36/1991, S. 76-118

Patzelt, Werner, J., Das Volk und seine Vertreter - eine gestörte Beziehung, in: Aus Politik und Zeitgeschichte, Beilage zur Wochenzeitung Das Parlament, B 11/1994, S. 14-23

Patzelt, Werner, J., Abgeordnete und ihr Beruf. Interviews - Umfragen - Analysen, Berlin 1995

Patzelt, Werner, J., Deutschlands Abgeordnete, in: Zeitschrift für Parlamentsfragen, Heft 3/1996, S. 462-502

Patzelt, Werner, J., Besonderheiten weiblicher Parlamentarier, internes Arbeitspapier, Dresden 1997

Penrose, Virginia, Orientierungsmuster des Karriereverhaltens deutscher Politikerinnen. Ein Ost-West-Vergleich, Bielefeld 1993

Penrose, Virginia, „Ich sehe das anders..." Machtverständnis parteipolitisch aktiver Frauen in Ost- und Westdeutschland, in: Maleck-Lewy, Eva/Penrose, Virginia, Hrsg., Gefährtinnen der Macht. Politische Partizipation von Frauen im vereinigten Deutschland- eine Zwischenbilanz, Berlin 1995, S. 137- 164

Philipps, Anne, Geschlecht und Demokratie, Hamburg 1995

Piel, Edgar, Kein Interesse an Politik - Motive und Reaktionen junger Nichtwählerinnen, in: Frauenforschung, Heft 3/1989, S. 1-10

Pitz-Savelsberg, Elisabeth, in: Abgeordnete des Deutschen Bundestages. Aufzeichnungen und Erinnerungen, Bd. 3, Boppard a. R. 1985

Pitzschke, Angela, Die Bedeutung der Nachkriegszeit für das politische Engagement von Frauen in den Westzonen und in der BRD, in: Bandhauer-Schöffmann, Irene/Hornung, Ela, Wiederaufbau weiblich. Dokumentation der Tagung „Frauen in der österreichischen und deutschen Nachkriegszeit". Wien/Salzburg 1993, S. 73-91

Pitzschke, Angela, Frauenleben und Frauenpolitik. Lebensgeschichte und politisches Engagement von Kasseler Frauen der politischen Linken in der Nachkriegszeit, Pfaffenweiler 1994

Prengel, Annedore, Annäherung an eine egalitäre Politik der Differenzgedanken gegen Sexismus und Rassismus, in: Beiträge zur feministischen Theorie und Praxis, Heft 27/1990, S. 127-135

Projektgruppe Mädchen und Frauenarbeit, Hrsg., Die unentdeckte Kraft. Gestaltungsansprüche von Mädchen und Frauen, Wuppertal 1991

Prokop, Ulrike, Weiblicher Lebenszusammenhang. Von der Beschränktheit der Strategien und der Unangemessenheit der Wünsche, Frankfurt 1976

Pross, Helge, Über die Bildungschancen von Mädchen in der Bundesrepublik, Frankfurt 1972

Pross, Helge, Die Männer. Eine repräsentative Untersuchung über die Selbstbilder von Männern und ihre Bilder von der Frau, Reinbek 1978

Pross, Helge, Politische Partizipation von Frauen in der Bundesrepublik Deutschland, in: Die Psychologie des 20. Jahrhunderts, Bd.VIII, Zürich 1979, S. 503-509.

Purwin, Hilde, Frauen. Welche Rolle spielen sie im Bundestag? Hrsg. vom Presse- und Informationsdienst des Deutschen Bundestages, Bonn 1979

Randall, Vicky, Women and Politics, London 1982

Randzio-Plath, Christa, Laßt uns endlich mitregieren. Wege von Frauen in die Politik, Freiburg 1980

Raschke, Joachim, Die Grünen. Wie sie wurden, was sie sind, Köln 1993

Raschke, Joachim, Krise der Grünen. Bilanz und Neubeginn. Hrsg. von der Forschungsgruppe neue soziale Bewegungen, Marburg 1991

Rebenstorf, Hilke, Frauen im Bundestag - anders als die Männer?, in: Der Bürger im Staat, Heft 1/1990

Reich-Hillweg, Ines, Männer und Frauen sind gleichberechtigt. Der Gleichberechtigungsgrundsatz in der parlamentarischen Auseinandersetzung 1948-1957 und in der Rechtsprechung des Bundesverfassungsgerichts 1953-1975, Frankfurt 1979

Reichel, Peter, Politische Kultur der Bundesrepublik, Opladen 1981

Reichel, Peter, Hrsg., Politische Kultur in Westeuropa. Bürger und Staaten in der Europäischen Gemeinschaft, Frankfurt/New York 1984

Richelmann, Doris, Gleichstellungsstellen, Frauenförderung, Quotierung. Entwicklung und Diskurs aktueller frauenpolitischer Ansätze. Ein Literaturbericht mit Auswahlbibliographie, Bielefeld 1991

Ritsert, Jürgen, Inhaltsanalyse und Ideologiekritik. Ein Versuch über kritische Sozialforschung, Frankfurt 1972

Ritter, Martina, Computer oder Stöckelschuh? Eine empirische Untersuchung über Mädchen am Computer, Frankurt/New York 1994

Roberts, Ulla, Starke Mütter - ferne Väter. Töchter reflektieren ihre Kindheit im Nationalsozialismus und in der Nachkriegszeit, Frankfurt 1994

Roemheld, Regine, Hrsg., Fraueninteressen, Frauenpolitik, Definitionen und Initiativen, Weinheim 1994
Rommelspacher, Birgit, Das Selbstverständnis des weißen Feminismus. Zu Rassismus und Antisemitismus bei Frauen, in: Brückner, Margrit/Meyer, Birgit, Hrsg., Die sichtbare Frau, Freiburg 1994, S. 176-197
Rosenthal, Gabriele, Das soziale Schweigegebot zu den Naziverbrechen, in: Bandhauer-Schöffhauer, Irene/Hornung, Ela, Hrsg., Wiederaufbau weiblich, Wien/ Salzburg 1993, S. 15-23
Rossanda, Rossana, Einmischung. Gespräche mit Frauen über ihr Verhältnis zu Politik, Freiheit, Gleichheit, Brüderlichkeit, Demokratie, Faschismus, Widerstand, Staat, Partei, Revolution, Feminismus, Frankfurt 1980
Roth, Dieter, Die Republikaner. Schneller Aufstieg und tiefer Fall einer Protestpartei am rechten Rand, in: Aus Politik und Zeitgeschichte, Beilage zur Wochenzeitung Das Parlament, B 37/38/90
Roth, Roland/Rucht, Dieter, Hrsg., Neue soziale Bewegungen in der BRD, Bonn 1987
Rothmund, Paul/Wiehn, Erhard R., Hrsg., Die FDP/DVP in Baden-Württemberg und ihre Geschichte. Liberalismus als politische Gestaltungskraft im deutschen Südwesten, Stuttgart u.a. 1979
Rubart, Frauke, Partizipation von Frauen in neuen sozialen Bewegungen, in: Aus Politik und Zeitgeschichte, Beilage zur Wochenzeitschrift Das Parlament, B 42/1988, S. 30- 42
Rucht, Dieter, Von Wyhl nach Gorleben. Bürger gegen Atomprogramm und nukleare Entsorgung, München 1980
Rucht, Dieter, Modernisierung und neue soziale Bewegung. Deutschland, Frankreich und USA im Vergleich, Frankfurt/New York 1995
Rudolph, Clarissa, Die Institutionalisierung von Frauenpolitik im Parteienstaat, in: Biester, Elke/u.a., Hrsg., Gleichstellungspolitik - Totem und Tabus, Frankfurt/New York 1994, S. 62-81
Rudzio, Wolfgang, Das politische System der Bundesrepublik Deutschland, Opladen 1991
Runge, Erika, Frauen. Versuche zur Emanzipation, Frankfurt/M. 1970
Running as a Woman. Gender and Power in American Politics, by Witt, Linda/Paget, Karen M./Matthews, Glenna, New York 1994
Rupieper, Hermann-Josef, Bringing Democracy to the Frauleins. Frauen als Zielgruppe der amerikanischen Demokratisierungspolitik in Deutschland 1945-1952, in: Geschichte und Gesellschaft, Heft 17/1991, S. 61-91
Rupieper, Hermann-Josef, Die Wurzeln der westdeutschen Nachkriegsdemokratie. Der amerikanische Beitrag 1945-1952, Opladen 1993
Sauer, Birgit, Geschlecht als Variable oder Strukturkategorie? „Political Culture Revisited“, in: Kreisky, Eva/Sauer, Birgit, Hrsg., Feministische Standpunkte in der Politikwissenschaft. Eine Einführung, Frankfurt/New York 1995, S. 161-203

Sauer, Birgit, Was heißt und zu welchem Zwecke partizipieren wir? Kritische Anmerkungen zur Partizipationsforschung, in: Biester, Elke u.a., Hrsg., Demokratie oder Andokratie? Theorie und Praxis demokratischer Herrschaft in der feministischen Diskussion, Frankfurt/New York 1994, S. 99-130

Schaeffer-Hegel, Barbara, Hrsg., Frauen und Macht, Berlin 1984

Schaeffer-Hegel, Barbara/Kopp-Degethoff, Heidi, Hrsg., Vater Staat und seine Frauen. Studien zur politischen Kultur, 2 Bde., Pfaffenweiler 1991

Schaeffer-Hegel, Barbara, Ist Politik noch Männersache? Ergebnisse einer Untersuchung über den Berliner Frauensenat von 1989-1990, in: Aus Politik und Zeitgeschichte. Beilage zur Wochenzeitung Das Parlament, Heft B 45/93, 5.11.1993, S. 3-13

Schaeffer-Hegel, Barbara, mit Foster, Helga/Lukoschat, Helga/Mersmann, Rita/Ude, Silke/Weber, Ulla, Frauen mit Macht. Zum Wandel der politischen Kultur durch die Präsenz von Frauen in Führungspositionen, Pfaffenweiler 1995

Schelsky, Helmut, Wandlungen der deutschen Familie der Gegenwart, Stuttgart 1953

Schenk, Herrad, Die feministische Herausforderung. 150 Jahre Frauenbewegung in Deutschland, München 1980

Schindler, Peter, Datenhandbuch zur Geschichte des Deutschen Bundestages, Bonn 1984, 1992

Schlapeit-Beck, Dagmar, Karrierefrauen im Konflikt zwischen Ohnmachtszuschreibung und weiblichem Führungsstil, in: Feministische Studien, Heft 1/1991, S. 147-156

Schmidt-Harzbach, Ingrid, Freda Wuesthoff, Vorkämpferin gegen atomare Aufrüstung. Versuch eines Portraits, in: Freier/Kuhn Hrsg., Frauen in der Geschichte V. „Das Schicksal Deutschlands liegt in der Hand seiner Frauen" - Frauen in der deutschen Nachkriegsgeschichte, Düsseldorf 1984 S. 410-445

Schmidt, Margot, Interpretierte Geschichte - Lebensgeschichtliche Interviews mit hessischen Politikerinnen, in: Wischermann, Ulla u.a., Hrsg., Staatsbürgerinnen zwischen Partei und Bewegung- Frauenpolitik in Hessen1945 bis 1955, Frankfurt 1993, S.193-267

Schmidt, Martina, Karrierefrauen und Partnerschaft. Sozialpsychologische Aspekte der Beziehungen zwischen karriereambitionierten Frauen und ihren Lebenspartnern, Münster/New York 1989

Schmidtchen, Gerhard, Die Situation der Frau. Trendbeobachtungen über Rollen- und Bewußtseinsänderungen der Frauen in der Bundesrepublik Deutschland, Berlin 1984

Schnack, Dieter/Neutzling, Rainer, Kleine Helden in Not. Jungen auf der Suche nach Männlichkeit, Reinbek 1990

Schnitger, Elke, Frauen und Parlamente, Verhältnisse und Verhinderungen, Oldenburg 1990

Schöler-Macher, Bärbel, Die Fremdheit von Frauen in der Politik. Barrieren und Chancen einer politischen Teilhabe von Frauen, in: ifg/Frauenforschung, Heft 4/1990

Schöler-Macher, Bärbel, Fremd(körper) in der Politik. Die Normalität des politischen Alltags in Parteien und Parlamenten aus der Sicht von Frauen, in: ifg/Frauenforschung, Heft 1/2, 1991, S. 98-116

Schöler-Macher, Bärbel, Die Fremdheit der Politik. Erfahrungen von Frauen in Parteien und Parlamenten, Weinheim 1994

Schüller, Elke, „Keine Frau darf fehlen!“ - Frauen und Kommunalpolitik im ersten Nachkriegsjahrzehnt in Hessen, in: Wischermann, Ulla u.a., Hrsg., Staatsbürgerinnen zwischen Partei und Bewegung- Frauenpolitik in Hessen 1945 bis 1955, Frankfurt 1993, S.88-150

Schüller, Elke, Neue, andere Menschen, andere Frauen? Kommunalpolitikerinnen in Hessen, 1945-1956, Bd. I, Frankfurt 1995

Schumacher, Martin, M.d.R. Die Reichstagsabgeordneten der Weimarer Republik in der Zeit des Nationalsozialismus. Politische Verfolgung, Emigration und Ausbürgerung 1933-1945. Düsseldorf 1992

Schwarting, Frauke, „Manchmal hast du das Gefühl, du stimmst nicht ganz“. Erfahrungen von Frauen in Parlamenten, Münster 1995

Schwarzer, Alice, Der „kleine Unterschied“ und seine großen Folgen, Frankfurt 1975

Schwarzer, Alice, So fing es an! 10 Jahre Frauenbewegung, Köln 1981

Schwarzer, Alice, Von Liebe und Haß, Frankfurt 1992

Sichtermann, Barbara, Der Feminismus der CDU, in: Dubiel, Helmut, Hrsg., Populismus und Aufklärung, Frankfurt 1987, S.133-149

Sichtermann, Barbara, Verschiedenheit und Gleichheit der Geschlechter, in: Dies., Weiblichkeit. Zur Politik des Privaten, Berlin 1983, S. 102-113

Sloterdyk, Peter, Über den Anfang vom Ende der Nachkriegszeit, in: Versprechen auf Deutsch, Reden über das eigene Land, Frankfurt 1990

Stern, Carola, Hrsg., Was haben die Parteien für die Frauen getan?, Reinbek 1976

Stolten, Inge, Hrsg., Der Hunger nach Erfahrung. Frauen nach 1945, Berlin 1981

Stöss, Richard/Niedermayer, Oskar, Stand und Perspektiven der Parteienforschung in Deutschland, Opladen 1993

Strecker, Gabriele/Lenz, Margarethe, Der Weg der Frauen in die Politik, Melle 1980

Süßmuth, Hans, Kleine Geschichte der Frauen-Union. Erfolge und Rückschläge 1948-1990, Baden-Baden 1990

Süssmuth, Rita, Frauen - der Resignation keine Chance! Sammlung wissenschaftlicher und politischer Texte 1980-1985, Düsseldorf 1985

Tenbrück, Friedrich H., Alltagsnormen und Lebensgefühle in der Bundesrepublik, in: Löwenthal, Richard/Schwarz, Hans-Peter Hrsg., Die zweite Republik, Stuttgart 1974

The Western Political Quarterly, Woman and Politics, March 1981

The Year of the Woman. Myths and Realities, hrsg. von Cook, Elisabeth A./Thomas, Sue/Wilcox, Clyde, Boulder 1994

Thomas, Sue, How Women legislate, New York/Oxford 1994

Thomas, Sue/Welch, Susan, The Impact of Gender on Activities and Priorities of State Legislators, in: Western Political Quarterly, 44, S. 445-456

Thürmer-Rohr, Christina, Aus der Täuschung in die Ent-Täuschung. Zur Mittäterschaft von Frauen, in: Dies., Vagabundinnen. Feministische Essays, Berlin 1987, S. 38-56

Thürmer-Rohr, Christina, Frauen in Gewaltverhältnissen, in: Dies. u.a., Hrsg., Mittäterschaft und Entdeckungslust, Berlin 1990 , S. 22-36

Thürmer-Rohr, Christina u.a., Hrsg., Mittäterschaft und Entdeckungslust, Berlin 1990

Tilly, Louise, A./Gurin, Patricia, Hrsg., Women, Politics and Change, New York 1990

Troitzsch, Klaus G., Mitgliederstrukturen der Bundestagsparteien, in: Kaack, Heino/Roth, Reinhold, Hrsg., Handbuch des deutschen Parteiensystems, Bd 1, Opladen 1980

Uehlinger, Hans Martin, Politische Partizipation in der Bundesrepublik, Opladen 1988

UNESCO, The political role of woman, New York 1954

Vaskovics, Laszlo A., Hrsg., „Soziologie familialer Lebenswelten", Köln 1994

Verba, Sidney/Nie, Norman H., Participation in America. Political Democracy and Social Equality, New York 1972

Verba, Sidney/Nie, Norman H./Kim, J.O., Participation and Political Equality, London 1978

Vilmar, Fritz, Partizipation, in: Mickel, Wolfgang, W., Hrsg., Handlexikon zur Politikwissenschaft, Bonn 1986, S. 339-344

Vorländer, Hans, Die Freie Demokratische Partei, in: Minzel, Alf/Oberreuter, Heinrich, Hrsg., Parteien in der Bundesrepublik, Bonn 1992, S. 266-318

Weber, Petra (Bearbeiterin), Die SPD-Fraktion im Deutschen Bundestag. Sitzungsprotokolle 1949-1957. In der Reihe: Quellengeschichte des Parlamentarismus und der politischen Parteien. Hrsg. von Bracher, Karl Dietrich/Morsey, Rudolf und Schwarz, Hans-Peter, Bonn 1993

Weinacht, P. L., Hrsg., Die CDU in Baden-Württemberg und ihre Geschichte, Stuttgart 1978

Welch, Susan, Are Women more liberal than Men in the U.S. Congress?, Legislative Studies Quarterly 10, S. 125-134

Welch, Susan, Woman as Political Animals? A Test of some Explanations for Male-Female Political Participation Differences, in: American Journal of Political Science 21, Aug/1977, S. 711-728

Welch, Susan/Secret, Philip, Sex, Race and Political Participation, in: The Western Political Quarterly. Special Issue on Women in Politics. March 1981, S. 5-16

Westle, Bettina, Politische Partizipation, in: Gabriel, Oskar W., Hrsg., Die EG-Staaten im Vergleich, Bonn 1992, S. 135-172

Wetterer, Angelika, „Nein, selbst beworben hätte ich mich nie!“ Zum Selbstverständnis von Wissenschaftlerinnen, in: Frauenforschung. Beiträge zum 22. Soziologentag 1984, Frankfurt 1985, S. 116-126

Wetterer, Angelika, Hrsg., Profession und Geschlecht. Über die Marginalität von Frauen in hochqualifizierten Berufen, Frankfurt/New York 1992

Wickert, Christl, Biographische Methode und „Oral History“ in der Frauengeschichte am Beispiel einer Untersuchung über die führenden SPD-Frauen der Weimarer Republik, in: Beiträge zur feministischen Theorie und Praxis, Heft 5/1981, S. 50-55

Wickert, Christl, Weiblicher Lebenszusammenhang und politische Arbeit, in: Beiträge zur feministischen Theorie und Praxis, Heft 7/1982, S. 37-44

Wickert, Christl, Zwischen Familie und Parlament, Kassel 1983

Wickert, Christl, Unsere Erwählten. Sozialdemokratische Frauen im Deutschen Reichstag und im Preußischen Landtag 1919 bis 1933, Bd. 1, Göttingen 1986

Wickert, Christl, Politik vor Privatleben. Zum Selbstverständnis alleinstehender Parlamentarierinnen in der Weimarer Republik, in: Flittner, Elisabeth/Valtin, Renate, Hrsg., Dritte im Bund: Die Geliebte, Reinbek 1987

Wiegmann, Barbelies, Das neue Scheidungs-Un-Recht, in: Feministische Studien, Heft 2/1986, S. 82-90

Wiesendahl, Elmar, Neue soziale Bewegungen und moderne Demokratietheorie. Demokratische Elitenherrschaft in der Krise, in: Roth, Roland/ Rucht, Dieter Hrsg., Neue soziale Bewegungen in der Bundesrepublik Deutschland, Bonn 1987

Wiggershaus, Renate, Geschichte der Frauen und der Frauenbewegung in der BRD und der DDR nach 1945, Wuppertal 1979

Wiggershaus, Renate, Frauen unterm Nationalsozialismus, Wuppertal 1984

Wilde, Gabriele, Fachzeitschriften als Männerbünde?, in: Rundbrief des Netzwerkes politikwissenschaftlich und politisch arbeitender Frauen, Nr. 8, 4. Jg., Oktober 1995, S. 21

Windaus-Walser, Karin, Gnade der weiblichen Geburt? Zum Umgang der Frauenforschung mit Nationalsozialismus und Antisemitismus, in: Feministische Studien, Heft 1/1988, S. 102-115

Wischermann, Ulla/Schüller, Elke/Gerhard, Ute, Hrsg., Staatsbürgerinnen zwischen Partei und Bewegung - Frauenpolitik in Hessen 1945 bis 1955, Frankfurt 1993

Wissenschaftlicher Dienst des Deutschen Bundestages, Hrsg. (1976/1983/ 1993): Parlamentarierinnen in Deutschen Parlamenten, Bd. 1, 1919-1976, Mat. Nr. 42, Bonn 1976, Bd. 2, 1919-1983, Mat Nr. 82, Bonn 1983; 1949-1993, Mat.Nr. 122, Bonn 1993

Witt, Linda/Paget, Karen M./Matthews, Glenna, Running as a Woman. Gender and Power in American Politics, New York 1994

Witzel, Andreas, Verfahren der qualitativen Sozialforschung. Überblick und Alternativen, Frankfurt 1982

Woesler, Christine, Ein feministischer Blick auf die empirische Sozialforschung, in: Sektion Frauenforschung, Dokumentation II, München 1980

Wohlrab-Sahr, Biographische Unsicherheit. Formen weiblicher Identität in der „reflexiven Moderne“: Das Beispiel der Zeitarbeiterinnen, Opladen 1993

Wohlrab-Sahr, Monika, Empathie als methodisches Prinzip? Entdifferenzierung und Reflexivitätsverlust als problematisches Erbe der ‘methodischen Postulate zur Frauenforschung’, in: Feministische Studien, Heft 2/1993, S. 128-139

Young, Brigitte, Der Staat - eine „Männerdomäne“? Überlegungen zur feministischen Staatsanalyse, in: Biester, Elke, u.a., Hrsg., Staat aus feministischer Sicht, Berlin 1992, S. 7-19

Young-Bruehl, Elisabeth, Hannah Arendt. Leben, Werk und Zeit, Frankfurt 1982

Zapf, Wolfgang, Wandlungen der deutschen Elite. Ein Zirkulationsmodell deutscher Führungsgruppen 1919-1961, Studien zur Soziologie, Bd. 2, München 1965

Zenz, Gisela/Salgo, Ludwig, Zur Diskriminierung der Frau im Recht der Eltern-Kind-Beziehung, Schriftenreihe des Bundesministeriums für Jugend, Familie und Gesundheit, Band 133, Stuttgart 1983

Zimpel, Gisela, Der beschäftigte Mensch, Beiträge zur sozialen und politischen Partizipation, München 1970

Zimpel, Gisela, Zur Neuformulierung des Teilnahmebegriffs, in: Grube, Frank/ Richter, Gerhard, Hrsg., Demokratietheorien, Hamburg 1975